Sistema Eletrônico de Registros Públicos:
comentado por notários, registradores, magistrados e profissionais

O GEN | Grupo Editorial Nacional – maior plataforma editorial brasileira no segmento científico, técnico e profissional – publica conteúdos nas áreas de concursos, ciências jurídicas, humanas, exatas, da saúde e sociais aplicadas, além de prover serviços direcionados à educação continuada.

As editoras que integram o GEN, das mais respeitadas no mercado editorial, construíram catálogos inigualáveis, com obras decisivas para a formação acadêmica e o aperfeiçoamento de várias gerações de profissionais e estudantes, tendo se tornado sinônimo de qualidade e seriedade.

A missão do GEN e dos núcleos de conteúdo que o compõem é prover a melhor informação científica e distribuí-la de maneira flexível e conveniente, a preços justos, gerando benefícios e servindo a autores, docentes, livreiros, funcionários, colaboradores e acionistas.

Nosso comportamento ético incondicional e nossa responsabilidade social e ambiental são reforçados pela natureza educacional de nossa atividade e dão sustentabilidade ao crescimento contínuo e à rentabilidade do grupo.

Organizador
JOSÉ RENATO NALINI

Sistema Eletrônico de Registros Públicos:
comentado por notários, registradores, magistrados e profissionais

- Os autores deste livro e a editora empenharam seus melhores esforços para assegurar que as informações e os procedimentos apresentados no texto estejam em acordo com os padrões aceitos à época da publicação, e todos os dados foram atualizados pelos autores até a data de fechamento do livro. Entretanto, tendo em conta a evolução das ciências, as atualizações legislativas, as mudanças regulamentares governamentais e o constante fluxo de novas informações sobre os temas que constam do livro, recomendamos enfaticamente que os leitores consultem sempre outras fontes fidedignas, de modo a se certificarem de que as informações contidas no texto estão corretas e de que não houve alterações nas recomendações ou na legislação regulamentadora.

- Fechamento desta edição: *01.03.2023*

- Os autores e a editora se empenharam para citar adequadamente e dar o devido crédito a todos os detentores de direitos autorais de qualquer material utilizado neste livro, dispondo-se a possíveis acertos posteriores caso, inadvertida e involuntariamente, a identificação de algum deles tenha sido omitida.

- Atendimento ao cliente: (11) 5080-0751 | faleconosco@grupogen.com.br

- Direitos exclusivos para a língua portuguesa
  Copyright © 2023 by
  Editora Forense Ltda.
  Uma editora integrante do GEN | Grupo Editorial Nacional
  Travessa do Ouvidor, 11 – Térreo e 6º andar
  Rio de Janeiro – RJ – 20040-040
  www.grupogen.com.br

- Reservados todos os direitos. É proibida a duplicação ou reprodução deste volume, no todo ou em parte, em quaisquer formas ou por quaisquer meios (eletrônico, mecânico, gravação, fotocópia, distribuição pela Internet ou outros), sem permissão, por escrito, da Editora Forense Ltda.

- Capa: Fabricio Vale

- **CIP – BRASIL. CATALOGAÇÃO NA FONTE.**
  SINDICATO NACIONAL DOS EDITORES DE LIVROS, RJ.

S636

Sistema eletrônico de registros públicos : comentado por notários, registradores, magistrados e profissionais / Ademar Fioranelli ... [et al.] ; organização José Renato Nalini. - Rio de Janeiro : Forense, 2023.

Inclui bibliografia
ISBN 978-65-5964-810-8

1. Brasil. [Lei 14.382 (2022)]. 2. Registros públicos - Inovações tecnológicas - Brasil. 3. Direito notarial e registral - Brasil. I. Fioranelli, Ademar. II. Nalini, José Renato.

23-82806   CDU: 347.961(81)

Meri Gleice Rodrigues de Souza – Bibliotecária – CRB-7/6439

SOBRE OS AUTORES

Ademar Fioranelli

7º Oficial de Registro de Imóveis da Capital de São Paulo. Bacharel em Direito e em Administração de Empresa. Integra o Conselho de Ética do IRIB – Instituto de Registro de Imóveis do Brasil. Reconhecidamente um dos mais frutíferos pensadores do direito registral imobiliário da atualidade, autor de vários livros e artigos sobre a matéria registral, participando de palestras, simpósios e ministrando aulas voltadas ao aprimoramento da atividade registral, cuja vivência já ultrapassa 6 (seis) décadas. A convite do E. Tribunal de Justiça do Estado de São Paulo integrou duas comissões Examinadoras do Concurso de Provas e Títulos para outorga das Delegações de Notas e de Registros, tendo sido nomeado, em várias oportunidades, pelo mesmo Tribunal paulista, como interventor em serventias de nosso Estado de São Paulo. Integra, como membro efetivo, da Academia Brasileira de Direito Registral Imobiliário. Homenageado com entrega de medalha, no evento Internacional (escolha pelo IPRA-CINDER) no XIX Congresso Mundial de Direito Imobiliário, realizado no Chile em 2014), como destacado registrador.

Alberto Gentil de Almeida Pedroso

Mestre e Doutorando em Direito. Juiz de Direito. Professor universitário e da Escola Paulista da Magistratura. Autor de diversas obras jurídicas.

Alexandre Gonçalves Kassama

27º Tabelião de Notas da Capital. Mestre em Direito Penal pela Universidade de São Paulo. Especialista em Direito Notarial e Registral.; Conselheiro Fiscal no Colégio Notarial do de São Paulo, SP.

Amanda Gil

Oficial Substituta do 18º Oficial de Registro de Imóveis de São Paulo.

Ana Paula Frontini

22ª Tabeliã de Notas da Capital. Mestre em Direito Político e Econômico pela Universidade Presbiteriana Mackenzie. Especialista em Direito Notarial e Registral pela Pontifícia Universidade Católica de São Paulo. Conselheira de Ética da Associação dos Notários e Registradores do Brasil (ANOREGBR), Vice-Presidente da Academia Notarial Brasileira (ANB); Conselheira Fiscal Titular no Colégio Notarial do Brasil - Conselho Federal - CNB, Diretora do Colégio Notarial de São Paulo, SP.

Bernardo Oswaldo Francez

Titular do 18º Registro de Imóveis da Capital. Especialista em Direito Registral Imobiliário.

Camilla Gabriela Chiabrando Castro Alves

Advogada especializada em Direito de Família e Sucessões. Sócia fundadora do escritório Chiabrando Castro Sociedade de Advogados. Graduada pela F.M.U. Pós--Graduada em Processo Civil pela F.M.U. Pós- Graduada em Direito de Família e Sucessões pela Escola Paulista de Direito. Membro e Palestrante da Comissão Especial de Direito de Família e Sucessões da OAB/SP. Membro do IBDFAM- Seccional ABCDMR.

Carlos Antônio Luque

Professor da FEA – Faculdade de Economia e Administração da USP. Presidente da FIPE. Fundação Instituto de Pesquisa Econômica.

Celso Maziteli Neto

Doutorando em Direito pela University of Indiana – Maurer School of Law (EUA). Mestre em Direito Comparado pela Cumberland School of Law (EUA). Juiz de direito do TJSP.

Deborah Ciocci

Juíza do Tribunal de Justiça de São Paulo. Doutora em Direito pela USP. Conselheira do CNJ no biênio 2013/2015.

Eduardo Zylberstajn

Pesquisador da FIPE.

Fernando Awensztern Pavlovsky

Bacharel em Direito pela FAAP – Fundação Armando Álvares Penteado. Pós--graduado em Direito Tributário pela PUC-SP. Mestre em Direito Processual pela USP. Juiz de Direito do Tribunal de Justiça de São Paulo.

George Takeda

Especialista em Direito Imobiliário pela Pontifícia Universidade Católica de Minas Gerais, Bacharel em Direito pela Universidade de São Paulo, Engenheiro Mecânico pelo Instituto Tecnológico de Aeronáutica – ITA, Presidente da Associação dos Notários e Registradores do Estado de São Paulo – ANOREG/SP Diretor da Associação dos Registradores Imobiliários de São Paulo – ARISP, Diretor do Instituto de Registro Imobiliário do Brasil – IRIB, Diretor do Colégio do Registro de Imóveis do Brasil, 3º Oficial de Registro de Imóveis de São Paulo, ex-Procurador do Estado.

Hélio Lobo Júnior

Desembargador aposentado do TJSP. Especialista em Direito Registral e Notarial.

Jéverson Luís Bottega

Mestre em Direito Público pela Universidade do Vale do Rio dos Sinos – UNISINOS. Mestre em Direito Civil pela Faculdade de Direito da Universidade de Coimbra – FDUC. Especialista em Direito Constitucional, em Direito Imobiliário e em Direito Notarial e Registral. Graduando em Filosofia pela Pontifícia Universidade Católica do

Rio Grande do Sul - PUCRS. Professor de cursos de especialização no Brasil. Autor de livros e artigos jurídicos. Oficial de Registro de Imóveis no Rio Grande do Sul.

José Renato de Freitas Nalini
Substituto do Titular do 9º Registro de Imóveis da Capital Paulista.

José Renato Nalini
Reitor da UNIREGISTRAL, docente da Pós-graduação da UNINOVE, Presidente da Academia Paulista de Letras. Foi Corregedor-Geral da Justiça e Presidente do Tribunal de Justiça de São Paulo.

João Pedro Lamana Paiva
Registrador de Imóveis da 1ª Circunscrição Imobiliária de Porto Alegre/RS. Presidente da Associação dos Notários e Registradores do Rio Grande do Sul (ANOREG-RS).

Leila Rafaela Aparecida de Souza
Mestranda em Direito Registral. Especialista em Direito Notarial e Registral e em Direito Público. Assistente jurídica na Seção de Direito Privado do TJSP.

Leonardo Brandelli
Pós-doutor em direito pela universidad de salamanca (Espanha). Doutor e mestre em direito pela ufrgs. Professor de direito civil na escola Paulista de direito. Oficial de registro de imóveis no Estado de SP.

Leticia Fraga Benitez
Juíza Assessora da Corregedoria Geral da Justiça do Estado de São Paulo. Pós Graduada pela Escola Paulista da Magistratura em Direito Notarial e Registral.

Marcelo Augusto Santana de Melo
Mestre e Doutor em Direito Civil pela Pontifícia Universidade Católica de São Paulo (PUC-SP). Registrador imobiliário em Araçatuba, São Paulo.

Marcelo Benacchio
Juiz de Direito Titular da 2ª Vara de Registros Públicos do Foro Central da Comarca de São Paulo/SP. Mestre e Doutor pela PUC/SP. Professor do mestrado e doutorado em Direito da Universidade Nove de Julho/SP. Professor Titular de Direito Civil da Faculdade de Direito de São Bernardo do Campo.

Maria Berenice Dias
Advogada, Vice-Presidente Nacional do IBDFAM.

Paulo Antonio Canali Campanella
Juiz de Direito.

Paulo Dias De Moura Ribeiro
Ministro do Superior Tribunal de Justiça. Ouvidor do Superior Tribunal de Justiça. Pós-Doutor em Direito pela Universidade de Lisboa. Doutor em Direito Civil

pela PUC/SP. Mestre em Direito Civil pela PUC/SP. Coordenador Científico do Curso de Direito da UNISA. Professor Titular da FDSBC. Professor do Curso de Direito da UDF. Professor do Curso de Pós-Graduação da UNINOVE.

Priscila de Castro Teixeira Pinto Lopes Agapito
29ª Tabeliã de Notas da Capital de São Paulo. Graduada pela Faculdade de Direito da Universidade Católica de Santos/SP. Pós-Graduada em Direito das Famílias pela EPD. Docente em diversos cursos jurídicos. Fundadora da Comissão de Notários e Registradores do IBDFam Nacional, Vice-Presidente da Comissão do IBDFam Tec Nacional e Diretora no IBDFam SP.

Priscila Domingues Mendes de Oliveira
Advogada. Doutoranda em Direito Civil pela Faculdade de Direito da Universidade de São Paulo – Largo de São Francisco – FADUSP. Mestre em Direito. Pós-graduada em direito das Famílias e Sucessões. Pós-graduada em direito Notarial e Registral. Graduada pela FADUSP.

Rebeca Stefanini Pavlovsky
Advogada formada pela PUC-SP. Atua em Direito Ambiental. Especialista em Direito Constitucional - Escola de Direito do Brasil. Cursando MBA em Agronegócio na ESALQ-USP.

Regina Beatriz Tavares da Silva
Pós-Doutora em Direito da Bioética pela Faculdade de Direito da Universidade de Lisboa – FDUL. Doutora em Direito e Mestre em Direito Civil pela Faculdade de Direito da Universidade de São Paulo – USP. Graduada em Direito pela Universidade Presbiteriana Mackenzie. Fundadora e Presidente da Associação de Direito de Família e das Sucessões – ADFAS. Diretora de Relações Institucionais da União dos Juristas Católicos de São Paulo – UJUCASP. Coordenadora e Palestrante em vários Cursos, Congressos e Jornadas realizados no Brasil e em outros países. Titular da Cadeira n. 39 da Academia Paulista de Letras Jurídicas – APLJ. Membro da Associação dos Advogados de São Paulo – AASP, do Conselho Superior de Direito da FECOMERCIO SP e do Centro Brasileiro de Estudos e Pesquisas Judiciais – CEBEPEJ. Foi membro da Comissão Especial de Assessoria à Relatoria Geral do Projeto do atual Código Civil, na Câmara dos Deputados. Participou de outros projetos legislativos, como o Projeto de Lei do Código de Processo Civil. Sócia fundadora e titular de Regina Beatriz Tavares da Silva Sociedade de Advogados.

Renata Honório Ferreira Camargo Viana
Tabeliã de Notas e Registradora Civil do Ofício de Registro Civil e Tabelionato de Notas de Bofete-SP. Doutora em Direito Civil pela Faculdade de Direito da Universidade de São Paulo – Largo de São Francisco – FADUSP. Mestre em Direito pela FADUSP. Pós-graduada em direito das Famílias e Sucessões. Pós-graduada em direito Notarial e Registral. Graduada pela FADUSP.

Ricardo Campos
Mestre e doutor em Direito pela Goethe Universität Frankfurt am Main (Alemanha). Docente na Goethe Universität Frankfurt am Main. Sócio do Opice Blum Advogados. Coordenador da área de Direito Digital da OAB Federal/ESA Nacional.

Ricardo Felício Scaff
Juiz de Direito do Tribunal de Justiça do Estado de São Paulo. Integrou a Equipe de Correições da gestão 2012-2013 e colabora com as Inspeções do CNJ.

Ricardo Henry Marques Dip
Desembargador do Tribunal de Justiça do Estado de São Paulo.

Rodrigo Reis Cyrino
Tabelião de Notas do Cartório do 2º Ofício de Vitória (ES) em Jardim Camburi. Doutorando em direitos e garantias fundamentais pela FDV. Mestre em direito, Estado e cidadania pela UGF. Especialista em Direito Privado e Processual Civil. Membro da Academia Notarial Brasileira (ANB). Membro do Brasil na União Internacional do Notariado Latino – UINL. Diretor do Conselho Federal do Colégio Notarial do Brasil – Conselho Federal – CNB. Vice-presidente do Colégio Notarial do Espírito Santo, ES. Professor da Escola Nacional de Notários e Registradores – ENNOR. Professor da pós-graduação de direito tributário e de família da Faculdade de Direito de Vitória – FDV. Coordenador da pós-graduação em direito notarial, registral e imobiliário da ESA/OAB-ES. Autor das obras jurídicas: "Temas de Direito Notarial e Registral", "Direito Administrativo: novos paradigmas, tendências e realidade", "Direito Notarial e Registral: temas contemporâneos", dentre outras.

Rogério Medeiros Garcia de Lima
Desembargador do Tribunal de Justiça de Minas Gerais. Ex-Presidente do Tribunal Regional Eleitoral de Minas Gerais. Doutor em Direito Administrativo pela Universidade Federal de Minas Gerais. Professor universitário e da Escola Judicial Desembargador Edésio Fernandes (TJMG).

Sérgio Jacomino
Registrador Imobiliário em São Paulo, Capital. Doutor em Direito Civil (UNESP) e membro honorário do CENOR (Centro de Estudos Notariais e Registais) da Faculdade de Direito da Universidade de Coimbra. Especialista em Direito Registral pela Universidade de Córdoba, Espanha.

Tiago Machado Burtet
Consultor/Sócio da Extrajud Assessoria e Consultoria Ltda.

Ulysses da Silva
Bacharel em Direito e foi titular do 8.º Registro de Imóveis de São Paulo. É sócio honorário do IRIB e foi sócio fundador da ARISP. É autor das seguintes obras: A

Previdência Social e o Registro de Imóveis; Registro de Imóveis – O Lado Humano – volume I; Registro de Imóveis – O Lado Humano – volume II; O Novo Código Civil e o Registro de Imóveis, edição preliminar; O Novo Código Civil e o Registro de Imóveis, edição final com a participação de Armando Antônio Loft, Hélio Lobo Jr., João Pedro Lamana Paiva, José de Melo Junqueira, Kioitsi Chicuta, Narciso Orlandi Neto, Pablo Stolze Gagliano, Ricardo Dip, Silvio Venosa e Venício A. de Paula Salles; Direito Imobiliário – O Registro de Imóveis e suas Atribuições – A Nova Caminhada; e Da Penhora e Cautelares, com a participação de Ademar Fioranelli e Flauzilino Araújo dos Santos, esta editada por Oriene Pavan/IRIB, Rio de Janeiro, e todas as demais por Sérgio Antônio Fabris/IRIB, Porto Alegre.

APRESENTAÇÃO

A superveniência de normatividade que altera, substancialmente, o sistema notarial e registral brasileiro, suscita dúvidas entre os especialistas e usuários dessa prestação estatal delegada a particulares. As mudanças, em regra, são traumáticas. Principalmente quando implicam em tornar eletrônico um serviço milenar, cuja tradição é doutrinária e jurisprudencialmente consolidada. Na verdade, a cultura jurídica, na qual o setor se insere, é por princípio conservadora e resistente a inovações, apesar das profundas transformações impostas a uma sociedade tangida pelas tecnologias.

O intuito desta coletânea é permitir uma pluralidade de enfoques sobre a Lei 14.382, de 27 de junho de 2022, por parte de notários, registradores, magistrados e profissionais com familiaridade ou interesse sobre o tema. O resultado servirá como singular estímulo à reflexão, para a continuidade dos estudos que prosseguirão, à luz da jurisprudência, até sedimentação dessa proposta de modernização da estrutura das notas e registros. Muito ainda se escreverá sobre o Sistema Eletrônico dos Registros Públicos – SERP. Os partícipes desta obra não se recusaram a tecer os primeiros comentários sobre uma lei que imporá outro ritmo às delegações extrajudiciais e fará com que a sociedade de usuários continue a reclamar automático acolhimento do que puder torná-las, a cada dia, mais seguras e mais eficientes.

Os trabalhos estão na ordem alfabética do primeiro autor, critério objetivo que desconsidera a hierarquia forense e o respectivo conteúdo. O leitor se surpreenderá com a diversidade dos olhares propiciados pelo texto legal.

Ademar Fioranelli, respeitado registrador do 7º RI da Capital paulista, renomada autoridade na área, junto com Ulysses da Silva, igualmente doutrinador que durante décadas serviu ao 8º RI da pauliceia, fazem ponderações sobre pontos sensíveis da lei. Têm a experiência acumulada e conhecem profundamente o sistema. Sabem o que dizem.

Com a autoridade de magistrado que atuou na área e que é prolífico produtor de obras doutrinárias sobre o assunto, Alberto Gentil de Almeida Pedroso oferece a sua contribuição sobre o Termo Declaratório de União Estável, um dos pontos polêmicos da nova normativa, como se verá com a leitura desta obra.

Alexandre Gonçalves Kassama, 27ª Tabelião de Notas da Capital, Especialista em Direito Notarial e Registral e Conselheiro Fiscal no Colégio Notarial do de São Paulo, traz importante análise, segundo os princípios do sistema registral imobiliário, sobre os extratos notariais e "privados" na recém-promulgada Lei 14.382/2022, após a derrubada dos vetos do Executivo Executivo e consequente conclusão terminativa do processo legislativo.

A estudiosa tabeliã Ana Paula Frontini oferece valioso retrospecto sobre o notariado eletrônico, cotejando os modelos norte-americano e português, antes de abordar que a pandemia implicou aceleração do emprego da tecnologia no mister das notas.

Bernardo Oswaldo Francez, nome reconhecido no RI brasileiro, titular do 18º RI paulistano e a advogada Amanda Gil, especializada na área, escreveram sobre o registro de promessa de permuta sob a nova lei. Esse contrato atípico mereceu acesso à blindagem registral, conforme orientação da Corregedoria Geral da Justiça bandeirante. Cessa a polêmica sobre a inviabilidade, sob argumento da taxatividade do rol do inciso I do artigo 167 da Lei 6.015/1973.

Com a sua expertise em pesquisa aplicada, pois ambos integrantes da FIPE – Fundação Instituto de Pesquisas Econômicas, o pesquisador Eduardo Zylberstajn e o próprio Presidente entidade, Carlos Antonio Luque, analisam aspectos positivos e negativos da burocracia e o impacto da Lei 14.382/2022 na economia brasileira, salientando a institucionalização da produção de indicadores estatísticos, fator que favorece a ansiada segurança jurídica no país.

Dois renomados especialistas em Direito Registral, o magistrado Celso Mazitelli Neto e o registrador Leonardo Brandelli incursionam sobre tema de notória relevância: alertam para a avaliação de riscos de créditos em recebíveis imobiliários, diante da superveniência de novo tratamento conferido ao direito registral. A experiência norteamericana e a tramitação de várias propostas *de lege ferenda* recomendam cautela e prudência, nada obstante o discurso recorrente da obtenção de maior segurança jurídica e de se imprimir eficiência em grau qualitativo superior à atividade extrajudicial.

Débora Ciocci, Magistrada que já integrou o Conselho Nacional de Justiça – CNJ e Leila Rafaela Aparecida de Souza, outra estudiosa dos Registros, , com o artigo "Direito à busca da felicidade e alteração imotivada de nome" procedem a consistente percurso jurisprudencial sobre o significado do nome e a possibilidade de sua alteração, à luz da normatividade ora vigente.

O casal Rebeca Stefanini Pavlovsky e Fernando Awensztern Pavlovsky, respectivamente advogada especialista e Magistrado paulista, que já integrou a Equipe da Corregedoria Geral da Justiça, elaborou artigo sob o tema "A tokenização de ativos imobiliários como aliada para a realização dos objetivos da Lei nº 14.382/22, auxiliando na modernização, desburocratização e facilitação do sistema de registro de imóveis no Brasil". O texto contempla o *blockchain* e as perspectivas de sua efetiva utilização e conclui que os avanços dependem menos da disponibilidade tecnológica do que de mudança cultural.

George Takeda, com sua multiformação e sólida experiência, pois engenheiro formado pelo ITA antes de exercer a função de Procurador do Estado e ser hoje registrador do 3º RI da Capital, na direção de todos os órgãos de classe, contribui com artigo sob a ótica da desjudicialização. É que a Lei 14.382/2022 permite adjudicação compulsória e cancelamento de compromisso de compra e venda de imóveis diretamente na delegação extrajudicial registral. Perspectiva promissora para desafogamento de um Judiciário combalido por excessiva litigiosidade não conflituosa.

O registrador gaúcho Jéverson Luís Bottega, pluriqualificado em ciências jurídicas e em filosofia, vale-se de lições de pensadores clássicos para alertar sobre as consequências da automática adoção de todas as conquistas tecnológicas no terreno solidificado da qualificação registral, que continua a reclamar imprescindível hermenêutica humana. Forte em filósofos que influenciaram a cultura contemporânea, propõe o milagre de uma substantiva teoria e prática da decisão em RI.

O preclaro João Pedro Lamana Paiva, personalidade reverenciada no setor extrajudicial, examina o teor do artigo 246 da Lei de Registros Públicos e considera benéfica a modificação, consequência do princípio da concentração e hábil a evidenciar que o sistema registral brasileiro não é estático, mas permeável às transformações da sociedade.

Sobre a prenotação escreve José Renato de Freitas Nalini, substituto do titular do 9º RI da capital, em sugestiva invocação do significado da prioridade para assegurar a fruição de direitos. Explicita hipóteses e formula respostas, a partir de sua vivência rotineira na prática registral.

Além de coordenar esta valorosa equipe, não me furtei a contribuir com um texto. Na convicção de que a ciência e sua serva, a tecnologia, continuarão a impactar a realidade e que o sistema das delegações extrajudiciais não está imune a elas, ousei advertir que muita coisa ainda sobrevirá. Como praticamente tudo comporta múltiplas visões, para o bem e para o mal os estudiosos precisarão estar atentos e extrair das mutações o máximo de utilidade, com o mínimo de perda substancial da natureza da atividade. A dinâmica do avanço é irreversível e não se consegue "segurar a tempestade com as mãos". Estejamos prontos para não perder o prumo.

Importante contribuição ao tema do extrato eletrônico está no artigo escrito por Marcelo Augusto Santana de Melo, erudito registrador de Araçatuba e profícuo doutrinador na área registral imobiliária. Aborda com propriedade a natureza jurídica e o trato normativo desta síntese da realidade do título, na verdade criada pela Corregedoria Geral da Justiça de São Paulo. Depois de mencionar a antinomia aparente, conclui que a *vacuidad* do conceito deverá merecer delineamento do CNJ.

Maria Berenice Dias, conceituada autoridade em Direito da Família, Vice-Presidente Nacional do IBDFAM, comenta as modificações, sem deixar de enfatizar a preservação de anacronismos na Lei 6.015/1973, que já poderiam ter sido eliminados. Reconhece alguns avanços e aplaude a tendência de migração de tudo o que se poderia designar "jurisdição voluntária" para o setor extrajudicial, em urgente e necessário desafogo do Poder Judiciário.

O juiz Paulo Antonio Canali Campanella faz uma análise do que foi alterado no artigo 9º da Lei de Registros Públicos, por força da nova lei. Aclara os tipos penais incidentes à luz da contagem de prazo registral que agora se harmoniza com a regra do CPC.

O Ministro do STJ Paulo Dias de Moura Ribeiro prestigia a obra com o seu primoroso texto sobre o nome natural. Além de esmiuçar a matéria, ainda contribui com as propostas aprovadas na I Jornada de Direito Notarial e Registral realizada pelo Superior Tribunal de Justiça, na qual o Ministro Moura Ribeiro foi o Presidente da Comissão do Nome Civil da Pessoa Natural, cujos enunciados propõem saudável aprimoramento da normatividade incidente. O livro ganha outra dimensão com a participação do erudito e polivalente Magistrado, auspiciosa revelação no "Tribunal da Cidadania".

"Termo declaratório de união estável" é o título do trabalho da Tabeliã do 29º Tabelionato da capital paulista Priscila de Castro Teixeira Pinto Lopes Agapito, sempre pioneira em inovações e da advogada Camilla Gabriela Chiabrando Castro Alves, expert em Direito da Família. Ambas fazem escorço histórico-jurídico sobre o notariado e o conceito de "união estável", para questionar a constitucionalidade e amplitude do chamado "termo declaratório" de tal situação.

Já a Registradora Civil Renata Honório Ferreira Camargo Viana e a advogada Priscila Domingues Mendes de Oliveira sustentam o reforço da serventia encarregada do Registro Civil das Pessoas Naturais, em relação à união estável, analisada desde sua origem e a evolução jurisprudencial conducente à atual disciplina imposta pela Lei 14.382/2022.

A fundadora e Presidente da ADFAS – Associação de Direito de Família e das Sucessões, Regina Beatriz Tavares da Silva, também escreveu sobre os termos declaratórios e de distrato de união estável, defendendo a necessidade de atuação do CNJ para a regulamentação do tema, que, de acordo com a ADFAS, refoge à tentativa de desburocratização alegada. Essa providência foi objeto de pedido formal àquele órgão do Poder Judiciário.

Mestre e Doutor em Direito pela Goethe Universität Frankfurt am Main, na Alemanha, onde também leciona, Ricardo Campos disserta sobre as assinaturas eletrônicas e suas espécies, simples, avançada e qualificada. Esta, com evidente superioridade quanto ao requisito da autenticidade. Preocupante a flexibilização dos requisitos em relação às assinaturas eletrônicas, o que poderá gerar instabilidade para as relações econômicas de longo prazo.

O magistrado e jusfilósofo Ricardo Henry Marques Dip, considerado o maior conhecedor do direito registral no país, comparece com o seu artigo "O registro público – ser ou deixar de ser, eis a questão", para propor profunda reflexão a respeito das mutações sofridas pelo direito registral, sob a vertente da filosofia humanista. Estariam os registros públicos sendo esvaziados como estratégia do mercado e desfiliando-se de sua natureza?

Ricardo Felicio Scaff, magistrado paulista que já assessorou a Corregedoria Geral da Justiça e é frequentemente chamado a colaborar com o CNJ, contempla a rescisão extrajudicial do compromisso de compra e venda e a adjudicação compulsória como providências desjudicializantes, na rota de crescente desafogo do Judiciário, para que possa melhor desincumbir-se de sua missão de solucionar conflitos.

Rodrigo Reis Cyrino, Tabelião de Notas do Cartório do 2º Ofício de Vitória (ES), aborda temas polêmicos sobre o instituto da Adjudicação Compulsória Extrajudicial, entre os quais, a necessidade de regulamentação do art. 216-B da Lei de Registros Públicos pelo CNJ; a existência de eventual oposição, impugnação ou contestação fundamentada no procedimento e a aplicação do instituto em casos de permutas, dação em pagamento e ainda às doações com encargo. Ainda nos brinda, ao final do artigo, com um modelo de Ata Notarial de Adjudicação Compulsória Extrajudicial.

Alentado estudo sobre a Quarta Revolução Industrial e o sistema Justiça foi o assunto escolhido pelo Desembargador das Minas Gerais, Rogério Medeiros Garcia de Lima, ex-Presidente do Tribunal Regional Eleitoral e autor renomado. Trouxe a imprescindível tônica da ética, ciência do bem-agir, que precisa inspirar todas as tentativas de aprimoramento dos serviços extrajudiciais, ora sob exame e preocupação constante do pensador magistrado.

Sergio Jacomino, registrador do 5º RI da Capital Paulista e nome consagrado na esfera registral, várias vezes citado por outros coautores desta obra, externa o seu abalizado ponto de vista sob o título "Extratos, títulos e outras notícias". Crítico das inovações feitas por mero amor à novidade, recorda o ordenamento para concluir que a nova lei propõe a substituição da segurança jurídica pela segurança econômica e tecnológica, e "com um novo balanceamento dos custos envolvidos no processo registral".

Por fim, Tiago Machado Burtet, que atua na área como Consultor/Sócio da Extrajud Assessoria e Consultoria Ltda., vê os benefícios da nova lei, como incremento da atividade negocial, sem riscos para a inegável segurança jurídica do sistema.

A menção aos textos que compõem esta obra, superficial embora, evidencia aquilo que considero essencial como proposta: a discussão livre, aberta, franca e sem censura, a vários dos aspectos contidos na Lei 13.482, de 27 de junho de 2022. É inusual um conjunto de peças que controvertam, com total liberdade de expressão, um único diploma normativo, para colocar em confronto as alegadas vantagens e as desvantagens detectadas.

O pluralismo, valor acolhido pelo pacto fundante, sinaliza a vontade do constituinte de que pontos de vista antagônicos sejam expostos e defendidos, com ampla e democrática liberdade, para que se possa alcançar possível e eventual consenso.

Obras encomiásticas existem, assim como conjuntos de críticas alinhadas na mesma direção. Encontrar no mesmo livro um debate com amplitude de intenções divergentes, estimula a maturidade no trato de controvérsias que devem merecer discussão livre, para que todos os ângulos possam merecer aferição.

Tem-se a certeza de que este é o passo inicial para o aprofundamento das análises, num exercício de colaboração conjunta e aberta, até para que Parlamento e Judiciário possam extrair da nova disciplina, aquilo que for melhor para o aperfeiçoamento de uma sistemática já, sem dúvida, exitosa.

Durante o preparo desta obra, a Medida Provisória 1.162/2023 já propõe alterações na legislação, inclusive alterando a redação do artigo 221 da Lei 6.015, de 31 de dezembro de 1973, a Lei de Registros Públicos. Também o Provimento 139 do CNJ, de 1º de fevereiro de 2023, regulamenta o SERP, o Operador Nacional do Sistema de Registros Públicos – ONSERP, instituindo vários fundos e propiciando novos enfoques para o tema. Como o livro contém as primeiras impressões sobre a Lei 14.382/2022, a repercussão de tais normativas será objeto de uma provável segunda edição.

Agradeço a todos os que colaboraram com esta empreitada e ao meu assessor Jonathan Gisley da Cunha, pela prestimosa organização de que se desincumbiu a contento. E boa leitura a todos. Aguardamos suas imprescindíveis críticas.

São Paulo, verão/outono de 2023.

JOSÉ RENATO NALINI

SUMÁRIO

1. **CONSIDERAÇÕES SOBRE A LEI Nº 14.382/2022** 1
   Ademar Fioranelli e Ulysses da Silva

2. **O TERMO DECLARATÓRIO DA UNIÃO ESTÁVEL – DA MATERIALIZAÇÃO DO INSTRUMENTO AOS EFEITOS JURÍDICOS POSSÍVEIS** 11
   Alberto Gentil de Almeida Pedroso
   1. Procedimento para instrumentalizar o termo declaratório 13
   2. O conteúdo jurídico que pode ser mencionado no termo declaratório, em princípio, pode ser 14

3. **EXTRATOS NOTARIAIS E "PRIVADOS" NA LEI 14.382/2022: UMA ANÁLISE SEGUNDO OS PRINCÍPIOS DO SISTEMA REGISTRAL IMOBILIÁRIO** 17
   Alexandre Gonçalves Kassama
   1. Introdução 17
   2. Da tramitação legal 17
   3. A função do sistema registral imobiliário 20
   4. A função notarial nas transações imobiliárias 24
   5. Os extratos para registro 28
   4. Conclusão 32
   Referências bibliográficas 33

4. **O REGISTRO DA PROMESSA DE PERMUTA COM O ADVENTO DA LEI 14.382/2022** 35
   Bernardo Oswaldo Francez e Amanda Gil
   Referências bibliográficas 39

5. **A "NOTARIZAÇÃO ON-LINE" EM PERSPECTIVA COMPARADA** 41
   Ana Paula Frontini
   1. Introdução 41
   2. A função do notário e o papel da fé-pública notarial 43
      2.1 Um breve resgate histórico da função do notário 43
      2.2. A função do notário no meio digital: a fé pública eletrônica 45

3. A "notarização on-line" no direito comparado 46
      3.1 Portugal 47
      3.2 Estados Unidos da América 48
      3.3 Brasil 50
   4. Considerações finais 53
   Referências bibliográficas 54

6. A BUROCRACIA NO BRASIL E SEUS EFEITOS SOBRE O DESENVOLVIMENTO ECONÔMICO 57
Carlos Antônio Luque e Eduardo Zylberstajn
   1. Introdução 57
   2. A burocracia no Brasil 58
   3. A Lei 14.382/2022 sob a ótica econômica 62
   4. Considerações finais 64
   5. Referências 64

7. AVALIAÇÃO DE RISCO DE CRÉDITOS EM RECEBÍVEIS IMOBILIÁRIOS E A LEI 14.382/2022 65
Celso Maziteli Neto e Leonardo Brandelli
   Introdução 65
   1. A publicidade registral imobiliária como repositório fundamental para a qualidade do crédito imobiliário 67
      A inadequação do art. 22, § 2º, da Lei nº 10.931/2004 68
   2. A problemática do Projeto de Lei 4.188/2021 69
      A Mers, Inc. aos olhos de Cassandra 71
      Securitização no Brasil 73
      A imperfeita avaliação de risco de crédito nas finanças lastreadas em recebíveis imobiliários e a crise do subprime 81
      A Emenda 11 ao PL 4.188/2021 e sua influência na análise do risco de crédito em ativos imobiliários securitizados 86
   Conclusão 88
   Referências bibliográficas 90

8. LEI 14.382/2022: DIREITO À BUSCA DA FELICIDADE E ALTERAÇÃO IMOTIVADA DE NOME 93
Deborah Ciocci e Leila Rafaela Aparecida de Souza
   Introdução 93
   Direito à felicidade ou direito à busca da felicidade 94

Nome.. 97

Renomear-se... 98

A alteração posterior de sobrenome.. 104

Conclusão... 108

Referências bibliográficas.. 108

9. A TOKENIZAÇÃO DE ATIVOS IMOBILIÁRIOS COMO ALIADA PARA A REALIZAÇÃO DOS OBJETIVOS DA LEI Nº 14.382/22, AUXILIANDO NA MODERNIZAÇÃO, DESBUROCRATIZAÇÃO E FACILITAÇÃO DO SISTEMA DE REGISTRO DE IMÓVEIS NO BRASIL.. 111

REBECA STEFANINI PAVLOVSKY e FERNANDO AWENSZTERN PAVLOVSKY

1. Breve delineamento do tema... 111
2. *Blockchain*: o que é.. 113
3. A tokenização de ativos imobiliários: propriedade digital que não se confunde com propriedade real.. 115
4. Conclusão.. 117
5. Referências bibliográficas... 118

10. PROCEDIMENTOS EXTRAJUDICIAIS DE ADJUDICAÇÃO COMPULSÓRIA E DE CANCELAMENTO DE COMPROMISSO DE COMPRA E VENDA DE IMÓVEIS – MAIS UM PASSO PARA A DESJUDICIALIZAÇÃO.................. 121

GEORGE TAKEDA

1. Introdução... 121
2. Adjudicação compulsória extrajudicial............................... 121
3. Inexigibilidade do prévio registro do compromisso.......... 122
4. Legitimidade ativa para o pedido de adjudicação............. 122
5. Instrumentos de promessa de compra e venda, cessão e sucessão........... 123
6. Comprovação do inadimplemento....................................... 124
7. Quitação, comprovação da inexistência de litígio e do pagamento do Imposto de Transmissão (ITBI)... 125
8. Ocorrência de impugnação... 126
9. Deferimento da adjudicação... 126
10. Cancelamento do compromisso de compra e venda......... 126
11. Registro do compromisso de compra e venda................... 127
12. Intimação para o pagamento... 127
13. Purgação da mora.. 128
14. Cancelamento do registro da promessa de compra e venda............. 128
15. Reintegração de posse... 129

11. O ART. 68 DA LEI 4.591, DE 1964, COM AS ALTERAÇÕES DA LEI 14.382, DE 27 DE JUNHO DE 2022 131
Hélio Lobo Júnior

1. Introdução 131
2. O artigo 68 antes da alteração 131
3. A atual redação do artigo 68 134
4. Considerações sobre a nova figura jurídica 136
   - 4.1. Aspectos registrários 136
   - 4.2. O parcelamento antecedente e suas fases 137
   - 4.3 A incorporação do conjunto imobiliário e a matrícula do parcelamento 139
   - 4.4 O Patrimônio de Afetação 140
   - 4.5 As custas e emolumentos 140
5. Considerações finais 140

12. QUALIFICAÇÃO REGISTRAL IMOBILIÁRIA, EXTRATOS ELETRÔNICOS E O FEITIÇO DA TECNOLOGIA 143
Jéverson Luís Bottega

1. Reflexões iniciais e apresentação do problema 143
2. O que é isto, a qualificação registral? 144
3. Extratos eletrônicos: notas conceituais 151
4. Qualificação registral imobiliária e extratos eletrônicos: o elemento hermenêutico e o necessário ajuste (*fit*) dworkiniano 155
5. Reflexões finais e os limites da tecnologia 158
6. Referências bibliográficas 160

13. ART. 246 DA LEI Nº 6.015/1973, COM A REDAÇÃO DADA PELA LEI Nº 14.382/2022 161
João Pedro Lamana Paiva

14. A LEI 14.382 DE 2022 E SEUS REFLEXOS NO INSTITUTO DA PRENOTAÇÃO 167
José Renato de Freitas Nalini

Um lugar distante 167
A Lei 6.015 de 1973 e o anseio pelo padrão registral 168
A Lei 14.382 de 2022 168
O registro de imóveis 169
Algo sobre a qualificação 171

Como a Lei 14.382/2022 alterou o instituto da prenotação?............ 172
Existem títulos que devem ser antecipados.. 175
Devolvendo o título por falta de pagamento dos emolumentos........ 176
Outras hipóteses de prorrogação da prenotação.................................. 179
A publicidade da prenotação... 181
Incentivo ao tráfego de documentos eletrônicos................................... 181
Podem ser extraídas algumas conclusões... 183
Referências bibliográficas... 184

15. DELEGAÇÕES EXTRAJUDICIAIS: O QUE AINDA ESTÁ PARA VIR?........... 185
José Renato Nalini

16. REGISTROS PÚBLICOS: ALTERAÇÕES DA LEI 14.382/22 SOBRE O ASSENTO DO NASCIMENTO................... 195
Leticia Fraga Benitez e Marcelo Benacchio

17. OS EXTRATOS ELETRÔNICOS E O REGISTRO DE IMÓVEIS............. 209
Marcelo Augusto Santana de Melo

Introdução.. 209
Natureza jurídica dos extratos eletrônicos... 210
A origem normativa dos extratos eletrônicos.. 211
Sistema registrário brasileiro... 212
Antinomia jurídica... 214
A competência para a realização do extrato.. 216
O extrato eletrônico como aparência frágil de um título.................... 218
Conclusão.. 219
Referências bibliográficas... 220

18. LEI DOS REGISTROS PÚBLICOS: O QUE MUDOU?........................... 223
Maria Berenice Dias

1. Alcance das alterações... 223
2. Nome.. 224
3. Habilitação para o casamento.. 226
4. Casamento e união estável.. 227
5. Conversão da união estável em casamento................................... 228
6. Enfim.. 229

19. SOBRE A NÃO OBSERVÂNCIA DO ART. 9º DA LEI DE REGISTROS PÚBLICOS........... 231
Paulo Antonio Canali Campanella

20. NOME DA PESSOA NATURAL 237
Paulo Dias de Moura Ribeiro
1. Introdução 237
2. Objetivo dos direitos da personalidade 238
3. Direito à identidade 238
4. Elementos constitutivos do nome 239
5. Proteção do nome 240
6. As alterações da Lei nº 14.382, de 27 de junho de 2022 242
7. Enunciados aprovados na I Jornada de Direito Notarial e Registral 244
8. Conclusão 246
9. Referências bibliográficas 246

21. A INCONVENIÊNCIA DO TERMO DECLARATÓRIO DE UNIÃO ESTÁVEL – LEI 14.382, DE 27 DE JUNHO DE 2022 247
Priscila de Castro Teixeira Pinto Lopes Agapito e Camilla Gabriela Chiabrando Castro Alves
1. Introdução 247
2. Das normas regulamentadoras da matéria em estudo 247
3. Da atividade notarial e registral 248
    3.1. Da atividade registral 248
    3.2 Da atividade notarial 252
4. União estável 255
    4.1 Da natureza jurídica da união estável 256
5. Conclusão 258
6. Referências bibliográficas 259

22. A UNIÃO ESTÁVEL NA DINÂMICA DA LEI Nº 14.382 DE 2022: REGISTRO DE UNIÃO ESTÁVEL, CONVERSÃO DE UNIÃO ESTÁVEL EM CASAMENTO E ALTERAÇÕES DE SOBRENOME EM DECORRÊNCIA DA UNIÃO ESTÁVEL 261
Renata Honório Ferreira Camargo Viana e Priscila Domingues Mendes de Oliveira

Introdução 261
1. As famílias brasileiras e a evolução do instituto da união estável 262
2. O Registro da União estável no Registro Civil das Pessoas Naturais – RCPN 264
    2.1. As razões históricas da faculdade do registro da união estável no Livro E do RCPN: a vanguarda bandeirante na proteção dos direitos das famílias homoafetivas 264

2.2.	Alterações legislativas trazidas pela Lei nº 14.382 de 2022 ao registro de união estável no RCPN	267
3.	Registro da conversão da união estável em casamento............................	273
4.	Demais alterações relacionadas à união estável no âmbito do RCPN impostas pela Lei 14.382/2022	275
Conclusão		276
Referências bibliográficas		277

23. OS TERMOS DECLARATÓRIOS E DE DISTRATO DE UNIÃO ESTÁVEL (LEI 14.382, DE 27/06/2022 – ART. 94-A DA LEI DE REGISTROS PÚBLICOS).. 279

Regina Beatriz Tavares da Silva

1.	Considerações iniciais	279
2.	A função notarial e a função registral. Competências distintas	281
3.	Equiparação dos efeitos do casamento e da união estável. Aplicação na união estável das disposições gerais do Código Civil sobre a forma do pacto e sobre os regimes de bens do casamento..	283
4.	O distrato de união estável	288
5.	O suporte dos termos previstos no art. 94-A da LRP e os respectivos emolumentos	289
6.	Considerações finais	290
Referências bibliográficas		290

24. ASSINATURAS ELETRÔNICAS E O PODER REGULAMENTADOR DA CORREGEDORIA NACIONAL DE JUSTIÇA DO CONSELHO NACIONAL DE JUSTIÇA 291

Ricardo Campos

1.	Introdução	291
2.	O regime jurídico da assinatura eletrônica no Brasil	292
	2.1 Conceitos, espécies e aplicabilidade das assinaturas eletrônicas	292
	2.2 Equivalência legal: entre a assinatura manuscrita e a assinatura eletrônica qualificada	294
	2.3 A assinatura eletrônica na legislação brasileira	295
3.	A Lei n.º 14.382/2022 e a instabilidade criada para as relações econômicas de longo prazo	297
	3.1 A atuação da Corregedoria Nacional de Justiça do Conselho Nacional de Justiça	298
4.	Considerações finais	300
Referências bibliográficas		301

25. O REGISTRO PÚBLICO – SER OU DEIXAR DE SER, EIS A QUESTÃO 303
Ricardo Henry Marques Dip

26. IMPACTOS DA LEI 14.382/2022 NOS COMPROMISSOS DE COMPRA E VENDA: ADJUDICAÇÃO COMPULSÓRIA E RESCISÃO EXTRAJUDICIAIS .. 309
Ricardo Felício Scaff

Introdução 309
Evolução da irretratabilidade dos compromissos de compra e venda 310
Conclusão 321
Referências bibliográficas 321

27. A ATA NOTARIAL DE ADJUDICAÇÃO COMPULSÓRIA EXTRAJUDICIAL E A PRÁTICA NOS CARTÓRIOS DE NOTAS DE ACORDO COM A LEI 14.382/2022 323
Rodrigo Reis Cyrino

1. Notas introdutórias 323
2. A adjudicação compulsória extrajudicial 324
3. A adjudicação compulsória nos cartórios de notas e a lavratura da ata notarial 333
4. Modelo de ata notarial de adjudicação compulsória extrajudicial 335
5. Conclusão 338
6. Referências bibliográficas 338

28. SISTEMA ELETRÔNICO DOS REGISTROS PÚBLICOS: TECNOLOGIA E DESJUDICIALIZAÇÃO 341
Rogério Medeiros Garcia de Lima

I – Introdução 341
II – Revolução 4.0 342
III – Internet e direitos fundamentais 344
IV – Poder Público e novas tecnologias 345
V – Serviços notariais e de registro 347
VI – Origem histórica 350
VII – A Lei nº 14.382/2022 354
VIII – Desjudicialização 357
IX – Substrato ético 361
X – Conclusão 363
Referências bibliográficas 364

29. EXTRATOS, TÍTULOS E OUTRAS NOTÍCIAS– PEQUENAS DIGRESSÕES ACERCA DA REFORMA DA LRP (LEI 14.382/2022) 369

Sérgio Jacomino

Civil law X *Common law* 370

Insegurança jurídica entra – insegurança jurídica sai. 373

A infovia notarial 375

Questão lateral: instrumentos particulares extratados por tabeliães 376

Afinal, o que são "extratos"? 376

Habemus legem 379

O que são títulos? O que são instrumentos? 380

Os registradores têm consciência desta viragem paradigmática? 383

Conclusão 384

30. ART. 176 DA LEI Nº 6.015/1973, COM A REDAÇÃO DADA PELA LEI Nº 14.382/2022 387

Tiago Machado Burtet

1
CONSIDERAÇÕES SOBRE A LEI Nº 14.382/2022

ADEMAR **F**IORANELLI

ULYSSES DA **S**ILVA

A Lei 14.382, de 27 de junho de 2022, confirmando, com alguns vetos, a Medida Provisória 1.085, de 2021, e ampliando a iniciativa contida no art. 37 da Lei 11.977, de 7 de julho de 2009, dispõe sobre o Sistema Eletrônico dos Registros Públicos (Serp) e se propõe a modernizar e simplificar os procedimentos registrais estabelecidos pelas Leis 6.015/73 e 4.591/64.

Embora elogiável a intenção dos legisladores de modernizar e simplificar as leis citadas, verifica-se que alguns de seus dispositivos merecem a nossa atenção, como veremos no decorrer da exposição.

Antes, porém, vale a pena recordar que um dos primeiros, talvez o primeiro encaminhamento eletrônico de um documento ao registro imobiliário, ocorreu com a Lei Complementar 118, de 9 de fevereiro de 2005, que acrescentou o art.185-A ao Código Tributário, disciplinado pela Lei 5.172, de 25 de outubro de 1966.

Essa lei facultava, ao juiz que presidisse ação fiscal, determinar a indisponibilidade de bens ou direitos de devedor tributário, *preferencialmente por meio eletrônico*. Desnecessário dizer que os registros imobiliários foram pegos de surpresa e despreparados para o enfrentamento de tal situação.

Somente mais tarde, a Lei 11.977, de 7 de julho de 2009, alterada pelas Leis 12.249, de 2010, 12.424, de 2011, e 12.693, de 2012, regulamentada parcialmente pelos Decretos 7.499, de 2011, 7.795 e 7.825, de 2012, autorizou os serviços de registros públicos a instituir o sistema de registro eletrônico e passou a permitir a recepção de títulos e o fornecimento de certidões e informações via internet.

Tardiamente, o Código de Processo Civil autorizou, no art. 837, o ingresso eletrônico da penhora no registro imobiliário, obedecidas as normas de segurança instituídas, sob critérios uniformes, pelo Conselho Nacional de Justiça, como dispõe o art. 196.

Dissemos tardiamente porque antes os serviços registrais do Estado de São Paulo já contavam com autorização, não só para o recebimento da penhora, como, também, do arresto, do sequestro e da conversão do arresto em penhora, como consta do item 330 das Normas Extrajudiciais da Corregedoria Geral da Justiça.

Estendendo a utilização do sistema eletrônico na área do Judiciário, os legisladores do CPC, tornaram possível a utilização do sistema eletrônico como meio de comunicação em sua área, como se vê do art. 236, § 3º.

Em consequência, o CPC passou a admitir a prática de atos processuais por meio de videoconferência ou outro recurso tecnológico de transmissão de sons ou imagens em tempo real e, nos arts. 439 e 441, a permissão da utilização de documentos eletrônicos.

Entrando, agora, depois dessa breve introdução, na apreciação das alterações introduzidas no sistema registral, cumpre salientar que, depois de abordar, no artigo 3º, os objetivos, responsabilidades dos registradores, observância dos padrões e requisitos dos documentos, além da conexão e do funcionamento estabelecido pela Corregedoria Nacional do Conselho Nacional de Justiça, a Lei 14.382, de 2022, sob análise, pretende garantir a segurança da informação e a continuidade da prestação do serviço dos registros públicos.

Assim é que, para os objetivos previstos, ela, a lei analisada, dispõe, no § 4º do mesmo art. 3º, que o Serp será operado por pessoa jurídica de direito privado, sem fins lucrativos, nos termos estabelecidos pela Corregedoria Nacional de Justiça do Conselho Nacional de Justiça.

Esclarece o art. 4º, a propósito dessa medida, que compete aos oficiais dos registros públicos promover a implantação e o funcionamento adequado do Serp, também nos termos que forem determinados pela mesma Corregedoria, acrescentando, o § 1º que é obrigatória a adesão ao Serp dos registradores.

Cabendo, como se vê, aos registradores, a incumbência de promover, não só a implantação, mas, também, o funcionamento adequado do Serp, a solução encontrada para tal fim, foi a criação, nos termos do art. 5º, do Fundo para a Implantação e Custeio do Sistema Eletrônico dos Registros Públicos (Fics), subvencionado pelos próprios registradores, respeitado o disposto no § 9º do art. 76 da Lei 13.465, de 11 de julho de 2017.

Acrescenta a lei analisada, no § 1º, que caberá à Corregedoria Nacional de Justiça do Conselho Nacional de Justiça, disciplinar a instituição da receita do Fics, estabelecer as cotas de participação dos registradores, fiscalizar o recolhimento delas e supervisionar a aplicação dos recursos e despesas incorridas.

A propósito do contido nos dispositivos mencionados, o § 2º aduz que os oficiais de registros públicos ficam dispensados de participar da subvenção do Fics na hipótese de desenvolverem e utilizarem sistemas e plataformas interoperáveis necessários para a integração plena dos serviços de suas delegações ao Serp, sempre nos termos estabelecidos pela Corregedoria Nacional de Justiça do Conselho Nacional de Justiça.

Chegando a este ponto, é oportuno levantar a questão da segurança e eficiência dos registros públicos, antes de prosseguirmos.

Se considerarmos que, em um país como o Brasil, de dimensões imensas e regiões díspares, algumas com difícil acesso de comunicação, inclusive eletrônica, veremos que não será fácil manter um serviço eficiente e seguro, em face das dificuldades enfrentadas por registradores das regiões mais afastadas e menos desenvolvidas, que não devem dispor de equipamento que mereça confiança.

Meditando sobre esse ponto, parece-nos que a Corregedoria Nacional de Justiça e as corregedorias estaduais, deverão estudar o problema e buscar solução condizente com a proposta da lei sob exame, o que acreditamos irão fazer, sob pena de não termos um Serp tão integrado como desejado.

Prosseguindo, a lei analisada dispõe, na Seção III do Capítulo II, sobre extratos eletrônicos para registro e averbação. Ela determina, em consequência, que os oficiais dos registros públicos, quando cabível, receberão dos interessados, por meio do Serp, nos termos do art. 6º, os citados extratos, acrescentando o § 1º que, na hipótese prevista, o registrador qualificará o título pelos elementos, cláusulas e condições constantes do extrato eletrônico.

A MP 1.162, de 2023 (MCMV), recentemente publicada, introduziu pequena reforma sobre o extrato eletrônico ao prever a faculdade, pelas instituições financeiras que atuam com crédito imobiliário, da utilização do sistema de meros extratos para consumação do registro do título, ou seja, o título será qualificado pelos elementos, cláusulas e condições constantes do extrato eletrônico, não mais pela integralidade do título, em profunda mudança de padrão na qualificação a ser feita pelo registrador imobiliário.

Acrescenta a lei analisada, como informa o inciso VIII do artigo 7º, competir, à Corregedoria Nacional de Justiça, a atribuição da definição do extrato eletrônico, cabendo lembrar, a propósito, que o encaminhamento, ao Registro Imobiliário, de títulos acompanhados de extratos, foi abolido há muito tempo, com a entrada em vigor do Decreto 4.857/39, tendo em vista que é ao registrador, após a qualificação do título apresentado, que cabe a elaboração do extrato, assim designado como o resumo útil do contido no título a constar do registro ou da averbação.

Relativamente ao fato de que o extrato eletrônico, referido no citado art. 6º, será encaminhado ao registrador **quando cabível,** o que equivale a dizer que será enviado apenas em determinadas situações, pensamos que a Corregedoria Nacional de Justiça deverá esclarecer as razões de tal medida e que situações são essas. Seja como for o caso deixa pendentes algumas dúvidas.

Em um artigo intitulado *Extratos, títulos e outras notícias. Pequenas digressões acerca da reforma da LRP (Lei 14.382/22),* publicado na rede social, coluna Migalhas Notariais e Registrais, Sérgio Jacomino comenta o tema longamente, com seu costumeiro brilhantismo. Recomendamos a leitura de sua exposição e não temos dúvida, de que ela poderá servir de parâmetro para a tomada, por nossa classe, de iniciativa, junto à Corregedoria Nacional da Justiça, com o objetivo de evitar que ela dê ao termo *extrato* definição inadequada, levando em conta que *extrato* também pode ser sinônimo de cópia ou reprodução.

Além de explicitar como, quando e por que razão deverá ser apresentado o extrato eletrônico, a Corregedoria Nacional de Justiça deve considerar que o Serp tem por objetivo viabilizar a recepção e o envio de documentos e **títulos** às serventias de registros públicos, como consta do art. 3º, inciso V da lei sob análise, confirmando o que já previa a Lei 6.015/73.

É de se ponderar, ainda, que a Corregedoria Nacional de Justiça, caso decida pelo envio de extrato, aqui entendido como resumo, não poderá deixar de enviar junto o respectivo título, tendo em vista que é função do registrador imobiliário assegurar a validade e a garantia dos atos praticados, para cujo fim a ele cabe o direito e a obrigação de examinar o conteúdo do título por inteiro, a menos, naturalmente, que os autores da lei analisada pretendam aproveitar a criação do Serp e do Fics para transformar o oficial de registros públicos em mero escriturário.

Com o objetivo de simplificar o serviço registral, como informa a lei analisada, o § 3º do mesmo art. 6º dispõe que *será dispensada, no âmbito do registro de imóveis, a apresentação da escritura de pacto antenupcial, desde que os dados de seu registro e o regime de bens sejam indicados no extrato eletrônico de que trata o* caput*, com a informação sobre a existência ou não de cláusulas especiais.*

Parece-nos um tanto confusa a redação desse dispositivo, quando diz que a dispensa da apresentação da escritura de pacto antenupcial será concedida se no extrato eletrônico já constarem os dados de seu registro. A que registro o legislador se refere? Do registro de imóveis ou do registro civil? Se for do registro imobiliário, não faz sentido, mesmo que tenha sido realizado em outra serventia. Se for do registro civil, além de se alinhar com a ideia central do extrato eletrônico, a alteração suprime a prática de um ato integrante do rol dos atos registráveis do art. 167 da Lei 6.015.

A Seção IV do Capítulo II dispõe sobre a competência da Corregedoria Nacional de Justiça, esclarecendo que lhe cabe disciplinar o disposto nos artigos 37 e 41 da Lei 11.977, de 7 de julho de 2009, assim como o disposto na lei ora sob análise, providência que esperamos seja tomada com brevidade, em face da importância do assunto.

Entre os dispositivos integrantes dessa seção, que serão disciplinados pela Corregedoria Nacional de Justiça, merece atenção o inciso IV do art. 7º, que se refere à *forma de certificação eletrônica da data e da hora do protocolo dos títulos para assegurar a integridade da informação e a ordem de prioridade das garantias sobre bens móveis e imóveis constituídas nos registros públicos.*

A novidade nesse dispositivo é a inclusão da hora na certificação aludida, o que implica a necessidade de sua menção prévia na protocolização de todos os títulos apresentados, sendo de se reconhecer que a medida aperfeiçoa o disposto no art. 186 da Lei 6.015, assim como o prescrito nos arts. 190, 191 e 192, no caso de apresentação de títulos contraditórios, apesar de que a prioridade já é determinada pelo número de ordem protocolar.

Também merece atenção o disposto no art. 9º da Seção V, relativa ao acesso às bases de dados de identificação. Ele dispõe sobre as regras para a verificação de identidade dos usuários que *poderão ser acessadas, a critério dos responsáveis pelas referidas bases de dados, desde que previamente pactuado por tabeliães e oficiais dos registros públicos, observado o disposto nas Leis 13.709, de 14 de agosto de 2018 (Lei Geral de Proteção de Dados Pessoais) e 13.444, de 11 de maio de 2017.*

O Capítulo III da lei analisada, relativo às alterações da legislação correlata, dispõe, no art. 10, que a Lei 4.591, de 16 de dezembro de 1964, passa a vigorar com as alterações ali relacionadas.

Inclui-se, entre os dispositivos alterados, o art. 31-E, cujos termos foram mantidos com acréscimo dos parágrafos 1º, 2º, 3º e 4º.

O § 1º dispõe que, *na hipótese do inciso I do caput, uma vez averbada a construção, o registro de cada contrato de compra e venda ou de promessa de venda, acompanhado do respectivo termo de quitação da instituição financiadora da construção, importará a extinção automática do patrimônio de afetação em relação à respectiva unidade, sem necessidade da averbação específica.*

Por sua vez, estabelece o § 2º que, *por ocasião da extinção integral das obrigações do incorporador perante a instituição financiadora do empreendimento e após averbação da construção, a afetação das unidades não negociadas será cancelada mediante averbação,* **sem conteúdo financeiro,** *do respectivo termo de quitação na matrícula matriz do empreendimento ou nas respectivas matrículas das unidades eventualmente abertas.*

Prescreve o § 3º que *a extinção do patrimônio de afetação nas hipóteses do inciso I do caput e do § 1º desse artigo não implica a extinção do regime de tributação instituído pelo art. 1º da Lei 10.931, de 2 de agosto de 2004.*

O § 4º determina que, após a denúncia da incorporação, *proceder-se-á ao cancelamento do patrimônio de afetação, mediante o cumprimento das obrigações previstas neste artigo, no art. 34 desta lei e nas demais disposições legais.*

Relativamente ao disposto no § 1º, trata-se, como se nota, de medida destinada a simplificar o procedimento registral, convindo, porém, deixar claro, que, embora a averbação de construção implique a extinção do patrimônio de afetação, quanto à unidade alienada, o cancelamento dela se efetiva com o registro do respectivo contrato.

É de se esclarecer, entretanto, que, no caso de apresentação do termo de quitação somente após a realização da averbação de construção, o cancelamento do patrimônio de afetação somente será declarado extinto por meio de outra averbação.

No § 2º, como parece ter ficado claro em sua redação, a novidade é que os emolumentos devidos pelas averbações ali previstas não poderão ser calculados sobre o valor do termo de quitação ali referido. No caso do § 4º, além das recomendações ali mencionadas, é de se notar que o disposto no art. 34 da Lei 4.591/64 foi mantido.

Com o objetivo, também, de simplificar o registro da incorporação, o § 6º do art. 32, reduziu, de 15 (quinze) para 10 (dez) dias úteis, não só o prazo para o registrador apresentar por escrito, todas as exigências que julgarem necessárias, como, também, o prazo para efetuar o registro e fornecer a certidão comprobatória, acompanhada da segunda via, autenticada, da documentação, quando apresentada por meio físico, com exceção dos documentos públicos.

A alteração introduzida limita-se, como se nota, à redução dos prazos para qualificação e registro da incorporação imobiliária, cumprindo, no entanto, recordar que, em São Paulo, os prazos para registro dos títulos em geral já haviam sido reduzidos por determinação da Corregedoria-Geral de Justiça do Estado.

Outra medida, que se revela útil, destinada, como está, a esclarecer os procedimentos registrais no caso de incorporações, é a introduzida no § 14, também do art. 32, dispondo, como passa a dispor, que, quando demonstrar de modo suficiente o estado do processo e a repercussão econômica do litígio, a certidão esclarecedora da ação cível ou penal poderá ser substituída por impressão do andamento do processo digital.

Questão polêmica, levantada pelo § 15, introduzido no art. 32, é a que envolve a natureza do ato registral a praticar, no caso de instituição e especificação de condomínio, quando existir prévia incorporação. Isso porque, a citada disposição legal estabelece que o registro do memorial de incorporação e da instituição do condomínio sobre frações ideais constitui ato registral único.

Sobre esse ponto, cabe lembrar que, logo após a entrada em vigor da Lei 4.591/64, a natureza do ato a praticar, no caso de instituição do condomínio, passou a ser estudado e discutido por registradores de todo o Brasil, tendo em vista comportar interpretações contraditórias o texto legal, especialmente devido às contradições existentes entre os arts. 7º e 44.

O primeiro desses artigos estabelece que *o condomínio por unidades autônomas instituir-se-á por ato entre vivos ou por testamento, com inscrição obrigatória no registro de imóveis*, dispondo o art. 44 que, *após a concessão do "habite-se", o incorporador deverá requerer a averbação de construção das edificações, para efeito de individualização e discriminação das unidades autônomas.*

O cerne da questão levantada encontrava-se na dúvida, muito explorada pelos autores, que envolve o momento em que nasce ou é instituído o condomínio. Havia quem defendia a tese de que, com a realização da averbação de conclusão da obra, não havia necessidade do registro da instituição, com suporte no argumento de que a incorporação já é uma forma de instituir o condomínio.

Apesar, entretanto, da razoabilidade do citado argumento, mais de uma vez o assunto foi objeto de decisões do Conselho Superior da Magistratura e da Corregedoria Geral da Justiça do Estado de São Paulo, e todas elas confirmaram a obrigatoriedade do registro pelas seguintes razões:

1) *a incorporação é procedimento efêmero, válido enquanto não terminada a obra, criado para garantir, a eventuais compradores, a entrega de suas unidades prontas e acabadas;*
2) *as unidades autônomas só entram para o mundo jurídico com o registro da instituição.*

Surpreende, portanto, tal alteração, os registradores de todo o Brasil. Infelizmente, como mais de uma vez já vimos, a má redação das leis, geralmente por falta de conhecimento técnico da prática e da natureza dos atos registrais, é a causa de polêmicas.

Abordando, ainda, os procedimentos relativos ao registro da incorporação, o art. 33 passou a estabelecer que, *se, após 180 dias da data do registro da incorporação, ela ainda não tiver sido concretizada, o incorporador somente poderá negociar unidades depois de averbar a atualização das certidões e eventuais documentos com prazo de validade vencido a que se refere o art. 32.*

Acrescenta o parágrafo único, introduzido nesse mesmo art. 33, que, *enquanto não concretizada a incorporação, o procedimento de que trata o caput deste artigo deverá ser realizado a cada 180 dias,* prazo esse, acrescentamos nós, que já constava do citado art. 33 da Lei 4.591/64, por inclusão da Lei 4.864, de 29 de novembro de 1.965.

A dúvida que esse dispositivo suscita diz respeito ao número de vezes que o incorporador poderá servir-se da concessão concedida para manter válido o registro. Levando-se em conta, todavia, que o incorporador já dispõe, no art. 34 da mesma Lei 4.591/64, de um prazo de carência, concedido justamente para resguardar-se de eventual falta de interessados na compra de unidades, entendemos que deve haver uma única revalidação, cabendo ao registrador suscitar dúvida no caso de insistência do incorporador em nova solicitação.

Outra notificação extrajudicial foi criada pelo § 1º, acrescentado ao art. 43, de acordo com o qual, ocorrendo a destituição de que tratam os incisos VI e VII do caput, o incorporador será notificado extrajudicialmente pelo oficial do registro de imóveis da circunscrição em que estiver localizado o empreendimento para que, no prazo de 15 (quinze) dias, contado da data da entrega da notificação na sede do incorporador ou no seu endereço eletrônico, para as providências ali relacionadas.

O art. 68, com nova redação, passou a estabelecer que a atividade de alienação de lotes integrantes de empreendimento ou loteamento, quando vinculada à construção de casas isoladas ou geminadas, caracteriza incorporação imobiliária sujeita ao regime da Lei 4.591 e demais normas aplicáveis.

Essa providência vem confirmar o que os registradores já aguardavam há bom tempo, particularmente em se tratando de loteamentos fechados, em que os adquirentes de lotes se obrigam a conservar as áreas comuns, inclusive as de comunicação, equiparados, como já se encontravam às incorporações.

Acrescentados que foram, os §§ 1º, 2º, 3º e 4º, do artigo aludido, enumeram os requisitos necessários para o registro dessa modalidade de incorporação, que deverão ser observados pelos empreendedores e, também, pelos registradores, acrescentando que atos registráveis dos negócios relativos ao empreendimento sujeitam-se às normas da Lei 6.015/73.

O art. 11 da Lei sob análise estabelece que a Lei 6.015/73, passa a vigorar com as alterações ali relacionadas, algumas das quais merecem a nossa atenção.

A primeira delas é a contida no § 1º do art. 9º, segundo o qual serão contados em dias e horas úteis os prazos estabelecidos para a vigência da prenotação, para os pagamentos de emolumentos e para a prática de atos registrais, incluída a emissão de certidões, exceto nos casos previstos em lei e naqueles contados em meses e anos.

Esclarece o § 2º que, para fins do disposto no parágrafo anterior, consideram-se: dias úteis, aqueles em que houver expediente; horas úteis, as horas regulamentares do expediente, sendo que a contagem dos prazos observará os critérios estabelecidos na legislação processual civil.

A novidade, nesse dispositivo, é, como se observa, a introdução de prazos contados em dias úteis e horas, em substituição ao critério anteriormente adotado.

Continuando, o § 6º do art. 19 prescreve que o interessado poderá solicitar a qualquer serventia certidões eletrônicas relativas a atos registrados em outra serventia, por meio do Serp, nos termos estabelecidos pela Corregedoria-Nacional de Justiça do Conselho Nacional de Justiça.

Cumpre salientar, a propósito dessa disposição, que ela vem confirmar uma prática que já era levada a efeito, pelo menos no Estado de São Paulo.

A respeito, ainda, desse ponto, o § 10 dispõe que as certidões, inclusive aquelas previstas no § 6º, serão emitidas nos seguintes prazos:

> *I – 4 (quatro) horas para a certidão de inteiro teor da matrícula ou do livro auxiliar, em meio eletrônico, requerida no horário de expediente, desde que fornecido pelo usuário o respectivo número;*
> *II – 1 (um) dia, para a certidão da situação jurídica atualizada do imóvel; e*
> *III – 5 (cinco) dias para a certidão de transcrições e demais casos.*

Alteração interessante foi introduzida no art. 167, inciso I, que passa a admitir o registro, no item 18, da promessa de permuta de unidades autônomas, a que se refere a Lei 4.591, de 1964 e, no item 30, da promessa de permuta dos demais imóveis.

Essa questão, relativa à possibilidade de registro da promessa de permuta, sempre foi motivo de incertezas, defendida por alguns autores e registradores, mas não aceitável por outros em face da falta de respaldo na lei. É, pois, com satisfação, que recebemos a aludida alteração, que põe fim às discussões em torno do assunto.

Outra alteração que chama a atenção foi incluída no item 30 do inciso II. Com a nova redação, esse item passa a dispor que *a sub-rogação da* dívida, da respectiva garantia fiduciária ou hipotecária e da alteração das condições contratuais, em nome do credor que venha a assumir essa condição, nos termos do art. 31 da *Lei 9.514, de 20 de* novembro de 1997, ou do art. 347 da Lei 10.406, de 10 de janeiro de 2002 (Código Civil), será realizada em ato único, a requerimento do interessado, instruído com documento comprobatório firmado pelo credor original e pelo mutuário, ressalvado o disposto no item 35 deste inciso.

O item 35 do mesmo inciso, a que se reporta o item 30, trata da cessão de crédito ou da sub-rogação de dívida decorrentes de transferência do financiamento com garantia real sobre imóvel, nos termos do Capítulo II-A da Lei 9.514, de 20 de novembro de 1997.

No art. 169, o inciso II, passa a dispor que para imóvel situado em duas ou mais circunscrições serão abertas matrículas em todas as serventias, acrescentando o inciso IV que, aberta matrícula na serventia da situação do imóvel, o oficial comunicará o fato à serventia de origem, para o encerramento, de ofício, da matrícula anterior.

A comunicação à serventia de origem para encerramento da matrícula anterior é medida que vem formalizar providência já tomada por muitos registradores e que ajuda a evitar fraudes.

Ainda quanto à Lei 6.015, o art.188 passou a determinar que, protocolizado o título, proceder-se-á ao registro ou à emissão de nota devolutiva, no prazo de 10 (dez) dias, contado da data do protocolo, salvo nos casos previstos no § 1º deste artigo e nos arts. 189, 190, 191 e 192 desta Lei.

Acrescenta o art. 205, em sua nova redação, que cessarão automaticamente os efeitos da prenotação se, decorridos 20 (vinte) dias da data de seu lançamento no Protocolo, o título não tiver sido registrado por omissão do interessado em atender as exigências legais.

Como se vê, essas alterações constituem mais uma medida destinada à redução de prazos para a prática de atos registrais, o que, como dissemos antes, já vinha sendo feito no Estado de São Paulo, por iniciativa da Corregedoria-Geral de Justiça.

O art. 206-A dispõe que, *quando o título for apresentado para prenotação, o usuário poderá optar pelo depósito do pagamento antecipado dos emolumentos e das custas, ou pelo recolhimento do valor da prenotação e depósito posterior do pagamento do valor restante, no prazo de 5 (cinco) dias, contado da data da análise pelo oficial que concluir pela aptidão para registro.*

O critério adotado pela maioria dos registradores, amparados pela legislação estadual, já é o formalizado pela alteração agora introduzida pela lei analisada. É de se ponderar, entretanto, que, na maioria dos casos, os títulos são apresentados para registro, com prenotação prévia, caso em que, de acordo com a legislação estadual, o depósito integral poderá ser exigido no momento da solicitação.

A propósito do usucapião extrajudicial, o art. 216-A passou a dispor que, no caso de impugnação, em que o oficial deva encaminhar os autos ao juízo competente, caberá ao requerente emendar a petição inicial para adequá-la ao procedimento comum, ficando claro, entretanto, que se tratar de impugnação injustificada, o registrador poderá recusá-la, ressalvado, ao requerente, o direito de solicitar a suscitação de dúvida.

Outra iniciativa importante da nova lei, sob análise, destinada a aliviar o judiciário, tão sobrecarregado como se encontra, é a contida no art. 216-B. Ele introduz, no rol de procedimentos extrajudiciais do registro de imóveis, sem prejuízo de via jurisdicional, a adjudicação compulsória de imóvel objeto de promessa de venda ou de cessão, observado, no que diz respeito à instrução do pedido, o estabelecido no § 1º e especialmente o disposto no inciso II, de acordo com o qual a prova de inadimplemento, caracterizado pela não celebração de transmissão, deverá ser feita no prazo de 15 (quinze) dias, contado da notificação extrajudicial, delegável ao oficial do registro de títulos e documentos.

O inciso III desse mesmo artigo, tendo sido derrubado o veto imposto, reporta-se à necessidade de apresentação de *ata notarial lavrada por tabelião de notas da qual constem a identificação do imóvel, o nome e a qualificação do promitente comprador ou de seus sucessores constantes do contrato de promessa, a prova de pagamento do respectivo preço e da caracterização do inadimplemento da obrigação de outorgar ou receber o título da propriedade.*

Esclarece o § 2º do mesmo artigo 216-B que o pedido de adjudicação compulsória independe de prévio registro dos instrumentos de promessa de compra e venda ou de cessão, como já vem sendo observado no caso de escrituras publicas lavradas em cumprimento a contrato não inscrito, aduzindo a desnecessidade, também, da comprovação de regularidade fiscal do promitente vendedor, o que, a nosso ver, não deixa de ser um risco para o adquirente.

O art. 251-A e o seu § 1º estabelecem que o cancelamento do registro de compromisso de compra e venda será feito, a requerimento do promitente vendedor, após intimação do promitente comprador ou seu representante legal pelo próprio oficial registrador, para pagamento das prestações vencidas e as que estiverem para vencer até a data do pagamento, além dos juros convencionais, correção monetária, tributos e contribuições condominiais, além de outros encargos.

Trata-se, como se vê, de mais uma medida que atribui ao registrador a função de notificador, já exercida, por sinal, no caso de loteamento, com a possibilidade, admitida no § 2º, como já ocorreu em outros casos de procedimentos administrativos, a delegação da realização da diligência de intimação ao oficial do registro civil da comarca de situação do imóvel ou do domicílio de quem deva recebê-la.

O art. 1.358-A do Código Civil, com redação dada pela nova Lei 14.382/2022, sob análise, dispõe, no § 2º, que se aplica, no que couber, ao condomínio de lotes, o disposto sobre condomínio edilício, com as alterações introduzidas, respeitada a legislação urbanística e o regime jurídico das incorporações imobiliárias, tal como trata a Lei 4.591/64, equiparando-se o empreendedor ao incorporador imobiliário.

É de se esclarecer, quanto a esse ponto, que o art. 68 da Lei 4.591/64, com as alterações da nova lei sob exame, por nós antes abordado, já equiparou os loteamentos vinculados à construção de casas às incorporações imobiliárias, ficando claro, dessa forma, que a ideia central do legislador é reforçar o entendimento de que tais parcelamentos envolvem a instituição de condomínio.

Embora essa nova espécie de condomínio esteja subordinada às normas estabelecidas pela Lei 4.591/64, destinado como é à construção de casas residenciais ou prédios comerciais, não custa lembrar que a sua instituição depende da prévia aprovação, pelo Poder Municipal, do parcelamento em lotes, submetido, como se encontra, aos termos da Lei 6.766/79.

Esclarece, bem a propósito, o § 1º do mesmo art. 68, que essa nova modalidade de incorporação poderá abranger a totalidade ou apenas parte dos lotes integrantes do parcelamento, ainda que sem área comum, e que o seu registro deverá ser efetuado na matrícula correspondente ao todo parcelado.

A título de curiosidade, é de se recordar que, antes da introdução do art. 1.358-A no Código Civil, já existiam alguns loteamentos considerados fechados, mas que já constituíam, embora ainda sem regulamentação, verdadeiro condomínio de lotes. Possuíam portaria destinada à monitorar o ingresso de pessoas por funcionários contratados e as ruas e espaços livres internos, embora considerados bens públicos pelo Município, eram conservados pelos próprios condôminos, de acordo com convênio firmado com a Prefeitura Municipal, com recursos arrecadados na forma da convenção estabelecida.

Encerrando, é certo que o sistema eletrônico, agora definitivamente introduzido nos registros públicos pela lei analisada, veio para simplificar os serviços registrais, agilizá-los e possibilitar a comunicação dos atos registrais via internet.

Embora louvando esse grande avanço, é preocupação nossa, assim como deve ser da Corregedoria Nacional de Justiça, a eficiência de um serviço integrado, especialmente a segurança de um arquivo centralizado de dados registrais de todo o país, razão pela qual, como antes já frisamos e agora reiteramos, a atenção, não só da Corregedoria Nacional, mas, também, das corregedorias estaduais, deve estar voltada para a qualidade dos servidores em uso, particularmente nas regiões mais afastadas.

2

O TERMO DECLARATÓRIO DA UNIÃO ESTÁVEL – DA MATERIALIZAÇÃO DO INSTRUMENTO AOS EFEITOS JURÍDICOS POSSÍVEIS

Alberto Gentil de Almeida Pedroso

A Constituição Federal dispõe em seu art. 226 que a família é a base da sociedade, merecendo proteção especial do Estado quanto ao reconhecimento, desenvolvimento e tutela das mais diversas formas de composição da entidade familiar, bem como de seus membros.

Tradicionalmente o casamento era a única forma legítima de arranjo familiar. A Constituição Federal de 1988 ampliou as hipóteses de arranjos afetivos classificados como família (união estável, núcleo monoparental, além do casamento), consagrando uma estrutura paradigmática aberta, fundada no princípio da afetividade – o que proporcionou avanços infraconstitucionais, doutrinários e jurisprudenciais significativos: família anaparental, mosaico ou reconstituída, família unipessoal, família solidária e etc.

Dentre as diversas categorias de família – muitas ainda em formação e desenvolvimento doutrinário, legal e/ou jurisprudencial – merece grande destaque o instituto da união estável, ombreado inúmeras vezes quanto aos seus efeitos jurídicos com o casamento.

A união estável é a união contínua, pública e duradoura, com o objetivo de constituição de família, conforma conceito trazido pelo art. 1.723 do Código Civil.[1] (Karine Boselli, Izolda Andrea Ribeiro e Daniela Mróz – no livro: Registros Públicos, Coord. Alberto Gentil. – 2. ed. – Rio de Janeiro: Forense; Método, 2021. p. 270).

Diversamente do casamento que é obrigatoriamente constituído por um complexo de atos formais previstos rigorosamente em lei (fase de documentação, fase de proclamas, fase de certidão e fase de registro), a união estável decorre apenas da constatação fática da presença dos quatro elementos essenciais indicados no art. 1.723, do Código Civil.

Ou seja, constatando-se na união amorosa entre duas pessoas à publicidade, continuidade, estabilidade e o objetivo de constituir família será reconhecida a união

---

[1] **Código Civil, art. 1.723:** É reconhecida como entidade familiar a união estável entre o homem e a mulher, configurada na convivência pública, contínua e duradoura e estabelecida com o objetivo de constituição de família.

estável, independentemente da existência de um instrumento jurídico ou procedimento de constituição.

É notória a facilitação de criação de núcleo familiar advindo da união estável (modelo adotado por milhares de famílias brasileiras), mas também sua dificuldade de conhecimento por terceiros da nova situação jurídica e todo o universo de implicações (como por exemplo: para o registro de imóveis, para aquisições e alienações de bens, penhoras em ações judiciais, direitos sucessórios e afins).

De todo modo, admitia-se como instrumento declaratório bastante para materialização da união estável a sentença judicial e a escritura pública, facultando-se o ingresso do título no Livro E do RCPN da Sede ou do 1º Subdistrito da Comarca em que os companheiros têm ou tinham sua última residência para alcance de melhor publicidade – conforme Provimento CGJ/SP nº 41/2012 e o Provimento CNJ nº 37/2014[2].

A Lei nº 14.382/2022, de maneira ampliativa e objetivando normatizar a materialização da união estável, introduziu o art. 94-A na Lei de Registros Públicos[3], tipificando três instrumentos declaratórios de união estável, igualmente válidos e de pronta eficácia (independentemente de qualquer regramento administrativo complementar, que ainda que bem-vindo não é um condicionante para utilização): **sentença judicial, escritura pública e o termo declaratório.**

Repise-se que a união estável não prescinde do instrumento jurídico de materialização para alcance dos seus efeitos legais, entretanto há notório benefício aos companheiros, bem como aos terceiros, na confecção de documento com tal propósito, que

---

[2] Provimento nº 37/2014 do Conselho Nacional de Justiça. https://atos.cnj.jus.br/atos/detalhar/2043.

[3] Lei de Registros Públicos – art. 94-A: Os registros das sentenças declaratórias de reconhecimento e dissolução, bem como dos termos declaratórios formalizados perante o oficial de registro civil e das escrituras públicas declaratórias e dos distratos que envolvam união estável, serão feitos no Livro E do registro civil de pessoas naturais em que os companheiros têm ou tiveram sua última residência, e dele deverão constar: I – data do registro; II – nome, estado civil, data de nascimento, profissão, CPF e residência dos companheiros; III – nome dos pais dos companheiros; IV – data e cartório em que foram registrados os nascimentos das partes, seus casamentos e uniões estáveis anteriores, bem como os óbitos de seus outros cônjuges ou companheiros, quando houver; V – data da sentença, trânsito em julgado da sentença e vara e nome do juiz que a proferiu, quando for o caso; VI – data da escritura pública, mencionados o livro, a página e o tabelionato onde foi lavrado o ato; VII – regime de bens dos companheiros; VIII – nome que os companheiros passam a ter em virtude da união estável. § 1º Não poderá ser promovido o registro, no Livro E, de união estável de pessoas casadas, ainda que separadas de fato, exceto se separadas judicialmente ou extrajudicialmente, ou se a declaração da união estável decorrer de sentença judicial transitada em julgado. § 2º As sentenças estrangeiras de reconhecimento de união estável, os termos extrajudiciais, os instrumentos particulares ou escrituras públicas declaratórias de união estável, bem como os respectivos distratos, lavrados no exterior, nos quais ao menos um dos companheiros seja brasileiro, poderão ser levados a registro no Livro E do registro civil de pessoas naturais em que qualquer dos companheiros tem ou tenha tido sua última residência no território nacional. § 3º Para fins de registro, as sentenças estrangeiras de reconhecimento de união estável, os termos extrajudiciais, os instrumentos particulares ou escrituras públicas declaratórias de união estável, bem como os respectivos distratos, lavrados no exterior, deverão ser devidamente legalizados ou apostilados e acompanhados de tradução juramentada.

pode ou ser não registrado no Registro Civil das Pessoas Naturais (também facultativo, mas importantíssimo para fins de publicidade e amplo conhecimento de terceiros).

Dentre as três figuras de instrumentalização da união estável, incluídas no art. 94-A da Lei de Registros Públicos, a única ainda não experimentada por muitos na prática e que merece destaque, no presente trabalho, é o inovador termo declaratório confeccionado perante o Registrador Civil das Pessoas Naturais.

Em linhas gerais, conceitua-se o termo declaratório de união estável confeccionado pelo Registrador Civil das Pessoas Naturais como o instrumento de concentração da declaração de vontade, livre e consciente, dos companheiros, no tocante a existência de união amorosa pública, continua, estável e com o objetivo de constituir família, facultando-se o acréscimo de incrementos de funcionamento do já estabelecido núcleo familiar – nos termos e direitos conferidos pela legislação civil.

Dentre os diversos aspectos relevantes sobre o termo, dois são os temas que aqui merecem maior atenção: 1. O procedimento para instrumentalizar o termo declaratório; 2. O conteúdo jurídico que pode ser mencionado no termo declaratório.

1. PROCEDIMENTO PARA INSTRUMENTALIZAR O TERMO DECLARATÓRIO

a) Inicialmente, cabe aos companheiros, devidamente qualificados (com apresentação de documentos válidos e atualizados), formular pedido conjunto, pessoalmente ou por meio de procuradores constituídos, solicitando a confecção do termo declaratório de união estável perante qualquer Registro Civil das Pessoas Naturais do país – abertura louvável de atuação ao Ofício da Cidadania, ante a sua presença na integralidade dos Municípios brasileiros e confiabilidade do serviço público prestado à sociedade. Os companheiros deverão declarar a existência de união amorosa pública, continua, estável e com o objetivo de constituir família (nos termos do art. 1.723, do CC), facultando-se acréscimos de funcionamento do núcleo familiar quanto a contribuição econômica de cada um para gestão familiar, disposições patrimoniais em geral, nome que passam a adotar em virtude da união estável – declarações particulares permitidas com base no princípio da autonomia da vontade, desde que não colidentes com o sistema legal vigente.

b) Recebido o pedido caberá ao Registrador Civil das Pessoas Naturais qualificar a vontade declarada e confeccionar o termo de declaração de união estável. O ato de qualificação (atividade típica dos registradores) deverá observar os limites legais para tanto, ou seja, constatação sobre a possibilidade da confecção do termo, ante as limitações do art. 94-A, parágrafo primeiro, da LRP (que apesar de fazer referência apenas ao ato de registro deve ser utilizado também para confecção do termo declaratório), além do exame sobre a possibilidade legal das demais declarações desejadas quanto ao nome, efeitos patrimoniais pretendidos e afins. Positivamente qualificado o documento apresentado o Registrador Civil confeccionará o termo declaratório de união estável (entregando aos companheiros o instrumento); do contrário, caberá ao Registrador Civil apresentar nota devolutiva recusando a confecção do termo, apontando as falhas do pedido inicial dos apresentantes-companheiros.

2. O CONTEÚDO JURÍDICO QUE PODE SER MENCIONADO NO TERMO DECLARATÓRIO, EM PRINCÍPIO, PODE SER

a) declaração sobre o momento de início da união estável;
b) declaração e reconhecimento de filhos advindos da união estável (o que pode ocorrer por qualquer instrumento público ou particular, nos termos da Lei nº 8.560/92, art. 1º, II);
c) declaração quanto ao nome que os companheiros passam a adotar em virtude da união estável;
d) declaração sobre os efeitos patrimoniais aplicáveis aos companheiros.

Vale mencionar que o art. 94-A da Lei de Registros Públicos não impôs a presença e assessoramento do advogado para solicitação de confecção do termo declaratório pelos companheiros perante o Registro Civil. Ainda que recomendável a consulta prévia a um profissional de confiança dos interessados, a ausência de obrigatoriedade não é uma anomalia ao sistema extrajudicial, pois diversos são os procedimentos administrativos que não exigem o advogado – como por exemplo: pedido de retificação de nome, pedido de consolidação de propriedade resolúvel na alienação fiduciária em garantia; pedido de retificação imobiliária; pedido de habilitação de casamento, pedido de registro ou averbação de título no Registro de Imóveis; pedido de suscitação de dúvida ou mesmo a impugnação na dúvida; tampouco a maioria dos atos notariais exigem em caráter obrigatório o advogado (exemplificativamente, como: para lavratura de ata notarial, testamento, compra e venda, permuta, doação e etc.)

Reforça-se ainda que o ato de publicidade do termo declaratório com o ingresso no Livro E do RCPN da Sede ou do 1º Subdistrito da Comarca em que os companheiros têm sua residência não é automático ou obrigatório, mas recomenda-se fortemente que seja realizado, pois é exatamente da publicidade do termo que terceiros poderão ter conhecimento da união estável e dos contornos jurídicos entabulados. A título exemplificativa, vale trazer à colação alguns julgados emblemáticos do E. Superior Tribunal de Justiça no tocante as implicações jurídicas da falta de publicidade da existência de uma união estável:

> CIVIL. PROCESSUAL CIVIL. EMBARGOS DE TERCEIRO. UNIÃO ESTÁVEL. **INSTRUMENTO PARTICULAR ESCRITO. REGIME DE SEPARAÇÃO TOTAL DE BENS. VALIDADE** *INTER PARTES.* **PRODUÇÃO DE EFEITOS EXISTENCIAIS E PATRIMONIAIS APENAS EM RELAÇÃO AOS CONVIVENTES. PROJEÇÃO DE EFEITOS A TERCEIROS, INCLUSIVE CREDORES DE UM DOS CONVIVENTES. OPONIBILIDADE** *ERGA OMNES.* **INOCORRÊNCIA. REGISTRO REALIZADO SOMENTE APÓS O REQUERIMENTO E O DEFERIMENTO DA PENHORA DE BENS MÓVEIS QUE GUARNECIAM O IMÓVEL DOS CONVIVENTES. POSSIBILIDADE. REGISTRO EM CARTÓRIO REALIZADO ANTERIORMENTE À EFETIVAÇÃO DA PENHORA.** IRRELEVÂNCIA. INOPONIBILIDADE AO CREDOR DO CONVIVENTE NO MOMENTO DO DEFERIMENTO DA MEDIDA CONSTRITIVA. 1 – Ação de embargos de terceiro proposta em 12/02/2019. Recurso especial interposto em 22/10/2021 e atribuído à Relatora em 06/04/2022.

2 – O propósito recursal é definir se é válida a penhora, requerida e deferida em junho/2018 e efetivada em agosto/2018, de bens móveis titularizados exclusivamente pela convivente, para a satisfação de dívida judicial do outro convivente, na hipótese em que a união estável, objeto de instrumento particular firmado em abril/2014, mas apenas levado a registro em julho/2018, previa o regime da separação total de bens. 3 - A existência de contrato escrito é o único requisito legal para que haja a fixação ou a modificação, sempre com efeitos prospectivos, do regime de bens aplicável a união estável, de modo que o instrumento particular celebrado pelas partes produz efeitos limitados aos aspectos existenciais e patrimoniais da própria relação familiar por eles mantida. 4 - Significa dizer que <u>o instrumento particular, independentemente de qualquer espécie de publicidade e registro, terá eficácia e vinculará as partes e será relevante para definir questões *interna corporis* da união estável, como a sua data de início, a indicação sobre quais bens deverão ou não ser partilhados, a existência de prole concebida na constância do vínculo e a sucessão, dentre outras</u>. 5 – O contrato escrito na forma de simples instrumento particular e de conhecimento limitado aos contratantes, todavia, é incapaz de projetar efeitos para fora da relação jurídica mantida pelos conviventes, em especial em relação a terceiros porventura credores de um deles, exigindo-se, para que se possa examinar a eventual oponibilidade *erga omnes*, no mínimo, a prévia existência de registro e publicidade aos terceiros. 6 - Na hipótese, a penhora que recaiu sobre os bens móveis supostamente titularizados com exclusividade pela embargante foi requerida pela credora e deferida pelo juiz em junho/2018, a fim de satisfazer dívida contraída pelo convivente da embargante, ao passo que o registro em cartório do instrumento particular de união estável com cláusula de separação total de bens somente veio a ser efetivado em julho/2018. 7 - O fato de a penhora ter sido efetivada apenas em agosto/2018 é irrelevante, na medida em que, quando deferida a medida constritiva, o instrumento particular celebrado entre a embargante e o devedor era de ciência exclusiva dos conviventes, não projetava efeitos externos à união estável e, bem assim, era inoponível à credora. 8 - Recurso especial conhecido e não provido, com majoração de honorários. (REsp n. 1.988.228/PR, relatora Ministra Nancy Andrighi, Terceira Turma, julgado em 7/6/2022, DJe de 13/6/2022.)

E

AGRAVO INTERNO NO RECURSO ESPECIAL. DIREITO CIVIL. NEGÓCIO JURÍDICO. COMPRA E VENDA. UNIÃO ESTÁVEL. OUTORGA UXÓRIA. IMPRESCINDÍVEL PUBLICIDADE OU CARACTERIZAÇÃO DE MA-FÉ. 1. Ausente incursão na seara fático-probatória ao analisar o recurso especial, pois foi alcançada a conclusão de que o aresto recorrido deveria ter sido reformado com base nas afirmações constantes no próprio acórdão impugnado pelo recurso especial, visto que a realidade dos autos retratada no aresto recorrido estava em dissonância com o entendimento que esta Corte. 2. **Necessidade de autorização de ambos os companheiros para a validade da alienação de bens imóveis adquiridos no curso da união estável, tendo em vista que o regime da comunhão parcial de bens foi estendido à união estável pelo art. 1.725 do**

CCB, além do reconhecimento da existência de condomínio natural entre os conviventes sobre os bens adquiridos na constância da união, na forma do art. 5º da Lei 9.278/96. 3. A invalidação de atos de alienação praticado por algum dos conviventes, sem autorização do outro, depende de constatar se existia: (a) publicidade conferida a união estável, mediante a averbação de contrato de convivência ou da decisão declaratória da existência união estável no Ofício do Registro de Imóveis em que cadastrados os bens comuns, a época em que firmado o ato de alienação, ou (b) demonstração de má-fé do adquirente. 4. <u>No caso, nem foi apontada a configuração de má-fé, nem existia qualquer publicidade formalizada da união estável na época em que firmado o contrato de alienação, de modo que não pode ser invalidado com base na ausência de outorga da convivente, ora recorrida.</u> 5. Agravo interno não provido. (AgInt no REsp n. 1.706.745/MG, relator Ministro Luis Felipe Salomão, Quarta Turma, julgado em 24/11/2020, DJe de 17/3/2021.)

A novidade legislativa é extremamente bem-vinda, busca facilitar a materialização da declaração de união estável, utilizando-se da capilaridade do serviço extrajudicial – presente em todos os Municípios brasileiros – e da reconhecida confiança no valoroso serviço técnico-jurídico dos delegatários.

Oxalá a sensibilidade do Legislador em simplificar a titulação da união estável e o próprio registro no Livro E do RCPN sejam rapidamente aplicados em sua inteireza pelos Registradores de Pessoas Naturais.

3
EXTRATOS NOTARIAIS E "PRIVADOS" NA LEI 14.382/2022: UMA ANÁLISE SEGUNDO OS PRINCÍPIOS DO SISTEMA REGISTRAL IMOBILIÁRIO

Alexandre Gonçalves Kassama

1. INTRODUÇÃO

O presente artigo visa analisar a recém promulgada Lei 14.382, de 27 de junho de 2022, a partir de sua conformação final, ou seja, nos termos em que consolidada após a derrubada dos vetos do Poder Executivo e consequente conclusão terminativa do processo legislativo.

Em específico, volta-se aos chamados "extratos", previstos no artigo 6º da referida lei, em sua relação com o registro de imóveis – deixando de lado, portanto, a questão pertinente aos registros de bens móveis, também abrangidos pelo "Serp" – "Sistema Eletrônico dos Registros Públicos".

Verifica-se que o legislador foi sábio ao diferenciar "extratos" conforme a origem da conformação do documento contratual original "extratificado", segundo seja ela notarial ou não, uma vez que não viola os princípios do sistema registral a fé dada aos atos notariais que sempre foram, historicamente, depuradores de entrada do fólio real.

Por sua vez, o mesmo não pode ser dito à conformação dos extratos "não notariais", uma vez que o legislador não apontou qualquer restrição expressa na própria lei – podendo, contudo, serem tais restrições dessumidas de outras normas e dos próprios princípios do sistema registral –, cabendo ao Conselho Nacional de Justiça estipular, de forma expressa, tais necessárias limitações.

Em certa medida, a recentíssima MP 1.162/2023, que deu nova feição ao Programa "Minha Casa, Minha Vida", adotou este mesmo entendimento, limitando a abertura dada aos extratos "particulares", deixando claro que sua operacionalização se voltaria apenas às instituições financeiras no âmbito do Sistema Financeiro da Habitação e Imobiliário. Inobstante, ao mesmo tempo, a revelar certo grau de esquizofrenia do legislador quanto ao tema, acaba por equipará-las aos extratos notariais, como se as instituições financeiras servissem, por si, como qualificadores da vontade das partes (notários) e, igualmente, do título formado (registradores).

2. DA TRAMITAÇÃO LEGAL

Previa a redação original do artigo 6º da então Medida Provisória n.º 1.085, de 27 de dezembro de 2021, que *"Os oficiais dos registros públicos, quando cabível, receberão dos interessados, por meio do Serp, os extratos eletrônicos para registro ou averbação de fatos, de atos e de negócios jurídicos, nos termos do inciso VIII do* caput *do art. 7º"*. Superada a menção ao inciso VIII do art. 7º, o qual tão somente atribuía ao Conselho Nacional de Justiça a competência para a regulamentação do quanto previsto no artigo, determinava o § 1º que:

Na hipótese de que trata o *caput*: I – o oficial:

> a) qualificará o título pelos elementos, pelas cláusulas e pelas condições constantes do extrato eletrônico; e
>
> b) disponibilizará ao requerente as informações relativas à certificação do registro em formato eletrônico; e
>
> II – o requerente poderá, a seu critério, solicitar o arquivamento da íntegra do instrumento contratual que deu origem ao extrato eletrônico, por meio de documento eletrônico, nos termos do disposto no inciso VIII do *caput* do art. 3º, acompanhado de declaração, assinada eletronicamente, de que corresponde ao original firmado pelas partes.

Novamente superada a remissão ao inciso VIII do art. 3º, que encarregava o Serp de criar o armazenamento de documentos eletrônicos, constituiu-se, pelo parágrafo citado, uma espécie de "avatar" de título, pelo qual este último, que sempre tivera todos os seus elementos, inclusive formais[1], qualificados pelo oficial registrador imobiliário[2], seria qualificado tão somente *"pelas cláusulas e condições constantes do extrato eletrônico"*, ficando, a seu turno, a critério do requerente, a solicitação do arquivamento, na íntegra do instrumento "extratificado"[3].

Sem maiores especificações, ficaria ao talante do Conselho Nacional de Justiça a determinação da abertura que se daria a tais extratos, tanto em seu conteúdo mínimo, quanto aos legitimados a proceder à "extratação"[4], podendo levar a norma à eficácia tanto em relação a bens móveis, quanto a imóveis, procedendo, em relação a estes últimos a uma virada de paradigma, a qual aproximaria a qualificação registral imobiliária àquela realizada pelos registros de títulos e documentos, com uma preponderância da publicidade sobre a legitimidade dos documentos inscritos e situações de direito publicizadas.

---

[1] E daí a razão pela qual jamais se admitiu cópia, mesmo que autenticada, a registro. Sobre o tema ver a título meramente exemplificativo: 1. VRPSP. Processo 0061714-35.2012.8.26.0100 J. 22.08.2014; CSMSP. Processo 0025431-76.2013.8.26.0100. Rel. Des. Elliot Akel j. 18.03.2014. Por tal razão também não se admite a apresentação de documento previamente registrado no Registro de Títulos e Documentos, nem mesmo após as alterações da nova lei. V. Jacomino, 2022.

[2] O Serp, o consequentemente os "extratos" de que ora se trata, são abrangentes a todas as especialidades registrais, sendo, contudo, o presente estudo restrito à sua interação com o registro de imóveis.

[3] Pela definição do dicionário Aurélio, "extrato", no sentido documental, é *"Trecho, fragmento. Resumo, síntese. Reprodução, cópia"*, pelo que se entende que a ideia de um extrato a ser recebido pelo registro imobiliário se prende à noção de que apenas parte do documento originário seria submetido à cognição do registrador.

[4] De "extratar", e não apenas "extração", de "extrair".

Percebendo o excesso da norma, o Congresso Nacional, na redação aprovada para a conversão da Medida Provisória na atual Lei 14.382, de 27 de junho de 2022, diferenciou, no mesmo parágrafo 1º, os extratos em relação a bens móveis e imóveis, bem como em relação aos legitimados para a sua utilização. Assim:

> I – o oficial:
> a) qualificará o título pelos elementos, pelas cláusulas e pelas condições constantes do extrato eletrônico; e
> b) disponibilizará ao requerente as informações relativas à certificação do registro em formato eletrônico;
> II – o requerente poderá, a seu critério, solicitar o arquivamento da íntegra do instrumento contratual que deu origem ao extrato eletrônico **relativo a bens móveis**;
> III – os extratos eletrônicos **relativos a bens imóveis** deverão, obrigatoriamente, ser acompanhados do arquivamento da íntegra do instrumento contratual, em cópia simples, **exceto se apresentados por tabelião de notas**, hipótese em que este arquivará o instrumento contratual em pasta própria. (Grifo nosso)

Criou, ainda, o Legislativo um novo parágrafo no mesmo artigo tratando da forma em que seriam apresentados os instrumentos que deram base aos extratos nas hipóteses em que eles devessem (bens imóveis cuja formalização da transação se desse fora do âmbito notarial) ou pudessem (bens móveis a critério do apresentante) ser apresentados:

> § 4º O instrumento contratual a que se referem os incisos II e III do § 1º deste artigo será apresentado por meio de documento eletrônico ou digitalizado, nos termos do inciso VIII do *caput* do art. 3º desta Lei, acompanhado de declaração, assinada eletronicamente, de que seu conteúdo corresponde ao original firmado pelas partes.

Submetida a proposta de conversão da medida provisória em lei, foi o trecho que diferenciava os extratos em relação aos bens conforme fossem móveis ou imóveis, bem como de acordo com a origem da formalização do documento que lhes deu base em notarial ou "extranotarial" (inciso III acima reproduzido) vetada pelo Poder Executivo, sob o argumento de que

> Em que pese a boa intenção do legislador, a proposição contraria o interesse público, uma vez que cria etapas burocráticas na tramitação dos extratos eletrônicos para o usuário, acarretando na obrigação de arquivamento do registro integral do instrumento contratual, mesmo que este não tenha nenhum dado a mais que o seu respectivo extrato. Além disso, **o dispositivo está em descompasso com a motivação original de adoção do Sistema Eletrônico de Registros Públicos, ao instituir uma obrigação de arquivamento mesmo que seja considerada dispensável pelo requerente, o que se traduz em ineficiência no sistema de registros públicos**. (Grifo nosso)

O mencionado veto foi, por sua vez, derrubado em sessão do Congresso Nacional de 15 de dezembro de 2022, voltando, então, à redação aprovada pelo Legislativo, que foi promulgada pelo Presidente da República em 21.12.2022 e publicada no Diário Oficial da União em 22.12.2022 a qual era, e é, de fato, muito mais aderente aos princípios do

Direito Notarial e Registral, captando adequadamente o papel do notário na formalização de um sistema hígido de publicidade registral, bem como manifestando uma compreensão mais profunda de nosso sistema jurídico, carente de segurança preventiva, sem mecanismos rápidos de resolução de disputas imobiliárias após a sua deflagração.

Por outro lado, a redação manteve seu flanco aberto às críticas que cabiam à então Medida Provisória desde sua forma inicial no tocante aos extratos "extranotariais", tendo em vista que cria uma normativa aberta e indeterminada que deverá ser, necessariamente, limitada em consonância aos princípios do sistema registral brasileiro pelo Conselho Nacional de Justiça. Essa necessidade de limitação acabou sendo percebida novamente pelo Executivo, que, ao editar a MP 1.162/2023, tornou expresso que os extratos se voltariam tão somente às instituições financeiras atuantes no SFH/SFI, mas, em excesso de declaração, acabou equiparando os extratos destas últimas ao próprio documento notarial, de modo que jamais passariam por qualquer qualificação pública. Vejamos:

3. A FUNÇÃO DO SISTEMA REGISTRAL IMOBILIÁRIO

Historicamente, o sistema registral "moderno" surge em um momento de ebulição da economia creditícia, constituindo-se, assim, em mecanismo de anteparo e lubrificação das transações do sistema econômico tecnologicamente desenvolvido dentro do sistema jurídico[5].

O que se observa é que, com o nascente modelo de economia de mercado, se tornou necessária a criação de um arcabouço institucional centralizado que permitisse aos agentes econômicos a tomada de decisão em um ambiente mais transparente, em que todos soubessem, sem dificuldades que pelo preço de suas transposições tornassem a própria operação econômica inexequível, o estado dos bens que viriam a circular, seja de patrimônio, seja meramente em garantia[6].

Em uma perspectiva da teoria dos sistemas sociais autorreferenciais (LUHMANN, 2016), pode-se afirmar que o desenvolvimento acelerado do sistema social a partir de meados do século XVI e, sobretudo, XVII, (LUHMANN, 2018), para o presente caso, em especial, do sistema econômico, forçará ao mesmo tempo o desenvolvimento próprio e interno do subsistema jurídico e político – sem que se possa efetivamente estabelecer relações lineares de causalidade –, de modo que a informação externa apreendida e retraduzida internamente pelo sistema jurídico resultou em uma base de estabilização de expectativas normativas institucionalizadas e coercitivamente reforçadas de forma uniforme para territórios progressivamente maiores pelo sistema político, capazes, por sua vez, de permitir novos desenvolvimentos – "irritações", ou "(auto)produções" – pelo

---

[5] Conforme leciona Ivan Jacoppeti do Lago, referindo-se ao "Derecho Hipotecario" que mais comumente denomina a matéria registral imobiliária na Espanha, "A terminologia 'Direito Hipotecário' tem seu valor histórico. Como se sabe, os modernos sistemas de publicidade imobiliária surgiram como uma resposta às necessidades do crédito garantido por imóveis e sua circulação. Isto tornava necessário criar um mecanismo que tornasse seguras as hipotecas. Isto também foi assim no Brasil, o que se demonstra por ter servido de início do registro de imóveis no Brasil exatamente a Lei Hipotecária resultante da Lei Orçamentária 317, de 1843, e do Decreto 482, de 1846." (2020, p. 30).

[6] Para uma visão geral do "estado de coisas" que vigia em diversos países ao momento da criação do sistema registral imobiliário, v. novamente, Lago, 2020, p. 97-163.

sistema econômico (LUHMANN, 1989) a partir de tais anteparos – o desenvolvimento do sistema de crédito (LUHMANN, 2017)[7].

Em outras palavras, para que a economia creditícia pudesse seguir seu desenvolvimento a contento, se fazia necessária uma (re)organização do sistema registral imobiliário que permitisse essencialmente a superação das dificuldades às transações econômicas impostas pelo sistema "proprietário" até então vigente, dito, por simplificação, "feudal". Neste último, vigorava à força de tradição de séculos e da própria fragmentação político-jurídica, a teoria do "duplo domínio", a qual, a bem da verdade, constituía-se mesmo em dezenas e mesmo centenas de diversos domínios, cada qual configurado conforme a titularidade de seus múltiplos proprietários, segundo a "propriedade" que coubesse a cada um. Com Vanzella, *"a propriedade medieval são as propriedades: sua regulação é plural e, mais do que isso, contratual, por princípio. A propriedade é definida em cada um dos contratos de* fief *e de* censive *concretamente considerados cujo conteúdo é estabelecido pela apreciação subjetiva das utilidades que a coisa pode proporcionar, segundo juízo dos contratantes."* (2012, p. 125). "Fief" era, basicamente, o contrato de uso da coisa travado entre suserano e vassalos; "Censive", entre senhor e plebeus. Ambos regulavam, além das relações sociais, precipuamente a forma de utilização dos bens de raiz, vistos então não apenas como a terra em si, mas, sobretudo, como as suas utilidades passíveis de se fazer frutificar. O mesmo autor aponta que pré-Revolução, contava-se com mais de 300 tipos de direitos reais em França e pelo menos 60 tipos de garantias reais na Suíça (2012, p. 125)[8].

Assim, a organização do sistema registral se encontra atada ao surgimento do regime de *"numerus clausus"* dos direitos reais, que, concomitantemente a seu mecanismo formal de expressão, o registro, permite reorganizar as diversas propriedades, em uma única, ou pelo menos, alguns poucos modelos de direitos reais, de modo que o controle sobre o poder dispositivo das coisas sai do concerto cacofônico dos particulares e se centraliza institucionalmente conforme e necessariamente os modelos determinados pelo legislador, o qual, por sua vez, nomeia como seu porta-voz avançado para a legitimação erga omnes de cada direito em concreto o oficial de registro[9].

---

[7] De uma perspectiva mais limitada, tratando apenas do fenômeno contratual, mas retratando de forma adequada o acoplamento estrutural entre sistema econômico e jurídico, pode-se dizer que *"a operação econômica, na sua materialidade, como substracto real necessário e imprescindível daquele conceito; o contrato, como formalização jurídica daquela, isto é como conquista da ideia de que as operações econômicas podem e devem ser reguladas pelo direito, e como construção da categoria científica idónea para tal fim; o direito dos contratos, como conjunto – historicamente mutável – das regras e dos princípios, de vez em quando escolhidos para conformar, duma certa maneira, aquele instituto jurídico, e, portanto, para dar um certo arranjo – funcionalizada a determinados fins e a determinados interesses – ao complexo das operações económicas efetivamente levadas a cabo."* (ROPPO, 2021, p. 10-11).

[8] *"Essa organização, bastante afim com as concepções bárbaras de assenhoreamento da terra, ganhará enorme complexidade ao longo da Idade Média, constituindo-se pelas mais diferentes modalidades de pactos ou de estatutos que encontram certa unidade nas noções medievais de werp, gewerw, veture ou saisine"* (VANZELLA, 2012, p. 123).

[9] Não por menos, nossa primeira lei registral (e não meramente hipotecária) – Lei 1.237, de 24 de setembro de 1864 –, nos estertores da "Era Mauá", dispunha expressamente sobre o "numerus clausus" dos direitos reais, em previsão quase análoga ao § 137 do BGB, prevendo seu art. 6º e §1º que *"sómente se considerão onus reaes: (...) §1º Os outros ônus que os proprietarios*

Assim, "desde o final do séc. XIX, a afirmação daquele regime jurídico [do *numerus clausus* de direitos reais] é tendência dominante em todos os países cujo ordenamento jurídico filie-se a uma das 'tradições euro-ocidentais', ainda que do common law" (VANZELLA, 2012, p. 113), comprovando-se que a história do desenvolvimento do mercado financeiro enquanto provedor de crédito – e do próprio crédito em si como o conhecemos hoje – se encontra intrinsecamente ligado a um repositório confiável sobre a legitimidade para a transferência de bens – sobretudo em garantia[10]. Mais do que a própria publicidade centralizada, que é *output* do sistema registral ao sistema econômico, é o *numerus clausus*, enquanto reação dogmática do sistema jurídico ao *input* da necessidade de certeza para a circulação dos bens – sobretudo do crédito – oriundo do sistema econômico, que determina a específica função dada pelo sistema registral imobiliário até os dias de hoje: garantir a circulação suficientemente confiável de bens conforme o quanto baste de informação necessária – e não mais do que necessária[11].

Frise-se: mais importante do que a própria publicidade é a determinação do *"numerus clausus"* enquanto heterodeterminação central estatal que proíbe os particulares de fazerem uso de sua autonomia de modo a produzir efeitos potencialmente eficazes contra terceiros que a eles não assentiram. Liga-se, assim, por meio da reorganização do sistema de propriedade todos os institutos centrais do direito privado então em construção, desde a teoria da personalidade, com a consequente ligação a um único e individual patrimônio, até a autonomia da vontade e a ideia de legitimidade para alteração do próprio patrimônio e consequente ilegitimidade, senão por meio de coerção estatal (em especial, jurisdicional), para a alteração do patrimônio alheio sem o consentimento deste[12]. Ora, permitir que um bem se tornasse gravado pela tão só

---

impuzerem aos seus predios se haverão como pessoas, e não podem prejudicar aos credores hypothecarios." Curiosamente, jamais houve disposição semelhante em leis posteriores, nem por isso se esvaindo a força do princípio que reconfigurou o sistema de propriedades a partir de então.

[10] Para uma análise das diversas teorias sociológicas que tratam a questão monetária, v. CUNHA FILHO, 2021, p. 85-124. Analogamente pode-se dizer que a função registral, exerce, há séculos, e de forma confiável, temporal e globalmente testada e desafiada, e, no limite, coercitivamente exequível ("enforcement"), aquilo para que foi criado o Bitcoin em relação ao que seria a "moeda digital": *"We define an electronic coin as a chain of digital signatures. (...) The problem of course is the payee can't verify that one of the owners did not double-spend the coin. (...) We need a way for the payee to know that the previous owners did not sign any earlier transactions."* (NAKAMOTO, 2008).

[11] "Se os proprietários pudessem exercer seu poder de dispor constitutivo a líbito, a propriedade manter-se-ia, como no sistema feudo-senhorial, particular e concreta, e, por consequência, a ordem de atribuição dos bens econômicos seria, igualmente, contingente e imponderável e admitiria, potencialmente, a sua própria negação. Situação absolutamente intolerável a culturas jurídica, econômica e política para as quais a propriedade, especialmente a imobiliária, deveria ser, essencialmente, uma mercadoria, uma res in commercium; como tal, circulável, gravável, enfim, uniforme e disponível. Esses são adjetivos de ordem nas letras jurídicas sobre propriedade e direitos reais no séc. XIX. É o momento histórico em que a disciplina da propriedade deve deixar de servir à organização social feudal e familiar para estimular a redistribuição do capital, a um redirecionamento dos ativos concentrados na riqueza imobiliária para, por meio do sistema financeiro e do papel central da hipoteca, a industrialização, em atenção às políticas de institucionalização de uma economia de mercado capitalista e industrial." (VANZELLA, 2012, p. 146).

[12] Sobre a ligação de todos esses fundamentos do direito privado com a teoria liberal então em voga, v. Silva Filho, 2022 e Vasconcelos; Pais de Vanconcelos, 2019. Ainda, quanto à noção

imposição da vontade da parte anteriormente proprietária, ou mesmo que simplesmente todos os particulares em atuação no mercado tivessem de saber precocemente sobre as disposições individuais de cada proprietário em relação a seus bens, como se dava no sistema anterior, acarretaria toda uma concepção de sociedade e, em especial, de sistema econômico diverso do desenvolvido pelo menos nos últimos três séculos.

Em síntese, e simplificando, o *numerus clausus* pode ser entendido como o princípio que retirou dos particulares a possibilidade de modulação de novos vínculos reais, tornando a propriedade, em regra, plena e individual e, suas limitações e fragmentações, que acabam por trazer legitimidade a mais de um centro de vontade, somente possíveis nos moldes em que a lei expressamente permitir. Foi em torno da força gravitacional de tal reorganização do direito privado que orbitou o registro imobiliário.

Nessa perspectiva, a publicidade é atributo necessário, mas não a espinha dorsal do sistema então organizado. O registro se operacionaliza historicamente pela certeza decorrente do *numerus clausus*, a publicidade é seu modo de expressão, mas não seu vértice de organização. Por isso, nem tudo é registrável[13]. Em outra via, e ao mesmo tempo, nem tudo o que eventualmente se registra tem, pela mera publicidade, efeitos que o legislador só quis reconhecer a alguns específicos direitos[14].

Exposta brevemente a lição histórico-dogmática sob a perspectiva evolutiva, pode-se concluir que o que se tem no sistema registral imobiliário é a instrumentalização, no ofício registrador, da centralização, operada pelo Poder Legislativo, das hipóteses de direito com aptidão para serem levados em consideração por todos, em especial, pelo mercado. Retira-se o poder jurídico dos particulares para destravar, a estes mesmos, a atuação mais desimpedida no âmbito da circulação de riqueza. O registro de imóveis, nesses termos, impede um "Market for lemons", em sua acepção clássica, em relação à situação jurídica imobiliária[15], de modo que, a partir de então, nenhuma relação jurídica

---

de titularidade e legitimidade como motor da circulação econômica a partir da perspectiva individualista e liberal de vontade e patrimônio, v. Leitão de Vasconcelos, 2016 e Haical, 2020.

[13] Já alertando Afrânio de Carvalho que *"O registro não é o desaguadouro comum de todos e quaisquer títulos, senão apenas daqueles que confiram uma posição jurídico-real, como os constantes da enumeração da nova Lei do Registro (art. 167). Dessa maneira, não são recebíveis os títulos que se achem fora dessa enumeração, porquanto o registro nada lhes acrescenta de útil. Neste particular, a regra dominante é a de que não é inscritível nenhum direito que mediante a inscrição não se torne mais eficaz do que sem ela."* (1997, p. 236).

Essa lição, contudo, parece querer sofrer hoje uma derivação, conforme se vê na recente decisão proferida em 1.VRPSP. Processo 1078412-50.2012.8.26.0100. J. 02.09.2022, em que se permitiu a averbação no fólio real de contrato de comodato. Questiona-se então: qual a eficácia de tal averbação? Teria então pela mera publicidade o condão de se tornar oponível erga omnes? Pelo quanto já exposto, a priori, entende-se que não.

[14] *"O contrato é de disposição não porque a ele se deu publicidade, mas sim porque a lei definiu seu objeto (elemento do cerne do suporte fático) como alteração da titularidade de um direito subjetivo patrimonial. Em outras palavras, a publicidade não é elemento de existência do contrato de disposição; é fator de eficácia: integra o suporte fático, não está no cerne de seu núcleo, nem o completa, nem o complemento. Isso se aplica até mesmo para as situações contempladas pelo Registro de Imóveis, figura típica dos procedimentos de publicidade submetidos a um numerus clausus dos atos registrários"* (VANZELLA, 2012, p. 208).

[15] Conforme Akerlof, 1970, a expressão se refere a um mercado com assimetrias informacionais – no caso em estudo pelo autor, carros usados ("lemons") –, que acabam por rebaixar todos

que envolva a transação imobiliária pode ser vista de forma restrita enquanto relação jurídica tão somente *inter partes*[16]. Aqueles que realizam a transação *in concreto* podem mesmo possuir em sua individualidade uma visão míope, mas, pela própria necessidade de mercado, toda relação envolvendo bens imóveis acaba por atrair necessariamente o interesse público na manutenção de sua segurança e certeza.

4. A FUNÇÃO NOTARIAL NAS TRANSAÇÕES IMOBILIÁRIAS

E justamente porque a publicidade não é o elemento central do sistema, mas sim, a idoneidade dos direitos relevantes a serem registrados, o input do oficial registrador deve também receber especial atenção e tratamento. Em nada resultaria ter direitos específicos adequadamente registrados se, para cada situação publicizada se encontrasse igualmente oculta o germe de sua destruição – e consequente inconfiabilidade.

Retomando a ligação do *numerus clausus* (e registro imobiliário) com a concepção da dogmática privada centrada no reconhecimento da personalidade e patrimônio únicos e sua ligação com a autonomia da vontade como meio de dinamização de tal patrimônio, é na formalização da vontade que se encontra o cerne da movimentação de todos os direitos que serão ulteriormente publicizados.

Cabe lembrar que o negócio jurídico é, na sociedade ocidental capitalista, o mecanismo precípuo de transmissão – e consequente aquisição – de bens[17], superando, em muito, o número das formas de aquisição diversas. E, por outro lado, não existe negócio jurídico referente a direitos reais que permita uma aquisição originária: todas as formas de aquisição originária da propriedade enquanto direito real são ou fatos jurídicos (como a acessão) ou atos-fatos (como a ocupação). Sendo assim, a maior parte das aquisições de direitos reais é derivada (eis que decorrentes de negócios jurídicos) e, consequentemente, exposta às vicissitudes das transmissões anteriores[18]. Destarte, é no momento da formalização do negócio, anterior e prévio ao registro, que se encontram

---

os preços pagos pelos bens dispostos em mercado à pior expectativa prevista pelos compradores. O registro imobiliário instrumentaliza a "limpeza" da situação jurídica imobiliária ao publicizar apenas as informações relevantes aos potenciais agentes de mercado, sendo, assim, mais relevante do que a própria situação publicizada a capacidade de se ignorar – salvo exceções específicas – as informações não publicizadas. Organiza-se não pelo que consta, mas pelo que deixa de constar.

[16] Como pareceu querer o errôneo veto do Poder Executivo – felizmente superado pelo Congresso – anteriormente citado que apontou como seu fundamento o fato de que *"a obrigação de arquivamento, mesmo que seja considerada dispensável pelo requerente (...) se traduz em ineficiência no sistema de registros públicos."* Ora, o sistema não se torna ineficiente por contrariar a intenção da parte, pois sua finalidade não é atender ao particular em específico, mas a todos que devem nele basear suas expectativas, de modo que os custos eventualmente maiores para uns se traduzem em menores custos para todos.

[17] GOMES, 2019, p. 1-4.

[18] *"Com efeito, não existe aquisição contratual originária de direitos reais. Nos ordenamentos jurídicos modernos, os negócios jurídicos não criam originariamente propriedade e outros direitos reais: a aquisição originária desses direitos subjetivos acontece, apenas, por determinação de lei-medida (MaSnahmegesetz), por fatos jurídicos em sentido estrito (acessão, confusão, comistão e adjunção) ou por atos-fatos jurídicos (usucapião, ocupação, achada de tesouro e especificação). Em outras palavras, nos ordenamentos jurídicos modernos, a aquisição originária da propriedade é, sempre, uma determinação legal, que a estabelece ou a reestabelece na sua configuração-*

diversos possíveis percalços que jamais chegarão ao conhecimento do oficial registrador e que, se não adequadamente tratados farão retornar pela janela a inconfiabilidade das relações jurídicas que se julgava ter se expulsado pela porta da publicidade registral. É daí que derivam diversas formalidades específicas, especialmente notariais, aos títulos que buscam aceder ao registro de imóveis.

Nesse sentido, Afrânio de Carvalho ensina que

> *A inscrição, tanto em relação às partes como em relação a terceiros, não tem a virtude de limpar o título que lhe dá origem, sanando os vícios jurídico-materiais que o inquinam, nem a de suprir a faculdade de disposição. A inscrição não passa uma esponja no passado, não torna líquido o domínio ou qualquer direito real. Embora tenha efeito constitutivo, não o tem saneador, precisamente porque ocupa o lugar da tradição em virtude da qual o alienante não transmite senão o direito que lhe assista, pelo que, se nenhum lhe assiste, nenhum transmite. Assim, quem quer que, fiado na inscrição, adquire a propriedade ou outro qualquer direito real, está exposto ao risco de ver contestada a sua aquisição, se o alienante inscrito no registro não era o verdadeiro titular: a aparência registral é sobrepujada pela realidade jurídica.* (1997, p. 225-226).

Em decorrência dessa limitação da eficácia saneadora – inexistente – no registro, e considerando que as relações publicizadas, como se espera tenha ficado claro pela exposição anterior, jamais dizem respeito tão somente às partes que a cada negócio específico acorrem, sendo, antes, de interesse de toda a sociedade, se faz necessário que os próprios títulos encontrem adequada formulação, com o mínimo possível de flancos que, uma vez atacados, venham a pôr em risco o sistema registral como um todo. Em linha com o que Afrânio pregava para a qualificação imobiliária procedida pelo registrador, na própria formulação do título se deveria idealmente encontrar

> *"um mecanismo que assegure, tanto quanto possível, a correspondência entre a titularidade presuntiva e a titularidade verdadeira, entre a situação registral e a situação jurídica, a bem da estabilidade dos negócios imobiliários. Esse mecanismo há de funcionar como um filtro que, à entrada do registro, impeça a passagem de títulos que rompam a malha da lei, quer porque o disponente careça da faculdade de dispor, quer porque a disposição esteja carregada de vícios ostensivos"* (CARVALHO, 1997, p. 226).

Ora, esse mecanismo é primacialmente o notariado.

Nesse sentido, o registro *"compõe, juntamente com a escritura pública, um sistema que combina autenticidade e publicidade."* (LAGO, 2020, p. 27). De nada adiantaria possuir um sistema *numerus clausus*, se ulteriormente se demonstrassem os próprios direitos publicizados frágeis em sua medula. Uma vez que a qualificação da identidade das partes é matéria que passa ao largo da qualificação registral que, no mais das vezes, pelo próprio teor do artigo 217 da Lei de Registros Públicos pode ser provocada por *"qualquer pessoa"*, faz-se ínsito ao sistema registral um mecanismo prévio ao registro que legitime os títulos apresentados de modo a se certificar que as partes que nele compareceram eram mesmo as partes que nele compareceram.

-padrão de plenitude exclusividade." (VANZELLA, 2012, p. 262). Vale dizer, a grossa maioria das transmissões imobiliárias se dá de forma derivada.

É por essa razão que o artigo 221 da mesma Lei sempre exigiu *"escritura pública"*, ou, ao menos, *"escritos particulares (...) com as firmas reconhecidas"*[19], excepcionando, assim, o Código Civil e o Código de Processo que não exigiam esta última formalidade para a eficácia dos documentos *inter partes*. Justamente no caráter erga omnes do sistema registral é que se fundamenta a necessidade de certificação, com fé pública, da identidade das partes nos negócios. Frise-se ainda uma vez: nenhum negócio real imobiliário pode ser considerado tão somente um negócio privado sem interesse público[20-21].

Para além da mera identidade em si, cabe observar que o dogma da autonomia da vontade somente será efetivamente preservado e respeitado se se encontrar uma vontade livre e instruída, o que somente se resguardará, em seu grau maior, pela atuação do notário, não sendo essa a função do registrador[22]. Não sem razão, afirma Brandelli (2011) que a função notarial é diversa da do advogado, parcial, mas também da do juiz, coercitiva, sendo o artífice da justiça imparcial em hipóteses consensuais. É, justamente, na função de artífice da vontade, de forma imparcial e com fé pública, que o notário encapsula os títulos a serem registrados com a maior legitimidade possível dentro do ordenamento. Se tanto os registros, quanto os notários perpetuam informações no tempo, somente os notários assessoram juridicamente a própria parte, e não por outra razão, a sua escolha, diferente do registro, é livre, conforme a maior confiança das partes do negócio. Assim,

> "o notário é essencial e insubstituível, não se confundindo com qualquer outro profissional do Direito. Somente ele atua na esfera do desenvolvimento gracioso do Direito, de maneira cautelar, com as características das quais é dotado. O advogado, por exemplo, não é imparcial, ao contrário, o que leva à situação da necessidade de um advogado para cada parte envolvida no ato jurídico sempre que houver interesses contrapostos, ainda quando estejam todos de acordo; ademais, não tem o

---

[19] E assim, mesmo, na legislação anterior. Sobre o tema, v. JACOMINO, 2022.

[20] Nada altera a referida afirmação o fato de que se admitam instrumentos particulares assinados digitalmente por meio da infraestrutura de chaves públicas brasileira – ICP-Brasil, sem a intervenção do notário, portanto. De fato, a organização normativa das assinaturas eletrônicas repousa, em última instância, na fé pública da entidade central pública – no caso, o Instituto de Tecnologia da Informação. Em outras palavras, quer se trate de assinatura digital, quer se trate de assinatura física, o acesso ao fólio real vem sempre antes concertado pela legitimação dada por um banco de dados público, de posse da entidade federal, ou dos notários. A outro turno, a mesma Lei 14.382 de que se trata no texto parece querer flexibilizar o sistema de certificação ao permitir "assinatura avançada" no registro de imóveis. O tema é espinhoso e deve ser tratado em estudo próprio, mas fato é que qualquer tipo de acesso facilitado ao fólio que sob o mantra de desburocratização e facilitação dos negócios às partes permita uma flexibilização do sistema de legitimação das titularidades acabará por pôr em risco, a médio prazo, a confiabilidade do sistema como um todo, e consequentemente a sua própria função estabilizadora.

[21] Sobre o tema, v. PETRELLI, 2007, p. 639: *"la riserva notarile della formazione del titolo della trascrizione garantisce l'attuazione della pubblicità immobiliare, che non serve più soltanto alla tutela di interessi privati, ma risponde ormai a più ampie finalità di interesse generale e di ordine pubblico."*

[22] Mesmo para as correntes ditas "maximalistas" da qualificação registral, esta jamais chegaria à análise da vontade das partes. V. CARVALHO, 1997, p. 230. A seu passo, havendo erro na manifestação da vontade, nova declaração é o meio padrão para se corrigi-la, conforme as tradicionais escrituras de retirratificação lavradas diuturnamente nos tabelionatos de notas.

advogado fé pública, e nem se recomenda que o tenha, porquanto tal característica somente do Estado pode derivar, e este deve a conservar com número preestabelecido de pessoas e sob sua fiscalização; o Magistrado, embora imparcial, não atua na esfera do desenvolvimento voluntário dos direitos subjetivos, prevenindo a lide, mas, ao contrário, a resolve; além disso, não é o Magistrado assessor jurídico; *o Registrador, embora também atue muitas vezes na esfera do desenvolvimento gracioso dos direitos subjetivos e também seja imparcial, não é assessor jurídico das partes e não consubstancia instrumentalmente atos jurídicos. Somente o Notário, e nenhum outro profissional do Direito, é assessor jurídico imparcial das partes, instrumentalizando com fé pública atos jurídicos, agindo na profilaxia jurídica, de maneira a fomentar a normalidade da saúde da vida jurídica, evitando a patologia da lide.* (BRANDELLI, 2016, edição digital, grifo nosso).

E é em decorrência da qualificação da vontade que o notário é, na maior parte dos países do mundo, exigido como operacionalizador da transação econômica que pode mesmo resultar, em regra, no maior passivo econômico da maioria das pessoas ao longo de sua vida: o financiamento imobiliário[23]. A escritura pública em sua manifestação essencial, por expressar o próprio negócio dispositivo de direito real, não admitia, na redação do Código Civil anterior, qualquer tipo de arrependimento (art. 1.088), sendo assim, *a contrario sensu*, retratáveis os negócios celebrados anteriormente a ela. É que a própria função de artífice da vontade no modelo solene da escritura impede que se alegue uma vontade não refletida, essencial para que os negócios se mantenham firmes e os vícios não aflorem.

A suposta dificuldade encontrada na formalização notarial de documentos cujo conteúdo não encontraria maior dificuldade em ser reproduzido em substratos particulares se esvai quando se percebe que o notário presta sua atividade às partes quando formaliza o negócio desejado, mas, sobretudo, também presta sua função à sociedade quando se nega a tanto[24], impedindo que títulos não hígidos acessem o fólio registral contendo vícios que extrapolam o âmbito de cognição do registrador.

---

[23] E, paradoxalmente, ao mote de se diminuir custos, nas transações que envolvem financiamentos habitacionais dentro do Sistema Financeiro da Habitação ou do Sistema Financeiro Imobiliário, foi dispensada a escritura pública, deixando o particular totalmente à mercê das formalizações e imposições do ente mais forte econômica e informacionalmente. Deve-se recordar neste ponto que são justamente estas transações as principais responsáveis pelos diversos questionamentos dos negócios imobiliários nos tribunais (v. Loureiro, 2016, p. 119: *"justamente nos contratos relevantes em que a lei dispensa a intervenção notarial é que se observa o maior número de fraudes e abusos, com prejuízos milionários para as partes e para os terceiros lesados"*), de modo que o custo que se reduz na entrada se multiplica na saída. Por outro lado, *mutatis mutandis*, pode-se relembrar aqui da discussão acerca da assinatura digital de contratos de financiamento e sua legitimação por entes parciais apontada por Cláudia Lima Marques e Bruno Miragem, 2022. Ou, como aponta Jacomino, *"O privado inesperadamente foi investido de um mister jurídico de afiançar, sob sua responsabilidade, a autenticidade de documentos particulares submetidos a registro, suprimindo-se a notarização pela via do reconhecimento de firmas. Já vimos o engenheiro que virou suco, agora nos defrontamos com o privado investido de superpoderes e responsabilidades autenticatórios, uma espécie de notário* ad hoc. *Desenha-se no cenário pátrio situações tragicômicas ocorrentes em outros meridianos."* (2022).

[24] V. FRANCISCO, 2022, inclusive com alusão às fraudes perpetradas pelas falsificações no Brasil que poderiam ser evitadas pelo sistema extrajudicial.

Segundo Petrelli, o ato notarial público se diferenciaria do documento particular meramente autenticado pelo notário justamente pela lapidação da vontade, resultando nas seguintes conclusões:

> "La legge richiede quindi la documentazione per atto pubblico quando vuole assicurare un «effetto maggiore», rispetto a quello garantito dalla scrittura privata: tale effetto maggiore — come si è tentato di dimostrare — è individuabile nella maggior ponderazione che assicura l'atto pubblico; nella sua più ampia efficacia probatoria; nella maggiore «affidabilità» e «stabilità» dell'atto («pubblica fede»), grazie alla «prevenzione» notarile dei vizi della volontà e delle divergenze tra volontà e dichiarazione; nella maggiore univocità e chiarezza del documento pubblico, e quindi nella minore probabilità di dubbi interpretativi. Tutto ciò si traduce in una maggiore «certezza» delle risultanze dell'atto pubblico, anche nei rapporti con i terzi." (2006, p. 79).

Em síntese, o sistema de legitimação e publicização notarial-registral se fundamenta em ao menos dois pilares de atuação – um referente à legitimação do título pelo notário, outro decorrente da qualificação e publicização do direito pelo registrador. É nessa perspectiva que deve ser analisada a novidade legislativa dos "extratos".

5. OS EXTRATOS PARA REGISTRO

Conforme anteriormente exposto, a nova Lei 14.382, de 27 de junho de 2022, após a derrubada dos vetos presidenciais pelo Congresso Nacional veio a consagrar ao menos três tipos de extratos a serem encaminhados para registro: 1 – os extratos referentes a bens móveis; 2 – os extratos referentes a bens imóveis confeccionados pelos notários; 3 – os extratos referentes a bens imóveis confeccionados por qualquer outra parte não especificada.

Junto com as três formas previstas originariamente na Lei, veio a recente MP 1.162/2023 trazer mais uma alteração consistente nos "extratos referentes a bens imóveis confeccionados por instituições financeiras que atuam com crédito imobiliário".

A diferença primacialmente expressa no texto da lei em relação aos três tipos de extrato se refere à necessidade ou não de se fazer acompanhar o referido extrato do documento de qual foi extratado.

Em síntese, os extratos referentes a bens móveis jamais serão acompanhados pelo documento negocial que lhes deu base, salvo por opção da própria parte que o encaminhar, a denotar um âmbito de cognição extremamente estreito ao registrador de títulos, e consequente grau de presunção de legitimidade bastante baixo, que parece ser mesmo aceito pelo legislador sem maiores questionamentos no tocante a bens móveis[25].

---

[25] Deve-se ressaltar aqui que o sistema não abrange os veículos automotores, registrados no departamento de trânsito, e que conformam, possivelmente, o mercado de maior volume de transações em relação a bens móveis. Outrossim, esses mesmos bens móveis – veículos automotores – já contam com a experiência de registros de garantias extratados, ao menos provisoriamente, nas figuras das registradoras de contrato e sua interação com as entidades de crédito a partir do registro do chamado "pré-gravame". Estivesse os automóveis inseridos no âmbito de abrangência do Serp e talvez que a atenção do legislador fosse outra.

Por sua vez, os extratos relativos a bens imóveis podem ou não se fazer acompanhados dos documentos que lhe deram base, a depender da origem de que precedam.

Em relação aos extratos notariais, ter-se-ia a desnecessidade de acompanhamento do documento de base, o que, pelo quanto exposto até o momento, não viola os princípios do sistema registral, vez que a atividade notarial, em verdade, a integra, possuindo o notário tanta fé pública quanto o registrador, sendo apto a definir o que deve ou não ser apresentado a registro sem que tal implique maiores riscos ao sistema.

Já a previsão de extratos particulares subverteria toda a lógica de um sistema que se propõe gerar expectativas seguras ao sistema econômico, caso permitisse adentrar a registro tão somente as cláusulas que o próprio particular, sem qualquer controle estatal, entendesse pertinente. A qualificação registral por extratos gerados por autores que não integram o sistema da fé pública acabaria por se tornar, a médio prazo, verdadeiro engodo de qualificação, gerando novamente inconfiabilidade no sistema que só existe para gerar confiança[26]. Veio em boa hora, portanto, a derrubada do veto presidencial que determinava a exclusão da lei do mandamento de se fazerem os extratos "particulares" acompanhados do contrato "de base", deixando portas abertas para a regulação geral do Conselho Nacional de Justiça. Com o balizamento dado agora pelo Poder Legislativo se permite que ao menos o conteúdo dos documentos que deram base aos extratos particulares seja sempre inquirido pelo oficial de registro imobiliário.

Paradoxalmente, justamente esse engodo de qualificação foi retomado com a nova MP 1.162/2023 em relação às instituições financeiras com atuação no crédito imobiliário. Estas surgem então como entes suprarregistrais, recebendo o poder de formalizar a vontade das partes, inclusive do consumidor hipossuficiente que com ela contrata o crédito que se constituirá em seu maior passivo, mas também o poder de imunidade à qualificação do oficial registrador. De fato, por meio do extrato sem título, que será recebido tão somente em suas "cláusulas essenciais" pelo registro e arquivado "*em pasta própria*" da instituição, não há mais qualificação do título no Registro de Imóveis, mas, antes e tão somente, na instituição financeira. Assim, uma vez qualificados a vontade e o título pela instituição, esta encaminha ao registro só o essencial para a publicização. Enfim, o aparato jurídico-político estatal se curva ao poderio econômico, que, no tocante a tais instituições, acaba formando um sistema próprio de fé pública.[27]

De outra feita, não se torna letra morta a possibilidade de extratação não notarial, mesmo que sempre acompanhada de seus instrumentos contratuais, quando se analisa o § 4º do artigo 6º em questão que trata da forma como serão encaminhados a registro os referidos extratos.

De fato, determina o mencionado parágrafo já retrotranscrito que o instrumento contratual, quer na hipótese de bens móveis, quer na hipótese de bens imóveis, seja apresentado na forma de documento digital, ou físico digitalizado, independente de

---

[26] O engodo se daria pois diversas possíveis manifestações viciosas do negócio jurídico de base não mais passariam pelo crivo do oficial, permitindo, com isso, mais um passo à derivação do sistema da segurança preventiva para a da segurança repressiva, por via do Judiciário. Sobre o tema, Jacomino, 2022b.

[27] E por isso não causam espécie a tramitação e a possível aprovação do PL 4.188/2021 – cognominado "das garantias", já aprovado na Câmara dos Deputados, que retira completamente o trâmite das garantias imobiliárias, uma vez constituídas inicialmente, do Registrador Imobiliário.

qualquer mecanismo de certificação das assinaturas das partes, o qual se faz substituído por mera declaração, esta sim digitalmente assinada, de que o conteúdo apresentado corresponde ao original adequadamente assinado.

Presume-se, pelos moldes em que estruturado, em tudo semelhante a regulamentações normativas estaduais, como a já existente em terras paulistas, que a apresentação por extrato via Serp se fará digitalmente, substituindo, assim, o reconhecimento de firma como mecanismo de legitimação de autoria dos documentos particulares. Essa suspeita se confirma sistematicamente quando se percebe que a mesma lei vem reabrir a discussão referente aos tipos de assinatura digital aptas a certificar a autoria dos documentos levados ao registro de imóveis[28], previamente concluída, dois anos antes, pela Lei nº 14.063, de 23 de setembro de 2020, que determinara o uso tão somente das assinaturas digitais qualificadas.

Pois bem, parece óbvio que o § 4º não engloba em seus termos os extratos notariais, já que pelo próprio teor do § 1º, inciso III, os extratos notariais prescindem da apresentação dos instrumentos contratuais, que serão arquivados pelo próprio tabelião. Ademais, é da natureza dos próprios documentos notariais que estes não circulem conforme o original, mas sim o chamado "traslado", o qual sempre foi assinado somente pelo tabelião, e que se encontra regulamentado em sua forma digital pelo Provimento 100, de 26 de maio de 2020, da Corregedoria Geral de Justiça do Conselho Nacional de Justiça. Nesse sentido, a apresentação dos instrumentos contratuais se fará nos moldes do § 4º quando for o caso de sua apresentação, o que não se dá, por óbvio, com os extratos notariais.

A questão aqui remonta mais uma vez aos princípios do sistema dual notarial-registral antes apresentados, que elencam o tabelião como artífice da vontade já dentro do instrumento e previamente ao seu acesso ao fólio real. Nessa toada, não há mesmo razão de apresentação do instrumento contratual para qualificação, quando a vontade e o negócio são precipuamente o múnus da confecção notarial. No mesmo sentido, cabe lembrar que embora se trate aqui do sistema registral, muitas vezes a mesma escritura referente a bens imóveis possui em si disposições puramente negociais[29], sem reflexos no âmbito do negócio jurídico dispositivo de direito real, que pelas razões já tratadas pertinentes ao *numerus clausus*, nem sequer deveriam ganhar qualquer publicidade registral e, consequentemente, se submeter à cognição do oficial.

Em síntese, ao se tratar de extratos de documentos notariais, a nova lei criou um acesso expedito, permitindo que a qualificação notarial avulte em importância profilática, quer no tocante à legitimidade das partes, quer no tocante ao conteúdo do

---

[28] Artigo 15, que alterou a Lei 11.977, de 7 de julho de 2009, para prever a competência do Conselho Nacional de Justiça para regulamentar o uso de assinatura avançada no registro de imóveis.

[29] Inclusive, eventualmente, negócios obrigacionais pertinentes ao poder de dispor que se coadunariam, assim, com a redação do § 137 do BGB, produzindo efeitos tão somente *inter partes*, embora pertinentes a deveres sobre o exercício do poder de disposição. Pense-se por exemplo em uma cláusula que determine a aplicação de multa caso a coisa seja alienada a terceira pessoa. Ora, esta cláusula não encontra qualquer eficácia real, embora possa ser válida *inter partes*. Não sendo o caso de produção de efeitos precípuos do registro, não se vê por qual razão esta cláusula, quando adequadamente manejada e instruída – o que se presume no tocante ao ofício notarial -, seja submetida a qualquer qualificação e publicidade registral.

negócio que encetou a mutação júri-real, que será então apresentado tão somente por extratos. Em nada se altera a confiabilidade do sistema, já que tanto a vontade, quanto a identificação das partes continua a ser de responsabilidade de um agente da fé pública, sendo a base do próprio afazer notarial.

Por sua vez, em relação aos extratos "particulares", uma vez que o instrumento contratual deve sempre ser apresentado em conjunto com o extrato, não há alteração da qualificação do negócio que continua a ser procedida integralmente pelo oficial registrador, como aliás já determinava o próprio sistema da Lei 7.433, de 18 de dezembro de 1985, ao determinar em seu decreto regulamentador que os instrumentos particulares se fizessem sempre acompanhar por documentos que o instruíram, os quais, na hipótese de escritura pública, seriam simplesmente arquivados no próprio tabelionato.

Encontra-se, contudo, flanco aberto ao aluimento do sistema quando a identificação das partes por meio de sua assinatura se faz substituída por mera declaração, presume-se, do apresentante, que poderia ser qualquer pessoa, de que o documento apresentado condiz com o original adequadamente legitimado.

Ocorre que, embora a questão fosse menor frente ao âmbito substancial de qualificação do negócio pela íntegra do documento que continuará a ser apresentado – ao menos aos entes não sujeitos ao sistema registral próprio das instituições financeiras –, em conjunto com a possibilidade de assinatura eletrônica avançada – fora do âmbito da ICP-Brasil, portanto – no registro imobiliário, bem como tendo em vista que pululam no mercado diversos tipos de assinadores privados sem qualquer garantia de ordem pública por detrás, não é desprezível a possibilidade de que se encontre aqui a porta de entrada para todo e qualquer tipo de falsificação de autoria. Veja-se: a assinatura avançada não pressupõe, no termos do artigo 4º da Lei 14.063/2020, qualquer base de certificação pública, donde prevista, na mesma lei, como instrumento de certificação *inter partes*, repetindo disposições esparsas em nosso ordenamento que permitiam assinaturas digitais fora da ICP-Brasil quando *"admitido pelas partes como válido ou aceito pela pessoa a quem oposto o documento"*. Inobstante, uma vez ascendendo ao fólio real não mais se encontra qualquer negócio no âmbito *inter partes*.

Esta é a razão pela qual se deve exercer com necessária ponderação a competência do Conselho Nacional de Justiça na regulamentação, tanto do envio dos extratos por entidades não notariais, quanto da possibilidade de uso de assinaturas digitais avançadas no âmbito registral imobiliário. Em nada contribuiria ao próprio mercado se permitir uma abertura deformalizante ao sistema registral que pagasse pela celeridade com a ulterior degradação de expectativas normativas e consequente conflito. Um sistema registral confiável não prescinde de títulos adequadamente legitimados.

Nesse sentido, hipóteses de interpretação restritiva, como a apontada por Jacomino (2022b), pelas quais o extrato somente seria possível nas hipóteses em que já previsto em lei – ao menos para os entes não notariais, já que, quanto aos notariais, como já demonstrado, não há quebra da segurança do sistema -, devem ser ressaltadas. Ora, o mesmo motivo pelo qual a legislação – de forma extremamente criticável, é verdade, mas ainda assim, restritiva, frente à lei atual – permitiu que certos entes dispensassem a escritura pública em transações específicas – em especial, as entidades financeiras dentro do SFI/SFH – deve servir de norte para a limitação dos extratos particulares, somente cabíveis, assim, quando existente alguma fiscalização centralizada por parte do poder público com poder regulamentar e de polícia – exercido no âmbito do SFH/SFI pelo Banco Central (e anteriormente, para o primeiro, de modo muito mais incisivo, pelo extinto BNH).

Por fim, uma última questão se abre, ante a possibilidade de extratos "híbridos", extratados por notários com base em documentos particulares. Ora, aqui se mesclariam os benefícios e malefícios de ambos os tipos de extrato em relação à assinatura do documento e a qualificação da vontade. Não é crível que tal possibilidade seja absolutamente vedada, vez que é ínsita à atuação notarial a legitimação de documentos particulares – como nos tradicionais reconhecimentos de firma. Contudo, ao se pensar na extratação de um documento particular, por óbvio se subtrai ao tabelião a hipótese de qualificação da vontade nele manifestada, o que torna tal extrato menos do que aquele que é extratado diretamente de documentos públicos confeccionados pelo próprio notário. Inobstante, é ele ainda mais do que o extrato puramente particular – diga-se, extrato produzido por entes não notariais com base em instrumentos particulares -, pois ao menos a questão da assinatura pode ser superada, não mais havendo um flanco de ataque à titularidade que passaria, então, por um controle prévio do próprio notário. Também essa possibilidade deve ser agora adequadamente ponderada pelo Conselho Nacional de Justiça como possível solução mediadora à excessiva abertura normativa da nova lei em relação aos extratos particulares[30].

Em síntese, não há preponderância entre o registro e a adequada formalização do título quando se trata de formular um sistema confiável como um todo para o setor econômico. Tanto um modelo de registro imobiliário como o brasileiro[31], quanto o modelo do notariado latino[32] teriam sido potencialmente aptos a evitar situações drásticas como a bolha creditícia que resultou na crise de 2008, justamente decorrente do manejo de expectativas errôneas para a adoção de medidas econômicas pelos agentes de mercado. Não convém que um sistema hoje confiável passe a reproduzir vicissitudes da tragédia ocorrida alhures, nem se deve festejar qualquer tipo de aproximação capenga de sistemas estrangeiros, quando outros mecanismos de suporte aos modelos alienígenas não se fazem presente em nossa realidade[33].

4. CONCLUSÃO

As novas disposições da Lei 14.382, de 27 de junho de 2022, após a sua final tramitação e apreciação de vetos presidenciais vieram a trazer novos institutos e mecanismos a pretexto de modernização do sistema registral.

---

[30] Pelo quanto exposto, torna-se claro que qualquer opção que determine uma abertura absoluta da possibilidade de extratação por entes particulares, ainda que de alguma forma fiscalizados, como pelos advogados, é absolutamente contrária ao sistema e coloca em risco a sua existência nos moldes atuais.

[31] V. Brandelli, 2021.

[32] V. Gonzáles, 2013.

[33] No ponto, em especial, o mercado de seguros norte-americano, exponencialmente maior do que o brasileiro, de modo que *"la situación ordinaria en los Estados Unidos es que la propriedad ostente gravámenes o cargas – a diferencia de nuestro país, donde ordinariamente lo que hacemos es solicitar um certificado de libertad o de ausencia de gravámanes"* (GONZÁLES, 2013, versão digital). Inobstante, mesmo lá a indústria do "title insurance" é criticada pelos altos prêmios que cobra frente à (bem) menor sinistralidade quando comparada com outros tipos de seguro, com o que se defendem dizendo que grande parte do que cobram é gasto justamente com "buscas e exames de títulos" (!). (V. Sprankling, 2000).

Entre tais institutos, talvez um dos mais polêmicos seja mesmo o "extrato" tratado no presente texto.

Tendo em vista a dualidade do sistema de segurança jurídica até o momento desenvolvido no país, que propugna por uma adequada formalização de títulos e posterior publicização registral, não é despicienda a diferenciação que os referidos "extratos" acolheram na nova normativa entre aqueles produzidos por notários e aqueles produzidos por particulares.

Em relação aos extratos notariais, em conjunto com outras disposições da mesma lei, surge via expedida de encaminhamento e registro de títulos que já contam, desde a sua originação, com a tutela da fé pública estatal.

Por outro lado, os extratos produzidos por entes não notariais, sobretudo quando se observa o flanco aberto dado às assinaturas digitais avançadas pela mesma lei, demandarão especial atenção da entidade regulamentadora, para que não se ponha a perder a própria estrutura do sistema registral, a médio prazo, pela formalização de títulos sem controle quer notaria, quer registral.

REFERÊNCIAS BIBLIOGRÁFICAS

AKERLOF, Georg Arthur. **The Market for "lemons"**: Quality uncertainty and the Market Mechanism. *In*: **The Quaterly Journal of Economics**. Vol. 84. N. 3, p. 488-500. 1970. Disponível em https://www.jstor.org/stable/1879431, acesso em 04 jan. 2023.

BRANDELLI, Leonardo. **A função notarial na atualidade**. *In*: **Revista de Direito Imobiliário**. São Paulo. n. 80. Jan/jun 2016. Ano 39.

BRANDELLI, Leonardo. **Uma Mers, Inc. à brasileira**. 15 abr 2021. Disponível em conjur.com.br/2021-abr-15/maziteli-neto-brandelli-mers-inc-brasileira. Acesso em 05 jan 2023.

BRANDELLI, Leonardo. **Teoria Geral do Direito Notarial**. São Paulo: Saraiva, 2011.

CARVALHO, Afrânio de. **Registro de imóveis**: comentários ao sistema de registro em face da Lei nº 6.015, de 1973, com as alterações da Lei nº 6.216, de 1975, Lei nº 8.009, de 1990, e Lei nº 8.935, de 18.11.1994. 4. ed. Rio de Janeiro: Forense, 1997.

CUNHA FILHO, Marcelo de Castro. **Bitcoin e confiança:** análise empírica de como as instituições importam. Belo Horizonte: D´Plácido, 2021.

FRANCISCO, Alisson Cleber. **As serventias extrajudiciais como ferramenta de promoção de inclusão jurídica – uma análise mais ampla de sua função e impactos na sociedade.** Tese (Doutorado). Faculdade de Direito da Universidade de São Paulo. São Paulo, 2022.

GOMES, Orlando. **Obrigações**. Atualizado por Edvaldo Brito. 19. ed. São Paulo: Forense, 2019.

GONZÁLES, José Antonio Márquez. **Formalidades legales em los Estados Unidos**: um análisis notarial. México: Porrúa, 2013.

HAICAL, Gustavo. **A autorização no direito privado**. São Paulo: Thonson Reuters Brasil, 2020.

JACOMINO, Sérgio. **Instrumento Particular. Título inscritível – certidão de RTD**. 2 nov. 2022. Disponível em https://cartorios.org/2022/11/02/instrumento-particular-titulo-inscritivel--certidao-de-rtd/. Acesso em 04 jan. 2023.

JACOMINO, Sérgio. **Extratos, títulos e outras notícias**: pequenas digressões acerca da reforma da LRP (lei 14.382/22). 1 jul. 2022b. Disponível em https://www.migalhas.com.br/coluna/migalhas-notariais-e-registrais/368957/extratos-titulos-e-outras-noticias. Acesso em 04 jan. 2023.

LAGO, Ivan Jacopetti do. **História do Registro de Imóveis**. São Paulo: Thomson Reuters Brasil, 2020. (Coleção Direito Imobiliário; vol. 1. Coordenação Alberto Gentil de Almeida Pedroso)

LOUREIRO, Luiz Guilherme. **Manual de Direito Notarial**: da atividade e dos documentos notariais. Salvador: Juspodivm, 2016.

LUHMANN, Niklas. **Ecological Comunication**. Trad. John Bednarz Jr. Chicago: The University of Chicago Press, 1989.

LUHMANN, Niklas. **La economia de la sociedad**. Tradução ao Espanhol de Aldo Mascareño. Cidade do México: Herder, 2017.

LUHMANN, Niklas. **Sistemas sociais**: esboço de uma teoria geral. Tradução de Antônio C. Luz Costa, Roberto Dutra Torres Junior e Marco Antonio dos Santos Casanova. Petrópolis: Vozes, 2016.

LUHMANN, Niklas. **Teoria dos sistemas na prática** Vol. 1 Estrutura social e semântica. Trad. Patricia da Silva Santos. Editado por Leopoldo Waizbort. Petrópolis: Vozes, 2018.

MARQUES, Cláudia Lima; MIRAGEM, Bruno. **A raposa e o galinheiro:** a MP 1.085/2021 e os riscos ao consumidor. 2022. Disponível em https://www.estadao.com.br/politica/blog-do-fausto-macedo/a-raposa-e-o-galinheiro-a-mp-1-085-2021-e-os-riscos-ao-consumidor/. Acesso em 04 jan. 2023.

NAKAMOTO, Satoshi. **Bitcoin**: a peer-to-peer eletronic cash system. 2008. Disponível em: https://bitcoin.org/bitcoin.pdf. Acesso em 04 jan. 2023.

PAIS DE VANSCONCELOS, Pedro Leitão. **A procuração irrevogável**. 2. ed. Coimbra: Almedina, 2016.

PETRELLI, Gaetano. **L'autenticità del titolo della trascrizione nell'evoluzione storica e nel diritto comparato**. *In:* **Rivista di Diritto Civile**. Padova. N. 5. Set/Out 2007. Ano 53. p. 585-640.

PETRELLI, Gaetano. **L'indagine della volontà delle parti e la «sostanza» dell'atto pubblico notarile**. *In*: **Rivista del notariato**. Milão. 2006. Ano 60. p. 29-79.

ROPPO, Enzo. **O contrato**. Tradução de Ana Coimbra e Manuel Januario da Costa Gomes. Coimbra: Almedina, 2021.

SPRANKLING, John. **Undestanding Property Law**. Danvers: Lexis, 2000.

SILVA FILHO, Osny da. **Fundamentos do Direito Contratual**: Doutrina, teoria e empiria. São Paulo: Almedina, 2022.

VANZELLA, Rafael Domingos Faiardo. **O contrato e os direitos reais**. São Paulo: RT, 2012.

VASCONCELOS, Pedro Pais de; PAIS DE VASCONCELOS, Pedro Leitão. **Teoria Geral do Direito Civil**. 9. ed. Coimbra: Almedina, 2019.

4
O REGISTRO DA PROMESSA DE PERMUTA COM O ADVENTO DA LEI 14.382/2022

Bernardo Oswaldo Francez

Amanda Gil

A recente Lei Federal 14.382/2022 trouxe importantes modificações no dia a dia de trabalho dos Cartórios Extrajudiciais. Há diversas situações estabelecidas pelo referido diploma legal que não encontravam amparo em nosso ordenamento jurídico e eram palco de debates e posicionamentos conflitantes no próprio Poder Judiciário.

A promessa de permuta faz parte do rol de situações que foi contemplado com a previsão expressa da possibilidade de seu registro, colocando fim às controvérsias a que os juristas se deparavam toda vez que se encontravam diante de um caso concreto sobre o assunto.

Interessa-nos aqui tratar da promessa de permuta e seu ingresso no Cartório de Registro de Imóveis, conforme previsão expressa do artigo 167, I, 30, da Lei de Registros Públicos, com as inclusões da Lei 14.382.

De início, antes de enfrentar o tema a que propriamente nos debruçaremos, importante fazer constar breves considerações acerca da permuta.

A permuta, também conhecida como "troca" ou "escambo", é um contrato típico, de natureza consensual. Está prevista no artigo 533 do Código Civil (Lei 10.406/2002) e a ela se aplicam, pela indicação do mencionado diploma legal, as disposições referentes à compra e venda.

Trata-se de negócio jurídico em que cada uma das partes se obriga a dar uma coisa para receber outra e, sendo assim, os bens permutados possuem uma recíproca dupla função: pode-se considerar que de um lado são objeto de uma aquisição e, de outro, simples meio de pagamento da aquisição que se opera.

A doutrina acolhe como permuta o negócio jurídico em que a prestação principal diga respeito à coisa entregue em pagamento, ainda que haja complemento em dinheiro. Sendo assim, estaremos diante de venda e compra apenas no caso em que o pagamento feito em espécie seja em valor superior ao da coisa entregue em complemento, conforme ensinamentos de Orlando Gomes. (Contratos, 26ª edição, Rio de Janeiro: Editora Forense, 2009).

Em relação ao contrato – de promessa ou definitivo -, de permuta, não há no sistema jurídico pátrio impedimento para a sua celebração, mediante forma pública ou particular, com atenção ao artigo 108 do Código Civil.[1]

Considerando a vigência do princípio da liberdade de contratar, nos termos do artigo 421 do Código Civil, as partes contratantes possuem ampla possibilidade no estabelecimento de suas cláusulas, atendendo a uma finalidade útil e necessária aos seus fins sociais, havendo, portanto, a possibilidade jurídica de sua realização.

Não obstante, é também previsão do Código Civil, em seu artigo 1.228, que o proprietário tem assegurada *'a faculdade de usar, gozar e dispor da coisa (caput)*, *'em consonância com as suas finalidades econômicas e sociais'* (§ 1º), sendo, no entretanto, *'defesos os atos que não trazem ao proprietário qualquer comodidade, ou utilidade, e sejam animados pela intenção de prejudicar outrem'* (§ 2º).

Quanto à promessa de permuta, podemos enquadrá-la na categoria de contratos atípicos, segundo o artigo 425 do Código Civil, para cuja formação exige-se apenas obediência às normas gerais do direito, aplicáveis aos contratos em geral para sua existência, validade e eficácia.

O contrato de promessa de permuta não é instrumento novo na realização das transações imobiliárias no país. Corriqueiramente, no bojo das incorporações imobiliárias, em especial, é forma contratual de ajuste entre incorporadores e proprietários de terrenos (onde virão a ser construídos empreendimentos com unidades autônomas), com respaldo no artigo 32, *a*, da Lei 4.591/1964[2], sendo, até a publicação da Lei 14.382, situação em que a promessa de permuta era já recepcionada no registro imobiliário.

Insta ainda dizer que a referida Lei 4.591/1964, que dispõe sobre o condomínio em edificações e as incorporações imobiliárias, traz em seu bojo, conforme artigo 39, a previsão da permuta *com pagamento total ou parcial em unidades a serem construídas*, mas não prevê para esta situação a promessa de permuta:

> "Art. 39. Nas incorporações em que a aquisição do terreno se der com pagamento total ou parcial em unidades a serem construídas, deverão ser discriminadas em todos os documentos de ajuste:
> I – a parcela que, se houver, será paga em dinheiro;
> II – a quota-parte da área das unidades a serem entregues em pagamento do terreno que corresponderá a cada uma das unidades, a qual deverá ser expressa em metros quadrados.

---

[1] *"Art. 108. Não dispondo a lei em contrário, a escritura pública é essencial à validade dos negócios jurídicos que visem à constituição, transferência, modificação ou renúncia de direitos reais sobre imóveis de valor superior a trinta vezes o maior salário mínimo vigente no País."*

[2] *"Art. 32. O incorporador somente poderá alienar ou onerar as frações ideais de terrenos e acessões que corresponderão às futuras unidades autônomas após o registro, no registro de imóveis competente, do memorial de incorporação composto pelos seguintes documentos: (Redação dada pela Lei nº 14.382, de 2022)*
*a) título de propriedade de terreno, ou de **promessa**, irrevogável e irretratável, de compra e venda ou de cessão de direitos ou **de permuta** do qual conste cláusula de imissão na posse do imóvel, não haja estipulações impeditivas de sua alienação em frações ideais e inclua consentimento para demolição e construção, devidamente registrado;"* (grifo nosso)

Parágrafo único. Deverá constar, também, de todos os documentos de ajuste, se o alienante do terreno ficou ou não sujeito a qualquer prestação ou encargo."

No mais, embora haja o entendimento de similaridade entre a promessa de permuta e o compromisso de venda e compra, pelo que dispõe o já mencionado artigo 533 do Código Civil, até o advento da Lei 14.382 as decisões do Judiciário bandeirante oscilavam acerca do seu ingresso no registro.

Na literalidade da lei, antes da vigência da 14.382, o rol do artigo 167, inciso I, da Lei 6.015/1973, trazia a possibilidade de registro da permuta, mas não da promessa de permuta.

De qualquer forma, cabe mencionar que ao dar interpretação sistemática para o referido dispositivo legal, o Conselho Superior da Magistratura do Estado de São Paulo, por mais de uma vez se pronunciou no sentido da possibilidade do registro da promessa de permuta, dada a sua similitude à promessa de compra e venda (cujo registro é admitido expressamente pelo art. 167, da Lei nº 6.015/1973) e ante o disposto no artigo 533 do Código Civil (CSM – Apelação nº 0008876-60.2011.8.26.0453, Rel. Des. José Renato Nalini; CSM – Apelação Cível nº 0006797-56.2012.8.26.0071, Rel. Des. José Renato Nalini; CSM – Apelação Cível nº 9000002-48.2013.8.26.0101, Rel. Des. Elliot Akel).

Isto porque, a rigor, a promessa de permuta consistiria em duas promessas recíprocas e simultâneas de venda, mesmo paralelo existente entre a permuta em si e o contrato definitivo de venda e compra (*v.g.* Valmir Pontes, Registro de Imóveis, Saraiva, 1982), e seu registro não seria, por isso, impossível.

Nesta linha de entendimento há decisões com lastro em vasta doutrina (v. Apelação n. 37.727-0/3, Comarca de Itu/SP), reconhecendo que o contrato de promessa de permuta seria apto a produzir efeitos reais quando registrado, o que foi objeto de exigência, em aresto da Suprema Corte (RE 89.501-9-RJ), inclusive, para deferimento de adjudicação compulsória, com aplicação do regramento da promessa de compra e venda à promessa de permuta.

Não se trata de questionar a validade do negócio jurídico firmado entre os contratantes, mas de sua admissibilidade ao fólio real, que, em regra, não era mesmo possível pela ausência de previsão legal específica para o seu registro.

E, assim, à vista do princípio da legalidade, entendemos pela taxatividade das atribuições do Registro de Imóveis, em respeito ao rol previsto no artigo 167 da Lei de Registros Públicos.

Conforme esclarece o Dr. José Manoel de Arruda Alvim, os direitos reais são regidos pelo princípio da tipicidade, o que quer dizer que somente têm esta natureza aqueles assim previstos em lei, de acordo com tipos rígidos e exaurientes (Arruda Alvim, José Manoel de. Direitos reais de garantia imobiliária, *in* Direito privado: contratos, direitos reais, pessoas jurídicas de direito privado, responsabilidade. São Paulo: Revista dos Tribunais, 2002).

Neste sentido:

REGISTRO DE IMÓVEIS – Dúvida – Bem de família legal – Pretensão de registro – Inexistência de previsão no art. 167, da Lei nº 6.015/73 – Rol taxativo – Impossibilidade do registro – Inaplicabilidade da máxima de que o que não é vedado é permitido, porque o registrador age de acordo com o princípio da legalidade

– Recurso não provido (CSMSP, Apelação Cível 1115570- 23.2014, Relator: Des. Manoel de Queiroz Pereira Calças, j. 25/02/2016).

Em consequência, o registro dos direitos e dos ônus reais sobre bens imóveis, subordina-se ao rol taxativo estabelecido em lei.

Ao realizar o juízo de legalidade do título, o Oficial deve identificar a previsão legal para o seu registro. Ao contrário da regra de que ausente vedação expressa permite-se o ato, em matéria registrária não havendo previsão expressa, não se admite a sua realização.

Frisa-se que, o artigo 167 da Lei de Registros Públicos elenca em seu inciso I os direitos reais passíveis de registro, em rol que, complementado pela legislação esparsa, constitui *numerus clausus,* conforme já mencionamos.

É o direcionamento na doutrina, segundo Afrânio de Carvalho:

> "A **ratio legis** da registrabilidade dos direitos, acima esboçada, não é invocável, porém, para estender, por analogia, a lista dos que são expressamente admitidos por lei no registro. Quando a lei prevê, em disposição especial, os atos compreendidos no registro, quer em enumeração genérica, como no Código Civil (art. 846), quer em enumeração casuística, como na nova Lei de Registro (art. 167), deixa de fora todos os omitidos. Os direitos registráveis são taxativamente fixados pela lei, constituem um **numeros clausus**".

E, ainda:

> "O registro não é o desaguadouro comum de todos e quaisquer títulos, senão apenas daqueles que confiram uma posição jurídico-real e sejam previstos em lei como registráveis.
>
> A enumeração dos direitos registráveis da nova Lei do Registro é taxativa, e não exemplificativa (art. 167).
>
> Dessa maneira, não são recebíveis os títulos que se achem fora dessa enumeração, porquanto o registro nada lhes acrescenta de útil.
>
> Nesse particular, a regra dominante é a de que não é inscritível nenhum direito que mediante a inscrição não se torne mais eficaz do que sem ela.
>
> (...) **Por conseguinte, as promessas** de compra e venda (retratável), de hipoteca, **de permuta**, de doação, de dação em pagamento, de baixa de hipoteca, ou de parte de hipoteca (liberação parcial do imóvel), **devem ficar estranhas ao registro, de vez que nenhum efeito produz o seu ingresso,** tantas vezes obtido sob o pretexto de se tratar de direitos imobiliários. Não basta que sejam direitos imobiliários, importando que sejam também reais, para constituírem matéria de registro, ponto esquecido por decisões judiciais que dão beneplácito à prática contrária aos princípios." (Registro de Imóveis, 4ª ed., Rio de Janeiro: Forense, 1997).

Por todo o exposto, como a promessa de permuta não se encontrava expressamente no rol do art. 167, I, da Lei nº 6.015/1973, seguimos o entendimento de que estava vedado o acesso ao fólio real de título que a instrumentalizasse.

Com o advento de previsão legal específica, consubstanciada na publicação da Lei Federal 14.382/2022, não restam mais dúvidas sobre a admissibilidade do seu registro, com garantia de publicidade e segurança jurídica ofertadas pelo sistema registral imobiliário vigente.

Restou elucidada a possibilidade de ser registrada a promessa de permuta não se correlacionando apenas com o instituto da incorporação imobiliária, mas aplicando-se de modo geral.

REFERÊNCIAS BIBLIOGRÁFICAS

ARRUDA ALVIM, José Manoel de. *Direitos reais de garantia imobiliária, in Direito privado: contratos, direitos reais, pessoas jurídicas de direito privado, responsabilidade.* São Paulo: Revista dos Tribunais, 2002.

CARVALHO, Afrânio de. *Registro de Imóveis.* 4ª ed. Rio de Janeiro: Forense, 1997.

DIP, Ricardo. *Direito Administrativo Registral.* São Paulo: Saraiva, 2010.

DIP, Ricardo. *Registro de Imóveis (Princípios) – Série Registros sobre Registros – Tomo I.* São Paulo: Ed. Primvs, 2017.

DIP, Ricardo. *Registro de Imóveis (Princípios) – Série Registros sobre Registros – Tomo II.* São Paulo: Ed. Primvs, 2018.

DIP, Ricardo. *Registro de Imóveis (Princípios) – Série Registros sobre Registros – Tomo III.* São Paulo: Editorial Lepanto, 2019.

DIP, Ricardo. *Sobre a qualificação no Registro de Imóveis*, Contribuição aos estudos do XVIII Encontro dos Oficiais de Registro de Imóveis do Brasil (Encontro Elvino Silva Filho), realizado em Maceió-AL, no período de 21 a 25.10.1991.

GOMES, Orlando. *Contratos.* Rio de Janeiro: Forense, 2009.

KOLLEMATA (www.kollemata.com.br): jurisprudência mencionada.

PONTES, Valmir. *Registro de Imóveis*, São Paulo: Saraiva, 1982.

5
A "NOTARIZAÇÃO ON-LINE" EM PERSPECTIVA COMPARADA

Ana Paula Frontini

1. INTRODUÇÃO

Com as medidas de isolamento e distanciamento social impostas a fim de conter a disseminação da pandemia de Covid-19, diversos foram os setores da sociedade que se viram obrigados a recorrer às tecnologias de informação e comunicação para poder dar continuidade aos serviços e atividades que prestavam. Não foi diferente com a atividade notarial. Em diversos lugares do mundo, agências e órgãos públicos passaram a adotar a realização de atos notariais on-line com o propósito de diminuir o contato entre as pessoas e, com isso, frear a propagação do vírus sem que os serviços públicos essenciais deixassem de ser prestados aos cidadãos.

Nos EUA, por exemplo, vários estados emitiram autorizações temporárias que permitem aos notários realizar atos notariais em documentos em papel utilizando a tecnologia de videoconferência, processo que ficou conhecido como *remote ink-signed notarization* (*RIN*). O estado de Nova York foi o primeiro a emitir uma autorização desse tipo, em 19 de março de 2020, tendo sido seguido por quase todos os demais estados americanos. Embora a previsão do uso da *RIN* estivesse atrelada à duração do estado de emergência decorrente da pandemia de Covid-19, a realização de atos notariais on-line levou à adoção de sistemas permanentes de *remote online notarization* (notarização remota on-line, ou *RON*)[1] em pelo menos 41 estados, até agosto de 2022.

---

[1] Cada um dos estados americanos adotou sua legislação própria referente à *remote online notarization*. Não obstante, os componentes básicos dos sistemas de RON, comuns a todos os estados, são: permitir que atos notariais sejam concluídos usando comunicação audiovisual, incluindo atos em que o signatário esteja localizado fora do estado em que o notário está autorizado a operar; exigir que o notário autentique a pessoa que assina; o requerimento da gravação da comunicação audiovisual. As leis estaduais sobre os RON são muito detalhadas e variam em relação, entre outras coisas, aos requisitos de autenticação, à publicação dos atos e à retenção das gravações.

Já na Europa, Portugal e Itália adotaram medidas semelhantes. Após discussões relativas à possibilidade de atos notariais on-line, que duraram cerca de dois anos, o governo português publicou o Decreto-Lei nº 126/2021, que trouxe a possibilidade de realização de atos notariais por meio de um novo serviço de videoconferência[2] a partir de abril de 2022. Na Itália, o software *Piattaforma Notariato Italiano – PNI*, utilizado pelos notários italianos, passou a contar com um sistema de videoconferência que permite a realização de atos notariais on-line sem que as partes interessadas estivessem necessariamente acompanhadas de um advogado[3].

No caso do Brasil, essa nova realidade foi disciplinada pelo Provimento nº 100 da Corregedoria Nacional de Justiça, de 26 de maio de 2020, que "dispõe sobre a prática de atos notariais eletrônicos utilizando o sistema e-Notariado, cria a Matrícula Notarial Eletrônica-MNE e dá outras providências". O e-Notariado representa uma das diversas ações que têm sido realizadas para atender o preceito constitucional de acesso à justiça dos cidadãos brasileiros, direito que está previsto no art. 5º, XXXV, da Constituição Federal de 1988.

Embora a digitalização dos serviços notariais e de registro tenha sido nos dois últimos anos, sem dúvidas, impulsionada em razão da pandemia, esse fenômeno não é tão recente. Trata-se, na realidade, de uma tendência global de digitalização da própria vida humana a partir do surgimento e da popularização de novas tecnologias, da qual o Direito não escapa. Nesse sentido, o presente artigo tem como objetivo analisar como as inovações tecnológicas têm afetado a atividade notarial, investigando como a necessidade de distanciamento social, somada à popularização de novas tecnologias de informação e comunicação, alterou a prática de atos notariais – instituindo a chamada "notarização on-line", ou "notarização remota".

A fim de melhor compreender esse fenômeno, para além do contexto brasileiro, analisaremos as iniciativas adotadas em Portugal e nos Estados Unidos da América, buscando traçar paralelos entre os diferentes países. Trata-se, assim, de um estudo comparado, cuja finalidade principal é lançar luz sobre como diferentes tipos de sistemas notariais têm lidado com o fenômeno.

Como já apontávamos em 2021, é natural que a evolução dos atos jurídicos face à evolução tecnológica na Sociedade 4.0 gere debate. No artigo intitulado "Qualificação notarial e a Revolução 4.0", publicado nesta mesma coletânea no ano de 2021, afirmamos que é compreensível que o novo traga consigo dúvidas, entusiasmos, confrontos: "a proposta de superação de um determinado 'estado inerte de coisas' cria ponto de tensão e expectativa sobre aquilo que está surgindo, 'o processo [de mudança] nunca se dá à mercê de questionamentos'[4].

---

[2] Disponível em: https://justica.gov.pt/Noticias/Realizacao-de-atos-autenticos-por-videoconferencia, acesso em 22 dez. 2022.

[3] Disponível em: https://blog.pwc-tls.it/en/2022/02/16/corporate-meetings-in-full-audio--video-conference-after-the-covid-19-emergency-the-breakthrough-of-the-notary-council--of-milan/, acesso em 22 dez. 2022.

[4] "Apenas a título de esclarecimento, a expressão estado inerte de coisas deve refletir os dois significados oriundos da física – do termo inércia: a ideia de que aquilo que se encontra em repouso tende a continuar em repouso, e a de que aquilo que se encontra em movimento tende a continuar em movimento. Alterações no ambiente jurídico englobam, pois, tanto a

Para tanto, este artigo encontra-se dividido em quatro tópicos principais. Após estas considerações introdutórias, traz-se uma análise da função do notário e da fé-pública notarial, realizando-se um breve resgate histórico sobre a origem dos tabeliães e uma análise da transformação de suas funções no contexto digital. No tópico seguinte, discute-se a notarização on-line no direito comparado, a partir das legislações portuguesa e americana e, posteriormente, da brasileira. Por fim, são apresentadas considerações finais, concluindo-se pela tendência de adoção permanente de sistemas de serviços notariais e registrais on-line, com destaque para a posição de vanguarda do ordenamento jurídico brasileiro em relação à matéria.

2. A FUNÇÃO DO NOTÁRIO E O PAPEL DA FÉ-PÚBLICA NOTARIAL

2.1 Um breve resgate histórico da função do notário

A origem dos tabeliães, ou notários, pode ser traçada até a Roma antiga. Como a maioria dos leigos não era capaz de escrever, as assinaturas, como são comumente conhecidas hoje em dia, eram praticamente impossíveis. Portanto, muitas pessoas, frequentemente aquelas mais ricas, utilizavam um disco de metal ou barro que era gravado com o brasão de família e cera quente, criando uma espécie de selo, de modo que, a marca impressa na cera, servia como assinatura para aquele indivíduo. Um documento formalizado desta maneira, quando preparado por um notário, recebia um alto grau de autenticidade em Roma[5]. Como a alfabetização não era comum na Europa medieval, eram necessárias pessoas de confiança para escrever documentos importantes, tais como contratos e testamentos, e conservá-los, mediante o pagamento de uma pequena taxa; esse indivíduo, dotado da fé pública para a prática desses atos, era denominado *notarius*[6].

Com o crescimento do Império Romano, a demanda pelo notário também aumentou, um resultado direto da alfabetização mais ampla e do aumento da capacidade de reprodução de documentos – o que, consequentemente, aumentou os riscos de fraudes quanto à autenticidade e à integridade dos documentos. Eventualmente, os notários adotaram o método de gravação em disco e cera quente para atestar a autenticidade de um documento, o que se assemelhava a uma marca registrada do documento cuja validade havia sido atestada[7].

---

necessidade de movimentar a ciência jurídica em letargia – quando isso se fizer necessário, como a necessidade de estacioná-la momentaneamente quando inúmeros conceitos estiverem sendo criados sem que haja capacidade dos operadores do direito – e da sociedade, obviamente – de absorvê-los sem riscos de desconfigurações basilares. O mesmo direito que se move deve, em determinadas circunstâncias, ajustar seus mecanismos catalisadores para que não se desconecte da sociedade. Em quaisquer situações, o processo nunca se dá à mercê de questionamentos". Cf. LAZARI, Rafael de. *Conselho Nacional de Justiça:* dimensões operacionais e controvérsias. Curitiba: Juruá, 2017, p. 189.

[5] NUSSDORFER, Laurie. **Brokers of public trust: notaries in early modern Rome**. Baltimore: Johns Hopkins University Press, 2009.

[6] CLOSEN, Michael; DIXON, G. Notaries Public from the Time of the Roman Empire to the United States Today, and Tomorrow. **North Dakota Law Review**, v. 68, n. 4, p. 873–896, 1992. Disponível em: <https://commons.und.edu/ndlr/vol68/iss4/1, acesso em 27 dez. 2022.

[7] CLOSEN, Michael; DIXON, G. Notaries Public from the Time of the Roman Empire to the United States Today, and Tomorrow. **North Dakota Law Review**, v. 68, n. 4, p. 873–896, 1992.

Os tabeliães começaram então a se espalhar pelas províncias do Império Romano, consolidando-se na Europa medieval, em sociedades mediterrâneas que se situavam peculiarmente no cruzamento do comércio urbano acelerado e do redescobrimento do direito romano. Seu papel na certificação de contratos os tornou úteis para os comerciantes italianos, e as comunas recém-criadas na Itália os empregaram para que seus atos inéditos parecessem legítimos. Mas os notários foram considerados necessários a tais transações somente devido às novas formas de autoridade pública e à nova apreciação das provas escritas elaboradas nas faculdades de direito medieval. Portanto, a trajetória histórica dos notários estava ligada não apenas ao desenvolvimento de uma economia comercial, mas às vicissitudes de uma tradição jurídica específica[8].

Conhecida como *scriptura publica*, a escrita dos tabeliães consistia em verdadeira criação de poder político, dotada de autoridade: os tabeliães combinavam aspectos de funcionários públicos e, ao mesmo tempo, de profissionais autônomos, encontrando-se "em uma curiosa junção entre o que chamaríamos as esferas privada e pública, embora tais termos fossem anacrônicos no mundo medieval e nos primórdios da modernidade"[9]. Segundo Gama Barros, os notários, no desempenho de seu dever e na intervenção nos instrumentos de direito privado, davam a estes atos a natureza de instrumentos autênticos[10]. Eram (e são) verdadeiros agentes de confiança pública[11].

Importa-nos, com esta pequena regressão histórica, destacar dois aspectos. Primeiramente, demonstrar que, historicamente, determinados atos e negócios jurídicos que fossem realizados entre particulares somente eram/são considerados válidos se fossem lavrados por tabeliães, ou se contivessem um selo autêntico, concedido pelo rei ou outra autoridade. Segundo: apontar para o fato de que foi uma transformação social – o aumento da alfabetização – que resultou em uma necessidade ainda maior dos serviços notariais. Da mesma maneira, hoje, com a digitalização das atividades humanas, é preciso garantir segurança jurídica para o novo meio – o digital. O notário não deixa de ser necessário em razão do advento de novas tecnologias, embora sua atividade seja, inevitavelmente, atingida por elas. O que ocorre, como veremos a seguir, é uma (necessária) adaptação dos serviços notariais e de registro à nova realidade social, na qual o notário, por meio de diferentes instrumentos, continua a carregar a função de garantidor da segurança jurídica de inúmeros atos e negócios.

Disponível em: <https://commons.und.edu/ndlr/vol68/iss4/1>, acesso em 27 dez. 2022.

[8] NUSSDORFER, Laurie. **Brokers of public trust: notaries in early modern Rome**. Baltimore: Johns Hopkins University Press, 2009.

[9] *Ibidem*.

[10] GAMA BARROS, Henrique da. **História da Administração Pública em Portugal nos Séculos XII a XV**. Tomo VIII, 2ª ed. Lisboa: Sá da Costa, 1950, p. 308.

[11] NUSSDORFER, Laurie. **Brokers of public trust: notaries in early modern Rome**. Baltimore: Johns Hopkins University Press, 2009, p. 4, tradução nossa. No original: *The writing of notaries was authoritative. Known as scriptura publica, public writing, it was a creation of political power. [...] They combined aspects of public officials and, at the same time, self employed professionals. The notary stood at a curious junction between what we would call the private and the public spheres, though such terms would be anachronistic in the medieval and early modern world. He was a broker of public trust.*

2.2. A função do notário no meio digital: a fé pública eletrônica

Ainda hoje, os serviços notariais e de registro são importantes instrumentos à disposição da população e do Poder Público para garantir a publicidade, autenticidade, segurança e eficácia de inúmeros atos jurídicos[12]. Tamanha é a importância desses serviços que, no caso brasileiro, a própria Constituição Federal de 1988 reconheceu a necessidade de sua adequada regulamentação[13]. Dada a relevância que possuem, é possível falar até mesmo na "função social dos serviços notariais e de registro":

> A importância desses serviços para a sociedade vem, paulatinamente, sendo fortalecida com o reconhecimento de sua função social, notadamente com a extrajudicialização de alguns procedimentos, dando maior liberdade às partes para a escolha do meio mais adequado às suas demandas, de forma segura, além de proporcionar economia e celeridade, caracterizando-se, ainda, como importantes instrumentos para a realização de políticas públicas.
>
> Nesse contexto, os serviços notariais e registrais são atores relevantes para a concretização dos direitos dos cidadãos, garantindo a cidadania e direitos fundamentais, e, por conseguinte, a dignidade da população, o que evidencia a sua função social, permitindo, inclusive, a ampliação da atuação desses serviços (...)[14].

Em se tratando de atividade essencial para a concretização de inúmeros direitos e deveres, a paralisação dos serviços notariais e de registro implicaria consequências desastrosas para a sociedade como um todo. Não por outro motivo, em atendimento ao princípio da continuidade dos serviços públicos e, ademais, ao dever de os serviços notariais e de registro serem prestados de modo eficiente e adequado[15], diversas foram as iniciativas tomadas com o objetivo de manutenção das atividades durante a pandemia de Covid-19, tanto no Brasil quanto mundialmente.

Assim, conquanto iniciativas de digitalização da atividade notarial e de registro já houvessem sido tomadas pelo menos desde 2011[16], o contexto sanitário mundial a partir de 2020 não deixou alternativa senão a migração do meio tradicional (papel) para o digital (on-line). A "notarização on-line" concretiza a existência da "fé pública eletrônica":

---

[12] SCHEID, C. M. Função social dos serviços notariais e de registro sob a perspectiva da Constituição Federal de 1988. **Revista de Direito Administrativo e Gestão Pública**, v. 7, n. 1, p. 42–62, 12 ago. 2021.

[13] Trata-se do Art. 236 da Constituição da República Federativa do Brasil.

[14] SCHEID, C. M. Função social dos serviços notariais e de registro sob a perspectiva da Constituição Federal de 1988. **Revista de Direito Administrativo e Gestão Pública**, v. 7, n. 1, p. 42–62, 12 ago. 2021.

[15] MIRANDOLLI, Caroline; DAHLKE, Cassia Proença. A essencialidade dos serviços notariais e registrais em época da pandemia da Covid-19. In: REIS, Jorge Renato; FREITAS, Priscilla; ALVES, Érica Veiga (Org.). **Intersecções jurídicas entre o público e o privado: o princípio constitucional nos tempos de pandemia**. Curitiba: Íthala, 2020.

[16] O *Electronic Notaries Act* de 2011, do estado americano da Virgínia, foi a primeira lei a autorizar a atividade notarial remota, baseada em computação em nuvem e mediante tecnologia de teleconferência audiovisual (REINIGER, Timothy; HANSBERGER, Richard. VIRTUAL PRESENCE: Online Notarization and the End of Physical Appearance in the Digital Age. **Scitech Lawyer**, vol. 8, ed. 2, 2011).

estamos ante a presença de uma nova criação, a "e-fé pública", pela qual o notário cumpre o papel de terceiro certificador imparcial, como dador de uma nova classe de fé pública. Além da fé pública tradicional, que ocorre sobre a base da autenticação da capacidade de pessoas, do cumprimento das formalidades nos instrumentos notariais ou da certificação dos fatos, o notário em meio digital atesta também todo o processo tecnológico que gera o ato notarial eletrônico: de resultados digitais, aplicativos, softwares, códigos e assinaturas eletrônicas.[17]

3. A "NOTARIZAÇÃO ON-LINE" NO DIREITO COMPARADO

Antes de se partir para a análise das iniciativas de notarização on-line no direito comparado, faz-se necessária uma breve elucidação acerca dos dois principais tipos de notariado do mundo moderno, a fim de justificar a escolha pelos países cujos ordenamentos jurídicos serão brevemente discutidos. Em suma, é possível afirmar que existem dois principais sistemas de notariado: o latino, derivado do *civil law*, ou direito continental, e o anglo-saxão, derivado do *common law*, ou direito costumeiro[18]. Cada qual guarda suas características, que serão brevemente apresentadas a seguir.

O notariado latino nasceu da cultura e da tradição jurídica romano-germânica, que se caracteriza – a partir do século XIX – pelo primado da lei como fonte do direito. O sistema notarial latino se baseia em mecanismos como a fé pública, que decorre da forma jurídica denominada "documento público", de modo que "certas situações e relações jurídicas, por sua relevância, devem ser acreditadas ou tidas por verdadeiras não só para o Estado, como para os demais membros da sociedade. Para tanto, o Estado delega a determinados agentes públicos o poder de dar fé pública aos negócios jurídicos nos quais intervêm"[19]. Dentre esses agentes, encontra-se o notário, que tem como função, por meio do documento notarial, formalizar juridicamente a vontade das partes, atestando a autoria e integridade do conteúdo de determinado documento, além de sua validade e eficácia.

O notário no *common law*, grosso modo, não guarda a função de assegurar as relações jurídicas e prevenir litígios, como ocorre no notariado latino. No caso, por exemplo, do *"notary public"* americano, trata-se de "mero legitimador de firmas, sem formação jurídica especializada e que não tem por função o controle da legalidade dos atos e negócios jurídicos celebrados pelos particulares"[20].

---

[17] CASSETTARI, Christiano; FERREIRA, Paulo Roberto Galger; RODRIGUES, Felipe Leonardo. Tabelionato de Notas. 5th ed. Indaiatuba: Editora Foco, 2022, p. 134-135.

[18] STANCATI, Maria Martins Silva. Sistema notarial brasileiro x norte-americano – comparação pelas diferenças. **Revista Juris Poiesis,** n. 19, vol. 19, jan-mai. 2016.

[19] LOUREIRO, Luiz Guilherme. Natureza da Atividade Notarial: Breve Reflexões em Face da Jurisprudência do Superior Tribunal de Justiça. **Genjuridico,** 2015. Disponível em: http://genjuridico.com.br/2015/01/21/natureza-da-atividade-notarial-breve-reflexoes-em-face--da-jurisprudencia-do-superior-tribunal-de-justica/. Acesso em: 29 ago. 2022.

[20] LOUREIRO, Luiz Guilherme. Natureza da Atividade Notarial: Breve Reflexões em Face da Jurisprudência do Superior Tribunal de Justiça. **Genjuridico,** 2015. Disponível em: http://genjuridico.com.br/2015/01/21/natureza-da-atividade-notarial-breve-reflexoes-em-face--da-jurisprudencia-do-superior-tribunal-de-justica/. Acesso em: 29 ago. 2022.

A eleição pela análise de representantes estrangeiros dos dois sistemas – Portugal, representando o modelo latino, e Estados Unidos da América, representando o sistema de *common law* – se dá justamente pelas diferenças entre os sistemas, mas que permitem entender de maneira mais aprofundada a importância da notarização on-line. Explica-se: a despeito das diferentes tradições no que tange à atividade notarial, recentemente ambos países adotaram iniciativas de digitalização da atividade notarial. Compreender as particularidades de cada sistema pode auxiliar numa avaliação mais profunda dos impactos da transformação digital dos serviços notariais e de registro, fornecendo uma análise mais abrangente desse fenômeno. Assim, discutiremos brevemente as iniciativas portuguesa e americana, para, posteriormente, estudar o cenário brasileiro.

3.1 Portugal

Em 30 de dezembro de 2021, foi publicado, no Diário da República portuguesa nº 252, o Decreto-Lei nº 126/2021[21], que estabeleceu o regime jurídico aplicável à realização, através de videoconferência, de "atos autênticos, termos de autenticação de documentos particulares e reconhecimentos que requeiram a presença dos intervenientes perante conservadores de registros, oficiais de registros, notários, agentes consulares portugueses, advogados ou solicitadores". O documento reflete os impactos vivenciados pela pandemia de Covid-19, que tem impulsionado a utilização de tecnologias de informação nos mais diversos setores, públicos e privados, a fim de se minimizar as interações sociais e proteger os cidadãos. O objetivo da lei, então, é possibilitar a realização, à distância, de atos variados, mantendo-se, no entanto, a observância das formalidades legais e as garantias de segurança e autenticidade.

Dentre os atos abrangidos pelo Decreto estão: o chamado serviço Casa Pronta, que compreende procedimentos simplificados de transmissão, oneração e registro de imóveis[22]; processos de separação ou divórcio por mútuo consentimento; procedimentos de habilitação de herdeiros; dentre outros, com a exceção expressa quanto a testamentos e atos correlatos. Todos eles estão listados no artigo 1º da Lei e, caso realizados na modalidade on-line, possuem o mesmo valor probatório de atos realizados presencialmente.

Para a realização do procedimento, foi disponibilizada uma plataforma informática gerida pelo Instituto dos Registros e do Notariado, integrado na administração indireta do Estado, e pelo Instituto de Gestão Financeira e Equipamentos da Justiça, responsável por desenvolver sistemas de informação e infraestruturas tecnológicas da Justiça. Sua certificação é feita pelo Gabinete Nacional de Segurança que, desde 2021, possui a competência para supervisionar transações eletrônicas no mercado interno europeu[23].

De início, é necessário que seja feito agendamento prévio, por meio da plataforma, com indicação da data e da identificação de todas as pessoas envolvidas (inclusive advogado ou solicitador, se houver). Com a confirmação, pode-se aceder à área re-

---

[21] Decreto-Lei nº 126/2021 Portugal. Disponível em: https://dre.pt/dre/detalhe/decreto--lei/126-2021-176811775, acesso em 17 dez. 2022.

[22] O procedimento foi criado pelo Decreto-Lei nº 263-A, de 2007, disponível em: https://dre.pt/dre/detalhe/decreto-lei/263-a-2007-499204, acesso em 17 dez. 2022.

[23] Tal atribuição foi instituída pelo Decreto-Lei nº 12/2021, disponível em: https://dre.pt/dre/detalhe/decreto-lei/12-2021-156848060, acesso em 17 dez. 2022.

servada, mediante autenticação através do Cartão de Cidadão, documento de identificação válido no território português, ou da Chave Móvel Digital[24], sistema também recente no país, que associa um número de telefone para segurança e assinatura de documentos eletrônicos.

No dia da sessão, é recolhido o consentimento do interveniente para a verificação de sua identidade, bem como sua declaração de compreensão das condições de realização dos atos. O profissional envolvido – que, de acordo com o artigo 2º, pode ser conservador ou oficial de registro, agente consular português, advogado ou solicitador – é responsável por toda a condução dos atos, que devem ser finalizados integralmente pela plataforma e no mesmo dia, exceto em casos de deficiência de imagem, som ou interrupções do vídeo. Se verificadas todas as condições necessárias, as partes assinam os documentos eletronicamente e recebem uma cópia, também de forma eletrônica. Há a possibilidade, no entanto, de recusa do profissional caso haja dúvidas sobre a identidade, a livre vontade ou a capacidade das partes ou, ainda, sobre a integridade dos documentos apresentados.

Destaca-se que as sessões de videoconferência são gravadas e conservadas por um período de vinte anos, podendo ser disponibilizadas mediante decisão judicial, e que a cada acesso é atribuído um registro eletrônico para fins de auditoria. Além disso, todo o procedimento é regido pelo Regulamento Geral de Proteção de Dados da União Europeia.

A lei entrou em vigor no dia 04 de abril de 2022 e é, por ora, temporária, devendo, ao final de dois anos, ser novamente avaliada pelo Governo. A ideia é que se analise o nível e o âmbito de aplicação, bem como sua sustentabilidade financeira, com a possibilidade de se consolidar ou até mesmo ampliar o regime jurídico. Apesar de, antes da Lei, o Instituto dos Registros e do Notariado de Portugal já disponibilizar um serviço de esclarecimento de dúvidas por videoconferência, é agora, em 2022, que o país segue oficialmente o caminho trilhado por outros países europeus, como a Áustria e a Itália.

3.2 Estados Unidos da América

Até agosto de 2022, quarenta e um estados americanos haviam aprovado legislações permanentes que autorizavam a utilização de tecnologias possibilitadoras da realização de atos notariais à distância. Além disso, na maior parte dos estados restantes havia algum tipo de autorização temporária no mesmo sentido. Isso porque a pandemia de Covid-19 e a consequente necessidade de distanciamento físico para proteção das pessoas fizeram com que fossem pensadas soluções alternativas para os mais diversos setores, inclusive este que, historicamente, depende da presença física dos envolvidos no mesmo local: o setor notarial.

Destaque-se, no entanto, que, apesar de impulsionadas pela Covid-19, tais autorizações não têm início a partir de 2020. Como exemplo, o estado da Virginia tornou-se o primeiro a legalizar a notarização on-line, a partir de uma lei de 2011 promulgada pelo então governador Bob McDonnell. O *Virginia Notaries Act* é conhecido por ter estabelecido as bases para os modelos hoje adotados, como a previsão

---

[24] O sistema foi desenvolvido pelo Decreto-Lei nº 88/2021, disponível em: https://dre.pt/dre/detalhe/decreto-lei/88-2021-173732850, acesso em 19 dez. 2022.

de que o profissional deve estar fisicamente localizado no estado onde o ato notarial é performado. Como no país a regulação do setor é competência de cada estado[25], há variações que podem, apesar disso, ser reunidas sob três conceitos principais: o RON, o RIN e o IPEN.

O *Remote Online Notarization* (notarização on-line remota) constitui um processo que ocorre inteiramente de forma digital, sem documentos físicos. Plataformas específicas com tecnologias de videochamada, de verificação multifatorial de identidade, de criptografia e assinaturas e selos eletrônicos em tempo real prometem conveniência, eficiência e maior segurança. Já o RIN e o IPEN são soluções intermediárias. O primeiro, *Remote Ink-signed Notarization*, soluciona apenas a dificuldade da distância entre o cidadão e o notário. Isto é, são utilizadas tecnologias comuns de videochamada, como o Zoom, o Skype ou o GoToMeeting, para que o profissional possa assistir a assinatura, em documento físico, pelo interveniente. Após a '*wet-ink signature*', o documento é enviado por e-mail para ser autenticado pelo profissional. O modelo apresenta diversas falhas de segurança: além dos já conhecidos episódios de incidentes envolvendo plataformas como o Zoom[26], não há um sistema bem definido para garantia da identidade da pessoa e nem mesmo do documento, considerando-se que os envolvidos o acessam em momentos distintos. O *In-Person Electronic Notarization* (também comumente chamado de *e-notarization*), por sua vez, foi o primeiro passo na digitalização desses processos, acontecendo de forma muito similar à notarização tradicional (de forma presencial e seguindo os mesmos trâmites), porém, ao invés dos tradicionais carimbos, são utilizadas tecnologias computadorizadas.

Essas modalidades remontam, na legislação estadunidense, ao *Uniform Electronic Transactions Act*[27] (UETA) e ao *Electronic Signatures in Global and National Commerce Act*[28] (*E-Sign Act*), ambos do início do século. Os documentos determinam que assinaturas e registros eletrônicos deveriam ter o mesmo efeito legal que assinaturas à mão e documentos físicos, desde que houvesse consentimento, pelas partes, para condução eletrônica da transação. Pouco depois, em 2004, a *Uniform Law Comission* (ULC) aprovou o *Uniform Real Property Electronic Recording Act*[29] (URPERA), que reconheceu a validade de atos notariais eletrônicos associados a registros imobiliários. Todo esse arcabouço (além de outras previsões a nível dos estados) pavimentou o caminho para a construção da notarização completamente remota como tem se observado hoje.

---

[25] Para a lista atualizada por estado: https://www.proplogix.com/blog/remote-online-notarization-a-brief-history-current-state-laws/, acesso em 22 dez. 2022.

[26] HAMILTON, E. **Zoom Hacking is on the Rise: Here's What You Need To Do To Be Secure**. Disponível em: https://www.techtimes.com/articles/249572/20200512/zoom-hacking-is-on-the-rise-heres-what-you-need-to-do-to-be-secure.htm, acesso em: 29 ago. 2022.

[27] Disponível em: https://www.uniformlaws.org/committees/community-home?communitykey=2c04b76c-2b7d-4399-977e-d5876ba7e034, acesso em 18 nov. 2022.

[28] Disponível em: https://www.fdic.gov/resources/supervision-and-examinations/consumer-compliance-examination-manual/documents/10/x-3-1.pdf, acesso em 18 nov. 2022.

[29] Disponível em: https://www.uniformlaws.org/committees/community-home?CommunityKey=643c99ad-6abf-4046-9da4-0a6367da00cc, acesso em 18 nov. 2022.

Em julho deste ano, a Câmara dos Representantes dos Estados Unidos aprovou o *Securing and Enabling Commerce Using Remote and Electronic Notarization Act*[30], com o objetivo de estabelecer, a nível federal, standards mínimos para os processos de digitalização do setor notarial. O *Secure Notarization Act*, agora em tramitação no Senado, sinaliza como os efeitos vivenciados pela emergência de saúde pública não geraram apenas mudanças temporárias, mas sim um verdadeiro movimento em direção à automatização e digitalização das transações do dia a dia.

3.3 Brasil

No Brasil, a regulação da possibilidade de utilização de assinatura eletrônica em atos notariais teve início com a edição da Medida Provisória (MP) nº 2.200-1, de 27/7/2001, posteriormente reeditada como a MP nº 2.200-2, de 24/8/2001. A digitalização dos serviços notariais, contudo, avançou de maneira significativa com o (infeliz) advento da pandemia de Covid-19, a partir do início do ano de 2020. O Provimento 91/2020 foi revogado pelo Provimento 136/2022, que também alterou os artigos 1º e 6º do Provimento 95, que permite aos "oficiais de registro e tabeliães, a seu prudente critério, e sob sua responsabilidade", "recepcionar diretamente títulos e documentos em forma eletrônica, por outros meios que comprovem a autoria e integridade do arquivo", consoante o disposto no art. 10, § 2º, da Medida Provisória 2.200-2/2001 (art. 1º) e ainda os autoriza a "recepcionar os títulos nato-digitais e digitalizados com padrões técnicos, que forem encaminhados eletronicamente para a unidade do serviço de notas e registro a seu cargo e processá-los para os fins legais."

Já em março de 2020, a Corregedoria Nacional de Justiça do Conselho Nacional de Justiça publicou a orientação nº 9, que dispunha sobre a necessidade de as Corregedorias Gerais do Poder Judiciário nacional observarem medidas temporárias de prevenção ao contágio pelo novo coronavírus. Em seguida, o CNJ editou também o Provimento nº 91/2020, que dispõe sobre o atendimento remoto aos usuários das serventias extrajudiciais, e o Provimento nº 95/2020, que regulamenta o atendimento à distância e o envio eletrônico de documentos pelos tabelionatos de notas.

Em razão do "reconhecimento da necessidade e importância de uma regulamentação mais ampla sobre a prestação de serviços notariais em ambiente virtual e remoto em todo o território nacional"[31], o CNJ publicou, em 26 de maio de 2020, o Provimento nº 100, que dispõe sobre a prática de atos notariais eletrônicos utilizando o sistema e-Notariado, além de criar a Matrícula Notarial Eletrônica (MNE) e dar outras providências[32]. Dentre essas outras providências, pode-se citar a determinação acerca da desmaterialização de documentos e os cadastros únicos, os quais também serão tratados a seguir.

O e-Notariado é, portanto, uma ferramenta de concretização da chamada "fé pública eletrônica". Essa nova manifestação da fé pública, típica do meio eletrô-

---

[30] Disponível em: https://legiscan.com/US/bill/HB3962/2021, acesso em 18 nov. 2022.
[31] VALÉRIO, Marco Aurélio Gumieri. Atos notariais por meios eletrônicos: a quarentena trouxe o futuro aos cartórios e tabelionatos. **Revista de Informação Legislativa**: RIL, Brasília, DF, v. 58, n. 231, p. 201-211, jul./set. 2021. Disponível em: https://www12.senado.leg.br/ ril/edicoes/58/231/ril_v58_n231_p201. Acesso em: 02 ago. 2022.
[32] Disponível em: https://atos.cnj.jus.br/atos/detalhar/3334.

nico, é garantida por uma série de requisitos, elencados no art. 3º do Provimento nº 100/2020:

> Art. 3º. São requisitos da prática do ato notarial eletrônico:
> I – videoconferência notarial para captação do consentimento das partes sobre os termos do ato jurídico;
> II – concordância expressada pela partes com os termos do ato notarial eletrônico;
> III – assinatura digital pelas partes, exclusivamente através do e-Notariado;
> IV – assinatura do Tabelião de Notas com a utilização de certificado digital ICP-Brasil;
> IV [V] – uso de formatos de documentos de longa duração com assinatura digital;
> Parágrafo único: A gravação da videoconferência notarial deverá conter, no mínimo:
> a) a identificação, a demonstração da capacidade e a livre manifestação das partes atestadas pelo tabelião de notas;
> b) o consentimento das partes e a concordância com a escritura pública;
> c) o objeto e o preço do negócio pactuado;
> d) a declaração da data e horário da prática do ato notarial; e
> e) a declaração acerca da indicação do livro, da página e do tabelionato onde será lavrado o ato notarial.

Dentre eles, destaca-se a videoconferência notarial, que consiste, consoante art. 2º, V, do Provimento 100/2020, no "ato realizado pelo notário para verificação da livre manifestação da vontade das partes em relação ao ato notarial lavrado eletronicamente". A realização da videoconferência notarial é, portanto, ato essencial para a captação da vontade das partes e coleta das assinaturas digitais (art. 4º), revelando-se como uma medida tecnológica apta a suprir as restrições impostas pelas medidas sanitárias adotadas no contexto pandêmico sem, contudo, descuidar da necessária aferição por parte do notário sobre a identidade e consentimento das partes. A "formalidade litúrgica" justifica-se pela "segurança jurídica que proporcionam a bens e direitos de tamanha relevância e valor na estrutura de um Estado"[33].

No que tange ao uso de assinaturas eletrônicas, é interessante notar que o Provimento determina que a assinatura do Tabelião de Notas seja realizada com a utilização de certificado digital ICP-Brasil (art. 3º, IV)[34], ao passo que as partes poderão utilizar a assinatura eletrônica do próprio e-Notariado (art. 3º, III). A utilização do e-Notariado

---

[33] STALDER, Marc. A manifestação de vontade durante e após a pandemia e os registros de imóveis. In MACORIN, Adriano F. et al. *Coronavírus:* impactos no Direito Imobiliário, Urbanístico e na Arquitetura do espaço urbano. Marcelo Manhães de Almeida e Wilson Levy (Coords.). Indaiatuba: Editora Foco, 2021, p. 163.

[34] O certificado digital da ICP-Brasil segue as normas internacionais de certificação digital, garantindo, autenticidade, não repúdio, integridade, confidencialidade (que são princípios básicos da segurança da informação). No nosso ordenamento jurídico a Medida Provisória 2.200-2 dá presunção de validade jurídica à assinatura digital mediante um certificado digital, no caso a Infraestrutura de Chaves Públicas Brasileira ICP-Brasil. MARTINI, Renato. *Sociedade da Informação*. Para onde vamos. São Paulo: Trevisan, 2020, p. 50.

configura, portanto, uma solução híbrida entre a proposta sobre a possibilidade de utilização de assinaturas eletrônicas avançadas e a necessidade de utilização de assinaturas eletrônicas qualificadas em atos relativos a bens imóveis. Isto porque a videoconferência assegura a fé-pública ao ato ao introduzir uma camada probatória extra, permitindo a verificabilidade do ato a partir da gravação e do armazenamento do elemento audiovisual, que se soma à utilização de assinatura eletrônica com certificado ICP-Brasil por parte do notário.

> "Um certificado digital são arquivos digitais que estabelecem um elo entre um sujeito, "entidade final" (...), seja uma empresa ou um indivíduo, e uma autoridade que tem o poder de certificação, também chamada de *trusted third part*. O "terceiro confiável" verifica a identidade do sujeito e emite o certificado digital", explica Renato Martini[35].

Dessa forma, ainda que a parte utilize uma assinatura eletrônica avançada, e não necessariamente qualificada[36], o elemento audiovisual garante os requisitos de autenticidade, integridade e verificabilidade necessários, pois permite ao notário atestar a titularidade daquele que está assinando, bem como sua capacidade civil para a assinatura do ato e, principalmente, a concordância com os efeitos jurídicos do ato que foi assinado. O uso combinado e simultâneo de assinatura eletrônica notarizada pelas partes com a realização de videoconferência entre as partes interessadas na lavratura do ato e o notário, e utilização de assinatura eletrônica qualificada pelo agente delegado, agrega maior confiabilidade ao ato notarial.

Uma outra novidade do sistema e-Notariado é o uso de *blockchain*[37] para autenticação digital, tecnologia capaz de "revolucionar o sistema de registros públicos, pois

---

[35] MARTINI, Renato. *Tecnologia e Cidadania Digital*. Ensaios sobre Tecnologia, Sociedade e Segurança. Rio de Janeiro: Brasport, 2008, p. 52.

[36] No caso, a assinatura "e-Not assina", assinatura digital realizada por certificado digital notarizado, nos termos do art. 9ª, §§3°, 4° e 5°, do Provimento CNJ n° 100/2020:
"Art. 9°. O acesso ao e-Notariado será feito com assinatura digital, por certificado digital notarizado, nos termos da MP n. 2.200-2/2001 ou, quando possível, por biometria.
(...)
§ 3° Para a assinatura de atos notariais eletrônicos é imprescindível a realização de videoconferência notarial para captação do consentimento das partes sobre os termos do ato jurídico, a concordância com o ato notarial, a utilização da assinatura digital e a assinatura do Tabelião de Notas com o uso de certificado digital, segundo a Infraestrutura de Chaves Públicas Brasileira – ICP.
§ 4° O notário fornecerá, gratuitamente, aos clientes do serviço notarial certificado digital notarizado, para uso exclusivo e por tempo determinado, na plataforma e-Notariado e demais plataformas autorizadas pelo Colégio Notarial Brasil-CF.
§ 5° Os notários poderão operar na Infraestrutura de Chaves Públicas Brasileira – ICP Brasil ou utilizar e oferecer outros meios de comprovação da autoria e integridade de documentos em forma eletrônica, sob sua fé pública, desde que operados e regulados pelo Colégio Notarial do Brasil – Conselho Federal."

[37] "O *blockchain* é um sistema de registro que contém todas as transações processadas no sistema. Em tradução livre, o nome significa cadeia de blocos. Uma cadeia de blocos nada mais é do que um conjunto de informações registradas que é ligado a blocos de informações

as características e atributos da tecnologia encaixam-se perfeitamente ao que é exigido para a criação de sistemas escriturários confiáveis", trazendo vantagens em relação à desburocratização e à agilidade do serviço notarial, além de viabilizar o acesso remoto às informações necessárias à realização de negócios jurídicos[38]. *In casu*, autenticação digital ocorre pelo sistema *Notarchain*[39], plataforma especialmente criada pela IBM para utilização no âmbito notarial[40]. Trata-se de iniciativa ímpar em nível mundial, em razão de sua dimensão e aplicabilidade.

Importante ressaltar que todos os atos passíveis de serem realizados extrajudicialmente, como a realização de divórcios, separações, inventários e partilhas nas Serventias Extrajudiciais (regulamentado pela Lei Federal 11.441 de 2007), a lavratura de escrituras, as procurações, os testamentos; as autenticações de cópias e reconhecimento de firmas, dentre outros são passíveis de serem realizados de forma on-line através do e-Notariado.

Considerados todos estes aspectos – a adoção inovadora de novas tecnologias como a videoconferência, *blockchain* e assinaturas eletrônicas, com claras delimitações quanto aos requisitos de segurança e confiabilidade das atividades realizadas no meio eletrônico, o sistema notarial e de registro brasileiro consolida-se como um dos mais modernos e confiáveis do mundo.

4. CONSIDERAÇÕES FINAIS

Não é novidade que a emergência de saúde pública causada pela Covid-19, bem como a necessidade do distanciamento físico para sua contenção, tenha impactado diversos setores da sociedade no mundo inteiro. Um dos setores afetados foi o setor notarial, cujas atividades – até então realizadas de maneira majoritariamente presencial, sobretudo em razão de sua própria natureza – teriam sido impossibilitadas se não houvessem sido pensadas alternativas, a partir do uso de tecnologias da informação que permitissem a autenticação de documentos de forma remota.

Como exposto, diversos países, a despeito da tradição notarial à qual sejam filiados, adotaram iniciativas de digitalização da atividade notarial. No caso brasileiro, essa nova realidade foi disciplinada pelo Provimento nº 100 da Corregedoria Nacional de Justiça, de 2020, que dispõe sobre a prática de atos notariais eletrônicos utilizando o sistema e-Notariado. Nesse sentido, é interessante notar como o Brasil vem assumin-

---

anteriores e sucessores. Esses blocos de informações também são públicos, no sentido de que todos os nós (participantes) da rede têm acesso. Porém, quando processados, os blocos não podem ser apagados ou alterados. Além disso, novos registros só podem ser feitos mediante um processo de validação." (O que é *Blockchain*: significado e funcionamento. **Infowester**. Disponível em: https://www.infowester.com/blockchain.php. Acesso em: 29 ago. 2022.)

[38] SANKIEVICZ, Alexandre; PINHEIRO, Guilherme. Blockchain e LGPD: As diferentes aplicações no direito. **JOTA**, 15 maio 2022. Disponível em: https://www.jota.info/opiniao-e-analise/artigos/blockchain-e-lgpd-as-diferentes-aplicacoes-no-direito-12052022#_ftn5. Acesso em: 29 ago. 2022.

[39] Disponível em: https://blockchain.e-notariado.org.br/, acesso em 11 nov. 2022.

[40] Bloomberg destaca reconhecimento de firma feito pelo e-notariado. Colégio Notarial do Brasil. Disponível em: https://www.notariado.org.br/bloomberg-destaca-reconhecimento--de-firma-feito-pelo-e-notariado/. Acesso em: 29 ago. 2022.

do posição de vanguarda em termos comparativos com demais países, sejam eles de tradição latina ou de *common law*.

Até o momento presente podemos contabilizar mais 440.635 mil atos extrajudiciais realizados integralmente de forma digital (setembro 2022).

É interessante notar também que, embora diversas das iniciativas de digitalização fossem, a princípio, temporárias, o que se tem verificado é uma tendência de consolidação da notarização on-line para além do contexto pandêmico. Não poderia ser diferente. Afinal, a transformação – digitalização – da sociedade tem trazido mudanças em todas as esferas de nossas vidas. Se, séculos atrás, o aumento do número de pessoas alfabetizadas (uma relevante, porém paulatina, mudança social) fez com que a figura do notário adquirisse maior importância, mais ainda hoje as intensas e constantes inovações demonstram a relevância da atividade notarial, que não pode nem deve permanecer inerte face às transformações. Os serviços notariais e de registro seguem com sua função original (a de garantir segurança), ainda que novos instrumentos (tecnologias) sejam utilizados para exercê-la.

REFERÊNCIAS BIBLIOGRÁFICAS

BRASIL. Conselho Nacional de Justiça. Provimento número 100, de 26 de maio de 2020, da Corregedoria Nacional de Justiça (CNJ). Disponível em: https://www.cnj.jus.br/wp-content/uploads/2020/05/ DJ156_2020-ASSINADO.pdf. Acesso em: 29 ago. 2022.

CASSETTARI, Christiano; FERREIRA, Paulo Roberto Galger; RODRIGUES, Felipe Leonardo. **Tabelionato de Notas**. 5ª ed. Indaiatuba: Editora Foco, 2022, p. 134-135.

CLOSEN, Michael; DIXON, G. Notaries Public from the Time of the Roman Empire to the United States Today, and Tomorrow. **North Dakota Law Review**, v. 68, n. 4, p. 873–896, 1992. Disponível em: <https://commons.und.edu/ndlr/vol68/iss4/1>.

COLÉGIO NOTARIAL DO BRASIL. Bloomberg destaca reconhecimento de firma feito pelo e-notariado. Disponível em: https://www.notariado.org.br/bloomberg-destaca-reconhecimento-de-firma-feito-pelo-e-notariado/. Acesso em: 29 ago. 2022.

CONSELHO NACIONAL DE JUSTIÇA. Provimento Nº 100 de 26/05/2020. Disponível em: https://atos.cnj.jus.br/atos/detalhar/3334, Acesso em: 02 ago. 2022.

E-NOTARIADO. Disponível em: https://blockchain.e-notariado.org.br/, acesso em 11 nov. 2022.

FDIC.GOV. X. Other — Electronic Signatures in Global and National Commerce Act. Disponível em: https://www.fdic.gov/resources/supervision-and-examinations/consumer-compliance--examination-manual/documents/10/x-3-1.pdf, acesso em 18 nov. 2022.

GAMA BARROS, Henrique da. **História da Administração Pública em Portugal nos Séculos XII a XV**. Tomo VIII, 2ª ed. Lisboa: Sá da Costa, 1950.

HAMILTON, E. **Zoom Hacking is on the Rise: Here's What You Need To Do To Be Secure**. Disponível em: <https://www.techtimes.com/articles/249572/20200512/zoom-hacking--is-on-the-rise-heres-what-you-need-to-do-to-be-secure.htm>. Acesso em: 29 ago. 2022.

INFOWESTER. O que é *Blockchain*: significado e funcionamento. Disponível em: https://www.infowester.com/blockchain.php. Acesso em: 29 ago. 2022.

LAZARI, Rafael de. *Conselho Nacional de Justiça*: dimensões operacionais e controvérsias. Curitiba: Juruá, 2017, p. 189.

LEGISCAN. Disponível em: https://legiscan.com/US/bill/HB3962/2021, acesso em 18 nov. 2022.

LOUREIRO, Luiz Guilherme. Natureza da Atividade Notarial: Breve Reflexões em Face da Jurisprudência do Superior Tribunal de Justiça. **Genjurídico**, 2015. Disponível em: http://genjuridico.com.br/2015/01/21/natureza-da-atividade-notarial-breve-reflexoes-em-face-da-jurisprudencia-do-superior-tribunal-de-justica/. Acesso em: 29 ago. 2022.

MARTINI, Renato. **Sociedade da Informação**. Para onde vamos. São Paulo: Trevisan, 2020.

MARTINI, Renato. **Tecnologia e Cidadania Digital**. Ensaios sobre Tecnologia, Sociedade e Segurança. Rio de Janeiro: Brasport, 2008.

MIRANDOLLI, Caroline; DAHLKE, Cassia Proença. A essencialidade dos serviços notariais e registrais em época da pandemia da Covid-19. In: REIS, Jorge Renato; FREITAS, Priscilla; ALVES, Érica Veiga (Org.). **Intersecções jurídicas entre o público e o privado: o princípio constitucional nos tempos de pandemia**. Curitiba: Íthala, 2020.

NUSSDORFER, Laurie. **Brokers of public trust: notaries in early modern Rome**. Baltimore: Johns Hopkins University Press, 2009.

PORTUGAL Decreto-Lei nº 263-A, de 2007, Portugal, disponível em: https://dre.pt/dre/detalhe/decreto-lei/263-a-2007-499204, acesso em 17 dez. 2022.

PORTUGAL Decreto-Lei nº 88/2021, disponível em: https://dre.pt/dre/detalhe/decreto-lei/88-2021-173732850, acesso em 19 dez. 2022.

PORTUGAL. Decreto-Lei nº 12/2021, Portugal, disponível em: https://dre.pt/dre/detalhe/decreto-lei/12-2021-156848060, acesso em 17 dez. 2022.

PORTUGAL. Decreto-Lei nº 126/2021. Disponível em: https://dre.pt/dre/detalhe/decreto-lei/126-2021-176811775, acesso em 17 dez. 2022.

PROPLOGIX. The Latest States to Pass Remote Online Notarization Laws. Disponível em: https://www.proplogix.com/blog/remote-online-notarization-a-brief-history-current-state-laws/, acesso em 22 dez. 2022.

PWC. Corporate meetings in full audio/video conference after the Covid-19 emergency: the breakthrough of the Notary Council of Milan. 16 de fevereiro de 2022. Disponível em: https://blog.pwc-tls.it/en/2022/02/16/corporate-meetings-in-full-audio-video-conference-after-the-covid-19-emergency-the-breakthrough-of-the-notary-council-of-milan/, acesso em 22 dez. 2022.

REINIGER, Timothy; HANSBERGER, Richard. VIRTUAL PRESENCE: Online Notarization and the End of Physical Appearance in the Digital Age. **Scitech Lawyer**, Vol. 8, Ed. 2, 2011.

SCHEID, C. M. Função social dos serviços notariais e de registro sob a perspectiva da Constituição Federal de 1988. **Revista de Direito Administrativo e Gestão Pública**, v. 7, n. 1, p. 42–62, 12 ago. 2021.

STANCATI, Maria Martins Silva. Sistema notarial brasileiro x norte-americano – comparação pelas diferenças. **Revista Juris Poiesis**, n. 19, vol. 19, jan-mai. 2016.

STALDER, Marc. A manifestação de vontade durante e após a pandemia e os registros de imóveis. In MACORIN, Adriano F. et al. **Coronavírus:** impactos no Direito Imobiliário, Urbanístico e na Arquitetura do espaço urbano. Marcelo Manhães de Almeida e Wilson Levy (Coords.). Indaiatuba: Editora Foco, 2021.

UNIFORM LAW COMMISSION. Disponível em: https://www.uniformlaws.org/committees/community-home?communitykey=2c04b76c-2b7d-4399-977e-d5876ba7e034, acesso em 18 nov. 2022.

UNIFORM LAW COMMISSION. Disponível em: https://www.uniformlaws.org/committees/community-home?CommunityKey=643c99ad-6abf-4046-9da4-0a6367da00cc, acesso em 18 nov. 2022.

VALÉRIO, Marco Aurélio Gumieri. Atos notariais por meios eletrônicos: a quarentena trouxe o futuro aos cartórios e tabelionatos. **Revista de Informação Legislativa**: RIL, Brasília, DF, v. 58, n. 231, p. 201-211, jul./set. 2021. Disponível em: https://www12.senado.leg.br/ril/edicoes/58/231/ril_v58_n231_p201. Acesso em: 02 ago. 2022.

6
A BUROCRACIA NO BRASIL E SEUS EFEITOS SOBRE O DESENVOLVIMENTO ECONÔMICO

Carlos Antônio Luque

Eduardo Zylberstajn

1. INTRODUÇÃO

Todos reconhecem que o Brasil alcança um grau de burocratização excessivo quando comparado aos demais países. Os efeitos desse elevado grau de burocratização são também bastante evidentes, destacando-se entre eles a redução da capacidade de crescimento do país, tanto por conta do ônus excessivo ao setor produtivo quanto por conta das dificuldades para a adoção das políticas públicas, além do consumo de recursos nos processos que poderiam ser evitados.

A percepção de que a burocracia é um entrave ao processo de desenvolvimento é antiga. Já no final da década de 1970, o governo instituiu o Programa Nacional de Desburocratização, através do Decreto n. 83.740 de 18/07/1979, procurando reduzir a interferência do governo federal buscando dinamizar e simplificar a Administração Pública Federal. Acreditava-se que a excessiva burocracia dificultava toda a adoção das políticas públicas e consequentemente comprometia o funcionamento dos serviços públicos. Foi designado o Ministro Helio Beltrão para conduzir esse programa. Infelizmente o programa foi paralisado anos depois. Ao longo do tempo, algumas iniciativas isoladas ou pontuais também surgiram, como a Lei 13.726 de 2018. Entretanto, situações como a recente pandemia da COVID 19, que exigiu rapidez nas ações públicas para implantar a ação de proteção da população, reforçam a percepção de que a burocracia ainda predomina na máquina pública e compromete a adoção das ações.

A existência de normas burocráticas por si, porém, não é necessariamente ruim. É papel do Estado organizar a vida em sociedade e muitas ações de governo, políticas públicas e mesmo transações entre entes privados depende de normas, regras e registros para funcionarem plenamente. O grande desafio de uma sociedade desenvolvida é adotar os procedimentos burocráticos na medida mais próxima do ideal, reconhecendo os custos de transação que a burocracia impõe e os benefícios que ela traz.

Neste contexto, um exemplo emblemático é o dos cartórios: a possibilidade de registro ou atestado de autenticidade em documentos ou transações garante segurança jurídica – e, portanto, econômica – a negócios e processos. Especificamente, no caso do Registro de imóveis, a possibilidade de se identificar com rapidez e segurança quem é proprietária ou proprietário de um imóvel permite que o mercado de crédito e a cobrança de impostos prediais seja feita de forma transparente e completa.

O avanço tecnológico adiciona uma perspectiva dinâmica à questão da burocracia. A disseminação de novas tecnologias ao longo dos anos abre novas possibilidades aos Estados que acompanharem tais avanços, porque processos burocráticos que antes eram imprescindíveis podem, a partir de dado momento, ser simplificados e agilizados. Em linha com essa perspectiva, em junho de 2022 foi sancionada a Lei Federal 14.382, que procura modernizar o registro público, com especial atenção ao registro de imóveis.

O objetivo deste artigo é procurar mostrar os principais efeitos dessa lei sob a ótica da economia. O artigo está estruturado em três partes além desta introdução. Na primeira seção apresentamos algumas questões do papel da burocracia nas atividades públicas no Brasil. Na segunda parte destacamos as principais alterações promovidas pela adoção da Lei 14.382 e seus impactos econômicos. Segue-se, então, a última sessão à guisa de apresentarmos as principais conclusões.

2. A BUROCRACIA NO BRASIL

De modo geral a palavra burocracia no nosso país traz uma conotação negativa, pois representa na mente de todos nós a materialização de procedimentos em geral desnecessários e custosos (porque demandam tempo e outros recursos produtivos) que simplesmente dificultam a execução de determinadas ações.

Explicitar alguns conceitos econômicos pode auxiliar o aprofundamento desta análise preliminar. Em primeiro lugar, cabe visitar o aspecto mais fundamental estudado pela ciência econômica: as transações entre pessoas ou empresas (os chamados agentes econômicos). Em qualquer sociedade minimamente desenvolvida, a produção de bens e serviços depende essencialmente da possibilidade de trocas entre os seus diferentes membros. Há aqueles que produzem alimentos, roupas ou outros bens essenciais; há os que ensinam e transmitem cultura e conhecimento; há aqueles que produzem entretenimento e assim por diante, em milhares de atividades distintas. Para cada pessoa ou empresa que se especializa em produzir algo, existe a possibilidade de 'trocar' esse 'algo' no mercado pelas demais coisas ou serviços que se deseja. Afinal, quando uma pessoa compra ou vende algo de forma espontânea, ela sai da transação melhor (ou ao menos tão bem) quanto estava antes. Logo, quanto mais fluido e livre o mercado de trocas for, mais dinâmica e rica será essa sociedade[1].

É justamente a partir desse modelo rudimentar e simplificado de sociedade que ocasionalmente se constrói o raciocínio simples e generalista de que a burocracia deveria ser sempre combatida porque atrapalha as livres transações entre os agentes econômicos.

Sabe-se, porém, que ao longo da História as relações econômicas foram se tornando mais e mais complexas – de fato, com pouquíssimas exceções, qualquer transação

---

[1] Inclui-se no conceito de troca/transação o trabalho, que é 'trocado' pelo salário para que outras transações possam ser realizadas.

hoje envolve uma cadeia de mecanismos coordenados que demandam alguma regulação. Quando uma cidadã paga um lanche na padaria utilizando o Pix como meio de pagamento, por exemplo, ela não se dá conta que para aquele mecanismo existir, foi necessário um longo processo de regulamentação da tecnologia por trás do sistema, com o Banco Central do Brasil impondo protocolos e a necessidade de investimentos pesados em sistemas de informática por parte das instituições financeiras. Se o pagamento foi feito, por outro lado, utilizando-se de cartão de crédito, a cidadã também não se deu conta de que para que o crédito a ela fosse concedido é necessário um complexo arcabouço legal para dar alguma segurança aos credores no caso de inadimplência.

Esses simples exemplos jogam luz ao fato de que a ilusão de um Estado mínimo não sobrevive a poucos segundos de exame do mundo real. É ingenuidade acreditar que os mercados, por si só, conseguem sempre se organizar para levar ao desenvolvimento de toda e qualquer atividade. Exemplos onde o mercado se autorregula existem, é claro; mas para cada exemplo dessas situações, é possível encontrar outro onde o mercado simplesmente não funcionou como deveria.

Devemos, portanto, ressaltar que a burocracia em qualquer tipo de atividade apresenta aspectos positivos. Na verdade, de acordo com Max Weber, a burocracia é fundamental para o estabelecimento de todas as relações humanas – especialmente nas atividades administrativas. Ela representa a organização necessária para que as pessoas, empresas e o Estado necessitam estruturar para desenvolver suas atividades. Sem essa organização, estabelecida por normas e regras, as ações não poderiam ser desenvolvidas ou pelo menos seriam desenvolvidas de maneira muito menos eficientes.

Ao mesmo tempo, é evidente que o estabelecimento de regras e normas em excesso pode alcançar um grau de exagero, por inibir ações de cada agente dentro do processo decisório, estabelecendo uma rigidez no processo produtivo e assim dificultando o estabelecimento de transações ou ações.

Não à toa, 'burocracia' é termo comumente associado na atualidade a conotações negativas como ineficiência, morosidade nos processos administrativos, excesso de procedimentos formais, rigidez excessiva, entre outros adjetivos negativos, associados, preponderantemente, ao modo de organização da Administração Pública, sendo extensível também às organizações empresariais. Em outras épocas, porém, o modelo burocrático já esteve associado à modernidade, em contraste com formas tradicionais e arcaicas de administração, baseadas em relações de interesse privatistas, em detrimento do interesse público. Os significados da palavra mudam conforme o contexto histórico e, neste sentido, é importante levar em consideração estas transformações para analisar melhor a dimensão de sua problemática atual.

Originalmente associada ao contexto de formação dos Estados Modernos no século XIX, o modelo burocrático é um modo de organização administrativa pautada por regras universais e impessoais previamente estabelecidas, que confere ao Estado uma forma de execução do poder do tipo racional-legal e lógica de funcionamento voltada a atender ao interesse público. Este modelo se contrapõe ao modelo patrimonialista, estruturado com base em relações de mando e obediência fundadas nos interesses privados do governante (Abrucio e Loureiro, 2018).

Max Weber, um dos principais teóricos do Estado, definiu as especificidades do modelo burocrático, com base nos seguintes princípios: ordenamento de acordo com regulamentos por leis ou normas administrativas; procedimentos racionalizados que buscam precisão e eficiência; crescente divisão do trabalho; hierarquização de funções bem definida; normas extensivas e impessoais; separação entre administração e propriedade; seleção, salário e promoções baseados na competência técnica; estabilidade funcional do cargo burocráticos, de modo que as funções e as políticas sejam contínuas (Paiva, 2009).

A burocracia, para Weber, seria uma instituição típica da modernidade em uma sociedade industrial de massa. A partir da ideia de racionalização crescente e contrastando as sociedades modernas das tradicionais, o teórico associa a burocracia aos sistemas administrativos da modernidade, tanto do Estado, como de empresas.

No Brasil, a burocracia está diretamente associada às reformas administrativas do Governo de Getúlio Vargas e ao esforço de centralização política e domínio do governo central sobre os assuntos locais. Até a década de 1930, a Administração Pública brasileira era marcada por relações de patrimonialismo associadas à política do coronelismo. Com vistas a modernizar o Estado brasileiro, Vargas executou uma administração voltada para estruturar o Estado de instrumentos capazes de responder aos desafios da época: volume substancialmente maior de recursos gerados no ciclo econômico cafeeiro, fortalecimento do poder central, industrialização, urbanização acelerada, transformações sociais com a emergência de uma classe média urbana, problemas urbanos de uma sociedade de massas (por exemplo, educação e saúde, passam a ser questões de âmbito nacional).

A reforma administrativa da Era Vargas consistiu na criação do Departamento Administrativo do Serviço Público (DASP), órgão que se tornou peça-chave na constituição de uma burocracia profissional, assumindo responsabilidade como a realização de concursos públicos, supervisão dos processos de gestão de pessoal, criação de um estatuto para os funcionários públicos, realização de ações de formação do corpo burocrático competente e de alta qualificação.

O governo de Juscelino Kubitschek ampliou a forma administrativa burocrática não só para administração direta, como para indireta, casos da Petrobras e do Banco Nacional de Desenvolvimento Econômico (BNDES).

O regime militar continuou a política de fortalecimento do aparato governamental, reforçando o objetivo nacional-desenvolvimentista do Estado. Neste período foi implementado uma nova reforma administrativa, buscando dar maior autonomia e flexibilidade às agências burocráticas em relação ao controle centralizado, como por exemplo as autarquias, fundações, empresas públicas e empresas de economia mista. Nestas agências foi adotado um modelo de administração mais flexível, com maior capacidade de recrutamento e definições salariais e maior autonomia na gestão dos recursos públicos.

Com a redemocratização e a Constituição de 1988, foram implementadas ações no sentido de ampliar os mecanismos democratizadores do Estado como por exemplo: ampliação os instrumentos de participação popular; reconstrução do Ministério Público (MP), acesso universal aos serviços públicos; ampliação e descentralização das políticas públicas, maior autonomia política, financeira e administrativa aos estados e municípios etc. Estas ações tinham o sentido de aprimorar a gestão dos órgãos públicos federais e criar burocracias nos entes subnacionais.

Se as ideias e diretrizes foram traçadas durante a elaboração da Constituição de 1988, foi no governo Fernando Henrique Cardoso que as reformas no âmbito da Administração Pública propriamente ditas foram implementadas. Dentre o rol de ações implementadas, destacam-se: redução de privilégios de setores do funcionalismo público, organização e publicização das informações sobre os servidores públicos, utilização de indicadores para orientar as políticas públicas, maior flexibilidade ao modelo de administração, conferindo maior autonomia aos gestores.

Ainda que pareça um modelo enrijecido e pouco flexível, a administração pública burocrática no Brasil apresentou no decorrer das épocas adaptações às diferentes feições e objetivos políticos dos sucessivos governos. Sua implementação também não se deu de forma ampla e irrestrita em todos os setores da administração pública, coexistindo com formas de administração ainda marcadas por relações atrasadas baseadas em interesses privatistas, que fogem ao interesse público.

As formas de administração respondem aos desafios da época. A implementação do modelo burocrático ajudou no fortalecimento do aparato estatal possibilitando que o Estado assumisse a função de promotor do desenvolvimento em um contexto de transformações sociais intensas no país (como o processo de industrialização e urbanização). No contexto atual este modelo tem apresentado seus limites. Não é possível ignorar a elevada e disseminada rejeição à burocracia associada à ineficiência dos negócios e rigidez nos processos administrativos de uma instituição. A burocracia é apontada em muitas pesquisas como um dos principais entraves ao ambiente de negócios no Brasil e está associada comumente à ineficiência governamental.

Especialmente no setor público, as regras criadas para a execução dos serviços públicos foram estabelecidas sob a égide da desconfiança. Ao longo do tempo, foram desenvolvidos mecanismos burocráticos para controlar as ações dos agentes públicos em detrimento do objetivo final da ação. Dessa maneira, toda ou pelo menos boa parte da estrutura burocrática acabou buscando observar a natureza de procedimentos de como as ações eram desenvolvidas em detrimento do seu objetivo final. Acabaram sendo enfatizadas de maneira exagerada as regras para a execução das tarefas, à despeito da preocupação com o resultado de cada ação. Assim, muitas vezes as decisões são tomadas levando-se em conta mais as ações necessárias para seguir a burocracia estabelecida pelas normas legais do que propriamente o resultado último da decisão ou como essa decisão irá contribuir para o objetivo primário do serviço público em questão.

Um caso evidente de burocracia necessária, mas, por vezes demasiadamente custosa, é o sistema cartorial. Os cartórios funcionam como instituições auxiliares do sistema judiciário, destinadas ao reconhecimento e atestação da autenticidade em transações que envolvem transferência de titularidade patrimonial de bens móveis e imóveis, registro civil, certidões e uma gama de outros documentos que garantem a regularidade perante o Estado. Neste sentido, apesar de os cartórios oferecerem segurança jurídica ao cidadão, ainda hoje muitas vezes atestam a veracidade de documentos legais em papel, através de selos e carimbos. É verdade que na cultura brasileira os cartórios são instituições respeitadas e confiáveis; por outro lado, com a ampla disseminação dos serviços digitais na economia do século XXI, entre os quais a certificação digital, os cartórios têm sofrido grandes pressões da sociedade para modernização de suas operações e migração para o mundo digital. É neste contexto que se insere a Lei 14.382/2022.

3. A LEI 14.382/2022 SOB A ÓTICA ECONÔMICA

A seção anterior discutiu, de forma genérica, como a burocracia pode ajudar ou atrapalhar trocas entre agentes econômicos. O foco deste artigo é avaliar em maior profundidade a nova lei trata do Sistema Eletrônico dos Registros Públicos (Lei 14.382 de 27 de junho 2022).

A lei tem vinte e um artigos no total, trazendo alterações e inovações em diversos aspectos que impactam, direta ou indiretamente, o mercado imobiliário. Por sua vez, o mercado imobiliário é o maior mercado de nossa economia, com ativos cujo valor somado ultrapassa os trilhões de reais – basta lembrar que o Brasil possui mais de setenta milhões de domicílios. Ou seja, qualquer inovação que facilite as transações neste mercado tem um impacto econômico e social relevante; o assunto certamente merece a atenção da sociedade. No cerne da lei está a digitalização do ambiente dos cartórios no Brasil, o que abre caminho para grandes inovações neste tipo de serviço público.

Entre as principais mudanças introduzidas nas duas dezenas de artigos da lei destaca-se a **conexão eletrônica entre os cartórios**, através do estabelecimento do Serviço Eletrônico de Registro Público (SERP). O SERP, ligando todos os Registros Públicos (i.e. os Registros de Imóveis, de Títulos, de Documentos e o Civil de Pessoas Jurídicas e Naturais), permitirá a modernização de diversos aspectos do serviço dos cartórios, entre os quais a redução de prazos e simplificação e modernização de processos, como por exemplo o reconhecimento da possibilidade de identificação de pessoas de forma eletrônica e de atendimento remoto ou a possibilidade de visualização eletrônica de documentos (que já existia em alguns Estados e agora estará em todo o território nacional).

Com a digitalização de processos e conexão entre os cartórios, a lei introduz também mecanismos que levam a um **aumento da segurança jurídica** na aquisição de imóvel para o adquirente. Os brasileiros e brasileiras que já passaram pela experiência de adquirir ou vender um imóvel sabem como é complexa a medição do risco no momento da transação. Caso a pessoa que está vendendo o imóvel tenha restrições, geralmente por conta de dívidas privadas ou com o Estado, a venda corre sério risco jurídico. Dessa forma, é comum observarmos negócios imobiliários que deixam de acontecer apenas pela insegurança jurídica. Ou seja, um comprador e um vendedor que estavam dispostos a realizar uma transação deixam de fazê-lo por aspectos muitas vezes alheios ao negócio e que poderiam ser sanados de outra forma. Esta é, inclusive, uma definição clássica de ineficiência econômica – a transação simplesmente deixa de acontecer (Nicholson, 2021). Os recursos econômicos, como por exemplo um terreno que poderia servir para incorporação imobiliária, deixam de ser usados de uma forma mais eficiente, gerando um peso econômico que se reflete em toda a sociedade.

Com a nova lei, há mecanismos reforçados para facilitação da consulta (agora eletrônica) de indisponibilidade de bens, restrições e gravames incidentes sobre bens moveis e imóveis. Ou seja, diminui a probabilidade de existir dúvida quanto ao risco de um negócio quando o vendedor possui alguma restrição que poderia levar ao questionamento da disponibilidade de um determinado bem. Ressalte-se que não apenas negócios de compra e venda entre pessoas físicas são simplificados; também decisões judiciais ganham celeridade e a concessão de crédito ganha segurança. Ou seja, abre-se espaço para um enorme ganho de dinamismo econômico. Ainda poucos meses após a sua promulgação e sem ter sido efetivamente testada nos tribunais do país, começam a surgir evidências práticas de que a lei já impactou positivamente o processo de compra e venda de imóveis ao reduzir tanto a quantidade de documentos necessários para uma análise prévia à transação quanto o prazo para a conclusão destas transações (Tieghi, 2018).

Finalmente, um aspecto muito relevante da nova lei e ainda pouco discutido nas análises de seus impactos é a **institucionalização da produção de indicadores estatísticos** a partir dos dados do Registro Público. Nos parágrafos anteriores, foi apresentado o conceito de eficiência econômica – que depende essencialmente da concretização de trocas mutuamente desejadas. Se uma troca for impedida de acontecer por alguma razão que foge ao controle das partes, tem-se ineficiência porque a não concretização da transação faz com que as partes não atinjam uma situação de melhor bem-estar ou, colocada de outra forma, tem-se uma alocação sub-ótima dos recursos econômicos.

As partes que poderiam envolver-se em uma transação necessitam da maior quantidade possível de informações sobre o bem ou serviço que estão transacionando, sobre o mercado no qual a transação está inserida e sobre outros mercados correlatos, já que a decisão de comprar ou vender algo também depende do uso alternativo que os recursos poderiam ter. Por exemplo, se o preço das passagens aéreas aumenta, uma família pode decidir alugar ou comprar um imóvel na praia para dedicar seu tempo de lazer. O contrário também é verdade: se o preço das casas sobe, há aqueles que decidem vender seu imóvel para alocar sua riqueza de outra forma.

Em suma, para os economistas há poucas coisas mais importantes para o bom funcionamento de um mercado do que a livre e ampla disseminação de informação. É verdade que é difícil quantificar e qualificar a 'informação', mas um bom começo pode estar na produção de indicadores estatísticos. Entender como se comportaram no passado e como estão se comportando no presente o preço e/ou a liquidez de uma categoria de um bem é fundamental no momento de comprar ou vender. No caso específico do mercado imobiliário, a necessidade de indicadores é ainda mais forte, porque imóveis são bens muito heterogêneos e com liquidez reduzida. Uma maçã, o algodão ou mesmo um automóvel são facilmente segmentados e identificados, de forma que os compradores e vendedores conseguem saber o seu real 'valor de mercado' com pouco esforço. Um imóvel, porém, demanda muito mais cuidado no momento de o avaliar, inclusive porque não existem hoje no Brasil repositórios de amplo e fácil acesso com informações granulares e completas sobre as transações imobiliárias.

Outro aspecto importante em relação a estatísticas amplas e confiáveis sobre um mercado é o fato de que elas viabilizam também a avaliação de políticas públicas. O mercado imobiliário, em particular, é objeto de diversas políticas: crédito direcionado, subsídios para a compra de imóveis voltados às famílias de baixa renda, programas de aluguel social etc. merecem ser estudados de forma permanente, já que têm alto custo fiscal e podem ter impactos sociais muito profundos e positivos, se bem desenhados e bem implementados. Por tudo isso, a nova lei tem o mérito adicional de contribuir com a institucionalização da produção de estatísticas do registro imobiliário – aumentando, portanto, seus efeitos positivos.

4. CONSIDERAÇÕES FINAIS

Como é usual no estudo das instituições e políticas públicas, a burocracia tem aspectos positivos e negativos. Ao longo do artigo, procurou-se lançar luz, sob o ponto de vista econômico, aos principais custos e benefícios do sistema cartorial brasileiro, com foco especial no Registro de Imóveis.

Em particular, analisou-se as mudanças introduzidas pela Lei 14.382 de 27 de junho de 2022. Em síntese e entre outras coisas, a Lei modernizou o funcionamento do Registro de Imóveis no Brasil, com a adoção de novas tecnologias e novas práticas para garantir mais facilidade e segurança jurídica nas transferências imobiliárias. A partir de sua promulgação, o mercado imobiliário (isto é, pessoas físicas, empresas da construção, incorporação e intermediação e as instituições financeiras) passa a contar com novos caminhos para um desenvolvimento mais expressivo e com maior previsibilidade. A simplificação de processos é um ótimo exemplo da velha máxima de que, às vezes, menos é mais.

5. REFERÊNCIAS

ABRUCIO, Fernando Luiz; LOUREIRO, Maria Rita. Burocracia e ordem democrática: desafios contemporâneos e experiência brasileira. 2018.

NICHOLSON, Walter; SNYDER, Christopher M. Intermediate microeconomics and its application. Cengage Learning, 2021.

PAIVA, Carlos Henrique Assunção. A burocracia no Brasil: as bases da administração pública nacional em perspectiva histórica (1920-1945). História (São Paulo), v. 28, p. 775-796, 2009.

TIEGHI, Ana Luiza. Imobiliárias avaliam alterar a análise de documentos. Valor Econômico, 2022. Disponível em: <https://valor.globo.com/empresas/noticia/2022/08/15/lmobiliarias--avaliam-alterar-a-analise-de-documentos.ghtml>. Acesso em: 20 de ago. de 2022.

7
AVALIAÇÃO DE RISCO DE CRÉDITOS EM RECEBÍVEIS IMOBILIÁRIOS E A LEI 14.382/2022

Celso Maziteli Neto

Leonardo Brandelli

INTRODUÇÃO

A recentemente promulgada Lei 14.382/2022 criou o Sistema Eletrônico de Registros Públicos (SERP),[1] que possui como um de seus desideratos fundamentais a integração da prestação dos serviços de registro civil, títulos e documentos e imobiliário. Esta integração se dará também a partir do intercâmbio de documentos, originados ou transladados para a forma eletrônica, e de informação entre os serviços registrais.[2]

No que diz respeito ao Registro de Imóveis brasileiro, o SERP, trazido pela Lei 14.382/2022 segue no aprofundamento do caminho de modernização já iniciado pelo SREI – Sistema de Registro Eletrônico de Imóveis, instituído pela Lei nº 11.977/2009 e pelo Provimento nº 89/2019 do CNJ, cujo intuito é o da completa digitalização.

Outra relevante marca desta novel Lei, e que juntamente com o SERP tem importância capital para o tema ora abordado, é a do reforço ao já adotado princípio da fé pública registral.

É ratificada a colocação da matrícula como unidade fundamental de individualização do bem de raiz e indicador da informação pertinente a interesses imobiliários. Este destaque ao indicador real é depreendido, por exemplo, com a regra que dá à certidão do interior teor da matrícula, a ser expedida pelo Registrador, força suficiente para comprovar a dimensão do direito real registrado, bem como a existência de todos os ônus e gravames a impregnar o imóvel, conforme a nova redação dada pela norma

---

[1] Art. 3º O Serp tem o objetivo de viabilizar: II – a interconexão das serventias dos registros públicos;
[2] Art. 3º O Serp tem o objetivo de viabilizar: III – a interoperabilidade das bases de dados entre as serventias dos registros públicos e entre as serventias dos registros públicos e o Serp... VII – o intercâmbio de documentos eletrônicos e de informações entre as serventias dos registros públicos;

em questão à regra já antes contida na Lei 6.015/1973.[3] Assim, a nova legislação é também poderosa confirmadora e fortalecedora da fé pública registral[4] e ao tomar-se essa tendência como um princípio, efeitos relevantes e benéficos serão tirados para além de seu âmbito específico.

O intercâmbio entre todos os órgãos de registro, bem como o maior arrimo informacional à matrícula, são relevantes não só para fins de proteção e publicidade de direitos reais imobiliários, mas também possuem pertinência com o que acontece no mercado financeiro,[5] sobretudo na atividade de financiamento do mercado imobiliário e da habitação e na quantificação do risco de crédito[6] das operações correlatas quando securitizadas e agrupadas em um produto financeiro, ao final oferecido a investidores no mercado de capitais.

Um sistema registral imobiliário que seja confiável, completo e dinâmico é fundamental não apenas para que os direito reais e obrigacionais com eficácia real imobiliários possam adquirir a absolutividade que lhes é peculiar, como também para que os créditos que estejam amparados com base em garantias reais imobiliárias possam ser seguramente instituídos e circulados.

Daí, a partir desta perspectiva, se mostra forçoso analisar criticamente dispositivos legais existentes e em gestação, que rompem o sistema sob a alegação, possivelmente inverídica, do benefício mercadológico.

Também é imperativo conjugar-se o conteúdo normativo resultante da aplicação concomitante destas normas perante este quadro de intercambiariedade dos acervos e de solidificação da validade constitutiva/probante deles. Como se verá, parece ser também consectário do novo regramento legal dos registros imobiliários fazer com que a matrícula sirva como repositório informacional real (e portanto absoluto) não só dos interesses diretamente vinculados a uma determinada unidade imobiliária, mas também de toda gama de informação outra afeta à pessoa titular de direitos inscritos que deva ser usada para a quantificação do risco de crédito na securitização dos recebíveis imobiliários originados, nela não necessariamente contido. Tal perspectiva é de capital pertinência e a crise de 2008 mostra o acerto nesta postura legiferante.

Assim, a partir deste cenário, é imperativo que a hermenêutica de normas existentes e as discussões acerca de novas normas, algumas inclusive já em debate perante o Parlamento, visem harmonizar a futura produção legislativa com as regras específicas e às tendências consolidadas com a promulgação da Lei 14.382/2022, o que, se bem

---

[3] Lei 6.015/1973, art. 19, § 11: No âmbito do registro de imóveis, a certidão de inteiro teor da matrícula conterá a reprodução de todo seu conteúdo e será suficiente para fins de comprovação de propriedade, direitos, ônus reais e restrições sobre o imóvel, independentemente de certificação específica pelo oficial.

[4] Veja-se a respeito: Brandelli, Leonardo. Registro de imóveis: eficácia material. Rio de Janeiro: Forense, 2016.

[5] Art. 3º O Serp tem o objetivo de viabilizar: VII – o intercâmbio de documentos eletrônicos e de informações entre as serventias dos registros públicos e: b) os usuários em geral, inclusive as instituições financeiras e as demais instituições autorizadas a funcionar pelo Banco Central do Brasil e os tabeliães.

[6] O Risco de Crédito refere-se à possibilidade de inadimplência do devedor ou de sua classificação de risco ser rebaixada. Veja: UIMIE CAMINHA, *Securitização* 60 (Saraiva ed. 2007).

dinamizado, terá importante portencial para diminuir assimetrias informacionais no mercado financeiro, assegurar a correta precificação do risco de crédito em produtos lastreados em recebíveis imobiliários e ampliar a oferta de crédito saudável a irrigar o mercado imobiliário.

1. A PUBLICIDADE REGISTRAL IMOBILIÁRIA COMO REPOSITÓRIO FUNDAMENTAL PARA A QUALIDADE DO CRÉDITO IMOBILIÁRIO

A publicidade das situações jurídicas que afetem terceiros é instituto jurídico inserido no âmago do direito civil, embora nem tão percebido, nem tão explorado.

A necessidade de se tornar cognoscíveis as relações jurídicas que produzam, ou devam produzir efeitos perante terceiros – sejam de caráter real, sejam de caráter pessoal – é uma realidade jurídica que sempre encontrou respostas ao longo da evolução do Direito.

Sem um meio eficaz de publicidade, não se terá um efetivo direito real, oponível a terceiros, uma vez que estes o desconhecerão; poder-se-á chama-lo de direito real, mas em verdade não o será, ou não o será em sua plenitude, por encontrar sérias restrições jurídicas decorrentes da ignorância de sua existência por terceiros. O mesmo se diga a respeito dos direitos puramente obrigacionais que devam ser oponíveis em relação a terceiros, como certos direitos de preempção, por exemplo: se não forem publicizados, sua oponibilidade esvai-se.

Nesse senso, tem-se a instituição registral, como instituição específica e especializada a dar uma publicidade eficiente a determinadas situações jurídicas, e sua importância é sempre crescente, à medida que, cada vez mais, surgem novas situações jurídicas nas quais faz-se presente a necessidade da publicidade registral em virtude de os direitos apresentarem a nota de potencialidade de atingir a esfera jurídica de terceiros.

Os direitos puramente privados e *inter partes* são cada vez mais raros. As funções social e econômica dos direitos, aliadas ao interesse público que permeia muitos dos institutos jurídicos, fazem com que haja uma necessidade cada vez mais latente de publicidade, e a instituição registral é o meio hodierno eficaz e de primorosa tecnologia jurídica apta a conseguir tal desideratum.

O crédito imobiliário, amparado em garantias reais imobiliárias, depende assim, para sua qualidade, de uma publicidade registral eficiente.

A publicidade gerada pelo registro imobiliário de direitos, tal qual ocorre no Brasil, é fundamental para a qualidade jurídica da garantia em função da qualificação jurídica que ocorre previamente à sua criação, pelo registro. A garantia real imobiliária é, antes de mais nada, um instituto jurídico, que precisa ser juridicamente íntegro para que tenha valor, e isto é garantido pelo registro imobiliário.

Mas o registro é também fundamental para a circulação segura do crédito imobiliário, pois tal circulação, para que seja apta, deve estar pautada nos elementos de especialidade objetiva e subjetiva da dívida garantida, os quais estão publicitados no registro. O crédito que circule com base em informações outras corre sério risco jurídico. E não há como substituir validamente o registro imobiliário, registro jurídico que é e que portanto pode gerar a oponibilidade *erga omnes*, por outro registro administrativo, público ou privado, que não tem o condão de gerar absolutividade.

A opacidade de um registro administrativo pode até gerar algum ganho de celeridade e informalidade na circulação do crédito, mas às custas da qualidade e certeza do que circula, o que pode, ao fim, levar à invalidade ou ineficácia da circulação, em escala maior ou menor a depender do vício acarretado.

O desafiou, assim, para que haja uma circulação rápida e segura do crédito imobiliário, é achar meios de conjugar a segurança fornecida por um registro imobiliário de direitos, como o brasileiro, com a celeridade que o mercado necessita, o que, parece-nos, é logrado com o SERP. Segurança jurídica e celeridade parece que, nele, se unem de maneira adequada.

A inadequação do art. 22, § 2°, da Lei n° 10.931/2004

Qualquer crédito, seja imobiliário ou não, nasce e irradia efeitos meramente obrigacionais a princípio, e, desta feita, tem eficácia limitada às partes do negócio jurídico, de modo que não estão, inicialmente, sujeitos à publicidade jurídica.

Há casos, entretanto, em que tais créditos – sejam imobiliários ou não – são garantidos por um direito real de garantia imobiliário, o qual, para nascer, deve ser publicizado no Registro Imobiliário com seus elementos essenciais de especialidade.

Nestas hipóteses, a alteração nos elementos de especialidade do direito real de garantia exige publicidade, para que a alteração possa ter oponibilidade *erga omnes*. Está nasce da publicidade em um registro jurídico, como o registro de imóveis, e não de um registro administrativo, como alguma entidade outra, ainda que autorizada governamentalmente.

A cessão do crédito altera um importante elemento de especialidade do direito real de garantia que é o que identifica o credor, e, portanto, deve ser averbada no Registro Imobiliário.

A cessão do crédito importa em alteração na sua titularidade, o que exige publicidade registral para que a especialidade da garantia seja adequada.

Embora o item fale apenas na cessão de crédito, importante gizar que também a cessão do débito ou mesmo a cessão de contrato, que se refiram a contratos com garantia real imobiliária, devem ser averbados para fins de oponibilidade, porque alteram elementos essenciais da especialidade da garantia real (art. 246 da Lei n° 6.015/1973).

Tem-se assim que a cessão do crédito com garantia real será objeto, necessariamente, de averbação no Registro Imobiliário (art. 167, II, 21, da Lei n. 6.015/1973).

Todavia, tem-se entendido haver uma exceção, nos casos em que o crédito estiver representado por cédula de crédito imobiliário escritural, hipótese em que tem-se defendido – erradamente, em nosso entender – que a averbação registral está dispensada, diante de uma escolha legislativa cristalizada no art. 22, § 2°, da Lei n. 10.931/2004.

Nas hipóteses de cédula de crédito imobiliário escritural, pela interpretação que tem prevalecido, a lei dispensou a averbação da cessão, bastando que a informação seja levada ao agente custodiante da cédula, o qual deverá informar, por ocasião da averbação de cancelamento, o atual credor, caso seja diverso daquele que consta no registro de imóveis. Nada obsta, entretanto, que se requeira a averbação.

Este é o entendimento que tem tido o órgão correicional máximo do Poder Judiciário paulista, nos termos do item 241, do Cap. XX, das NSCGJSP.

Todavia, parece-nos tecnicamente mais acertada a opinião esposada por Sérgio Jacomino, para quem a indicação da cessão à entidade custodiante não elide a necessidade de averbação do Registro Imobiliário, porque além da circulação da cédula, há transmissão de direito real imobiliário – a propriedade fiduciária, a qual só ocorre com a publicidade registral imobiliária.[7]

Efetivamente, a cessão implica não apenas a circulação de um crédito, mas a circulação de um crédito lastreado em uma garantia real imobiliária, a qual, como é cediço, é acessória do principal, que é o crédito, e, portanto, segue a sua sorte. Deste modo, cintilados os haveres, transmite-se também o direito real de garantia, e a dinâmicas dos direitos reais exige-lhes a respectiva publicidade, para que valham perante terceiros, mormente para que se saiba quem é seu atual credor e titular.

Não apenas o devedor e os terceiros tem o direito de conhecer de maneira oficial esta informação, para que lhes seja oponível, como também os próprios credores e agências de *rating* deveriam ter acesso individualizado e oficial a tanto, de modo a poder tomar decisões adequadas e corretas, com base em dados qualificados.

Todavia, do ponto de vista jurídico, a cessão não publicizada na matrícula do imóvel cedido em garantia não opera efeitos em relação a terceiros (qualquer outro que não cedente e cessionário), os quais poderão tomar condutas jurídicas ignorando a cessão não publicizada, e tais condutas teriam, mesmo assim, sob a interpretação ora em crítica, validade e eficácia jurídica.

A redação do aludido art. 22 é tecnicamente imprecisa, e tenta – sem sucesso teórico, mas com sucesso prático – atentar contra um dos pilares basilares dos direitos reais nos sistemas romano-germânicos, o que pode ter um efeito negativo importante, conforme se verá.

2. A PROBLEMÁTICA DO PROJETO DE LEI 4.188/2021

As Instituições Gestoras de Garantias (IGG) foram idealizadas pelo Ministério da Economia e sua concepção jurídica atual está afeta ao Projeto de Lei 4.188/2021, recentemente aprovado na Câmara, com tramitação ainda a se iniciar no Senado. O Poder Executivo tinha já anteriormente apresentado ao Congresso a Medida Provisória 992/2020, que caducou antes de se transformar em lei. Esta Medida Provisória, a despeito de não prever expressamente a gestão dos mútuos por uma instituição privada, preconizava o compartilhamento da alienação fiduciária de imóveis entre várias operações de crédito.[8] A inovação consistia na possibilidade de o fiduciante utilizar o bem previamente alienado fiduciariamente como garantia de novas e autônomas operações de crédito de qualquer natureza, na medida em que o mútuo original fosse sendo amortizado pelo devedor, abrindo, assim, espaço para a utilização do colateral em novos contratos financeiros.

---

[7] JACOMINO, Sérgio. A CCI cartular, a transmissão da propriedade e a ilusão do registro, acessado em <<https://cartorios.org/2012/03/12/cci-cartular-e-a-necessidade-do-registro/>>, em 10 de outubro de 2022, às 9h50m.

[8] Art. 1º, III, da Medida Provisória 992/2020, acessível em https://legis.senado.leg.br/sdleg-getter/documento?dm=8866618&ts=1630440702233&disposition=inline, visitado pela última vez em 31/07/2022.

Apesar de sua duvidosa juridicidade, é inegável o potencial que esta concepção teria, se aprovada, de destravar o crédito garantido por imóveis em todo o seu potencial econômico, coisa hoje somente possível na hipoteca, cuja execução é ineficiente e insegura. No que toca à alienação fiduciária, ela está hoje restrita à relação direta entre mutuante e mutuário, sendo instituto que, em sua concepção tradicional, apesar de ter representado um avanço em relação ao panorama então existente, limita sobremaneira a outorga genérica do colateral a várias obrigações obstaculizando, então, a expansão da capacidade de tomada de crédito do mutuário proprietário do bem garantidor.

As IGG, contudo, foram enfim previstas neste Projeto de Lei ainda pendente de integral análise pelo Legislativo. Estas instituições consistiriam, da forma como sugerida, em pessoas jurídicas de direito privado, que teriam a responsabilidade de, centralizadamente, gerir as garantias reais dadas em empréstimos financeiros.[9] O Projeto de Lei, sem embargo, repete a previsão de compartilhamento de garantias,[10] mas, todavia, entrega a gestão delas de forma concorrente entre as IGG e o credor fiduciário.[11] Estes organismos (IGG), não oficiais, teriam atribuição para, além de **constituir** e gerir centralizadamente estas garantias, que seriam compartilhadas entre as instituições financeiras, ajuizar as respectivas execuções[12] ("pleitear", como proposto no PL), no caso de inadimplemento contratual do mutuário.

As IGG receberiam, concorrentemente com o credor, do devedor do mútuo, mediante instrumento público ou particular representante de um "contrato de gestão de garantias", as respectivas responsabilidades e poderes sobre a caução por ele oferecida.[13] Todas as garantias constituídas neste instrumento serviriam, mediante a gestão da IGG, para assegurar qualquer operação de crédito e financiamento autorizada pelo prestador da garantia, inclusive em favor de terceiro, **independentemente de qualquer registro ou averbação**.[14] Esta permissividade, todavia, é onde reside o tema mais polêmico do projeto, porque romperia com o sistema de propriedade imóvel, tendo portanto o danoso potencial de gerar hiatos registrais, os quais poderiam causar efeitos severamente negativos na qualidade do direito de propriedade imóvel brasileiro, com efeitos secundários nefastos tanto no mercado imobiliário quanto no financeiro, na medida em que se a propriedade não é confiável também não o é a garantia nela ancorada.

Carece compreensão a respeito dos efeitos ruinosos que uma tal afronta à propriedade imobiliária poderia causar para os titulares desses direitos bem assim para os próprios credores que recebem tais direitos como garantia (apesar de o projeto de lei pretender fomentar o crédito).

Este fenômeno pode já ser visto na experiência americana nos anos imediatamente anteriores à crise hipotecária de 2008, a qual é, por isso, absolutamente relevante para o cenário nacional.

---

[9] Art. 3º do Projeto de Lei 4.188/2021, acessível em https://www.camara.leg.br/proposicoesWeb/prop_mostrarintegra?codteor=2112509, visitado pela última vez em 27/07/2022.
[10] Art. 2º do Projeto de Lei 4.188/2021.
[11] Art. 3º, § 1º, I, do Projeto de Lei 4.188/2021.
[12] Art. 3º, § 1º, II, do Projeto de Lei 4.188/2021.
[13] Art. 5º, *caput*, do Projeto de Lei 4.188/2021.
[14] Art. 5º, § 2º, do Projeto de Lei 4.188/2021.

Deve-se, preliminarmente, lembrar que o registro norte-americano é de documentos, e não de direitos como o nosso, o que permite presumir que os efeitos, por aqui, seriam ainda piores do ponto de vista interno, embora não teria talvez a possibilidade de causar uma hecatombe mundial dada a menor importância relativa das finanças estruturadas no Brasil em cotejo com o cenário americano, além de sua menor interconectividade com outros nichos. Todavia, a preservação da qualidade e da consistência dos créditos e garantias imobiliárias transacionados no mercado de capitais brasileiro é de fundamental importância para a manutenção da saúde da integralidade da economia nacional.

Como observa o Professor e Economista Peruano, Hernando de Soto, países que não contam com um sistema de registro imobiliário abrangente, capaz de incorporar a totalidade das unidades imobiliárias presentes no mercado, apresentam um montante prejudicial de "capital morto",[15] ou seja, ativos, imobiliários ou não, que não são aptos a alavancar a atividade financeira que poderia ser sobre eles impulsionada.[16] Todavia, mister é rememorar que uma das funções de um registro de alta qualidade, sem hiatos registrais, transparente e preciso quanto à titularidade e consistências das pretensões registradas, é a de facilitar e incentivar as transmissões destes interesses registrados, consequência da maior segurança e confiabilidade dos acervos sob custódia do Poder Público.[17]

Assim, a alegação de que a implementação das IGG poderia ter função de incentivo à concessão de crédito deve ser analisada sob esta ótica, de eficiência e confiabilidade da informação disponibilizada ao mercado e à sociedade. Se, ao contrário, sobrevier opacidade com relação ao que conste dos eventuais acervos privados que se pretenda criar, continentes de mais e mais atualizadas informações do que os acervos públicos a eles concorrentes, a consequência pode ser inversa, ou seja, a criação de ainda mais "capital morto" na economia e restrição, não incremento, à oferta de crédito ao mercado.

Portanto, aqui se situa a inconveniência da legalidade das transmissões dos interesses creditícios apenas internamente nas IGGs, sem a formalização das constituições das garantias e posteriores cessões no registro imobiliário, órgão com atribuições e capacidade para a outorga da devida publicidade a estas relações jurídicas.

Mas, para além da inconveniência, haveria uma ilegalidade patente, por ferir de morte o sistema de propriedade imóvel robustamente erigido no direito nacional, em texto legais como o Código Civil e a Lei de Registros Públicos, os quais têm, antes de mais nada, amparo constitucional.

A MERS, INC. aos olhos de Cassandra

Pode-se especular sobre potenciais prejuízos com a implantação deste sistema a partir da comparação com o cenário jurídico americano, onde a atuação da empresa

---

[15] Direito Registral e Novas Tecnologias / [Anna Beatriz Pereira Almeida do Amaral... [et al]]; coordenação Flaviano Galhardo... [et al] – e. ed. Rio de Janeiro: Forense, 2021.

[16] Hernando de Soto – Why Capitalism Triumphs in the West and Fails Everywhere, Basic Books (2000), at 06.

[17] Abraham Bell & Gideon Parchomovsky, *Of Property and Information*, 116 Colum. L. Rev. 237, 245 (2016).

Mortgage Electronic Registration System (*Mers, Inc.*) trouxe questionamento parecido. Esta empresa foi criada pelos bancos que a constituíram para servir como a interposta pessoa deles nos escritórios de registro de imóveis dos Condados.

A MERS, INC., sob um olhar crítico, pode nos ajudar a enxergar o potencial cenário futuro para o caso de vingarem quebras sistêmicas como as pretendidas pelo art. 22 da Lei nº 10.931/2004 e pelo Projeto de Lei nº 4.188/2021.

Na pregressa experiência norte-americana, a instituição financeira originadora do crédito não constava em nenhum registro imobiliário, onde as hipotecas subscritas pelos bancos comerciais eram arquivada. Nos arquivos oficiais figurava apenas o nome da *Mers*. Subsequente endossos também não eram inseridos nos arquivos oficiais.

Todavia, ao executar hipotecas inadimplidas em que esta companhia era listada no registro público como representante dos bancos, efetivos credores hipotecários, ela afirmava sua posição de titular efetiva dos créditos. No entanto, contraditoriamente, quando devedores hipotecários instauravam ações, nas quais se alegavam fraude, práticas abusivas ou outras reivindicações atinentes à proteção do consumidor, associadas a mútuos hipotecários idênticos aos executados por ela, a *Mers* afirmava ser apenas uma *nominee*, não exposta a qualquer responsabilidade jurídica em relação aos contratos subjacentes.[18]

Em um prelúdio do que poderia se passar também por aqui, arrematantes em boa-fé, em execuções hipotecárias, ajuizadas pela *Mers*, no Estado do Massachussets, vieram a perder, posteriormente, os interesses adquiridos nestas casas porque algumas destas execuções foram tidas pela Suprema Corte daquele Estado como mal documentadas, já que não previamente endossadas pelo credor hipotecário à exequente *Mers*.[19] Foi declarada a ilegitimidade dos exequentes para propor tais demandas, pois no registro imobiliário constava a *Mers* como titular dos interesses reais hipotecários de garantia.

Em nosso cenário, o princípio da continuidade registral (que é também dos direitos reais de garantia) teria sua aplicabilidade mitigada, em se aceitando este tipo de manejo de ação judicial de execução hipotecária por interposta pessoa ao titular efetivo da hipoteca, ou ao proprietário fiduciário, no registro de imóveis, sem que exista lá qualquer referência ao real titular do interesse de garantia, tudo em ofensa ao sistema de publicidade dos direitos reais, de modo a tornar absolutamente questionável a eficácia dessas operações em relação a terceiros, havendo o real risco de desaguar-se em um cenário de execuções malogradas tal qual o americano.

Todavia, não apenas em relação à especialidade dos direitos reais esta opacidade operará, mas também (e principalmente, para os fins declarados dos textos legislativos) em relação à avaliação do risco de crédito de ativos financeiros, negociados no mercado de capitais, com lastro em recebíveis oriundos do uso de imóveis.

---

[18] Christopher L. Peterson, *Foreclosure, Subprime Mortgage Lending, and the Mortgage Electronic Registration System*, 78, U. CIN. L. REV. 1358, at 1376, citando os casos: *Escher v. Decision One Mortgage Co.*, 417 B.R. 245; *Hartman v. Deutsche Bank Nat. Trust Co.*, No. 07-5407, 2008 WL 2996515; e *King v. Ocwen*, CIVIL ACTION NO. 07-11359.

[19] *U.S. Bank National Assoc. v. Ibanez*, 458 Mass. 637 (2011) e *Bevilacqua v. Rodriguez*, 955 N.E.2d 884 (Mass. 2011).

Duas razões explicam os efeitos negativos para a avaliação de risco dos créditos: (1) a quebra do sistema de proteção da propriedade imobiliária, que restará, assim, insegura e menos valorada, e servirá menos para garantir créditos; e (2) e a insegurança/impossibilidade do claro e seguro acesso às informações que compõem os elementos do crédito, o que costuma levar a uma avaliação meramente formal, desconsiderando as qualidades efetivas da relação creditícia.

Mas, para se chegar a esta análise, é necessário melhor compreender a estratégia jurídico/econômica da securitização de recebíveis.

Securitização no Brasil

Para viabilizar a expansão do crédito imobiliário, não basta se criar mecanismos de garantia seguros – o que foi logrado com a criação da alienação fiduciária de bem imóvel, especialmente –, sendo necessário também que se forneça instrumentos adequados de circulação do crédito.

A garantia segura e de execução ágil fornece um crédito imobiliário de qualidade, mas é a possibilidade de circulação que permite aos empresários a captação de recursos para novos investimentos. Aí é que entra a securitização.

O mercado de capitais é essencialmente caracterizado pela desintermediação. A entidade financeira não se imiscui entre o indivíduo com fundos em poupança e o particular que solicita esses fundos. Pelo contrário, o fluxo financeiro ocorre diretamente do detentor da poupança para aquele que precisa de financiamento. Nesse caso, a função desempenhada pela instituição é meramente instrumental.[20]

Ao contrário do que acontece no mercado financeiro, os fundos vêm diretamente das reservas do poupador para atender às necessidades dos mutuários. No mercado de capitais, o intermediário atua de maneira bastante diferente do que no mercado financeiro. Enquanto o intermediário, neste último, participa de duas transações jurídicas distintas, como visto, em um mercado de capitais típico, a relação que o intermediário financeiro terá com o mutuário é formalizada por um contrato de corretagem, não sendo assim parte efetiva em nenhum contrato pelo qual valores são absorvidos ou distribuídos na economia.[21]

O alto custo da obtenção de informação precisa, problema que intermediários também ajudam a solucionar, todavia, dificulta a interação direta entre tomadores e oferecedores de recursos no mercado de capitais. Enquanto particulares incorreriam em custos proibitivos para encontrar a contraparte exata para a operação que pretendem levar a efeito, a instituição financeira, no mercado financeiro, realiza esta atividade profissionalmente e em grande volume, o que enseja economias de escala e reduz custos correlatos.[22] Assim, para que o mercado de capitais funcione adequadamente, é necessária a participação destes intermediários, capazes de diminuir as assimetrias informacionais a desequilibrarem a relação de forças nos polos destas operações. Esta atividade de mitigação das assimetrias informacionais, como se verá, é feita, neste caso,

---

[20] Caminha, supra note 6,., at 26.
[21] Id. at 26-27.
[22] Id. at 18.

via de regra, pelas agências de classificação de risco, que são os intermediários com os meios e expertise necessária para tal tarefa.

Esta mitigação é especialmente vantajosa para investidores com carteiras diversificadas compostas por títulos complexos, cujo respectivo risco de crédito é difícil de ser aferido por avaliadores não profissionais.[23] Além disto, para investidores pessoas físicas, que possuem menos recursos e experiência em negociação no mercado de capitais, reunir informações suficientes sobre os produtos financeiros mais sofisticados, como aqueles emitidos em processos de estruturação financeira, bem como interpretá-los, é tarefa onerosa e exigente.[24]

Apesar das imprecisões em sua nomenclatura no Brasil, já que o anglicismo (*security*) faz remissão automática e descontextualizada ao instituto do seguro, as primeiras operações de financiamento a serem desintermediadas foram denominadas securitizações, ao contrário da tradição portuguesa, onde o verbete respectivo é muito mais preciso e descritivo da realidade jurídica. Lá, a desintermediação financeira se chama "titularização", termo que melhor explica a empreita de inserção de créditos em títulos mobiliários. Estas operações passaram a ter alguma significância no Brasil apenas em meados da década de 1990, ao ganharem escopo de financiamento de projetos imobiliários.[25]

Quando a securitização foi usada pela primeira vez no Brasil, a maioria dos veículos projetados para transações de securitização eram, como nos Estados Unidos, veículos específicos criados para fins especiais (*Special Purpose Vehicles* – SPV). O objetivo dessa manobra também era isolar o risco de falência do originador, protegendo o SPV desse evento.[26]

Em países de tradição legal anglo-saxônica, o modelo de SPV geralmente usado é de um *trust*, o qual nos Estados Unidos é uma entidade com personalidade jurídica distinta da de seus detentores (*unincorporated entity*), constituída pelos ativos de um instituidor (*settlor*), que são geridos por um agente fiduciário numa administração comissionada nos termos de um acordo escrito. O instituidor efetivamente transfere a propriedade dos ativos que são dedicados ao *trust* para o agente fiduciário, que assume a obrigação de administrar tais ativos conforme as instruções dadas, assim o fazendo em benefício de outrem.[27]

No entanto, o domínio dos ativos não é por este arranjo definitivamente entregue ao agente fiduciário, pois tal alienação é temporária, limitada à existência do *trust* ou ao seu cancelamento justificado, e condicional à administração dos interesses que fomentaram a criação dele. Estes conceitos não são contemplados no nosso Direito, pois no *trust* o agente fiduciário não é um mero administrador, mas efetivamente dono

---

[23] Carrie Guo, *Credit Rating Agency Reform: A Review of Dodd-Frank Section 933(B)'s Effect (or Lack Thereof) Since Enactment*, Colum. Bus. L. Rev. 184, 188 (2016).
[24] Timothy E. Lynch, *Deeply and Persistently Conflicted: Rating Agencies in the Current Regulatory Environment*, 59 W. Re. 227, 234 (2009).
[25] Caminha, *supra* note 6, at 40.
[26] Gonçalves dos Santos & Luiz Roberto Calado, *Securitização – Novos Rumos do Mercado Financeiro* [Securitization – New Paths to Financial Market], 23 (Saint Paul ed. 2011).
[27] Caminha, *supra* note 6, at 102.

com o poder de dispor dos ativos, projeção de propriedade que raramente encontra abrigo sob a égide da tradição romano-germânica.[28]

Assim, no Brasil, diante da inexistência da figura do *trust*, os primeiros veículos utilizados na securitização eram principalmente sociedades anônimas.[29] Com o avanço da legislação brasileira, surgiram novos e mais sofisticados instrumentos para a captação de recursos no mercado de capitais, o que tornou as SPVs, usadas anteriormente, obsoletas. Esses novos instrumentos, como os Fundos de Investimento em Direitos Creditórios (FIDC) e os Certificados de Recebíveis Imobiliários (CRI), isolam efetivamente o investidor do risco de crédito do originador.[30] Fundos mútuos de investimento, a despeito de assim não se enquadrarem, assim, sob estrito rigor técnico, também se assemelham conceitualmente ao que ocorre na securitização de ativos.[31]

Os fundos de investimento, os primeiros a serem concebidos nesta dinâmica, abriram a perspectiva de assimilação dos elementos essenciais de um *trust* no sistema jurídico brasileiro, com relação à administração de ativos em benefício dos investidores, sem se considerar a projeção da propriedade na forma contemplada na tradição anglo-saxônica. Os fundos de investimento no Brasil são constituídos como condomínios,[32] dos quais seus titulares adquirem quotas, e não possuem personalidade jurídica própria. Assim, o administrador age em seu próprio nome e seus ativos não podem ser confundidos com os do fundo que ele gerencia. Administradores de fundos de investimento têm os mais amplos poderes de gestão, incluindo a compra e venda de títulos mobiliários, entre outros.[33]

A figura do Fundo de Investimento Imobiliário está prevista na Lei 8.668/1993[34] e foi regulamentada pela Resolução 2.907/2001 do Conselho Monetário Nacional. No artigo 1º da Lei, o Fundo é definido como uma comunhão de recursos, sem personalidade jurídica, captados no mercado de capitais e destinados à aplicação em projetos imobiliários. O artigo 3º estabelece que as quotas desses fundos devem ser consideradas valores mobiliários para fins legais. Tais fundos, são apenas conceitualmente assemelhados a instrumentos de securitização, já que permitem a delimitação de ativos para lastrear títulos padronizados a serem oferecidos no mercado.[35]

Estes fundos proveem liquidez para o mercado imobiliário, que é tradicionalmente ilíquido, o que se dá com o oferecimento ao público das quotas, as quais podem com muito mais facilidade serem absorvidas pelos investidores, em cotejo

---

[28] Id. at 102-103.
[29] Id. at 104-105.
[30] Santos, *supra* note 26, at 23.
[31] Caminha, *supra* note 6., at 104-105.
[32] Maria Chaves de Mello, Dicionário Jurídico/Português – Inglês/Inglês – Português [Law Dictionary/Portuguese – English/English – Portuguese] 144 (Editora Método, 9th ed 2009). "condominium" is a "joint owned property", i.e. a property that belongs to more than one person at the same time, each one with the right to a fraction of the undivided ideal thing.
[33] Caminha, *supra* note 6, at 105.
[34] Lei nº 8.668, de 25 de junho de 1993, Col. Leis Rep. Fed. Brasil, v. 185 (n.6):1386, Junho 1993 (Braz.).
[35] Caminha, *supra* note 296, at 144-145.

com o imóvel aos quais o fundo se vincula, cuja propriedade é transacionada por intermédio da tradicional alienação civil, de custos transacionais, inclusive, muito mais elevados.[36]

Todavia, o que de mais relevante veio com a Lei 8.668/1993, inclusive com aplicação aos produtos mais avançados que vieram depois, foi o conceito de propriedade fiduciária controlada por um administrador, aproximando-se, assim, sem rupturas de difícil enquadramento em nossa tradição legal, dos requisitos conceituais necessários para a utilização do mercado de capitais como financiador da atividade econômica relativa aos produtos imobiliários. As esferas patrimoniais do fundo e a do gestor permanecem autônomas, tanto no que tange ao ativo quanto ao passivo.[37]

Neste contexto, todavia, para o propósito deste trabalho, a comparação mais relevante é entre a securitização de recebíveis dos mercados imobiliários do Brasil e dos EUA, este último onde a crise de 2008 foi gestada. Assim, este estudo se concentrará em discutir as características básicas dos CRIs, que é o produto que mais se aproxima das *securities* (*Mortgage Backed Securities* – MBS e *Collateralized Debt Obligations* – CDO) americanas.

Com a promulgação da Lei 9.514/1997,[38] regulamentada pela primeiramente Resolução CMN 2.517/1998 (revogada expressamente pela Resolução cmn 4.962/2021), foi estabelecido o Sistema Financeiro Imobiliário (SFI – atualmente regulamentado pela Resolução cmn 4.676/2018), com o objetivo de criar um mercado secundário para créditos imobiliários, desiderato semelhante ao que motivou a atuação do governo nos Estados Unidos, em meados do século passado, com a criação das empresas semi-públicas *Fannie Mae e Freddie Mac*.[39]

Isso seria realizado por meio de securitização, capturando-se recursos privados para esse segmento da economia. A despeito da prévia existência de processos de securitização no Brasil, mesmo para créditos imobiliários, a falta de um produto atrativo ao mercado sempre restringiu a plena capitalização deste nicho econômico nesta fonte.[40]

Destarte, este foi o mote da nova legislação e instruções normativas administrativas que a regulamentaram. Atualmente, a maioria da regulamentação dos CRIs se encontra na recentemente promulgada Lei 14.430/2022,[41] que sucedeu a anterior legislação, revogando-a em sua maioria.

---

[36] Id. at 145.
[37] Id.
[38] Lei 9.514, de 20 de novembro de 1997, Col. Leis Rep. Fed. Brasil, 189 (11, t.1):7539, Novembro 1997 (Braz.), Seção VI.
[39] A Fannie Mae e a Freddie Mac são duas empresas que se qualificam como *Government Sponsored Enterprise – GSE*), que são empreendimentos semi-privados, semi-públicos, já que, a despeito de capitalizadas no mercado, onde também se pode adquirir suas ações, elas remanescem sob a influência regulatória do governo, que lhes outorga "mandatos", impondo-lhes persecução de determinadas políticas públicas. Veja: Viral V. Acharya et al, Guaranteed to Fail, Fannie Mae, Freddie Mac and the Deblace of Mortgage Finance, 15 (Princeton University Press ed, 2011).
[40] Caminha, *supra* note 6, at 146-147.
[41] http://www.planalto.gov.br/ccivil_03/_Ato2019-2022/2022/Lei/L14430.htm#38

A operação segue a estrutura básica da securitização genérica de créditos, mas, neste enquadramento específico (CRI), a própria lei prevê seus instrumentos e estabelece sua estruturação.[42]

Conforme definido no art. 20 da Lei 14.430/2022, os CRIs são títulos nominativos, livremente negociáveis, lastreados em créditos imobiliários que constituem promessa de pagamento em dinheiro, restringindo seu parágrafo único a competência para sua emissão por apenas uma companhia securitizadora, constituída conforme a regra legal.[43]

A conformação de uma empresa de securitização é encontrada atualmente no art. 18, da desta lei. São instituições não financeiras sem requisitos mínimos de capital e são necessariamente constituídas como sociedades por ações.[44] A lei prevê, portanto, que, em vez de uma SPVs não delimitada, essas empresas de securitização devem tomar forma específica, além de expressamente, neste mesmo artigo, as autorizar a adquirir créditos imobiliários e emitir títulos (CRIs) lastreados nestes créditos e os negociar no mercado de capitais.

Destarte, nasce aqui a preocupação com a conceituação do que seria um crédito imobiliário, o que não consta da legislação e vem tendo pouca atenção da doutrina nacional, a despeito da efetiva importância da questão para a correta aplicação das Leis 9.514/1997 e 14.430/2022, já que é este o único ativo que pode dar lastro a um CRI, estando outros tipos de créditos fora da alçada das regras específicas da lei acima mencionada.[45]

O que diferencia a securitização de créditos em geral da securitização de créditos imobiliários é a existência de bens desta natureza (imóveis) garantindo o fluxo futuro que advirá para o patrimônio que se vinculará aos ativos que serão vendidos no mercado. Este "crédito" deve ser entendido como um direito ainda não realizado, mas esperado, e já certo e determinado. Portanto, força é convir que para que um crédito tenha a qualificação de crédito imobiliário, algum imóvel deve, de alguma forma, a ele se vincular, seja como garantia real, seja como objeto da obrigação não pecuniária sinalagmática contraprestacional à que vai gerar tal fluxo financeiro.

São exemplos de créditos imobiliários aqueles que advirão de contratos de locação, de escrituras públicas de direito real de superfície, escrituras públicas de compra e venda e contratos de promessa de compra e venda ou contratos de financiamento imobiliário, como, claro, hipotecas e alienações fiduciárias.[46]

Os certificados também podem ser emitidos através de uma estrutura hierárquica de subordinação com estabelecimento de patrimônios de afetação em escala sênior e subordinada. A fatia subordinada é responsável por perdas e dívidas não recuperáveis até que todo o montante seja consumido, a fim de sustentar a qualidade da fatia mais alta e ela (a fatia sênior não é subdivisível para fins deste escalonamento) pode se dividir

---

[42] Caminha, *supra* note 6, at 147.
[43] Id.
[44] Santos, *supra* note 26, at 77.
[45] Arthur Rios Júnior, *Securitização de Créditos Imobiliários (Securitization of Real Estate Receivables)*, Securitização de Créditos Imobiliários - Arthur Rios Advogados (advrios.com.br), última visita em 22/01/2023.
[46] Id.

em subclasses, com diferentes níveis de subordinação entre si (originalmente no art. 8º, § 1º, da Instrução CVM 600/2018, atualmente art. 41 da Resolução CVM 60/2021).

Os CRIs Sênior geralmente recebem periodicamente pagamentos do principal e juros dos créditos que lhes são lastreados. Eles têm preferência de pagamento diante dos juniores e são assim pagos primeiro. Depois que todos os seniores são liquidados, em um determinado período, o pagamento dos juniores é iniciado. No caso de pré-pagamento por parte dos devedores, os titulares dos CRIs recebem também, na mesma proporção, a amortização do principal. Os CRIs juniores são subordinados aos seniores e suportam a taxa de inadimplência do portfólio, se houver, e servem como um colchão para os estes últimos.[47]

Esta estruturação foi primeiramente autorizada pela CVM na decisão CVM RJ2001/0064 e não há limitação expressa para o grau desta estruturação, que pode compreender várias camadas de subordinação.[48] Posteriormente, a Instrução CVM 600/2018 (matéria atualmente tratada pela Resolução cvm 60/2021) regulamentou, no que tange aos certificados de recebíveis do agronegócio, estas minúcias da estruturação financeira destes ativos, regras que são aplicáveis por analogia aos CRIs.

O art. 8º da Lei 9.514/1997 vinculava a securitização de créditos imobiliários à emissão de uma série de títulos de dívida por meio de um Termo de Securitização de Recebíveis, onde o componente informacional da operação de securitização se materializa. Esta regra foi reproduzida, com importantes alterações, no art. 22, § 2º, da nova Lei.

À cada emissão dos certificados deve corresponder um único Termo de Securitização e as diversas séries da mesma emissão devem estar vinculadas ao mesmo documento (art. 2, *caput*, e Instrução CVM 600/2018, atual art. 2º, VI, da Resolução CVM 60/2021).

O termo de securitização é o instrumento fundamental para que as CRIs sejam levadas ao mercado, o qual deve ser necessariamente lavrado por uma Companhia Securitizadora.[49] Nele, se reproduzem informações que o originador (aquele que gera o ativo ao perfazer o mútuo) deve, ao ceder-lhes à companhia, fornecer. Estas informações se referem a cada crédito que suporte os CRIs, como a identificação de seu valor nominal e encargos.[50] A acessibilidade destes dados é, por óbvio, fundamental para a correta e fidedigna análise do risco de crédito da operação.

O art. 8º da Lei 9.514/1997, diferentemente do quanto disposto no art. 22, § 2º, da nova Lei, impunha que se constasse no termo, além destes últimos detalhes sobre os créditos securitizados a partir da emissão, a individualização do imóvel a que estes se referem e a indicação das respectivas matrículas, com menção ao serviço de registro imobiliário respectivo.

As normas específicas de cada fundo e os contratos de cessão de crédito, são, via de regra, analisados por uma agência de classificação de risco que, após esta análise, emite um relatório que atribui nota à transação. Depois que todas essas etapas estiverem concluídas, um prospecto deve ser preparado, o qual será registrado na Comissão de

---

[47] Caminha, *supra* note 6, at 68-69.
[48] Id. at 36.
[49] Id. at 147.
[50] Júnior, *supra* note 45.

Valores Mobiliários (CVM). No sistema legal brasileiro, a CVM é a contraparte correspondente à SEC (*Securities and Exchange Commission*) americana.[51]

A classificação atribuída pela agência de classificação de risco afeta apenas o risco de crédito; isto é, trata apenas da probabilidade de pagamento pontual de juros e do capital investido, de acordo com os termos acordados, conforme definição de sua atribuição, primeiramente trazida pela Instrução CVM 521, mais precisamente em seu art. 1º, II[52] (atual Seção iv, da Resolução cvm 9/2020).

Assim, na securitização imobiliária brasileira, é possível definir a agência de classificação de crédito como uma empresa independente e especializada, enquadramento que, no contexto americano, foi, e ainda é, alvo de intensa disputa judicial, com reflexos profundos na eventual responsabilização e na performance da agência no serviço que ela presta.

A agência analisa a capacidade de geração de caixa de determinados recebíveis da carteira e como estes recursos serão utilizados para a liquidação das obrigações com os investidores e assim atribui um certo grau de risco a cada carteira a ser securitizada.[53] Para tanto, como visto, elas se beneficiam em muito, em sua atividade, da ampla publicidade que é dada pelo nosso sistema imobiliário e pelo maior grau de certeza que este atribui à propriedade imobiliária publicizada.

O titular de um crédito hipotecário, por exemplo, o vende necessariamente para uma "companhia securitizadora", que emite as notas correspondentes (CRIs) e as negocia no mercado. Com os fundos arrecadados dos investidores, as empresas de securitização podem pagar os créditos antigos que já adquiriram ou comprar novos recebíveis, alimentando o setor imobiliário por meio dos originadores. Assim, uma renovação do ciclo de crédito torna-se viável.[54] Para estimular os indivíduos a se engajarem nesse novo mercado, aqueles que investem em CRIs estão isentos de imposto de renda de pessoas físicas.[55]

A Instrução 480/CVM (atual Resolução 80/2022), que regulamentava o registro de uma companhia securitizadora dentro da CVM, também dispunha que ela deveria publicizar a compra, pagamento e inadimplência de créditos vinculados à emissão de CRIs,[56] permitindo, assim, o preciso monitoramento da performance da estruturação no correr da vida dos contratos que a ela se vinculam. Após a emissão do rating, a agência de avaliação de crédito emissora continua a monitorá-lo. Como resultado, os ratings podem ser revisados se a qualidade de crédito do emissor relacionado ou do próprio título mudar.[57]

---

[51] Caminha, *supra* note 6, at 147
[52] Id. at 115.
[53] Thais Romano Cançado & Fabio Gallo Garcia, Securitização no Brasil [Securitization in Brazil] 38 (Atlas ed. 2007).
[54] Júnior, *supra* note 45.
[55] Erika Tabacniks, Securitization of Real Estate Receivables in Brazil – Assessing the Feasibility of a Secondary Market, 36 (Saarbrücken 2011).
[56] Júnior, *supra* note 45.
[57] Lynch, *supra* note 24, at 238.

Sob a vigência da Lei 9.514/1997, era obrigatório que, na operação, fossem, como visto, em decorrência do regramento do Termo de Securitização, relacionadas as matrículas dos imóveis a que se vinculavam os créditos cujo fluxo serviriam ao serviço dos investimentos.

Não obstante, nos CRIs também se exigia a identificação dos ativos a serem transferidos (art. 7º da Lei 9.514/1997) e a remissão ao Termo de Securitização ao qual eles se vinculam. Contudo, tais salutares exigências foram eliminadas na nova legislação, que revogou tais disposições. Ao reverso, na contramão da necessidade de maior publicidade para a análise do risco de crédito, não há, na Lei 14.430/2022, qualquer menção à matrícula. Mais que isto, agora, sob este novo marco regulatório, o registro do termo, ao contrário de se dar no registro imobiliário oficial, agora é obrigatório em entidade, autorizada pelo Banco Central ou pela CVM, a exercer tal função.[58]

A transparência e vinculação expressa e orgânica entre o produto financeiro e os imóveis que lhes dão lastro, que constava na lei revogada, era ausente na realidade americana pré-2008, como se verá. Destarte, força é convir que a opacidade que vigia quando da gestação dos créditos tóxicos que culminaram na crise imobiliária é, infelizmente, a mesma que se encontra no cenário nacional, atualmente.

Era também imperativo que as propriedades às quais os créditos imobiliários securitizados estivessem vinculados e seu valores nominais deviam ser descritos no Termo de Securitização (art. 8º, I) com referência expressa ao Serviço de Registro de Imóveis em que elas estejam registradas e às respectivas matrículas. O registro da oferta pública da emissão seria inclusive cancelado se a companhia securitizadora não procedesse à averbação ou ao registro, conforme o caso, do Termo de Securitização de Créditos, por força do quanto era disposto no art. 7º, § 5º, da Instrução 414/CVM (atualmente, o art. 5º, §§ 2º e 3º, da Resoluçao 60/2021 determina a obrigação de comunicação à cvm da averbação do termo de securitização, no prazo de um dia útil, sob a mesma penalidade).

Assim, a publicidade era, sob o regime da Lei 9.514, elemento essencial do processo e a agência governamental responsável por sua supervisão era constantemente informada sobre a saúde dos ativos securitizados e da respectiva operação, o que favorecia, em muito, a quantificação do risco de crédito pelas agências de classificação de risco com o encargo de esclarecer as condições da operação e sua evolução.

Demais, a vinculação dos títulos no mercado de capitais lastreados em créditos imobiliários a cada matrícula correlata à garantia real oferecida permite ampla investigação do risco de crédito das operações a serem avaliadas pela parte independente que realiza esta análise, o que se dá a partir da consulta à referência do imóvel garantidor, necessariamente contido no Termo de Securitização.

Mais que isto, a partir do uso da matrícula como centro informacional real, é possível também, além da consulta dos interesses relativos ao bem de raiz, o acesso, pela agência de classificação de risco, aos aspectos pessoais e contratuais dos mútuos constantes do CRI, contratos cujas performances geram os recebíveis. Essa facilidade

---

[58] Art. 23. O Certificado de Recebíveis deverá ser levado a registro ou a depósito em entidade autorizada pelo Banco Central do Brasil ou pela CVM a exercer a atividade de registro ou depósito centralizado de ativos financeiros e de valores mobiliários, nos termos da Lei nº 12.810, de 15 de maio de 2013.

de acesso, decorrente da afiliação do termo de securitização ao respectivos indicadores reais dos imóveis-garantia do fluxo de recebíveis securitizados, atende a orientação principiológica da Lei 14.382/2022, tanto no que tange ao intercâmbio de informações dos serviços públicos de registro, quanto à importância da matrícula como unidade de referência dos direitos e ônus referentes ao bem de raiz ao qual ela se vincula.

A imperfeita avaliação de risco de crédito nas finanças lastreadas em recebíveis imobiliários e a crise do subprime

Em 2008, estourou uma bolha imobiliária resultante da crônica e desmedida tomada de risco por investidores em títulos lastreados em recebíveis imobiliários, no mercado de capitais dos Estados Unidos. Investidores que não tinham a exata dimensão do perigo financeiro no qual estavam incorrendo inverteram seu capital para estes títulos, eis que, naquela época, as taxas de juros dos títulos soberanos globais estavam no mais baixo patamar em todos os tempos e a remuneração relativa destes *bonds* governamentais era muito menos atrativa que a dos produtos lastreados em créditos imobiliários. Dada esta maior remuneração relativa, um enorme[59] fluxo global de investimentos convergiu para estes ativos, cujo alto risco não transparecia no mercado. A despeito de bem avaliados pelas agências de classificação de risco, os títulos imobiliários comercializados antes da crise eram, em sua maioria, lastreados no mercado secundário americano de hipotecas "*subprime e Alt-A*"[60].[61]

Os bancos subscritores destas hipotecas obtinham relevante massa de recursos com a securitização desses ativos e, cada vez mais, emprestavam parte significativa destes valores a mutuários incapazes de efetivamente pagar por estes empréstimos. Ainda assim, a abundância de financiamento barato decorrente da fartura de crédito hipotecário estabeleceu forte tendência de alta nos preços dos imóveis até que a onda de inadimplência sobreveio. Então, quando mutuários cessaram seus pagamentos mensais, uma maré crescente de execuções passou a devolver ao mercado centenas de milhares de residências, apreendidas pelos bancos credores.[62] À medida que o volume de execuções de hipotecas aumentava, forte pressão era exercida sobre os preços de imóveis, gerando a primeira queda no valor médio de propriedades nos Estados Unidos desde a Grande Depressão.[63]

---

[59] Peter M. Carrozzo, A New Deal for the American Mortgage: The Home Owner's Loan Corporation, The National Housing Act and The Birth of the National Mortgage Market, 17 U. Miami Bus. L. Rev. 1, 3 (2008).

[60] *A subprime borrower can be strictly defined as one with low credit score, whereas an Alt-A mortgagee may have credit stronger than a subprime borrower but does not qualify on income, credit-score or income-documentation standards for a prime loan.* (Um mutuário subprime pode ser estritamente definido como aquele com baixa pontuação de crédito, enquanto um hipotecário Alt-A pode ter crédito mais forte do que um mutuário subprime, mas não se qualifica nos padrões de renda, pontuação de crédito ou documentação de renda para um empréstimo prime.) See: Friedman, supra note 1, at 9.

[61] Christopher L. Peterson, Foreclosure, Subprime Mortgage Lending, and the Mortgage Electronic Registration System 79, 78, u. cin. l. rev. 1358.

[62] *Id.*, at 1359.

[63] *Banks Collect Houses Amid Subprime Fallout*, INT'L HERALD TRIB. at 10 (July 3, 2007).

Mesmo mutuários ainda economicamente aptos a fazer frente aos pagamentos mensais de suas hipotecas restaram inadimplentes, pois os imóveis financiados mediante estas garantias reais agora valiam menos do que as dívidas respectivas ainda em aberto (ou seja, eles estavam debaixo d'água – *underwater* no legalês americano).[64] O nível de inadimplência afetou o rendimento de investidores em ativos que se encontravam no outro lado das operações de securitização. Como resultado, carteiras de títulos de propriedade de bancos de investimento, lastreados nos recebiveis destas hipotecas, repentinamente perderam valor e não mais encontraram mercado para serem renegociadas e se tornaram inúteis para fins contábeis.

Essas perdas criaram buracos nos balanços de alguns bancos e os colocaram em escassez de capital regulamentar, sem o qual as casas financeiras perdem suas condições legal para funcionar. Elas se viram assim na necessidade urgente de buscar liquidez no mercado para atingir seu capital regulatório mínimo e se manter financeiramente ativa.[65] As pressões para sustentação do saldo de capital mínimo regulamentar mínimo tornaram-se um albatroz no mercado financeiro e até mesmo bancos outrora sólidos começaram a depender de outras casas de crédito, para continuar operando.[66] Mas como a economia real sofria declínio acentuado, os empréstimos interbancários secaram. Instituições financeiras antes paradigmas de solidez passaram a necessitar de assistência oficial para se manter ativas e não colapsar.[67]

Além de causar uma recessão global, por causa da intensa destruição de riquezas advinda da desvalorização desses ativos,[68] esse desastre também acarretou uma crise sistêmica bancária e colocou suspeita sobre a saúde de títulos soberanos de nações periféricas.

A crise do *subprime* foi, assim, um evento sistêmico[69] e catastrófico. Essa crise surgiu no sistema financeiro imobiliário e se espalhou para outros setores da economia,

---

[64] Kale Gans, *Anatomy of a Mortgage Meltdown: The Story of the Subprime Crisis, The Role of Fraud, and the Efficacy of the Idaho Safe Act*, 48 IDAHO L. REV. 141, 123 (2011).

[65] Id.

[66] Id.

[67] William D. Cohan, House of Cards; *A Tale of Hubris and Wretched Excess on Wall Street* 12 (FIRST ANCHOR BOOKS EDITION, 2010).

[68] Eamonn K. Moran, Wall Street Meets Main Street: Understanding the Financial Crisis, 13 N. C. BANKING INST. 5, 55 (2009).

[69] Definições de risco sistêmico: "the probability that cumulative losses will occur from an event that ignites a series of successive losses along a chain of financial institutions or markets comprising a system" (a possibilidade de que perdas cumulativas ocorram a partir de um evento que é a ignição de uma sério de perdas sucessivas ao longo de uma cadeia de instituição financerias ou mercados que compõem um sistema) (Kathryn Judge, *Fragmentation Nodes: A Study in financial Innovation, Complexity and Systemic Risk*, 64 STAN. L. REV. 657, 663 (2012)).; "the potential for a modest economic shock to induce substantial volatility in asset prices, significant reductions in corporate liquidity, potential bankruptcies and efficiency losses" (o potencial de um choque econômico modesto de induzir subtancial volatividade no preço de ativos, signfcativa reduções em liquidez corporativa, potenciais falências ou perda de eficiência) (Steven L. Schwarcz, *Systemic Risk*, 97 GEO. L.J. 193, 196-7 (2008)); "the risk that the financial system will fail to function properly because of widespread distress" (o risco de o sistema financeiro deixar de funcionar apropriadamente por cause de preocupações generalizadas) (Judge, supra, at 663).

ganhando, no processo, conotações políticas e humanitárias. Assim, um problema que começou isolado no mercado hipotecário americano veio a impactar os mercados por todo o mundo, impondo prejuízos muito além do mero dano inicial.

A imperfeita avaliação do risco de crédito efetuada pelas agências de classificação de risco, que outorgaram aos recebíveis mal lastreados seu mais alto rating, tinha duas falhas fundamentais. Estas análises jamais levaram em conta a qualidade individual de cada mútuo imobiliário que compunham os títulos, bem como não houve a correta medida da correlação de risco entre estes mútuos emitidos ao final da cadeia de securitização.[70]

Precificar produtos financeiros complexos é uma atividade desafiadora. Um desses produtos é o conhecido no mercado americano como *Collateralized Debt Obligation* (CDO).[71] Este investimento foi e ainda é o maior conduíte da liquidez absorvida no mercado de capitais para o financiamento do mercado imobiliário.

Os títulos de um CDO, emitidos por uma sociedade de propósito específico (SPV), que se responsabiliza por eles, são lastreados por – e, portanto, seu pagamento ao investidor deriva de – um conjunto misto de empréstimos hipotecários e/ou outros recebíveis. Todavia, no desenlace da última crise sistêmica, os ativos que apresentaram maior problema de precificação foram os lastreados em recebíveis de hipotecas americanas.[72] Estes recebíveis, mormente destas hipotecas, são repetidamente agrupados e reagrupados até alcançarem os CDO. A intensidade destes reagrupamentos se dá até que ninguém saiba exatamente o que está no produto final, ou seja, o título que é finalmente vendido aos investidores em mercados de capitais. Essa contínua recombinação de ativos é feita para diminuir o risco geral de crédito e transformar os recebíveis em produtos mais comercializáveis no mercado secundário.[73]

No entanto, a impressão de que o agrupamento de vários empréstimos hipotecários reduz inerentemente o risco por meio da diversificação se provou ser um equívoco. Hipotecas de alta qualidade, quando combinadas com hipotecas *subprime*, reduzem efetivamente o risco de crédito geral nas carteiras. A estratégia de agrupar diferentes classes de empréstimos em um único título, no entanto, só é eficiente se o nível de inadimplência nos contratos subjacentes for contido.[74]

---

[70] Steven McNamara, Informational Failures in Structured Finance and Dodd-Frank's Improvements to the Regulation of Credit Rating Agencies, 17 Fordham J. Corp. & Fin. L. 665, 665 (2012).

[71] CDOs, or collateralized debt obligations, are financial tools banks use to repackage individual loans into a product sold to investors on the secondary market. These packages consist of auto loans, credit card debt, mortgages, or corporate debt. They are called collateralized because the promised repayments of the loans are the collateral that gives the CDOs their value... (CDOs, ou obrigações de dívida com garantia, são ferramentas financeiras que os bancos usam para reembalar empréstimos individuais em um produto vendido a investidores no mercado secundário. Esses pacotes consistem em empréstimos para aquisição de automóveis, dívidas de cartão de crédito, hipotecas ou dívidas corporativas. Eles são chamados de garantidos porque os reembolsos prometidos dos empréstimos são a garantia que dá aos CDOs seu valor. See: https://www.thebalance.com/cdos-collateralized-debt-obligations-3305822, last visited on 28/09/2021.

[72] David Min, *Understanding the Failures of Market Discipline*, 92 Wash. U. L. Rev 1421, 1422 (2015).

[73] Gans, *supra* note 64, at 130.

[74] FIN. CRISIS INQUIRY COMM'N, THE FINANCIAL CRISIS INQUIRY REPORT: FINAL REPORT OF THE NATIONAL COMMISSION ON THE CAUSES OF THE FINANCIAL AND ECONOMIC CRISIS IN THE

Contudo, agrupamentos de ativos nos CDO, estruturados antes da crise de 2008-2009, se mostraram indiscutivelmente desequilibrados.[75] Acordos financeiros estruturados[76] implicam que a capacidade de acessar o fluxo de caixa advindo do conjunto de pagamentos seja segmentada entre diferentes *tranches* que carregam múltiplos níveis de risco e devem ser precificados de acordo. Essa diferenciação é alcançada pela subordinação de pagamentos, supercolateralização[77] e outras formas de melhorias de crédito. Com tantas variantes, a análise do risco de crédito e a precificação dos ativos são complicadas para esses tipos de investimento.[78] Durante o boom imobiliário, os recebíveis mais arriscados dos CDO eram massiva e sucessivamente reagrupados. O topo da estrutura dos CDO geralmente recebia *rating* AAA, disfarçando o fato de que os ativos subjacentes eram majoritariamente de nível *subprime* e *Alt+A*.[79]

Outra falha orgânica, além da falta de apropriada percepção de risco individual dos recebíveis, nos modelos de *rating* foi o método usado para determinar a correlação negativa entre os ativos nos CDO. Tal correlação consiste em uma medida da probabilidade de um mutuário entrar em *default* no caso de outro, com quem partilha determinadas características relevantes, previamente o fizer.[80] Muitos observadores acreditam que outro fator-chave nas classificações defeituosas atribuídas a CDOs lastreados em hipotecas, criados antes da crise, é que as suposições de correlação para inadimplência nos ativos subjacentes eram muito baixas.[81]

Para medir o grau de correlação negativa entre hipotecas, as agências injetavam em seus modelos de estabelecimento de probabilidades dados obtidos empiricamente de *pools* anteriores.[82] Todavia, esta estratégia desconsiderava o fato de que algumas destas hipotecas eram estruturalmente diferentes das compreendidas nos CDO anteriores, objeto da comparação. Por exemplo, uma hipoteca de taxa ajustável (*adjustable rate mortgage* – ARM), de subscrição muito comum nos anos anteriores

---

UNITED STATES, at xliii (2011), *available at* https://www.govinfo.gov/content/pkg/GPO-FCIC/pdf/GPO-FCIC.pdf, *last visited on* 10/03/2021.

[75] Eamonn, *supra* note 68, at 48.

[76] Veja: "Structured financial arrangements imply that the ability to access the cash flow from the pool of underlying assets is segmented among different tranches that carry additional risk levels and must be priced accordingly"(Os acordos financeiros estruturados implicam que a capacidade de acessar o fluxo de caixa do conjunto de ativos subjacentes seja segmentada entre diferentes camadas que carregam níveis de risco adicionais e devem ser precificadas de acordo) (Timothy E. Lynch, *Deeply and Persistently Conflicted: Rating Agencies in the Current Regulatory Environment*, 59 Case W. Rsrv. L. Rev. 227, 232 (2009)).

[77] Veja: "Overcollateralization means that the value of the issued securities is lower than the principal amount of the pool of assets used to back them" (A supercolateralização significa que o valor dos títulos emitidos é inferior ao valor principal do conjunto de ativos usados para lastreá-los) (Suleman Baig & Moorad Choudhry, *The Mechanics of Securitization – A Practical Guide to Structuring and Closing Asset-Backed Security Transactions*, 7 (Wiley ed., 2013)).

[78] Lynch, supra note 24, at 232.

[79] Nan S. Ellis et al, Is Imposing Liability on Credit Rating Agencies a Good Idea?: Credit Rating Agency Reform in the Aftermath of the Global Financial Crisis, 17 Stan. J.L. Bus. & Fin. 175, 196 (2012).

[80] McNamara, *supra* note 70, at 666.

[81] Id. at 690.

[82] Vijay Raghavan, *Ratings Analyst Degrees of Freedom*, 87 UMKC L. Rev. 335, 344 (2019).

à crise de 2008-2009, é uma hipoteca que não tem uma taxa de juros fixa para toda sua duração. Estas taxas podem variar de acordo com as condições econômicas que se apresentarem, conforme as disposições do respectivo contrato.[83] Ao contrário das hipotecas de taxa fixa, as ARM, via de regra, impunham pagamentos mensais severos aos mutuários toda vez que as taxas de juros eram redefinidas,[84] a despeito de proporcionarem redução significativamente dos pagamentos mensais nos seus primeiros vencimentos. No entanto, quando do fim do contrato, o mutuário é obrigado a pagar seu saldo integralmente ou refinanciar a dívida em uma nova hipoteca.[85] No entanto, diferir o pagamento do principal, por exemplo, funciona bem em períodos de alta dos preços dos imóveis, mas é uma estratégia que traz riscos em períodos de valores estáveis ou em queda.[86]

A valorização do valor da propriedade no momento do refinanciamento serve como uma "almofada de patrimônio". Assim, mesmo que o novo empréstimo fosse feito em panoramas econômicos no qual vigorem taxas de juros gerais mais altas, a valorização imobiliária permitia a mutuários construir *equity* em suas casas e tornar os empréstimos de refinanciamento mais benéficos,[87] diante da melhor relação entre o valor do imóvel financiado e o montante do financiamento. Se os preços da habitação subissem no momento do refinanciamento, o aumento de percentual detido pelo devedor hipotecário no valor total do imóvel pagava parte das hipotecas anteriores, aumentando o nível de propriedade dos mutuários em suas casas mesmo sem amortização do principal do mútuo anterior. Mútuos mais benéficos, com pagamentos mensais mais baixos podiam ser esperados nesta situação.[88]

Todavia, como já visto neste trabalho, com o estouro da bolha imobiliária, o ciclo de alta de preços foi interrompido e os refinanciamentos destes tipos hipotecários heterodoxos – não existentes quando da geração dos dados que foram coletados para se estabelecer a correlação de ativos nos novos CDO onde os recebíveis destas novas hipotecas eram agrupados – se tornaram muito mais problemáticos. Devedores que se viram "debaixo d'água", situação já esmiuçada neste artigo, simplesmente abandonaram os contratos e viram seus imóveis serem executados, mesmo em lhes sendo economicamente possível, mas não viável, tratar o refinanciamento de suas hipotecas com seus bancos. Seus imóveis valiam agora bem menos do que as dívidas que eles tinham em aberto e que eram garantidas em hipoteca. A correlação entre o risco de crédito destes mutuários e o dos mutuários cujo perigo de inadimplência era captado pelos dados históricos usados nas simulações passou longe da análise das CRA. Esta correlação pressupunha análise qualitativa dos tipos hipotecários novos, que não podiam ter seu

---

[83] Powell on Real Property: Michael Allan Wolf Desk Edition § 37.16 [1] (Lexis Nexis Matthew Bender, 2009).
[84] Arthur E. Wilmarth, Jr., The Dark Side of Universal Banking: Financial Conglomerates and the Origins of the Subprime Financial Crisis, 41 Conn. L. Rev. 963, 1021-22 (2009).
[85] Powell on Real Property: Michael Allan Wolf Desk Edition, [a] [viii] (Lexis Nexis Matthew Bender, 2009).
[86] Id.
[87] McNamara, *supra* note 70, at 684.
[88] Oren Bar-Gill, The Law, Economics and Psychology of Subprime Mortgage Contracts, 94 Cornell L. Rev. 1073, at 1111 (2009).

risco de crédito medido pelos dados anteriores e inespecíficos usados pelas agências para tal atividade.

Outrossim, a coleta dos dados, que possibilitariam tais avaliações, diante do opaco cenário do registro imobiliário americano, já explicado em outro trabalho meu,[89] seria de difícil implementação. Sem embargo, o escrutínio que proporcionaria a captação do risco de crédito que passou despercebido na crise de 2008 demanda o intercâmbio de várias espécies de dados, alguns não contidos meramente no registro imobiliário oficial.

A Emenda 11 ao PL 4.188/2021 e sua influência na análise do risco de crédito em ativos imobiliários securitizados

Durante a tramitação na Câmara do projeto de lei em questão, foi apresentada a Emenda 11 ao texto, a qual, todavia, não foi incluída na redação final encaminhado ao Senado.[90] Esta emenda determinava a averbação de todas as informações complementares capazes de afetar as operações de crédito englobados no contrato de gestão de garantias firmado entre os mutuários e a IGG. Nesta qualificação, por certo, se incluem o termo de securitização lavrado em emissões de CRIs, a identificação do originador do crédito securitizado e as posteriores cessões dele.[91]

Se aprovada, esta emenda teria o potencial de impedir a ocorrência, no Brasil, dos graves entraves aqui analisados que o modelo vigente nos EUA, consistente em um sistema registral paralegal e privado, ensejou. Tal modo de atuação, descrito acima, acarretou grandes prejuízos a arrematantes de imóveis, em execuções hipotecárias, cujas cessões não tinham sido formalizadas no registro público oficial. Um estudo da Moody's apontou que 31.500 empréstimos feitos no Massachusetts após 2005 tinham passado por execuções hipotecárias ou estavam no meio de uma, sendo que 70% das propriedades que davam lastro a estes mútuos, em janeiro de 2011, eram já de propriedade de terceiras-partes e elas estavam, agora, ameaçadas, pelos precedentes de *Bevilacqua* e *Ibanez*, de perder as casas que tinham adquirido em boa-fé.[92]

Mais do que isto, a ausência da devida publicidade, a dar consistência e solidez à fé pública registral decorrente das informações constantes na matrícula, o que é previsível decorra do tratamento legal advindo do texto aprovado na Câmara, tem potencial para inviabilizar a análise de risco de crédito estabelecida nas demais normas que regulamentam a securitização do crédito hipotecário, como visto acima.

---

[89] Leonardo Brandelli, Transmissão da Propriedade Imóvel: Uma Análise Comparada Brasil-Estados Unidos – Salvador: Editora JusPodivm (2021), p 311 e seguintes.

[90] Veja: https://www.camara.leg.br/proposicoesWeb/prop_mostrarintegra?codteor=2120852&filename=Tramitacao-EMP+11+%3D%3E+PL+4188/2021.

[91] § 2º As garantias constituídas no âmbito do contrato de gestão de garantias servirão para assegurar todas as operações de crédito autorizadas pelo prestador da garantia, inclusive em favor de terceiro, independentemente de qualquer novo registro, devendo ser averbadas "ex offício", sem cobrança de emolumentos, as informações complementares relativas a cada uma das referidas operações de crédito efetivadas na vigência do contrato, em face de comunicação que deverá ser encaminhada ao competente registro público, pela Instituição Gestora de Garantias, em até setenta e duas (72) horas de sua ocorrência.

[92] Moody's Weekly Credit Outlook, Massachusetts Foreclosure Case Exposes RMBS Trusts to Additional Losses, 46 (Oct. 31, 2011).

Sem embargo, esta situação confronta frontalmente com as novas normas e princípios exsurgidos da Lei 14.382/2022.

Princípios jurídicos, em alguns casos, não são expressos, ao reverso, decorrem de outros princípios, de decisões judiciais ou mesmo de um conjunto de normas que expressem concepções de como o Direito deve ser moldado.[93]

É possível, enfim, extrair-se um princípio jurídico, apto a influenciar a interpretação da sistemática de aferição de dados na securitização de recebíveis a partir da análise da amplitude de amplicação dos artigos tanto da Lei 14.382/2022 quanto da Lei 6.015/1973 já colacionados acima (respectivamente o art. 3º, § 2º, e art. 19º), como a partir do cotejo entre eles e entre eles e com o quanto disposto mais à frente no mesmo art. 3º da primeira legislação.[94] Ali, onde se especificam as hipótese de viabilização de informação buscadas pelo SERP com relação a atos em que a pessoa pesquisada seja, dentre outras hipótese, cedente convencional de crédito, a saber, a que decorre do livre e espontâneo acordo de vontades entre cedente e cessionário. Por certo, nestas informações se inserem a identificação do originador do mútuo e as cessões dos créditos hipotecários ou decorrentes de alienação fiduciária. Neste rol, expressamente se dispõe que os serviços públicos de registro que integram o Sistema[95] serão pesquisados com base no bem, se especificamente identificável, mediante critérios relativos ao bem objeto da busca.

Surge claro, portanto, que é a partir do quanto consta na matrícula que se estabelecerá o conteúdo informacional relativo ao cedente do crédito, ou seja, o efetivo titular de um contrato de mútuo garantido, não a IGG. Dentre tais informações, cdrtamente se incluem às referentes à capacidade financeiro do mutuário, seu histórico de inaimdplência, quantas e quais são as obrigações foram mediante instrumentos públicos assumidas e a modalidade de gravame impregna o bem imóvel.

Esta conclusão é alicerçada, da mesma forma, na busca principiológica do fortalecimento da matrícula, compreendida no espírito da lei, conforme analisado no começo deste artigo. E, sem embargo, é com base nas informações que se pode extrair da identificação do mutuante-cedente, nas operações de securitização, que questões relativas ao contrato subjacente podem vir à luz, as quais, como se depreeende da comparação com o cenário americano, são imperativas para a análise do real risco de crédito a impregnar a estruturação da securitização de créditos imobiliários.

Ocorre, todavia, que, atualmente, o Termo de Securitização, emitido na estruturação de uma emissão de CRIs, não mais se encontra no registro imobiliário, por expressa determinação da Lei 14.430/2022, que determina seja ele meramente registrado na entidade de custódia autorizada pelo Banco Central, dentre as quais, certamente, se incluirão as IGGs.

---

[93] Robert Alexy, *Teria de los derechos fundamentales*, 2. Ed. Rad. Carlos Bernal Pulido. Madrid: Centro de Estudios Politicos y Constitucionales (2007 601p, p. 85).

[94] § 2º A consulta a que se refere o inciso X do *caput* deste artigo será realizada com base em indicador pessoal ou, quando compreender bem especificamente identificável, mediante critérios relativos ao bem objeto de busca... **X – a consulta:** a) às indisponibilidades de bens decretadas pelo Poder Judiciário ou por entes públicos; b) às restrições e aos gravames de origem legal, convencional ou processual incidentes sobre bens móveis e imóveis registrados ou averbados nos registros públicos; e **c) aos atos em que a pessoa pesquisada conste como:** 1. devedora de título protestado e não pago; 2. garantidora real; 3. **cedente convencional de crédito**...

[95] Art. 3º, § 1º: Os oficiais dos registros públicos de que trata a Lei nº 6.015, de 31 de dezembro de 1973 (Lei de Registros Públicos), integram o Serp.

Outrossim, a correlação negativa entre os devedores de créditos securitizados não pode se extrair meramente da matrícula. Os dados constantes do registro de títulos e documentos ou do registro civil, por exemplo, importam para que se estabeleça em qual extrato social ou em que nicho de operações de financiamento de crédito se iniciaram inadimplências, em dado momento econômico, para se quantificar quais, e quantos, são os contratos a envolverem partes que integram tais seleções.

Também é relevante, neste contexto, amealhar certas informações pessoais, que apenas pelo contrato de mútuo se pode acessar, para que a qualidade individual de um crédito, integrante da estrutura que culmina em um CRI, seja aferida. Exemplos de tais informações são os escores de crédito de determinado indivíduo, o seu histórico de inadimplência, o número de protestos tirados em seu desfavor, o rol de ações contra ele ajuizadas etc.

Não obstante, as faculdades e os deveres, no panorama legal criado pelas IGGs, são concorrentes entre elas e os efetivos titulares dos direitos à ela cedidos pelo contrato de gestão de garantias,[96] o que dá ainda maior certeza quanto à necessidade de se constar nas matrículas respectivas, tanto a IGG que administra os créditos gerados a partir do uso financeiro do imóvel quanto os cedentes dos créditos.

E estas conclusões são relevantes no debate legislativo que se avizinha no Senado, com relação ao projeto de Lei das IGGs. Prof. *Tércio Sampaio Ferraz Jr*,[97] com absoluta propriedade, esmiúça a problemática da interpretação sistemática como método hermenêutico: "*...Por fim, quando se enfrentam as questões de compatibilidade num todo estrutural, fala-se em interpretação sistemática* (stricto sensu). *A pressuposição hermenêutica é a da unidade do sistema jurídico do ordenamento... A primeira e mais importante recomendação, nesse caso, é de que, em tese, qualquer preceito isolado deve ser interpretado em harmonia com os princípios gerais do sistema para que se preserve a coerência do todo. Portanto, nunca se deve isolar o preceito nem no seu contexto (a lei em tela, o código: penal, civil etc) e muito menos na sua concatenação imediata (nunca leia só um artigo, leia também os parágrafos e os demais artigos)...*".

Destarte, há amplos argumentos para que, no curso da inevitável judicialização da questão da necessidade de publicidade registral do originador dos créditos inscritos nas IGGs e cessões, sobrevenha decisão a impo-la *ex lege*, com vistas à harmonização das normas e princípios na celeuma envolvidos. É crível, ademais, que uma determinação desta natureza por certo também imponha o registro dos termos de securitização relacionados a emissões de CRIs tenha também sua averbação no serviço oficial de registro imobiliária imposta por ordem judicial, eis que tal providência se mostra fundamental para a manutenção da acessibilidade das informações inerentes à análise do risco de crédito de ativos subjacentes a este tipo de operação.

CONCLUSÃO

O encarecimento e a diminuição relativa na oferta de crédito imobiliário financeiro são uma realidade global, que afeta também o panorama econômico doméstico no Brasil. Ademais, o mercado imobiliário hoje constitui uma parcela significativa do

---

[96] Art. 3º, § 2º, do Projeto de Lei 4.188/2021.
[97] *Tércio Sampaio Ferraz Júnior,* Introdução ao Estudo do Direito, Técnica, Decisão, Dominação, Editora Atlas, 1991, pg. 262.

PIB nacional e, ante ao déficit habitacional que ainda acomete o país (cerca de seis milhões de moradias),[98] força é convir que, para promoção do desenvolvimento social/econômico e também em função deste, haverá aumento na demanda pelo financiamento deste nicho. Assim, é inevitável que o mercado de capitais, gradativamente, venha a se tornar fonte mais farta, barata e prática para esta necessidade, em razão das vantagens descritas neste artigo. No contexto da construção civil, este panorama já é uma realidade, inclusive em razão do ambiente de juros mais elevados na economia.[99]

Então, é do interesse público que a atividade de securitização de recebíveis imobiliários seja transparente e que sua regulamentação favoreça a devida e correta análise do respectivo risco de crédito, eis que a experiência anterior, não só americana como mundial, demonstra o perigo sistêmico que um mercado opaco e com diretrizes frouxas neste sentido pode oferecer.

Assim, neste contexto, é salutar a nova realidade normativa e principiológica inaugurada pela Lei 14.382/2022.[100] Salvo melhor juízo, a necessidade de esgotamento da informação a partir do que inscrito na matrícula e a intenção de compartilhamento de dados entre os diversos serviços de registros públicos, analisadas neste texto, são instrumentos fundamentais para a devida análise de risco de crédito na securitização de ativos imobiliários.

Por força desta necessidade, é imperioso que, no Senado, as discussões acerca do PL 4.188/2021 considerem o restabelecimento do quanto proposto na Emenda 11 apresentada durante a tramitação do texto na Câmara, inclusive porque, em sendo a lei aprovada como egressa da casa baixa do Parlamento, há muitos argumentos a ensejarem decisões judiciais a imporem a transparência das cessões realizadas no interior das IGGs.

O maior deles, sob a perspectiva jurídica, é a adequação endo principiológica entre as diversas leis que regem o registro imobiliário brasileiro e a securitização de recebíveis (PL 4.188/2021, Lei 14.382/2022 e Lei 9.514/1997). Sob a ótica meramente econômica, a busca por transparência inserida na malograda Emenda 11 ao projeto de lei é medida que vem amplamente, não apenas em benefício dos transatores imobiliários em boa-fé, como da correta avaliação do risco de crédito das respectivas operações de securitização.

A estrutura jurídica de securitização proposta nos textos legais da Lei 10.931/2022 e do Projeto de Lei 4.188/2021 põem em risco os elementos essenciais do crédito imobiliário em toda a sua cadeia: 1- em primeiro lugar, cessão do crédito sem publicidade registral gera uma opacidade que fere a necessária especialidade das garantias reais imobiliárias; não se sabe quem é o credor ao olhar o registro; e isso põe em risco a própria garantia, sem a qual o crédito sequer existiria; a sua legalidade fica seriamente em risco se o julgador perceber que não há especialidade subjetiva da garantia no

---

[98] Veja: https://direcional.com.br/blog/deficit-habitacional-no-brasil/
[99] Veja: https://imoveis.estadao.com.br/investir-imoveis/emissoes-de-certificados-de-recebiveis-crescem-56-estadao-imoveis/
[100] Cf. DIP, Ricardo. Aposentadoria Compulsória de Registradores e Notários. *Revista de Direito Imobiliário* n. 47, ano 22, jul./dez. de 1999. São Paulo: Revista dos Tribunais. Disponível em: <http://www.irib.org.br/rdi/rdi47_190.asp>. Acesso em 19 de setembro de 2007. *"Há também princípios que são endonormativos, princípios que a própria lei consagra para, a partir de seu enunciado, reger tudo mais que diz respeito a uma correspondente instituição ou situação".*

registro imobiliário, o que afasta a oponibilidade contra terceiros da cessão do crédito garantido por direito real, ferindo de morte o próprio direito real, que tem como nota essencial a absolutividade; dito de outra forma, com a cessão oculta passa-se a ter um direito real não oponível, inclusive para fins de execução da obrigação garantida, colocando absolutamente em risco a garantia e o crédito, sem que o adquirente dos créditos circulados possa perceber e avaliar, de modo que a aquisição de créditos securitizamos acrescenta um risco não avaliado, e que pode depôr contra o próprio instrumento de circulação; a legalidade da previsão de não publicidade é altamente questionável do ponto de vista do direito real de garantia, podendo invalidá-lo, embora do ponto de vista do crédito não haja maiores problemas; mas sem garantia, o crédito tem seu nível econômico e jurídico rebaixado. 2 - A preocupação com a juridicidade dos créditos e de sua circulação costuma estar afeta aos agentes públicos que os publicizam, e não aos agentes de mercado, cujo mote principal é o lucro a ser obtido, de modo que a circulação oculta possibilita com muito mais facilidade a ocorrência de vícios formais e materiais aptos a invalidade o crédito ou a garantia; não foi incomum a MERS, por exemplo, não saber afinal quem era o credor, ou efetuar cessões de crédito que o credor não tinha. 3 - por fim, a avaliação dos créditos, fundamental para que o mercado de securitização prospere de maneira segura, fica comprometida sem a publicidade oficial e sem a vinculação dos elementos registrais das garantias nos termos de securitização; gera-se uma opacidade que impede que as agência de avaliação possa realmente avaliar os créditos em seu conteúdo, e perceber problemas intrínsecos que podem transformar créditos aparentemente seguros – os imobiliários – em créditos "podres", como ocorreu nos EUA, e isso transforma a atividade de rating em uma atividade meramente formal, sem credibilidade para os adquirentes dos créditos. Ao perceberem isso – que a avaliação não é confiável porque ao fim e ao cabo não avalia o crédito -, e percebendo também que não podem avaliar por si os créditos por serem ocultos, pôde-se ter uma tendência de esvaziar o mercado e, na verdade, ao reverso de facilitar a captação pulverizada do financiamento imobiliário, dificulta-lo sobremaneira ao denar-lhe a liquidez.

REFERÊNCIAS BIBLIOGRÁFICAS

Abraham Bell & Gideon Parchomovsky, *Of Property and Information*, 116 Colum. L. Rev. 237, 245 (2016).

Arthur E. Wilmarth, Jr., The Dark Side of Universal Banking: Financial Conglomerates and the Origins of the Subprime Financial Crisis, 41 CONN. L. REV. 963 (2009).

Christopher L. Peterson, *Foreclosure, Subprime Mortgage Lending, and the Mortgage Electronic Registration System*, 78, U. CIN. L. REV. 1358.

David Min, *Understanding the Failures of Market Discipline*, 92 WASH. U. L. REV 1421, 1422 (2015).

Eamonn K. Moran, Wall Street Meets Main Street: Understanding the Financial Crisis, 13 N. C. BANKING INST. 5 (2009).

Erika Tabacniks, Securitization of Real Estate Receivables in Brazil – Assessing the Feasibility of a Secondary Market (Saarbrücken 2011).

Kale Gans, *Anatomy of a Mortgage Meltdown: The Story of the Subprime Crisis, The Role of Fraud, and the Efficacy of the Idaho Safe Act*, 48 IDAHO L. REV. 141 (2011).

Hernando de Soto – *Why Capitalism Triumphs in the West and Fails Everywhere*, Basic Books (2000).

Leonardo Brandelli, *Transmissão da Propriedade Imóvel: Uma Análise Comparada Brasil-Estados Unidos* – Salvador: Editora JusPodivm (2021).

Leonardo Brandelli, *Registro de imóveis:* eficácia material. Rio de Janeiro: Forense, 2016.

Carrie Guo, *Credit Rating Agency Reform: A Review of Dodd-Frank Section 933(B)'s Effect (or Lack Thereof) Since Enactment*, COLUM. BUS. L. REV. 184 (2016).

Nan S. Ellis et al, *Is Imposing Liability on Credit Rating Agencies a Good Idea?: Credit Rating Agency Reform in the Aftermath of the Global Financial Crisis*, 17 STAN. J.L. BUS. & FIN. 175 (2012).

Oren Bar-Gill, The Law, Economics and Psychology of Subprime Mortgage Contracts, 94 CORNELL L. REV. 1073 (2009).

Peter M. Carrozzo, A New Deal for the American Mortgage: The Home Owner's Loan Corporation, The National Housing Act and The Birth of the National Mortgage Market, 17 U. MIAMI BUS. L. REV. 1 (2008).

Powell on Real Property: Michael Allan Wolf Desk Edition (Lexis Nexis Matthew Bender, 2009).

Robert Alexy, Teria de los derechos fundamentales, 2. Ed. Rad. Carlos Bernal Pulido. Madrid: Centro de Estudios Politicos y Constitucionales (2007) 601p.

Steven McNamara, Informational Failures in Structured Finance and Dodd-Frank's Improvements to the Regulation of Credit Rating Agencies, 17 FORDHAM J. CORP. & FIN. L. 665 (2012).

Tércio Sampaio Ferraz Júnior, *Introdução ao Estudo do Direito, Técnica, Decisão, Dominação*, Editora Atlas (1991).

Thais Romano Cançado & Fabio Gallo Garcia, *Securitização no Brasil* (Atlas ed. 2007).

Timothy E. Lynch, Deeply and Persistently Conflicted: Rating Agencies in the Current Regulatory Environment, 59 CASE W. RSRV. L. REV. 227 (2009).

Uimie Caminha, *Securitização* (Saraiva ed. 2007).

Vijay Raghavan, *Ratings Analyst Degrees of Freedom*, 87 UMKC L. REV. 335 (2019).

William D. Cohan, House of Cards; *A Tale of Hubris and Wretched Excess on Wall Street* (FIRST ANCHOR BOOKS EDITION, 2010).

8
LEI 14.382/2022: DIREITO À BUSCA DA FELICIDADE E ALTERAÇÃO IMOTIVADA DE NOME

Deborah Ciocci

Leila Rafaela Aparecida de Souza

INTRODUÇÃO

Na Era da internet das coisas, denominada pela sigla "IoT" (derivada do termo da língua inglesa *Internet of Things*), e considerada pelo sociólogo Zygmunt Bauman como modernidade líquida – dada a velocidade da informação e volatilidade dos desejos – moldar o homem com o auxílio da ciência deixou de ser campo exclusivo da ficção e passou a ser realidade, tendo em vista que hoje em dia nem mesmo é considerado assombroso criar vida em laboratório. No Brasil, em junho de 2022, ainda sob efeitos da pandemia mundial da Covid-19, com a intenção de modernizar e simplificar os procedimentos relativos aos registros públicos, entra em vigor a Lei 14.382/2022.

A Lei n. 14.382/2022, oriunda da Medida Provisória 1.085/2021, promulgada em 27 de junho de 2022, trouxe como elemento central o SERP – Sistema Eletrônico dos Registros Públicos. Além disso, trouxe, também, diversas alterações na Lei 4.591/1964 (incorporação imobiliária), na Lei 6.015/1973 (Lei de Registros Públicos) e no Código Civil de 2002, as quais já estão em vigor, a exceção do artigo 11 que entrará em vigor em janeiro de 2024.

Neste Século, em que já se compreende Reprodução Humana dissociada de sexo e até dos rígidos conceitos de Direito relacionados à paternidade e à maternidade que foram abalados e reconstruídos, a vida humana direciona-se para uma nova disciplina. Para a aceitação com otimismo das novas tecnologias, ainda que alguns temas necessitem de maior decantação e regulamentação, é preciso fazer uma ponte entre o novo e a sociedade e pensar nos princípios que balizam o Direito e influenciam o comportamento humano e assim, adaptar o Registro Civil e demais serviços notariais para prestação de um serviço mais ágil e eficiente, sem descuidar da segurança.

A alteração imotivada do nome, universalizada e simplificada pela Lei 14.382/2022, reafirma a importância do direito à identidade (já referenciada na ADI 3.300/DF, em 03/02/2006), verdadeira transformação do Direito que, para regular a sociedade, não pode se afastar do conteúdo humano, tendo como fim não apenas a velha e conhecida pacificação social, mas à busca da felicidade como válvula propulsorora de uma vida que vale a pena ser vivida – experienciada.

Com a extrajudicialização, a simplificação da vida cidadã parece honrar a verdadeira busca da felicidade, princípio implícito naquele que orienta um dos principais fundamentos da República, a dignidade da pessoa humana (art. 1º, III, da Constituição Federal).

Este artigo concentra-se em apresentar algumas considerações iniciais sobre as alterações do nome, prenome e sobrenome, em especial a possibilidade atual de sua alteração imotivada e seus reflexos à luz do referido princípio da dignidade humana, como verdadeiro mandado de otimização.

Antes, no entanto, de percorrer pela base normativa que circunda o tema, vale fazer uma rápida digressão sobre a felicidade, com destaque para a diversidade do pensamento humano no tempo e no espaço.

DIREITO À FELICIDADE OU DIREITO À BUSCA DA FELICIDADE

Feliz, *felix, felicis,* do latim *fertilis,* é originariamente associado a fértil, frutífero, produtivo. No indo-europeu dhe(i) traz a ideia de sucção ou mamar, aplicada ainda ao desenvolvimento da agricultura, a germinar, ou amamentar, mas sempre no sentido de contribuir, gerar, dar (ao invés de receber).

> É, pois, deste adjetivo que advém o substantivo felicidade, regido pelo sufixo -idad, *felicitas/felicitatis*, o qual remete à procriação ligada a entusiasmo e alegria (VESCHI, Benjamin. Etimologia. Origem do Conceito. *Feliz e Felicidade)* – momento histórico em que as pessoas eram felizes pelo que eram, e não pelo que possuíam; os grandes homens foram importantes pelo que deram e contribuíram para a história.

Felicidade, por ser também um sentimento, é classificada como um substantivo abstrato, e, por não designar nome próprio (nome de pessoas, cidades, estados) é um substantivo comum.

De difícil conceituação e sem o aprofundamento filosófico, felicidade pode ser, na essência, um estado de espírito de satisfação, de contentamento, um conjunto de atitudes humanas que levam a momentos isentos de sofrimento e tristeza (MICHAELIS. Dicionário Brasileiro da Língua Portuguesa. *Felicidade).* Valores essenciais e apenas humanos como generosidade, dignidade, responsabilidade, identidade, fraternidade, autoconhecimento, dentre outros, convergem para este estado de espírito.

A adequação do tema para o Direito não é nova, remonta à Declaração de Direitos da Virgínia, de 16 de junho de 1776, seguida pela Declaração de Independência dos Estados Unidos que traz, no seu preâmbulo a procura pela felicidade, como um dos direitos inalienáveis do ser humano.

Em 1789, volta como objetivo a ser alcançado na Declaração de Direitos do Homem e do Cidadão Francesa, mas no sentido "felicidade geral". Depois, foi a vez da Declaração Americana dos Direitos e Deveres do Homem de 1948, que estabeleceu, de forma expressa, o direito humano da busca da felicidade.

Está estabelecido como direito fundamental nas Constituições da Coreia do Sul (art. 10 "todos têm direito a alcançar a felicidade, atrelando esse direito ao dever do Estado em confirmar e assegurar os direitos humanos dos indivíduos") e do Japão (art. 13 "determina que todas as pessoas têm direito à busca pela felicidade, desde que isso não interfira, no bem-estar público, devendo o Estado, por leis e atos administrativos, empenhar-se na garantia às condições por atingir a felicidade"). (LENZA, Pedro. Direito Constitucional. Coleção Esquematizado. 26ª ed. São Paulo. Ed. Saraiva. 2022, p. 1333).

No Brasil, não está positivado, mas utilizado como fundamento com a expressão "direito à busca da felicidade" em julgamento realizado pelo Supremo Tribunal Federal em 2006.

No voto do Ministro Relator Celso de Mello, na ADI 3.300/DF, em 03/02/2006, que tratou sobre o reconhecimento das uniões homoafetivas como união estável, o ministro refere à busca da felicidade como um direito fundamental atrelado ao da dignidade da pessoa humana, da liberdade, da autodeterminação, da igualdade, do pluralismo, da intimidade, da não discriminação.

Com o intuito de aperfeiçoar a norma do artigo 6º de nosso Pacto Fundante, foram apresentadas pelo menos duas Propostas de Emenda Constitucional, conhecidas como "PEC da Felicidade", a PEC 513/2010 na Câmara dos Deputados (proposta de Manuela D'Avila) e a PEC 19/2010, no Senado Federal, (Senador Cristovam Buarque. Câmara dos Deputados. Proposta de Emenda à Constituição. *PEC 513/2010*).

A "PEC da Felicidade" asseguraria a busca da felicidade como direito fundamental explícito, não visto como direito ao prazer hedonista e sim, num aspecto coletivo, nos seguintes termos:

> Art. 6º São direitos sociais, **essenciais** à **busca da felicidade**, a educação, a saúde, a alimentação, o trabalho, a moradia, o lazer, a segurança, a previdência social, a proteção à maternidade e à infância, a assistência aos desamparados, na forma desta Constituição.

Embora rejeitadas as propostas, o princípio é mencionado como implícito, sendo mais utilizado pelos operadores do Direito após Assembleia Geral da Organização das Nações Unidas que, com a Resolução 66/281 de 2012, estabeleceu um Dia Internacional da Felicidade, 20 de março, (*International Day of Happiness*), para enaltecer a importância do bem estar como aspiração universal dos seres humanos e inclusão do tema nas políticas públicas. (DIAS, Maria Berenice. Manual de Direito das Famílias. *Princípio do Direito das Famílias*. 14ª ed. São Paulo. Ed. Juspodivm. 2020, p. 78/79).

Destaca-se o novo índice de felicidade interna bruta como conceito de desenvolvimento social alternativo ao Produto Interno Bruto (PIB). Desenvolvido no Butão, pequeno país do Himalaia, já em 1972, esse novo índice (GNH – *Gross National Happiness*) é estudado em cento e cinquenta e seis países, como novo e importante indicador. Possui quatro pilares, a saber, o desenvolvimento socioeconômico sustentável e igualitário; a preservação e promoção de valores culturais; a conservação do meio ambiente; e o bom governo, isto é um governo ético, eficiente e responsável.

Não faltam decisões do Supremo Tribunal Federal considerando tal direito como expressão da dignidade humana. O direito à busca da felicidade é utilizado como princípio interpretativo em variados julgados (v. RE 1.058.333/PR – Tribunal Pleno – Relator(a): Min. Luiz Fux – Julgamento: 21/11/2018 – Publicação: 27/07/2020; ADO 26/DF – Tribunal Pleno – Relator(a): Min. Celso de Mello – Julgamento: 13/06/2019 – Publicação: 06/10/2020; RE 898.060/SC – Tribunal Pleno – Rel.(a): Min. Luiz Fux – Julgamento: 21/09/2016 – Publicação: 24/08/2017; RE 477.554 AgR/MG – Segunda Turma Rel.(a): Min. Celso de Mello – Julgamento: 16/08/2011, Publicação: 26/08/2011).

Exatamente neste contexto, sobrevém em 2018, o Provimento 73 do Conselho Nacional de Justiça, que dispõe sobre a averbação da alteração do prenome e do gênero nos assentos de nascimento e casamento de pessoa transgênero do Registro Civil das Pessoas Naturais, resposta aos anseios sociais, conforme decisão do Supremo Tribunal Federal que conferiu interpretação conforme ao então artigo 58 da Lei n. 6.015/1973, no sentido de reconhecer o direito da pessoa transgênero que desejar, independentemente de cirurgia de redesignação ou de realização de tratamentos hormonais ou patologizantes, à substituição de prenome e gênero extrajudicialmente, com requerimento direto ao Registrador Civil das Pessoas Naturais. (CNJ. Conselho Nacional de Justiça. Provimento n. 73 de 28/06/2018).

Referida interpretação contém, em sua essência, o direito à busca da felicidade enquanto identidade. Identidade, do latim, *idem*, o mesmo, traz a ideia de que algo deve permanecer igual dentro do homem, o centro que o define, que o faz se reconhecer. Essa mesma identidade se aplica a um grupo, a uma comunidade em que inserida o homem.

A identidade apoiada num eixo de valores constituído conscientemente faz com que a pessoa tenha base para escolhas, determinando para si o que pode ou não pode, bem como o que deseja, tal como alterar o próprio nome.

Uma vez reconhecido o direito à minoria, deixou de subsistir razão para negar a alteração de nome por qualquer pessoa. A autopercepção acabou adotada pelo legislador que permitiu expressamente que qualquer pessoa que não se identifique com o seu nome, pode alterá-lo, numa expressão de identidade intimamente ligada à felicidade – para além da autopercepção.

Vale pontuar que mais consentâneo com a realidade social o termo seria "direito à busca da felicidade", e não "direito à felicidade". Isso porque, sendo a felicidade um substantivo abstrato e comum é permeado de subjetivismos, abrindo espaços para a busca individual de cada ser humano.

A felicidade como um estado de espírito de satisfação, temporária por essência, é dinâmica, e não estática. É episódica, não contínua, não perene, o que permite ser sentida, caso contrário, passaria despercebida.

Ela se apresenta como algo a ser buscado constantemente, e só o fato de existir essa busca já causa certa satisfação pela possibilidade de encontrá-la. Ela está no aqui e no agora, no momento lúcido, razão pela qual deve-se respeitar a memória do passado e ter olhos no futuro, mas entregar-se ao momento presente para senti-la.

Na sua abstração etimológica, pode ser expressada de várias formas, certa apenas de ser passageira e da necessidade do ânimo a impulsionar sua busca – já dizia Tom Jobim e Vinícius de Morais "[...] Tristeza não tem fim, felicidade sim/ A felicidade é como a pluma/ Que o vento vai levando pelo ar/ Voa tão leve/ Mas tem a vida breve/ Precisa de vento sem parar [...]".

Nessa dinâmica encontra-se o seu núcleo essencial atrelado à dignidade da pessoa humana, pois não há se falar em vida digna sem se falar em vida feliz, uma vida digna pressupõe felicidade o que atrai a existência efetiva dos demais direitos sociais – por isso o dever do estado em promover o bem de todos e assegurar os direitos fundamentais.

Cada vez mais tudo no universo está conectado como uma grande teia, a dignidade da pessoa humana como um dos fundamentos da República Federativa do Brasil se apresenta como um fio dessa teia que se interliga ao da busca da felicidade, ao da autodeterminação, ao da identidade, ao da igualdade, ao da intimidade, e aos demais fios que representam os outros direitos sem os quais a teia se rompe e perde sua força.

A perda da força desse núcleo essencial enfraquece não apenas um, mas todos os demais indivíduos que, igualmente, são fios que se entrelaçam e se ligam ao todo.

NOME

O nome, instituto pré-jurídico, tem origem difusa, não sendo possível afirmar ao certo o momento de seu nascimento na história. A utilização de signos é tão antiga quanto à própria sociedade.

Cite-se, como exemplo, o primeiro livro da bíblia – Livro de Gênesis – que, além da nomeação de coisas, há nomeação de Adão e Eva. Adão, Adamo (homem), *Adi* (primeiro), *Aham* (ego), ou *Adam* (no hebraico pode ser vermelho, da cor da terra ou do barro), o primeiro homem. Eva, do hebraico *Chawah*, do verbo *haya*, viver, aquela que vive. (Bíblia Sagrada Online. *Gênesis 2, 19 e Gênesis 3,20*).

Descendentes da raça adâmica, outro não seria o caminho a não ser atender a necessidade humana de identificar seres vivos e coisas. Primeiro, na função vocativa (individual), depois, na função distintiva (no meio em que vive).

A atribuição que qualifica a pessoa em sua individualidade e a distingue no seio de sua família e na sociedade é o primeiro elemento da personalidade, e no dizer de Pontes de Miranda (Miranda, Pontes de. *Tratado de Direito Privado*. V. 1. Rio de Janeiro: Forense, 1954), signo exterior e preciso de individualização pessoal.

Embora já se tenha divergido sobre sua natureza, ora como direito intrínseco ao ser humano, ora como propriedade, na atualidade é consenso que se trata de direito da personalidade, principal elemento de individualização da pessoa natural e compreendido por prenome ou nome próprio e também por sobrenome, aspecto extrínseco, identificador da pessoa na sociedade.

O primeiro diploma legal a reconhecer esse caráter subjetivo foi o Código Civil Alemão, no qual o direito ao nome há muito é um direito da personalidade. No Brasil, o Código Civil também o aponta inequivocamente como direito de personalidade e descreve em seu artigo 16, seus elementos obrigatórios, disciplinando o instituto até o artigo 19.

Intrinsicamente ligado à dignidade da pessoa humana, o nome não pode ser empregado em publicações ou representações que exponham o seu titular ao desprezo público, independentemente de haver ou não dolo na conduta. Cabível aqui, tanto uma ação cominatória, como uma tutela indenizatória pelos estragos já gerados.

Tal qual o nome, o pseudônimo adotado para atividades lícitas goza da mesma proteção, e os nomes empresariais, sejam firmas ou denominações, também recebem referida proteção, podendo até ser averbados. Acaso o nome violado seja de pessoa já falecida, a legitimidade para a tutela é transferida para outros.

A composição atual do nome, como se verá adiante, é formada por dois grupos de elementos: os elementos essenciais e os facultativos. Os primeiros dizem respeito ao prenome (nome) e ao patronímico (ou sobrenome). Os segundos são subdivididos em agnome, partículas e título. (KÜMPEL, Vitor Frederico. Tratado Notarial e Registral. Vol. II. Oficio de Registro Civil das Pessoas Naturais. *Nome*. 1ª ed. São Paulo: YK Editora, 2017, p. 243).

Embora já existissem regras matronímicas (por cognação, que conhece) de nomeação, e até mesmo aquelas provenientes do local de nascimento (Paulo de Tarso – *Tarso* cidade onde nasceu; José de Nazaré) ou da profissão (José Carpinteiro), por muito tempo baseou-se no patronímico (por agnação, que se reconhece, nome recebido por meio da genealogia, um nome transmitido do outro. Do grego, *patronymikós, pater* (padre) e *ónyma* (nome). A adesão do patronímico à composição do nome traz, pois, a identificação da origem paterna.

Enquanto o patronímico era certo, o prenome já era fruto da escolha, que poderia se dar em conjunto, do pai e da mãe, dos pais, das mães, ou de modo individual, no caso de mãe solo, por exemplo.

Denota-se que tanto num (sobrenome por imposição legal ou costumeira), quanto noutro (prenome de livre escolha), o nome provém da fonte de desejo do outro, carregado de sonhos, expectativas e significados.

No esforço de singularizar uma pessoa, o prenome pode ser simples ou composto seguido de seu sobrenome. Essa composição tende a evitar homônimos. No entanto, já está demonstrado que o nome, por si só, é insuficiente para identificar seguramente alguém, no sentido de individualizar uma pessoa em seu meio.

Tanto é assim que foram criados outros mecanismos de identificação, como o RG (Registro Geral), o CPF (Cadastro de Pessoa Física), o Título de Eleitor, o DNA (Ácido Desoxirribonucleico), a biometria das impressões digitais (desenhos únicos nos dedos), a biometria da íris dos olhos, a biometria vocal, dentre outros.

Diante da falibilidade do objetivo primordial do nome que seria o de singularizar uma pessoa na sociedade, não haveria de se negar a alteração do nome, dada as inúmeras outras formas de se identificar alguém, preservando-se a segurança jurídica – fundamento utilizado por muito tempo como impeditivo de modificação do nome (prenome).

Nos casos dos expostos, por exemplo, era (e ainda é) a sociedade (o povo) que nomeia, dada a obrigatoriedade do registro civil de nascimento como controle social e como forma de acolhimento.

Nesse contexto de Estado Democrático de Direito, sobreveio a Lei 14.382/2002 que permitiu a alteração imotivada do prenome, a qualquer tempo, extrajudicialmente, pelo maior de idade, desde que pessoalmente, no Registro Civil das Pessoas Naturais (RCPN).

RENOMEAR-SE

O nome é de livre escolha dos legitimados previstos na Lei dos Registros Públicos, na forma do artigo 52, opção também regulamentada pelas Corregedorias Estaduais, no caso de São Paulo, conforme as regras das Normas de Serviços da Corregedora Geral de Justiça que tratam de diversas situações relacionadas ao nome. (Provimento

58/89. Corregedoria Geral da Justiça de São Paulo. Normas de Serviço. Cartórios Extrajudiciais. Tomo II. Capítulo XVII. Do Registro Civil das Pessoas Naturais. Itens 33, 33.1, 33.2, 33.3, 33.4, 34, 34.1, 35, 35.1, 35.2, 35.3, 35.4, 36, 36.1, 44, 44.1, 70, 70.1, 118 h, 128-A, 129-B, 136-A e 143.2.1.)

Comum, ainda, elementos facultativos como agnome, que designa o grau de parentesco ou geracional em relação a outros membros da família, como Júnior, Filho, Segundo. A partícula, preposição "da", "das", "de", "do", "dos", como elemento de ligação; nome vocatório, apelido, hipocorístico, pseudônimos e heterônimos, com proteção legal, ora dispensáveis, ora não, dependendo da hipótese concreta.

A nova redação do artigo 55 da Lei dos Registros Públicos torna expressa a composição atual do nome civil, qual seja, prenome e sobrenome:

> Art. 55. Toda pessoa tem direito ao **nome, nele compreendidos o prenome e o sobrenome**, observado que ao prenome serão acrescidos os sobrenomes dos genitores ou de seus ascendentes, em qualquer ordem e, na hipótese de acréscimo de sobrenome de ascendente que não conste das certidões apresentadas, deverão ser apresentadas as certidões necessárias para comprovar a linha ascendente. (Redação dada pela Lei nº 14.382, de 2022) (Grifo nosso).

Os parágrafos 1º, 2º e 3º sofreram pouca alteração, tendo sido mantido o cerne quanto à proibição de se registrar nomes suscetíveis de expor ao ridículo os seus titulares, podendo o legitimado socorrer-se à decisão do juiz competente, se assim desejar, e sem pagamento de emolumentos – o que facilita o exercício da liberdade de escolha do nome. O oficial continua incumbido de orientar quanto à conveniência dos sobrenomes e, quando o legitimado não declarar nome completo, de acrescer ao prenome o sobrenome dos genitores ou de um deles, na melhor ordem para evitar a homonímia.

Vale registrar que, embora exista uma ordem costumeira de se acrescer primeiro o sobrenome materno para depois o paterno, não há impedimento legal quanto à ordem, sendo livre tanto à escolha do prenome quanto à composição dos sobrenomes. Também se permite que os sobrenomes dos filhos sejam diferentes dos sobrenomes de seus genitores, desde que se respeite a ancestralidade. (REsp 1.323.677/MA. Rel. Ministra Nancy Andrighi. 3ª Turma. Data do Julgamento: 05/02/201. Data da Publicação: DJe 15/02/2013).

Nesse contexto, nem mesmo a partícula ("da", "das", "de", "do", "dos") deve ser imposta, permitindo-se o acréscimo de sobrenome dos genitores sem sua indexação – entendimento sólido da Corregedoria Geral de Justiça de São Paulo nesse sentido. (Processo Administrativo n. 2009/89605 da CGJSP).

No referido Processo Administrativo, o Relator cita trecho da monografia do professor Limongi França, nominada "Do Nome Civil das Pessoas Naturais", na qual o professor destaca que "muito se tem escrito e discutido sobre a partícula, especialmente no Direito Francês e Italiano, constituindo o fulcro das controvérsias em torno da mesma o fato de implicar ou não o seu uso uma atribuição de nobreza. Aliás, é comum chamar-se a partícula no Direito Francês, 'particule nobiliaire', e no Italiano, 'particella di nobiltà' ou 'particola nobiliare'" (3ª edição, RT, São Paulo, 1975, pág. 492).

Nada obstante, na sequência do raciocínio, o Relator ressalva a desnecessidade de se observar o uso da partícula na maioria dos casos. (CGJSP – Processo: 2009/89605, Relator: José Antonio de Paula Santos Neto. São Paulo. Data de Julgamento: 06/01/2010. Data DJ: 01/02/2010).

Diferentemente dos parágrafos citados, o 4º parágrafo trouxe novidade ao permitir aos genitores que se oponham, extrajudicialmente, ao prenome e sobrenome indicados pelo declarante, no prazo de 15 dias após o registro, nos seguintes termos:

> § 4º Em até 15 (quinze) dias após o registro, qualquer dos genitores poderá apresentar, perante o registro civil onde foi lavrado o assento de nascimento, oposição fundamentada ao prenome e sobrenomes indicados pelo declarante, observado que, se houver manifestação consensual dos genitores, será realizado o procedimento de retificação administrativa do registro, mas, se não houver consenso, a oposição será encaminhada ao juiz competente para decisão. (Incluído pela Lei nº 14.382, de 2022)

Havendo consenso entre os genitores, a retificação é efetuada administrativamente pelo Registrador Civil. Caso contrário, o procedimento será enviado para o juiz competente. Denota-se, mais uma vez, que a lei buscou facilitar o contentamento das pessoas, reforçando o sistema multiportas, em especial, a via extrajudicial.

Referida novidade servirá para solucionar, sem se socorrer ao Judiciário, desavenças entre os genitores, tal qual àquela em que o pai apontou para registro nome diferente daquele acordado com a mãe, antes do nascimento. (STJ. Notícias. *Autorizada mudança de registro feito por pai que não respeitou acordo sobre nome da criança.*)

O elemento de direito público do nome, identificação da pessoa na coletividade para segurança jurídica, muito tempo fundamentou a imutabilidade do nome. No entanto, em atenção à autonomia privada, passou-se da imutabilidade para a mutabilidade mitigada/condicional e, na atualidade, para a mutabilidade plena.

Dois foram os fatores que contribuíram para essa gradativa flexibilização, a saber, *(i)* a dependência do nome para individualizar e identificar o cidadão, vale dizer, quanto maior a dependência maior a rigidez para sua alteração, e *(ii)* o nome enquanto fator psicológico como atributo da personalidade, uma vez que a identidade da pessoa com seu nome leva a permanecer com ele até a sua morte. O contrário ocorre com aqueles que com ele não se identifica, o que leva o desejo de alterá-lo. (LIMA, Márcia Fidelis. *Lei nº 14.382-2022 – Primeiras Reflexões Interdisciplinares do Registro Civil das Pessoas Naturais e o Direito das Famílias*).

A possibilidade de alteração ocorreu em razão da dinamicidade da vida da pessoa natural e da necessidade do registro acompanhar a verdade e as alterações que ocorrem na vida da pessoa e que refletem direta ou indiretamente nos atos, desde a autopercepção, o abandono afetivo e outras situações complexas da vida.

Não é recente o desejo de alteração do nome advindo do abandono afetivo, há muito a Justiça vem decidindo pedido envolvendo essa motivação. A título de exemplo, cite-se recurso especial em que, no caso concreto, o justo motivo para supressão do patronímico paterno fundou-se no abandonado pelo pai desde tenra idade, tendo sido criado exclusivamente pela mãe e pela avó materna. (REsp. 1.304.718/SP, Rel. Ministro Paulo de Tarso Sanseverino, 3ª Turma, julgado em 18/12/2014, Dje 05/02/2015).

O afeto hoje é base fundamental do direito de família. Há proteção constitucional para o afeto, havendo uma desbiologização da paternidade e consenso em torno da socioafetividade, disciplinada pelo Provimento 63 de 14/11/2017 do Conselho Nacional de Justiça. Desde a Lei Clodovil, que permitiu o acréscimo de sobrenome de padrastos e madrastas como forma de homenagem, hipótese mantida na lei, além da alteração do nome em caso de adoção, vê-se o reflexo e importância do afeto, consentâneos com a paternidade ou maternidade (no caso de adoção) fundada em outra origem.

Ao se reconhecer aos transgêneros o direito de alterar o prenome, passaram a ser questionados os motivos impeditivos para negar a alteração por qualquer pessoa que assim desejasse. Impedir a alteração pelas demais pessoas seria criar uma nova forma de preconceito e exclusão.

Estando a felicidade ligada à identidade, à autopercepção e ao autoconhecimento, não haveria de se negar o direito da pessoa ao nome com que ela se reconhece. Negar seria criar entraves ao alcance do estado de contentamento e satisfação à busca pela felicidade.

Ao tratar da busca da felicidade como projeção do princípio constitucional da dignidade da pessoa humana na Ação Declaratória por Omissão n. 26, o Ministro Relator Celso de Melo ressaltou que:

> Enfatizo, ainda, como já acentuei em votos proferidos nesta Suprema Corte, que a proposta ora veiculada nesta sede de controle abstrato encontra suporte legitimador em postulados fundamentais, como os da liberdade, da autodeterminação, da igualdade, do pluralismo, da intimidade e, **sobretudo, o da busca da felicidade, que decorre, por implicitude, do núcleo de que se irradia o valor fundante da dignidade da pessoa humana.**
>
> Vale destacar, nesse contexto, o papel relevante que assume o postulado da dignidade da pessoa humana – cuja centralidade (CF, art. 1º, III) confere-lhe a condição de significativo vetor interpretativo, verdadeiro valor-fonte que conforma e inspira todo o ordenamento constitucional vigente em nosso País –, que traduz, de modo expressivo, um dos fundamentos em que se assenta, entre nós, a ordem republicana e democrática consagrada pelo sistema de direito constitucional positivo, tal como tem reconhecido a jurisprudência desta Suprema Corte em decisões que, no ponto, refletem, com precisão, o próprio magistério da doutrina (JOSÉ AFONSO DA SILVA, "Poder Constituinte e Poder Popular", p. 146, 2000, Malheiros; RODRIGO DA CUNHA PEREIRA, "Afeto, Ética, Família e o Novo Código Civil Brasileiro", p. 106, 2006, Del Rey; INGO W. SARLET, "Dignidade da Pessoa Humana e Direitos Fundamentais na Constituição Federal de 1988", p. 45, 2002, Livraria dos Advogados; IMMANUEL KANT, "Fundamentação da Metafísica dos Costumes e Outros Escritos", 2004, Martin Claret; LUIZ ANTONIO RIZZATTO NUNES, "O Princípio Constitucional da dignidade da pessoa humana: doutrina e jurisprudência", 2002, Saraiva; LUIZ EDSON FACHIN, "Questões do Direito Civil Brasileiro Contemporâneo", 2008, Renovar, v.g.).

Reconheço, bem por isso, Senhor Presidente, que **o direito à busca da felicidade – que se mostra gravemente comprometido quando o Estado, muitas vezes influenciado por correntes majoritárias, omite-se na formulação de medidas destinadas a assegurar a grupos minoritários, como os integrantes da comunidade LGBT, a fruição de direitos fundamentais – representa derivação do princípio da dignidade da pessoa humana, qualificando-se como um dos mais significativos postulados constitucionais implícitos cujas raízes mergulham, historicamente, na própria Declaração de Independência dos Estados Unidos da América, de 04 de julho de 1776.**

E como verdadeiro postulado afirma ter papel de destaque no processo de afirmação e expansão dos direitos fundamentais, concluindo, nesse ponto que:

> Parece-me irrecusável, desse modo, considerado o objetivo fundamental da República de "promover o bem de todos, sem preconceitos de origem, raça, sexo, cor, idade e quaisquer outras formas de discriminação" (CF, art. 3º, IV), **que o reconhecimento do direito à busca da felicidade, enquanto ideia-força que emana, diretamente, do postulado constitucional da dignidade da pessoa humana, autoriza, presente o contexto em exame, o acolhimento do pleito ora em julgamento.** (Ação Direta de Inconstitucionalidade – ADO 26/DF. Ministro Relator Celso de Melo – Tribunal Pleno – Julgamento: 13/06/2019 – Publicação: 06/10/2020.) (Grifo nosso).

No mesmo sentido, o Ministro Relator Luiz Fux afirma, à luz da autonomia privada, que a dignidade humana concede a cada pessoa o poder para tomar as decisões fundamentais a respeito da sua vida, adotando as medidas que forem necessárias para tanto e, nesse ânimo, assevera que:

> Cada um deve ter, em princípio, liberdade para guiar-se de acordo com sua vontade, o que impede que o Estado ou terceiros direcionem as escolhas de vida individuais. Ao contrário, **cabe ao poder público promover e tutelar a autonomia privada, criando os meios para que as capacidades individuais se otimizem ou removendo os obstáculos para que assim ocorra.**
>
> Como o desenho dessas vontades individuais decorre das suas próprias compreensões sobre o que seja uma "vida boa", **a dignidade se assenta na premissa de cada pessoa humana é um agente moral dotado de razão, capaz de decidir o que é bom ou ruim para si, de traçar planos de vida e de fazer escolhas existenciais** (SARMENTO, Daniel. Dignidade da Pessoa Humana: Conteúdo, Trajetórias, Metodologia. Belo Horizonte: Fórum, p. 15, 2016, p. 135- 143).
> [...]
> **Enquanto alguns doutrinadores densificam a proteção à dignidade de grupos minoritários no princípio da igualdade** (SARLET, Wolfgang Ingo. Dignidade da pessoa humana e direitos fundamentais na Constituição da República de 1988. Porto Alegre: Livraria do Advogado, 2002), **outros a fundamentam na busca da felicidade, sobretudo na vertente da autonomia privada** (BARROSO, Luís Roberto. A dignidade da pessoa humana no direito constitucional contempo-

râneo: a construção de um conceito jurídico à luz da jurisprudência mundial. Editora Fórum, 2012). (RE 1.058.333/PR – Tribunal Pleno – Rel.(a): Min. LUIZ FUX – Julgamento: 21/11/2018 – Publicação: 27/07/2020) (Grifo nosso).

Ao que parece, nessa análise inicial, o espírito da Lei 14.382/2022, quanto à alteração imotivada do prenome, buscou respeitar o direito à busca da felicidade e prestigiar a evolução do desenvolvimento jurisprudencial trazido pelo Supremo Tribunal Federal todas as vezes que faz referência ao termo como um verdadeiro princípio hermenêutico.

Agora, a pessoa registrada, maior de idade, tem os mecanismos conferidos por lei, para renomear-se, bastando requerer, pessoal e extrajudicialmente, conforme dispõe o artigo 56 da Lei 6.015/1973:

> Art. 56. A pessoa registrada poderá, após ter atingido a maioridade civil, requerer pessoalmente e **imotivadamente** a alteração de seu prenome, independentemente de decisão judicial, e a alteração será averbada e publicada em meio eletrônico. (Redação dada pela Lei nº 14.382, de 2022) (Grifo nosso).

É uma grande novidade, pois, além de permitir a alteração imotivada do nome, revogou o prazo decadencial de um ano, antes previsto – certamente decorrência de decisões judiciais que já afastavam o prazo no caso concreto.

Quanto à motivação, não é que não exista um motivo, ele existe, mas agora não há necessidade de sua exposição, o que evita constrangimentos e memórias indesejadas que em nada contribuiriam para o fim desejado, ao contrário, marcaria mais um momento ruim em razão do nome que se deseja alterar.

A limitação temporal antes existente era desarrazoada e injusta, na medida em que exigia da pessoa que, no prazo de 01 ano após atingir a maioridade, fizesse seu requerimento de alteração do nome, sem motivação. A despeito da ficção jurídica de conhecimento da lei, vale uma breve reflexão, quem aos dezoito anos de idade tinha conhecimento de que era possível tal alteração? Poucos, talvez aqueles com estrutura familiar sólida e, de algum modo, informada de seus direitos. Basta uma rápida passagem em uma faculdade de Direito para aferir que, nem mesmo estudantes, nessa idade, possuem (possuíam) essa informação.

De qualquer modo, o tema carece decantação e pende de regulamentação, e é preciso atentar que após a primeira modificação do prenome, nova (ou a revogação da anterior) só poderá ocorrer via jurisdição e aí sim, com motivo determinante, conforme art. 56, § 1º, da Lei n. 6.015/1973:

> § 1º A alteração imotivada de prenome poderá ser feita na via extrajudicial apenas 1 (uma) vez, e sua desconstituição dependerá de sentença judicial. (Incluído pela Lei nº 14.382, de 2022).

Ao proceder a averbação de alteração do prenome, o Oficial deverá observar o comando do § 2º do mesmo dispositivo e fazer constar todas as informações ali determinadas, como RG, CPF, passaporte, de modo a conferi segurança jurídica ao ato, a saber:

> § 2º A averbação de alteração de prenome conterá, obrigatoriamente, o prenome anterior, os números de documento de identidade, de inscrição no Cadastro de

Pessoas Físicas (CPF) da Secretaria Especial da Receita Federal do Brasil, de passaporte e de título de eleitor do registrado, dados esses que deverão constar expressamente de todas as certidões solicitadas. (Incluído pela Lei nº 14.382, de 2022).

Feita a alteração do prenome, cabe ao Oficial, como atividade acessória, fazer as comunicações pertinentes aos órgãos expedidores dos documentos referidos acima, conforme prevê o novo parágrafo:

> § 3º Finalizado o procedimento de alteração no assento, o ofício de registro civil de pessoas naturais no qual se processou a alteração, a expensas do requerente, comunicará o ato oficialmente aos órgãos expedidores do documento de identidade, do CPF e do passaporte, bem como ao Tribunal Superior Eleitoral, preferencialmente por meio eletrônico. (Incluído pela Lei nº 14.382, de 2022).

Por fim, acaso o Oficial suspeite de qualquer atividade ilícita, deverá recusar a retificação.

> § 4º Se suspeitar de fraude, falsidade, má-fé, vício de vontade ou simulação quanto à real intenção da pessoa requerente, o oficial de registro civil fundamentadamente recusará a retificação. (Incluído pela Lei nº 14.382, de 2022).

Nessa análise sumária, nota-se que a lei buscou permitir que aquele que não está feliz com o seu prenome, que nunca se identificou com ele ou, simplesmente, que nunca gostou, possa alterar sem motivação, com fulcro no alcance da alegria, da satisfação e, portanto, no mandamento constitucional de promover o bem de todos, em nítida atenção aos direitos fundamentais.

No caso da alteração imotivada, verifica-se que a lei impõe que os pedidos serão pessoais não sendo certo admitir pedidos por procuração. A lei anterior fazia referência expressa ao procurador bastante, menção extirpada pela Lei 14.382, que admite o processamento do pedido apenas pessoal, em clara referência ao titular do nome a ser alterado.

Quanto à maioridade civil, havia discussão em torno da emancipação, diferenciando-a da maioridade civil, pois, embora a emancipação antecipe a capacidade, não altera o estado pessoal do interessado com referência expressa a idade. De se notar que, havendo capacidade plena, não parece haver impedimento ao requerimento do emancipado, mas o tema deverá ser melhor disciplinado pela Corregedoria Nacional.

Outras situações hão de merecer acurada reflexão. Ainda que com os cuidados dos parágrafos 2º e 3º do artigo 56, as alterações da Lei 14.382/2022 manterão a função relevante dos registros? A identificação da pessoa natural ocorrerá com o nome? Novas formas como biometria ou até o Cadastro da Receita Federal serão ou deverão ser preponderantes?

A ALTERAÇÃO POSTERIOR DE SOBRENOME

O sobrenome, denominado também de nome de família, patronímico, cognome, é no dizer de Maria Helena Diniz, sinal que indica a procedência da pessoa, sua filiação ou estirpe (Diniz, Maria Helena, Curso de Direito Civil Brasileiro, 24 ed. v.1,

p. 203, São Paulo, Saraiva, 2007), pode ser adquirido, consoante Serpa Lopes, no ato do nascimento ou no reconhecimento da filiação, por parentalidade, e também por força da conjugalidade, seja pelo casamento ou pela união estável (Tratado de Registros Públicos. V1. Brasília: Jurídica, 1997, p. 199).

As possibilidades de alteração do sobrenome da nova lei, bem demonstram que as leis são elaboradas por homens e justamente por isso, no dizer de Tereza Rodrigues Vieira podem e devem mudar com a alteração das circunstancias e das necessidades. (Nome e Sexo: mudanças no registro civil, Revista dos Tribunais, São Paulo, 2009, p. 64).

Em verdadeira extrajudicialização e com a confiança nos Ofícios da Cidadania, muitas das hipóteses já contempladas no Provimento 82 de 2019, do Conselho Nacional de Justiça, foram positivadas, num verdadeiro processo de simplificação da vida do cidadão.

É possível requerer que o registro espelhe a verdade e se incluam sobrenomes familiares, admitindo-se a identificação pelo nome de família mais dilatada, porque diferencia o interessado com a família que pertence, observando-se sua ancestralidade de forma ampla.

Limongi França que se debruçou sobre tão importante direito, aponta que "assim como o nome individual adere à personalidade de cada um, o patronímico se amalgama com a família ou estirpe, tornando-se imprescritível como a própria identidade que exprime". (Nome Civil das Pessoas Naturais, 3ª edição, São Paulo, Revista dos Tribunais, 1975, p. 182).

A nova redação do artigo 57 da Lei n. 6.015/1973 passou a permitir a alteração posterior do sobrenome e, tal como a do prenome, também deve ser requerida pessoalmente, nos seguintes termos:

> Art. 57. A alteração posterior de sobrenomes poderá ser requerida pessoalmente perante o oficial de registro civil, com a apresentação de certidões e de documentos necessários, e será averbada nos assentos de nascimento e casamento, independentemente de autorização judicial, a fim de: (Redação dada pela Lei nº 14.382, de 2022).

O rol das possibilidades de alteração do sobrenome a seguir, ao que parece não é taxativo, pois possíveis outras hipóteses de alteração não previstas pela lei, as quais deverão ocorrer via Poder Judiciário.

Passou-se a permitir a inclusão de sobrenomes familiares (art. 57, I, da Lei n. 6.015/1973). Havendo demonstração com prova documental, possível a inclusão de sobrenome de um ancestral, até mesmo como forma de homenagem, independente do grau de parentesco. (TJSP. Proc. n. 1018143-79.2021.8.26.0100, Relatora: Juliana Forster Fulfaro. 2ª Vara de Registros Públicos. Data do julgamento: 23/04/2021).

Simplificada, também, a inclusão ou exclusão do sobrenome do cônjuge na constância do casamento e exclusão em razão da dissolução da sociedade conjugal, por qualquer das causas (art. 57, II, da Lei n. 6.015/73). Questão que até pouco tempo era apreciada apenas pelo Poder Judiciário: "[...] 3. A inclusão do sobrenome do outro cônjuge pode decorrer da dinâmica familiar e do vínculo conjugal construído posteriormente à fase de habilitação dos nubentes. 4. Incumbe ao Poder Judiciário apreciar, no caso concreto, a conveniência da alteração do patronímico à luz do princípio da segurança jurídica. 5. Recurso especial provido". (REsp 1.648.858/SP, Rel. Ministro Ricardo Villas Bôas Cueva, Terceira Turma, julgado em 20/08/2019. DJe 28/08/2019).

De igual modo, facilitada a exclusão de sobrenome do ex-cônjuge, após a dissolução da sociedade conjugal, por qualquer de suas causas (art. 57, III, da Lei n. 6.015/1973). Questão que também sobrecarregava o Poder Judiciário. (Apelação n. 1019040-16.2015.8.26.0554. 1ª Câmara de Direito Privado. Rel. Augusto Rezende. Data do julgamento: 27/01/2017).

No mesmo sentido, a lei também possibilitou a inclusão e exclusão de sobrenomes em razão de alteração das relações de filiação, inclusive para os descendentes, cônjuge ou companheiro da pessoa que teve seu estado alterado (art. 57, III, da Lei n. 6.015/1973), tema que até a simplificação legislativa só era resolvido de modo heterocompositivo (v. REsp 1.041.751/DF. Rel. Ministro Sidnei Beneti. 3ª Turma. Data do julgamento: 20/08/2009. DJe 03/09/2009).

Vale destacar a verdade real como princípio norteador do registro público e como fundamento para deferir o pedido de adequação do sobrenome da mãe ou do pai ao de seus filhos, de acordo com as mudanças nas vidas pessoais e desde que preenchidos os requisitos do justo motivo e da inexistência de prejuízos para terceiros conforme segue:

1. **O princípio da verdade real norteia o registro público e tem por finalidade a segurança jurídica. Por isso que necessita espelhar a verdade existente e atual e não apenas aquela que passou.**
2. Nos termos de precedente deste STJ "É admissível a alteração no registro de nascimento do filho para a averbação do nome de sua mãe que, após a separação judicial, voltou a usar o nome de solteira; para tanto, devem ser preenchidos dois requisitos: (i) justo motivo; (ii) inexistência de prejuízos para terceiros" (REsp 1.069.864-DF, 3ª Turma, Rel. Ministra Nancy Andrighi, julgado em 18/12/2008).
3. No contexto dos autos, inexistente qualquer retificação dos registros, não ocorreu prejuízo aos menores em razão da averbação do nome de solteira de sua mãe, diante do divórcio levado a efeito.
4. Recurso especial não-provido.

   (REsp 1.123.141/PR, Rel. Ministro Luis Felipe Salomão, 4ª Turma. Data do julgamento: 28/09/2010. DJe 07/10/2010).

O parágrafo 1º não trouxe inovação, apenas manteve a possibilidade de ser averbado o nome abreviado do interessado, usado como firma comercial registrada ou em atividade profissional (art. 57, § 1º, da Lei n. 6.015/1973).

O parágrafo 2º, por sua vez, trouxe louvável novidade, mais uma vez atendendo aos anseios sociais e facilitando o alcance do estado de contentamento, pois permitiu aos companheiros que vivem em união estável registrada a inclusão de sobrenome do outro, a qualquer tempo, bem como a possibilidade de alterar os sobrenomes nas mesmas hipóteses das pessoas casadas (art. 57, § 2º, da Lei n. 6.015/1973).

Nesse aspecto, as decisões judiciais, ao apreciar o pedido para acrescer o sobrenome do companheiro, já fazia exigência de prova da união estável, razão porque, de modo certeiro, o § 2º exigiu o registro da união estável. Mais uma vez, observou a norma o princípio da segurança jurídica.

Nesse sentido, acrescente-se fundamentação do Superior Tribunal de Justiça que, ao apreciar a questão, assim decidiu:

> [...]
> 6. O art. 57, § 2º, da Lei 6.015/73 não se presta para balizar os pedidos de adoção de sobrenome dentro de uma união estável, situação completamente distinta daquela para qual foi destinada a referida norma. Devem ter aplicação analógica as disposições específicas do Código Civil, relativas à adoção de sobrenome dentro do casamento, porquanto se mostra claro o elemento de identidade entre os institutos.
> 7. Em atenção às peculiaridades da união estável, a única ressalva é que seja feita prova documental da relação, por instrumento público, e nela haja anuência do companheiro que terá o nome adotado, cautelas dispensáveis dentro do casamento, pelas formalidades legais que envolvem esse tipo de relacionamento, mas que não inviabilizam a aplicação analógica das disposições constantes no Código Civil, à espécie.
> 8. **Primazia da segurança jurídica que deve permear os registros públicos, exigindo-se um mínimo de certeza da existência da união estável, por intermédio de uma documentação de caráter público, que poderá ser judicial ou extrajudicial**, além da anuência do companheiro quanto à adoção do seu patronímico.
> 9. Recurso especial desprovido".
> (REsp 1.306.196/MG, Rel. Ministra Nancy Andrighi, Terceira Turma. Data do julgamento: 22/10/2013. DJe 28/10/2013).

O parágrafo 3º-A, em consonância com o parágrafo anterior, veio para autorizar o retorno ao nome de solteiro ou de solteira do companheiro ou da companheira será realizado por meio da averbação da extinção de união estável em seu registro (art. 57, § 2º, da Lei n. 6.015/1973).

Revogados os demais parágrafos 4º, 5º e 6º que não estavam em consonância com as atuais alterações.

Observe-se mantido o parágrafo 7º, incluído pela Lei nº 9.807/1999, que autoriza a alteração do nome "em razão de fundada coação ou ameaça decorrente de colaboração com a apuração de crime", mas referida hipótese demanda cautela do Poder Judiciário.

Por fim, o parágrafo 8º expressamente consignou a possibilidade de o enteado ou a enteada, por motivo justificado, requerer "ao oficial de registro civil que, nos registros de nascimento e de casamento, seja averbado o nome de família de seu padrasto ou de sua madrasta, desde que haja expressa concordância destes, sem prejuízo de seus sobrenomes de família".

Inspirado como já mencionado na Lei Clodovil (Lei n. 11.924/2009) que permitia a inclusão do sobrenome do padrasto ou madrasta, teve o procedimento simplificado.

CONCLUSÃO

Todas essas alterações, para além de seu conteúdo, estão em consonância com as premissas que orientam a desjudicialização e traçam forte caminho pela via extrajudicial.

Verifica-se que a alteração legislativa, embora necessite regulamentação e gradativa implantação, aponta para o novo caminho de garantir ao cidadão, um novo sistema de justiça à luz do direito à busca da felicidade. A justiça multiportas, expressão de Frank Sander, da Universidade de Harvard, aponta para a via extrajudicial (ponto alto da inovação legislativa) como um novo caminho para se alcançar o mesmo objetivo, ao permitir que os Ofícios da Cidadania, com a competência do profissional concursado e fiscalizado, resolvam diretamente a questão.

As novas alterações estruturais são significativas de modo que o ano de 2022 certamente será considerado um marco na história dos registros públicos. Os reflexos das mudanças são, até o momento, os mais extensos nesses quase 50 anos de vigência da Lei de Registros Público, a qual, após emendas e remendos, muitas das suas disposições originais ainda estão em vigor.

A despeito das honrosas e valorosas mudanças, a nova lei deixou de positivar as alterações do nome dos transgêneros e aplicar as mesmas disposições quanto à averbação. Bem observado pela registradora Márcia Fidelis a perda da oportunidade para corrigir dissensos linguísticos que não correspondem ao atual momento tais como genitor, genitora, matrimônio, patrimônio, pátrio poder, dentre outros.

Exige-se nova estrutura do registro com novos fundamentos técnico-procedimentais. Novas tecnologias, novas características sociais e novas necessidades requerem adaptações. A partir de agora, essa estrutura transmuta-se para uma realidade virtual muito mais potente em muitos sentidos. Com certeza trará um progresso incomensurável para a sociedade brasileira, mormente por alcançar todos os registros públicos de uma só vez.

De qualquer modo, devemos ser racionais e cautelosos, sem descuidar que interesse público não é o mesmo que interesse da administração pública. A função do intérprete, diante do novo enfoque e respeito ao tão importante direito de personalidade, demanda atenção para que corretamente os dados sensíveis sejam preservados e mantidos sob a tutela do Registrador Civil, profissional do direito que exerce de forma privada, atividade pública de relevo, sob rigoroso controle do Poder Judiciário, guardião e conservador perene de tão importante direito de personalidade.

A segurança jurídica deverá ser sempre considerada, seja como regra ou como princípio, mas certamente como mandado de otimização que refere tanto à permissão quanto à proibição e, seja qual for mandamento, deve ser cumprido. (ÁVILA, Humberto. *Teoria dos Princípios*. São Paulo. Malheiros. 2003, p. 55).

REFERÊNCIAS BIBLIOGRÁFICAS

AMORIM, José Roberto Neves. *Direito ao nome da pessoa física*. 2ª ed. Rio de Janeiro: Elsevier, 2010.

ALVIM, José Manuel de Arruda. *Manual de direito processual civil*. Parte geral. V1. São Paulo: RT, 1986.

ALVES, Jones Figueiredo. *Novo regime jurídico do nome civil e outros avanços do direito registral*. Disponível em < https://www.conjur.com.br/2022-jul-11/processo- familiar-regime--juridico-nome-civil-outros-avancos-direito-registral> Acesso em: 06/09/2022.

ÁVILA, Humberto. *Teoria dos Princípios*. São Paulo. Malheiros. 2003.

BAUMAM, Zygmunt. *Modernidade Líquida*. São Paulo. Companhia das Letras, 2001. BÍBLIA SAGRADA ONLINE. *Gênesis 2, 19 e Gênesis 3,20*. Disponível em: <https://www.bibliaon.com/genesis/> Acesso em: 11/09/2022.

CÂMARA DOS DEPUTADOS. Proposta de Emenda à Constituição. *PEC 513/2010*. Disponívelem:<https://www.camara.leg.br/proposicoesWeb/fichadetramitacao?idProposicao=484478> Acesso em: 10/09/2022 /Senado Federal. Proposta de Emenda à Constituição. *PEC 19/2010*. Disponível em: <https://www25.senado.leg.br/web/atividade/materias/-/materia/97622> Acesso em 10/09/2022.

CEIA, Carlos. E-Dicionários de Termos Literários. *Identidade*. Disponível em: <https://edtl.fcsh.unl.pt/encyclopedia/identidade#:~:text=Termo%20de%20origem%20latina%2C%20formado,identificadora%20de%20algo%20que%20permanece.>Acesso em: 10/09/2022.

CNJ. Conselho Nacional de Justiça. *Provimento n. 73 de 28/06/2018*. Disponível em: <https://atos.cnj.jus.br/atos/detalhar/2623> Acesso em: 11/09/2022.

CURVELLO, Ana Carolina. *Nova lei Nome e sobrenome agora podem ser alterados no cartório; mudança pode facilitar irregularidades*. Disponível em: <https://www.gazetadopovo.com.br/vida-e-cidadania/nome-sobrenome-alterados- cartorio-mudanca-pode-facilitar--irregularidades/> Acesso em: 06/09/2022.

DIAS, Maria Berenice. Manual de Direito das Famílias. *Princípio do Direito das Famílias*. 14ª ed. São Paulo. Ed. Juspodivm. 2020.

DINIZ, Maria Helena. *Curso de Direito Civil Brasileiro*. 24ª ed. v. 1, São Paulo, Saraiva, 2007.

FERREIRA, Aurélio Buarque de Holanda. *Novo dicionário da língua portuguesa*. 3ª ed. Curitiba: Positivo, 2004.

FRANÇA, Limongi. *Nome Civil das Pessoas Naturais*. 3ª ed. São Paulo: Revista dos Tribunais, 1975.

KÜMPEL, Vitor Frederico. Tratado Notarial e Registral. Vol. II. Oficio de Registro Civil das Pessoas Naturais. *Nome*. 1ª ed. São Paulo: YK Editora, 2017.

LENZA, Pedro. *Direito Constitucional*. Coleção Esquematizado. 26ª ed. São Paulo. Ed. Saraiva. 2022.

LIMA, Márcia Fidelis. *Lei nº 14.382-2022 – Primeiras Reflexões Interdisciplinares do Registro Civil das Pessoas Naturais e o Direito das Famílias*. Disponível em: <https://ibdfam.org.br/artigos/1841/Lei+n%C2%BA+14.3822022+%E2%80%93+Primeiras+Reflex%C3%B5es+Interdisciplinares+do+Registro+Civil+das+Pessoas+Naturais+e+o+Direito+das+Fam%C3%ADlias> Acesso em 06/09/2022.

LOPES, Miguel Maria Serpa. *Tratado de Registros Públicos*. V1. Brasília: Jurídica, 1997.

MICHAELIS. Dicionário Brasileiro da Língua Portuguesa. *Felicidade*. Disponível em: <https://michaelis.uol.com.br/busca?id=wOXv>. Acesso em 06/09/2022.

MIRANDA, Pontes de. *Tratado de Direito Privado*. v. 1. Rio de Janeiro: Forense, 1954.

MÚSICA. *Felicidade*. Disponível em: <https://www.letras.mus.br/vinicius-de- moraes/86594/>. Acesso em 10/09/2022.

PROVIMENTO 58/89. Corregedoria Geral da Justiça de São Paulo. Normas de Serviço. Cartórios Extrajudiciais. Tomo II.

STJ. Notícias. *Autorizada mudança de registro feito por pai que não respeitou acordo sobre nome da criança*. Disponível em: <https://www.stj.jus.br/sites/portalp/Paginas/Comunicacao/Noticias/20052021-autorizada-mudanca-de-registro-feito-por-pai-que-nao-respeitou--acordo-sobre- nome-da-crianca.aspx> Acesso em: 11/09/2022.

TARTUCE, Flávio. *Lei 14.382 - 22: Alterações a respeito do nome e algumas repercussões para o direito de família*. Disponível em: <https://ibdfam.org.br/artigos/1858/Lei+14.382+22%3A+Altera%C3%A7%C3%B5 es+a+respeito+do+nome+e+algumas+repercuss%C3%B5es+para+o+direito+de+fam% C3%ADlia> Acesso em: 06/09/2022.

TEPEDINO, Gustavo. *Temas de direito civil*. Rio de Janeiro: Renovar, 1999.

VELOSO, Zeno. *Direito brasileiro da filiação e paternidade*. São Paulo: Malheiros, 1997.

VESCHI, Benjamin. Etimologia. Origem do Conceito. *Feliz e Felicidade*. Disponível em: <https://etimologia.com.br/feliz-felicidade/>. Acesso em: 06/09/2022.

VIEIRA, Tereza Rodrigues. Nome e Sexo: mudanças no registro civil, Revista dos Tribunais, São Paulo, 2009.

A TOKENIZAÇÃO DE ATIVOS IMOBILIÁRIOS COMO ALIADA PARA A REALIZAÇÃO DOS OBJETIVOS DA LEI Nº 14.382/22, AUXILIANDO NA MODERNIZAÇÃO, DESBUROCRATIZAÇÃO E FACILITAÇÃO DO SISTEMA DE REGISTRO DE IMÓVEIS NO BRASIL

Rebeca Stefanini Pavlovsky

Fernando Awensztern Pavlovsky

1. BREVE DELINEAMENTO DO TEMA

Já há algum tempo, temos noticiado a criação de um verdadeiro microssistema de registros públicos, que atualiza e formata as normas com vistas a reposicionar os Cartórios, com as inúmeras alterações da Lei nº 6.015/1973, a Lei nº 13.786/2018 e diversas outras normas recentes tratando sobre financiamento do mercado imobiliário por exemplo.

Neste contexto, em 28 de junho de 2022, foi publicada a Lei nº 14.382/2022, fruto da conversão da Medida Provisória nº 1.085/2021 que, dentre outras alterações normativas voltadas ao fomento do mercado imobiliário, implementou o novo Sistema Eletrônico dos Registros Públicos – SERP, objetivando a modernização e simplificação dos procedimentos relativos aos registros públicos em âmbito nacional.

O SERP busca viabilizar a interconexão das serventias dos Registros Públicos, o atendimento aos usuários por meio eletrônico, a visualização e o intercâmbio de documentos eletrônicos entre as serventias. A ferramenta deverá ser implantada até 31 de janeiro de 2023, conforme critérios que serão fixados pelo Conselho Nacional de Justiça (CNJ).

A utilização dos meios digitais pelos Cartórios já era regulada pelo CNJ por meio de atos provisórios editados em razão da pandemia da Covid-19 (Provimento 94/2020 e seguintes). Com a edição da Lei nº 14.382/2022, a adoção da tecnologia passa a ser regulada em caráter definitivo, somando-se esforços para a interconexão das serventias, interoperabilidade da base de dados, recepção e envio de documentos de forma eletrônica, além de diversas outras inovações.

A pandemia funcionou como verdadeira catalisadora do processo de aceleração virtual, trazendo uma dimensão maior para a busca por propósito e a otimização de processos. Hoje, as empresas questionam seu modelo de negócios, reimaginam os modos de consumo e de suprimento, buscando inteligência logística, interação de produtividade e movimentação de dados para nuvens.

O momento extremamente complexo e interconectado que vivemos exige colaboração, compartilhamento de dados e cultura de inovação para incorporação das novas tecnologias com vistas à otimização e garantia de eficiência às atividades. Vivemos hoje o momento de criação de réplicas virtuais de ambientes do mundo físico (e não de processos, como na digitalização que apenas adiciona um pouco de tecnologia aos processos físicos, presenciais e analógicos) e, por que não levar essas facilidades ao mercado imobiliário, um dos setores mais promissores para o uso da tecnologia.

Com efeito, muitos são os usos possíveis da tecnologia em benefício dos negócios imobiliários, seja para digitalização ou virtualização, e sempre com vistas à redução de custos e à garantia de maior liquidez aos ativos. Podemos lembrar da automação de contratos (os chamados *smart contracts*), assinatura eletrônica ou digital (ICP Brasil, e-notariado), identidade digital (validação de dados cadastrais, reconhecimento facial biométrico e prova de vida virtual), contratação em meio digital, monitoração e gestão de contratos (*backoffice*), securitização (CRI) e possibilidade de agregação de valor aos produtos pela incorporação de tecnologia (realidade aumentada, virtualização de ambientes e experiência de compra imersiva), além das transações envolvendo propriedades no metaverso.

Novos termos estão sendo cunhados (já ouviu falar de digitização[1]?) e a perspectiva de que a geração dos *millenials* represente a maioria da força de trabalho em 2030 traz o futuro para mais perto de nós, com desafios ainda nebulosos. E o Direito, é claro, não pode ser um empecilho à mudança. Aliás, a realidade social, os hábitos e anseios fazem parte da estrutura do Direito, já que o elemento normativo pressupõe uma situação fática relativa a determinados valores que vão se alterando com o tempo, muitas vezes em situações sem passado, na linha do culturalismo do professor Miguel Reale.

A cláusula de abertura prevista no art. 7°, X, da Lei nº 14.382/2022 indica o tamanho do desafio, permitindo a constante atualização do sistema com a atribuição de competência à Corregedoria Nacional de Justiça do CNJ para disciplinar *outros serviços a serem prestados por meio do SERP*.

Vale lembrar também que o art. 6º da Lei nº 8.935/1994 prevê que compete aos notários *intervir nos atos e negócios jurídicos a que as partes devam ou queiram dar forma legal ou autenticidade, autorizando a redação ou redigindo os instrumentos adequados* e *autenticar fatos*. E, assim, a inescusável intervenção deve ocorrer de forma atenta e aderente à realidade do ambiente de negócios.

---

[1] O termo *digitização* passou a ser bastante disseminado nos últimos anos como consequência da evolução tecnológica. Com acepção diversa do termo *digitalização*, cujo significado restringe-se à passagem de dados físicos e analógicos para digitais, o conceito de *digitização* está relacionado com a transformação de todo um negócio, de forma mais profunda, para o meio digital, com toda infraestrutura, processo produtivo e valor, como por exemplo dos bancos digitais. Curiosamente no inglês os significados são invertidos nas palavras de escrita semelhante: *digitalization* está para *digitização*, enquanto *digitization* está para *digitalização*.

Em especial, o uso da tecnologia *Blockchain* busca projetar os direitos consagrados pelos tradicionais sistemas de constituição de direitos e de garantias reais nas plataformas digitais. A regulamentação da Corregedoria Geral de Justiça do Rio Grande do Sul foi a primeira a admitir a utilização, inovando ao conferir regularidade às operações complexas que se realizam e se desdobram à margem do sistema notarial e registral brasileiro.

2. *BLOCKCHAIN*: O QUE É

Neste artigo, abordaremos como uma tecnologia em particular – o *Blockchain* – pode servir de propulsora para ganhos de eficiência e redução de custos operacionais e de transação envolvendo ativos imobiliários.

O *Blockchain* é uma espécie de banco de dados digital e distribuído capaz de gerar consenso *"sem a necessidade de processos de conciliação"*[2]. No ambiente tradicional, as validações ocorrem mediante a intervenção humana, normalmente por terceiros investidos pelo Estado para confirmar a regularidade e a veracidade das operações. No *Blockchain* a dinâmica é outra pois a tecnologia corresponde a uma concatenação de blocos validados pelo consenso de todos os usuários que acessam a rede e que validam as operações previamente ao seu registro no livro-razão que é o ambiente do *Blockchain*.

O registro da informação na cadeia de dados é público e autenticável por todos os participantes do sistema e não por um ente centralizado[3], auxiliando no isolamento de conflitos de interesses. Em um sistema que usa tecnologia *Blockchain*, as informações inseridas em blocos tornam-se parte da cadeia, passando a ser imutáveis pois não é possível apagar ou alterar dados sem que haja gravação de um novo registro.

Assim é que cada bloco de dados traz o histórico das demais transações efetuadas na cadeia, de modo que todas as operações são rastreáveis, conhecidas e disponíveis a todos os participantes[4]. A íntegra das informações é disponibilizada para todos os participantes da rede, bastando o acesso à *internet*. Assim, todos os usuários têm acesso a uma cópia de toda informação existente no momento do acesso.

Após as transações serem organizadas cronologicamente na rede *Blockchain*, uma assinatura (*hash*) é adicionada ao final de cada bloco. O *hash* é apresentado ao usuário como uma chave criptografada e é isso que garante a segurança da informação e a privacidade dos atores envolvidos.

Como informação codificada, o *hash* é público, auditável, perene e imutável. Por sua vez, o vínculo entre o *hash* e a informação em si é guardado em um *storage* privado, que contém as informações e dados sensíveis relacionados aos envolvidos e aos detalhes da transação.

Sobre o tema, Felipe Oliveira de Castro Rodriguez Alvarez esclarece que *"a transparência se refere à gravação na rede de uma transação entre partes, tornando-se facultativa a opção dos usuários envolvidos quanto à demonstração das informações*

---

[2] Werbach, 2018.
[3] A rede é *peer-to-peer* pois a máquina de cada usuário funciona ao mesmo tempo como cliente e como servidor, permitindo compartilhamentos de serviços e dados entre si sem a necessidade de um servidor central. Em outras palavras, não há um único ponto de controle.
[4] Nakamoto, 2008 e Werbach, 2018.

contidas". E continua: "*tem o limite de demonstrar a existência de uma operação entre as partes, mas não quanto ao seu conteúdo, que depende de uma chave individual, privada, criada justamente pela assinatura digital dos usuários*"[5].

Como ferramenta com potencial de otimizar registros e torná-los digitais, o *Blockchain* pode agregar valor aos ativos imobiliários e aperfeiçoar a atividade notarial, robustecendo a integridade e segurança do sistema de registro. Sua utilização não desnatura o Registro Imobiliário, que não é meramente uma base de dados ou um depósito de informações, mas um meio de garantir publicidade, veracidade e de criar direitos mediante intervenção pública.

Em artigo sobre o tema, Nicolás Nogueroles Peiró e Eduardo J. Martinez García trazem experiências recentes sobre a utilização da tecnologia pelo registro imobiliário, concluindo que "o *registro em Blockchain oferece apenas uma presunção de autenticidade, mas não de validade ou de prova da propriedade. No entanto, isso mostra que a blockchain tem um campo importante no processo de formalização de títulos e é adequada às presunções de um registro de títulos*"[6].

As atividades notariais e registrais são dotadas de fé pública e, assim, a sua intervenção garante veracidade e regularidade às informações levadas à registro. Neste contexto, o *Blockchain* funcionaria como camada adicional de segurança, facilitando o acesso aos dados e ao histórico dos ativos (*tracking*)[7]. O relatório elaborado pela

---

[5] *Novas tecnologias: o direito e o diálogo com o Blockchain – perspectivas jurídicas sob o prisma do direito civil*, p. 3.

[6] *Blockchain e os sistemas de registro de imóveis*, p. 8.

[7] Sobre o tema, vale registrar a existência do Projeto de Lei nº 2.876/2020, em tramitação perante o Senado Federal, que visa incluir na Lei de Registro Público a obrigação de que cada registro de título, documento e imóvel seja feito também no Sistema Eletrônico de *Blockchain* Nacional de Registro de Títulos e Documentos e de Registro de Imóveis, respectivamente. Dentre os motivos expostos na justificação do projeto, destacamos os seguintes: "As mudanças trazidas pelo avanço tecnológico negam a tradição histórica brasileira de se manter registros apenas em meio físico, devendo haver a migração de todos os registros dos cartórios públicos para o meio eletrônico. Com efeito, a continuidade do uso apenas do papel para a eficácia dos registros públicos não tem adesão social e geram a quebra das legítimas expectativas das pessoas comuns e das empresas, bem como suprimem as vantagens trazidas pelo uso coerente da moderna tecnologia da informação. Nesse contexto, sugerimos o sistema eletrônico de Blockchain, que é um sistema de registro virtual de atos em sua essência que tem como característica principal a sua descentralização como medida de segurança. Entre suas aplicações mais eficientes do sistema eletrônico de Blockchain, destaca-se o registro de títulos, documentos, transações e afetações em geral a bens e direitos das pessoas físicas e jurídicas. A tecnologia é, essencialmente, muito difícil de ser fraudada, de forma que o registro de afetação de um imóvel via Blockchain, por exemplo, dificilmente seria perdido ou alterado. Uma vez feito o registro pelo sistema eletrônico de Blockchain, ele seria praticamente indelével". Na Câmara dos Deputados propõe-se, dentre outros aspectos, a regulação do uso do Blockchain para contratos públicos, registro de bens e prestação de contas (PL 4.797/2019 e 3.443/2019).

Sem o intuito de prover uma análise profunda do tema, nos parece que as proposições normativas criam apenas um registro paralelo, em Blockchain, ao invés de efetivamente integrarem a tecnologia ao sistema hoje existente. Nesta linha, poder-se-ia cogitar eventual atuação dos Cartórios de Registro de Imóveis como oráculos em Blockchain relacionada às atividades notariais e registrais que requerem a atuação do agente público. O oráculo é um

Comissão da União Europeia em 2019, intitulado *Blockchain for digital government*, conclui que "*a análise de um grupo de iniciativas públicas pioneiras mostra que o uso da tecnologia Blockchain pode reduzir a burocracia, aumentar a eficiência de processos administrativos e aumentar o nível de confiança na manutenção de registros públicos*" (tradução livre[8]).

3. A TOKENIZAÇÃO DE ATIVOS IMOBILIÁRIOS: PROPRIEDADE DIGITAL QUE NÃO SE CONFUNDE COM PROPRIEDADE REAL

Inovação não é sinônimo de tecnologia, representando um modo de pensar que extrapole o padrão – ou o *business as usual*, para trazer ganhos de eficiência e de escala no anseio de resolver problemas e empecilhos atuais e conhecidos.

Neste contexto, como ferramenta tecnológica, o *Blockchain* se apresenta como uma alternativa para a resolução de entraves envolvendo a burocratização e o engessamento do mercado imobiliário, assim como a tokenização traz a possibilidade de fragmentação de um ativo real (o imóvel) em frações digitais que podem ser negociadas no mundo virtual.

O *token* é a representação de algum ativo incluído no *Blockchain* e, portanto, parte do ecossistema tecnológico da rede de blocos que garante o *tracking* das transações envolvendo ativos imobiliários. Um *token* é, assim, um símbolo ou uma representação digital de algo que existe no mundo tangível (um objeto) ou intangível (um direito)[9]. NFT é a sigla em inglês para *Non-Fungible Token* ou, em tradução livre, Token Não Fungível.

Atualmente, o processo de tokenização tem base contratual (e não cartorária), o que significa dizer que surge de um contrato, de uma relação entre as partes. Os efeitos jurídicos do negócio, portanto, valem apenas entre os contratantes, não se confundindo com o direito real de propriedade que é oponível perante qualquer terceiro. É dizer, a propriedade formal continua sendo a da matrícula do imóvel pois a tokenização não altera a posição ostentada no registro formal.

E, assim, a busca por inovação requer a compreensão dos possíveis usos associados à incorporação de novas tecnologias com a sua adaptação à complexidade dos sistemas jurídicos e, especialmente, do notarial e de registro de imóveis. Conforme dispõe o material do Tribunal de Contas da União sobre o *Blockchain*, "*tecnologias inovadoras surgem com frequência e os governos precisam estar preparados para lidar com os novos riscos e aproveitar as oportunidades que são abertas*"[10].

Pois bem. Na teoria, qualquer bem do mundo físico poderia ter uma representação digital transacionável na forma de um *token*. Todavia, como sabemos, hoje não

---

agente externo que localiza e verifica ocorrências do mundo real, enviando essas informações para uma Blockchain a fim de acionar premissas e condições previstas nos *smart contracts*.

[8] No original: "*The analysis of a group of pioneering developments of public services shows that blockchain technology can reduce bureaucracy, increase the efficiency of administrative processes and increase the level of trust in public record keeping*".

[9] Kramer, Graves, & Philips, 2022.

[10] Disponível em: https://portal.tcu.gov.br/data/files/59/02/40/6E/C4854710A7AE-4547E18818A8/Blockchain_sumario_executivo.pdf , p. 7.

é possível tokenizar a propriedade em si mas apenas direitos obrigacionais relativos ao bem, sendo, portanto, a propriedade digital diferente da propriedade real (aquela existente no mundo físico e que, no caso dos imóveis, configura direito real conforme dispõe o art. 1.225, I, do Código Civil)[11].

Ocorre que, na prática (ou no mundo real), começaram a surgir alternativas tecnológicas para a resolução de dores dos consumidores. No Rio Grande do Sul, começaram a ser apresentadas e registradas em cartórios locais *escrituras públicas de permuta de um imóvel por um token*. Este fato motivou consulta à Corregedoria, formalizada pela Associação dos Notários e Registradores do Estado – ANOREG-RS e pelo Fórum de Presidentes das entidades extrajudiciais gaúchas (Ofício nº 020/2021), indagando sobre o procedimento a ser adotado em caso de permuta de bens imóveis com contrapartida de *tokens*/criptoativos.

Em despacho assinado em 1º de novembro de 2021 (SEI/TJRS – 3245601 – Despacho), a Corregedoria consignou que:

> Independentemente da regulação jurídica da propriedade clássica e consagrada em lei, o que se dá no mundo contemporâneo é que qualquer bem de valor pode ter uma representação digital transacionável, na forma de um criptoativo. Um exemplo típico são os NFTs (tokens não fungíveis, na sigla em inglês) que têm como "lastro" objetos como obras de arte com representação física (por ex., quadros) ou até mesmo sem (uma música). Em suma, os fatos da vida e do mundo hiperconectado são inevitáveis. Nada haverá de impedir, pois, que se transacionem direitos obrigacionais sobre imóveis nesse ambiente virtual. Como já foi dito, essa prática pode recomendar fiscalização e regulamentação das autoridades responsáveis pelas movimentações financeiras e pela arrecadação de tributos, mas não chega a ser – por si mesma – preocupação do direito notarial e registral.

Conforme entendimento da Corregedoria no Provimento nº 38/2021, o *token* deve corresponder ao meio de pagamento do preço do imóvel, não gerando direito real à propriedade do imóvel em si.

A lavratura das escrituras públicas de permuta deve, assim, ter declarações das partes que garantam que se trata de fato de uma permuta entre bens com conteúdo econômico independente, de livre disposição por cada uma das partes e, em segundo, que o ato lavrado formalize juridicamente a vontade das partes.

Nesses termos, a lavratura de escrituras públicas de permuta de imóveis por *tokens*/criptoativos[12] só pode ser autorizada mediante declarações expressas das partes

---

[11] A propriedade propriamente dita de um bem imóvel no direito brasileiro é transmissível entre vivos mediante o registro do título translativo no Registro de Imóveis (art. 1.245 do Código Civil).

[12] Sobre o tema a recém editada Lei dos Criptoativos (Lei Federal nº 14.478/2022) que passou a ser uma primeira normatização legal sobre a matéria, estabelecendo o conceito de ativos virtuais e dispondo sobre diretrizes a serem observadas na prestação de serviços e na regulamentação das prestadoras de serviços de ativos virtuais. Como a lei é silente a respeito de alguns temas, tendo atribuído competências para posterior regulamentação, certamente novas normas complementares serão emitidas em futuro próximo.

(i) reconhecendo e mensurando o conteúdo econômico do *token*/criptoativo objeto da permuta; (ii) admitindo que o conteúdo do criptoativo envolvido na permuta não representa direitos sobre o imóvel permutado, seja no momento da permuta ou logo após, como conclusão do negócio jurídico representado no ato.

Para evitar que a permuta seja uma doação disfarçada, conforme entendimento da Corregedoria, o tabelião deverá averiguar, ainda, a existência de razoável equivalência entre o valor declarado do *token*/criptoativo e o do imóvel.

Neste caso em específico, o *token* foi utilizado como meio de pagamento, representando a troca de valores entre as partes em uma plataforma de *Blockchain*.

Há inúmeras outras possibilidades de utilização de *tokens* no mercado imobiliário, especialmente *utility tokens*, a exemplo da captação de recursos para financiar o desenvolvimento de empreendimentos imobiliários – aquisição de terrenos, aprovação de projetos ou a obra em si (*token* como forma de *funding*) – ou, ainda, a tokenização de direitos de *cashback*, com a consideração de parte dos alugueis pagos no valor da aquisição do imóvel ou o abatimento parcial ou total nas taxas operacionais do condomínio.

4. CONCLUSÃO

A realização de negócios jurídicos baseados em tecnologia *Blockchain* já é uma realidade concretizada pelos *tokens*. Cabe a nós, operadores do Direito, compreender as novas demandas da sociedade – a busca por simplificação, eficiência e segurança –, adaptar e conceber instrumentos jurídicos seguros para resolver problemas antigos, garantindo confiabilidade e soluções adequadas às especificidades e à complexidade dos problemas que se apresentam.

Soluções baseadas em *Blockchain* podem trazer mais liquidez e segurança, diminuindo falhas ou questões de mercado. É o caso da substituição do distrato e da remuneração do adquirente com possibilidade de impactar fluxo da obra e o caixa pelo pagamento por fração imobiliária/*token* de estoque em construção ou à disposição da construtora.

Além disso, a possibilidade de divisão de um imóvel em cotas pode democratizar o acesso à moradia, garantindo o pagamento diluído do imóvel através de alugueis/aquisição de *tokens*[13].

O conceito de inovação está relacionado com uma nova forma de fazer algo, um novo bem, um novo mercado ou até mesmo uma nova organização de qualquer indústria. A chamada Lei da Inovação, Lei nº 10.973/2004, com as alterações promovidas pela Lei nº 13.243/2016, dispõe que *inovação* corresponde à introdução de novidade ou aperfeiçoamento no ambiente produtivo e social que resulte em novos produtos, serviços ou processos ou a agregação de novas funcionalidades ou características a produto, serviço ou processo já existente, podendo resultar em melhorias e em efetivo ganho de qualidade ou desempenho.

---

[13] A imprensa já noticia algumas iniciativas neste sentido: Mercado imobiliário aposta em ativos digitais para atrair nova leva de investidores | InfoMoney.
Sem crédito, diarista consegue financiar casa de R$ 129 mil a partir da tokenização do imóvel (cointelegraph.com.br)

Os riscos e insuficiências de procurar enquadrar figuras e tecnologias novas e atípicas em figuras clássicas são conhecidos. E por isso a necessidade de transformação do Direito e de reposicionamento para dialogar com o ecossistema de inovação. Algo como o *Design Thinking* aplicado ao Direito: primeiro, entende-se e define-se o problema, seguindo-se pela ideação, prototipação e teste da solução – o *Blockchain*, no caso do tema do nosso artigo). Sob este viés, poder-se-ia cogitar a criação de uma espécie de *Sandbox* para a esfera registral com um ambiente experimental livre de regulação para buscar a forma de normatização mais apropriada. A nova era do Direito busca soluções para problemas ou burocracias, reestruturando e simplificando.

A inovação é o lugar dos arranjos criativos que estejam de acordo com os princípios consagrados pelo Direito, sem apego ao tradicional mas também sem descuidar do espírito das normas. A tecnologia ajuda a melhorar o aproveitamento dos recursos para mudar a forma de condução dos negócios e reduzir os custos de um futuro que ainda não conseguimos vislumbrar com clareza. O sucesso da incorporação do *Blockchain* e de outras tecnologias depende menos de aspectos técnicos e mais de como os formadores de opinião conduzirão e comunicarão a transformação digital, da qualificação dos colaboradores e da formação de uma cultura de inovação.

5. REFERÊNCIAS BIBLIOGRÁFICAS

Allessie, D., Sobolewski, M. and Vaccari, L., Blockchain for digital government, Pignatelli, F. editor(s), EUR 29677 EN, Publications Office of the European Union, Luxembourg, 2019, ISBN 978-92-76-00582-7, doi:10.2760/93808, JRC115049. Disponível em JRC Publications Repository – Blockchain for digital government (europa.eu)

ALVAREZ, Felipe Oliveira de Castro Rodriguez. Novas tecnologias: o direito e o diálogo com o Blockchain – perspectivas jurídicas sob o prisma do direito civil. Revista de Direito e as Novas Tecnologias | vol. 2/2019 | Jan – Mar / 2019 DTR\2019\26038

Amato, G. C. (2021). Rastreabilidade Na Cadeia Do Biodiesel Com Uso Da Tecnologia De *Blockchain*. São Paulo, SP, Brasil: Fundação Getúlio Vargas: Escola de Economia de São Paulo. Retrieved agosto 1, 2022, from https://bibliotecadigital.fgv.br/dspace/bitstream/handle/10438/30359/Disserta%c3%a7%c3%a3o_Rastreabilidade%20na%20cadeia%20do%20biodiesel%20com%20uso%20da%20tecnologia%20de%20*Blockchain*_vFinal_rev.pdf?sequence=5&isAllowed=

Brasil. Tribunal de Contas da União. Levantamento da tecnologia blockchain / Tribunal de Contas da União; Relator Ministro Aroldo Cedraz. – Brasília: TCU, Secretaria das Sessões (Seses), 2020. 39 p. : il. – (Sumário Executivo) Conteúdo relacionado ao Acórdão 1.613/2020-TCU-Plenário, sob relatoria do Ministro Aroldo Cedraz. Disponível em: Blockchain_sumario_executivo.pdf (tcu.gov.br)

Brasil (2002). Lei Federal nº 10.406, de 10 de janeiro de 2002. Disponível em L10406compilada (planalto.gov.br)

Brasil (2004). Lei Federal nº 10.973, 2 de dezembro de 2004. Disponível em L10973 (planalto.gov.br)

Bromiley, P., & Harris, J. (2006). Trust, transaction cost economics, and mechanisms. Em R. Bachmann, & A. Zaheer, *Handbook of Trust Research* (p. 124 a 143). Northampton: Edward Elgar Publishing, Inc. Acesso em 15 de Jul. de 2022, disponível em https://www.researchgate.net/profile/Philip-Bromiley/publication/235979719_Trust_Transactions_Cost_Economics_and_Mechanisms/links/54b957d60cf253b50e29d592/Trust-Transactions-Cost-Economics-and-Mechanisms.pdf?origin=publication_detail

Conti, R., & Schmidt, J. (2022, Abr. 08). *What Is An NFT? Non-Fungible Tokens Explained*. Retrieved from Forbes Advisor: https://www.forbes.com/advisor/investing/cryptocurrency/nft-non-fungible-token/

Hayes, A., R. Brown, J., & Kvilhaug, S. (2022, Jun. 24). *What is Blockchain*. Retrieved from Investopedia: https://www.investopedia.com/terms/b/*Blockchain*.asp

Kramer, M., Graves, S., & Philips, D. (2022, Jan. 12). *Beginner's Guide to NFTs: What Are Non-Fungible Tokens?* Retrieved from Decrypt.co: https://decrypt.co/resources/non-fungible-tokens-nfts-explained-guide-learn-*Blockchain*

Nakamoto, S. (2008, Out.). *Bitcoin: a peer-to-peer electronic cash system*. Retrieved Jul. 26, 2022, from bitcoin.org: bitcoin.org/bitcoin.pdf

Provimento CGJ-RS nº 038/2021, 8.2021.0010/001575-8 (Tribunal de Justiça do Rio Grande do Sul Nov. 01, 2021). Disponível em Provimento-038-2021-CGJ.pdf (tjrs.jus.br)

Unravelling the Habits of Generation Y in Brazil. Itaú BBA. Disponível em Apresentação do PowerPoint (itaubbaresearch.com)

PEIRÓ, Nicolás Nogueroles e GARCÍA, Eduardo J. Martinez. Blockchain e os sistemas de registro de imóveis. Revista de Direito Imobiliário | vol. 86/2019 | p. 321 – 349 | Jun / 2019. DTR\2019\32084

Werbach, K. (2018, Out.). Trust, but Verify: Why the *Blockchain* Needs the Law. *Berkeley Technology Law Journal, 33*(2), 487 a 550. doi:https://doi.org/10.15779/Z38H41JM9N

10
PROCEDIMENTOS EXTRAJUDICIAIS DE ADJUDICAÇÃO COMPULSÓRIA E DE CANCELAMENTO DE COMPROMISSO DE COMPRA E VENDA DE IMÓVEIS – MAIS UM PASSO PARA A DESJUDICIALIZAÇÃO

GEORGE TAKEDA

1. INTRODUÇÃO

Ao permitir que fossem realizadas por via extrajudicial a adjudicação compulsória e o cancelamento do registro de promessa de compra e venda, a Lei nº 14.382, de 27/06/2022, sem dúvida alguma, deu mais um passo significativo na desjudicialização, caminho esse iniciado pela promulgação da Lei nº 10.931, de 02/08/2004, que possibilitou aos registradores efetuarem a retificação extrajudicial de área, seguido pela Lei nº 11.441, de 04/01/2007, que deu atribuição aos tabeliães para a lavratura de escrituras de inventário e partilha nas sucessões *causa mortis* e de separação e divórcio de casais e, mais recentemente, a previsão de usucapião extrajudicial no novo Código de Processo Civil, Lei nº 13.105, de 16/03/2005.

2. ADJUDICAÇÃO COMPULSÓRIA EXTRAJUDICIAL

O Código Civil, em seu art. 1.418[1], havia possibilitado ao promitente comprador requerer ao juiz a adjudicação do imóvel em caso de recusa na outorga da escritura de compra e venda, possibilidade essa estendida para o âmbito extrajudicial pelo art. 216-B[2] da Lei nº 6.015/1973, Lei dos Registros Públicos (LRP), que foi acrescentado pela Lei nº 14.382/2022. Apesar de não explícito no texto legal, não se trata de extensão de

---

[1] Art. 1.418. O promitente comprador, titular de direito real, pode exigir do promitente vendedor, ou de terceiros, a quem os direitos deste forem cedidos, a outorga da escritura definitiva de compra e venda, conforme o disposto no instrumento preliminar; e, se houver recusa, requerer ao juiz a adjudicação do imóvel.

[2] Art. 216-B. Sem prejuízo da via jurisdicional, a adjudicação compulsória de imóvel objeto de promessa de venda ou de cessão poderá ser efetivada extrajudicialmente no serviço de registro de imóveis da situação do imóvel, nos termos deste artigo.

parte das atribuições do juiz ao registrador imobiliário, pois o magistrado exerce atividade jurisdicional, reservada pela Constituição Federal ao Poder Judiciário, enquanto a atividade do registrador imobiliária permanece de caráter administrativo, ou seja, a lei possibilitou apenas que a adjudicação compulsória fosse efetivada por meio de ato administrativo. Nesse contexto, a atuação do registrador imobiliário fica limitada aos casos em que não ocorra conflito de interesses, cuja solução imporia pronunciamento de natureza jurisdicional.

Deve ainda ser levado em conta que a adjudicação compulsória é, em essência, um procedimento que visa ao suprimento da vontade da parte, suprimento esse que era feio exclusivamente pelo juiz e que agora também pode ser feito pelo registrador. Fora o suprimento da vontade, as demais características da adjudicação compulsória são as mesmas do negócio jurídico que deveria ser celebrado, não podendo, pois, fazer mais do que a escritura faria nem suprir requisitos dela exigíveis. Por o pedido de adjudicação compulsória ser um procedimento dentro do registro de imóveis como ocorre com a retificação ou a usucapião, o prazo de prenotação deve ser prorrogado até a sua ultimação em analogia ao disposto no art. 216-A, § 1º[3], da LRP.

3. INEXIGIBILIDADE DO PRÉVIO REGISTRO DO COMPROMISSO

A exigência do prévio registro do compromisso de compra e venda foi um tema debatido por anos nos tribunais e que culminou com a edição da Súmula nº 239[4] do Superior Tribunal de Justiça, ficando cristalizado o entendimento de que a adjudicação compulsória não está condicionada ao prévio registro do compromisso. Esse entendimento sumulado encontrava-se inserido no texto aprovado pelo Congresso Nacional do projeto de conversão da Medida Provisória nº 1.085/2021[5], que foi vetado em razão de conter também a dispensa da comprovação de regularidade fiscal, com a derrubada do veto o debate perdeu o sentido.

4. LEGITIMIDADE ATIVA PARA O PEDIDO DE ADJUDICAÇÃO

O art. 216-B, da LRP, em seu § 1º[6], da mesma forma da usucapião extrajudicial (art. 216-A), exigiu que o requerente seja representado por advogado, mediante poderes específicos, art. 216-B, § 1º, IV[7], mas também ficou mais explícito o rol das pessoas legitimadas a postular a adjudicação, que incluiu tanto o promitente comprador quanto

---

[3] § 1º O pedido será autuado pelo registrador, prorrogando-se o prazo da prenotação até o acolhimento ou a rejeição do pedido.

[4] Súmula 239 do STJ: "o direito à adjudicação compulsória não se condiciona ao registro do compromisso de compra e venda no cartório de imóveis."

[5] § 2º O deferimento da adjudicação independe de prévio registro dos instrumentos de promessa de compra e venda ou de cessão e da comprovação da regularidade fiscal do promitente vendedor.

[6] 1º São legitimados a requerer a adjudicação o promitente comprador ou qualquer dos seus cessionários ou promitentes cessionários, ou seus sucessores, bem como o promitente vendedor, representados por advogado, e o pedido deverá ser instruído com os seguintes documentos.

[7] VI – procuração com poderes específicos.

o promitente vendedor. A inclusão expressa do promitente vendedor tinha uma razão de ser. É situação muito comum não ser a promessa de compra e venda levada a registro e, nos casos de não pagamento do IPTU, a municipalidade acaba propondo a execução fiscal em nome do proprietário constante da matrícula e, mesmo sendo a dívida de natureza *propter rem*, pela preferência elencada no art. 11 da Lei nº 6.830/1980, a penhora muitas vezes recai sobre o saldo das contas bancárias do promitente vendedor, surgindo o interesse jurídico do promitente vendedor em promover a adjudicação.

Os legitimados a requererem a adjudicação são aquelas mesmas pessoas a quem o proprietário constante da matrícula tem a obrigação de outorgar a escritura de compra e venda, em havendo uma cadeia de cessão de direitos da promessa ou promessa de cessão dessa, o último figurante da cadeia está legitimado a pleitear a adjudicação, cabendo ao registrador de imóveis verificar a continuidade na cadeia sucessória bem como a aptidão de os títulos produzirem os efeitos pretendidos. Vale enfatizar que, nos casos de sucessão por morte, o direito do promitente comprador falecido precisa estar previamente partilhado em nome dos herdeiros em procedimento sucessório próprio.

5. INSTRUMENTOS DE PROMESSA DE COMPRA E VENDA, CESSÃO E SUCESSÃO

O disposto no art. 108 do Código Civil não se aplica às promessas de compra e venda de imóveis nem às suas cessões de direito e por isso na maioria dos casos os contratos são feitos por instrumentos particulares. Mas quando esses títulos forem apresentados a registro, no sentido estrito, eles devem atender ao disposto no art. 221, II, da LRP[8], situação diversa de quando apresentados para fins de averbação ou para instruir procedimento de adjudicação compulsória. Quando a finalidade é diversa daquela do registro, a forma de apresentação, se com cópia autenticada, com firma reconhecida ou testemunhas, vai depender da existência de eventual regramento por parte da Corregedoria Geral da Justiça de cada Estado, ou, na sua ausência, de acordo com o judicioso critério do registrador, a quem caberá avaliar caso a caso as exigências de acordo com o nível de segurança que entender adequado para a sua convicção pessoal quanto à autenticidade do documento, a exemplo do que ocorre nas quitações apresentadas com pedidos de cancelamentos de hipoteca ou alienação fiduciária. Aqui vale algumas considerações quanto à aferição do nível de segurança, que fica consideravelmente aumentado se já estiverem preenchidos os requisitos de usucapião. Nesse caso, mesmo se for verificado posteriormente a eventual ocorrência de alguma nulidade no procedimento que pudesse, em tese, levar ao cancelamento do registro da adjudicação, estando preenchidos os requisitos de usucapião, o registro não poderia mais ser cancelado nos termos do art. 214, § 5º, da LRP[9].

---

[8] Art. 221. Somente são admitidos registro: (...)
II – escritos particulares autorizados em lei, assinados pelas partes, dispensados as testemunhas e o reconhecimento de firmas, quando se tratar de atos praticados por instituições financeiras que atuem com crédito imobiliário, autorizadas a celebrar instrumentos particulares com caráter de escritura pública; (Redação dada pela Medida Provisória nº 1.162, de 2023)

[9] § 5º A nulidade não será decretada se atingir terceiro de boa-fé que já tiver preenchido as condições de usucapião do imóvel.

6. COMPROVAÇÃO DO INADIMPLEMENTO

Um dos requisitos exigidos no art. 216-B, § 1º, II[10], da LRP, é a prova do inadimplemento feita pelo não atendimento da notificação feita pelo oficial de registrado de imóveis no sentido de o promitente vendedor, ou o promitente comprador, dependendo de quem faz o pedido, celebrar a escritura no prazo de 15 (quinze) dias da data do recebimento. Ressalte-se pela literalidade do texto legal que a notificação necessariamente deve ser feita pelo registrador de imóveis da situação do imóvel ou pelo oficial de registro de títulos e documentos por delegação daquele, não sendo válida como prova a notificação requerida pela parte interessada diretamente ao oficial de registro de títulos e documentos. Anote-se que no texto aprovado do projeto de conversão da Medida Provisória nº 1.085/2021 havia ainda a exigência de apresentação de ata notarial[11] que inicialmente foi vetado, mas com a derrubada do veto, a ata se tornou exigível, mas como a prova do inadimplemento decorre do não atendimento da notificação feita pelo registrador imobiliário, a ata notarial no tocante à caracterização do inadimplemento fica limitada à declaração do fato.

Fora a exigência de que a notificação deve ser feita pelo registrador de imóveis da situação do imóvel ou pelo oficial de registro de títulos e documentos por delegação daquele, no art. 216-B, da LRP, não há outros detalhes, daí, por analogia, deve ser aplicado o disposto no art. 213, §§ 2º e 3º[12], podendo ela ser feita, conforme o caso, pessoalmente, pelo correio, por hora certa, ou por meio de edital publicado por duas vezes. Por o registrador de imóveis ter sua competência delimitada à sua circunscrição imobiliária, quando em local diverso, ele necessitará solicitar seja a diligência feita pelo oficial de registro de títulos e documentos do domicílio de quem deva receber a notificação, em caso de notificação pessoal.

Importante seja ressaltada inclusão do § 3º do art. 251-A[13], da LRP, determinando expressamente a aplicação à notificação e intimação extrajudiciais dos

---

[10] II – prova do inadimplemento, caracterizado pela não celebração do título de transmissão da propriedade plena no prazo de 15 (quinze) dias, contado da entrega de notificação extrajudicial pelo oficial do registro de imóveis da situação do imóvel, que poderá delegar a diligência ao oficial do registro de títulos e documentos;

[11] III – ata notarial lavrada por tabelião de notas da qual constem a identificação do imóvel, o nome e a qualificação do promitente comprador ou de seus sucessores constantes do contrato de promessa, a prova do pagamento do respectivo preço e da caracterização do inadimplemento da obrigação de outorgar ou receber o título de propriedade;

[12] § 2º Se a planta não contiver a assinatura de algum confrontante, este será notificado pelo Oficial de Registro de Imóveis competente, a requerimento do interessado, para se manifestar em quinze dias, promovendo-se a notificação pessoalmente ou pelo correio, com aviso de recebimento, ou, ainda, por solicitação do Oficial de Registro de Imóveis, pelo Oficial de Registro de Títulos e Documentos da comarca da situação do imóvel ou do domicílio de quem deva recebê-la.

§ 3º A notificação será dirigida ao endereço do confrontante constante do Registro de Imóveis, podendo ser dirigida ao próprio imóvel contíguo ou àquele fornecido pelo requerente; não sendo encontrado o confrontante ou estando em lugar incerto e não sabido, tal fato será certificado pelo oficial encarregado da diligência, promovendo-se a notificação do confrontante mediante edital, com o mesmo prazo fixado no § 2º, publicado por duas vezes em jornal local de grande circulação.

[13] § 3º Aos procedimentos de intimação ou notificação efetuados pelos oficiais de registros públicos, aplicam-se, no que couber, os dispositivos referentes à citação e à intimação previstos na Lei nº 13.105, de 16 de março de 2015 (Código de Processo Civil).

dispositivos referentes à citação e intimação previstos no Código de Processo Civil. Como no art. 275, § 2º[14], do CPC é prevista a intimação por hora certa, não há mais quaisquer dúvidas da possibilidade de notificações e intimações nessa modalidade. Outro ponto a ser frisado é a aplicabilidade do disposto no art. 248, § 4º[15], do CPC, sendo válidas as notificações e intimações entregues aos funcionários responsáveis pelo recebimento das correspondências dos condomínios edilícios e loteamentos com controle de acesso.

7. QUITAÇÃO, COMPROVAÇÃO DA INEXISTÊNCIA DE LITÍGIO E DO PAGAMENTO DO IMPOSTO DE TRANSMISSÃO (ITBI)

A prova da quitação havia sido incluída no dispositivo vetado sobre a ata notarial, tendo sido uma das justificativas do veto de que a prova documental poderia ser apresentada diretamente no registro de imóveis[16], com a derrubada do veto, essa prova deve ser feita na ata notarial. A quitação do preço é condição necessária à adjudicação, todavia, como é cediço, quase a totalidade dos contratos de promessa de compra e venda estipulam o pagamento do preço em forma de prestações periódicas, não sendo de uso comum o promitente vendedor inserir no recibo da última prestação a quitação total do preço. Diante disso, do ponto de vista prático, não haveria como se condicionar o deferimento da adjudicação à apresentação de um documento dando quitação total do preço.

Na ausência de um documento dando quitação total do preço, a comprovação poderia ser feita por meio de declaração do requerente de ter já quitado o preço acompanhado de documento que faz presumir tal circunstância como o recibo do pagamento da última parcela (art. 322 do Código Civil[17]), ou, nos contratos mais antigos, com prestações prescritas (art. 209, § 5º, I, do Código Civil) acompanhada da comprovação da inexistência de litígio prevista no art. 216-B, § 1º, IV[18], da LRP. Nestes casos, a presunção de quitação ficaria completamente evidenciada no caso de ausência de impugnação em sentido contrário quando da notificação do promitente vendedor.

---

[14] § 2º Caso necessário, a intimação poderá ser efetuada com hora certa ou por edital.

[15] § 4º Nos condomínios edilícios ou nos loteamentos com controle de acesso, será válida a entrega do mandado a funcionário da portaria responsável pelo recebimento de correspondência, que, entretanto, poderá recusar o recebimento, se declarar, por escrito, sob as penas da lei, que o destinatário da correspondência está ausente.

[16] "Ademais, a possibilidade de adjudicação compulsória extrajudicial é um avanço, pois permitirá a entrega da propriedade ao promitente comprador que honrou com suas prestações e não consegue obter a escritura pública definitiva sem a necessidade de o judiciário ser acionado, pois basta a comprovação da quitação por meios documentais, o que pode ser feito diretamente no cartório de registro de imóveis." DOU 28/06/2022, pág. 13.

[17] Art. 322. Quando o pagamento for em quotas periódicas, a quitação da última estabelece, até prova em contrário, a presunção de estarem solvidas as anteriores.

[18] IV – certidões dos distribuidores forenses da comarca da situação do imóvel e do domicílio do requerente que demonstrem a inexistência de litígio envolvendo o contrato de promessa de compra e venda do imóvel objeto da adjudicação;
V – comprovante de pagamento do respectivo Imposto sobre a Transmissão de Bens Imóveis (ITBI);

Quanto ao comprovante do pagamento do ITBI, torna-se prudente a sua exigência somente quando ultimadas todas as etapas do procedimento e estando esse já apto ao deferimento da adjudicação.

8. OCORRÊNCIA DE IMPUGNAÇÃO

O art. 216-B, da LRP, não tratou do caso em que o requerido, após ser notificado, apresenta impugnação, mas na sua ocorrência, por analogia, devem ser aplicadas as mesmas regras para as impugnações dos pedidos de retificação previstas nos §§ 5º e 6º do art. 213. Ocorrendo a impugnação, pela garantia do contraditório previsto no art. 5º, LV, da Constituição Federal, deve ser intimado o requerente para a sua manifestação. Decorrido o prazo concedido para a manifestação, incumbe ao registrador a verificação de se tratar ou não de impugnação fundamentada. Por impugnação fundamentada, é de ser entendido como a alegação de fatos juridicamente relevantes que, se verdadeiros, têm o condão de tornar inexigível a outorga de escritura. Entendendo o oficial ser fundamentada a impugnação, encerrará o procedimento, facultado ao requerente solicitar a suscitação de dúvida ao juiz corregedor permanente nos termos do art. 198. Caso entenda ser não fundamentada a impugnação, o oficial deverá assim decidir e determinar o prosseguimento, dando ciência da decisão à parte impugnante, que poderá solicitar o encaminhamento da questão ao juiz corregedor permanente mediante recurso ou pedido de providências, conforme estabelecido nas normas da Corregedoria Geral da Justiça de cada Estado.

9. DEFERIMENTO DA ADJUDICAÇÃO

Preenchido todos os requisitos, caberá ao registrador deferir a adjudicação e efetivar o registro da adjudicação na matrícula, adotando como título o requerimento e o compromisso, mais eventuais cessões, conforme estipulado no art. 216-B, § 3º[19], da LRP.

10. CANCELAMENTO DO COMPROMISSO DE COMPRA E VENDA

A Lei nº 14.382/2022 adicionou o art. 251-A à LRP que dispôs sobre o cancelamento extrajudicial do registro da promessa de compra e venda, o legislador, no caso, foi inspirado pelo histórico exitoso de quase 25 anos da promulgação da Lei nº 9.514, de 20/11/1997, em que a cobrança e o cancelamento da alienação fiduciária de imóvel vem sendo feito pelos oficiais de registro de imóveis. Após um quarto de século, os financiamentos imobiliários são quase totalmente garantidos por alienação fiduciária e a execução da garantia feita pelos oficiais de registro de imóveis. A colaboração que as serventias extrajudiciais têm prestado ao Poder Judiciário inspirou o legislador a fazer uma ampliação, estendendo à promessa de compra e venda a sistemática da alienação fiduciária, conferindo competência ao registrador de efetivar o cancelamento do registro da promessa da mesma forma que ele atualmente cancela do da alienação fiduciária.

---

[19] § 3º À vista dos documentos a que se refere o § 1º deste artigo, o oficial do registro de imóveis da circunscrição onde se situa o imóvel procederá ao registro do domínio em nome do promitente comprador, servindo de título a respectiva promessa de compra e venda ou de cessão ou o instrumento que comprove a sucessão.

Como o registro da promessa de compra e venda, de acordo com o art. 1.225, VII, do Código Civil, constitui um direito real a favor do promitente comprador, o cancelamento do registro implicaria na extinção desse direito real. Diante da premissa básica de que não poderia ocorrer a extinção do direito real sem ter ocorrido a resolução do contrato de promessa de compra e venda, conclui-se que o art. 1º[20] do Decreto-lei nº 745, de 07/08/1969, na redação dada pela Lei nº 13.097/2015, foi revogado pelo art. 251-A.

11. REGISTRO DO COMPROMISSO DE COMPRA E VENDA

O art. 251-A, da LRP, trata do cancelamento do registro do compromisso de compra e venda, diante disso é requisito para o procedimento o prévio registro do título. Mesmo que requeridos as duas providências em conjunto, primeiro deve ser feita a prenotação do compromisso e em seguida a do requerimento de cobrança e cancelamento. A necessidade de duas prenotações distintas decorre do fato de que a do compromisso segue o rito e prazos dos demais títulos, o de cobrança e cancelamento, por se tratar de instauração de um procedimento, a prenotação fica prorrogada até a sua ultimação (art. 216-A, § 1º, da LRP).

12. INTIMAÇÃO PARA O PAGAMENTO

A legislação não procurou diferenciar expressamente a notificação da intimação, a explicação seria de que ambas têm, no fundo, finalidade similar de ser ato de comunicação, o que afastaria a necessidade de uma distinção de caráter jurídico, ficando limitado ao campo da semântica. A comunicação pode ser simplesmente com a finalidade de se dar ciência da ocorrência de alguma coisa, mas também pode ser com a finalidade de o receptor ser instado a praticar ou deixar de praticar um ato. Em ambos os casos, o que importa de fato é a comunicação em si, não havendo sentido prático em se criar uma diferenciação entre o que seria um ato de notificação e o de intimação, tanto assim que ambos são tratados de forma não diferenciada, uma ora chamado pela legislação de intimação e outra ora como notificação. Os arts. 216-B e 251-A, da LRP, exemplificam bem a situação, pelo primeiro, o oficial deve **notificar** a parte interessada para que, no prazo de 15 dias, outorgue a escritura, pelo segundo, o oficial deve **intimar** o promitente comprador para, no prazo de 30 dias, pagar o que deve, evidentemente, em ambos os casos o teor da comunicação é no sentido de se instar a parte a praticar algum ato.

Para fins de cancelamento do registro da promessa de compra e venda do art. 251-A, da LRP, o termo adotado foi **intimação**, mas poderia ter sido notificação, o que não faria qualquer diferença.

---

[20] Art. 1º Nos contratos a que se refere o art. 22 do Decreto-Lei nº 58, de 10 de dezembro de 1937, ainda que e não tenham sido registrados junto ao Cartório de Registro de Imóveis competente, o inadimplemento absoluto do promissário comprador só se caracterizará se, interpelado por via judicial ou por intermédio de cartório de Registro de Títulos e Documentos, deixar de purgar a mora, no prazo de 15 (quinze) dias contados do recebimento da interpelação.
Parágrafo único. Nos contratos nos quais conste cláusula resolutiva expressa, a resolução por inadimplemento do promissário comprador se operará de pleno direito (art. 474 do Código Civil), desde que decorrido o prazo previsto na interpelação referida no *caput*, sem purga da mora.

Ao fazer o pedido de intimação e, havendo prazo de 30 dias para o pagamento, é recomendado que o promitente vendedor faça anexar uma planilha, no caso de haver variação do valor da dívida, com a finalidade de o intimado ter ciência da importância a ser paga como purgação da mora, art. 251-A, § 1º[21], da LRP.

Da mesma forma que o art. 216-B, da LRP, não especifica as regras da notificação, o art. 251-A também é omisso, daí, como já comentado, por analogia deve ser adotado o que dispõe os §§ 1º e 2º, do art. 213, da LRP, com observância do disposto nos §§ 2º e 3º, do art. 251-A. O § 3º do art. 251-A determina que serão aplicáveis, no que couber, os dispositivos constantes do Código de Processo Civil em relação às citações e intimações. Tratando-se de aplicação supletiva, as regras do CPC valem para preencher as omissões da LRP, sendo relevante que os requisitos para as notificações e intimações por via de editais constantes do § 3º do art. 213 não são os mesmos do art. 256 do CPC, especialmente no que se refere à última parte do § 3º do art. 256, porquanto o oficial de registro de imóveis ou de títulos e documentos não possuem atribuição para requisitar informações dos órgãos públicos nem das concessionárias de serviços públicos, mas deve realizar todas as diligências que estejam a seu alcance. Em não havendo ainda entendimento jurisprudencial em relação às intimações para fins de cancelamento do registro do compromisso, pela semelhança das situações, é previsível que os tribunais continuem a seguir os mesmos entendimentos adotados em relação às intimações nas alienações fiduciárias de que trata a Lei nº 9.514/1997.

13. PURGAÇÃO DA MORA

Purgada a mora o valor recebido deverá ser repassado ao credor por meio de depósito bancário no prazo de 3 (três) dias conforme o art. 251-A, § 4º[22], ou colocada à sua disposição. Providência essa equivalente ao que ocorre nas intimações de cobrança nos contratos de alienação fiduciária.

14. CANCELAMENTO DO REGISTRO DA PROMESSA DE COMPRA E VENDA

Não ocorrendo a purgação de mora o oficial, nos termos do § 5º do art. 215-A[23], certificará o ocorrido e intimará o promitente vendedor para recolher os emolumentos para o cancelamento do registro.

---

[21] § 1º A requerimento do promitente vendedor, o promitente comprador, ou seu representante legal ou procurador regularmente constituído, será intimado pessoalmente pelo oficial do competente registro de imóveis a satisfazer, no prazo de 30 (trinta) dias, a prestação ou as prestações vencidas e as que vencerem até a data de pagamento, os juros convencionais, a correção monetária, as penalidades e os demais encargos contratuais, os encargos legais, inclusive tributos, as contribuições condominiais ou despesas de conservação e manutenção em loteamentos de acesso controlado, imputáveis ao imóvel, além das despesas de cobrança, de intimação, bem como do registro do contrato, caso esse tenha sido efetuado a requerimento do promitente vendedor.

[22] § 4º A mora poderá ser purgada mediante pagamento ao oficial do registro de imóveis, que dará quitação ao promitente comprador ou ao seu cessionário das quantias recebidas no prazo de 3 (três) dias e depositará esse valor na conta bancária informada pelo promitente vendedor no próprio requerimento ou, na falta dessa informação, o cientificará de que o numerário está à sua disposição.

[23] § 5º Se não ocorrer o pagamento, o oficial certificará o ocorrido e intimará o promitente vendedor a promover o recolhimento dos emolumentos para efetuar o cancelamento do registro.

O procedimento é totalmente similar ao que ocorre na consolidação da propriedade fiduciária, não cabendo ser discutida qualquer alegação do devedor, exceto o de ter sido feito o pagamento diretamente ao promitente vendedor com apresentação do correspondente recibo. O eventual questionamento por outros motivos deve ser dirigido ao juiz competente nas vias ordinárias.

As questões referentes ao valor que deveria ser restituído ao promitente comprador estipulados na Lei nº 13.786/2018 são estranhas ao registro e devem ser tratadas em comum acordo entre as partes ou nas vias judiciais próprias. A exceção seria se a promessa de compra e venda ter sido feita em imóvel objeto de parcelamento do solo nos termos do art. 35[24] da Lei nº 6.766/1979 quando tiver ocorrido o pagamento de mais de 1/3 (um terço) do preço.

15. REINTEGRAÇÃO DE POSSE

Uma das inovações relevantes da Lei nº 14.382/2022 foi a introdução do § 4º[25] do art. 251-A, da LRP, no sentido de a certidão do cancelamento constituir uma prova para concessão da liminar de reintegração de posse de que trata o art. 562 do CPC. A expressão utilizada da lei foi "prova relevante ou determinante", que é de ser interpretada, conforme as regras da lógica, como sendo um caso de condição suficiente, ou seja, bastaria a certidão do cancelamento do compromisso para a concessão da liminar por parte do juiz.

---

[24] Art. 35. Se ocorrer o cancelamento do registro por inadimplemento do contrato, e tiver sido realizado o pagamento de mais de 1/3 (um terço) do preço ajustado, o oficial do registro de imóveis mencionará esse fato e a quantia paga no ato do cancelamento, e somente será efetuado novo registro relativo ao mesmo lote, mediante apresentação do distrato assinado pelas partes e a comprovação do pagamento da parcela única ou da primeira parcela do montante a ser restituído ao adquirente, na forma do art. 32-A desta Lei, ao titular do registro cancelado, ou mediante depósito em dinheiro à sua disposição no registro de imóveis.

[25] § 6º A certidão do cancelamento do registro do compromisso de compra e venda reputa-se como prova relevante ou determinante para concessão da medida liminar de reintegração de posse.

11
O ART. 68 DA LEI 4.591, DE 1964, COM AS ALTERAÇÕES DA LEI 14.382, DE 27 DE JUNHO DE 2022

Hélio Lobo Júnior

1. INTRODUÇÃO

A Lei 14.382/2022 alterou diversas leis fundamentais ao sistema dos registros públicos e, notadamente, aquelas que tratam dos empreendimentos imobiliários, como as Leis 4.591/1964 e 6.766/1979.

Apenas com o decorrer do tempo e análises pormenorizadas dos novos dispositivos é que poderemos formar uma opinião definitiva sobre as consequências práticas, efeitos jurídicos e, especialmente, quanto a aspectos formais para a prática dos atos nos assentamentos dos cartórios imobiliários.

Novas figuras, conceitos diversos e efeitos decorrentes surgirão diante da casuística normal que envolve os negócios imobiliários, notadamente quanto à implantação de empreendimentos, em consonância com os aspectos urbanísticos e de meio ambiente.

Tentando contribuir com a análise sistemática dos novos comandos legais, em conformidade com os princípios registrários e conceitos já estabelecidos, escolhemos discorrer sobre o artigo 68, da Lei 4.591/1964, com as alterações substanciais em sua redação atual, comparada com a anterior, que sempre causou controvérsia na interpretação e alcance.

Assim, iniciaremos este breve estudo recordando o artigo 68 antes das modificações e as interpretações que a doutrina e a jurisprudência, notadamente os precedentes administrativos, consideravam quanto à sua aplicação, para uma necessária comparação com o dispositivo alterado.

2. O ARTIGO 68 ANTES DA ALTERAÇÃO

Assim era a sua redação:

> "Os proprietários ou titulares de direito aquisitivo, sobre as terras rurais ou os terrenos onde pretendam construir ou mandar construir habitações isoladas para aliená-las antes de concluídas, mediante pagamento do preço a prazo, deverão pre-

viamente satisfazer às exigências constantes no art. 32, ficando sujeitos ao regime instituído nesta lei para os incorporadores, no que lhes for aplicável."

A análise literal do dispositivo já demonstrava que havia uma ligação entre os imóveis e a construção, a exemplo do que preconizava a Lei 4.591/1964, com menção inclusive ao artigo 32, que estabelecia os requisitos para o registro da incorporação imobiliária, embora o formato estabelecido não se enquadrasse no conceito e aspectos substanciais do condomínio edilício, com regras próprias para as unidades autônomas resultantes, como a projeção da fração ideal no solo, áreas comuns e outras relacionadas a sua administração.

A sua colocação estaria melhor situada dentro da legislação que tratava do parcelamento, embora relacionasse eventual empreendimento à construção de habitações isoladas para aliená-las antes de concluídas, pois, havia menção a lotes já existentes, com a sua autonomia e unitariedade.

Havia, pois, um aparente conflito com o sistema instituído pela Lei 4.591/1964, ainda que se considerasse a espécie descrita no artigo 8º, letra "a", que se relacionava com os requisitos das letras "c" e "d".

Isso tudo sem considerar que tanto o condomínio edilício como o parcelamento do solo tinham, como pressuposto básico, a localização em áreas urbanas e o dispositivo mencionava, também, "terras rurais".

Parece que o legislador, ao editar o artigo 68, procurou equiparar o empreendedor ao incorporador, sem, no entanto, especificar devidamente os requisitos que permitissem essa conjugação.

Na época havia uma certa tendência nesse sentido, pois, procurou-se, igualmente, equiparar o loteador ao incorporador quando da edição do Decreto-lei 271, de 28 de fevereiro de 1967, que assim enunciava em seu artigo 3º:

"Art.3º – Aplica-se aos loteamentos a Lei 4.591, de 16 de dezembro de 1964, equiparando-se o loteador ao incorporador, os compradores de lotes aos condôminos e as obras de infraestrutura à construção da edificação".

O parágrafo 1º, no entanto, estabeleceu a necessidade de regulamentação em 180 dias, o que nunca ocorreu.

Diante dessas contradições e omissões, por não se enquadrar sistematicamente dentro das situações mais comuns das legislações vigentes, o artigo 68, da Lei 4.591, de 1964, não era aplicado com frequência e apenas excepcionalmente considerado. Ademais, sequer ocorreu sua regulamentação pelas Normas de Serviço da Corregedoria Geral da Justiça, em São Paulo.

Desde que a legislação não contém palavras inúteis e para tentar enquadrar a regra dentro do sistema legal, a jurisprudência administrativa procurou adequar o dispositivo à realidade, como ocorreu com o julgamento da A.C. nº 2.553-0, em 12 de setembro de 1983, pelo Conselho Superior da Magistratura, relatado pelo Desembargador Bruno Affonso de André. Na ocasião, a análise do dispositivo concluiu pela não aplicação aos casos em que houver apenas a venda de terrenos, e, ainda, que não se refere aos artigos 7º e 8º, da Lei 4.591, de 1964, com a ressalva, porém, de que *"se o empreendedor resolver* apenas construir habitações, para aliená-las, a prazo, antes de concluídas, em terrenos já previamente parcelados, poderia o adquirente ser, em tese, prejudicado, se o art.68 da Lei 4.591/64 não fosse cumprido".

Assim, não se afastou a aplicação do dispositivo, mas, ao contrário, o julgamento encontrou um campo para a sua incidência, até porque a lei não contém palavras inúteis e os seus termos literais são bastante claros, notadamente quanto à aplicação da parte que exigia a apresentação de certidões para verificar a idoneidade do empreendedor.

Antes desse precedente, um outro, também apreciou o tema, nos seguintes termos que podem ser resumidos na ementa:

> "INCORPORAÇÃO – Construção, pelo proprietário de terreno, de unidades isoladas sem condomínio – Sujeição ao regime da Lei 4.591/1964, por força de seu art. 68 – Registro determinado.
>
> Pretendendo o proprietário de terreno promover a construção e alienação de prédios isolados, sem áreas comuns, tem de atender às exigências do art. 32 da Lei 4.591/1964, ficando ainda o incorporador sujeito ao regime por esta instituído, no que couber (Apelação cível 270.961 (CSMSP)- 25 de julho de 1978 – Acácio Rebouças, Pres. – Humberto de Andrade Junqueira, Corregedor Geral e Relator – Costa Manso, Vice-Presidente".

Assim, em resumo, ficou estabelecido que a construção em terrenos já parcelados seria possível, mas teria o interessado que atender às exigências do artigo 32, sempre com a ressalva "no que couber".

A análise feita no corpo do acórdão merece parcial menção, desde que impecável em termos de interpretação sistemática:

> "Ora, intuitivo que, se o art. 8º cuida dessa matéria, de outra cuidará o art. 68, que estende o regime às construções de habitações isoladas em terrenos urbanos ou rurais, sem condomínio de nenhuma espécie. Se se versa de condomínio, com unidades superpostas, incide o princípio geral da Lei 4.591/1964. Se se trata de unidades não superpostas, em terrenos rurais ou urbanos, sob regime condominial de algumas áreas, aplica-se o art. 8º. E, se se cogita de construções isoladas, em glebas urbanas ou rurais, sem comunhão de áreas do conjunto habitacional, recai o art. 68, que as subjuga ao regime instituído na lei. Como se vê, são hipóteses distintas de aproveitamento de terrenos, mas, para tutela dos interesses do público, escravizadas à observância dos mesmos requisitos para construção e alienação.
>
> De todo em todo preciso o entendimento professado da apelante, quando, dilucidando a motivação e alcance do questionado art. 68, argumenta com que visou este a cercar as iniciativas de construção de prédios isolados, conquanto destituídos de áreas comuns, das mesmas garantias outorgadas aos adquirentes de apartamentos.
>
> Incurial fora repudiar os bons propósitos da recorrente, na pretensão de se ajustar àquelas exigências, no empreendimento planejado, sob inconsistente sutileza de que a espécie não comportaria a figura do incorporador.
>
> A razão seria, só por só, desvalida por sustentar manifesta infringência da lei. Não se acomodaria, ainda, ao próprio art. 68, que fala em "incorporadores". Nem daria tino, ao depois, de que sua qualificação não advém do exercício restrito de

atividade de promoção e realização de construção de apartamentos, mas que, por equivalência legal, justificada pela própria natureza e objeto da atividade, abrange a empresa idêntica de outras unidades imobiliárias. Não deixará de ser incorporador, assim, a pessoa física ou jurídica que promova e realize, para alienação total ou parcial, a construção de edificações, ou conjunto de edificações isoladas em terrenos urbanos ou rurais (art. 28, parágrafo único, da Lei 4.591/1964, "ex analogia"). E é esta assimilação que a lei tem em vista quando, obrigando os proprietários ou titulares de direito aquisitivo de terreno à satisfação dos requisitos do art. 32, submete os incorporadores de habitações isoladas, no que se lhes aplique, ao regime geral (art. 68).

De tudo escorre que, pretendendo a recorrente promover a construção e alienação de prédios isolados, em terreno urbano, sem áreas comuns, tem de atender as exigências do art. 32 da Lei 4.591/1964, ficando ainda o incorporador sujeito ao regime por esta introduzido, no que couber. E a pretensão de o cumprir não pode embaraçada, devendo o Oficial do Registro Imobiliário verificar da adequação dos documentos apresentados às exigências discriminadas naquele art. 32.

Observa-se, todavia, que, em não havendo partes comuns ou condominiais, nem prazo de carência, e não se configurando a hipótese do art. 31, § 1º, da Lei 4.591/1964, o Oficial dispensará a exibição dos documentos correspondentes, ou seja, aqueles previstos no art. 1º, "i", "j", "l", "m" e "n", do Dec.- federal 55.815, de 8.3.65".

Primorosa, sem dúvida, a colocação do tema e sua interpretação, diante da confusa redação do artigo 68 revogado, pois, permitiu a sua adaptação aos conceitos formais registrários e à compreensão da nova figura criada dentro da Lei 4.591/1964, bem como o ingresso dos empreendimentos que cumprissem os requisitos estabelecidos nos assentamentos do cartório imobiliário.

Por outro lado, embora antigo o acórdão, proferido há mais de quarenta anos, suas conclusões mostram lógica e coerência, permitindo, inclusive, a melhor compreensão da redação atual do mesmo dispositivo, como tentaremos demonstrar na sequência.

3. A ATUAL REDAÇÃO DO ARTIGO 68

O artigo 68 foi modificado em relação à redação anterior, para considerar que a atividade de alienação de lotes integrantes de loteamento ou desmembramento, desde que vinculada à construção de casas isoladas ou geminadas, promovida pelas pessoas cuja relação está contida no artigo 31 da Lei 4.591/1964 ou artigo 2º-A, da Lei 6.766/1979, caracteriza incorporação imobiliária e, consequentemente, fica sujeita ao regime jurídico correspondente.

Confira-se sua redação:

"Art. 68. A atividade de alienação de lotes integrantes de desmembramento ou loteamento, quando vinculada à construção de casas isoladas ou geminadas, promovida por uma das pessoas indicadas no art. 31 desta Lei ou no art. 2º-A da Lei 6.766, de 19 de dezembro de 1979, caracteriza incorporação imobiliária sujeita ao regime jurídico instituído por esta Lei e às demais normas legais a ele aplicáveis".

Os seus parágrafos, também acrescidos pela nova legislação, procuraram suprir as omissões do dispositivo anterior e regular com maiores detalhes as alternativas possíveis ao empreendedor, disciplinando, inclusive, a questão das custas e emolumentos.

O novo enunciado do "caput" corrigiu a péssima redação anterior que mencionava terras rurais, esclarecendo que a atividade de alienação de lotes integrantes de desmembramento ou loteamento, quando vinculada à construção de casas isoladas ou geminadas, promovida pelos empreendedores que são admitidos no parcelamento do solo e incorporação imobiliária, sujeita-se aos requisitos da incorporação imobiliária e demais normas legais aplicáveis.

É interessante destacar que essa redação se amolda aos termos explicados pelo antigo acórdão acima mencionado, cujos argumentos foram transcritos, que se referia à base matricial constituída por lotes resultantes de parcelamento, desde que vinculados à construção de casas, mas, sem áreas comuns e demais requisitos da incorporação, mas cumprindo, obrigatoriamente, os requisitos do artigo 32, quando compatíveis.

Houve sensível melhora na técnica legislativa para descrever a nova figura criada e que passa a fazer parte das espécies de empreendimentos imobiliários existentes.

O parágrafo 1º, esclarece que a incidência do "caput" poderá abranger todos ou apenas parte dos lotes, ainda que sem área comum, permitindo, outrossim, a existência de áreas públicas.

> "§ 1º A modalidade de incorporação de que trata este artigo poderá abranger a totalidade ou apenas parte dos lotes integrantes do parcelamento, ainda que sem área comum, e não sujeita o conjunto imobiliário dela resultante ao regime do condomínio edilício, permanecendo as vias e as áreas por ele abrangidas sob domínio público".

Já o parágrafo 2º, disciplina os termos básicos do memorial de incorporação, indicando os documentos dispensáveis, conforme relação contida no artigo 32.

> "§ 2º O memorial de incorporação do empreendimento indicará a metragem de cada lote e da área de construção de cada casa, dispensada a apresentação dos documentos referidos nas alíneas *e, i, j, l* e *n* do *caput* do art. 32 desta Lei".

Cuida o parágrafo 3º da formalização dos atos no cartório imobiliário, inclusive quanto ao patrimônio de afetação.

> "§ 3º A incorporação será registrada na matrícula de origem em que tiver sido registrado o parcelamento, na qual serão também assentados o respectivo termo de afetação de que tratam o art. 31-B desta Lei e o art. 2º da Lei 10.931, de 2 de agosto de 2004, e os demais atos correspondentes à incorporação".

Por fim, o parágrafo 4º, remete ao artigo 237-A da Lei de Registros Públicos.

"4º Após o registro do memorial de incorporação, e até a emissão da carta de habite-se do conjunto imobiliário, as averbações e os registros correspondentes aos atos e negócios relativos ao empreendimento sujeitam-se às normas do art. 237-A da Lei 6.015, de 31 de dezembro de 1973 (Lei de Registros Públicos)." (NR)

4. CONSIDERAÇÕES SOBRE A NOVA FIGURA JURÍDICA

Assentadas essas considerações, resta analisar a nova figura jurídica resultante dos termos contidos no artigo 68, que estendeu o procedimento da incorporação imobiliária aos parcelamentos, quando ocorrer a vinculação à construção de casas isoladas ou geminadas e o agente promovente seja uma das pessoas indicadas no artigo 31, ou, ainda, no artigo 2º-A, da Lei 6.766, de 1979.

A interpretação dos termos contidos no dispositivo mostra uma nova figura jurídica, que pode ser denominada como um *"conjunto imobiliário"*, para utilizar os termos do parágrafo 1º.

O enunciado permite concluir que paralelamente ao parcelamento do solo e condomínio edilício, este precedido de incorporação imobiliária, é possível, atualmente, registrar um "conjunto imobiliário", que pressupõe a existência de um parcelamento, seja loteamento, seja desmembramento, desde que vinculado à construção de casas isoladas ou geminadas e promovido por um dos agentes relacionados.

O procedimento hábil para o registro deverá conter o memorial de incorporação, com a indicação da matrícula de cada lote e área da construção, com a dispensa dos documentos mencionados, que se referem à incorporação que precede o condomínio edilício.

O parágrafo 3º, do dispositivo, estendeu aos "conjuntos imobiliários" o instituto do patrimônio de afetação, bem como as regras previstas no artigo 237-A, da Lei de Registros Públicos.

Assim, em resumo, parece-nos que o artigo 68 e parágrafos, da Lei 4.591/1964, com a alteração feita, teve como objetivo melhor regulamentar a figura jurídica que podia ser extraída da redação anterior, criando uma nova, que pode ser denominada como "conjunto imobiliário" e segue, para a sua constituição, as regras da incorporação imobiliária, mas sempre é dependente da existência de parcelamento precedente.

Feitas tais considerações básicas quanto à figura que desponta do artigo 68 e parágrafos, alguns aspectos que podem se tornar controversos precisam ser abordados.

4.1. Aspectos registrários

A redação do artigo 68 demonstra que ele regula *"a atividade de alienação de lotes integrantes de desmembramento ou loteamento, quando vinculada à construção de casas isoladas ou geminadas"*, promovida por quem tem legitimidade para fazer o parcelamento do solo urbano e a incorporação imobiliária, caracterizando como incorporação imobiliária, conforme os dispositivos explícitos nos parágrafos acrescentados, mas, também, "às demais normas legais a ele aplicáveis".

Assim, aos operadores do direito incumbirá discernir entre os dispositivos que devem prevalecer para a figura definida como "conjunto imobiliário", primeiro quanto aos requisitos para o negócio jurídico consistente na alienação de lotes vinculada à construção das casas e, também, em relação às obrigações do empreendedor e adquirentes.

Não se pode deixar de considerar que, a exemplo da incorporação em vários planos horizontais ou de casas térreas ou assobradadas, previstas na Lei 4.591/1964 em seus artigos 1º ao 8º, a figura delineada no artigo 68 também cuida da edificação de casas pelo empreendedor, envolvendo, pois, vários terrenos e a construção, formando um todo descrito no projeto aprovado e que será registrado na matrícula originária do parcelamento.

Nessa linha, serão pinçados os lotes, autônomos e decorrentes de parcelamento, para constituir um empreendimento separado e devidamente identificado na matrícula primitiva.

A Lei 6.766/1979 disciplina o parcelamento do solo urbano e os requisitos para o registro, previstos no artigo 18, são mais acentuados do que aqueles relacionados no artigo 32 da Lei 4.591/1964.

O legislador, no entanto, optou pelos requisitos da incorporação e referiu-se, também, "às demais normas legais a ele aplicáveis".

A incorporação, porém, exige um imóvel descrito na matrícula originária, observada a sua unitariedade, com a vinculação das unidades autônomas resultantes à projeção do percentual no solo, com a participação nas áreas comuns.

Na incorporação permanece inalterada a matrícula do todo, existente no cartório imobiliário, ao passo que no parcelamento, os lotes resultantes têm cada um a sua unitariedade e se integram à cidade, assim que expedido o termo de verificação de obras-TVO, na matrícula primitiva.

Já o conjunto imobiliário disciplinado pelo artigo 68 e assim denominado no seu parágrafo 1º, indicará, no memorial, a individualidade de cada lote e área construída da casa, com o registro na matrícula de origem do parcelamento antecedente, inclusive quanto ao patrimônio de afetação.

Esse memorial, porém, não afastará a unitariedade de cada lote. Estes continuarão a ter as matrículas autônomas, as quais receberão os atos correspondentes aos eventuais negócios jurídicos posteriores e averbações das construções.

Nessa linha de raciocínio, após a averbação das construções, pela lógica, os imóveis terão total autonomia em relação ao projeto inicial e integrarão à cidade, totalmente desvinculados da matrícula do parcelamento, como regra geral.

Esses os aspectos registrários que podem ser inicialmente considerados em relação à nova figura jurídica.

4.2. O parcelamento antecedente e suas fases

Sempre defendemos que o loteamento nasce com as aprovações urbanísticas e com o formalismo registrário; implanta-se com a execução das obras de infraestrutura e a venda dos lotes; e se exaure, em termos urbanísticos, quando o complexo todo, incluindo vias de circulação, praças e espaços livres passam a integrar a cidade.

A partir dessa integração, deixa de incidir a Lei 6.766 em relação à questão urbanística. O que era loteamento passa a ser um bairro da cidade, sujeito às normas que a ela se aplicam e, eventualmente, às restrições convencionais, que continuam válidas e eficazes.

É por isso que parece razoável o entendimento de que a incidência da Lei 6.766 é efêmera. Aplica-se enquanto o loteamento está em formação, cessando quando se completa, quando de sua *implantação definitiva*.

O loteamento não perdura como tal indefinidamente. Ele é instrumento de urbanização, formando e expandindo a cidade. Concluídas as obras de implantação, deixa de ser loteamento e se integra à cidade, sujeitando-se às leis e posturas urbanísticas do município.

É certo, todavia, que as relações obrigacionais entre loteador e adquirentes permanecem sob a tutela da Lei 6.766, ao contrário da disciplina urbanística.

A averbação do TVO marca o momento em que o loteamento se integra à cidade. Antes, a responsabilidade pela execução das obras de infraestrutura era apenas do loteador. Após a integração, passa ao Poder Público, podendo ser considerado o loteamento como finalizado em termos urbanísticos.

Somente o loteamento ainda não implantado pode ser objeto de alteração do plano, de sucessão, de cessão dos direitos e obrigações relativos à condição de loteador, de desistência e de cancelamento (artigos 23, 28 e 29 da Lei 6.766).

Na esfera administrativa, há decisões que servem como precedentes normativos sobre essa matéria.

É emblemático o parecer oferecido no Processo C.G. nº 945/1995, pelo então juiz auxiliar da Corregedoria Geral, hoje desembargador Marcelo Martins Berthe. Ao distinguir loteamento implantado e não implantado, reportou-se a outro precedente, mais antigo (Proc. C.G. nº 925/1994). Concluiu que os artigos 23, III, e 28, da Lei 6.766, que cuidam do cancelamento total e parcial e da alteração do plano de loteamento, só podem ser aplicados, sem desafetação das áreas que se tornaram públicas, enquanto o parcelamento estiver em execução, isto é, ainda não implantado. Isso vale também para a sucessão no loteamento, nos termos do art. 29 da Lei 6.766.

Colacionando a doutrina do sempre lembrado Hely Lopes Meirelles, que distingue o ato administrativo consumado do pendente, incluído o de registro, conclui o parecer:

> "Vê-se, pois, que se passível de cancelamento (total ou parcial), ou de modificação, enquanto não implantado o loteamento, será o registro um 'ato administrativo pendente', que só produzirá efeitos após a implantação, quando, então, efetivamente, os bens destinados ao uso público ingressarão no patrimônio municipal, quer porque já não mais possível modificar ou cancelar o loteamento, quer porque haverá a 'destinação desses bens ao uso comum do povo" (Decisões Administrativas da Corregedoria Geral da Justiça – 1995, Editora – RT, Coordenador Des. Antonio Carlos Alves Braga, pág. 134/135).

Aliás, o parágrafo único do artigo 22, da Lei 6.766, de 1979, que só foi acrescentado em 2011, pela Lei 12.424, utiliza essa mesma terminologia quando se refere ao parcelamento implantado e não registrado, conferindo, nesse caso, ao Município, o direito de efetivar a passagem das áreas públicas para seu domínio.

Nítida, pois, a diferença entre loteamento em execução e loteamento já implantado, mas, insiste-se na ressalva das relações entre loteador e adquirentes, que, mesmo após a implantação, permanecem sob a égide da Lei 6.766, inclusive em relação às restrições convencionais.

Por tudo isso, é preciso verificar, por ocasião da qualificação de um <u>conjunto imobiliário</u>, a situação do parcelamento, se implantado e não mais sujeito à alteração ou, ainda, se pendem obras a serem executadas.

Além disso, as restrições convencionais também precisam ser verificadas, pois, atualmente, conforme o item 186, Capítulo XX, das Normas de Serviço, elas serão mencionadas no registro do loteamento e aquelas que atingirem os lotes anotadas nas matrículas respectivas, em averbação remissiva.

4.3 A incorporação do conjunto imobiliário e a matrícula do parcelamento

O parágrafo 3º, do artigo 68 dispõe que a incorporação do conjunto imobiliário será registrada na matrícula do parcelamento primitivo.

Já o parágrafo 1º exclui o conjunto imobiliário do regime referente ao condomínio edilício.

Logo, aplica-se à nova modalidade de empreendimento apenas os termos mitigados da incorporação, sem que resulte no condomínio edilício, como normalmente ocorre.

Assim, a sua relação, após o encerramento da incorporação, o que na espécie se dará com a averbação de todas as construções, será com a matrícula do parcelamento, na qual constará a relação dos lotes resultantes, com o acréscimo correspondentes.

A prática desse ato será o termo final do empreendimento denominado conjunto imobiliário.

Se apenas for parcial a utilização dos lotes integrantes do parcelamento, esse núcleo de casas, após a construção, poderia ser separado dos restantes e que resultaram do parcelamento primitivo, observadas, evidentemente, as restrições legais e convencionais, constituindo-se uma espécie de conjunto imobiliário autônomo, podendo, inclusive, utilizar a figura do loteamento de acesso controlado, previsto no artigo 2º, § 8º, da Lei 6.766/1979.

Isso porque, como antes afirmado, o parcelamento, após a superação da parte urbanística, passa a integrar a cidade e, embora registrado como incorporação na matrícula originária, os lotes conservam a sua autonomia e prevalece em termos registrários o princípio da unitariedade de cada matrícula resultante.

Consistiria em outro empreendimento, denominado conjunto imobiliário, que seguiu as regras da incorporação, mas, que passou, com base na autonomia e unitariedade, bem como no plano urbanístico aprovado, a ser um novo bairro da cidade.

Diante desse quadro, há duas incidências legais aos denominados "conjuntos imobiliários".

Inicialmente regula a lei da incorporação imobiliária, no que couber.

Depois, o empreendimento pode utilizar as regras legais aplicáveis aos lotes resultantes de um parcelamento.

Enquanto estiver em execução o plano aprovado da incorporação, antes da averbação das construções, as disposições próprias, parecem que devem ser aplicadas.

Entre elas podem ser mencionadas, como exemplo, a formação da comissão de representantes e sua atuação perante o incorporador, inclusive para destituí-lo, nos casos como o previsto no artigo 43, inciso VI, da Lei 4.591/1964, os prazos dos artigos 33 e 34, os requisitos para os contratos previstos no artigo 35-A, bem como outras que regulam os demais aspectos pertinentes ao procedimento da incorporação imobiliária.

Até mesmo o polêmico artigo 63 e parágrafos da Lei 4.591/1964, pode merecer aplicação, conferindo poderes à Comissão de Representantes até para a execução extrajudicial.

Enfim, o tempo dirá sobre o alcance da expressão "no que couber", constante da redação atual do dispositivo, mas que também já era mencionada na antiga.

4.4 O Patrimônio de Afetação

O parágrafo 3º, do artigo 68, estabelece a possibilidade de ser averbado o "termo de afetação", com os atos sendo praticados na matrícula originária do parcelamento.

Embora seja novidade a prática desse ato em matrícula referente ao parcelamento do solo, a extensão do direito parece medida salutar, principalmente quando o promovente do empreendimento efetuar alienações antes da conclusão, como é permitido nas incorporações imobiliárias, preservando, desse modo, os bens e direitos a ela vinculados, mantendo-os afastados do patrimônio do incorporador.

4.5 As custas e emolumentos

O "conjunto imobiliário", assim considerado como um empreendimento autônomo, é expressamente beneficiado pela regra constante do artigo 237-A, da Lei de Registros Públicos, seja porque está sujeito às regras da incorporação imobiliária, seja porque o artigo 68, § 4º, assim estabelece de modo expresso.

Antes, em interpretação literal, aproveitando, inclusive, a definição autêntica de loteamento, contida no artigo 2º, § 1º, da Lei 6.766/1979, que se caracteriza pela subdivisão da gleba em lotes, destinados à edificação, que serão alienados a terceiros, que neles poderão construir, o entendimento prevalente, inclusive da Corregedoria Geral da Justiça, era no sentido de que o artigo 237-A, da LRP, se aplicaria somente em relação aos atos envolvendo o empreendedor *(loteador ou incorporador)* que tenham relação direta com o empreendimento *(cf. Processo 0009006-08.2019.8.26.0344 e Processo 1005346-86.2019.8.26.0344)*", não se aplicando a construções a serem efetuadas nos lotes, seja pelo próprio loteador, seja por outras empresas contratadas.

Atualmente, por força do parágrafo 4º, a aplicação do artigo 237-A da Lei de Registros Públicos, tornou-se tranquila.

5. CONSIDERAÇÕES FINAIS

Diante do breve estudo podemos concluir que a nova legislação, com a nova figura denominada "conjunto imobiliário", além de tornar mais clara a redação do dispositivo, em relação ao anterior, deixou expresso aspectos formais e registrários, que facilitarão a prática dos atos nos assentamentos e afastarão pendências que existiam em muitos cartórios de registro, prejudicando os usuários.

Depois, como essa espécie de empreendimento geralmente era utilizada para conjuntos habitacionais de interesse social e casas populares, os adquirentes, como destinatários finais, acabavam sendo objeto do repasse dos emolumentos por parte das construtoras, integrados ao preço, encarecendo as aquisições.

Por fim, tratando-se de breve estudo a respeito do tema, não foi possível um maior aprofundamento em aspectos que, certamente, na prática, poderão causar sérias dúvidas aos operadores do direito em geral, notadamente por força da caracterização ao regime da incorporação imobiliária e "às demais normas legais a ele aplicáveis".

12
QUALIFICAÇÃO REGISTRAL IMOBILIÁRIA, EXTRATOS ELETRÔNICOS E O FEITIÇO DA TECNOLOGIA

JÉVERSON LUÍS BOTTEGA

Com filosofia não se pode fazer nada. O errado é apenas pensar que com isso a Filosofia terminou. Pois ainda há o reverso da medalha. Se nós não podemos fazer nada com a Filosofia, resta ainda acertar se também a Filosofia não pode fazer nada conosco, caso naturalmente nos dediquemos ao seu cultivo. O que é inútil pode muito bem desempenhar uma força existencial incontrolável. O que não conhece ressonância imediata na vida pode muito bem estar em consonância com as molas profundas, que acionam o acontecer histórico da humanidade. Emmanuel Carneiro Leão[1].

1. REFLEXÕES INICIAIS E APRESENTAÇÃO DO PROBLEMA

Há mais de um século anuncia-se a tecnologia como um ponto sem retorno, capaz de tudo e de todos. Diante do colosso, caberia apenas curvar-se. O ser humano, criador da tecnologia e, incoerentemente, refém da própria tecnologia, é criatura de si mesmo.

Visto que o homem não pode viver sem milagres, ele faz os seus próprios milagres – disse Fiodor Dostoiévski em *Os Irmãos Karamazov*. O escritor russo, falecido ainda no século XIX, já anunciava o encanto que o ser humano pode produzir sobre si.

De alguma forma muito paradoxal, Dostoiévski narra como a ciência, pressuposta antagonista da magia, encanta como se bruxaria fosse: com nossa varinha do século XXI, o celular, podemos fazer quase tudo. Com toques na tela de um objeto de dez centímetros, compramos, vendemos, amamos e odiamos. É um milagre! Só pode ser mágica!

---

[1] LEÃO, Emmanuel Carneiro. **Aprendendo a Pensar**. Petrópolis: Vozes, 1977. p. 13.

Quiçá o único vocábulo em língua portuguesa que foi admitido no panteão conceitual da filosofia ocidental foi fetiche/feitiço. E quanto estamos presos ao fetiche da tecnologia? Quanto estamos enfeitiçados por nós mesmos?

Acredito que com tecnologia é possível resolver tudo, exceto o principal, ponto ao qual retornarei na parte final deste ensaio, numa tentativa de, entre as névoas obnubiladoras de um mundo tecnológico, desocultar a essencialidade do ser que tem ficado esquecido nas dobras dos entes.

Antes, entretanto, apresentarei aos pesquisadores, juristas e profissionais do Direito o resultado parcial de uma pesquisa, ainda incipiente, acerca da relação entre qualificação registral imobiliária e extratos eletrônicos, que, de certa forma, é apenas parte de uma pesquisa maior sobre decisão jurídica e tecnologia.

Neste trabalho, irei exteriorizar as balizas fundamentais em relação às quais entendo que a discussão deva ser desenvolvida, bem como as conclusões até aqui alcançadas – que, repita-se, considero preliminares. Faz alguns anos que estou debruçado estudando a qualificação registral imobiliária, a decisão jurídica do oficial de registro, e agora enlaço a pesquisa com os assuntos "extratos" e "tecnologia".

Na última década, e com mais força no ano de 2022 por força da Lei nº 14.382, ganhou ímpeto a discussão sobre qualificação registral e tecnologia. É que uma série de inovações legais e normativas foram trazendo para o imaginário notarial e registral um novo patamar sobre a tecnologia em cartórios. Penso que é um debate que está apenas iniciando em nosso meio, ainda que se trate de um capítulo da discussão que já tem pelo menos algumas décadas, se o assunto for entendido como decisão judicial e tecnologia.

Do ponto de vista da exposição, em primeiro lugar, procurarei demonstrar como a qualificação registral imobiliária deve ser entendida no Brasil, tal qual defendo em meu último livro: *Qualificação Registral Imobiliária à luz da Crítica Hermenêutica do Direito*. Com isso, buscarei pavimentar o caminho sobre o qual conduzirei os leitores ao único sentido que entendo possível de se atribuir ao instituto dos extratos eletrônicos de modo a preservar o sistema registral imobiliário como o conhecemos.

A seguir, fiel ao método fenomenológico hermenêutico heideggeriano, com o qual tenho trabalhado em meus últimos estudos, buscarei revolver o chão linguístico a respeito do conceito de extratos, a partir do que vem sendo tratado no meio jurídico, para, então, projetar um novo horizonte de sentido ao instituto.

Não obstante, tentarei oferecer um caminho ao que há de mais específico: como definir extrato eletrônico, de modo a possibilitar a realização da qualificação registral, sem descaracterizar o sistema brasileiro de registro de imóveis.

Para o empreendimento ora proposto, apoiei-me nas filosofias gerais de Martin Heiddeger e Hans-Georg Gadamer e na filosofia do Direito de Ronald Dworkin e Lenio Streck. No que o tema tem de específico, busquei sustentação nos estudos de Sérgio Jacomino, que, no âmbito do direito registral imobiliário, é autor incontornável.

Com sorte, a comunidade jurídica fará críticas e comentários ao texto, o que me permitirá progredir na pesquisa.

2. O QUE É ISTO, A QUALIFICAÇÃO REGISTRAL?

A grande discussão envolvendo o tema "extratos eletrônicos" relaciona-se ao núcleo da atividade registral imobiliária: a qualificação registral. Para a lavratura dos atos de registro, o modelo de documento eletrônico estruturado parece ser muito bom, na medida em que permite a interoperabilidade de sistemas entre os que produzem os títulos e aqueles que os registram, agilizando o processo de registro. Contudo, para atender ao sistema de registro de direitos[2], adotado no Brasil, antes de praticar os atos de registro o delegatário do serviço público de registro de imóveis deve examinar se os direitos que acessarão ao fólio real foram pactuados de acordo com o ordenamento jurídico, motivo pelo qual qualquer modelo de extrato eletrônico que venha a predominar entre nós deve permitir tal exame.

Ainda que se tenha certo consenso em relação ao conceito de qualificação registral[3], é possível identificar na doutrina três teorias que alcançam aos oficiais de registro diferentes caminhos para realizá-la. São elas: a teoria do saber prudencial do registrador, de Ricardo Dip; a teoria da legalidade estrita, implícita no pensamento de Afrânio de Carvalho; e a proposta por mim na obra *Qualificação Registral Imobiliária à Luz da Crítica Hermenêutica do Direito*, que venho chamando de Teoria Hermenêutica da Qualificação (THQ).

Embora assentadas em diferentes paradigmas filosóficos e jurídicos, a teoria do saber prudencial do registrador e a teoria da legalidade estrita, dominantes no meio registral imobiliário, possuem um ponto em comum: aceitam a discricionariedade decisória. Por diferentes vias, ambas teorias admitem que a decisão jurídica do delegatário do serviço de registro de imóveis a respeito da registrabilidade dos títulos que lhe são apresentados seja relativista e discricionária.

No que se refere à primeira, que define a qualificação registral como um juízo prudencial, próprio da razão prática, lastreado na hierarquização sindérese/ética/Direito positivo, o problema está relacionado ao fato de que tal tese remete o registrador a decidir conforme a sua consciência, conduzindo-o a subjetivismos. A segunda, por sua vez – embora trate a qualificação registral como atribuição do delegatário de realizar o exame prévio da conformidade dos títulos com a lei, o que, em princípio, não é um problema –, falha por não realizar o aprofundamento necessário à obtenção de

---

[2] Ao contrário dos sistemas de registro de documentos, nos quais, em geral, o registro é realizado independentemente de prévio exame do título, pois a constituição do direito se dá fora do registro e as eventuais discussões sobre os defeitos do título são resolvidas na esfera judicial, no sistema de registro de direitos o título só será registrado após a qualificação registral, concedendo algum tipo de proteção aos que celebraram o ato jurídico, bem como a terceiros em face do fato registrável, na medida em que a existência de prévia análise do título gera presunção de que o direito, constituído, declarado, transmitido ou extinto em razão do registro, está de acordo com o ordenamento jurídico, evitando futuros litígios. Sobre a extensão da proteção aos terceiros em cada sistema registral, ver: JARDIM, Mónica. **Efeitos substantivos do registo predial**: terceiros para efeitos de registo. Coimbra: Almedina, 2015. p. 21.

[3] Em linhas gerais, pode-se dizer que a qualificação registral é o dever atribuído ao registrador de examinar, de forma imparcial e independente, os aspectos extrínsecos (formais) e intrínsecos (causa ou fundamento do direito) do título e, mediante decisão fundamentada, determinar o registro dos que estiverem de acordo com o ordenamento jurídico (qualificação positiva) ou rechaçar os defeituosos (qualificação negativa). Verifica-se, pois, que, ao realizar a qualificação, o registrador decide se o título e o direito nele formalizado estão de acordo com o ordenamento jurídico, para, então, determinar a prática do ato de registro apropriado ao caso.

mecanismos capazes de orientar os registradores a proceder tal exame, o que acaba por levá-los a decidir de forma discricionária, seja por vincularem a legalidade ao legalismo positivista, que os remete a um textualismo rasteiro, seja por fazerem uma inadequada filtragem constitucional da atividade, através da qual, a partir de uma noção mais abrangente de legalidade, princípios são usados como álibis teóricos de validação de atuações subjetivistas[4].

Forçoso reconhecer, contudo, que, em muitos casos, a prática atua esteada em alguma das duas teorias sem as reconhecer diretamente (você, leitor, já identificou a qual teoria adere?). Noutras palavras, não é preciso conhecer Hegel para estar imbuído de uma visão teleológica da história. Ademais, justo perceber que em muitos casos há uma certa *mixagem teórica*: se aplica determinada teoria em um caso, e outra num caso idêntico.

Dito isso, para avançar no estudo é preciso fazer uma pausa reflexiva, orientada pelas seguintes perguntas: o que nos trouxe até aqui? Por qual motivo chegamos ao modelo de extratos?

Imagino que a melhor resposta seja esta: pela ausência de uma teoria da decisão registral imobiliária antirrelativista, que alcance aos oficiais de registro o ferramental necessário para chegar a respostas corretas às situações que lhe são apresentadas. Acredito que é justamente pelo fato de a decisão jurídica do oficial de registro ainda não estar livre do elemento discricionariedade que se redundou na pressão de atores políticos e econômicos para a introdução de um modelo de extratos. Ou seja, o fato de não se conseguir obter previsibilidade com a qualificação registral, gerou a formação de correntes de opinião favoráveis à diminuição da abrangência da qualificação.

Ocorre, contudo, que essa diminuição, como tem sido denunciado pela doutrina[5], pode levar à uma efetiva modificação do sistema. Tal proposta, a depender da definição de extrato eletrônico que vier a ser estabelecida pela Corregedoria Nacional de Justiça, em cumprimento do que está previsto no artigo 7º, VIII, da Lei nº 14.382/2022, pode significar, de algum modo, descumprir o *caput* do artigo 5º da Constituição Federal. Afinal, como o Estado irá garantir a inviolabilidade (jurídica) do direito de propriedade sem permitir que o agente público que fala em seu nome faça o exame substantivo do título que lhe é apresentado para registro? É possível pensar em administração (tutela) pública de interesses privados – *logos* do registro de imóveis, como muito bem explicitado por Frederico Marques[6] – qualificando extratos eletrônicos ou legando à máquina tal atribuição?

A essas perguntas tenho algumas respostas, que partem de uma nova forma de pensar a qualificação registral imobiliária. Acredito que as ideias centrais que habitam

---

[4] Para entender melhor a crítica que faço às teorias do saber prudencial do registrador e da legalidade estrita, ver: BOTTEGA, Jéverson Luís. **Qualificação Registral Imobiliária à luz da Crítica Hermenêutica do Direito: equanimidade e segurança jurídica no registro de imóveis.** Belo Horizonte: Conhecimento Editora, 2021.

[5] JACOMINO, Sergio. **Extratos, títulos e outras notícias – Pequenas digressões acerca da reforma da LRP (Lei 14.382/2022).** Migalhas, 2022. Disponível em: <https://www.migalhas.com.br/coluna/migalhas-notariais-e-registrais/368957/extratos-titulos-e-outras-noticias>. Acesso em 16/9/2022.

[6] MARQUES, José Frederico. **Ensaio sobre a jurisdição voluntária.** Campinas: Millennium, 2000. p. 95.

o interior da THQ permitem atribuir sentido ao instituto do extrato eletrônico sem descaracterizar o sistema registral imobiliário brasileiro. Assim, neste momento, cumpre anunciar, especialmente aos que ainda não tiveram acesso à tese, como a qualificação registral imobiliária é pensada à luz do paradigma hermenêutico, para, mais adiante retomar o assunto central deste estudo.

De partida, deve-se ter presente que, para realizar a qualificação registral, que envolve a aplicação do Direito como um todo, o registrador deve estar munido de uma teoria da decisão que se preocupe com o elemento hermenêutico (discursos de compreensão), pois só assim terá condições de afastar a discricionariedade das suas decisões, proferindo-as de forma equânime de modo a atender às exigências do Estado Democrático de Direito.

Quando se opera, como é o caso da THQ, a partir dos paradigmas filosóficos que estão na base dos giros linguístico e hermenêutico, rompe-se com o esquema sujeito-objeto, e, portanto, com os problemas inerentes à dicotomia objetivismo-subjetivismo, bem como se abre um novo espaço para a compreensão da atividade registral imobiliária, posicionando-a entre a referida dicotomia. Nessa posição, em que o esquema é sujeito-sujeito e a linguagem é condição de possibilidade, o registrador, ao interpretar, cumpre as suas atribuições a partir das pré-compreensões oriundas da tradição na qual está inserido, que foram construídas por uma comunidade de sujeitos em interação, e não de forma isolada, tentando revelar o sentido da lei a partir de um dado jurídico pronto e acabado ou definindo-o a partir da sua consciência[7].

A THQ, ancorada na Crítica Hermenêutica do Direito do jusfilósofo gaúcho Lenio Streck, permite despertar para a necessidade de romper com as práticas hermenêutico-interpretativas que vigoram no meio registral imobiliário. Ao identificar que o cerne da fundamentação jurídica "está na linguagem, na historicidade, na intersubjetividade e numa tradição autêntica", a teoria proposta por Streck faz transparecer o equívoco de se pensar o Direito a partir de posturas objetivistas, que dependem da assunção de elementos ontológicos *a priori* (o que normalmente se identifica nas teses que defendem que, ao decidir, o registrador está vinculado à *legalidade estrita*), e "relativistas-subjetivistas, por meio das quais não há qualquer possibilidade de estabelecimento de uma resposta correta"[8] (como é o caso de teses vinculadas ao denominado *juízo prudencial*).

Cabe referir, ainda, que, preocupada com a objetividade na interpretação, a Crítica Hermenêutica do Direito apresenta critérios para que o titular da decisão jurídica tenha condições de responder de forma correta as demandas que lhe são dirigidas. Dos critérios por ela elencados, entende-se que os cinco princípios/padrões fundantes da decisão jurídica devem ser considerados pelo registrador no momento da qualificação registral[9]. Os cinco princípios, aqui ajustados à atividade registral imobiliária, são os seguintes:

---

[7] STRECK, Lenio Luiz. **Dicionário de hermenêutica**: 50 verbetes fundamentais da teoria do direito à luz da hermenêutica do Direito. Belo Horizonte: Casa do Direito, 2020. p. 100. (Coleção Lenio Streck de dicionários jurídicos).

[8] STRECK, Lenio Luiz. **Dicionário de hermenêutica**: 50 verbetes fundamentais da teoria do direito à luz da hermenêutica do Direito. Belo Horizonte: Casa do Direito, 2020. p. 52. (Coleção Lenio Streck de dicionários jurídicos).

[9] Conforme destaca Streck, tais princípios/padrões, "sustentados na historicidade da compreensão e na sedimentação da principiologia estabelecida pela tradição do Estado Democrático de

a) preservação da autonomia do Direito – as respostas corretas (verdadeiras) são construídas com base em critérios que exsurgem da tradição jurídica autêntica (ponto que será aprofundado a seguir), a partir dos quais se pode determinar a objetividade de uma proposição jurídica e que servem como condição de possibilidade da própria prática tal como constituída, bem como de blindagem contra os predadores da autonomia do Direito[10].

b) a superação da discricionariedade – que deve se dar a partir de um denso controle hermenêutico da interpretação feita pelo registrador (sujeito-intérprete que elabora discursos de fundamentação), espaço em que se pode pensar uma teoria da decisão livre do esquema sujeito-objeto (do positivismo, afinal), sem que isso represente, contudo, a eliminação do sujeito e a consequente aposta no método.

c) o respeito à coerência e à integridade do Direito – sendo a coerência entendida como a consistência lógica que as decisões de casos semelhantes devem guardar entre si e a integridade a exigência de que os argumentos que fundamentam a decisão sejam construídos de forma integrada ao conjunto do Direito, inclusive para, quando for o caso, romper com a coerência.

d) o dever fundamental de justificar as decisões – é a fundamentação que permite o controle (inerente ao plano da transparência do processo democrático de aplicação das leis) das decisões. Por tal motivo, os registradores, ao praticarem os atos administrativos próprios de sua atividade, devem explicitar as condições pelas quais compreenderam, justificando os fundamentos das suas decisões.

e) o direito fundamental a uma resposta constitucionalmente adequada – além de garantir que cada usuário do serviço registral tenha o seu título qualificado a partir da Constituição, este princípio afasta qualquer possibilidade de se aceitar, com base no argumento de que há várias interpretações, múltiplas repostas como corretas e, consequentemente, de se admitir que é atribuição do intérprete escolher a melhor resposta.

Partindo da ideia, defendida pela Crítica Hermenêutica do Direito com base na teoria de Ronald Dworkin, de que o Direito é um conceito interpretativo – ou seja, de que ele possui uma perspectiva construtiva dos significados da prática social que regula com o objetivo de identificar e reconstruir as finalidades que melhor justificam

---

Direito, só podem manifestar-se quando colocados num âmbito de reflexão que é radicalmente prático-concreta, pois representam um contexto de significações histórico-compartilhadas por uma determinada comunidade política [...]". STRECK, Lenio Luiz. **Verdade e consenso**: constituição, hermenêutica e teorias discursivas. 5. ed. São Paulo: Saraiva, 2014c. p. 601.

[10] Streck faz referência a dois tipos de "predadores" do Direito, os endógenos, que funcionam no plano da dogmática jurídica (entendida como senso comum teórico), dos quais destacam-se a proliferação de princípios (sic), que funcionam como álibis teóricos, e a aposta na discricionariedade, que desloca o problema da legitimação da aplicação do Direito para o protagonismo do intérprete; e os exógenos, que funcionam no plano da teoria do Direito, como o uso da moral para a correção do Direito, a política, usada para reformas que buscam fragilizar direitos, e os discursos de análise econômica do Direito, que o colocam a reboque de decisões pragmaticistas. STRECK, Lenio Luiz. **Verdade e consenso**: constituição, hermenêutica e teorias discursivas. 5. ed. São Paulo: Saraiva, 2014c. p. 602.

essa prática – entende-se que, ao realizar a qualificação registral, o registrador deve interpretar as leis de regência dos direitos em causa considerando a tradição do sistema registral imobiliário construída a partir do todo do Direito. Isso porque é ele que estabelece, de forma intersubjetiva, pois oriundo do ordenamento jurídico produzido de forma democrática, o contexto da narrativa dentro da qual os dispositivos legais relativos à atividade devem ser interpretados.

Nesse sentido, o sistema registral imobiliário brasileiro – como um dos mecanismos necessário a atender a diretiva constitucional que estabelece ao Estado o dever de garantir a inviolabilidade (jurídica) do direito de propriedade (art. 5º, *caput*) – destina-se ao registro de direitos reais, direitos obrigacionais com efeitos reais e demais direitos (ou situações jurídicas) que, mesmo sem efeito real ou cujo efeito perante terceiros independe de registro, estejam expressamente previstos em lei, sendo possível afirmar, portanto, que essa é a intencionalidade (o *point*) do serviço, que não pode ser desconsiderada na interpretação/aplicação das leis pelo registrador ao decidir se um título pode/deve ascender ao registro. Assim, por extrapolar os fins que justificam a criação do sistema, qualquer direito que escape das hipóteses acima indicadas não deve ser registrado. E, mesmo que seja registrado, não será adjetivado com os efeitos produzidos pelo registro.

Deve-se ter presente, ainda, que é essa intencionalidade – dar publicidade (algumas vezes com efeito constitutivo e outras com efeito declaratório) a direitos pactuados entre particulares, mas que produzirão efeitos perante terceiros – que também conforma o princípio da segurança jurídica no registro de imóveis brasileiro. Ao contrário dos que defendem teorias do Direito ainda reféns da dicotomia objetivismo-subjetivismo, a segurança jurídica não tem um sentido em si, que constitua a essência ou natureza do registro de imóveis e, tampouco, o seu sentido decorre da subjetividade do intérprete. O verdadeiro sentido do princípio é construído a partir de um contexto intersubjetivo, que deve ser resgatado pelo intérprete no momento da interpretação/aplicação das leis.

Explicitadas, ainda que resumidamente, as sustentações teóricas da THQ, é possível rumar aos aspectos práticos da tese. Considerando que o sistema registral imobiliário brasileiro é o do registro de direitos, só é possível decidir se um direito está apto a ingressar no fólio real após verificar se o título que lhe deu causa foi formalizado de acordo com o ordenamento jurídico. Para tanto, a qualificação registral é regra que se impõe e, à luz da THQ, deve ter, pelo menos, as seguintes etapas:

Primeira, análise preliminar. O registrador deve verificar se possui atribuição legal para praticar o ato solicitado e se o apresentante/requerente possui legítimo interesse para postular o registro. Além disso, nesta fase também é verificado se o direito formalizado no título é passível, à luz do ordenamento jurídico vigente, de ascender ao registro. Não sendo esse o caso, o registro deve ser indeferido de plano.

Segunda, saneamento. Nesta etapa, deve-se verificar a necessidade de sanear os registros antecedentes que eventualmente não atendem aos aspectos formais de escrituração previstos em lei, bem como se existem outros títulos relativos ao mesmo imóvel apresentados anteriormente e que, em razão disso, tenham prioridade no registro.

Terceira, verificação da validade do fato jurídico inscritível e sua aptidão para produzir eficácia. Nesta fase da qualificação, cabe ao registrador analisar se o direito e o título representativo de sua formalização apresentam nulidades ou anulabilidades aparentes, formais ou substantivas, que possam macular o direito a ser registrado.

Sendo o caso de nulidades, que não são passíveis de confirmação ou convalidação, o registro será negado, uma vez que o direito não possui aptidão para produzir os efeitos que dele decorrem. As anulabilidades, por sua vez, não impedem o registro, pois o direito é válido e eficaz até eventual reconhecimento judicial do vício que o inquina, podendo, ainda, ser confirmado pelas partes ou convalidado pelo decurso do prazo decadencial para pleitear o reconhecimento da anulabilidade. Contudo, além da obrigatoriedade de serem declaradas pelas partes no título, o registro também deverá indicar as causas de anulabilidade no fito de possibilitar o conhecimento de terceiros que eventualmente venham a adquirir o imóvel antes da convalidação do vício e sejam atingidos pelos efeitos da anulação. Verifica-se, portanto, que a qualificação registral não serve para exaurir todos os eventuais vícios ou defeitos do título apresentado para registro, mas apenas aqueles que têm potencial para gerar a nulidade no direito que será constituído, declarado, modificado ou extinto pelo registro.

Quarta, especialidade subjetiva. Nesta etapa busca-se verificar se as partes estão devidamente qualificadas no título e no registro, bem como se possuem capacidade/legitimidade para praticar o ato.

Quinta, especialidade objetiva. Aqui o intuito é verificar se o imóvel está corretamente identificado no título.

Sexta, especialidade do fato jurídico inscritível. Nesta fase da qualificação o registrador analisa se o fato jurídico inscritível foi instrumentalizado (aspectos formais e substantivos) de acordo com o Direito, momento em que trabalhará com os diplomas legais relativos ao direito em causa. Para bem desempenhar essa tarefa, o registrador deve considerar as especificidades de cada espécie de título (instrumento particular, escritura pública, ato administrativo ou ato judicial), bem como os efeitos que o registro irá produzir (constitutivo/substantivo ou declaratório/formal), na medida em que, quando o registro possui efeito constitutivo, a qualificação deve abranger a análise do direito a ser constituído. De outro lado, quando o efeito é declaratório, não cabe ao registrador, em regra, revisar o ato que gerou a constituição do direito (como no caso dos títulos judiciais, por exemplo).

Sétima, requisitos extrarregistrais. Nesse momento o registrador cumpre atribuições que não estão diretamente relacionadas aos direitos que serão registrados, mas que lhe são impostas por lei (e.g.: fiscalização do recolhimento de tributos incidentes sobre o ato registrado).

Oitava, decisão fundamentada que, em regra, pode ser de três tipos: a) se o título e o direito nele formalizado estão de acordo com o ordenamento jurídico, a decisão será pelo deferimento do registro; b) se o título apresenta vícios insanáveis ou o direito nele formalizado não for passível de registro, a decisão será de indeferimento do registro; e c) sendo o caso de vícios sanáveis, a decisão será no sentido de apontar exigências que, se cumpridas, possibilitarão o deferimento do registro em uma nova qualificação registral.

Do exposto, é possível adiantar que, sob pena de se descaracterizar o sistema de registro de imóveis brasileiros, qualquer proposta de definição de extrato eletrônico e dos tipos de documentos que poderão ser recepcionados dessa forma deve permitir que as etapas da qualificação ora indicadas sejam cumpridas.

Tendo feito um breve resumo de como a qualificação registral imobiliária é entendida no paradigma hermenêutico, passa-se a analisar as definições de extrato eletrônico que, até o momento, são encontradas no meio jurídico para, na sequência, propor um caminho à luz da THQ.

3. EXTRATOS ELETRÔNICOS: NOTAS CONCEITUAIS

Forçoso reconhecer que a comunidade jurídica dedicada ao direito registral imobiliário ainda está tateando o novo instituto do extrato eletrônico com o objetivo de atribuir-lhe sentido. O fato é que, se focarmos apenas no debate atual – e esse parece o caminho correto, haja vista que, conforme destaca Jacomino[11], o modelo previsto na "Lei nº 14.382/2022 não guarda mais do [que] mera similaridade com os conhecidos extratos registrais do século XIX" –, pouco se escreveu sobre o assunto. Assim, neste subcapítulo, pretendo apresentar duas posições a respeito do conceito de extrato que, de certa forma, representam os dois extremos do debate para, a partir delas, indicar a definição que pode ser construída com base na THQ.

A primeira posição que merece destaque é a defendida por Sérgio Jacomino, principal jurista do direito registral imobiliário do nosso tempo. No notável artigo *Extratos, títulos e outras notícias – Pequenas digressões acerca da reforma da LRP (Lei 14.382/22)*[12], o registrador paulista, ao delinear os principais elementos da pesquisa sobre o conceito de extrato[13], o definiu como

> um transunto do título formal, resumo aparelhado com as forças do título, mas não é independente do título, não existe sem o suporte que lhe dá origem e o projeta nas plataformas eletrônicas. Tanto o instrumento público (requisito formal *ad substantiam* – art. 108 do CC e art. 406 do CPC) como o particular (com determinados requisitos formais legalmente obrigatórios – art. 221 do CC e art.

---

[11] JACOMINO, Sergio. **Extratos, títulos e outras notícias – Pequenas digressões acerca da reforma da LRP (Lei 14.382/2022)**. Migalhas, 2022. Disponível em: <https://www.migalhas.com.br/coluna/migalhas-notariais-e-registrais/368957/extratos-titulos-e-outras-noticias>. Acesso em 16/9/2022.

[12] JACOMINO, Sergio. **Extratos, títulos e outras notícias – Pequenas digressões acerca da reforma da LRP (Lei 14.382/2022)**. Migalhas, 2022. Disponível em: <https://www.migalhas.com.br/coluna/migalhas-notariais-e-registrais/368957/extratos-titulos-e-outras-noticias>. Acesso em 16/9/2022.

[13] Os resultados da pesquisa de Jacomino podem ser resumidos da seguinte forma: a) há uma longa tradição do "instituto" do extrato no registro de imóveis brasileiro – que viria desde os primeiros decretos, ainda no século XIX. Os decretos teriam sido uma ruim importação do sistema registral francês, muito diferente do (então nascente) sistema registral brasileiro; b) o modelo de apresentação por extratos teria sido abandonado tão somente no Código Civil de 1916; c) contudo, os extratos voltariam ao cenário do ambiente registral com a lei do Sistema Financeiro da Habitação (Lei nº 4.380/1964), que, em seus artigos 60 e 61, instaurou uma espécie de apresentação ao registro de apenas um resumo do contrato; d) em 1973, quando da publicação da Lei de Registros Públicos, o afastamento do sistema de registro do modelo de extratos foi positivado no artigo 193, que assim estabelece: o registro será feito pela simples exibição do título, sem dependência de extratos; e) a Lei nº 14.382/2022 teria criado um microssistema de extratos a funcionar em paralelo ao sistema do título.

inc. II do art. 221 da LRP) são os títulos propriamente ditos. "Quando cabível", o extrato será apenas um epifenômeno, produto acidental e acessório do título em sentido formal próprio.

Com o firme propósito de preservar a finalidade do sistema de registro de imóveis no Brasil, Jacomino, além de não identificar no extrato autonomia para ingressar no fólio real desacompanhado do título que resume, conclui que só será possível qualificar por extratos os contratos produzidos no âmbito do SFH.

> Retomando a exegese do art. 6º da Lei 14.382/2022, a oração – "quando cabível" – permite que se discriminem as hipóteses em que o[s] extratos serão admitidos.
>
> Parece livre de dúvidas que serão admitidos apenas os contratos produzidos no âmbito do SFH pelas entidades que o integram, nos termos dos incisos do art. 8º da Lei 4.380, de 21 de agosto 1964: I – pelos bancos múltiplos; II – pelos bancos comerciais; III – pelas caixas econômicas; IV – pelas sociedades de crédito imobiliário; V – pelas associações de poupança e empréstimo; VI – pelas companhias hipotecárias; VII – pelos órgãos federais, estaduais e municipais, inclusive sociedades de economia mista em que haja participação majoritária do poder público, que operem, de acordo com o disposto nesta Lei, no financiamento de habitações e obras conexas; VIII – pelas fundações, cooperativas e outras formas associativas para construção ou aquisição da casa própria sem finalidade de lucro, que se constituirão de acordo com as diretrizes desta Lei; IX – pelas caixas militares; X – pelas entidades abertas de previdência complementar; XI – pelas companhias securitizadoras de crédito imobiliário; e XII – por outras instituições que venham a ser consideradas pelo Conselho Monetário Nacional como integrantes do Sistema Financeiro da Habitação.
>
> Afora esta hipótese, os demais instrumentos particulares, inclusive os firmados sob a égide do SFI – Sistema Financeiro Imobiliário, são exceptuados da regra, a teor do inciso I do art. 39 da Lei 9.514/1997, que reza: "não se aplicam [ao SFI] as disposições da Lei 4.380, de 21 de agosto de 1964, e as demais disposições legais referentes ao Sistema Financeiro da Habitação – SFH".
>
> Corrobora esta interpretação a conjugação do inc. II do art. 221 da LRP (note-se o âmbito da incidência: SFH) com o disposto no art. 38 da mesma Lei 9.514/1997, que dispõe que os atos e contratos referidos na dita lei "poderão ser celebrados por escritura pública ou por instrumento particular com efeitos de escritura pública". Ou seja: o fato de os contratos do SFI poderem ser celebrados por instrumentos particulares não significa que as regras da Lei 4.380/1964 possam ser aplicadas neste microssistema quando é a própria lei especial que expressamente veda tal extensão.
>
> Tudo isto se aplica, naturalmente, e como consectário lógico, aos extratos ou resumos (notícia) que destes instrumentos sejam decalcados.
>
> Conclui-se que tanto a escritura pública, quanto todos os demais instrumentos particulares (SFI, promessas de compra e venda e cessões etc.), títulos administrativos e judiciais não ingressam no registro de imóveis por extrato, sendo necessária a apresentação dos títulos próprios, com todas as formalidades legais.

Além da posição de Jacomino, cabe trazer ao debate o voto-vista do Conselheiro do CNJ, Mário Guerreiro, no Pedido de Providências nº 0000665-50.2017.2.00.0000/2020[14]. A relevância de analisar a posição defendida no citado voto, ainda que anterior à Lei nº 14.382/2022, decorre tanto de sua origem, o CNJ – órgão que, através da Corregedoria Nacional de Justiça, nos entregará o conceito de extrato eletrônico, bem como definirá os tipos de documentos que poderão ser recepcionados dessa forma –, quanto do fato de que o conceito de extrato explicitado no voto parece representar o pensamento que tem predominado no imaginário dos registradores de imóveis brasileiros.

Para fundamentar sua posição, Guerreiro argumentou que a introdução do modelo de extratos no Brasil seria um meio de alavancar posições do país no ranking *Doing Business* do Banco Mundial. É da proposta de provimento para o sistema de registro eletrônico, anexada ao voto do Conselheiro, que se extrai o conceito de extrato por ele defendido.

> Art. 37. Os Oficiais de Registro de Imóveis receberão dos tabeliães, das companhias de habitação integrantes da administração pública e agentes financeiros autorizados pelo Banco Central do Brasil no âmbito do Sistema Financeiro da Habitação (SFH) e do Sistema de Financiamento Imobiliário (SFI), **extratos** de escrituras públicas, instrumentos particulares com efeitos de escritura pública, cédulas de crédito em geral, autorizações para cancelamentos de garantias e outros títulos que sejam apresentados sob a forma de documento eletrônico estruturado, conforme padrão predominante adotado e definido pelas entidades representativas dos Registradores de Imóveis.
>
> § 1º Os Oficiais de Registro de Imóveis também receberão **extratos** dos títulos em que se constituírem garantias em favor Sociedades de Crédito Direto (SDC) e de Sociedades de Empréstimo entre Pessoas (SEP) ou, nos casos de promessa de compra e venda regida pelo art. 1.417 do Código Civil ou de alienação fiduciária regida pela Lei 9.514/97, formalizados por incorporadoras ou loteadoras.
>
> § 2º **O disposto no *caput* se aplica** às cédulas de crédito rural, cédulas de crédito industrial, cédulas de produto rural, letra de crédito imobiliário, cédulas de crédito imobiliário ou respectivo termo de emissão.
>
> § 3º O extrato mencionado no artigo anterior, para ser recepcionado, deverá ser **assinado eletronicamente pelo representante legal do credor e conter declaração de que seus dados correspondem ao original em seu poder.**

---

[14] O Pedido de Providências teve como objeto a criação do Estatuto do Operador Nacional do Sistema de Registro Eletrônico – ONR. Após a instrução processual, concluiu-se pela necessidade de estabelecer, por ato normativo regulamentar, além das diretrizes para o estatuto do Operador Nacional do Sistema de Registro Eletrônico – ONR, as regras de funcionamento do Sistema de Registro Eletrônico de Imóveis – SREI, a disciplina jurídica do Código Nacional de Matrículas e a forma de acesso ao SREI pelo Sistema Nacional de Gestão de Informações Territoriais – SINTER. O Pedido de Providências resultou no Provimento nº 89/2019, que ainda disciplinou o Serviço de Atendimento Eletrônico Compartilhado – SAEC. GUERREIRO, Mário. **Pedido de Providências nº 0000665-50.2017.2.00.0000/2020 – Conselho Nacional de Justiça.** Kollemata, 2022. Disponível em: < https://www.kollemata.com.br/registro-eletronico-srei-onr-sinter-matricula-cnm-provimento-cnj-89-2019.html>. Acesso em 25/9/2022.

§ 4º Para fins de apresentação eletrônica aos Registros de Imóveis e respectivo procedimento registral, o extrato substitui o contrato.

§ 5º Junto à apresentação eletrônica do extrato para fins de registro, os interessados poderão, **a seu critério**, solicitar o arquivamento da íntegra do instrumento contratual que lhe deu origem, enviado mediante arquivo eletrônico do tipo PDF/A e declaração de que corresponde ao original firmado pelas partes.

§ 6º A informação, no extrato, dos impostos pagos pela transmissão imobiliária, com indicação do tipo, valor e da data do recolhimento, dispensa a anexação do comprovante, caso as informações sejam suficientes para que o Registro de Imóveis possa comprovar o pagamento da guia no sítio eletrônico do respectivo ente público na rede mundial de computadores.

§ 7º Caso não seja possível confirmar o pagamento na forma do artigo anterior, os documentos que acompanharem o extrato e o comprovante de recolhimento do imposto ou a certidão de quitação deverão ser apresentados em documento nato digital ou digitalizado, assinados com certificado digital.

§ 8º Será dispensada a apresentação da escritura de pacto antenupcial, desde que o regime de bens e os dados de seu registro sejam indicados no extrato, com a informação sobre a existência ou não de cláusulas especiais.

§ 9º O título apresentado em documento eletrônico estruturado dispensa a análise, pelo oficial, de elementos, cláusulas ou condições não constantes das informações do extrato. (grifo nosso)

A leitura do dispositivo, que, vale dizer, não foi aprovado pelo plenário do CNJ, permite verificar que parte das inovações introduzidas pela Lei nº 14.382/2022 assemelham-se à proposta de Guerreiro. Em ambos os textos é possível identificar que, no modelo de extratos eletrônicos, (i) a qualificação fica limitada ao conteúdo dos extratos, dispensando-se, portanto, a análise de elementos, cláusulas ou condições que dele não constarem (art. 37, §§ 3º, 4º e 9º; art. 6º, § 1º, I, "a"), (ii) quando o extrato for instrumentalizado por tabelião de notas, ou instituições financeiras que atuem com crédito imobiliário autorizadas a celebrar instrumentos particulares com caráter de escritura pública, será faculdade do requerente anexar-lhe o título de origem (art. 37, § 5º; art. 6º, § 1º, III[15] e IV[16]), (iii) é dispensada a apresentação da escritura de pacto antenupcial desde que os dados de seu registro e o regime de bens sejam indicados no extrato eletrônico, com a informação sobre a existência ou não de cláusulas especiais (art. 37, § 4º; art. 6º,

---

[15] O inciso III do § 1º do art. 6º da Lei nº 14.382/2022, que prevê a obrigatoriedade de os extratos eletrônicos relativos a bens imóveis, com exceção da hipótese em que são instrumentalizados por tabelião de notas, serem acompanhados das cópias simples dos instrumentos contratuais que lhes deram origem, foi vetado pelo Presidente da República. Com o veto, a anexação do título ao extrato deixaria de ser obrigatória em qualquer hipótese, aproximando muito o texto da lei ao disposto no § 5º, do art. 37, da proposta de provimento apresentada pelo Conselheiro Guerreiro ao plenário do CNJ. Entretanto, o veto foi derrubado pelo Congresso Nacional, estando o dispositivo em vigor. Deve-se ressaltar, contudo, que a derrubada do veto não põe termo à discussão envolvendo a definição de extratos eletrônicos, pois, conforme estabelece o § 1º, I, "a", do mesmo artigo 6º, a qualificação registral do título deve ser realizada pelos elementos, cláusulas e condições constantes dos extratos.

[16] O inciso IV foi inserido no § 1º do art. 6º da Lei nº 14.382/2022 pela MP 1.162/2023.

§ 1º, I, "a"), e, por fim e um dos pontos mais importantes, (iv) é possível apresentar, por extratos, diversas espécies de títulos (art. 37, *caput*, e §§ 1º e 2º; art. 6º, *caput*).

Diante do exposto, fica fácil perceber que as posições descritas neste subcapítulo são diametralmente opostas. Se, de um lado, preocupado com a preservação do sistema de registro de imóveis brasileiro, Jacomino apresenta uma tese que limita a abrangência dos extratos, de outro, a proposta de Guerreiro, influenciada por análises econômicas do Direito, que o colocam a reboque de visões pragmaticistas, pode conduzir a uma completa modificação no sistema de registro de imóveis no Brasil.

Essas são até o momento as definições de extratos eletrônicos encontradas no meio jurídico. No próximo subcapítulo, proponho um novo horizonte de sentido, lastreado nas ideias centrais da Teoria Hermenêutica da Qualificação Registral Imobiliária.

4. QUALIFICAÇÃO REGISTRAL IMOBILIÁRIA E EXTRATOS ELETRÔNICOS: O ELEMENTO HERMENÊUTICO E O NECESSÁRIO AJUSTE (*FIT*) DWORKINIANO

Quero, de agora em diante, apresentar como é possível trabalhar a questão à luz dos paradigmas filosóficos e jurídicos que sustentam a THQ. Quiçá tentar oferecer linhas de interpretação para o problema, ou, no mínimo, indicar quais são as balizas fundamentais do debate que se inicia.

Nesse empreendimento, devo anunciar, desde já, que cerro fileiras em torno do pressuposto que sustenta a tese de Jacomino: a preservação do sistema de registro de imóveis no Brasil. Entretanto, faço isso a partir de outro lugar, conforme se verá.

Por outro lado, tendo em vista o disposto no artigo 6º da Lei nº 14.382/2022, não parece possível limitar o modelo de extratos apenas aos contratos do SFH. Fazer isso representaria desconsiderar a produção democrática do Direito. Parece claro na lei, e, nesse ponto, aproximo-me da proposta de Guerreiro, que será possível resumir qualquer espécie de título em extratos eletrônicos, na medida em que o *caput* do referido artigo 6º estabelece, de forma abrangente, que os oficiais receberão dos interessados extratos eletrônicos para registro ou averbação de fatos, de atos e de negócios jurídicos.

Conforme expus na segunda parte deste ensaio, acredito que, para pensar o Direito de forma antidiscricionária, o jurista deve estar munido de uma teoria que se preocupe com o elemento hermenêutico (discursos de compreensão). Quando se opera, como é o caso da THQ, a partir dos paradigmas filosóficos que estão na base dos giros linguístico e hermenêutico, rompe-se com o esquema sujeito-objeto, e, neste *logos*, qualquer atribuição de sentido a dispositivos legais estará liberta da literalidade do texto (mero enunciado linguístico), passando a considera a historicidade e o sentido interpretativo desenvolvido pela tradição jurídica do sistema em que o texto está inserido.

Tendo isso em mente, não é possível pensar em qualquer definição de extrato eletrônico que, numa espécie de idolatria da produção e da técnica, desconsidere o fato de que o Brasil está inserido no sistema de registro de direitos. E isso quer dizer que o extrato eletrônico de títulos que representem fatos, atos e negócios jurídicos deve conter todos os elementos, cláusulas e condições que envolvam direitos reais, direitos obrigacionais com efeitos reais e demais direitos (ou situações jurídicas) que, mesmo sem efeito real ou cujo efeito perante terceiros independe de registro, estejam expressamente previstos em lei.

Veja-se que, respeitando a tradição do registro de imóveis brasileiro, é possível começar a estabelecer uma cadeia de sentidos para o instituto do extrato eletrônico que não desvirtue o sistema. Do que foi dito no parágrafo anterior extrai-se, como primeira orientação, que os extratos devem conter quaisquer pactuações relativas a direitos sobre bens imóveis que, em virtude de lei, produzam efeitos perante terceiros, pois a intencionalidade que norteia o registro de imóveis brasileiro é, justamente, dar publicidade (algumas vezes com efeito constitutivo e outras com efeito declaratório) a tais direitos.

A segunda orientação vai no sentido de que as cláusulas envolvendo direitos obrigacionais, eventualmente constantes dos títulos, por não produzirem efeitos reais, não precisarão constar dos extratos eletrônicos. E isso é assim, pois tais pactuações, conforme já defendia Afrânio de Carvalho em sua obra maestra[17], não são objeto de exame pelo oficial de registro.

O que proponho, portanto, é um caminho hermenêutico, ou seja, atribuir sentido ao instituto do extrato eletrônico a partir da tradição do registro de imóveis. Estando isso claro, para avançar recorro ao jusfilósofo estadunidense, Ronald Dworkin, e ao seu conceito de *fit*, usado para articular os problemas e soluções envolvendo desacordos jurídicos. Em apertada síntese, pode-se dizer que, quando surgem desacordos, a solução conceitualmente correta é a que mais se ajusta/adequa (*fit*) ao uso socialmente compartilhado dela. De alguma forma, ao interpretar, o jurista procede a um juízo de adequação, a um ajuste, de qual regra/princípio melhor se adequa ao caso concreto. Falando a partir da perspectiva jurisdicional, Dworkin[18] afirma que

> o senso de qualquer juiz acerca da finalidade ou função do direito, do qual dependerá cada aspecto de sua abordagem da interpretação, incluirá ou implicará alguma concepção da integridade e coerência do Direito como instituição, e esta concepção irá tutelar e limitar sua teoria operacional de ajuste – isto é, suas convicções sobre em que medida uma interpretação deve ajustar-se ao Direito anterior, sobre qual delas e de que maneira.

No caso estudado neste ensaio, o ajuste a ser realizado pelo intérprete para atribuir sentido ao novo instituto dos extratos eletrônicos deve levar em consideração, para além da intencionalidade que norteia o registro de imóveis brasileiro, conforme acima indicado, o uso que se fará dos extratos. Dito de outra forma, o sentido que se der aos extratos eletrônicos deve permitir que as etapas da qualificação registral imobiliária, explicitadas na segunda parte deste trabalho, sejam cumpridas.

Assim, os extratos devem permitir que o registrador, ao realizar a qualificação registral, consiga verificar: a) se possui atribuição legal para praticar o ato solicitado e se

---

[17] CARVALHO, Afrânio de. **Registro de imóveis**: comentários ao sistema de registro em face da lei 6.015, de 1973. Rio de Janeiro: Forense, 1976. p. 251 e seg.
[18] DWORKIN, Ronald. De que maneira o direito se assemelha à literatura. In: DWORKIN, Ronald. **Uma questão de princípio**. Tradução Luís Carlos Borges. São Paulo: Martins Fontes, 2000, p. 241

o apresentante/requerente possui legítimo interesse para postular o registro; b) a necessidade de sanear os registros antecedentes que eventualmente não atendem aos aspectos formais de escrituração previstos em lei, ficando dispensada, em atenção ao disposto no artigo 6º, § 2º, da Lei nº 14.382/2022, a atualização prévia da matrícula quanto aos dados objetivos ou subjetivos; c) a validade do fato jurídico inscritível e sua aptidão para produzir eficácia. Para tanto, o extrato deverá conter todas as cláusulas relacionadas aos direitos que ascenderão ao fólio real, pois só assim o registrador terá condições de analisar eventuais nulidades ou anulabilidades, que possam macular o direito a ser registrado; d) a qualificação das partes e a identificação do imóvel; e) se o fato jurídico inscritível foi pactuado de acordo com o Direito, o que, novamente, impõe que o extrato contenha todas as cláusulas relacionadas aos direitos que serão registrados; f) se os requisitos extrarregistrais foram atendidos, o que poderá resultar na necessidade de serem anexados ao extrato, por exemplo, guias de quitação de tributos e certidões negativas de débitos fiscais.

Para além do exposto, outros dois aspectos precisam ser considerados: a depender do caso concreto, o extrato deverá estar acompanhado de documentos, como, por exemplo, procurações, certidões expedidas por juntas comerciais, registro civil de pessoas jurídicas e de pessoas naturais; quando elaborados sem a participação de um agente do Estado cuja função tenha fé pública, parece inconcebível pensar em registrar extratos eletrônicos que não tenham sido firmados por todas as partes envolvidas no fato, ato ou negócio jurídico nele resumido.

Nesse sentido, a compatibilização – o *fit* dworkiniano – do instituto do extrato (inovação) com o sistema registral brasileiro (tradição) deve caminhar para que o extrato forneça um resumo de informações que não comprometam a qualificação registral. Caso contrário – se o modelo de extratos impedir que a qualificação registral cumpra as etapas indicadas neste estudo –, o registrador estará autorizado a exigir a apresentação do título que deu origem ao extrato, mesmo quando instrumentalizado por tabelião de notas ou instituições financeiras que atuem com crédito imobiliário autorizadas a celebrar instrumentos particulares com caráter de escritura pública.

De referir, ainda, que, em relação às especialidades subjetiva e objetiva, é possível pensar em extratos eletrônicos com dados estruturados que permitam a lavratura mais rápida de alguns registros. Contudo, o mesmo não se pode dizer em relação à especialidade do fato jurídico inscritível, campo em que a qualificação registral é substantiva e pode sofrer influências do caso concreto.

Diante do exposto, salta aos olhos a dificuldade que a Corregedoria Nacional de Justiça enfrentará para, em atenção ao disposto no artigo 7º, VIII, da Lei nº 14.382/2022, definir extrato eletrônico e os tipos de documentos que poderão ser recepcionados dessa forma. Talvez, num primeiro momento, o caminho seja testar o modelo de extratos nos contratos que, por disposição legal, contenham quadros resumos, como é o caso, por exemplo, das Leis nºs 4.591/1964 e 6.766/1979, nas escritas públicas de compra e venda sem cláusulas especiais e nos instrumentos de constituição de direitos reais de garantia e seus cancelamentos.

Deve-se ter presente, contudo, que, mesmo nessas espécies de títulos, a tarefa apresentará desafios, como no caso das alienações fiduciárias em garantia, cujo extrato – além das cláusulas relativas (i) ao valor do principal da dívida, (ii) ao prazo e as condições de reposição do empréstimo ou do crédito do fiduciário, (iii) à taxa de juros e os encargos incidentes, (iv) à constituição da propriedade fiduciária, com a descrição do imóvel objeto da alienação fiduciária e a indicação do título e modo de aquisição, (v) ao direito do fiduciante, enquanto adimplente, à livre utilização, por sua conta e risco, do imóvel objeto da alienação fiduciária, (vi) à indicação, para efeito de venda em público leilão, do valor do imóvel e dos critérios para a respectiva revisão e (vii) o prazo de carência após o qual será expedida a intimação – deverá conter todas as regras procedimentais relativas à execução extrajudicial da garantia. Só assim o registrador terá condições de, ao realizar a qualificação registral, verificar se a alienação fiduciária foi pactuada de forma a atender ao disposto no artigo 24 da Lei nº 9.514/1997.

Por fim, considerando tudo o que foi dito, é necessário enfatizar que, na tarefa de definir extratos eletrônicos e os tipos de documentos que poderão ser recepcionados de forma resumida, a Corregedoria Nacional de Justiça não poderá distanciar-se do sistema registral imobiliário brasileiro, sob pena de promover um rompimento com a tradição, o que não parece estar autorizado no artigo 6º da Lei nº 14.382/2022. A alteração do sistema, limitativa da qualificação registral, demandaria um grande debate com a sociedade, que resultasse em nova produção legislativa, ajustada ao dever do Estado em garantir a inviolabilidade (jurídica) do direito de propriedade, nos termos previstos no *caput* do artigo 5º da Constituição Federal. Dito de outra forma, uma mudança de sistema – que existe, fundamentalmente, para tutelar direitos – precisaria de algo mais do que a simples possibilidade de recepção de extratos eletrônicos pelos serviços de registro, que, vale lembrar, foi gestada sem um legitimador debate democrático que deixasse clara a intenção de mudar o sistema registral imobiliário brasileiro.

5. REFLEXÕES FINAIS E OS LIMITES DA TECNOLOGIA

Em linhas gerais, penso que a qualificação por extratos, por ora, não é vitória nem derrota. A inovação empata, já que não enfrenta o principal: o problema da discricionariedade decisória no registro de imóveis. Quiçá um empate amargo, porque joga mais lenha no fogo do feitiço da tecnologia.

Se o modelo de extratos for entendido e praticado como antecipação de uma modificação total do sistema registral brasileiro, terá sido uma importante derrota. Se, por outro lado, for entendido como modificação tão somente de questões técnicas, preservando as características do sistema e da qualificação registral, então poderá representar algum avanço – caso resulte em interoperabilidade entre quem produz o título e quem os registra, que reverta em ganho de desempenho no processo de registro no que se refere a aspectos mais simples da qualificação registral, como a identificação das partes (especialidade subjetiva) e do imóvel (especialidade objetiva).

Em qualquer cenário, penso que é indispensável considerar o seguinte: a) o modelo de extratos não muda o essencial do sistema: a qualificação registral, que deve sempre passar pelas etapas que indiquei neste estudo; b) máquinas até podem qualificar títulos (ou extratos de títulos) no sistema de registro de documentos, mas não no sistema de registro de direitos. A tecnologia é produto do homem. E ainda cabe ao homem resolver os problemas do homem. Noutras palavras, a tecnologia pode resolver tudo, menos o principal. Sérgio Jacomino, em mais este ponto, foi brilhante[19]: "A 'jurisfobia',

---

19 JACOMINO, Sergio. **Serp e a função pública delegada**. Migalhas, 2022. Disponível em: <https://www.migalhas.com.br/coluna/migalhas-notariais-e-registrais/372594/lei-14-

de cariz positivista, que tenta solver os conflitos de interesses com uso massivo de novas tecnologias, embala os prejuízos com a qualificação registral, atuação de um jurista".

Sendo criação humana, a tecnologia pode ajudar o homem. Se estiver a serviço da humanidade, a tecnologia pode e costuma ser muito útil para uma série de questões. Por outro lado, o mais importante a tecnologia ainda não pode fazer. Dostoiévski já alertava sobre os milagres que o ser humano mesmo faz para enfrentar o fato de não poder viver sem milagres.

E é por isso que nestas reflexões finais reabro a discussão desde um ponto de vista mais geral e abstrato. É que uma posição justa sobre a tecnologia e os feitiços da tecnologia pode iluminar o que, no fundo, está em debate e o que não está em questão.

O que está posto é uma já conhecida discussão sobre Direito e tecnologia, agora, contudo, aplicada ao registro de imóveis e à atribuição decisória do registrador. Afinal, faz décadas que o assunto é abordado desde o ponto de vista da decisão judicial e tecnologia – ora especificada em inteligência artificial, ora detalhada em softwares, algoritmos e outras infraestruturas.

O mais importante neste assunto sempre foi o seguinte: se são os seres humanos que criam as tecnologias de decisão (como a inteligência artificial), quem decide o que as tecnologias devem decidir? Há decisão jurídica sem caso concreto? Isto é, se a decisão jurídica deve estar voltada ao caso concreto, como formular respostas antes de surgirem perguntas, nuances e especificidades do caso concreto?

A tecnologia é uma ferramenta e, como tal, pode ser útil se usada com o seu propósito. Por outro lado, tal como não podemos serrar com um martelo, não podemos esperar resolver problemas que a tecnologia não consegue.

Quiçá o problema central que a tecnologia não consegue resolver, quando relacionada ao Direito, é enfrentar o problema da discricionariedade. É desenvolver uma teoria e prática da decisão (ora do oficial de registro) que consiga fornecer respostas corretas em Direito – condição para promover segurança jurídica.

Dito de outro modo: se o Direito é uma atividade eminentemente interpretativa, caso os seres humanos forem muito exitosos em desenvolver algoritmos e tecnologias de interpretação, o máximo que se conseguirá alcançar é antecipar o momento da interpretação – e não eliminar o momento da interpretação, como, talvez, seja o que se pretende no modelo da qualificação registral de extratos eletrônicos. Sendo muito generoso, seria, contudo, uma interpretação de baixa qualidade, porque distante do caso concreto. Seria uma nova fase do Direito, servido ao atacado e ainda mais abstrato.

Mas, sendo menos generoso, seria impossível tal antecipação. Isso porque, como Gadamer[20] nos ensina, não há cisão entre compreender-interpretar-aplicar. Todo caso concreto, vez que recheado de especificidades, possui lá suas ambiguidades, vaguezas. O Direito como linguagem é dúbio, se não por outros motivos, porque a linguagem é dúbia – a cadeia de significados está sempre "em disputa". E quando, aparentemente, não há ambiguidades no Direito, é tão somente porque elas já foram resolvidas.

-382-22--serp-e-a-funcao-publica-delegada>. Acesso em 7/9/2022.

[20] GADAMER, Hans-Georg. **Verdade e método I**: traços fundamentais de uma hermenêutica filosófica. 15. ed. Petrópolis: Vozes; Bragança Paulista: Editora Universidade São Francisco, 2015. p. 426.

Bem, o que estou querendo dizer é que tendo uma compreensão relativamente inadequada do problema, não é possível avançar para soluções relativamente adequadas. *After all*, o problema do registro de imóveis é a discricionariedade. É cada registrador decidir diferente em casos iguais. É o mesmo título ser registrado em uma serventia e devolvido em outra – quando não títulos semelhantes ora serem registrados e ora serem devolvido sem registro na mesma serventia. Só que um problema de tal natureza não pode ser resolvido mediante extratos eletrônicos, algoritmos, inteligência artificial, robotização, em suma, mediante tecnologia.

Daí que não está em debate a importância da tecnologia, mas ao mesmo tempo não está em debate a trivialidade da tecnologia. O que está em jogo é não nos deixarmos sepultar pelas lavas do tecnicismo. E como não podemos viver sem milagres, façamos milagres! Dotemos o Registro de Imóveis de uma substantiva teoria e prática da decisão!

6. REFERÊNCIAS BIBLIOGRÁFICAS

BOTTEGA, Jéverson Luís. **Qualificação Registral Imobiliária à luz da Crítica Hermenêutica do Direito: equanimidade e segurança jurídica no registro de imóveis**. Belo Horizonte: Conhecimento Editora, 2021.

CARVALHO, Afrânio de. **Registro de imóveis:** comentários ao sistema de registro em face da lei 6.015, de 1973. Rio de Janeiro: Forense, 1976.

DWORKIN, Ronald. De que maneira o direito se assemelha à literatura. In: DWORKIN, Ronald. **Uma questão de princípio**. Tradução Luís Carlos Borges. São Paulo: Martins Fontes, 2000.

GADAMER, Hans-Georg. **Verdade e método I:** traços fundamentais de uma hermenêutica filosófica. 15. ed. Petrópolis: Vozes; Bragança Paulista: Editora Universidade São Francisco, 2015.

GUERREIRO, Mário. **Pedido de Providências nº 0000665-50.2017.2.00.0000/2020 – Conselho Nacional de Justiça**. Kollemata, 2022. Disponível em: < https://www.kollemata.com.br/registro-eletronico-srei-onr-sinter-matricula-cnm-provimento-cnj-89-2019.html>. Acesso em 25/9/2022.

JACOMINO, Sergio. **Extratos, títulos e outras notícias – Pequenas digressões acerca da reforma da LRP (Lei 14.382/2022)**. Migalhas, 2022. Disponível em: <https://www.migalhas.com.br/coluna/migalhas-notariais-e-registrais/368957/extratos-titulos-e-outras-noticias>. Acesso em 16/9/2022.

JACOMINO, Sergio. **Serp e a função pública delegada**. Migalhas, 2022. Disponível em: <https://www.migalhas.com.br/coluna/migalhas-notariais-e-registrais/372594/lei-14-382-22--serp--e-a-funcao-publica-delegada>. Acesso em 7/9/2022.

JARDIM, Mónica. **Efeitos substantivos do registo predial:** terceiros para efeitos de registo. Coimbra: Almedina, 2015.

LEÃO, Emannuel Carneiro. **Aprendendo a Pensar**. Petrópolis: Vozes, 1977.

MARQUES, José Frederico. **Ensaio sobre a jurisdição voluntária**. Campinas: Millennium, 2000.

STRECK, Lenio Luiz. **Dicionário de hermenêutica:** 50 verbetes fundamentais da teoria do direito à luz da hermenêutica do Direito. Belo Horizonte: Casa do Direito, 2020. (Coleção Lenio Streck de dicionários jurídicos).

STRECK, Lenio Luiz. **Verdade e consenso:** constituição, hermenêutica e teorias discursivas. 5. ed. São Paulo: Saraiva, 2014c.

13
ART. 246 DA LEI Nº 6.015/1973, COM A REDAÇÃO DADA PELA LEI Nº 14.382/2022

João Pedro Lamana Paiva

> "São injustas todas as ações, que se referem ao direito de outros homens, cujas máximas não se harmonizem com a publicidade, pois, uma máxima que eu não posso manifestar em voz alta sem que, ao mesmo tempo, minha própria intenção seja frustrada, que deve ficar inteiramente secreta se quiser ser bem-sucedida, e que eu não posso confessar publicamente sem provocar de modo inevitável a oposição de todos contra o meu propósito, uma máxima assim só pode obter a necessária e universal reação de todos contra mim, cognoscível *a priori*, pela injustiça com que a todos ameaça"
>
> KANT. Immanuel. Zum ewigen Frieden – Ein philosophischer Entwurf 381. Hrsg. von H. Klemme. Hamburg: F. Meiner, 1992, p. 97.
>
> "Alle auf das Recht anderer Menschen bezogene Handlungen, deren Maxime sich nicht mit der Publizität verträgt, sind unrecht"

A Publicidade é um fenômeno que gera paz e estabilidade social. Para o Direito, o "tornar conhecido", o "trazer à luz", oportuniza o conhecimento e, consequentemente, a geração de efeitos, para fins de proteção de oponibilidade e, como consequência, de segurança jurídica.

A Sociedade atual experimenta a transição entre situações ocultas, clandestinas, para fatos, atos e negócios absolutamente aparentes e publicizados. Em razão disso surgem legislações que pretendem estabelecer controle sobre abusos que possam sobrevir desta publicidade (proteção dos direitos da personalidade e Lei Geral de Proteção de Dados).

Ganha evidência para a Sociedade e para os Governos o evento da Publicidade. Ou por meio das redes sociais e outras mídias, ou pela atuação estatal exigindo providências antes desprezadas, estamos hoje interligados e conectados de um modo que restam poucos espaços para alguém ou algum fato não se tornar conhecido.

A digitalização também integra esse fenômeno.

Como proteger sem conhecer? Ao Direito importa, portanto, conhecer (Publicidade) para poder acertadamente proteger. Dificulta-se a proteção daquilo que não é conhecido. Os elementos de prova tendem a ser mais difíceis e instáveis.

Nesta toada, importa destacar a alteração do art. 246 da Lei nº 6.015/1973 promovida pela Lei nº 14.382/2022.

Para auxiliar na análise da inovação legislativa, traça-se um paralelo entre o texto original do Decreto nº 4.857/39 e o texto anterior e o atual da Lei nº 6.015/73 – LRP, na parte alterada (excertos do art. 246 restaram inalterados):

Decreto nº 4.857/39	TEXTO ANTERIOR LRP	TEXTO ATUAL LRP
Art. 285. Serão, também, averbadas, à margem das respectivas transcrições a mudança de numeração, a edificação, a reconstrução, o desmembramento, a demolição, a alteração do nome por casamento ou desquite, ou, ainda, quaisquer outros circunstâncias que, por qualquer modo, afetem o registro ou as pessoas nele interessadas.	**Art. 246.** Além dos casos expressamente indicados no item II do artigo 167, serão averbadas na matrícula as sub-rogações e outras ocorrências que, por qualquer modo, alterem o registro.	**Art. 246.** Além dos casos expressamente indicados no inciso II do *caput* do art. 167 desta Lei, serão averbadas na matrícula as sub-rogações e outras ocorrências que, por qualquer modo, alterem o registro ou repercutam nos direitos relativos ao imóvel. (Redação dada pela Lei nº 14.382, de 2022)
Parágrafo único. A averbação da mudança de numeração, da edificação, da reconstrução, do desmembramento e da demolição, será feita a requerimento do interessado, com a firma devidamente reconhecida, instruído com certidão da Prefeitura Municipal, que comprove a ocorrência. A alteração do nome por casamento ou desquite só poderá ser averbada, quando devidamente comprovada por certidão do registro civil.		§ 1º-A No caso das averbações de que trata o § 1º deste artigo, o oficial poderá providenciar, preferencialmente por meio eletrônico, a requerimento e às custas do interessado, os documentos comprobatórios necessários perante as autoridades competentes. (Incluído pela Lei nº 14.382, de 2022)

Esta linha do tempo demonstra com clareza a evolução e a relevância da publicidade ao longo das últimas 8 (oito) décadas na atividade registral, ficando nítido que o legislador sempre dedicou especial atenção aos seus mecanismos, seus reflexos e ao seu protagonismo como garantidora de direitos e da segurança jurídica.

A toda evidência, constata-se que o anterior *caput do art. 246 da Lei nº 6.015/1973* efetivamente necessitava de adequação.

Primeiro, porque a técnica redacional não era precisa, alcançando o necessário aperfeiçoamento agora. Efetivamente, não se tratava de "item" II, mas de "inciso" II.

A remissão ao art. 167 da própria lei também é relevante, a fim de se evitar ter de interpretar para concluir neste sentido.

Segundo e fundamentalmente, porque a alteração agora em vigor disciplina que a indicação dos atos de averbação que podem ser gerados não estão atrelados apenas às situações que alteram o ato de registro *stricto sensu*, mas também a qualquer ato registral, podendo e devendo afetar também os atos de abertura de matrícula e as próprias averbações.

Reforça-se, assim, o interesse da Lei em enfatizar que o sistema registral brasileiro é aberto, dinâmico, está em constante transformação e aperfeiçoamento. E isso ocorre e se materializa pela possibilidade de lançamento de atos de averbação que direta ou indiretamente afetam tudo o quanto conste do Fólio Real, e não só aos atos próprios de registro.

Assim, os elementos da matrícula podem ser alterados, retificados ou complementados por ato de averbação, do mesmo modo como averbações que precisam sofrer alguma adaptação estão sujeitas ao realizar de nova averbação para materializar e efetivar o aprimoramento do sistema e sua maior valia às relações humanas, negociais ou não.

O ordenamento jurídico pátrio não conta, portanto, com um sistema registral engessado, rígido, estático, mas, pelo contrário, dispõe de um sistema apto a sofrer constantes transformações em prol do interesse individual e/ou coletivo.

Tal evento concretiza-se primeiro pelo lançar de um ato administrativo para enunciar esta transformação, agora melhor disciplinado pela referência de que as averbações podem ser realizadas sobre tudo quanto repercuta nos direitos relativos a imóveis. E veio bem, a Lei, ao não especificar a natureza de tais direitos. Não limitando, abarcou situações que decorrem do direito real, mas também do direito das obrigações; do direito privado, mas também do direito público; de questões envolvendo direitos difusos e coletivos, a exemplo dos reflexos ambientais que devem ser publicizados.

Esse grande passo dado pelo legislador encontrou, sem dúvida, inspiração na teoria que criou e inseriu na prática registral o Princípio da Concentração, que teve seu início pela interpretação ampla da antiga redação do artigo 246 da LRP elaborada por juristas da área, dentre eles o autor deste artigo, culminando com sua consagração pela promulgação da Lei 13.097/2015, que tem por finalidade trazer para matrícula tudo aquilo que se referir ao imóvel ou à pessoa.

Com efeito, a dinâmica adotada pela Lei importa ao desenvolvimento econômico e social do Brasil. Neste contexto, na dicção de Montes[1], *O fenômeno publicitário se nos apresenta como antitético da clandestinidade*. Concentrando o máximo de informações na matrícula através da abertura propalada para lançar todas as averbações que disserem respeito não apenas ao ato de registro, mas também à matrícula e às averbações, afasta-se a seleção adversa, reduz-se a assimetria informacional, evita-se o risco moral e gera-se a publicidade necessária, que oportunizará segurança jurídica e a redução de custos de transação.

Parece, *prima facie*, sem tanta relevância a alteração promovida no *caput* do art. 246 da Lei nº 6.015/1973, pela simplicidade das modificações produzidas; porém, a lei não contém texto inócuo e esta pontual alteração tem o potencial de gerar melhorias no sistema.

Destaca-se a expressão "por qualquer modo" decorrente do texto legal, o qual já estava presente, é certo, mas que vale a oportunidade lembrar para corroborar a abertura dada pelo sistema para recepcionar e incorporar toda ordem de informações

---

[1] MONTES, Angel Cristóbal. **Direito imobiliário registral** Trad. Francisco Tost. Porto Alegre: IRIB: Sergio Antonio Fabris, 2005, p. 15.

relevantes. O alcance de aplicação do dispositivo em evidência, mas também suas limitações, certamente continuarão a ser melhor compreendidas e instrumentalizadas pelos operadores do Direito. Estamos diante, portanto, de norma em aberto, passível de receber críticas e aperfeiçoamentos quando levadas em consideração as situações concretas que aportam diariamente nos Registros Imobiliários do Brasil.

Neste particular, calha observar que a adaptação realizada, mais uma vez, reforça o relevantíssimo Princípio da Concentração, ou seja, nenhum fato jurígeno ou ato jurídico que diga respeito à situação jurídica do imóvel ou às mutações subjetivas pode ficar indiferente ao Registro/Averbação na matrícula.

Passando à análise do novo dispositivo, o § *1º-A do art. 246 da Lei nº 6.015/1973*, tal acréscimo visa atender ao Princípio da Eficiência, inclusive materializando o propósito de simplificação de procedimentos buscado pela Lei nº 14.382/2022, como será demonstrado.

Pela novidade normativa ora analisada, a Lei passou a conferir ao Registro de Imóveis a possibilidade de diligenciar alcançando os documentos necessários visando à confecção do título, de modo a torná-lo apto a ensejar uma qualificação positiva a fim de poder gerar os atos de averbação para materializar as hipóteses indicadas nos itens 4 e 5 do inciso II do art. 167 da Lei nº 6.015/1973.

Tais itens referem-se às averbações que envolvem os Princípios da Especialidade Objetiva (item 4) e Subjetiva (item 5). O primeiro versa a respeito dos casos de mudança de denominação e de numeração dos prédios, da edificação, da reconstrução, da demolição, do desmembramento e do loteamento de imóveis. O segundo relaciona-se com a alteração do nome por casamento ou por separação ou divórcio, ou, ainda, de outras circunstâncias que, de qualquer modo, tenham influência no registro ou nas pessoas nele interessadas.

Agora, visando atender ao interesse da parte interessada, poderá o Registro Predial atuar na busca de documentos para instrumentalizar títulos, tornando-os aptos à prática dos atos necessários. O pressuposto para agir está em ter sido apresentado um título incompleto, entendido quando carece de apresentação de um outro documento complementar para validar ou de qualquer modo comprovar alguma informação sustentada pelo requerente.

Aufere-se, com tal possibilidade, maior dinamicidade nas rotinas registrais, evitando-se a burocracia e o desgaste de tempo e de recursos. A título de exemplo, faltando apenas uma certidão do Registro Civil das Pessoas Naturais para que o Registro de Imóveis possa cumprir sua missão registrando um título que pretende acesso ao Álbum Imobiliário, não se deve mais gerar a nota de devolução, interrompendo o fluxo registral, devolvendo o título ao interessado para que ele próprio providencie o documento necessário, dispendendo tempo e recursos com tais rotinas quando o próprio Serviço Registral poderia contatar o Registro Civil das Pessoas Naturais competente objetivando alcançar o documento necessário para poder agir. Assim o fazendo e repassando a despesa correspondente ao usuário, o Registro de Imóveis estará cumprindo de modo ideal e exemplar a sua função, contribuindo para a dinâmica esperada pela Lei nº 14.382/2022, que foi, como antes verificado, também a de simplificar procedimentos (art. 1º).

Não há mais razão para a movimentação da estrutura registral apontando uma exigência documental a ser apresentada pela parte, quando o próprio Registro de Imóveis pode buscar a informação necessária nas bases existentes, repassando o custo correspondente ao usuário, certamente, porque agiu no seu interesse (não se trata de mandato legal para tal fim, mas de o serviço público delegado cumprir o princípio constitucional da eficiência).

Obtida a certidão do Registro Civil que, no caso hipoteticamente proposto, configuraria a causa para a qualificação negativa e, consequente, para a devolução do título, alcançar-se-á a qualificação positiva e se permitirá ao Registro de Imóveis servir para aquilo para o que foi criado: constituir, declarar, modificar ou extinguir direitos reais.

Trata-se, portanto, de importante autorização legal para agir, quiçá doravante até mesmo entendida como sendo mais um dever de ofício, de modo a poder considerar o Registro de Imóveis como instrumento de desenvolvimento econômico e social.

Em síntese, pode-se afirmar com acuidade que a Lei nº 14.382/2022, pelas muitas melhorias ofertadas, contribuiu sobremaneira para a lapidação do Sistema Registral Brasileiro à realidade atual das relações sociais e de sua engrenagem. Espero que os Registros de Imóveis Brasileiros compreendam e acolham, sem reservas, seu desiderato e o cumpram na plenitude, o que seguramente servirá para o engrandecimento da própria atividade registral como um todo.

14
A LEI 14.382 DE 2022 E SEUS REFLEXOS NO INSTITUTO DA PRENOTAÇÃO

José Renato de Freitas Nalini

UM LUGAR DISTANTE

Em junho de 1494, os Reinos de Portugal e Espanha – então Castela – em uma reunião na cidade de Tordesilhas, com a participação da Igreja, assinaram um tratado estabelecendo como se daria a ocupação das terras que viriam ser descobertas no Atlântico Sul. Aparentemente cientes do que encontrariam nos mares do sul, estes, que eram as principais potências da navegação da época, traçaram uma linha meridional a 370 léguas de Cabo Verde, dividindo em duas partes o território cortado por esse traçado imaginário. Ainda que esta linha tenha sofrido algumas distorções, o retrato atual da América do Sul é prova do sucesso dessa ocupação acordada à distância.

Chegar primeiro em determinado local confere ao conquistador uma natural posição de vantagem em relação aos demais. Aquele que chega em primeiro tem a opção de escolher os locais mais protegidos. Além disso, a chegada precedente também permitiu o estabelecimento de alianças com os antigos ocupantes, dificultando ainda mais o acesso dos que se aventurassem depois.

Percebe-se, então, quão valioso é poder garantir o seu lugar na fila. Foi com base um contrato de demarcação à distância – que dava direito à ocupação antes da efetiva chegada – que os Reinos de Portugal e Castela puderam se organizar e financiar as expedições que iriam efetivamente se apoderar das terras perseguidas.

Esta referência histórica mostra que a posição vantajosa pode ser obtida com antecedência. O seu lugar pode ser anotado previamente, ou pré-anotado, antes da sua efetiva chegada. A antecipação da posição vantajosa pode, até mesmo, ser determinante para a concretização do direito que se almeja alcançar.

Neste trabalho analisaremos a prenotação no registro de imóveis. Trata-se de uma figura jurídica que, assim como o Tratado de Tordesilhas, permite ao detentor de um direito se posicionar no local da sua chegada e ter prioridade face aos que posteriormente aparecerem.

A LEI 6.015 DE 1973 E O ANSEIO PELO PADRÃO REGISTRAL

Na iminência de completar 50 anos de sua promulgação, a Lei nº 6.015/1973 foi um marco importantíssimo para o direito brasileiro. De inteligente construção lógica e jurídica, a Lei de Registros Públicos – LRP – permitiu o desenvolvimento de um sistema registral bastante seguro e eficaz.

A qualidade técnica da lei registral, somada à escolha do constituinte de 1988, que delegou ao particular a prestação deste serviço, permitiu que a atividade extrajudicial brasileira se tornasse referência de eficiência e produtividade.

Os registradores foram pioneiros na utilização de sistemas informatizados na prestação do serviço público.

As Corregedorias Gerais Estaduais e posteriormente a Corregedoria Nacional da Justiça, com o auxílio dos delegatários, produziram um enorme contingente de normas de serviço da atividade extrajudicial. A regulação normativa, apesar de por vezes esparsa, permitiu o desenvolvimento da atividade registral, em especial no que tange à tecnologia da informação – TI. Tanto que os serviços eletrônicos estão presentes em todas as especialidades que compõem a estrutura nacional dos registros públicos.

Porém, as enormes diferenças regionais, resultantes de nossas dimensões continentais, acarretam, por vezes, falta de padrão registral. O Brasil, como nação, carecia de um registro público moderno em toda a sua extensão, que não dependesse da localidade ou do empenho pessoal do registrador. Além disso, com a evolução das tecnologias trazidas pela 4ª Revolução Industrial, havia muita expectativa de se conferir ao serviço registral uma legislação que encampasse as inovadoras ferramentas da Tecnologia da Informação.

A adoção de padrões mínimos e o emprego de novas tecnologias possibilitam a criação de um sistema interligado, que pode ser acessado à distância, por entidades públicas e privadas e, principalmente, pelo cidadão comum, que é o usuário final do serviço. Além disso, a padronização da plataforma de prestação de serviço permite que o sistema seja interoperável e incentiva o desenvolvimento de ferramentas de automação, nas quais as máquinas se conversam diretamente, agilizando as tarefas.

A LEI 14.382 DE 2022

No dia 27 de junho de 2022, após regular tramitação da MP 1.085/2021, foi sancionada a Lei 14.382, com o expresso objetivo de modernizar, facilitar e agilizar a prestação do serviço registral. A nova lei consolidou mecanismos que já funcionavam com base nas normas de serviço vigentes, ao mesmo tempo em que trouxe significantes alterações no sistema registral nacional.

Das inovações institucionais, destaca-se, por ora, apenas a criação do Sistema Eletrônico dos Registros Públicos – Serp: uma plataforma na *internet* que reunirá todas as especialidades registrais e permitirá que o usuário solicite, em um único local, todos os serviços de registro.

Neste trabalho trataremos apenas das inovações legislativas que afetaram o serviço de registro de imóveis, mais especificamente das alterações no modelo de prenotação dos títulos sujeitos a registro pelo oficial de registro de imóveis.

O REGISTRO DE IMÓVEIS

O registro de imóveis é um serviço de organização técnica e administrativa que se destina a garantir publicidade, autenticidade, segurança e eficácia dos atos jurídicos envolvendo bens imóveis. O serviço é prestado pelo oficial de registro de imóveis, um profissional do direito, com independência jurídica, dotado de fé pública, a quem é delegada a prática dos atos de registro[1].

No Brasil, a principal forma de aquisição da propriedade imobiliária se faz mediante o registro do título aquisitivo no cartório de registro de imóveis. Também é pelo registro que são constituídos, transferidos, modificados ou extintos os demais direitos sobre bens imóveis. O registro dos títulos que envolvam bens imóveis é, deste modo, essencial para se dispor de um sistema de propriedade seguro e eficaz.

A máxima *"quem não registra não é dono"*, decorre da regra prevista na lei civil. Extrai-se do artigo 1.245 do Código Civil que a eficácia do direito constituído por determinado negócio depende do registro do título pelo oficial registrador competente. Enquanto não registrado o título de transferência, o transmitente continua a ser considerado dono do imóvel alienado.

Mas, apesar de obrigatório, o registro não é automático, ele deve ser provocado. E, além do mais, a inscrição não está unicamente à mercê da vontade de obtê-la. O registro dos títulos que envolvam direitos sobre bens imóveis está sujeito ao crivo de validade e eficácia do registrador imobiliário, a quem foi delegada a prestação do serviço.

Um dos principais júris-filósofos da matéria registral, o Desembargador Ricardo Dip, comenta *"que o registro não tem eficácia saneadora, senão que se propõe a inscrever aquilo que, previamente, o registrador reconhece por legalmente válido"*[2].

Ao rogar a inscrição de um título, o interessado confere ao oficial o poder-dever de, antes da inscrição, examinar a validade e a autenticidade do negócio que se pretende registrar. Nesta atividade, o registrador tem independência jurídica – ao menos na primeira análise – para analisar a viabilidade da inscrição. Porém, esta análise de qualidade não se sujeita à livre opinião do registrador, mas sim aos termos das leis vigentes. E, além disso, o registrador deve concluir essa qualificação em prazo determinado.

A inauguração do procedimento registral ocorre com a prenotação do título: um ato típico do serviço do registro de imóveis que materializa o chamado princípio da *rogação ou da instância*[3]. Demonstra o interesse na obtenção dos efeitos da inscrição registral.

O registrador imobiliário Flauzilino Araújo dos Santos, ao analisar a relevância da ordem de prenotação, alerta que *"Essa gama de atividades não poderia ficar a livre*

---

[1] Lei 8.935/1994, arts. 1º, 3º e 12.

[2] DIP, Ricardo. Registro de Imóveis: princípios, Série registros sobre registros, Editora PrimVs, 2018, p. 51.

[3] "Corresponde o princípio da rogação registral à ideia clave de disposição, vale dizer que o processo registrário se inicia à instância do interessado, é um processo sujeito ao dispositivo (Lacruz), categoria antinômica do princípio do inquisitivo –em que se procede propter officium, situação sempre excepcional" DIP, Ricardo. Registro de Imóveis : princípios, Série registros sobre registros, Editora PrimVs, 2018, p. 9.

critério do registrador, o que levaria a arbitrariedades e privilégios, com evidente ofensa à isonomia"[4].

O primeiro ponto relevante da prenotação é que ela retroage os efeitos do registro definitivo. O artigo 1.246 do Código Civil estabelece que "O registro é eficaz desde o momento em que se apresentar o título ao oficial do registro, e este o **prenotar no protocolo**" (grifos nossos).

O protocolo referido na lei civil é o Livro nº 1 – Protocolo, previsto no inciso I do artigo 173 da Lei 6.015/1973, que serve para o apontamento de todos os títulos apresentados diariamente ao oficial registrador.

Os artigos 182 e 186 da Lei de Registros Públicos estabelecem que os títulos lançados no protocolo serão controlados pela ordem numérica em que forem apresentados. O número de ordem atribuído ao título, em rigoroso procedimento sequencial de apresentação, é o que determinará a prioridade do título e lhe confere preferência na inscrição dos direitos reais.

Ou seja, o registrador não pode escolher livremente a ordem em que as solicitações serão recepcionadas e analisadas. A lei registral impõe o dever de recepcionar, qualificar e registrar os títulos com respeito, sempre que possível, à ordem numérica em que foi apresentado.

Pode-se afirmar que prenotar é registrar em livro próprio o interesse que o apresentante tem na inscrição de determinado título. Essa demonstração formal de interesse na inscrição definitiva, que se concretiza com o lançamento do título apresentado no livro protocolo, é o que confere ao apresentante prioridade e preferência na inscrição do título depositado. O número atribuído à prenotação e a data de sua inauguração devem, inclusive, ser escriturados no próprio título que se pretende registrar, como preceitua o artigo 183 da LRP.

Mas a prenotação é bem mais complexa do que um mero cadastro organizacional de interesses. Garantir um lugar privilegiado na fila prioridades traz segurança aos negócios imobiliários. A organização no apontamento dos títulos evita a colisão de direitos que envolvam o mesmo bem jurídico. O controle rigoroso da fila de prioridades, por sua vez, traz segurança e previsibilidade aos interessados no imóvel.

Além de garantir ao apresentante seu lugar na fila de chegada, este ato preliminar impõe ao registrador o dever de analisar e inscrever esse título preferencialmente aos que sejam posteriormente apresentados. Para tanto, o registrador deve adotar práticas administrativas que garantam aos usuários os direitos esperados da prenotação, nos termos do artigo 11 da LRP. Isto porque, apesar de não constituir per si o direito real almejado, a prenotação tem potencial para influenciá-lo, uma vez que, retroage à data da inscrição, antecipando sua eficácia desde seu apontamento, conforme artigo 1.246 do Código Civil.

Presume-se que a apresentação de um título ao registrador imobiliário tenha por objetivo a inscrição definitiva do direito real nele consubstanciado. Por isso, segundo a regra geral do artigo 174 da Lei 6.015/1973, todos os títulos apresentados ao registro de imóveis devem ser prenotados no livro protocolo.

---

[4] DOS SANTOS, Flauzilino Araújo. Revista do Direito Imobiliário – RDI 43/61 – jan. – abr. / 1998, p. 61.

Já a apresentação de um título sem interesse de inscrição definitiva é exceção e deve ser expressamente requerida por seu apresentante, com declaração de ciência de que seu apontamento não trará os efeitos de preferência e prioridade alcançados apenas pela prenotação. Essa forma excepcional de apresentação é chamada de *exame e cálculo*[5] e está prevista no parágrafo único do artigo 12 da Lei 6.015/1973.

ALGO SOBRE A QUALIFICAÇÃO

Como dito antes, o registro definitivo não é o resultado automático de uma prenotação. A concretização do direito depende da qualificação do título pelo oficial registrador.

Para garantir a segurança e a eficácia dos negócios jurídicos envolvendo bens imóveis, os títulos constitutivos, modificativos ou extintivos de direitos reais estão sujeitos à análise do registrador. Qualificar é um ato de natureza técnico-jurídica por meio do qual o oficial de registro exerce função revisional e interpretativa sobre negócios submetidos ao seu crivo, emitindo parecer pela recusa ou pelo merecimento da inscrição. Esta, com a prática do ato na matrícula do imóvel; aquela, pela inviabilidade da inscrição almejada, cujas razões devem ser expostas de forma organizada e fundamentada por meio de nota de exigência.

A análise de viabilidade registral tem a finalidade de verificar, por exemplo, se o documento apresentado contém elementos de segurança; se houve participação das partes necessárias; se estão preenchidos os requisitos jurídicos do negócio que pretende inscrever; se foram recolhidos os impostos eventualmente incidentes, etc... Trata-se de uma revisão ampla, na qual o registrador deve esgotar todos os elementos formais da inscrição pretendida.

Sobre a qualificação, seguindo mais uma vez os ensinamentos de Ricardo Dip[6], tem-se que:

> "é da tradição do direito brasileiro conferir ao registrador a tarefa de apreciar e decidir, concretamente, acerca de uma inscrição que lhe é demandada. Isso afasta o registrador de uma atuação meramente executiva e subalterna, para engastá-lo numa dimensão jurídica e independente, enquanto no plano decisório. Esse é o dúplice aspecto de fundo da função de qualificação registral: a) um, que põe à mostra a natureza juris prudencial – não jurisdicional – da atuação do registrador, que é um operador jurídico, aptificado a decidir, a emitir um juízo sobre a inscrição, *hic et nunc*, de determinado título; b) outro, que revela a independência decisória do oficial registrador, no limite primário da apreciação e decisão acerca do registro de um título singularizado".

---

[5] As Normas de Serviço da E. Corregedoria Geral da Justiça do Tribunal de Justiça do Estado de São Paulo esclarecer no item 18 do Capítulo XX que "18. A recepção de títulos somente para exame e cálculo é excepcional e dependerá de requerimento escrito e expresso do interessado, a ser arquivado em pasta própria, onde declare ter ciência de que a apresentação do título na forma escolhida não implica prioridade e preferência dos direitos".

[6] DIP, Ricardo, Sobre a qualificação no registro de imóveis, Revista de Direito Imobiliário – RDI 29/33 – jan.-jun./1992 – IRIB – pg. 37/38.

Na qualificação, o novo título é confrontado com o registro anterior, que dá suporte ao direito criado, alterado ou extinto. Dependendo da complexidade do negócio que se pretenda inscrever, não é conveniente qualificar e registrar o título no mesmo ato da sua apresentação. É melhor que a análise dos requisitos formais do negócio seja feita em ambiente apropriado, o que pode exigir certo tempo.

É, principalmente, para atender aos requisitos da qualificação, que a prenotação tem um prazo de vigência. Durante o período entre a apresentação do título e a sua escrituração definitiva, o título conserva sua posição de prioridade na tramitação e tem preferência na inscrição do seu direito em face aos títulos colidentes que porventura fossem apresentados posteriormente.

Aqui vale observar que, apesar da temporalidade dos efeitos da prenotação, o apontamento do título no livro protocolo é definitivo. Isto é, o Livro 1 – Protocolo é um classificador obrigatório e de guarda permanente. O apontamento no protocolo – que revela o interesse na inscrição – ficará registrado de forma perene. Assim, em tese, uma certidão do livro protocolo pode ser utilizada como elemento de prova, caso haja interesse em demonstrar que determinado título foi apresentado e qualificado pelo oficial registrador.

O protocolo é uma importante ferramenta na fiscalização exercida pelas corregedorias dos registros imobiliários. Um título prenotado não pode deixar de ser qualificado pelo oficial registrador. Prenotado o documento, o registrador deve cuidar dos prazos de qualificação, registro ou devolução, antes que se cancelem os efeitos da prenotação. Os prazos são contados com base na data da apresentação do documento ao registrador. E os principais eventos ocorridos – como apresentação, devolução, registro, devolução e retirada – devem ser anotados no livro protocolo. Assim, o apontamento no protocolo, além de marcar o início da contagem dos prazos registrais, permite que se fiscalize se os prazos estão sendo respeitados pelo delegatário.

O resultado final idealizado da prenotação é a inscrição definitiva do direito almejado. Tanto que a eficácia do registro tem a sua data retroagida à da prenotação. No entanto, existem casos em que a análise de viabilidade resulta negativa.

A princípio, só existem dois resultados possíveis na qualificação de um título prenotado: ou se conclui pela viabilidade da inscrição, impondo ao oficial o dever de registro do título durante o prazo de validade da prenotação; ou se conclui pela inviabilidade da inscrição, devendo o registrador elaborar nota que justifique a impossibilidade do registro, contendo as exigências que devem ser satisfeitas pelo interessado.

Atualmente, os prazos são, na sua maioria, computados automaticamente por ferramentas eletrônicas. Estes mecanismos são muito eficientes e auxiliam bastante no controle dos prazos. No entanto, vale lembrar que, salvo expresso requerimento do apresentante, nos termos do artigo 206 da LRP, uma prenotação não pode ser cancelada sem que o título correspondente tenha sido analisado. E, pelos mesmos motivos, um título positivamente qualificado não pode deixar de ser registrado dentro do prazo legal. Assim, os registradores devem tomar especial cuidado no controle dos prazos incidentes sobre as prenotações ao seu cargo.

COMO A LEI 14.382/2022 ALTEROU O INSTITUTO DA PRENOTAÇÃO?

Com a edição da Lei 14.382 de 2022, foram alteradas regras significativas que envolvem a prenotação: desde a quantidade de dias de sua vigência, a forma de contagem desse prazo, como as providências que durante este período devem ser tomadas. Quando a Lei 6.015/1973 entrou em vigor, em 1º de janeiro 1976, a prenotação tinha validade de 30 dias. Esse prazo vigorou por mais de quarenta anos e está no subconsciente da maioria dos operadores do registro. Mas agora, a nova redação do artigo 205 da LRP é a seguinte:

> Art. 205. Cessarão automaticamente os efeitos da prenotação se, decorridos 20 (vinte) dias da data do seu lançamento no Protocolo, o título não tiver sido registrado por omissão do interessado em atender às exigências legais.

Essa mudança deve ser analisada no contexto da nova lei. Isto porque, além de alterar a quantidade de dias de vigência, o novo regramento também alterou a forma de contagem desse prazo, como se extraí do artigo 9º da LRP:

> Art. 9º Será nulo o registro lavrado fora das horas regulamentares ou em dias em que não houver expediente, sendo civil e criminalmente responsável o oficial que der causa à nulidade.
> § 1º Serão contados em dias e horas úteis os prazos estabelecidos para a vigência da prenotação, para os pagamentos de emolumentos e para a prática de atos pelos oficiais dos registros de imóveis, de títulos e documentos e civil de pessoas jurídicas, incluída a emissão de certidões, exceto nos casos previstos em lei e naqueles contados em meses e anos.
> § 2º Para fins do disposto no § 1º deste artigo, consideram-se:
> I – dias úteis: aqueles em que houver expediente; e
> II – horas úteis: as horas regulamentares do expediente.
> § 3º A contagem dos prazos nos registros públicos observará os critérios estabelecidos na legislação processual civil.

É relevante frisar que o *caput* do artigo 9º permanece com sua redação inalterada. O registro praticado fora das horas regulamentares ou em dia em que não houver expediente é nulo. Em outras palavras, só se pode registrar dentro do horário do expediente. E esta regra também se aplica à prenotação. Os títulos somente poderão ser lançados no protocolo durante os dias e horas em que o cartório esteja funcionando.

Além disso, os efeitos formais e materiais da prenotação não foram alterados pela Lei 14.382/2022. A prioridade é garantida pelo número de ordem em que o título for lançado no Livro 1 – Protocolo, sendo possível concluir que os efeitos da prenotação existem desde o momento em que houve o lançamento no protocolo.

Vale recapitular que a constituição do direito pela inscrição do título tem sua eficácia retroagida à data do apontamento no livro protocolo (art. 1.246 do CC). Ou seja, a prenotação influencia o próprio direito que ela antecede. Por isso é que o prazo de validade da prenotação sempre foi considerado como prazo de direito material. Só que os prazos de direito material são contados em dias corridos, excluindo-se o primeiro e incluindo-se último dia, e seus efeitos não poderiam ser postergados para além da data final, mesmo que esta ocorresse em sábado, domingo ou feriado.

Assim, o novo método de contagem do prazo de vigência da prenotação é uma das principais mudanças trazidas pela Lei 14.382/2022. O § 1º do artigo 9º expressamente determina que a contagem do prazo de vigência da prenotação – apesar de material – será contado com a metodologia processual: a contagem terá início no dia útil seguinte ao protocolo e, a partir de então, conta-se o prazo de 20 dias úteis.

Vale observar que a metodologia processual tornou-se regra para contagem dos prazos registrais, como expresso no § 3º do artigo 9º da LRP. E dentre os novos critérios, vale destacar o conceito de dias e horas úteis, sendo os dias úteis aqueles em que há expediente do serviço registral; enquanto horas úteis são aquelas em que há efetiva prestação do serviço nos termos da regulamentação pertinente.

Abra-se parênteses para lembrar que a prenotação existe e produz efeitos desde o momento de seu apontamento no protocolo. Portanto, o *dies a quo*, mesmo não sendo utilizado na contagem do prazo de vigência, está abrangido pelos efeitos do apontamento.

O prazo de vigência da prenotação tem diversas funções. Além de garantir ao apresentante prioridade e preferência na inscrição do título prenotado, confere ao oficial registrador espaço temporal para análise da viabilidade da inscrição. No processo de registro, pode ocorrer que o registrador identifique alguma deficiência no título que se pretende inscrever e faça esta exigência ao interessado.

Lembre-se que é dever do registrador analisar exaustivamente o título e, sendo o caso, elaborar nota fundamentada apontando de forma clara as exigências que devem ser satisfeitas para permitir o seu registro na matrícula do imóvel. Todavia, não pode o registrador utilizar todo o prazo, se verificar de pronto a inviabilidade do registro. Durante a vigência da prenotação o apresentante está protegido contra eventuais títulos posteriores contraditórios à sua pretensão. Por isso não é razoável que o registrador consuma esse período em atividades de qualificação e devolva o documento com as exigências apenas no final da prenotação.

Quando a vigência da prenotação era de 30 dias corridos, já havia disposição normativa distribuindo o prazo entre o registrador e o apresentante[7]. A qualificação registral deveria ser realizada no prazo máximo de 15 dias, deixando-se os 15 dias restantes para que o interessado satisfizesse as exigências do oficial.

Solução similar foi adotada agora pelo artigo 188 da LRP. A vigência da prenotação passou a ser de 20 dias úteis. O legislador, seguindo a praxe registral, estipulou o prazo de 10 dias (úteis) para qualificação, remanescendo um prazo de 10 dias úteis para que o interessado satisfaça eventual exigência do registrador.

A atual redação do artigo 188 é a seguinte:

> Art. 188. Protocolizado o título, proceder-se-á ao registro ou à emissão de nota devolutiva, no prazo de 10 (dez) dias, contado da data do protocolo, salvo nos casos previstos no § 1º deste artigo e nos arts. 189, 190, 191 e 192 desta Lei.

---

[7] O item 41 do Capítulo XX das Normas de Serviço da E. Corregedoria Geral da Justiça do Tribunal de Justiça de São Paulo já dividia o prazo da prenotação em dois: os primeiros 15 dias eram destinados à qualificação do registrador, e os 15 dias subsequentes ao usuário, seja para o recolhimento das custas, seja para o cumprimento das exigências. In verbis: "41 O prazo para exame, qualificação e devolução do título, com exigências ou registro, será de 15 (quinze) dias, contados da data em que ingressou na serventia."

O próprio artigo 188 cita hipóteses excepcionais com prazos maiores ou menores. Porém, vale aqui exemplificar a contagem do prazo ordinário. Como expresso no § 1º do artigo 9º da legislação registral, o tempo da qualificação segue a mesma sistemática aplicada à prenotação – dias úteis contados na forma processual – nos termos do § 3º do artigo 9º da Lei 6.015/1973 e artigo 224 do CPC de 2015.

Vamos imaginar um título prenotado às 14h00min do dia 15/08/2022, uma segunda feira. A prioridade e a preferência decorrentes da prenotação têm início imediato, no instante seguinte ao lançamento do protocolo. A contagem do prazo de vigência desta prenotação se iniciará apenas no dia útil seguinte – dia 16/08 – e serão computados os próximos 20 dias úteis, excluindo-se neste caso apenas os sábados, domingos e o feriado do dia 07/09/2022. Tem-se que o último dia de vigência desta prenotação seria o dia 13/09/2022, inclusive.

A alteração de 30 dias corridos para 20 dias úteis não afetou significativamente o tempo de existência da prenotação. No exemplo acima os 20 dias úteis contados com a metodologia processual são equivalentes aos 30 dias corridos contados pela metodologia do direito material. Mas deve-se reconhecer que o novo método de contagem tende a gerar maior equilíbrio, especialmente nos períodos de feriados e emendas, pois tanto o registrador quanto o usuário final terão seus dias úteis preservados para cumprimento das exigências legais.

São dispensados 10 dias úteis, contados do dia seguinte ao da prenotação, para a qualificação e o registro de um título ordinário. No caso acima, a qualificação poderia ser iniciada no próprio dia 15/08/2022, ato contínuo ao lançamento no protocolo. O prazo para qualificação e registro deste título, entretanto, começaria a ser contado somente a partir de 16/08/2022. O registrador teria até o dia 29/08/2022 (inclusive) para registrar o título ou fazer exigências. Se o título fosse devolvido no último dia do prazo para qualificação – 29/08/2022 – sobraria à parte o período entre os dias 30/08/2022 até as 16h00min do dia 13/09/2022 (inclusive) para satisfazer as exigências.

Mas note-se que os 10 dias disponibilizados ao registrador não se restringem à qualificação do título apenas. O prazo previsto no artigo 188 engloba a qualificação positiva e o efetivo registro, ou a qualificação negativa e a elaboração da nota de exigência. Se o título estiver apto para registro e contar com o depósito integral das custas e emolumentos, o registro deve ser concluído em, no máximo, 10 dias.

Resultando negativa a qualificação, o registrador deve comunicar as exigências por escrito e o interessado terá então, no mínimo, 10 dias para atendê-las ao registrador. Durante o período de vigência da prenotação, se o título for reapresentado com o atendimento integral das exigências, o registrador deverá efetivar o registro dentro de 5 dias, nos termos do inciso III do § 1º do artigo 188 da Lei 6.015/1973. Mas se o título não for reapresentado até às 16h00min do último dia, a prenotação será cancelada, sem a prática do ato.

EXISTEM TÍTULOS QUE DEVEM SER ANTECIPADOS

Cumpre agora mencionar alguns casos em que, seja pelo elevado interesse econômico, seja pela presunção de menor complexidade do ato, alguns atos foram premiados com prazos de registro menores.

Os parágrafos introduzidos ao artigo 188 têm a seguinte redação:

§ 1º Se não houver exigências ou falta de pagamento de custas e emolumentos, deverão ser registrados, no prazo de 5 (cinco) dias:

I – as escrituras de compra e venda sem cláusulas especiais, os requerimentos de averbação de construção e de cancelamento de garantias;

II – os documentos eletrônicos apresentados por meio do Serp; e

III – os títulos que reingressarem na vigência da prenotação com o cumprimento integral das exigências formuladas anteriormente.

§ 2º A inobservância do disposto neste artigo ensejará a aplicação das penas previstas no art. 32 da Lei nº 8.935, de 18 de novembro de 1994, nos termos estabelecidos pela Corregedoria Nacional de Justiça do Conselho Nacional de Justiça.

O § 1º do artigo 188 separa os títulos em três categorias. No primeiro inciso estão elencados aqueles documentos tidos como, em tese, de menor complexidade, como escrituras de venda e compra simples, os pedidos de averbação de construção e os instrumentos de cancelamento de garantias.

Apesar destes títulos serem comumente menos complexos, não se pode avaliar o grau de dificuldade de um negócio apenas pelo nome jurídico a ele atribuído. Existem casos, como um cancelamento de alienação fiduciária na qual tenha sido emitida uma cédula de crédito imobiliário, por exemplo, em que, apesar da aparente simplicidade do ato, é necessário analisar uma série de negócios jurídicos desconhecidos do registrador – como cessões de crédito não averbadas – para se ter certeza de que a quitação está sendo outorgada pelo atual detentor do crédito. Também existem escrituras de venda e compra em condomínio *pro indiviso*, com elevado número de participantes, em que se faz necessário atualizar as qualificações pessoais dos outorgantes e eventuais reflexos jurídicos dessas mutações. Sem falar em construções de grande porte, que eventualmente atinjam mais de um registro, tornando complexo o controle da especialidade objetiva.

Não se busca, com tais justificativas, eximir o registrador da responsabilidade pela qualificação do ato, nem da sua necessidade de se especializar nas questões que lhe demandam atuação ágil. O que se pretende esclarecer é que existem casos atípicos e, como atípicos que são, devem ser tratados de forma excepcional. Cabe, pois, ao registrador, identificar, caso a caso, essas complexidades e administrá-las de forma que a agilidade esperada pela sociedade não coloque em risco a segurança registral, que é o fim maior do serviço prestado.

DEVOLVENDO O TÍTULO POR FALTA DE PAGAMENTO DOS EMOLUMENTOS

Como novidade, a Lei 14.382/2022 introduziu o artigo 206-A na LRP, com regras específicas para os títulos que dependam apenas do recolhimento das custas. Vale transcrever integralmente a redação do novo dispositivo:

Art. 206-A. Quando o título for apresentado para prenotação, o usuário poderá optar:

I – pelo depósito do pagamento antecipado dos emolumentos e das custas; ou

II – pelo recolhimento do valor da prenotação e depósito posterior do pagamento do valor restante, no prazo de 5 (cinco) dias, contado da data da análise pelo oficial que concluir pela aptidão para registro.

§ 1º Os efeitos da prenotação serão mantidos durante o prazo de que trata o inciso II do *caput* deste artigo.

§ 2º Efetuado o depósito, os procedimentos registrais serão finalizados com a realização dos atos solicitados e a expedição da respectiva certidão.

§ 3º Fica autorizada a devolução do título apto para registro, em caso de não efetivação do pagamento no prazo previsto no *caput* deste artigo, caso em que o apresentante perderá o valor da prenotação.

§ 4º Os títulos apresentados por instituições financeiras e demais instituições autorizadas a funcionar pelo Banco Central do Brasil ou por entidades autorizadas pelo Banco Central do Brasil ou pela Comissão de Valores Mobiliários a exercer as atividades de depósito centralizado ou de registro de ativos financeiros e de valores mobiliários, nos termos dos arts. 22 e 28 da Lei nº 12.810, de 15 de maio de 2013, respectivamente, poderão efetuar o pagamento dos atos pertinentes à vista de fatura.

§ 5º O disposto neste artigo aplica-se às unidades federativas que adotem forma de pagamento por meio de documento de arrecadação.

§ 6º A reapresentação de título que tenha sido devolvido por falta de pagamento dos emolumentos, nos termos do § 3º deste artigo, dependerá do pagamento integral do depósito prévio.

§ 7º O prazo previsto no *caput* deste artigo não é computado dentro do prazo de registro de que trata o art. 188 desta Lei.

A regulamentação da devolução do título por falta de depósito prévio é uma evolução da lei. Sustentava-se que o registro não poderia ser obstado por falta do depósito relativo às custas e emolumentos. Isto porque, o artigo 12 da lei, que estabelece o princípio da prioridade, determina que "Nenhuma exigência fiscal, ou dúvida, obstará a apresentação de um título e o seu lançamento do Protocolo com o respectivo número de ordem, nos casos em que da precedência decorra prioridade de direitos para o apresentante".

Esta situação já havia sido resolvida pelas Normas de Serviço dos Cartórios Extrajudiciais da Corregedoria Geral da Justiça de São Paulo[8], que, em interpretação conforme ao artigo 12, admitia a possibilidade de devolução do título exclusivamente pela falta de pagamento das custas e emolumentos.

De qualquer forma, a consolidação desta regra na lei registral configura evolução do sistema de registro, pois, além de proteger o direito do registrador aos emolumentos, padroniza oficialmente esta hipótese em todo o território nacional.

---

[8] O Cap. XX das Normas de Serviço dos Cartórios Extrajudiciais da CGJSP estabelece o seguinte: 24.9. Fica autorizada a devolução do título sem a prática dos atos requeridos se o depósito prévio não for realizado durante a vigência da prenotação, desde que o apresentante seja advertido quando do protocolo. ... 374. Fica autorizada a devolução do título sem a prática dos atos requeridos, caso o depósito prévio não seja realizado durante a vigência da prenotação.

Com isso, o depósito do valor correspondente às custas e emolumentos tornou-se elemento da qualificação registral. A falta do depósito permite a elaboração de nota devolutiva, exigindo o pagamento, sem o qual o ato não será praticado.

O artigo 206-A estabelece que o usuário poderá optar pela realização do depósito prévio das custas e emolumentos ou recolher apenas o valor da prenotação e aguardar a qualificação e o cálculo exato das custas para pagamento em 5 dias. Na sequência, o § 1º do artigo esclarece que os efeitos da prenotação permanecerão válidos durante o prazo de pagamento enquanto o § 3º autoriza a devolução do título no caso do pagamento não ser realizado dentro daquele prazo, momento em que o apresentante perderá o valor da prenotação.

Deve-se atentar que o § 1º do artigo 206-A não reduz nem prolonga automaticamente o prazo de vigência de uma prenotação. Um título considerado apto para registro antes do prazo obrigatório – o que hoje em dia é bastante comum – não terá a sua prenotação cancelada por falta de pagamento nos 5 dias subsequentes à qualificação. Tão pouco há de se concluir que esse mesmo título tenha a sua prenotação prorrogada por mais 5 dias exatamente porque não se fez o pagamento no prazo indicado. Simplesmente esse título será devolvido com a exigência do depósito e a sua prenotação vigerá normalmente, até o seu último dia.

Oferecer ao apresentante um prazo de 5 dias para realizar o pagamento das custas antes da efetiva devolução do título é uma forma manter o fluxo do procedimento registral, agilizando a efetivação do ato. Além disso, essa hipótese viabiliza o funcionamento de ferramentas eletrônicas de controle de pagamento. É importante para as plataformas centralizadas, como o Serp, disponibilizar mecanismos que permitam o controle automatizado do tráfego documental por seus usuários.

Em síntese, quando o título for considerado apto para registro, faltando apenas o depósito das custas e emolumentos, o registrador deve, dentro do prazo de registro, comunicar o usuário para realizar o pagamento das custas. No caso das plataformas eletrônicas, a forma de comunicar a necessidade do pagamento é por meio da geração do boleto dentro da própria plataforma. Alternativamente, o oficial registrador também poderá disponibilizar ao apresentante outras formar de pagamento do valor solicitado. O prazo para registro pode ser de 10 ou 5 dias úteis, como disposto no caput e no parágrafo primeiro do artigo 188. A disponibilização do valor ao usuário suspende o prazo do registro por até 5 dias, mas não obsta a contagem do prazo da prenotação. Feito o pagamento, o registro deve, em tese, ser concluído no remanescente do prazo original.

Porém, se o pagamento não for efetivado no período em que o prazo de registro está suspenso, o título deverá ser devolvido por nota, exigindo-se o pagamento das custas. A prenotação seguirá normalmente e poderá decair se a exigência não for satisfeita até às 16h00min do último dia de sua vigência. Neste caso, satisfeito o óbice – com pagamento das custas – o registro deve ser efetivado no prazo de 5 dias (úteis), conforme estabelecido no inciso III do artigo 188.

Vale lembrar, ainda, que o título recepcionado na forma do inciso I do artigo 206-A também poderá sofrer diferença entre o valor do depósito prévio disponibilizado na recepção e valor total dos emolumentos encontrados após a qualificação do título. Este título deve ter o mesmo tratamento da hipótese anterior, isto é, será aberto um prazo de 5 dias para complemento do valor faltante; se este pagamento não for feito, gera-se a nova devolutiva com a exigência do depósito; e, se até o final da vigência da prenotação não houver pagamento do valor faltante, a prenotação será, então, cancelada sem a prática do ato. O cálculo exato dos custos com o registro depende, muitas vezes, da qualificação completa do título, quando, só então, é possível identificar todos os atos que serão efetivamente praticados. Por isso é que a valoração das custas e emolumentos merece, em determinado casos, ser realizada em ambiente e tempo adequados.

Apesar de não ser uma prorrogação automática, o disposto no § 1º do artigo 206-A pode, sim, interferir na vigência de uma prenotação. Isto ocorrerá nos casos em que as exigências forem atendidas no final do prazo da prenotação e, por isso, o registrador só conseguirá concluir pela aptidão a registro já na iminência do seu cancelamento. Esta prenotação pode ser prorrogada formalmente pelo prazo de 5 dias, para realização do pagamento das custas efetivação dos atos solicitados.

Por fim, nos casos em que o serviço solicitado for extremamente grande, o registrador poderia, excepcionalmente, justificar a necessidade de uma prorrogação atípica, com prazo superior ao fornecido em lei, para concluir o serviço.

OUTRAS HIPÓTESES DE PRORROGAÇÃO DA PRENOTAÇÃO

Como já se viu, a existência natural de uma prenotação é de 20 dias úteis. Este prazo visa fornecer um tempo para o registrador qualificar o título e definir os custos do serviço, além de um tempo para o interessado atender eventuais exigências e pagar as despesas com o registro. Mas o reflexo mais importante da prenotação é que ela confere ao apresentante prioridade na inscrição do seu direito. Em outras palavras, uma prenotação em vigor obsta o procedimento registral de títulos que objetivam o mesmo imóvel apresentados após o início da sua vigência.

O item 37 do Capítulo XX das Normas de Serviço dos Cartórios Extrajudiciais da E. Corregedoria Geral da Justiça do Tribunal de Justiça de São Paulo regulamenta com precisão os casos de prenotações sucessivas envolvendo o mesmo bem imóvel:

> 37. No caso de prenotações sucessivas de títulos contraditórios ou excludentes, criar-se-á uma fila de precedência. Cessados os efeitos da prenotação, poderá retornar à fila, mas após os outros, que nela já se encontravam no momento da cessação.
>
> 37.1. O exame do segundo título subordina-se ao resultado do procedimento de registro do título que goza da prioridade. Somente se inaugurará novo procedimento registrário, ao cessarem os efeitos da prenotação do primeiro. Nesta hipótese, os prazos ficarão suspensos e se contarão a partir do dia em que o segundo título assumir sua posição de precedência na fila.

A orientação do referido subitem 37.1 deve, em tese, ser aplicada em todas as hipóteses em que seja necessário prorrogar uma prenotação.

A desjudicialização que vem sendo promovida no ordenamento brasileiro trouxe para as serventias imobiliárias diversos procedimentos que antes corriam nas varas judiciais. Vale citar, por exemplo, o procedimento de notificação e constituição em mora das dívidas garantidas por alienação fiduciária de bem imóvel; a retificação do registro imobiliário, em especial a retificação de área do imóvel; os procedimentos de regularização fundiária; a usucapião extrajudicial; e, agora, a adjudicação compulsória extrajudicial.

Todos estes procedimentos tramitam diretamente na serventia imobiliária competente, por meio de um requerimento que será prenotado no livro protocolo. Com exceção da retificação, os demais procedimentos têm potencial de alterar a propriedade do imóvel. Por isso é que a prenotação destes procedimentos impede a continuidade de títulos posteriores.

Sempre que a qualificação do próximo título subordinar-se ao resultado do procedimento que detém a prioridade, o novo exame apenas será possível depois de cessados os efeitos da primeira prenotação. Neste caso, a prenotação posterior ficará prorrogada até o dia em que esta assumir o primeiro lugar na fila, momento em que seus prazos começarão a ser contados novamente.

Uma das mais conhecidas hipóteses de prorrogação dos efeitos de uma prenotação está no procedimento de dúvida registral, prevista no artigo 198 da LRP. Isto é, quando um título for negativamente qualificado, o oficial deverá indicar por escrito a exigência a ser satisfeita. Se o interessado não concordar com a exigência ou não puder atendê-la, poderá requerer ao oficial que suscite dúvida ao juízo competente. Durante o prazo em que a dúvida tramita no Judiciário, a prenotação permanecerá prorrogada e conservará os efeitos de prioridade e preferência na inscrição do registro. Quando a dúvida é julgada improcedente, isto é, quando as exigências forem consideradas indevidas pelo juízo, o título é registrado e seus efeitos retroagirão à data da prenotação. Por isso, a relevância de se incluir no ato de registro o número e a data da sua prenotação. Porém, se a dúvida for julgada procedente, isto é, se as exigências forem mantidas pelo juízo, o registrador, após tomar ciência do trânsito em julgado da decisão, cancelará a prenotação.

Também existem outras hipóteses de prenotações prorrogadas por conta da prioridade de título ou ordem antecedente. Vale citar o disposto § 4º do artigo 214 da Lei 6.015/1973, que trata da matrícula bloqueada por ordem judicial, nos casos em que a inscrição de novos atos possa causar danos de difícil reparação. O bloqueio da matrícula impede a inscrição de novos atos – salvo com autorização judicial – mas os interessados poderão apresentar seus títulos, que serão lançados no protocolo e terão o seu lugar guardado na fila de prioridades.

Outra novidade introduzida pela Lei 14.382/2022, que influencia a prenotação, está no § 13 do artigo 213 da LRP. O procedimento de retificação de área não se presta para alterar a propriedade do imóvel. Por isso, havia o entendimento de que o protocolo do requerimento de retificação de registro não gerava a prioridade de uma prenotação. Os títulos apresentados durante a vigência de procedimento de retificação poderiam, por vezes, ser registrados na matrícula do imóvel retificando, e não eram por ele obstados[9].

---

[9] Capítulo XX das Normas de Serviço da E. Corregedoria Geral da Justiça do Estado de São Paulo – Item 136.2 – O protocolo do requerimento de retificação de registro formulado com fundamento no art. 213, inciso II, da Lei nº 6.015/73 não gera prioridade nem impede a qualificação e o registro, ou averbação, dos demais títulos não excludentes ou contraditórios, nos casos em que da precedência destes últimos decorra prioridade de direitos para o apresentante.

No entanto, alguns registros eram tão defeituosos que impossibilitavam a transmissão da propriedade enquanto não foi precedida a devida retificação.

Percebe-se, então, que o legislador optou por conferir ao protocolo do procedimento de retificação de registro os mesmos efeitos da prenotação. Em outras palavras, quando a retificação estiver em trâmite, os títulos anteriores à retificação que forem levados a registro terão a sua prenotação prorrogada, aguardando a conclusão do procedimento, e, depois de concluída a retificação, se não houver dúvida na identificação do imóvel ou do direito que se pretenda transmitir, será possível registrar esse título anterior, em conformidade com a nova descrição.

A PUBLICIDADE DA PRENOTAÇÃO

A prenotação é anotada apenas no Livro 1 – Protocolo. A sua indicação na matrícula do imóvel não é autônoma, mas sim complementar ao ato de registro ou averbação que deu causa, exatamente para os fins da retroatividade prevista no artigo 1.246 do Código Civil. Porém, não se deve anotar na matrícula do imóvel a existência de prenotações não registradas.

Assim, para atender ao princípio da retroatividade da prenotação e conferir segurança aos negócios imobiliários, o registrador deve certificar nas certidões das respectivas matrículas a existência das prenotações em vigor.

INCENTIVO AO TRÁFEGO DE DOCUMENTOS ELETRÔNICOS

Outra questão a ser explorada na nova lei é o incentivo ao tráfego de títulos eletrônicos estruturados. Um documento eletrônico estruturado nada mais é do que um formulário eletrônico no qual tanto o criador – aquele que preenche o formulário – quanto o receptor – aquele que recebe o documento – tenham estabelecido quais informações devem ser preenchidas em cada campo específico do formulário. Uma vez padronizada a informação que deve ser preenchida em cada campo, é possível configurar os sistemas informatizados para recepcionar estes documentos de forma automatizada, alimentando os bancos de dados com as novas informações, permitindo, inclusive, que sistemas de verificação de pendências façam críticas e auxiliem o registrador na identificação de eventuais divergências.

Imagine-se que a ferramenta de informática utilizada pelo registrador imobiliário tenha a capacidade para identificar de forma automática, sem a análise humana, quem é o proprietário (especialidade subjetiva), quais as características do bem (especialidade objetiva); de que forma essa propriedade foi adquirida (continuidade), bem como se esse direito está livre para ser negociado (disponibilidade).

Pense-se agora em um título eletrônico estruturado, isto é, aquele formulário adequadamente preenchido, contendo os dados do titular, as características do imóvel e o tipo da transação por ele celebrada.

Uma ferramenta eletrônica pode comparar automaticamente as informações lançadas no título eletrônico com aquelas registradas no banco de dados do registro de imóveis. Se forem idênticas, significa que o título, em tese, atende aos requisitos de especialidade subjetiva e objetiva. Se a propriedade estiver livre, sem nenhum ônus, um computador poderia emitir comando favorável á inscrição deste título.

A viabilidade do registro automatizado deve estudada com muito cuidado. Não se pode esquecer que no Brasil vige um sistema de registro de direitos e não de títulos. O responsável pela validade e eficácia do direito instrumentalizado no documento eletrônico é a pessoa do registrador imobiliário e não o sistema informatizado. Esta responsabilidade está expressa na lei que regulamenta a atividade notarial e registral (artigo 22 da Lei 8.935/1994).

Além disso, a própria lei de registros públicos permanece inalterada no tocante aos dias e horários em que se pode efetivar o registro. Segundo o artigo 9º da LTR, são nulos os registros praticados fora das horas regulamentares ou nos dias em que não há expediente. Para explicar melhor a restrição de prática de atos de registro fora do horário regulamentar, vale citar, como exemplo, o extrato eletrônico de negócios jurídicos referido nos artigos 6º e 7º da Lei 14.382/2022.

A figura do extrato do instrumento particular com efeitos de escritura pública elaborado por entidade integrante do Sistema Financeiro da Habitação ou Imobiliário (SFH ou SFI), apresentado sob a forma de documento eletrônico estruturado em XML, está em vigor no Estado de São Paulo desde o ano de 2013, quando foi editado pelo Desembargador José Renato Nalini o Provimento 11/2013[10] da Corregedoria Geral da Justiça de São Paulo.

O XML (*Extensible Markup Language*) é uma linguagem de programação computadorizada bastante difundida, que possibilita o tráfego de bancos de dados estruturados e, consequentemente, a automação de várias atividades. Os interessados no envio dos extratos eletrônicos para registro podem depositar as informações estruturadas na plataforma do registro eletrônico a qualquer horário, nos 365 dias do ano.

Em tese, os sistemas informatizados das serventias imobiliárias também poderiam utilizar ferramentas robóticas capazes de processar estas informações estruturadas em tempo real, na medida em que os extratos fossem sendo depositados na plataforma online.

No entanto, a utilização de funcionalidades deste tipo pode violar o sistema de prenotação. O processamento eletrônico de títulos realizado automaticamente, por máquinas robóticas, em tempo integral, teria vantagens sobre os títulos físicos, que só poderiam ser apresentados diretamente ao registrador e durante o horário em que o cartório estivesse aberto. Esta vantagem causaria desequilíbrio entre as partes e poderia distorcer a função principal da prenotação, que é a de estabelecer a fila de títulos pela rigorosa ordem de sua apresentação.

---

[10] Atualmente a previsão de registro de extratos XML está transcrita no Item 111 e seguintes do Capítulo XX das Normas de Serviço da E. Corregedoria Geral da Justiça do Estado de São Paulo, cujo item principal tem a seguinte redação: "111. Para fins do procedimento registral, poderão os Oficiais de Registro de Imóveis receber dos agentes financeiros autorizados pelo Banco Central do Brasil a funcionar no âmbito do Sistema Financeiro de Habitação (SFH) e do Sistema Financeiro Imobiliário (SFI), e das companhias de habitação integrantes da administração pública, Extrato de Instrumento Particular com Efeitos de Escritura Pública (Extrato), desde que apresentado sob a forma de documento eletrônico estruturado em XML (*Extensible Markup Language*), em conformidade com modelos definidos por Portaria da Corregedoria Geral da Justiça" Provimento 58/89 da Corregedoria Geral da Justiça do Tribunal de Justiça de São Paulo e modificações, em especial o Provimento CG 11/2013.

Imagine-se um extrato eletrônico XML depositado na plataforma central dos registros públicos à meia noite, na passagem de um domingo para uma segunda feira. Se as ferramentas robóticas estivessem em pleno funcionamento, este documento seria automaticamente importado para o Livro 1 – Protocolo do registrador e ganharia um número de ordem correspondente à data e horário de seu processamento. Enquanto uma pessoa interessada no mesmo imóvel, que, por qualquer razão, só pudesse apresentar o título físico no balcão, ficaria na dependência da abertura do cartório, às 9h00min da manhã da segunda-feira, e não poderia nem mesmo disputar essa prioridade.

O registro eletrônico deve conviver com o registro de títulos físicos, que só podem ser recepcionados pelo registrador durante o horário regulamentar de funcionamento do cartório. Ainda que seja possível depositar títulos na plataforma eletrônica da internet, em qualquer horário do dia, em qualquer dia da semana, a prioridade deste documento somente será estabelecida no momento em que o registrador competente lançá-lo efetivamente no livro protocolo do cartório, cujo ato – registral por natureza – somente pode ser efetivado no horário do expediente.

Em síntese, a apresentação do título na plataforma eletrônica do Serp não significa automática prenotação. Os títulos depositados na plataforma fora do horário regulamentar deverão aguardar a sua efetiva prenotação no próximo dia útil. Consequentemente, o início da contagem dos prazos de vigência da prenotação e qualificação do respectivo título também ficarão suspensos enquanto não ocorrer o efetivo lançamento no protocolo.

PODEM SER EXTRAÍDAS ALGUMAS CONCLUSÕES

1 – A primeira e mais importante conclusão é de que a Lei 14.382/2022 não alterou os efeitos materiais e formais da prenotação ou da preferência registral que dela resulta. A prioridade atribuída a um título é dada pelo número de ordem em que este for lançado no Livro 1 – Protocolo, que deve ser feito diariamente e abranger todos os títulos apresentados ao registrador dentro do horário regular de funcionamento da serventia. Por isso, o dia do lançamento no protocolo – *dies a quo* – está, desde logo, protegido pelos efeitos da prenotação.

2 – Se a prenotação só existe após o efetivo lançamento do título no Livro 1 – Protocolo do cartório competente, resta claro que a apresentação do título na central eletrônica de distribuição de títulos – SERP – não se equipara à prenotação. Os títulos lançados na plataforma central deverão aguardar a sua efetiva prenotação, o que, dependendo do horário, poderá se efetivar somente no próximo dia útil.

3 – O prazo e a forma de contagem da vigência da prenotação foram substancialmente alterados com a nova lei. A prenotação produzirá efeitos pelo prazo de 20 (vinte) dias úteis. Esta contagem, na qual serão computados apenas os dias em que há expediente, tem início no dia útil seguinte ao protocolo e assim segue pelos próximos 20 dias úteis.

4 – Outra questão que se faz necessário frisar é que o prazo de vigência da prenotação distingue-se do prazo de qualificação e registro. A prenotação é o direito de preferência e prioridade registral que se confere a um título lançado no protocolo. No entanto, uma vez lançado o título no protocolo, o legislador espera que a inscrição definitiva ocorra em prazo menor. Para os títulos ordinários, o prazo de qualificação e

registro é de 10 dias úteis. Nos títulos elencados nos § 1º do artigo 188 da lei registral, o prazo de registro é de 5 dias úteis apenas. E a contagem dos prazos de qualificação e registro segue a mesma sistemática da prenotação.

5 – O prazo de 5 dias previsto no § 1º do artigo 206-A não tem o objetivo de interferir na vigência natural da prenotação. No entanto, vale reconhecer que ele pode ser utilizado para todos os casos em que as exigências tenham sido atendidas na parte final do prazo da prenotação. O registro então poderá ser efetivado sem que a prenotação perca a sua eficácia.

6 – Em regra, a prenotação de um título obsta a qualificação de títulos posteriores que lhes forem contraditórios, excludentes de direito ou dele dependentes. No caso de prenotações sucessivas, o registrador deve organizar a fila pela ordem de chegada, com os respectivos números dos protocolos, e iniciar um novo procedimento de qualificação apenas depois de solucionado o título que detinha a prioridade. Enquanto aguardam a solução do primeiro, as demais prenotações ficam prorrogadas, conservando seus efeitos até que alcancem a prioridade.

7 – As prenotações devem ser certificadas nas matrículas dos imóveis envolvidos, exatamente porque, se efetivado o registro, o ato retroagirá à data da prenotação.

Note-se, portanto, que a prenotação continua sendo um dos institutos mais importantes do registro de imóveis. Talvez, tenha até ganhado relevância com as alterações trazidas pela Lei 14.382/2022. Isto porque, eventuais conflitos que possam surgir em razão deste incentivo à agilidade registral serão solucionados, muito provavelmente, com base nos princípios registrais – dentre os quais o tema nos remete ao princípio da prioridade.

Posicionar-se em um local privilegiado traz vantagens. Veja o exemplo da América do Sul, que, como planejado no Tratado de Tordesilhas, foi dividida quase que exclusivamente entre os reinos de Portugal e Espanha (Castela). Por isso a relevância de se ter ferramentas que garantam e protejam as posições alcançadas, ainda que estas não tenham sido efetivamente conquistadas.

Ao prenotar o título, o interessado terá o registrador imobiliário como guardião do seu lugar na fila, como o revisor de qualidade do direito que pretende inscrever e terá, inclusive, um prazo de segurança para superar eventual defeito de validade ou eficácia que possam ser identificados antes da efetiva inscrição.

REFERÊNCIAS BIBLIOGRÁFICAS

DIP, Ricardo. Registro de Imóveis : princípios, Série registros sobre registros, Editora PrimVs, 2018, p. 51

DIP, Ricardo, Sobre a qualificação no registro de imóveis, Revista de Direito Imobiliário – RDI 29/33 – jan.-jun./1992 – IRIB – pg. 37/38

DOS SANTOS, Flauzilino Araújo. Revista do Direito Imobiliário – RDI 43/61 – jan. – abr. / 1998, p. 61 – citado na nota de rodapé n. 4.

Provimento nº 58/1989, da Corregedoria Geral da Justiça do Tribunal da Justiça do Estado de São Paulo – atualizado nos termos do Provimento nº 56/2019 – disponível no link https://api.tjsp.jus.br/Handlers/Handler/FileFetch.ashx?codigo=138285

15
DELEGAÇÕES EXTRAJUDICIAIS: O QUE AINDA ESTÁ PARA VIR?

José Renato Nalini

O advento da Lei 14.382, de 27 de junho de 2022, provocará verdadeira revolução no setor das delegações extrajudiciais. Consolida o Serviço Eletrônico dos Registros Públicos – Serp, que já fora previsto no artigo 37 da Lei 11.977, de 7 de julho de 2009. Mas não só. Propõe a modernização e a simplificação dos procedimentos relativos aos registros públicos de atos e negócios jurídicos no Brasil. Tanto que altera a Lei de Registros Públicos – Lei 6.015, de 31 de dezembro de 1973 – e outros diplomas legais.

Natural que uma lei nova com tantas inovações cause uma espécie de tremor nos delegatários, no seu quadro pessoal, nos advogados, nos magistrados e promotores, mas também no mercado, presumivelmente o mais interessado e o maior beneficiário da nova sistemática.

Houve intensa participação de vários segmentos dos que se empenharam na conversão da Medida Provisória em lei e são eles os defensores das medidas aprovadas. Significa a aparente vitória dos que aderem à cultura da adoção de todas as tecnologias disponíveis e de quantas vierem, tudo para tornar os serviços notariais e registrais cada vez mais ajustados à contemporaneidade.

Outros temem que tantas modificações possam comprometer a espinha dorsal do sistema, amparado por sólida construção doutrinária e jurisprudencial, aprimorada pela experiência secular dos operadores que executam os serviços.

A preservação da estrutura tradicional está aparentemente mantida, pois o Estado reconheceu que a estratégia adotada pelo constituinte de 1988 ao elaborar o artigo 236 da Constituição Cidadã foi a mais inteligente e a que melhores resultados produziu nestes trinta e quatro anos de vigência do pacto fundante.

Cumpre, todavia, a todos os que se angustiam com o cenário que se descortina, adotar posturas que possam garantir horizontes promissores e não plúmbeos, como alguns costumam vaticinar.

Algo é certo e inquestionável. O mundo está imerso nas profundas mutações propiciadas pelas tecnologias desenvolvidas pela Quarta Revolução Industrial e a Quinta Revolução Industrial já está em pleno curso.

O Direito Digital é uma das preocupações dos que enxergam a longo prazo e verificam que a Inteligência Artificial já modificou nossa vida, o blockchain é uma realidade, a criptomoeda[1] faz desaparecer o papel, a preocupação hoje é com cibersegurança, crimes digitais, nanotecnologia, internet das coisas, metaverso e tudo aquilo que ainda impactará nossa existência e mudará a forma de conviver.

Enquanto a transformação digital é imediata, a transformação do universo jurídico leva um tempo incompatível com o do mercado. Este impõe suas regras e quem não quiser perecer, tem de se ajustar às novas exigências. Sob pena de perecer. Invoque-se, o quanto se queira, o ultrapassado conceito de "soberania". Apelo emocional que só inflama os já fanatizados e que não percebem a complexidade do jogo de forças estabelecido na sociedade contemporânea. O Estado é apenas um dos protagonistas. Os grandes conglomerados econômicos são supranacionais e apátridas. Praticamente inviável exercer controle sobre eles.

O que se pode fazer para navegar com certo equilíbrio neste instigante Século 21?

A primeira viragem deveria ser a formação jurídica. O modelo coimbrão que Pedro I importou para criar as duas primeiras faculdades de direito no Brasil, em 1827, já possuía mil anos. Era a fórmula de Bolonha, cuja Faculdade de Direito datava do oitocentos. Desde então, o Brasil assistiu ao milagre da multiplicação das escolas de direito. Possui, sozinho, mais cursos de direito do que a soma de todos os outros espalhados pelo planeta.

Poucas as escolas que se preocupam com o fornecimento ao acadêmico, de ferramentas com as quais ele possa navegar pelo mundo digital. Como diz Patrícia Peck Pinheiro, especialista em Direito Digital, "com a complexidade que o mundo tem hoje, você precisa entender de *legal design*, saber usar as ferramentas de pesquisa e jurimetria para melhorar a entrega do conteúdo jurídico"[2].

Propagou-se durante muito tempo a necessidade de uma visão multidisciplinar no universo jurídico. Sem que se verificasse implementação dessa cultura na prática. As aulas continuam prelecionais, as disciplinas são aquelas clássicas, mesmo nas Universidades Públicas, os departamentos não dialogam. Cada qual responde por sua área específica. Aprofunda-se o ensino sobre esferas cada vez mais limitadas, pois especializadas, sem a interface com a realidade que não seja aquela da cena judicial.

Poucas as iniciativas que levam a sério a meta de "estabelecer parcerias e trabalhar em conjunto com algum profissional de tecnologia da informação, porque você pode, por exemplo, ter de fazer perícia técnica para capturar provas eletrônicas ou ainda uma análise de infrações relacionadas à propriedade intelectual para fazer

---

[1] RONALDO LEMOS, advogado e diretor do Instituto de Tecnologia e Sociedade do Rio de Janeiro noticia que o Banco Central tem funcionado como um propulsor da inovação no setor financeiro. Além do Pix, está em curso também o LIFT – Laboratório de Inovações Financeiras e Tecnológicas. Trata-se de uma plataforma de lançamento de outras inovações com potencial transformador. O LIFT cria desafios relacionados a um tema específico e empresas e consórcios apresentam propostas sobre como resolver a questão. O tema atual é a criação de um *real digital*, provavelmente como criptomoeda estável (*stablecoin*). As entidades de classe do setor extrajudicial estão convidadas a oferecer sugestões ao LIFT.

[2] PINHEIRO Patrícia Peck, *Prepare-se para o upgrade*, in Revista da ESPM, ano 28, ed. 124, nº 2, 2022, p.10.

verificação em código fonte de *software*. A sociedade e os ativos estão digitais. Os processos também"[3].

Enquanto o curso jurídico for o mais procurado, pois abre ampla janela de oportunidades para quem o fizer, continuará a enxurrada semestral de milhares de bacharéis verdadeiramente arremessados a um mercado de trabalho cruel. O mercado reclama especialização que as Faculdades ainda não oferecem. "Existem hoje muitas vagas abertas, não preenchidas, porque está se buscando cada vez mais um tipo de advogado chamado *business lawyer*, – com mais formação em negócios e idioma fluente, que não são características-padrão no Brasil. ... As vagas mais demandadas e que estão remunerando melhor têm como requisito básico o conhecimento de técnicas de negociação e arbitragem, contratos, Direito comparado..."[4].

O impacto que a Lei 14.382/2022 causou no meio jurídico é o atestado de que o estudante de direito não pode se satisfazer fazendo "júris simulados", "Semanas Jurídicas", participar de seminários, congressos, eventos em que se fala mais sobre o mesmo. Um novo profissional "precisa fazer algum curso mais voltado para computação e não deve ser um mero usuário comum que não entenda como funcionam os bastidores mais técnicos. É bom procurar um curso de programação para advogados para sair da categoria de usuário de Windows. Não é preciso ser programador, mas precisa saber como as coisas funcionam"[5].

A reforma dos cursos jurídicos é tema recorrente. Há mais de meio século ouço e partilho da convicção de que a Faculdade de Direito está defasada. Marcelo Crespo, coordenador do Curso de Direito da ESPM observa que o Brasil de mais de um milhão de advogados, com viés de alta para os próximos anos, gera "frustrações sequenciais: a de uma má formação na graduação em Direito e a de que a pós-graduação também não cumpre seu papel de conectar o aluno à realidade do mercado. Isso porque grande parte do ensino do Direito foi transformada em *commodity*, com muitos cursos sucateando bibliotecas, rebaixando salários dos docentes (inclusive dispensando grande parte de mestres e doutores), para ofertar preços irrisórios nas mensalidades. Evidentemente, este é um contexto que em nada poderia auxiliar a formar profissionais aptos a atender às exigências de um mercado de trabalho extremamente competitivo"[6].

A deficiência do ensino jurídico provém da insuficiência da educação básica. O ensino fundamental prioriza a capacidade de memorização. As crianças são "adestradas" a decorar informações, o que é surreal numa era em que nunca dantes houve tanta disponibilidade e facilidade de acesso a dados. Basta um clique num mobile e dados atualizados, coloridos, musicalizados, respondem a qualquer curiosidade do educando.

Enquanto isso, negligencia-se aquilo que é fundamental: o componente designado como habilidades socioemocionais. Durante minha experiência na Secretaria da Educação do Estado de São Paulo comprovei esse descompasso fatal e procurei

---

[3] PINHEIRO, Patrícia Peck, op. cit., idem, ibidem.
[4] PINHEIRO, Patrícia Peck, op. cit., idem, p. 12.
[5] PINHEIRO, Patrícia Peck, op. cit., idem, p. 13.
[6] CRESPO, Marcelo, *Um novo Direito para uma sociedade conectada*, in Revista da ESPM cit., idem, p. 17.

testemunhar o que presenciara, com apreensão e angústia[7]. Raríssimas iniciativas, como a respeitada ESPM – Escola Superior de Propaganda e Marketing, se preocupam com esse tema, que é a preocupação do Instituto Ayrton Senna, presidido por Viviane Senna. O coordenador do curso de Direito ora iniciado entende que, entre as "habilidades buscadas nos novos profissionais jurídicos encontram-se as socioemocionais – as chamadas *soft skills* ou *human skills* -, que abrangem adaptabilidade, empatia e proatividade. Além das *soft skills*, são valorizadas as habilidades de outras áreas, tais como a de finanças, *compliance*, proteção de dados e tecnologia, o que evidencia o valor agregado da interdisciplinaridade"[8].

As chamadas competências socioemocionais remetem a Daniel Goleman, que escreveu em 1995 seu livro "Inteligência Emocional", publicado pela primeira vez em 1995, nos Estados Unidos. Antes, falava-se apenas em QI, o Quociente de Inteligência. Para Goleman, deve-se pensar em "duas mentes" – uma é racional e a outra emocional. Ambas definem o nosso destino. A consciência das emoções é fator essencial para o desenvolvimento da inteligência do indivíduo. A incapacidade de administrar as próprias emoções compromete o aproveitamento da escalada rumo ao conhecimento. Não há fatalismo genético: os circuitos cerebrais podem ser trabalhados. "Inteligência emocional abrange três aspectos fundamentais: 1) reconhecer, compreender e controlar as próprias emoções; 2) reconhecer, compreender e influenciar as emoções dos outros; e 3) moldar o próprio comportamento em função das próprias emoções e das dos outros"[9].

Parcela considerável desse novo contexto já habita o universo do setor extrajudicial. Ao atuar em caráter privado, liberou-se – ao menos em parte – do vetusto, pesado e burocrático ambiente público. Trabalha por sua conta e risco, sob severa e permanente fiscalização e controle. Administrativamente, exercido pela tríplice Corregedoria: a permanente, a Geral e a Nacional. Mas avaliado pelo usuário, pelo mercado, pela mídia, pelo empresariado, pela sociedade em geral.

Teve de compatibilizar seus préstimos, herdados de um sistema cartorial pré-medieval, à rotina digital. E o fez com êxito. As delegações extrajudiciais são hoje consideradas paradigma de prestação de serviços estatais. Obtiveram notável eficiência. Tanto que alguns sistemas – o registral imobiliário, por exemplo – serve de inspiração para democracias neófitas, principalmente no Leste Europeu e desperta interesse até dos Estados Unidos. Estudos recentes, desenvolvidos por Bianca Castelar Faria e por Celso Mazitelli evidenciam que a estrutura do RI brasileiro é inegavelmente superior, em termos de segurança, celeridade e dispêndio por parte do usuário, no cotejo com aquele realizado em quase todos os Estados norte-americanos.

Antes mesmo do que o próprio Poder Judiciário, encarregado da tutela correcional sobre as delegações, estas assumiram a cultura ESG, que hoje não é mais questão de opção, mas está inserido na realidade mundial e mereceu atenção do Estado brasileiro.

---

[7] Consultar NALINI, José Renato, *Educação: uma questão de Justiça*, SP-Editora SESI, 2019 e *Justiça: uma questão de educação*, SP: Quartier Latin, 2019.
[8] CRESPO, Marcelo, op. cit., idem, p. 18/19.
[9] GRACIOSO, Alexandre, Vice-Presidente Acadêmico e de graduação da ESPM, in Revista da ESPM citada, idem, p. 22.

A normatividade editada nos dois últimos anos – 2021 e 2022 – mostra que a simultânea preocupação com o meio ambiente, com o social – notadamente quanto à redução das iníquas desigualdades em nosso país – e a governança corporativa, ou gestão pública inteligente, veio para ficar. O Banco Central do Brasil inseriu a temática no Sistema Financeiro Nacional. Estabeleceu orientações sociais, ambientais e climáticas a serem observadas por meio de Políticas de Responsabilidade em cada área, impôs a divulgação de informações sobre ESG ao público externo, assim como do Relatório de Riscos e Oportunidades Sociais, Ambientais e Climáticos. Mais importante ainda, traçou impedimento à obtenção de crédito rural para os interessados em desconformidade com as normas socioambientais.

A Comissão de Valores Mobiliários – CVM, órgão normativo, fiscalizador e supervisor que integra o Sistema Financeiro Nacional editou instruções normativas e adotou o conceito "pratique ou explique". Os emissores de valores mobiliários que não observem as práticas solicitadas precisam se explicar o motivo pelo qual o não fazem.

Não é diferente na União Europeia e nos Estados Unidos, além da China, que já sinalizou deixar de importar grãos produzidos em áreas desmatadas. A observância da agenda ESG está no radar do Poder Público e da iniciativa privada em todo o planeta. "Temas relacionados a ESG sujeitos à avaliação administrativa e judicial no Brasil e no exterior incluem, por exemplo: 1) litígios climáticos; 2) diversidade de funcionários, gerentes e diretores das empresas; 3) contradições e inconsistências nos relatórios de sustentabilidade; 4) critérios para divulgação adequada de informações ambientais aos investidores; 5) deveres de *due diigence* dos administradores e diretores das empresas; 6) práticas de anticorrupção e conformidade; 7) metodologias para contabilizar e alcançar metas relacionadas a negócios sustentáveis e recebimento de certificados, entre outros"[10]. Tudo isso afeta, direta e indiretamente, o funcionamento das delegações extrajudiciais. Algumas entidades de classe anteciparam-se e já promoveram ações sustentáveis, numa saudável política de levar em consideração o exaurimento dos recursos naturais e a insana persistência na destruição da natureza. Enfim, não há setor algum de atividade humana que possa prescindir da efetiva preocupação com a economia descarbonizada, com a logística reversa e circularidade, temas impostos ante a urgência de drástica mudança de atitudes ante o único habitat disponível para os humanos.

O setor extrajudicial não está alheio à "construção de um novo modelo de mundo, que passa por novos padrões de comportamento, consumo, pensamentos e, consequentemente, de uma nova forma de fazer negócios. A sigla ESG é apenas uma representação didática desse inexorável contexto"[11]. Quanto ao ceticismo ou até acusação de fraude nessa política ESG, que seria mera reprodução do movimento verde resultante em *greenwashing*[12], basta ouvir referências cientificamente respeitadas, como Carlos Nobre, pesquisador do Instituto de Estudos Avançados da USP: "Não é surpresa o surgimento de um movimento de setores economicamente poderosos do mundo global de negócios contra a necessária implementação acelerada do conceito do ESG em

---

[10] STEFANELO, Fernanda Vianna e BATTISTI, Helena Micaela Ygosse, *ESG: o Direito em constante evolução*, in Revista da ESPM cit., idem, p. 70.

[11] CONSIGLIO, Sonia, *AntiESG ou pró-ESG? Não é essa a questão*, in Valor Econômico, 18.10.2022.

[12] *Lavagem verde*, no original em inglês, significa o artifício de se utilizar de uma roupagem ecológica, para esconder uma prática nociva ao meio ambiente.

todo o mundo empresarial. Estão associados a movimentos políticos anticiência e que não se importam com a construção de uma sociedade igualitária. Pretendem manter crescente a desigualdade de renda e vastas classes pobres e miseráveis, semiescravas destes super ricos. É hora de mostrar todos os benefícios do ESG na construção de um futuro sustentável para o planeta, com maior justiça social e econômica e combatendo a emergência climática, protegendo a biodiversidade e as comunidades indígenas e tradicionais em todo o planeta"[13].

Existe uma convergência de pensamento entre os que defendem a adoção plena da cultura ESG e a dos que pretendem ampliar a esfera de atribuições das delegações extrajudiciais. Estas nasceram e se desenvolveram ao lado do Poder Judiciário. Costumo dizer: "Nada mais judicial do que o extrajudicial". Os antigos cartórios cuidavam do serviço judicial e ele era muito bem praticado pelos funcionários que respondiam administrativamente ao titular da serventia, mas que tinham noção bem clara e precisa sobre a relevância do mister de solucionar conflitos, fazendo incidir a vontade concreta da lei sobre a hipótese submetida à apreciação do julgador.

Quando Corregedor Geral da Justiça de São Paulo no biênio 2012-2013, editei Provimento que autorizava as delegações extrajudiciais a realizarem composição consensual de conflito, não só nas modalidades clássicas da conciliação, mediação e arbitragem. Mas suscitando a criatividade e engenhosidade dos responsáveis pelas delegações, muitos deles já recrutados pelo severíssimo concurso de provas e títulos realizado pelo Tribunal de Justiça.

Nada mais óbvio do que reconhecer que os notários e registradores são profissionais habilitados a oferecer alternativa à demanda processual. O tabelião é aquele que formaliza, juridicamente, a vontade das partes. Muitas delas querem uma solução, não um processo que tem termo inicial, mas cuja duração é – lamentavelmente – imprevisível. Os registradores atuam com direitos fundamentais: início e final da vida, liberdade, igualdade, propriedade e segurança, inclusive a jurídica. São profissionais afeiçoados aos problemas rotineiros, nem sempre conflituosos. Exercem uma função primordial na pacificação da sociedade.

Pois bem: por provocação da OAB, a representante dessa entidade no CNJ – Conselho Nacional de Justiça, liminarmente suspendeu a vigência do Provimento – quando deveria se dar por suspeita – e, com isso, impediu a implementação de uma prática surgida apenas cinco anos depois.

Ora, as empresas alinhadas com a pauta ESG enxergam nos métodos autocompositivos de resolução de conflitos todo o sentido: "podem reduzir a destinação de recursos públicos para resolver litígios privados, o que vem ao encontro dos princípios de sustentabilidade e de boa governança, valorizados por muitos dos seus *stakeholders*. Conflitos que envolvam acionistas, colaboradores, fornecedores, consumidores e mesmo autoridades ambientais, entre outros, podem ser solucionados por meio da mediação, desonerando a justiça brasileira, reduzindo custos internos (dinheiro e tempo para a solução do caso) e trazendo ganhos para todos, dentro e fora das empresas"[14].

---

[13] Apud CONSIGLIO, Sônia, op. cit., idem, ibidem.
[14] BARCELLOS, Ricardo Dornelles Chaves, *ESG pode ajudar a racionalizar o uso do Judiciário,* in Valor Econômico, Caderno Legislação, 13.10.2022.

Pese embora bons exemplos, a solução negociada por um delegatário não padecerá do excessivo formalismo, do exagerado procedimentalismo que, muita vez, contamina a prestação jurisdicional, de maneira a assustar o jurisdicionado, tamanha a distância entre o julgador – um ser humano distanciado das misérias do cotidiano – e o infeliz que precisa do equipamento judicial. Os titulares de delegações têm contato direto com as partes e, como exercem atividade em caráter privado, não padecem de pedantismo que pode acometer os ocupantes de cargos diferenciados na estrutura estatal. "Além disso, uma solução consensual reflete uma imagem mais humanizada da empresa, já que demonstra consciência, maturidade e disposição para o diálogo, mesmo diante de conflitos por vezes inevitáveis"[15].

Um outro aspecto sempre enfatizei na opção preferencial pela solução CCC – Composição Consensual de Controvérsias: o aspecto ético. É muito mais compatível com a busca do bem, nesta ciência do comportamento moral do homem em sociedade abrir espaço para o diálogo, do que submeter uma questão humana à soberania do Estado-Juiz. Embora, eufemisticamente, se chame a parte de "sujeito processual", na verdade, quando perante o aparato judicial ele se torna *objeto* da vontade soberana do Estado Julgador. Só na informalidade de um diálogo franco e aberto, cada qual com a oportunidade de ouvir – com palavras do uso rotineiro, sem o jargão jurídico[16].

Esse o motivo pelo qual já sustentei que a busca pela autocomposição deveria ser a regra e a busca do Judiciário – relativizado o rigorismo com que se interpreta o inciso XXXV do artigo 5º da Constituição da República – a alternativa. No cotejo entre as vantagens de um e outro sistema prevalece a superioridade das fórmulas consensuais. Libera os envolvidos de um surreal percurso por quatro instâncias, com a imprevisibilidade gerada por um caótico sistema recursal, em que a mesma questão pode ser reapreciada dezenas de vezes, tal a irracionalidade vigente.

Essa análise superficial de um quadro preocupante, derivado de uma educação fundamental deficiente e superada, replicada no curso jurídico, leva à constatação de que é preciso reagir. A curto prazo, as delegações extrajudiciais podem alavancar um projeto bem-sucedido de educação corporativa, para prover de quadros pessoais preparados as suas serventias. Essa preocupação está também na mente de responsáveis pela elaboração de um novo Plano Nacional de Pós-graduação.

O Professor Esper Abrão Cavalheiro, da Universidade Federal de São Paulo – UNIFESP, é o Presidente da Comissão designada pela CAPES – Coordenação de Aperfeiçoamento de Pessoal de Nível Superior para desenhar o novo Plano Nacional de Pós-Graduação. Ele reconhece uma velha demanda: "não se devia formar mestres e doutores só para a academia, mas também fornecer pessoal de alta qualificação para os outros setores do nosso sistema social e econômico"[17]. O especialista detectou o que hoje existe: "a pós-graduação sempre esteve centrada em um tipo de produto – a dis-

---

[15] BARCELLOS, Ricardo Dornelles Chaves, op. cit., idem, ibidem.
[16] O próprio Judiciário reconhece que a técnica excessiva, para tratar de questões singelas, inibe o interessado, que preferiria tratar daquilo que o incomoda de maneira mais coloquial, na informalidade que o Poder Judiciário não propicia. Por isso o TJSP mantém em seu sítio eletrônico o interessante projeto "Juridiquês não tem vez".
[17] CAVALHEIRO, Esper Abrão, entrevista a Fabrício Marques, *Habilidades de um Doutor*, in Pesquisa-FAPESP, ano 23, n. 320, outubro 2022, p. 39.

sertação e a tese – e seus correlatos, que são artigos publicados e patentes depositadas. Para obter o título, o aluno tem que fazer os créditos e escrever a tese. E pronto, acabou. Em nenhum momento os programas discutiram quais habilidades ou atributos um doutor deve desenvolver para ser um profissional ou um pesquisador relevante. A tese não pode ser o objetivo final – ela deve ser o instrumento através do qual o indivíduo se transforma e entende a razão da ciência e qual a melhor forma de desenvolvê-la"[18].

Aquilo que preocupa o Presidente da Comissão que elaborará o próximo Programa Nacional de Pós-graduação deve também acudir à mente dos delegatários do setor extrajudicial e seus *stakeholders*. Assim como acontece com as delegações, os futuros pós-graduados devem ter "a habilidade para trabalhar em grupo...Os doutores também precisam estar preparados para lidar com uma abordagem multidisciplinar já que muitas das questões atuais requerem um olhar convergente"[19].

Ele narra um diálogo com o professor Isaías Raw: "Ele dizia: pesquisador tem que cavar o seu túnel, e nesse trajeto ir agregando mais conhecimento até dominar completamente o assunto. Mas, de vez em quando, precisa voltar à entrada do túnel e ver o que está se passando ao redor. Senão, ele perde a dimensão do seu conhecimento perante a evolução dos demais"[20].

Muita coisa ainda pode ser pressentido no futuro das delegações extrajudiciais. Assim que o Registro Civil das Pessoas Naturais foi convertido em "Ofício da Cidadania", abre-se uma cornucópia de possibilidades de atuação. Uma delas, já tenho me pronunciado a respeito, é o seu engajamento num Recenseamento Permanente da População Brasileira. Não faz sentido recensear a cada década. A informação é essencial para o planejamento e sem planejamento a nação tateia, titubeia, hesita e vacila. Anda em marcha-a-ré em vez de avançar. Investir milhões ou bilhões para recrutar recenseadores *ad hoc* é ignorar a expertise acumulada pelo registrador civil ao acompanhar a existência de cada ser humano, desde o nascimento até à morte. O acervo de seus dados pode orientar todas as políticas estatais, como repositório confiável – dotado de fé pública – de tudo aquilo que interessa para o futuro nacional.

O tabelionato continua a ser o local em que o cidadão obtém a melhor orientação para os seus negócios, para planejar sua sucessão, para formalizar juridicamente sua vontade. Instância adequada para a realização da verdadeira justiça, aquela a que se chega mediante diálogo, até à obtenção do possível consenso.

O tabelionato de protestos tem futuro se vier a assumir o encargo de tramitação das execuções fiscais, peso inadequado para um Judiciário que em 2021 tinha setenta e sete milhões de processos em andamento[21]. Lamentável que alguns magistrados justifiquem essa anomalia intitulando-se os "maiores arrecadadores" da União Federal. Missão do Judiciário é pacificar, não cobrar dívidas de contribuintes inadimplentes.

---

[18] CAVALHEIRO, Esper Abrão, op. cit., idem, ibidem.
[19] CAVALHEIRO, Esper Abrão, op. cit., idem, p. 40.
[20] CAVALHEIRO, Esper Abrão, op. cit., idem, ibidem.
[21] Já se chegou a possuir mais de cem milhões de processos em curso, algo bizarro, a sugerir que todos os brasileiros estariam a litigar, pois o processo é o *actum trium personarum*, em que são necessários um autor, um réu e um juiz. Óbvio que a maior parte dos processos tem origem no próprio Estado, o cliente preferencial da Justiça, a figurar às vezes como autor (como nas execuções fiscais) e muitas vezes como réu.

O Registro de Imóveis é o garantidor de um dos direitos fundamentais mais significativos, a propriedade. Aos poucos, torna-se um poderoso parceiro na efetivação de políticas estatais da maior relevância, como o planejamento da ocupação urbana e rural, o controle da cobertura vegetal e dos instrumentos erigidos para sua tutela, como a reserva legal, as APPs e outros, o maior protagonista da regularização fundiária, fator de incremento do verdadeiro progresso brasileiro.

Não se pense que as mudanças terminam com a aprovação da Lei 14.382/2022. Elas continuarão, cada vez mais frequentes e cada vez mais impactantes. Por isso, tudo considerado, espera-se que o CNJ, no seu papel regulamentador que assumiu viés normativo incessante e crescente, reveja a ultrapassada modalidade de concurso público, preservador das máculas do pífio ensino fundamental, médio e que se mantém na Universidade e até na Pós-graduação. Uma seleção baseada na aferição da capacidade mnemônica dos candidatos não atende à necessidade de prover o setor de profissionais aptos ao enfrentamento dos desafios postos por uma sociedade cambiante, sujeita a constante evolução disruptiva, posta a responder a reptos inimagináveis há algumas décadas.

O interesse demonstrado pelo CNJ no setor extrajudicial legitimaria a formação de um Conselho Consultivo formado por delegatários, que exercem suas funções e têm noção do que realmente é necessário para aprimorar o sistema, ao lado de representantes da Justiça Estadual, aquela que sempre esteve próxima aos cartórios e que recebeu do constituinte a missão de acompanhá-los de perto, fiscalizá-los e controlá-los.

Enquanto o universo do direito, à moda antiga, propõe segurança jurídica, a ciência e sua serva, a tecnologia, exploram águas mais profundas e tormentosas. Em lugar de permanecer clausulado nos velhos e surrados temas, o pesquisador contemporâneo deve ser um "desassossegador", como observou Saramago[22], ao manifestar sua surpresa ao ser convidado pelo Presidente do Conselho Diretivo da Faculdade de Coimbra, a escrever sobre "Perspectivas da realização do Direito e dos valores que ele integra e veicula no início do Terceiro Milênio".

O desassossego de Saramago – estamos a celebrar este ano o seu centenário – derivava do menosprezo devotado aos direitos humanos. "Todos sabemos que as injustiças se estão a multiplicar no mundo, que as desigualdades se agravam, que a ignorância cresce, que a miséria alastra. É esse o trágico espetáculo que temos diante dos olhos. Ofendidos e desprezados na prática, os direitos humanos tornaram-se objeto de mera retórica nas organizações internacionais, nos parlamentos nacionais e nos meios de comunicação social"[23].

Depois de toneladas de obras publicadas, congressos realizados, seminários, cursos, teses e dissertações, "o pântano da indiferença ou da resignação voltou a cobrir tudo"[24].

É exatamente aquilo que não se quer para o porvir das delegações extrajudiciais. Elas estão a bem servir à sociedade. Fruem do reconhecimento da população. Tutelam

---

[22] SARAMAGO, José, *Direito e os sinos,* in *Perspectivas do Direito no início do Século XXI,* Coimbra: Coimbra Editora, 1999, p. 31.
[23] SARAMAGO, José, op. cit., idem, p. 39.
[24] SARAMAGO, José, op. cit., idem, ibidem.

direitos e interesses substanciais à comunhão social. Que a senda lenta e gradualmente aberta pelos seus principais venha a ser continuamente aprimorada pelos que os sucederam e pelos que vierem.

Há um vasto território de possibilidades a ser explorado. A Lei 14.382, de 27 de junho de 2022, é apenas um convite a que se mantenha o espírito norteador de suas primícias, sem inibir que a natural evolução da ciência e da tecnologia acrescentem eficiência e adendos reputacionais ao instigante universo das delegações extrajudiciais.

O impacto da criação do Serp já se faz sentir quando o CNJ, em 1º de fevereiro de 2023, editou o Provimento 139, para regulamentar o Sistema Eletrônico dos Registros Públicos, o Operador Nacional do Sistema de Registros Públicos (ONSERP), os Fundos para a Implementação e Custeio das várias especialidades extrajudiciais e instituir os Operadores Nacionais do Registro Civil das Pessoas Naturais e do Registro de Títulos e Documentos.

O cenário prenuncia turbulências e acomodações, reflexo da profunda transformação das tecnologias, logo assimilada por uma sociedade que reclama resultados. Ainda há muito por vir numa área em que inteligências naturais disputam com a inteligência artificial para prover o sistema de delegações aptas ao eficiente cumprimento de sua destinação e contínuo aprimoramento.

16
REGISTROS PÚBLICOS: ALTERAÇÕES DA LEI 14.382/22 SOBRE O ASSENTO DO NASCIMENTO

Leticia Fraga Benitez

Marcelo Benacchio

O presente artigo tratará das alterações realizadas pela Lei n. 14.382/22 no Capítulo IV da Lei de Registros Públicos referentemente ao nascimento.

O artigo 54 da Lei de Registros Públicos recebeu o acréscimo de um parágrafo ao final[1] pela Lei n. 14.382.

A fim de que os registros sejam uniformes em todo o território nacional o art. 54 da Lei nº 6.015/1973 prevê os elementos que deverão constar do assento de nascimento.

O art. 43 da Lei nº 8.935/1994, por seu turno, estabelece:

> Art. 43. Cada serviço notarial ou de registro funcionará em um só local, vedada a instalação de sucursal.

Deste modo, não é possível a prestação do serviço púbico de registro civil em mais de uma instalação física, pena de configuração de sucursal.

Esta previsão, associada à determinação de que *"Em cada sede municipal haverá no mínimo um registrador civil das pessoas naturais"* (Lei nº 8.935/1994, art. 44, § 2º) implica dificuldades financeiras das unidades de registo civil estruturadas no sistema de delegação de serviço público remuneradas pelos emolumentos devidos em razão dos atos registrais em sentido amplo praticados.

O serviço de registro civil em todo Brasil, com exceções pontuais, encontra dificuldades na manutenção do equilíbrio econômico-financeiro, necessitando de fundos de auxílios e previsões de renda mínima.

---

[1] Art. 54. O assento do nascimento deverá conter:
(...)
§ 5º O oficial de registro civil de pessoas naturais do Município poderá, mediante convênio e desde que não prejudique o regular funcionamento da serventia, instalar unidade interligada em estabelecimento público ou privado de saúde para recepção e remessa de dados, lavratura do registro de nascimento e emissão da respectiva certidão.

Essa compreensão normativa acerca da impossibilidade da instalação de sucursal e necessidade de, ao menos, um registrador civil em cada sede municipal, adequada para uma sociedade eminente rural com dificuldades de locomoção e comunicação, merece evolução em conformidade com a sociedade da informação atual.

Sabidamente as novas tecnologias da informação, amplamente utilizadas pelas serventias extrajudiciais, modificou a realidade de outrora, necessitando de mudanças legislativas em conformidade a uma sociedade eminentemente urbana e com ampla possibilidade de comunicação propiciada pelas inovações tecnológicas.

Há municípios com poucos nascimentos, óbitos e casamentos em seus limites territoriais, porquanto os modernos centros de atendimento médico e hospitalar, bem como os meios para encontros sociais e comemorações migraram para polos próximos que passaram a concentrar a população, inclusive, para atividades laborais, tornando essas localidades em verdadeiras cidades dormitórios.

A nosso compreender, a forma de permitir base econômica para adequada prestação do serviço público de registro civil, dimensão fundamental da dignidade da pessoa humana, passa pela necessidade da modificação da proibição da instalação de sucursal.

Pensamos que a instalação de uma unidade física central de registro civil em comunicação telemática com sucursais instaladas nos municípios vizinhos permitiria adequado rendimento financeiro com a consequente fixação do Oficial do Registro Civil e, principalmente, o cumprimento dos ditames legais concernentes à garanta da publicidade, autenticidade, segurança e eficácia dos atos do registro civil das pessoas naturais.

Além disso, a medida importaria em melhor emprego de recursos públicos dos fundos destinados a custosa manutenção de serviços registrais com pouca prestação de serviços registrais como ocorre atualmente em diversas localidades.

O C. Conselho Nacional de Justiça editou o Provimento nº 63, de 14 de novembro de 2017, que instituiu modelos únicos de certidão de nascimento, casamento e óbito a serem adotados pelos ofícios de registro civil das pessoas naturais.

A alteração legislativa introduzida pela Lei nº 14.382/22 consta do §5º, que reproduz o instituído pelo Provimento nº 13 do C. Conselho Nacional de Justiça, que entrou em vigor em 03 de outubro de 2010, e dispôs sobre a emissão de certidão de nascimento nos estabelecimentos de saúde que realizam partos e criou as Unidades Interligadas permitindo que as crianças já saiam da maternidade com a certidão de nascimento.

O art. 1º, do mencionado Provimento nº 13 estabelece:

> Art. 1º A emissão de certidão de nascimento nos estabelecimentos de saúde que realizam partos será feita por meio da utilização de sistema informatizado que, via rede mundial de computadores, os interligue às serventias de registro civil existentes nas Unidades Federativas e que aderiram ao Sistema Interligado, a fim de que a mãe e/ou a criança receba alta hospitalar já com a certidão de nascimento.
>
> § 1º O posto de remessa, recepção de dados e impressão de certidão de nascimento que funciona em estabelecimentos de saúde que realizam partos e que está conectado pela rede mundial de computadores às serventias de registro civil das pessoas naturais é denominado "Unidade Interligada".

§ 2º A Unidade Interligada que conecta estabelecimento de saúde aos serviços de registro civil não é considerada sucursal, pois relaciona se com diversos cartórios.

§ 3º Todo processo de comunicação de dados entre a Unidade Interligada e os cartórios de registro civil das pessoas naturais, via rede mundial de computadores, deverá ser feito com o uso de certificação digital, desde que atenda aos requisitos da Infraestrutura de Chaves Públicas Brasileira – ICP.

A finalidade é erradicar o número de sub-registro de nascimento, bem como facilitar o acesso ao cidadão que não terá que se deslocar grandes distâncias para obter o registro do nascimento de seu filho.

A alteração em comento trouxe para a legislação a previsão administrativa, permitindo o aumento da eficiência do serviço delegado a partir da instalação das unidades interligadas *"em estabelecimento público ou privado de saúde para recepção e remessa de dados, lavratura do registro de nascimento e emissão da respectiva certidão"*.

A previsão em exame permite a qualquer Oficial de Registro Civil do Município a instalação da unidade interligada.

Assim, ainda que o estabelecimento de saúde não esteja localizado nos limites da circunscrição do Titular da Delegação há legitimidade para atuar na unidade interligada para a realização dos registros de nascimento ocorridos no local de residência dos pais do registrado, dentro dos limites territoriais de suas atribuições, nos termos do artigo 50 da Lei nº 6.015/1973 que prevê a realização do registro de nascimento *"no lugar em que tiver ocorrido o parto ou no lugar da residência dos pais"*.

A unidade interligada com atuação de mais de um Oficial de Registro Civil deve ter seu funcionamento nos termos das previsões contidas no referido Provimento nº 13 do C. Conselho Nacional de Justiça.

Acaso não seja possível consenso entre os Oficiais de Registro Civil por meio da aplicação dos mandamentos do referido Provimento, a questão deverá ser decidida pelo órgão do Poder Judiciário responsável pela fiscalização.

O artigo 55[2] da Lei de Registros trata do nome da pessoa natural e sofreu tanto modificação de redação em seu *caput*, como a inclusão de parágrafos por meio das alterações realizadas pela Lei n. 14.382/22.

---

[2] Art. 55. Toda pessoa tem direito ao nome, nele compreendidos o prenome e o sobrenome, observado que ao prenome serão acrescidos os sobrenomes dos genitores ou de seus ascendentes, em qualquer ordem e, na hipótese de acréscimo de sobrenome de ascendente que não conste das certidões apresentadas, deverão ser apresentadas as certidões necessárias para comprovar a linha ascendente.
§ 1º O oficial de registro civil não registrará prenomes suscetíveis de expor ao ridículo os seus portadores, observado que, quando os genitores não se conformarem com a recusa do oficial, este submeterá por escrito o caso à decisão do juiz competente, independentemente da cobrança de quaisquer emolumentos.
§ 2º Quando o declarante não indicar o nome completo, o oficial de registro lançará adiante do prenome escolhido ao menos um sobrenome de cada um dos genitores, na ordem que julgar mais conveniente para evitar homonímias.
§ 3º O oficial de registro orientará os pais acerca da conveniência de acrescer sobrenomes, a fim de se evitar prejuízos à pessoa em razão da homonímia.

A nova redação do *caput* do art. 55 reproduz a regra prevista no art. 16 do Código Civil, que consagra o nome como direito da personalidade e prevê que "*Toda pessoa tem direito ao nome, nele compreendidos o prenome e o sobrenome.*"

Rubens Limongi França ao tratar do direito ao nome refere:

> é um direito genérico, é a manifestação do direito à identidade pessoal, por cuja força os diversos indivíduos, ao nascerem, adquirem a faculdade de serem, em princípio, designados obrigatoriamente pro um vocábulo ou um conjunto de vocábulos que se convencionou chamar nome, e que, segundo as legislações ocidentais, deve ser composto, fundamentalmente, de prenome e nome de família. Em suma, poderíamos dizer que o direito ao nome, consiste no direito que tem alguém de se identificar através da designação personativa, formada dos elementos previstos em lei [3].

O nome da pessoa natural reveste-se de aspectos privados no sentido da identidade do ser humano, bem como de elementos de interesse social referentes à individualização de cada ser humano nas relações em comunidade.

Essa questão é abordada por Leonardo Brandelli da seguinte forma:

> é o nome quem por primeiro permite a individualização das pessoas, tornando-as um ser único e apartado do restante do bojo social, concedendo assim certeza nas relações interpessoais. [...] o nome carrega consigo uma conotação privatística, consistente na individuação pessoal, tomado o ângulo do próprio indivíduo, e uma conotação publicística, consistente no interesse de toda a coletividade em que haja uma correta individuação de seus membros, o que possibilita a correta imputação de direitos e deveres, de julgamentos morais favoráveis ou desfavoráveis etc. [4].

O nome é, pois, um elemento de identificação que individualiza o ser humano, distinguindo-o dos demais indivíduos.

São elementos fundamentais do nome; o prenome e o nome de família ou patronímico (art. 16 do Código Civil).

Conforme lição de Rubens Limongi França, o prenome é o signo básico da identidade pessoal [5].

Leonardo Brandelli define o prenome como o elemento designativo que identifica a pessoa, sem ainda preocupar-se com a origem familiar. É o elemento primeiro na

---

§ 4º Em até 15 (quinze) dias após o registro, qualquer dos genitores poderá apresentar, perante o registro civil onde foi lavrado o assento de nascimento, oposição fundamentada ao prenome e sobrenomes indicados pelo declarante, observado que, se houver manifestação consensual dos genitores, será realizado o procedimento de retificação administrativa do registro, mas, se não houver consenso, a oposição será encaminhada ao juiz competente para decisão".

[3] FRANÇA, R. Limongi, Do nome civil das pessoas naturais. 2. Ed. São Paulo: RT 1964, p. 177.
[4] BRANDELLI, Leonardo, Nome Civil da Pessoa Natural. São Paulo: Saraiva, 2012, p. 24.
[5] FRANÇA, R. Limongi. Do nome civil das pessoas naturais, p. 57.

formação do nome; o que vem em primeiro lugar na ordem de disposição dos elementos formadores do nome das pessoas[6].

Já o nome de família, ou patronímico, conhecido também por sobrenome, é aquele que exterioriza, perante a sociedade, a origem familiar do indivíduo, indicando sua ancestralidade, reduzindo, também, os riscos de homonímia.

A tradição brasileira em constar do nome a estrutura – prenome, patronímico materno, patronímico paterno – não está determinada na lei, inclusive a jurisprudência, antes mesmo da alteração legislativa, permitia o registro civil constando patronímicos em ordem diversa.

Conforme Reinaldo Velloso dos Santos:

> Na composição do sobrenome, pode ser adotado apenas o sobrenome do pai ou o da mãe; pode haver mescla de sobrenomes da mãe e do pai, ou até mesmo de avós, ainda que não integrem o nome dos pais. A liberdade de composição do sobrenome se estende à ordem dos sobrenomes, podendo constar primeiramente o do pai ou o da mãe. Apenas não é possível a inclusão de sobrenome que não tenha origem no nome de nenhum dos ancestrais do registrando ou a grafia do sobrenome de forma diferente.[7]

Esse entendimento, como referido, foi incorporado à legislação ao determinar *"que ao prenome serão acrescidos os sobrenomes dos genitores ou de seus ascendentes, em qualquer ordem"* (grifos nossos).

Ainda, o *caput* do art. 55 autoriza o acréscimo ao nome do registrando de sobrenome de ascendente, que não conste dos patronímicos que compõem os nomes dos genitores, fazendo-se necessária a apresentação das certidões comprobatórias, acaso já não constem das previamente apresentadas para o registro.

Deste modo, há observância ao tronco ancestral, todavia, sem a necessidade da continuidade registral acerca do patronímico familiar pretendido.

Com a previsão normativa comentada será possível a utilização de um patronímico familiar que não tenha sido utilizado por gerações parentais ascendentes, a partir da demonstração documental das *"certidões necessárias para comprovar a linha ascendente"*.

O § 1º do art. 55 mantém, em parte, a redação anterior do parágrafo único e do *caput* do próprio dispositivo legal, preceituando que o Oficial de Registro Civil não registrará prenomes suscetíveis de expor ao ridículo os seus portadores, observado que, na hipótese dos genitores não se conformarem com a recusa do Registrador, este submeterá por escrito o caso à decisão do Juiz competente, independentemente da cobrança de quaisquer emolumentos.

A lei confere aos pais liberdade de composição do sobrenome. Apenas na hipótese de omissão dos genitores é que consta regra supletiva autorizando o Oficial de Registro Civil das Pessoas Naturais o lançamento de ao menos um sobrenome de cada um dos genitores.

---

[6] BRANDELLI, Leonardo. Nome civil da pessoa natural. p. 91.
[7] SANTOS, Reinaldo Velloso dos. Introdução ao Registro Civil das Pessoas Naturais – Introdução ao Direito Notarial e Registral. Porto Alegre: IRIB: Fabris, 2004, p. 51.

Diante disso, o § 2º, do art. 55, na situação do declarante não indicar o nome completo, estabelece o dever do Oficial do Registro Civil em lançar adiante do prenome escolhido ao menos um sobrenome de cada um dos genitores, na ordem que julgar mais conveniente para evitar homonímias.

A finalidade da disposição é o cumprimento de norma cogente acerca do nome compreender "o prenome e o sobrenome" em conformidade ao interesse individual e social de individualização das pessoas.

O § 3º do artigo 55 estabelece o dever do Oficial de Registro Civil em orientar os pais acerca da conveniência de acrescer sobrenomes a fim de se evitarem prejuízos à pessoa em razão dessas homonímias e a plena identificação do indivíduo no seio social.

O § 4º do artigo 55 contempla inovação consistente no procedimento de oposição ao registro, prevendo que, em até quinze dias após, qualquer dos genitores poderá apresentar, perante a serventia extrajudicial em que lavrado o assento de nascimento, oposição fundamentada ao prenome e sobrenomes indicados pelo declarante.

Relevante, no ponto, relembrar que, nos termos do art. 52 da Lei nº 6.015/1973, são obrigados a fazer declaração de nascimento: *1º) o pai ou a mãe, isoladamente ou em conjunto, observado o disposto no § 2º do art. 54; 2º) no caso de falta ou de impedimento de um dos indicados no item 1º, outro indicado, que terá o prazo para declaração prorrogado por 45 (quarenta e cinco) dias; 3º) no impedimento de ambos, o parente mais próximo, sendo maior achando-se presente; 4º) em falta ou impedimento do parente referido no número anterior os administradores de hospitais ou os médicos e parteiras, que tiverem assistido o parto; e 5º) pessoa idônea da casa em que ocorrer, sendo fora da residência da mãe.*

Havendo manifestação consensual dos genitores será realizado o procedimento de retificação administrativa do registro diretamente perante o Oficial de Registro Civil das Pessoas Naturais.

Na hipótese de dissenso, o procedimento será submetido ao Juiz Corregedor Permanente, que decidirá.

O procedimento da forma como previsto busca evitar que o conflito seja de pronto levado ao Poder Judiciário, priorizando-se, assim, a extrajudicialização.

Jurisprudência:

> *"REGISTRO CIVIL. Nascimento. Pretensão de inclusão de patronímico da avó paterna, seguido do patronímico materno e mais o paterno. Inexistência de previsão legal que imponha uma ordem obrigatória aos patronímicos que irão compor o nome da registranda ou que vede sua intercalação. Recurso provido."* (Parecer 274/2019-E – Recurso Administrativo nº 1056329-79.2018.8.26.0100, Corregedor Geral da Justiça, Des. Geraldo Francisco Pinheiro Franco – CGJSP).
>
> *"AÇÃO DE RETIFICAÇÃO DE REGISTRO CIVIL. Pretensão de inclusão de sobrenome bisavoengo ("Torresan"). Julgamento de improcedência. Irresignação, que merece acolhida. Homenagem a ancestral. Propósito de que o sobrenome seja transmitido aos descendentes e não se perca pelas gerações seguintes. Relevância do nome como identificação da origem e sinal distintivo da personalidade. Interpretação mais ampla dos artigos 56 e 57 da Lei nº 6.015/73. Princípio da imutabilidade*

relativa. Justa causa configurada. Inclusão do sobrenome que não representará prejuízo à estirpe familiar. Hipótese de inclusão, e não de supressão. Preservação dos patronímicos que identificam a recorrente como integrante da família. Ausência de indício de propósito de fraude ou de prejuízo a terceiros. Afastado o óbice suscitado pelo fato de a genitora e o avô da apelante não ostentarem o sobrenome a ser incluído. Distinção entre registro civil e registro imobiliário. Precedentes do STJ e deste Tribunal. Retificação deferida. SENTENÇA REFORMADA. APELO PROVIDO" (Apelação Cível nº 1020613-93.2021.8.26.0032, 3ª Câmara de Direito Privado do Tribunal de Justiça de São Paulo, v.u., Rel. Des. Donegá Morandini, j. 27.04.2022).

O artigo 56[8] da Lei de Registros Públicos, ao dispor acerca da possibilidade de modificação do prenome, recebeu profundas alterações pela Lei n. 14.382/22, ampliando e facilitando a alteração do prenome.

A possibilidade de retificação administrativa dos assentos de nascimento e de casamento de pessoas transgênero (prenome, gênero, ou ambos) diretamente junto aos Oficiais de Registro Civil das Pessoas Naturais, sem a necessidade de intervenção judicial, veio ao ordenamento jurídico por meio de norma editada pelo C. Conselho Nacional de Justiça (Provimento nº 73, de 28 de junho de 2018).

Seguindo a mesma linha, a nova redação do art. 56 prevê que a pessoa registrada poderá, após ter atingido a maioridade civil, requerer pessoalmente e imotivadamente a alteração de seu prenome, independentemente de decisão judicial e diretamente no Ofício de Registro Civil das Pessoas Naturais.

A retificação, que não prejudicará os patronímicos, será averbada e publicada em meio eletrônico, levando-se a terceiros o conhecimento da alteração.

A alteração legislativa não exige a apresentação de documentação para a pretendida retificação, todavia, o Oficial do Registro Civil poderá exigir maiores esclarecimentos e ou a apresentação de documentos para avaliar eventual abuso de posição jurídica, na forma do parágrafo quarto do artigo em exame.

---

[8] Art. 56. A pessoa registrada poderá, após ter atingido a maioridade civil, requerer pessoalmente e imotivadamente a alteração de seu prenome, independentemente de decisão judicial, e a alteração será averbada e publicada em meio eletrônico.
§ 1º A alteração imotivada de prenome poderá ser feita na via extrajudicial apenas 1 (uma) vez, e sua desconstituição dependerá de sentença judicial.
§ 2º A averbação de alteração de prenome conterá, obrigatoriamente, o prenome anterior, os números de documento de identidade, de inscrição no Cadastro de Pessoas Físicas (CPF) da Secretaria Especial da Receita Federal do Brasil, de passaporte e de título de eleitor do registrado, dados esses que deverão constar expressamente de todas as certidões solicitadas.
§ 3º Finalizado o procedimento de alteração no assento, o ofício de registro civil de pessoas naturais no qual se processou a alteração, as expensas do requerente, comunicará o ato oficialmente aos órgãos expedidores do documento de identidade, do CPF e do passaporte, bem como ao Tribunal Superior Eleitoral, preferencialmente por meio eletrônico.
§ 4º Se suspeitar de fraude, falsidade, má-fé, vício de vontade ou simulação quanto à real intenção da pessoa requerente, o oficial de registro civil fundamentadamente recusará a retificação.

A modificação em comento excluiu o prazo decadencial de um ano, a contar da maioridade, anteriormente previsto no referido art. 56. O pleito poderá, então, ser formulado a qualquer tempo a partir da maioridade, não mais se exigindo que seja efetivado entre os dezoito e dezenove anos do registrado na forma da legislação revogada.

À vista da mencionada previsão não nos parece viável a formulação de pedido pelo registrado emancipado. A emancipação antecipa a capacidade civil, que seria adquirida aos dezoito anos. Não se confunde, contudo, com a maioridade, exigência legal.

Nestes termos, o artigo 5º, *caput*, do Código Civil, estabelece que *"A menoridade cessa aos dezoito anos completos"*. Destarte, o critério adotado é cronológico e não de capacidade de exercício.

A inovação legislativa extirpou a necessidade de submissão do requerimento ao Ministério Público e ao Juiz Corregedor Permanente, com incumbência correcional do serviço extrajudicial atinente ao Registro Civil das Pessoas Naturais, nos termos do art. 110 da Lei de Registros Públicos.

Cuida-se, portanto, de alteração imotivada do prenome a partir da maioridade, independentemente de subsunção ao Poder Judiciário, priorizando-se, assim, uma vez mais, a extrajudicialização.

Apenas eventual desconstituição da alteração do nome realizada diretamente perante o Oficial de Registro Civil dependerá de sentença judicial, nos termos do § 1º, do art. 56.

A fim de evitar riscos a terceiros, a averbação da alteração de prenome conterá, obrigatoriamente, o prenome anterior, os números de documento de identidade, de inscrição no Cadastro de Pessoas Físicas, de passaporte e de título de eleitor do registrado; dados esses que também deverão constar expressamente de todas as certidões solicitadas.

O Oficial de Registro Civil das Pessoas Naturais em que se processou a alteração do nome, as expensas do requerente, comunicará o ato oficialmente aos órgãos expedidores do documento de identidade, do CPF e do passaporte, bem como ao Tribunal Superior Eleitoral, preferencialmente por meio eletrônico.

Se suspeitar de fraude, falsidade, má-fé, vício de vontade ou simulação quanto à real intenção da pessoa requerente, o Oficial de Registro Civil fundamentadamente recusará a retificação. Nesta hipótese, havendo insurgência do interessado, o expediente será encaminhado ao MM. Juiz Corregedor Permanente, com atribuição correcional, para decisão acerca da impugnação e análise da pertinência da modificação do prenome.

A partir da redação do art. 58 da Lei nº 6.015/1973 *("O prenome será definitivo, admitindo-se, todavia, a sua substituição por apelidos públicos notórios")* pregava-se, como característica do direito ao nome, como regra, sua imutabilidade.

Leonardo Brandelli destaca este ponto, nos seguintes termos:

> a imutabilidade do nome informa que não é possível a sua modificação voluntária ou caprichosa; significa a oblação da voluntariedade da modificação do nome, que deve, como regra, manter-se intacto durante toda a vida do sujeito, exceção feita a autorizações insculpidas no ordenamento jurídico, devidamente justificadas pelo interesse público ou pela dignidade da pessoa.

Há, na situação ventilada, uma antinomia estabelecida entre o caráter público do direito ao nome, o qual consiste no interesse social de ver seus membros identificados e individualizados, professando, por isso, a imutabilidade do nome, e o caráter privado do direito ao nome, que vê neste um direito da personalidade, norteado pela dignidade humana[9].

O conceito de imutabilidade era, contudo, relativizado pelas exceções legais e pelos parâmetros fixados pela jurisprudência, que à vista dos princípios norteadores do nome, invocando também os essenciais como os da dignidade da pessoa humana, da liberdade, da autodeterminação, da igualdade, do pluralismo, da intimidade, da não discriminação e da busca da felicidade, passava a autorizar, em situações específicas, o abrandamento da norma, flexibilizando dita premissa.

Apesar da alteração legislativa telada possibilitar à pessoa maior a alteração do prenome, independentemente de motivo ou prova, diretamente perante o Oficial de Registro Civil das Pessoas Naturais, temos não se tratar de mutabilidade absoluta, encontrando limites na própria lei, que dispõe, por exemplo, que a retificação poderá ocorrer apenas uma vez após atingida a maioridade e não se poderá pleitear a retificação substituindo o prenome já existente por outro que exponha o registrado ao ridículo.

É demasiado afirmar que passamos do princípio da imutabilidade do nome civil da pessoa natural ao princípio da mutabilidade. Houve ampliação das possibilidades de mutação do nome e não sua modificação de modo absoluto e ilimitado.

Jurisprudência:

"Nome. Alteração. Pretensão de substituição do prenome, o qual se afirma motivo de constrangimento, ademais pelo qual a autora se diz socialmente conhecida, assim público e notório. Artigo 58 da Lei de Registros Públicos. Prova a indicar o preenchimento dos requisitos à modificação. Sentença revista. Recurso provido" (Apelação Cível nº 1004881-13.2021.8.26.0278, 1ª Câmara de Direito Privado do Tribunal de Justiça de São Paulo, v.u., Rel. Des. Cláudio Bueno Godoy, j. em 27.09.2021).

"Registro civil. Modificação de prenome. Pedido fundado em constrangimentos e em razão da não utilização do prenome "Rosemário". Prova de que o requerente é conhecido em seu meio social por "Mário". Prevalência do prenome pelo qual a pessoa é conhecida sobre o que consta do registro civil. Possibilidade de alteração do prenome como exceção da regra da imutabilidade do nome. Incidência dos arts. 57 e 58 da Lei n. 6.015/73. Precedentes. Inexistência de prejuízo para a sociedade. Pedido de retificação acolhido. Sentença reformada. Recurso provido." (Apelação Cível nº 0013293-67.2011.8.26.0223, 3ª Câmara de Direito Privado do Tribunal de Justiça de São Paulo, v.u., Rel. Des. Alexandre Marcondes, j. em 19.04.2016).

O artigo 57 da Lei de Registros Públicos[10] sofreu profundas alterações pela Lei n. 14.382/22 ao estabelecer e simplificar diversas hipótese de alterações por meio da inclusão ou exclusão do patronímico familiar.

---

[9] BRANDELLI, Leonardo. Nome civil da pessoa natural. p. 153.
[10] Art. 57. A alteração posterior de sobrenomes poderá ser requerida pessoalmente perante o oficial de registro civil, com a apresentação de certidões e de documentos necessários, e

A inovação legislativa alterou quase que integralmente a redação anterior do art. 57 e seus parágrafos.

O *caput* do dispositivo legal previa que a alteração do nome, uma vez decorrido o prazo decadencial então constante da redação do art. 56, seria realizada somente por exceção e motivadamente, após audiência do Ministério Público por sentença do Juiz Corregedor Permanente, arquivando-se o mandado e publicando-se a alteração pela imprensa, ressalvada a hipótese do art. 110 da Lei nº 6.015/1973.

A redação atual elenca hipóteses de alteração do sobrenome diretamente perante o Oficial de Registro Civil da Pessoas Naturais, já consolidadas outrora pela doutrina e pela jurisprudência, quais sejam, *a) – inclusão de sobrenomes familiares; b) – inclusão ou exclusão de sobrenome do cônjuge, na constância do casamento; c) – exclusão de sobrenome do ex-cônjuge, após a dissolução da sociedade conjugal, por qualquer de suas causas; d) – inclusão e exclusão de sobrenomes em razão de alteração das relações de filiação, inclusive para os descendentes, cônjuge ou companheiro da pessoa que teve seu estado alterado; e) inclusão do sobrenome do companheiro desde que a união estável esteja devidamente registrada no registro civil de pessoas naturais; f) inclusão nos assentos do enteado ou enteada, se houver motivo justificável, do nome de família do padrasto ou*

---

será averbada nos assentos de nascimento e casamento, independentemente de autorização judicial, a fim de:

I – inclusão de sobrenomes familiares;

II – inclusão ou exclusão de sobrenome do cônjuge, na constância do casamento;

III – exclusão de sobrenome do ex-cônjuge, após a dissolução da sociedade conjugal, por qualquer de suas causas;

IV – inclusão e exclusão de sobrenomes em razão de alteração das relações de filiação, inclusive para os descendentes, cônjuge ou companheiro da pessoa que teve seu estado alterado.

§ 1º Poderá, também, ser averbado, nos mesmos termos, o nome abreviado, usado como firma comercial registrada ou em qualquer atividade profissional. (Incluído pela Lei nº 6.216, de 1975).

§ 2º Os conviventes em união estável devidamente registrada no registro civil de pessoas naturais poderão requerer a inclusão de sobrenome de seu companheiro, a qualquer tempo, bem como alterar seus sobrenomes nas mesmas hipóteses previstas para as pessoas casadas.

§ 3º (Revogado).

§ 3º-A O retorno ao nome de solteiro ou de solteira do companheiro ou da companheira será realizado por meio da averbação da extinção de união estável em seu registro.

§ 4º (Revogado).

§ 5º (Revogado).

§ 6º (Revogado).

§ 7º Quando a alteração de nome for concedida em razão de fundada coação ou ameaça decorrente de colaboração com a apuração de crime, o juiz competente determinará que haja a averbação no registro de origem de menção da existência de sentença concessiva da alteração, sem a averbação do nome alterado, que somente poderá ser procedida mediante determinação posterior, que levará em consideração a cessação da coação ou ameaça que deu causa à alteração.

§ 8º O enteado ou a enteada, se houver motivo justificável, poderá requerer ao oficial de registro civil que, nos registros de nascimento e de casamento, seja averbado o nome de família de seu padrasto ou de sua madrasta, desde que haja expressa concordância destes, sem prejuízo de seus sobrenomes de família.

madrasta, desde que haja expressa concordância destes, sem prejuízo de seus sobrenomes de família.

Mais uma vez, nota-se a concretização do caminho da extrajudicialização, dispensando-se, assim, decisão judicial.

Autorizou-se, pois, diretamente perante o Registrador a inclusão tardia de patronímicos que não estejam incluídos no registro original, prestigiando-se o direito da personalidade e o resgate de laços familiares.

Em nosso sentir, o rol previsto em lei é meramente exemplificativo, ficando a análise de situações específicas relegadas à via judicial, como já ocorria.

Nesta linha vale mencionar, por exemplo, que a jurisprudência já autorizou, em prestígio à dignidade da pessoa humana e a fim de evitar exposição e constrangimento, a exclusão de patronímico paterno na hipótese em que genitor da registrada foi condenado criminalmente por prática de crime sexual contra a filha enquanto menor e, também, na hipótese de comprovado abandono afetivo.

O inciso IV permitiu a inclusão e exclusão de sobrenomes em razão de alteração das relações de filiação, inclusive para os descendentes, cônjuge ou companheiro da pessoa que teve seu estado alterado.

Manteve-se a permissão de averbação no registro do nome abreviado da pessoa, usado como firma comercial registrada ou em qualquer atividade profissional, que anteriormente constava do parágrafo único do art. 57 agora renumerado para § 1º.

A redação do § 2º permite que os conviventes em união estável devidamente registrada no registro civil de pessoas naturais poderão requerer a inclusão de sobrenome de seu companheiro, a qualquer tempo, bem como alterar seus sobrenomes nas mesmas hipóteses previstas para as pessoas casadas.

O § 3º-A prevê que o retorno ao nome de solteiro ou de solteira do companheiro ou da companheira será realizado por meio da averbação da extinção de união estável em seu registro.

Foi mantido o § 7º que dispõe acerca da alteração de nome concedida em razão de fundada coação ou ameaça decorrente de colaboração com a apuração de crime, quando o juiz competente determinará que haja a averbação no registro de origem de menção da existência de sentença concessiva da alteração, sem a averbação do nome alterado, que somente poderá ser procedida mediante determinação posterior, que levará em consideração a cessação da coação ou ameaça que deu causa à alteração.

A redação do § 8º traz inovação no que diz respeito à inclusão, diretamente perante o Ofício de Registro Civil das Pessoas Naturais, do patronímico do padrasto ou madrasta, nos registros do enteado ou enteada, desde que haja expressa concordância daqueles, sem prejuízo de seus sobrenomes de família.

Jurisprudência:

> "Retificação de registro de nascimento. Cerceamento de defesa não caracterizado. Elementos necessários à formação do convencimento do magistrado que se encontram nos autos. Desnecessária a produção da prova oral pretendida para deslinde da controvérsia. Sentença que julgou procedente a ação movida pela filha para o fim de determinar a retificação do registro de nascimento, excluindo-se do seu nome o patronímico paterno. Apelo interposto pelo genitor visando

a improcedência da ação. Existência de condenação definitiva do genitor pela prática de crime sexual contra a filha enquanto era menor. Jurisprudência do Egrégio Superior Tribunal de Justiça e deste Colendo Tribunal de Justiça que tem flexibilizado a regra da imutabilidade do nome, especialmente em casos de abandono afetivo e material. Hipótese de grave mal causado à filha que expressa absoluta inexistência de socioafetividade com verdadeira repulsa ao genitor e ao seu nome, restando demonstrado, no caso, justo motivo para alteração do registro civil. Sentença que deve ser mantida." (Apelação Cível nº 1005444-87.2016.8.26.0405, 1ª Câmara de Direito Privado do Tribunal de Justiça de São Paulo, v.u., Rel. Des. Christine Santini, j. 30.08.2020).

"RECURSO ESPECIAL. DIREITO CIVIL. REGISTRO CIVIL. NOME. ALTERAÇÃO. SUPRESSÃO DO PATRONÍMICO PATERNO. ABANDONO PELO PAI NA INFÂNCIA. JUSTO MOTIVO. RETIFICAÇÃO DO ASSENTO DE NASCIMENTO. INTERPRETAÇÃO DOS ARTIGOS 56 E 57 DA LEI Nº 6.015/73. PRECEDENTES. 1. O princípio da imutabilidade do nome não é absoluto no sistema jurídico brasileiro. 2. O nome civil, conforme as regras dos artigos 56 e 57 da Lei de Registros Públicos, pode ser alterado no primeiro ano após atingida a maioridade, desde que não prejudique os apelidos de família, ou, ultrapassado esse prazo, por justo motivo, mediante apreciação judicial e após ouvido o Ministério Público. 3. Caso concreto no qual se identifica justo motivo no pleito do recorrente de supressão do patronímico paterno do seu nome, pois, abandonado pelo pai desde tenra idade, foi criado exclusivamente pela mãe e pela avó materna. 4. Precedentes específicos do STJ, inclusive da Corte Especial. 5. RECURSO ESPECIAL PROVIDO" (REsp nº 1.304.718, Terceira Turma do Superior Tribunal de Justiça, v.u., Rel. Ministro Paulo de Tarso Sanseverino, j. 18.12.2014).

"CIVIL. PROCESSUAL CIVIL. RECURSO ESPECIAL. UNIÃO ESTÁVEL. ALTERAÇÃO DO ASSENTO REGISTRAL DE NASCIMENTO. INCLUSÃO DO PATRONÍMICO DO COMPANHEIRO. POSSIBILIDADE. I. Pedido de alteração do registro de nascimento para a adoção, pela companheira, do sobrenome de companheiro, com quem mantém união estável há mais de 30 anos. II. A redação do o art. 57, § 2º, da Lei 6.015/73 outorgava, nas situações de concubinato, tão somente à mulher, a possibilidade de averbação do patronímico do companheiro, sem prejuízo dos apelidos próprios, desde que houvesse impedimento legal para o casamento, situação explicada pela indissolubilidade do casamento, então vigente. III. A imprestabilidade desse dispositivo legal para balizar os pedidos de adoção de sobrenome dentro de uma união estável, situação completamente distinta daquela para qual foi destinada a referida norma, reclama a aplicação analógica das disposições específicas do Código Civil relativas à adoção de sobrenome dentro do casamento, porquanto se mostra claro o elemento de identidade entre os institutos e a parelha *ratio legis* relativa à união estável, com aquela que orientou o legislador na fixação, dentro do casamento, da possibilidade de acréscimo do sobrenome de um dos cônjuges, pelo outro. IV. Assim, possível o pleito de adoção do sobrenome dentro de uma união estável, em aplicação analógica do art. 1.565, § 1º, do CC-02, devendo-se, contudo, em atenção às peculiaridades dessa relação familiar, ser feita sua prova documental, por instrumento público, com anuência do companheiro cujo nome será adotado. V. Recurso especial provido." (REsp nº 1.206.656 – GO (2010/0141558-3), Terceira Turma do Superior Tribunal de Justiça, por maioria, Rel. Ministra Nancy Andrighi, j. 16.10.2012).

"REGISTRO CIVIL. Inclusão de sobrenome de bisavó materna. Admissibilidade. Direito da personalidade. Direito reconhecido pelo STF de a pessoa estar bem consigo mesma. Não se vislumbra que a alteração possa importar em riscos à identidade da autora e à segurança pública ou jurídica. Precedente do STJ – Recurso provido." (Apelação Civel nº 1008064-82.2021.8.26.0248, 4ª Câmara de Direito Privado do Tribunal de Justiça de São Paulo, v.u. Rel. Des. Alcides Leopoldo, j. 08.07.2022).

As modificações realizadas pela Lei n. 14.382/22, no Capítulo IV da Lei de Registros Públicos, referentemente ao nascimento, seguem o princípio da autodeterminação dos seres humanos, enquanto dimensão da dignidade da pessoa humana, facilitando, atualizando e garantindo aspectos dos direitos da personalidade e do registro civil pelo prisma da liberdade das pessoas.

17
OS EXTRATOS ELETRÔNICOS E O REGISTRO DE IMÓVEIS

Marcelo Augusto Santana de Melo

"O senhor ache e não ache. Tudo é e não é ..."
João Guimarães Rosa[1]

INTRODUÇÃO

A Lei nº 14.382, de 27 de junho de 2022, que se originou com a Medida Provisória nº 1.085, de 27 de dezembro de 2021, procurou trazer ao universo registrário o dinamismo dos avanços tecnológicos e, já neste aspecto, fracassou, porque não apresentou novidade alguma, isto porque o registro eletrônico já estava previsto no art. 37 da Lei nº 11.977, de 7 de julho de 2009, em pleno funcionamento em todo o território nacional e exercido pelo Operador Nacional do Sistema de Registro Eletrônico de Imóveis (ONR), criado nos termos do art. 76, da Lei nº 13.465, de 11 de julho de 2017, e do Provimento nº 89, de 18 de dezembro de 2019, da Corregedoria Nacional de Justiça do Conselho Nacional de Justiça (CNJ), pelos oficiais de registro de imóveis do Brasil.

Com a nova legislação, foi criada outra entidade, pessoa jurídica de direito privado, na modalidade de entidade civil sem fins lucrativos, como associação ou fundação (§ 4º do art. 3º), que será responsável pelo Sistema Eletrônico dos Registros Públicos (Serp), englobando as especialidades registrárias previstas na Lei nº 8.935/1994 (registro de imóveis, registro de títulos e documentos civis das pessoas jurídicas e registros civis das pessoas naturais e de interdições e tutelas). O Operador Nacional do Sistema de Registro Eletrônico de Imóveis (ONR) permanece existindo e integrará o Serp (arts. 5º e 7º, V).

As inovações tecnológicas, inclusive a eletrônica, fazem parte do cotidiano de qualquer sociedade e são, no âmbito administrativo, principiologicamente, de uso compulsório, já que o uso de ferramentas mais úteis, menos onerosas e mais ágeis

---
[1] Rosa, João Guimarães. *Grande Sertão: Veredas*. Nova Fronteira. Edição do Kindle.

integra a necessidade imperiosa de eficiência[2]. Não obstante, propositalmente, desse aspecto se afasta o presente ensaio, de forma que não se adentrará a temática tecnológica propriamente dita. Interessa-nos investigar uma nova figura criada pela Lei nº 14.382/2022, que é o extrato eletrônico, porque instigou um debate sobre o alicerce do sistema registrário brasileiro, ou seja, sobre a forma de aquisição da propriedade imobiliária, integrante do ordenamento jurídico desde o século retrasado, que é a teoria do *título* (causa) e *modo* (inscrição ou registro).

Não se poderia esperar que uma alteração legislativa da magnitude pretendida pudesse lograr êxito e ficar isenta de críticas, ainda mais quando realizada por medida provisória. A lei que criou o Registro de Imóveis brasileiro, por exemplo, foi fruto de intensos debates por mais de trinta anos, já que se iniciou quando Afrânio de Carvalho apresentou uma proposta ao governo em 1947, passando pelo Decreto-Lei nº 1.000, de 21 de outubro de 1969, que nunca entrou em vigor, e finalmente pela apresentação do então Projeto de Lei nº 2.267/1970, que resultou na aprovação da Lei nº 6.015/1973, que somente entraria em vigor em 1976.[3]

NATUREZA JURÍDICA DOS EXTRATOS ELETRÔNICOS

A nova legislação apresentou ao sistema registrário brasileiro o chamado *extrato eletrônico*, sem, contudo, conceituá-lo. Disciplina o artigo 6º da referida lei que "os oficiais dos registros públicos, quando cabível, receberão dos interessados, por meio do SERP – SISTEMA ELETRÔNICO DE REGISTROS PÚBLICOS, os extratos eletrônicos para registro ou averbação de fatos, de atos e de negócios jurídicos, nos termos do inciso VIII do *caput* do art. 7º desta Lei". Por expressa disposição legal, caberá à Corregedoria Nacional de Justiça, no âmbito do Conselho Nacional de Justiça (CNJ), definir o que vem a ser o chamado extrato eletrônico (art. 7º, inciso VIII), bem como os tipos de documentos que poderão ser recepcionados dessa forma.

Torna-se, assim, num primeiro momento, imperioso reconhecer que a expressão "extrato eletrônico" configura-se como um conceito vago ou conceito legal indeterminado, expressão preferida por Nelson Nery e Rosa Nery, e configuram "palavras ou expressões indicadas na lei, de conteúdo e extensão altamente vagos, imprecisos e genéricos, e por isso mesmo esse conceito é abstrato e lacunoso".[4]

Manuel da Rocha e Menezes Cordeiro ensina que surge a ideia de conceito indeterminado sempre que uma definição "não permita comunicações claras quanto ao seu conteúdo, por polissemia, vaguidade, ambiguidade, porosidade ou esvaziamento".[5] Ocorre a *polissemia* quando são possíveis vários sentidos; a *vaguidade* surge quando há imprecisão decorrente de uma informação de extensão larga e que resulta de uma com-

---

[2] art. 37, CF; art. 4º c.c. art. 38 da Lei 8.935/1994.
[3] LAGO, Ivan Jacopetti do. *História do registro de imóveis*. 2ª edição. Coleção Direito Imobiliário. Volume 1. Coordenação de Alberto Gentil de Almeida Pedroso. São Paulo: Thomson Reuters Brasil, 2022, p. 250.
[4] NERY JUNIOR, Nelson; NERY, Rosa Maria de Andrade. *Código civil comentado*. 16ª edição. São Paulo: Revista dos Tribunais, 2019, p. 131.
[5] CORDEIRO, Antonio Manuel da Rocha Menezes. *Da boa-fé no direito civil*. Reimpressão. Coimbra: Livraria Almedina, 2001, p. 1.176 – 1.177.

preensão escassa; *ambiguidade*, quando possa reportar-se a mais de um dos elementos integrados e conflitantes entre si; por fim, *porosidade*, onde há uma evolução semântica quando o significado se amolda circunstancialmente, faltando qualquer sentido útil.

No âmbito registrário, configura-se como uma novidade a adoção de conceitos vagos, embora já existam no âmbito do direito administrativo. Maria Ângela Marques Del Claro esclarece que, nesses casos, cabe "ao agente administrativo o preenchimento do seu conteúdo, em face do caso concreto que se apresentar".[6] O problema é que optou o legislador, de forma inusitada, pela criação de um conceito vago, esvaziado de qualquer significado, mesmo que mínimo, deixando seu preenchimento com uma liberdade que permite criar e moldar o instituto do extrato eletrônico sem qualquer referência.

Considerado esse vácuo normativo, que será preenchido oportunamente, não nos resta alternativa, a não ser nos socorrer da etimologia, para uma tentativa interpretativa. "Extrato", conforme o Dicionário de Língua Portuguesa, é "o que se extraiu de alguma coisa".[7] "Extrair", por sua vez, tem vários significados. Separamos os que mais podem nos ajudar nessa senda, que são: "1. tirar (algo) de dentro de [...] 6. tornar resumido; extratar". Neste último, é possível começar a criar, talvez, o que se pretendeu o legislador. Extratar é resumir e, parece-nos, que a ideia principal seria a criação de um sistema que pudesse representar de forma eletrônica um título. No entanto, os extratos derivam de instrumentos (títulos) que visam gerar e extinguir direitos de propriedade, de forma que referido resumo deve ser acrescido de outros adjetivos, mesmo que possa parecer redundante, qual seja, extratar no âmbito da referia lei é sintetizar as partes *essenciais* de um título.

A ORIGEM NORMATIVA DOS EXTRATOS ELETRÔNICOS

A gênese do chamado extrato eletrônico, para nós, não remonta a sistemas de transmissão de propriedade alienígenas, mas, sim, às Normas de Serviço da Corregedoria Geral de Justiça de São Paulo. Consta do item 111, do capítulo XX:

> "Para fins do procedimento registral, poderão os Oficiais de Registro de Imóveis receber dos agentes financeiros autorizados pelo Banco Central do Brasil a funcionar no âmbito do Sistema Financeiro de Habitação (SFH) e do Sistema Financeiro Imobiliário (SFI), e das companhias de habitação integrantes da administração pública, Extrato de Instrumento Particular com Efeitos de Escritura Pública (Extrato), desde que apresentado sob a forma de documento eletrônico estruturado em XML (*Extensible Markup Language*), em conformidade com modelos definidos por Portaria da Corregedoria Geral da Justiça".
>
> 111.1. O Extrato, para que possa ser recepcionado, deverá estar assinado pelo representante legal do emissor e conter declaração de que os dados correspon-

---

[6] DEL CLARO, Maria Ângela Marques. O Direito Administrativo e a doutrina dos conceitos jurídicos indeterminados. *Revista da Universidade Federal do Paraná*, nº 40, 2004, p. 166. Disponível em: <https://revistas.ufpr.br/direito/article/viewFile/1741/1440>. Acesso em: 12 maio 2020.

[7] HOUAISS, Antônio. *Dicionário Houaiss da Língua Portuguesa*. 1ª edição. Rio de Janeiro: Objetiva, 2009, p. 1.549.

dem ao instrumento particular com efeitos de escritura pública que se encontra em seu arquivo.

111.2. Para fins de apresentação eletrônica aos serviços de registro de imóveis e respectivo procedimento registral, o Extrato substitui o contrato.

111.3. Juntamente com a apresentação eletrônica do Extrato para fins de registro, as instituições financeiras mencionadas no item 113. poderão solicitar o arquivamento da íntegra do instrumento contratual que lhe deu origem, que será enviado mediante arquivo eletrônico do tipo PDF/A e declaração que corresponde ao original firmado pelas partes, assinada com certificado Digital ICP-Brasil.

As semelhanças do extrato eletrônico da Lei nº 14.382/2022 com o dispositivo normativo paulista são inegáveis, embora a abrangência deste fosse restrita a agentes financeiros do Sistema Financeiro de Habitação (SFH) e do Sistema Financeiro Imobiliário (SFI). O responsável pela realização do resumo ou extrato era o representante legal do emissor do documento, no caso, instituições financeiras, sendo a apresentação do título facultativa.

SISTEMA REGISTRÁRIO BRASILEIRO

A palavra "sistema" tem origem grega e significa "aquilo que é construído" (*syn-istemi*), ou seja, configura uma totalidade cujas partes apontam, na sua articulação, para uma determinada ordem.[8] O Código Civil de 2002 consolidou o sistema brasileiro como um sistema particularmente único, derivado da experiência jurídica de quase um século. A teoria do título e modo divide a aquisição em duas operações de natureza jurídica distinta: um título de aquisição, que produz efeitos obrigacionais, e o acordo real implícito mais a inscrição no registro, que, em conjunto, produzem o efeito real, com presunção relativa. O art. 1.227 ressalta o caráter constitutivo[9] do registro das transmissões derivadas da propriedade, enquanto o art. 1.245 confirma o adquirente com título inscrito ou registrado como proprietário; enquanto não se promover, por meio de ação própria, a decretação de invalidade do registro e o respectivo cancelamento, o adquirente continua a ser havido como dono do imóvel.

No Brasil, a adoção da teoria do título e modo ocorreu em 1864, com a Lei nº 1.237, que criou o Registro Geral. A Lei substitui a tradição pela transcrição como modo de transferência, continuando o contrato a gerar efeitos obrigacionais. Lafayette Rodrigues Pereira, à época, dizia que a transcrição, em substância, não é senão a tradição solene do imóvel alienado,[10] que, até então, ressalta Soriano Neto, "era a tradição, de acordo com os princípios herdados do direito romano, que exigia os requisitos de justa causa e

---

[8] DINIZ, Maria Helena. *As lacunas no direito*. 10ª edição. São Paulo: Saraiva, 2019, p. 38.

[9] "A exigência do registro confere publicidade à constituição e transferência de direitos reais por ato *inter vivos*, característica importantíssima associada à segurança jurídica pretendida pelo ordenamento" (TEPEDINO, Gustavo. Os direitos reais no novo Código Civil. In: TEPEDINO, Gustavo. *Temas de Direito Civil*. Tomo II. Rio de Janeiro: Renovar, 2006, p. 536, grifo nosso).

[10] RODRIGUES PEREIRA, Lafayette. *Direito das cousas*. Tomo I. São Paulo: s/e, 1877, p. 131.

faculdade de disposição do alienante, o modo de transferência da propriedade imóvel".[11] Referido sistema foi mantido nos dois Códigos Civis brasileiros.

O sistema registrário brasileiro não se modificou com a criação do extrato eletrônico; este se configura numa síntese essencial de título existente. Embora conste da lei que o oficial "qualificará o título pelos elementos, pelas cláusulas e pelas condições constantes do extrato eletrônico" (inciso I, a), lembra Sérgio Jacomino que, "no § 2º do art. 6º, o exegeta lê que nos casos de extratos, proceder-se-á à 'subsunção do objeto e das partes aos dados constantes do título apresentado', a confirmar que o título deverá sempre ser apresentado",[12] ressaltando, ainda, que o sistema registrário, ainda em vigor, com a Lei nº 6.015/1973, possui vários indicativos da manutenção do sistema título e modo como o art. 193, que afirma que o "registro será feito pela simples exibição do título, *sem dependência de extratos*, tudo alicerçado pelo direito material".[13]

Os títulos se referem ao modo de aquisição da propriedade e se confundem com a forma; são representações de atos, fatos, negócios jurídicos e constam expressamente do art. 221 da Lei nº 6.015/1973 como escrituras públicas, escritos particulares autorizados em lei, de origem judicial, como formais de partilha e, ainda, contratos administrativos. Os títulos representam, são aparência exterior de fatos jurídicos ou, ainda, sua materialização, podendo ser físicos, impressos em papel ou, ainda, eletrônicos, não nos cabendo neste estudo o detalhamento das especificidades de documentos digitais. Podemos, assim, concluir que os chamados extratos eletrônicos não são fatos nem negócios jurídicos e, muito menos, a representação direta dos mesmos; são manifestações indiretas ou de segundo grau e, para nós, indissociáveis do título.

O que consta da Lei nº 14.382/2022 é que os oficiais registradores receberão dos interessados, por meio do Sistema Eletrônico dos Registros Públicos (Serp), referidos extratos eletrônicos (art. 6º), mencionando, expressamente, que a qualificação registral, ou seja, a análise do oficial sob a perspectiva do princípio da legalidade será feita "pelos elementos, pelas cláusulas e pelas condições constantes do extrato eletrônico" (art. 6º, § 1º, inciso I, *a*). Referido aspecto, que aparentemente limita o alcance do juízo prudencial do registrador imobiliário, merece ser estudado de forma mais aprofundada e reflexiva.

A lei acaba de ser publicada e já instiga os operadores do direito a tentar conferir alguma interpretação razoável ao dispositivo, muito provavelmente finalística. Nesse sentido, parece inafastável que o objetivo principal do legislador tenha sido aparelhar o sistema registrário brasileiro de instrumentos ágeis e eficientes para o cumprimento das funções constitucionais. A utilização eletrônica e informatizada de rotinas administrativas, mais do que a reflexão de uma realidade irreversível da sociedade moderna, consubstancia-se em uma manifestação do cumprimento da eficiência inerente à

---

[11] NETO, Soriano. *Publicidade Material do Direito Imobiliário*. Recife: Gráfica da Tribuna, 1940, p. 12.

[12] JACOMINO, Sérgio. Extratos, títulos e outras notícias – Pequenas digressões acerca da reforma da LRP (lei 14.382/22). *Migalhas*. Publicado em 1º de julho de 2022. Atualizado em 04 de julho de 2022. Disponível em: <https://www.migalhas.com.br/coluna/migalhas-notariais-e--registrais/368957/extratos-titulos-e-outras-noticias>. Acesso em 27 jul. 2022.

[13] Grifo nosso. Art. 1.227, CC: "Os direitos reais sobre imóveis constituídos, ou transmitidos por atos entre vivos, só se adquirem com o registro no Cartório de Registro de Imóveis dos referidos títulos (arts. 1.245 a 1.247), salvo os casos expressos neste Código".

Administração Pública, mesmo que indireta (art. 37, CF). A utilização de ferramentas mecânicas já não é uma opção, estando predestinada a um saudosismo que deve se restringir a aspectos históricos, quase arqueológicos. O futuro do homem é tecnológico.

Não consta na Lei nº 14.382/2022 quem será o responsável pela elaboração do extrato, o que é muito importante, do ponto de vista da responsabilidade jurídica. O que são cláusulas essenciais de um contrato e quais elementos são informações que devem constar do extrato e devem ser explicitadas na regulamentação da Corregedoria Nacional de Justiça, mas qualquer operador do direito tem consciência da importância de uma análise atenta de qualquer contrato como um todo.

A confusa legislação menciona que a qualificação do oficial será realizada pelos elementos e cláusulas constantes do chamado extrato eletrônico. No entanto, não consta que o juízo de valor registral será realizado *tão somente* do resumo apresentado. E a razão é de ordem técnica, o usuário ou interessado, como mencionado do texto legal, poderá resumir o título apresentado, e isso pode parecer relativamente útil em contratos apresentados em massa ao cartório de Registro de Imóveis, mas não poderá extratar o título de forma definitiva já que a qualificação é função precípua do Oficial de Registro de Imóveis, além de configurar atribuição constitucional indelegável prevista no art. 236 da Carta Maior, que está minuciosamente prevista na legislação especial, no caso, as Leis nº 6.015/1973 e nº 8.935/1994, que não sofreram qualquer tipo de modificação nesse sentido.

ANTINOMIA JURÍDICA

Estamos, assim, diante de uma antinomia. A consistência do sistema jurídico deve ser entendida, nas palavras de Ferraz Jr, como a "inocorrência ou a extirpação de antinomias, isto é, da presença simultânea de normas válidas que se excluem mutuamente".[14] O sistema jurídico, assim, resulta numa harmonização paradoxal na medida em que se admitem lacunas e antinomias e, ao mesmo tempo, em meios para o saneamento da incongruência. Surgindo uma antinomia[15] jurídica, esta requererá um procedimento lógico de correção, "pois sua solução é indispensável para que se mantenha a coerência do sistema jurídico".[16] Norberto Bobbio leciona que antinomia jurídica é "aquela situação que se verifica entre duas normas compatíveis, pertencentes ao mesmo ordenamento e com o mesmo âmbito de validade".[17]

A antinomia pode ser *real* quando não houver na ordem jurídica critérios para a solução, sendo imprescindível a eliminação de uma das normas do ordenamento

---

[14] FERRAZ JUNIOR, Tercio Sampaio. *Introdução ao estudo do direito*: técnica, decisão, dominação. 11ª edição. São Paulo: Atlas, 2019, p. 166.

[15] O significado de *antinomia* constante do Dicionário Houaiss é muito interessante: "contradição entre duas proposições filosóficas igualmente críveis, lógicas ou coerentes, mas que chegam a conclusões diametralmente opostas, demonstrando os limites cognitivos ou as contradições inerentes ao intelecto humano" (HOUAISS, Antônio. *Dicionário Eletrônico Houaiss*. Rio de Janeiro: Objetiva, 2019, s/p).

[16] DINIZ, Maria Helena. *Compêndio de Introdução à Ciência do Direito*. 27ª edição. São Paulo: Saraiva, 2019, p. 503.

[17] BOBBIO, Norberto. *Teoria do Ordenamento Jurídico*. [Título original: *Teoria dell'ordinamento giuridico*]. Tradução de Ari Marcelo Solon. 2ª edição. São Paulo: Edipro, 2014, p. 91.

jurídico; ou *aparente*, se os critérios para a solução se encontram na ordem jurídica. A antinomia aparente se materializa quando o ordenamento jurídico prevê uma solução ao conflito de normas (conflito aparente), pois a resolução residiria nas próprias normas conflituosas, que deverão ser interpretadas de acordo com o caso concreto. O conflito é considerado aparente exatamente por isso, porque, na realidade, não se configura como algo insanável, demandando uma interpretação das normas para se eleger qual prevalecerá ou, ainda, se é possível uma harmonização entre elas.

Os critérios para solucionar uma antinomia aparente integram o ordenamento jurídico. São eles o hierárquico, o cronológico e o da especialidade, de forma que, "sendo solucionado o conflito normativo na subsunção por um daqueles critérios, ter-se-á uma simples antinomia aparente".[18] Não resultando a incongruência normativa numa solução através dos métodos normativos, a integração com o sistema jurídico deverá ocorrer da mesma forma que o saneamento de uma lacuna, porque estaríamos diante de uma *lacuna de conflito* ou de colisão.[19]

No caso, a Lei nº 14.382/2022, assim como as Leis nº 8.935/1994 e, principalmente, a nº 6.015/1973, são federais, de forma que podemos afastar o critério hierárquico (*lex superior derogat legi inferior*), que tem como fundamento a superioridade de uma norma jurídica sobre outra. O outro critério para se tentar afastar a antinomia é o cronológico (*lex posterior derogat legi priori*) e, neste aspecto, entre duas normas do mesmo nível ou escalão, a última lei deverá prevalecer sobre a anterior (no § 1º do art. 2º, LINDB), o que poderia resolver a discussão proposta. No entanto, como adverte Maria Helena Diniz, "a *lex posterior* apenas será aplicada se o legislador teve o propósito de afastar a anterior".

Com muita clareza, Maria Helena Diniz averba que as leis não se revogam por presunção, é preciso que exista uma antinomia gritante; "havendo dúvida, dever-se-á entender que as leis *conflitantes* são *compatíveis*, uma vez que a revogação tácita não se presume".[20] É o que pregava Carlos Maximiliano, ao afirmar que a "incompatibilidade implícita entre duas expressões de direito *não se presume*; na dúvida, se considerará uma norma conciliável com a outra".[21] Na discussão proposta, resta-nos claro que o legislador não pretendeu mudar o sistema de transmissão da propriedade imobiliária (título e modo), muito menos a sistemática aplicada na Lei de Registros Públicos e Lei dos Notários e Registradores, mesmo porque realizou modificações importantes em ambas.

É o critério da especialidade (*lex specialis derogat legi generali*) que irá resolver a antinomia apresentada. O critério da especialidade é de acentuada importância porque também está previsto na Constituição Federal em cláusula pétrea.[22] O *caput* do art. 5º

---

[18] DINIZ, Maria Helena. *Lei de introdução ao Código Civil brasileiro interpretada*. 19ª edição. São Paulo: Saraiva, 2017, p. 93.
[19] *Idem, Ibidem*, p. 91.
[20] DINIZ, 2017, p. 66, grifos no original.
[21] MAXIMILIANO, Carlos. *Hermenêutica e aplicação do direito*. Rio de Janeiro: Forense, 2006, p. 292, grifo nosso.
[22] "Diante de antinomia aparente de normas, falhando o princípio da hierarquia e o da anterioridade, deve ser aplicado o da especialidade, segundo o qual a norma especial prefere à norma geral" (BRASIL. Superior Tribunal de Justiça. AgRg no agravo de instrumento nº

prevê expressamente o princípio da isonomia ou igualdade, pelo qual a lei deve tratar de maneira igual os iguais, e de maneira desigual os desiguais. O princípio da especialidade deverá sempre prevalecer sobre o cronológico porque este está previsto na Lei de Introdução às Normas do Direito Brasileiro (art. 2º, § 2º).

Para ser considerado especial, o comando normativo deve conter em sua definição legal os elementos típicos da norma geral e mais alguns (objetivos ou subjetivos), chamados *especializantes*. Esclarece Maria Helena Diniz que, "se a nova lei apenas estabelecer disposições especiais ou gerais, sem conflitar com a antiga, não a revogará".[23] A Lei nº 14.382/2022 é especial quando se trata do Sistema Eletrônico dos Registros Públicos (Serp), assim como o Código Civil é especial do ponto de vista material quando estabelece o sistema de transmissão da propriedade imobiliária como de título e modo (art. 1.245), e a Lei nº 6.015/1973 é especial quando versa sobre os títulos inscritíveis (art. 221) ao passo que a Lei nº 8.935/1994 trata especialmente da função qualificadora do oficial registrador (art. 12).[24]

Analisados os critérios normativos existentes, é difícil não se concluir que estamos diante de uma *antinomia aparente*, em razão dos critérios de resolução existentes no ordenamento jurídico. Assim, a figura dos extratos eletrônicos apresentados pelos usuários do sistema registral não afasta a necessidade de o oficial registrador qualificar o título como um todo, se valendo do documento eletrônico apresentado. A Lei nº 14.382/2022 poderia, como fez de forma intensa, derrogar ou conferir nova redação a dispositivos das leis nº 6.015/1973 e nº 8.935/1994 e, neste aspecto, não promoveu nenhuma modificação substancial no sistema registrário. Felizmente, essa interpretação de que a qualificação registral não está subordinada somente ao resumo constante do extrato, foi corroborada em razão da derrubada do veto do Congresso Nacional do inciso III do § 1º do art. 6º da Lei 14.382/2022, que tornou obrigatória a apresentação e arquivamento da íntegra do instrumento contratual.

A COMPETÊNCIA PARA A REALIZAÇÃO DO EXTRATO

Extratar, sintetizar, resumir um título é função precipuamente registrária e não pode ser realizada por outro agente sem qualquer responsabilidade legal ou constitucional. Não obstante, o sistema registral material e formal consiste em um todo indissociável e nele as figuras do título e modo permanecem. Neste aspecto, impossível afastar as conclusões de Sérgio Jacomino, para o qual "o extrato pode ser considerado um transunto do título formal, resumo aparelhado com as forças do título, mas não

---

909.936 – AL (2007/0140536-3). Relator Ministro José Delgado. Julgamento de 12 fevereiro de 2018. Disponível em: <https://ww2.stj.jus.br/processo/revista/documento/mediado/?componente=ITA&sequencial=740980&num_registro=200701405363&data=20080303&formato=PDF>. Acesso em: 07 ago. 2022).

[23] DINIZ, *op. cit.*, p. 95.

[24] A Medida Provisória nº 1.162, de 14 de fevereiro de 2023, em seu art. 25, acrescentou o inciso IV no § 1º do art. 6º da Lei nº 14.382, de 27 de junho de 2022, declarando que as instituições financeiras que atuam com crédito estão autorizadas a produzir extratos eletrônicos e podem arquivar o instrumento contratual em pasta própria, o que, para nós, contraria o sistema de transmissão, permanecendo a necessidade de apresentação do instrumento, de forma eletrônica, ao Registro de Imóveis.

é independente do título, não existe sem o suporte que lhe dá origem e o projeta nas plataformas eletrônicas".[25]

O extrato eletrônico pode ser uma ferramenta útil na qualificação registral, mas não pode substituir ou transformar o sistema registrário em vigor, de forma que entendemos, face a finalidade legislativa que era de conferir eficiência e agilidade dos procedimentos registrais. Dessa forma, o juízo prudencial deverá ser do título como um todo, para que todas as cláusulas e condições contratuais sejam analisadas pelo Oficial, que tem a função de verificação de nulidades ou outras infrações, principalmente decorrentes de relação de consumo[26]. Nesse sentido, Flauzilino Araújo dos Santos ressalta a importância da qualificação registral no controle de cláusulas iníquas e abusivas nas relações de consumo[27], atuando o Registro de Imóveis na tutela preventiva de conflitos.

Poder-se-ia argumentar que os extratos seriam confeccionados pelas entidades e órgãos que já possuem autorização para a lavratura de escrituras públicas como os tabeliães de notas ou ainda, no caso de instrumentos particulares com caráter de escritura pública (§ 5º do art. 61 da Lei nº 4.380/1964), não obstante, não existe limitação na nova legislação, sem falar que referido entendimento resultaria na obrigatoriedade e temeridade do sistema aceitar extratos eletrônicos de instrumentos particulares (art. 108, CC).

A qualificação registral é a exteriorização do princípio da legalidade, ou seja, sua forma mais contundente, pois, em linhas gerais, deve o Registrador observar na análise dos títulos o ordenamento jurídico em vigor.

García conceitua a qualificação registral como:

> [...] controle de legalidade do organismo registral, oficial, público e imparcial e baixo a responsabilidade do mesmo, da forma e conteúdo dos documentos que pretendam o acesso ao Registro, como requisito para a prática dos assentos registrais e como requisito da publicidade registral geradora dos efeitos derivados dos assentos registrais.[28]

Por fim, é preciso ressaltar que a realização de um resumo desvinculado do título que contém todas as cláusulas de um negócio jurídico, traz outro problema que deve ser observado pelos operadores do direito. Como se não bastasse a dúvida quanto a quem irá promover o extrato e que juízo de valor terá para o referido mister, não podemos nos olvidar de que o sistema de transmissão de propriedade brasileiro de título e modo é também causal, ou seja, o registro, embora constitutivo, está umbilicalmente atrelado à sua origem. Deixar de se reconhecer e obstar o acesso de títulos que conte-

---

[25] JACOMINO, 2022.
[26] Um dos direitos fundamentais do consumidor é o de ser protegido contra referidas cláusulas, cujo direito foi elevado à natureza de garantia individual (art. 5º, XXXII, da CF) e minuciosamente previsto na Lei nº 8.078/1990.
[27] ARAÚJO DOS SANTOS, Flauzilino. *Os problemas mais comuns encontrados nos contratos-padrão de parcelamentos urbanos aplicação da lei 6.766/1979 e do Código de Defesa do Consumidor*. Revista de Direito Imobiliário nº 47, Jul-Dez 1999. São Paulo: Revista dos Tribunais – Thomson Reuters, p. 159-182.
[28] GARCÍA, José Manuel García. *Derecho Inmobilario Registral o Hipotecario*. Tomo III. Madrid: Civitas, 2002, p. 332.

nham cláusulas ou disposições eivadas de nulidade pode comprometer não somente o sistema registral, mas também o contratual.

O Registro de Imóveis brasileiro possui presunção relativa de prova da propriedade e está vinculado ao título que lhe deu causa, não protegendo, em um primeiro momento, futuros adquirentes ou credores desconhecedores da nulidade, o mesmo ocorrendo com relação à insolvência dos proprietários anteriores (arts. 1.245, 1.247, CC e art. 252, LRP). Se o título que deu base ao registro possui algum vício, mesmo após várias alienações, declarada a nulidade do mesmo, todos os registros serão automaticamente cancelados. A doutrina chama de princípio do negócio causal a conexão entre o registro do negócio obrigacional e a necessidade de se expressar a causa nos negócios jurídicos, causa esta de natureza jurídica que justifica a alteração do direito real, diferenciando o nosso sistema do alemão, em que a abstração rompe o vínculo das causas do título e o registro.[29]

Quem pode analisar ou emitir juízo de valor com relação a que cláusulas ou condições constantes de um negócio jurídico possam gerar uma nulidade, mesmo que relativa, é o Oficial do Registro de Imóveis, e não o próprio usuário, como induz a nova legislação, ou, muito menos, o representante de uma instituição financeira, no caso de transmissão atrelada ao Sistema Financeiro de Habitação (SFH) e do Sistema Financeiro Imobiliário (SFI) porque não são atores independentes e imparciais nos respectivos negócios jurídicos.

Felizmente, nas sempre sábias e pertinentes palavras de Miguel Reale, a lei, "uma vez promulgada pelo legislador, passa a ter vida própria, liberta das intenções iniciais daqueles que a elaboraram",[30] de forma que cabe à Ciência Jurídica perquirir e estudar a aplicação da mesma. O Registro de Imóveis brasileiro possui raízes históricas e legislativas sólidas, de forma que o sistema de transmissão de propriedade deve ser analisado como um todo e se harmonizar com os novos institutos, no caso, o extrato eletrônico.

O EXTRATO ELETRÔNICO COMO APARÊNCIA FRÁGIL DE UM TÍTULO

A aparência é a imagem que as coisas apresentam a quem externamente as observa, podendo ou não corresponder à realidade. A proteção da aparência é uma condição necessária para o dinamismo na transferência dos direitos e para que os interessados possam ter confiança nas expectativas criadas, que resultam da percepção objetiva de uma determinada situação. A aparência se contrapõe ao formalismo na medida em que aquela cria uma figura estável para favorecer a circulação de bens, e é muito utilizada na teoria da empresa e na representação contratual.

No sistema registral brasileiro o negócio jurídico formalizado em um título, por si, já não seria capaz de transferir o direito de propriedade[31], de forma que seu reflexo ou resumo, muito menos poderia constituir um direito real. O extrato eletrônico, sem vinculação ao título, configura-se como uma aparência jurídica frágil por duas razões

---

[29] GARCÍA, José Manuel García. *Derecho Inmobiliario Registral o Hipotecario*. Tomo I. Madrid: Editorial Civitas, s/d, p. 548.
[30] REALE, Miguel. *Teoria Tridimensional do Direito*. 5ª edição. São Paulo: Saraiva, 1994, p. 104.
[31] DINIZ, Maria Helena. *Sistemas de Registro de Imóveis*. 11ª edição. São Paulo: Saraiva, 2014, p. 43.

básicas. A primeira é que não possui existência própria, mas sempre derivada, porque depende da correspondência fidedigna com sua origem (título), que, por sua vez, representa um negócio jurídico. A outra deriva da confiança, no caso, em quem realizará o resumo das cláusulas essenciais do título. O sistema adotado no Brasil gera confiança nos atos do Oficial de Registro de Imóveis pela sociedade e pelo sistema jurídico, já no caso do extrato, que nem designação de quem o irá confeccionar existe, sua existência se torna um enigma jurídico curioso.

Não é qualquer aparência que deve possuir relevância, porque aquela "[...] desprovida de qualquer valor jurídico não poderia sobrepor-se à realidade".[32] A aparência de direito é uma expressão elíptica. O conceito que enuncia é o de aparência de titularidade de um direito subjetivo, do qual, na verdade, não é sujeito quem parece ser. Assim, a aparência de direito denominada pelos alemães como *Rechtsschein* não seria mais do que a *Scheinberechtigung*, uma legitimação ou titularidade aparente.

O princípio da confiança é inerente à ordem jurídica e, dentro dos limites que em cada caso se lhe assinalem, pode almejar a ser tido em conta em todos os ramos do Direito.[33] Larenz[34] leciona que a confiança é o princípio imanente de todo o direito (*Vertrauensprinzip*). Para o filósofo alemão, é imprescindível para uma convivência pacífica e próspera de pessoas, numa comunidade ainda tão falha de coesão, que a confiança dispensada, ao menos em geral, não seja defraudada, mas confirmada, e que, por isso, a boa-fé permaneça como possível enquanto fundamento das relações humanas. Larenz defende que "uma sociedade onde cada um desconfiasse do próximo assemelhar-se-ia a um estado de guerra latente entre todos; em vez da paz, dominaria a discórdia. Lá onde se haja perdido a confiança, a comunicação humana está perturbada no que tem de mais profundo".[35] Mas não é toda e qualquer confiança que deve merecer guarida.

A proteção da confiança não pode ser tida em conta quando a confiança numa determinada situação jurídica não esteja objetivamente justificada. Uma coexistência pacífica das pessoas, sob instituições e situações jurídicas que assegurem a cada um "o que é seu" – e esse é o papel do Registro de Imóveis –, por exemplo, só é possível quando está garantida a confiança indispensável.

A mera possibilidade de existência da figura de um extrato eletrônico confeccionado por particulares com independência (abstração) de um título abalaria, de forma incisiva, todo o sistema de transmissão da propriedade imobiliária brasileiro, colocando em risco, ainda, o maior dos princípios, que é o da segurança jurídica, pedra fundamental do direito e da sociedade moderna.

---

[32] CORRÊA, Luiz Fabiano. *A proteção da boa-fé nas aquisições patrimoniais*. São Paulo: Interlex, 2001, p. 22.
[33] LARENZ, Karl. *Metodologia da ciência do Direito*. 5ª edição. Lisboa: Fundação Calouste Guilbenkian, 2009, p. 603 [Tradução do original alemão intitulado: *Methodenlehre der Rechtswissenschaft*. 6ª edição. Berlin: Springer Verlag, 1991].
[34] *Idem, Ibidem*, p. 679.
[35] LARENZ, Karl. *Derecho de obligaciones*. Parte General – Tomo I. Madri: Editorial Revista de Derecho Privado, 1958, p. 58.

CONCLUSÃO

1) O extrato eletrônico consiste numa síntese de um título formalmente constituído que resume suas características essenciais, inclusive as cláusulas que podem gerar qualquer possibilidade de nulidade, mesmo que relativa, consubstanciando-se numa aparência secundária de um título que pode ou não corresponder à realidade. O principal objetivo na criação dos extratos eletrônicos foi conferir ao Registro de Imóveis uma ferramenta mais ágil e eficiente para a realização da qualificação registral;

2) a expressão *extrato eletrônico* configura-se como um conceito vago ou indeterminado, cujo significado jurídico será preenchido de forma eminentemente administrativa pela Corregedoria Nacional de Justiça, no âmbito do Conselho Nacional de Justiça (CNJ), que determinará normativamente quem é o responsável por sua realização, bem como quais títulos serão passíveis de serem extratados;

3) a forma de transmissão da propriedade imobiliária brasileira compõe um sistema sólido regido pela Constituição Federal, Código Civil e Lei de Registros Públicos, cuja teoria de título e modo não sofreu qualquer alteração com a criação do extrato eletrônico, que se apresenta tão somente como uma ferramenta tecnológica, visando a uma maior eficiência dos serviços registrais e, neste aspecto, o resultado do processo legislativo fracassou, porque os resumos ou extratos não facilitam o tráfego das informações imobiliárias;

4) não existe desvinculação ou abstração entre o extrato eletrônico e seu respectivo título, sendo que o resumo realizado será obrigatoriamente verificado e validado pelo Oficial do Registro de Imóveis, de forma que a Lei de Registros Públicos (nº 6.015/1973) configura legislação especial em relação à Lei nº 14.382/2022, que regulamentou o registro eletrônico, prevalecendo, assim, em relação ao sistema de transmissão da propriedade imobiliária, nos termos do art. 2º da Lei de Introdução às Normas do Direito Brasileiro e art. 5º, *caput*, da Constituição Federal.

REFERÊNCIAS BIBLIOGRÁFICAS

ARAÚJO DOS SANTOS, Flauzilino. **Os problemas mais comuns encontrados nos contratos- -padrão de parcelamentos urbanos aplicação da Lei 6.766/1979 e do Código de Defesa do Consumidor**. Revista de Direito Imobiliário nº 47, Jul-Dez 1999. São Paulo: Revista dos Tribunais – Thomson Reuters.

BOBBIO, Norberto. **Teoria do Ordenamento Jurídico**. [Título original: *Teoria dell'ordinamento giuridico*]. Tradução de Ari Marcelo Solon. 2ª edição. São Paulo: Edipro, 2014.

BRASIL. Superior Tribunal de Justiça. **AgRg no agravo de instrumento nº 909.936 – AL** (2007/0140536-3). Relator Ministro José Delgado. Julgamento de 12 fevereiro de 2018. Disponível em: <https://ww2.stj.jus.br/processo/revista/documento/mediado/?componente=ITA&sequencial=740980&num_registro=200701405363&data=20080303&formato=PDF>. Acesso em: 07 ago. 2022.

CORDEIRO, Antonio Manuel da Rocha Menezes. **Da boa-fé no direito civil**. Reimpressão. Coimbra: Livraria Almedina, 2001.

CORRÊA, Luiz Fabiano. **A proteção da boa-fé nas aquisições patrimoniais**. São Paulo: Interlex, 2001.

DEL CLARO, Maria Ângela Marques. O Direito Administrativo e a doutrina dos conceitos jurídicos indeterminados. **Revista da Universidade Federal do Paraná**, nº 40, 2004. Disponível em: <https://revistas.ufpr.br/direito/article/viewFile/1741/1440>. Acesso em: 12 maio 2020.

DINIZ, Maria Helena. **As lacunas no direito**. 10ª edição. São Paulo: Saraiva, 2019.

DINIZ, Maria Helena. **Compêndio de Introdução à Ciência do Direito**. 27ª edição. São Paulo: Saraiva, 2019.

DINIZ, Maria Helena. **Lei de introdução ao Código Civil brasileiro interpretada**. 19ª edição. São Paulo: Saraiva, 2017.

DINIZ, Maria Helena. **Sistemas de Registro de Imóveis**. 11ª edição. São Paulo: Saraiva, 2014.

FERRAZ JUNIOR, Tercio Sampaio. **Introdução ao estudo do direito**: técnica, decisão, dominação. 11ª edição. São Paulo: Atlas, 2019.

GARCÍA, José Manuel García. **Derecho Inmobiliario Registral o Hipotecario**. Tomo I. Madrid: Editorial Civitas, s/d.

GARCÍA, José Manuel García. **Derecho Inmobilario Registral o Hipotecario**. Tomo III. Madrid: Civitas, 2002.

HOUAISS, Antônio. **Dicionário Eletrônico Houaiss**. Rio de Janeiro: Objetiva, 2019.

HOUAISS, Antônio. **Dicionário Houaiss da Língua Portuguesa**. 1ª edição. Rio de Janeiro: Objetiva, 2009.

JACOMINO, Sérgio. Extratos, títulos e outras notícias – Pequenas digressões acerca da reforma da LRP (lei 14.382/22). **Migalhas**. Publicado em 1º de julho de 2022. Atualizado em 04 de julho de 2022. Disponível em: <https://www.migalhas.com.br/coluna/migalhas-notariais-e-registrais/368957/extratos-titulos-e-outras-noticias>. Acesso em 27 jul. 2022.

LAGO, Ivan Jacopetti do. **História do registro de imóveis**. 2ª edição. Coleção Direito Imobiliário. Volume 1. Coordenação de Alberto Gentil de Almeida Pedroso. São Paulo: Thomson Reuters Brasil, 2022.

LARENZ, Karl. **Derecho de obligaciones**. Parte General – Tomo I. Madri: Editorial Revista de Derecho Privado, 1958.

LARENZ, Karl. **Metodologia da ciência do Direito**. 5ª edição. Lisboa: Fundação Calouste Guilbenkian, 2009 [Tradução do original alemão intitulado: *Methodenlehre der Rechtswissenschaft*. 6ª edição. Berlin: Springer Verlag, 1991].

MAXIMILIANO, Carlos. **Hermenêutica e aplicação do direito**. Rio de Janeiro: Forense, 2006.

MELO, Marcelo Augusto Santana de. **Teoria Geral do Registro de Imóveis**. Estrutura e função. São Paulo: Editora Safe, 2016.

NERY JUNIOR, Nelson; NERY, Rosa Maria de Andrade. **Código Civil comentado**. 16ª edição. São Paulo: Revista dos Tribunais, 2019.

NETO, Soriano. **Publicidade Material do Direito Imobiliário**. Recife: Gráfica da Tribuna, 1940.

REALE, Miguel. **Teoria Tridimensional do Direito**. 5ª edição. São Paulo: Saraiva, 1994.

RODRIGUES PEREIRA, Lafayette. **Direito das cousas**. Tomo I. São Paulo: s/e, 1877.

TEPEDINO, Gustavo. Os direitos reais no novo Código Civil. In: TEPEDINO, Gustavo. **Temas de Direito Civil**. Tomo II. Rio de Janeiro: Renovar, 2006.

18
LEI DOS REGISTROS PÚBLICOS: O QUE MUDOU?

Maria Berenice Dias

1. ALCANCE DAS ALTERAÇÕES

A Lei dos Registros Públicos (LRP) data do ano de 1973.[1] Editada antes mesmo da Lei do Divórcio[2] e da promulgação da Constituição da República,[3] certamente não mais corresponde às necessidades dos dias de hoje. Só que, ao invés de o legislador se debruçar na elaboração de um estatuto para reger as serventias extrajudiciais, limitou-se – mais uma vez – a remendá-la. Agora, uma cirurgia mais profunda.

A Lei 14.382, de 27/06/2022, alterou nada menos do que 217 disposições dos seus 299 artigos. Ou seja, uma verdadeira cirurgia plástica que – como a maioria delas – não lhe devolveu o frescor da juventude.

Muito do que precisava ser alterado, não o foi. Basta lembrar que persiste em seu texto pejorativas expressões: como "filho ilegítimo" (LRP, arts. 58 e 60), "legitimação adotiva" (LRP, arts, 95 e 96) e **"exposto",** concedendo a **"estabelecimentos de caridade" a busca do registro** (LRP, art. 61).

Mas avanços aconteceram. Muitos absorvendo as diretrizes ditadas pela jurisprudência, que tem sensibilidade para enxergar a vida além da letra da lei.

Talvez o passo mais importante tenha sido a **universalização do acesso às informações, por meio do Sistema Eletrônico dos Registros Públicos (SERP) (LRP, art. 19, § 5º).** Aliás, os registros públicos já haviam sido inseridos no mundo virtual, por iniciativa do Conselho Nacional de Justiça.[4]

Além disso, desde 2007, inventários, partilhas e divórcios consensuais podem ser realizados diretamente perante o tabelião, contanto que as partes estejam acompanhadas por advogado.[5] O Código de Processo Civil incluiu neste rol a extinção consensual da

---

[1] Lei 6.015/1973.
[2] Lei 6.515/1977.
[3] Promulgada em 05/10/1988.
[4] CNJ – Provimento 100/2020.
[5] Lei 11.441/2007.

união estável.[6] O uso da via administrativa está condicionado à inexistência de nascituro, filhos menores ou interessados incapazes. Além deste requisito, para o inventário extrajudicial é necessária a ausência de testamento.[7] Este último requisito, aliás, é dispensado pelo STJ, quando todos os herdeiros são capazes e concordes jurisprudência.[8]

2. NOME

No âmbito dos direitos da personalidade os avanços foram bem significativos. Dentre eles, as normas que dizem com o nome, um dos atributos da própria identidade.

Talvez as alterações tenham acontecido em razão de o Supremo Tribunal Federal ter assegurado aos transgêneros o direito de buscar a alteração do nome e da identidade sexual, pessoalmente, perante o registro civil, por auto declaração.[9]

Este significativo passo fez surgir o seguinte questionamento: por que os trans podem mudar de nome e alterar a identidade de gênero quando quiserem, e as demais pessoas, só entre os 18 e 19 anos?

De qualquer modo, seja pelo motivo que foi, as mudanças chegaram em boa hora.

A LRP sempre mirou a segurança às relações jurídicas. Era proibida a alteração quer do nome, quer do sobrenome, a não ser em raríssimas situações taxativamente previstas. Mudanças eram possíveis somente quando o prenome expunha o seu portador a situação vexatória. E, ainda assim, dependia de autorização judicial. Um poder para lá de arbitrário. Se o juiz achava que o nome não era constrangedor, simplesmente o pedido era indeferido.

Esta rigidez, no entanto, não dispõe de qualquer significado.

Quando da edição do Código Civil de 1016, quando do casamento, as mulheres eram obrigadas a adotar o nome do marido. Claro que este fato em nada poderia afetar a segurança jurídica, pois, ao casar, elas perdiam a plena capacidade. Mesmo quando tal odiosa incapacidade cessou, nos idos de 1962,[10] nunca ninguém questionou se a alteração coacta do nome poderia prejudicar terceiros. Sequer quando a Lei do Di-

---

[6] CPC, art. 733.
[7] CPC, art. 610.
[8] Pedido de homologação Judicial de partilha extrajudicial em que há testamento. Art. 610, *caput* e § 1º, do CPC/15. Interpretação literal que levaria à conclusão de que, havendo testamento, jamais seria admissível a realização de inventário extrajudicial. Interpretações teleológica e sistemática que se revelam mais adequadas. [...] (STJ – REsp 1.951.456 – RS, 3. T., Rel. Min. Nancy Andrighi, j. 23/08/2022).
[9] STF – Tema 761: I) O transgênero tem direito fundamental subjetivo à alteração de seu prenome e de sua classificação de gênero no registro civil, não se exigindo, para tanto, nada além da manifestação de vontade do indivíduo, o qual poderá exercer tal faculdade tanto pela via judicial como diretamente pela via administrativa; II) Essa alteração deve ser averbada à margem do assento de nascimento, vedada a inclusão do termo 'transgênero'; III) Nas certidões do registro não constará nenhuma observação sobre a origem do ato, vedada a expedição de certidão de inteiro teor, salvo a requerimento do próprio interessado ou por determinação judicial; IV) Efetuando-se o procedimento pela via judicial, caberá ao magistrado determinar de ofício ou a requerimento do interessado a expedição de mandados específicos para a alteração dos demais registros nos órgãos públicos ou privados pertinentes, os quais deverão preservar o sigilo sobre a origem dos atos.
[10] Lei 4.121/1962 – Estatuto da Mulher Casada.

vórcio tornou facultativa a mudança. E nem agora existe esta preocupação, diante da possibilidade de qualquer dos noivos adotar o sobrenome do outro, podendo ambos trocar de sobrenome.[11] Apesar disso, não são solicitadas quaisquer certidões negativas quando da habilitação para o casamento.

A adoção do sobrenome do outro, pode ser feita não só quando do casamento ou a formalização da união estável. Podem fazê-lo a qualquer tempo. Quando do início do relacionamento, durante sua vigência ou depois de seu fim, pode ser buscada tanto a inclusão como a exclusão do sobrenome eleito. Trata-se de direito personalíssimo, cujo exercício não necessidade da concordância do "dono" do sobrenome.

O fato é que, com o primado do respeito à dignidade, a atenção migrou da proteção dos terceiros, para a tutela do direito à própria identidade. Tanto que, qualquer pessoa, a qualquer tempo, depois de atingir a maioridade, pode requerer a alteração de seu prenome. Simples assim. Não mais precisa se socorrer da via judicial. Basta comparecer perante o oficial do registro civil do local onde mora e indicar o nome que quer adotar. Não precisa apresentar nenhuma justificativa e nem são exigidas quaisquer certidões negativas (LRP, art. 56).

Sem a necessidade da comprovação de que a pessoa se encontra "limpa" para buscar estas mudanças, é indispensável a alteração do Provimento do Conselho Nacional de Justiça[12] que, ao regulamentar o procedimento de alteração do nome dos transgêneros exige a apresentação de nada menos do que 17 documentos.

Apesar de do uso da expressão "pessoalmente", o pedido pode ser feito de modo virtual, ferramenta chancelada para todo e qualquer ato registral.[13]

Outro avanço já era amplamente aceito. Quando do registro do nascimento, a inserção do sobrenome dos genitores ou de seus ascendentes ser feita em qualquer ordem (LRP, art. 55). A qualquer momento pode ser requerida a inclusão de sobrenomes familiares (LRP, art. 57).

Todas estas alterações podem ocorrer extrajudicialmente (LRP, arts, 57, I e II e § 2º). A referência a "qualquer das causas da dissolução da sociedade conjugal", significa que também a pessoa viúva pode excluir o nome do falecido.

Dispõe o oficial do registro da prerrogativa de não promover o registro de prenome que possa expor o filho ao ridículo. Um critério para lá de subjetivo. De qualquer modo, se houver resistência dos pais, a decisão caberá ao juiz registral (LRP, art. 55, § 1º).

Para atender a uma demanda bem recorrente, é facultado aos pais promoverem a alteração consensual do nome do filho até 15 dias após o registro. A possibilidade se justifica. Isso porque, muitas vezes, o pai – geralmente é ele que procede ao registro – simplesmente altera o nome que havia sido eleito pelo casal. No entanto, se não houver consenso, a decisão será judicial (LRP, art. 55, § 4º).

Diante de todas estas flexibilizações, baila a pergunta: onde fica a segurança das relações jurídicas? Não é comprometida. Cabe ao registrador, preferencialmente por meio eletrônico, comunicar a alteração aos órgãos expedidores do documento de

---

[11] CC, art. 1.565, § 1º.
[12] CNJ – Provimento 73/2018.
[13] CNJ – Provimento 100/2020.

identidade, do CPF e do passaporte, bem como à justiça eleitoral estadual. Não, como consignado, ao Superior Tribunal Eleitoral (LRP, art. 56, § 3º).

É imposta uma restrição de todo injustificável: pela via extrajudicial somente é permitida uma única alteração. Para mudanças outras ou o retorno ao nome original, é necessário a propositura de uma ação perante o juízo dos registros públicos (LRP, art. 56, § 1º).

A possibilidade de inclusão do nome de família do padrasto ou da madrasta no registro de nascimento dos enteados já existia desde 2009.[14] Mas o pedido precisava ser judicializado. O Conselho Nacional de Justiça autorizou que o pedido fosse formalizado diretamente no cartório,[15] regra que acabou absorvida na reforma (LRP, art. 57, § 8º).

Apesar da referência legal legitimando o enteado a formular o pedido, não há dúvida de que também padrasto ou madrasta podem requerer a inclusão. Não se trata de prerrogativa exclusiva dos filhos do coração.

Dita alteração, no entanto, não gera vínculo de filiação entre eles, até porque não há a inserção do nome dos padrastos no registro de nascimento ou casamento do enteado. No entanto, é um forte indício para o reconhecimento da filiação socioafetiva que, goza do mesmo *status* do vínculo biológico.[16] Aliás, a partir dos 12 anos do filho afetivo, a multiparentalidade pode ser inserida extrajudicialmente.[17]

3. HABILITAÇÃO PARA O CASAMENTO

Tanto o Código Civil (arts. 1.525 a 1.532), como a Lei dos Registros Públicos (arts. 67 a 69) regulam o processo de habilitação para o casamento. Com a atualização levada a efeito muitos dos dispositivos da lei civil não mais têm aplicação.

A habilitação é feita perante o Cartório do Registro Civil do domicílio de um ou de ambos os noivos, devendo o registrador fornece certidão de que os noivos se acham habilitados para casar (LRP, art. 67).

A identificação das partes e a apresentação dos documentos podem ser feitas pelos noivos (CC, art. 1.526), ou por procurador com poderes especiais (CC, art. 1.525). Ou eletronicamente (LRP, art. 67, § 4º-A).

Do edital são extraídos os proclamas: esquisita expressão que, nada mais é, do que o resumo do edital do casamento (LRP, art. 43).

A publicação do edital é eletrônica, com o prazo de cinco dias (LRP, art. 67, § 1º). Em caso de urgência, pode haver a dispensa da publicação, cujo pedido será apreciado pelo oficial do registro (CC, art. 1.527 parágrafo único e LRP, art. 69). Só que não é a publicação, é o decurso do prazo que pode ser dispensado.[18] A exigência de o edital ser publicado também no local da habilitação de um ou ambos os nubentes (CC, art.

---

[14] Lei 11.924/2009.
[15] CNJ – Resolução 63/2017.
[16] STF – Tema 622: A paternidade socioafetiva, declarada ou não em registro público, não impede o reconhecimento do vínculo de filiação concomitante baseado na origem biológica, com os efeitos jurídicos próprios.
[17] CNJ – Resolução 63/2017.
[18] JCJF – Enunciado 513: O juiz não pode dispensar, mesmo fundamentadamente, a publicação do edital de proclamas do casamento, mas sim o decurso do prazo.

1.527), não mais existe. Cabe é ser comunicado ao cartório que promoveu a habilitação a realização do casamento para a devida anotação (LRP, art. 67, §§ 1º e 6º).

No processo de habilitação somente há intervenção judicial e participação do Ministério Público, se houver impedimento (CC, art. 1.521) ou for arguida alguma causa suspensiva (CC, art. 1.523). Nestes casos, o oficial de registro dá ciência do fato aos nubentes para que indiquem, em 24 horas, as provas que pretendem produzir. O expediente é remetido ao juiz que, após colher as provas, ouvir os interessados e intimar o Ministério Público – tudo no prazo de cinco dias – decide em igual prazo (LRP, art. 67, § 5º).

Rejeitado o pedido de habilitação por reconhecido algum impedimento, é possível o uso do recurso de apelação. Porém, se não foi homologado por falta de documento, cabe nova habilitação.

4. CASAMENTO E UNIÃO ESTÁVEL

A partir da decisão do Supremo Tribunal Federal que declarou a inconstitucionalidade do tratamento discriminatório entre casamento e união estável,[19] o Superior Tribunal de Justiça[20] passou a reconhecer que a equiparação serve a todo o direito sucessório. Já a doutrina amplamente majoritária espraia seus efeitos a todo o sistema jurídico, pois a afronta ao princípio da igualdade foi o fundamento da tese de repercussão geral.

A este avanço não atentou a alteração a Lei dos Registros Públicos. Basta lembrar que os casamentos são registrados no Livro "B", enquanto as uniões estáveis no Livro "E", junto com demais atos do registro civil, como emancipação, interdição e nacionalidade. O registro da união estável gera a possibilidade de, quando de sua conversão em casamento, constar a data do começo e o tempo de sua duração (LRP, 70-A, § 5º).

Talvez a grande novidade da reforma tenha sido a de admitir que a celebração do casamento seja realizada por meio eletrônico, pelo sistema de videoconferência, em que se possa verificar a livre manifestação dos contraentes (LRP, art. 67, § 8º). Basta a vontade dos noivos, sem haver a necessidade de alegar qualquer impedimento para o ato presencial.

Ainda assim, é imposta uma restrição absolutamente injustificável. Não é admitido o registro da união estável de pessoas casadas, ainda que separadas de fato, a não ser que tenha havido o reconhecimento judicial da união (LRP, art. 94-A). A exclusão não dispõe de qualquer razão de ser. Expressamente o Código Civil reconhece a existência

---

[19] STF – Temas 498 e 809: É inconstitucional a distinção de regimes sucessórios entre cônjuges e companheiros prevista no art. 1.790 do CC/2002, devendo ser aplicado, tanto nas hipóteses de casamento quanto nas de união estável, o regime do art. 1.829 do CC/2002.

[20] Recurso especial. Ação de inventário. Decisão agravada que reconheceu a companheira do falecido como herdeira necessária, meeira e legatária. Código Civil de 2002 interpretado à luz do entendimento sedimentado pelo Supremo Tribunal Federal, que equipara o companheiro à figura do cônjuge para fins sucessórios, inclusive como herdeira necessária. [...] Dessa maneira, inexiste diferença de tratamento entre cônjuge e companheiro para a sucessão. [...] (STJ – REsp 1.982.343 SC 2022/0019723-1 (Dec. monocrática), Rel. Min. Luis Felipe Salomão, j. 0/02/2022).

de união estável de pessoas casadas desde que estejam separadas de fato (1.723, § 1º). Certamente este equívoco será contornado pelos registradores.

Facultado o registro da dissolução da união estável no Livro "E", o uso da expressão "termos declaratórios formalizados perante o oficial de registro civil", tem gerado enormes discussões (LRP, art. 94-A).

De primeiro cabe lembrar que o registro civil tem finalidade certificatória de fatos da vida civil, sem alcançar a constituição ou desconstituição de atos jurídicos. Assim, promove o registro de nascimentos e óbitos. Bem como o casamento que é celebrado pelo juiz de paz. Registra divórcios, a constituição e o distrato de uniões estáveis, formalizados por sentença ou escritura pública.

Ou seja, o oficial do registro somente pode promover o registro de sentenças ou de escrituras públicas declaratórias da constituição ou do distrato da união estável. Não há como admitir que promova o registro quer da constituição, quer – principalmente – da dissolução da união estável, mediante simples manifestação de vontade dos conviventes perante o registrador civil.

Ora, tanto o divórcio consensual como a extinção consensual da união estável somente podem ser levados a efeito por escritura pública, se as partes estiverem acompanhadas de advogado (CPC, art. 733, § 2º) e não houver nascituro ou filhos menores (CPC, art. 733). Para a dissolução do vínculo familiar é indispensável o estabelecimento de encargo alimentar e o regime de convivência a favor dos filhos. É a forma de garantir a prioridade absoluta a que fazem jus crianças e adolescentes.[21]

Apesar do que parece dizer a nova regulamentação, não existe a possibilidade de a dissolução da união estável ser levada a efeito diretamente perante o registrador civil. Ainda que a separação de fato ponha fim tanto ao casamento como à união estável, o Estado não pode referendar este fato sem que o casal esteja acompanhado de advogado e que seja assegurada tutela ao interesse de filhos já nascidos ou ainda por nascer.

Assim, equivocada a orientação da Cartilha da ARPEN,[22] ao afirmar que basta que os conviventes firmem "Termo Declaratório de Distrato de União Estável", para que ocorra o registro cartorário da dissolução.

5. CONVERSÃO DA UNIÃO ESTÁVEL EM CASAMENTO

Finalmente foi atendida a recomendação constitucional de facilitar a conversão da união estável em casamento.[23] Isso porque, se o propósito é dar segurança jurídica à entidade familiar não formalizada, de todo descabido que as partes precisassem fazer uso da via judicial (CC, art. 1.726).

O procedimento é realizado integralmente pelo registrador civil da residência do casal (LRP, art. 70-A), independentemente de autorização judicial (LRP, art. 70-A, § 3º).

---

[21] CR, art. 227.
[22] Disponível em: https://arpenbrasil.org.br/wp-content/uploads/2022/08/Cartilha_Arpen_BR_1.pdf. Acesso em 27/08/2022.
[23] CR, art. 226, § 3º.

O procedimento segue os mesmos requisitos da habilitação para o casamento (LRP, arts. 70-A, § 1º e 67). Só que, nos proclamas, deve constar que se trata de conversão de união estável em casamento (LRP, art. 70-A, § 1º).

O pedido pode ser levado a efeito por procurador, constituído por escritura pública, com prazo máximo de 30 dias (LRP, art. 70-A, § 2º). Como a habilitação para o casamento e sua celebração podem ser feitas eletronicamente, a mesma possibilidade se abre também para o procedimento de conversão.

A conversão da união estável só é possível se superados eventuais impedimentos para o casamento (LRP, art. 70-A, § 5º). Presente alguma causa suspensiva (CC, art. 1.523), se for necessária autorização judicial para casar, ou ainda se um dos conviventes tiver mais de 70 anos, o regime será o da separação obrigatória de bens (CC, art. 1.641, I e II). No entanto, se a união estável teve início antes de os conviventes terem atingido esta idade, não se aplica o regime da separação legal de bens.[24]

Ainda que a união estável seja registrada no Livro "E", sua conversão em casamento é lavrada no Livro "B". Não há a solenidade de celebração do casamento (LRP, art. 70-A, § 3º) e nem a indicação da data de seu início ou do período de sua duração (LRP, art. 70-A, § 6º). A identificação do tempo da convivência, somente tem cabimento se houve o oportuno registro da união estável, levado a efeito por escritura pública ou reconhecido judicialmente (LRP, 70-A, § 5º).

Ocorrendo o falecimento de uma das partes durante o procedimento de conversão, cabe a lavratura do assento do casamento. Afinal, já havia a manifestação de ambos buscando a formalização da união como casamento (LRP, art. 70-A, § 7º).

6. ENFIM...

Claro que os avanços se justificam. Buscaram agilizar procedimentos e desafogar o tão sobrecarregado Poder Judiciário. Afinal, é indispensável reservar aos juízes a tarefa que lhes é afeta: julgar. Não há como permanecerem desempenhando funções meramente homologatórias.

Como os serviços registrais e notariais dispõem de maior capilaridade, atribuir-lhes tarefas que não exigem solução de controvérsias entre partes antagônicas, a delegação de competência a tais profissionais, altamente qualificados, assegura maior comodidade aos usuários e garante uma resposta mais imediata.

Deste modo, perdeu o legislador a oportunidade de, por exemplo, delegar-lhes todos os procedimentos chamados de jurisdição voluntária. Assim como o pedido de alteração do regime de bens, a ação de tutela, o procedimento de restauração dos autos. Do mesmo modo a ação de divórcio e o distrato da união estável. Além da abertura e

---

[24] Agravo em recurso especial. [...] Afasta-se a obrigatoriedade do regime de separação de bens quando o matrimônio é precedido de longo relacionamento em união estável, iniciado quando os cônjuges não tinham restrição legal à escolha do regime de bens, visto que não há que se falar na necessidade de proteção do idoso em relação a relacionamentos fugazes por interesse exclusivamente econômico. 3. Interpretação da legislação ordinária que melhor a compatibiliza com o sentido do art. 226, § 3º, da CF, segundo o qual a lei deve facilitar a conversão da união estável em casamento. (STJ – AREsp 2.012.243 SC 2021/0363614-5, Rel. Min. Ricardo Villas Bôas Cueva, j. 09/05/2022).

registro de testamentos e todos os processos de inventários. Basta que as partes estejam assistidas por advogado. Havendo nascituro ou filhos, o Ministério Público será ouvido. A remessa à via judicial teria cabimento, tão só em questões que demandem a solução de eventuais conflitos de interesse.

Não há outro caminho a trilhar.

Os juízes e os tribunais não merecem ser tão desacreditados por estarem soterrados em atividades que não demandam sua intervenção.

É chegada a hora de a Justiça deixar de ter a pecha da morosidade e da ineficiência.

19
SOBRE A NÃO OBSERVÂNCIA DO ART. 9º DA LEI DE REGISTROS PÚBLICOS

Paulo Antonio Canali Campanella

A Lei Federal nº 14.382/2022, de 27 de junho, dispõe sobre o Sistema Eletrônico dos Registros Públicos -Serp, de que trata o art. 37 da Lei nº 11.977, de 7 de julho de 2009, bem como moderniza e simplifica os procedimentos relativos aos registros públicos de atos e negócios jurídicos, e de incorporações imobiliárias.

A nova Lei promoveu alterações na Lei de Registros Públicos, dentre elas, no artigo 9º que passa a vigorar com a seguinte redação:

> "Art. 9º Será nulo o registro lavrado fora das horas regulamentares ou em dias em que não houver expediente, sendo civil e criminalmente responsável o oficial que der causa à nulidade.
>
> § 1º Serão contados em dias e horas úteis os prazos estabelecidos para a vigência da prenotação, para os pagamentos de emolumentos e para a prática de atos pelos oficiais dos registros de imóveis, de títulos e documentos e civil de pessoas jurídicas, incluída a emissão de certidões, exceto nos casos previstos em lei e naqueles contados em meses e anos. (Incluído pela Lei nº 14.382, de 2022)
>
> § 2º Para fins do disposto no § 1º deste artigo, consideram-se: (Incluído pela Lei nº 14.382, de 2022)
>
> I – dias úteis: aqueles em que houver expediente; (Incluído pela Lei nº 14.382, de 2022)
>
> II – horas úteis: as horas regulamentares do expediente. (Incluído pela Lei nº 14.382, de 2022)
>
> § 3º A contagem dos prazos nos registros públicos observará os critérios estabelecidos na legislação processual civil. (Incluído pela Lei nº 14.382, de 2022).

Assim, de acordo com o § 3º do art. 9º, acima transcrito, a contagem dos prazos nos registros públicos deve observar os critérios estabelecidos no Código de processo civil que prevê ao tratar da matéria:

> "Art. 219. Na contagem de prazo em dias, estabelecido por lei ou pelo juiz, computar-se-ão somente os dias úteis.

(...)
Art. 224. Salvo disposição em contrário, os prazos serão contados excluindo o dia do começo e incluindo o dia do vencimento.

§ 1º Os dias do começo e do vencimento do prazo serão protraídos para o primeiro dia útil seguinte, se coincidirem com dia em que o expediente forense for encerrado antes ou iniciado depois da hora normal ou houver indisponibilidade da comunicação eletrônica.
(...)".

Deste modo, ressalvadas as disposições legais expressas em sentido contrário, serão computados somente os dias úteis, considerando-se o dia útil subsequente para iniciar e para finalizar a contagem dos dias, caso ocorram em dias não úteis.

Acresce-se que, conforme previsto no novo parágrafo 2º do artigo 9º da Lei nº 6.015/73, serão considerados dias úteis aqueles em que houver expediente e horas úteis as horas regulamentares do expediente.

Verifica-se, assim, que a nova legislação manteve o disposto no *caput* do artigo 9º da Lei nº 6.015/1973, que prevê a responsabilização criminal do registrador que der causa à nulidade por lavrar o registro fora das horas regulamentares ou em dias em que não houver expediente.

É cediço que no exercício de suas funções, os titulares podem infringir normas civis, penais ou administrativas, respondendo pelas faltas praticadas.

A Lei 8.935/1994, que regulamenta o art. 236 da Constituição Federal, dispondo sobre serviços notariais e de registro (Lei dos cartórios), em seu art. 24, prescreve acerca da responsabilidade criminal dos notários e oficiais de registro:

"Art. 24. A responsabilidade criminal será individualizada, aplicando-se, no que couber, a legislação relativa aos crimes contra a administração pública.
Parágrafo único. A individualização prevista no *caput* não exime os notários e os oficiais de registro de sua responsabilidade civil."

Assim, caso um preposto pratique uma infração penal, o titular, que não concorreu de alguma forma para o delito, não responderá criminalmente, apenas civil e administrativamente.

A responsabilização criminal do registrador já era prevista no Regulamento registral de 1939 (Decreto 4.857, de 9 de novembro) e, conforme entendimento de Wilson de Souza Campos Batalha, o delito não se configura com a só ocorrência da nulidade por força da realização do ato em tempo ilegal:

"*O crime, entretanto, não se caracteriza,* ipso facto, *não se tratando de delito formal. Impõe-se a verificação dos pressupostos da responsabilidade criminal, o dolo, bem como o enquadramento da espécie em uma das figuras explicitamente definidas no Código Penal (art. 319)*" (Comentários à lei de registros públicos, 1979, vol. I, p. 105).

Reporta-se o referido autor ao delito de prevaricação, assim definido no vigente Código Penal brasileiro: "Retardar ou deixar de praticar, indevidamente, ato de ofício, ou praticá-lo contra disposição expressa de lei, para satisfazer interesse ou sentimento pessoal" (art. 319). As penas estatuídas para esse crime são as de detenção, de três meses a um ano e multa.

Nelson Hungria ensina que prevaricação:

> "vem do latim *prevaricatio*, palavra composta de *prae*, que antes de adjetivo tem sentido aumentativo, e de *varus* que, segundo se vê na *Sátira III* de Horácio, se dizia de quem tem as pernas tortas ou cambalas ('*hunc varus, distortis cruribus*'). Etimologicamente, *praevaricator* é o que anda obliquamente ou desviado do caminho direito (...). Na tecnologia jurídica, a princípio, chamava-se *praevaricator*, especialmente, ao *actor* que, *judicio publico*, traía a própria causa, conluiando-se com os réus; mas, depois, serviu também para indicar o *advocatus* ou *patronus* que pactuava fraudulentamente com a parte adversa".

O tipo penal previsto no art. 319 do Código Penal está inserido no Capitulo I, do Título XI, que trata dos crimes praticados contra a administração pública, praticados por funcionários públicos, definidos, para efeitos penais, no *caput* do artigo 327 do mesmo diploma:

> "Art. 327 – Considera-se funcionário público, para os efeitos penais, quem, embora transitoriamente ou sem remuneração, exerce cargo, emprego ou função pública".

Desta feita, certo que o registrador não é funcionário público, estende-se a norma do artigo 319 do Código Penal -crime de prevaricação-, à conta do que dispõe o referido artigo.

Ressalta-se que o registrador que utiliza seu cargo para a busca da satisfação de interesse ou sentimento pessoal, afronta o princípio da impessoalidade previsto no *caput* do art. 37 da Constituição Federal, devendo sempre atuar de acordo com a vontade da lei.

O objeto material do referido crime é o ato de ofício – que se compreende nas atribuições próprias do cargo ou função, ou em sua competência- indevidamente retardado ou omitido pelo agente, ou praticado contra disposição expressa de lei.

O crime de prevaricação consuma-se nas modalidades omissivas, com o retardamento de um ato ou a abdicação de realizá-lo, e na modalidade comissiva, com a prática do ato, admitindo-se, somente nesta modalidade, a tentativa.

Verifica-se que no conceito normativo de prevaricação há três figuras nas quais duas são de conduta omissiva (o retardamento de um ato ou a abdicação de realizá-lo); e outra é de conduta comissiva (a de praticar um ato), que é a aplicável à situação indicada no art. 9º da Lei 6.015, caracterizando-se nisto que, disse Nélson Hungria "*o agente substitui a vontade da lei pelo seu arbítrio, praticando não o ato que é de seu dever praticar, mas outro contrário à 'disposição expressa de lei*' (...)" (*Comentários ao Código Penal*, 1959, vol. IX, p. 377).

Note-se que o fato de o sujeito ativo do crime de prevaricação ser necessariamente um funcionário público não exclui o concurso punível de particulares (*extranei*). Cuida-se, assim, de crime próprio, permitindo-se a autoria mediata, como nos casos em que o oficial determine a prática do registro ilícito por um de seus prepostos. Desse modo, não se pode excluir a possibilidade de coautoria e participação criminosa desses prepostos. Assinale-se que tal hipótese é diversa dos crimes de execução pessoal ou de mão própria, que só pode ser praticado por uma pessoa e não por meio de terceiro.

Assim sendo, a falta funcional de prepostos ou substitutos não prejudica o oficial, salvo se cometida com aprovação ou conhecimento dele, sem punir seu subordinado.

O crime de prevaricação somente se configura com a presença do dolo genérico (*"vontade livremente dirigida a qualquer das condutas mencionadas na lei"* – Hungria) –não se pune em caso de mera culpa *stricto sensu* (negligência, imprudência, imperícia)– e exige ainda o "dolo específico" (agora nomeado, entre outras expressões, como "elemento subjetivo especial do tipo"), consistente na finalidade de satisfazer interesse ou sentimento pessoal.

Interesse pessoal é qualquer proveito ou vantagem obtido pelo agente, de caráter patrimonial (material) ou moral, como o de mera preguiça. Todavia, caso o interesse seja material, necessário será sindicar se não houve um ajuste para a prática do ato ilegítimo –configurando-se o crime de corrupção passiva (artigo 317 do Código Penal: *"Solicitar ou receber, para si ou para outrem, direta ou indiretamente, ainda que fora da função ou antes de assumi-la, mas em razão dela, vantagem indevida, ou aceitar promessa de tal vantagem"*)– ou se o registrador não exigiu essa vantagem material indevida, caracterizando-se, o crime de concussão (artigo 316 do mesmo Código: *"Exigir, para si ou para outrem, direta ou indiretamente, ainda que fora da função ou antes de assumi-la, mas em razão dela, vantagem indevida"*).

Quanto ao sentimento pessoal mencionado no tipo do art. 319 do Código Penal, ensina Hungria: "(...) *entende-se a afeição, a simpatia, a dedicação, a benevolência, a caridade, o ódio, a parcialidade, o despeito, o desejo de vingança, a paixão política, o prazer da prepotência ou do mandonismo, a subserviência, o receio de molestar os poderosos, etc.*".

Importante destacar que caso o registrador descumpra ordem judicial, não responde pelo crime de desobediência, previsto no art. 330 do Código Penal ("Desobedecer a ordem legal de funcionário público"), uma vez que o crime de desobediência somente pode ser praticado por particular (ou por funcionário *extra officium* ou entre cujos deveres *funcionais* não se inclua o cumprimento da ordem -Nelson Hungria). Neste caso, o registrador poderá responder pelo crime de prevaricação, caso presente a finalidade de satisfazer interesse ou sentimento pessoal. Na ausência desta finalidade específica, subsistirá apenas uma sanção administrativa.

O sujeito passivo do crime de prevaricação é o Estado, bem como a pessoa física ou jurídica lesada pela conduta ilícita.

O delito é de ação penal pública incondicionada e de competência do Juizado Especial Criminal – artigo 61 da Lei 9.099/1995: "Consideram-se infrações penais de menor potencial ofensivo, para os efeitos desta Lei, as contravenções penais e os crimes a que a lei comine pena máxima não superior a 2 (dois) anos, cumulada ou não com multa." – admitindo-se a transação penal.

Por fim, necessário que o registrador, ao realizar o registro fora das horas regulamentares ou em dias em que não houver expediente, contrarie expressa disposição de lei, com isto devendo compreender-se a falta de toda dúvida acerca dessa disposição legal. Pode, com efeito, ocorrer que não se deponha alguma incerteza (ou até desconhecimento pessoal) sobre o tempo regulamentar para a realização dos registros.

Cogite-se da hipótese de um registrador que, voltando de um período de férias e logo se dirigindo a seu cartório, ignore que, no dia anterior, sua corregedoria determinou a abertura dos trabalhos horas mais tarde do que o habitual (por exemplo, por força de uma greve nos serviços de transporte). Justo não seria condenar-se o registrador, nesta hipótese, faltando-lhe, sem culpa, a consciência da ilicitude.

20
NOME DA PESSOA NATURAL

Paulo Dias de Moura Ribeiro

1. INTRODUÇÃO

Muito se tem falado sobre os direitos fundamentais de primeira, segunda e terceira gerações[1] assegurados na Constituição Federal que visam adornar, cobrir as pessoas de garantias extrapatrimoniais que encontram fundamento maior no art. 1º, III, da Constituição Federal (princípio da dignidade humana).

Dentre esses direitos avultam os da personalidade, previstos não só na Constituição Federal (CF), mas também nos arts. 11 e seguintes do Código Civil de 2002 (CC/2002).

Destaca-se, por ser o primeiro a se incorporar na pessoa natural, o direito ao nome, que surge a partir do nascimento com vida, consoante a narração contida no art. 2º, do CC/2002.

E o fundamento constitucional, no caso, se prende à garantia do direito de imagem lançado no art. 5º, X, da CF.

Assim, o direito ao nome toma espaço no ordenamento jurídico com a característica extrapatrimonial, e assume colorido jurídico a partir da respiração do recém-nascido, conforme preconizado pelo art. 53, § 2º, da Lei de Registros Públicos (Lei 6.015/1973).

Em suma, nascendo com vida, a pessoa natural tem direito ao nome, primeiro elemento que o diferencia das outras, como sinal indelével da sua imagem e exteriorização da dignidade humana.

---

[1] Os *direitos fundamentais de primeira geração* são os direitos e garantias individuais e políticos clássicos (liberdades públicas), surgidos institucionalmente a partir da *Magna Charta*. ... Os chamados *direitos fundamentais de segunda geração*, são os direitos sociais, econômicos e culturais, surgidos no início do século (declarações universais) ... Por fim, modernamente, protegem-se, constitucionalmente, como *direitos de terceira geração* os chamados *direitos de solidariedade ou fraternidade,* que englobam o direito a um meio ambiente equilibrado, uma saudável qualidade de vida, ao progresso, à paz, à autodeterminação dos povos e a outros direitos difusos." (ALEXANDRE DE MORAES, *Direito Constitucional,* Atlas, 27ª edição, págs. 34 e 35).

Entretanto, o tema do natimorto e o direito ao nome foi enfrentado na Jornada de Direito Notarial e Registral, realizada nos dias 4 e 5 de agosto de 2022, no Recife/PE.

Mais adiante, o Enunciado proposto e aprovado pela Comissão de Registro Civil de Pessoas Naturais, que foi presidida pelo signatário.

2. OBJETIVO DOS DIREITOS DA PERSONALIDADE

Partindo-se do que já ficou destacado, ou seja, da ideia de que o fundamento maior dos direitos da personalidade encontra base no princípio constitucional da dignidade humana, para logo se enxergará que eles visam proteger as pessoas naturais da forma mais ampla possível, vale dizer, patrimonial e extrapatrimonialmente, levando em consideração não apenas os seus aspectos físicos, mas, também e principalmente, os morais, atributos personalíssimos que estão ligados umbilicalmente a elas a partir do nascimento com vida.

Daí a necessidade do ordenamento jurídico tutelar e proteger os direitos personalíssimos, que não podem ser tangidos ou feridos, sob pena de ser revelada dor moral infinita e por isso mesmo, indenizável.

Respeitado o objetivo assinalado, extrai-se dentre os direitos da personalidade, o direito ao nome, que se instala desde o nascimento com vida, dentre outros direitos, porque eles se expandem conforme o desenvolvimento da sociedade, como se vê da lição de ROXANA CARDOSO BRASILEIRO BORGES[2].

3. DIREITO À IDENTIDADE

Desde os romanos avultava o direito da personalidade porque segundo os ensinamentos de JOSÉ CARLOS MOREIRA ALVES, o cidadão romano era identificado familiar e socialmente com acréscimos ao prenome, que o diferenciava dos demais[3].

Para nós, o direito à identidade pessoal surge com o direito ao nome previsto pelo art. 16, do CC/2002, que por sua vez deita raiz no nascimento com vida, como já ponderado, louvada a atitude de Comissão de Registro Civil de Pessoas Naturais antes destacada.

---

[2] "Ao longo da história, novos direitos da personalidade têm sido identificados. Na medida em que a sociedade torna-se mais complexa e as lesões às pessoas proliferam, até mesmo em decorrência de certos usos da tecnologia, novas problemáticas demandam resposta jurídica. É o que ocorre no campo dos direitos de personalidade: são direitos em expansão. Com a evolução jurídica e o desenvolvimento das pesquisas sobre o direito, vão se revelando novas situações que exigem proteção jurídica e, consequentemente, novos direitos vão sendo reconhecidos" (*Teoria Geral do Direito Civil*, Atlas/IDP, Renan Lotufo, Giovanni Ettore Nanni, Coordenadores, pág. 251).

[3] "O pai dá ao filho seu nome patronímico. Em Roma, o nome do cidadão era constituído de três elementos: o prenome, o nome gentílico e o cognome. Entre o nome gentílico e o cognome acrescentava-se a filiação paterna e, em seguida, a designação da tribo em que a pessoa era eleitora. Assim, o nome completo de Cícero era este: Marcus Tullius, *Marci filius Cornelia tribu* Cicero; em que Marcus era o prenome; Tullius o nome gentílico, *Marci filius*, a filiação paterna, *Cornelia tribu*, a tribo em que Cícero votava; e Cícero, o cognome" (*Direito Romano*, Forense, 6ª edição revista e acrescentada, vol. II, pág. 314).

Nome, na lição de FRANCISCO AMARAL é *"a expressão que distingue a pessoa"*[4].

O que importa para a jurisprudência reinante é a individualização da pessoa perante a sociedade, ou seja, que a marca da sua dignidade, transpareça de forma lúcida[5].

Por isso, vê-se da leitura do Código Civil que o nome é protegido até mesmo contra usos indevidos, que possam expor a pessoa ao desprezo ou ao constrangimento, ainda quando não haja intenção difamatória, conforme assenta o art. 17, do CC/2002.

O pseudônimo, assim como o nome da pessoa natural, também goza de proteção jurídica e, ao contrário dele, não precisa de registro, embora possa ser averbado ao de batismo, como se realçará à frente.

4. ELEMENTOS CONSTITUTIVOS DO NOME

As exigências legais relativas ao assento de nascimento estão previstas no art. 54, da Lei de Registros Públicos (LRP) e são inderrogáveis.

Distinguem-se as pessoas naturais pelos seus nomes que se formam pela junção do prenome ao sobrenome ou ao nome patronímico, na forma do art. 16 do CC/2002.

O prenome é o nome individual, aquele que chamamos nome próprio, substantivo sempre grafado com a letra inicial maiúscula, também conhecido como nome de batismo. Pode ser simples ou composto.

A propósito ensina MARIA HELENA DINIZ que o *prenome pode ser simples (João, Carlos, Maria) ou duplo (José Antonio, Maria Amélia) ou ainda triplo ou quádruplo, como se dá em famílias reais (Caroline Louise Marguerite, princesa de Mônaco).*[6]

Vale a pena salientar que o prenome, em caso de gêmeos, persiste o legislador na tese maior da individualização da pessoa, de modo que para eles será declarado num assento especial a ordem de nascimento, acrescentando-se que *se tiverem o prenome igual deverão ser inscritos com duplo prenome ou nome completo diverso, de modo que possam distinguir-se,* como exige o art. 63, da LRP.

Por seu turno, o patronímico, ou nome de família, também rotulado de sobrenome (art. 16, do CC/2002), ou cognome, igualmente pode ser simples ou composto, conforme venha ele a ter uma ou mais designações, consoante os ensinamentos de WASHINGTON DE BARROS MONTEIRO[7].

Também merecem menção os títulos, honoríficos, científicos, militares, embora a lei com eles não se preocupe. A esse respeito, lembra SILVIO DE SALVO VENOSA,

---

[4] *Direito Civil – Introdução,* Renovar, 7ª edição, modificada e aumentada, pág. 308.
[5] "A jurisprudência, como registrou **Benedito Silvério Ribeiro,** ao buscar a correta inteligência da lei, afinada com a "lógica do razoável", tem sido sensível ao entendimento de que o que se pretende com o nome civil é a real individualização da pessoa perante a família e a sociedade" (REsp 66.643-SP, Rel. Min. BARROS MONTEIRO).
[6] *Curso de Direito Civil Brasileiro,* Saraiva, 18ª edição, 1º volume, pág. 185.
[7] "O segundo elemento fundamental do nome é o sobrenome, também chamado patronímico ou apelido de família. É o sinal revelador da procedência da pessoa e serve para indicar sua filiação, sua estirpe. Como, em princípio, o prenome, o apelido de família é inalterável (Lei nº 6.015, de 31-12-1973, art. 56). Pode ser simples (Rebouças, Carvalho) ou composto (Paes de Barros). Pode provir de sobrenome paterno ou materno, e também da fusão de ambos" (*Curso de Direito Civil – Parte Geral,* Saraiva, 39ª edição, volume 1, pág. 104).

depois de traçar explicações sobre o nome e o sobrenome da pessoa natural que a hipótese versa sobre elementos a eles secundários[8].

Por fim, não se pode esquecer de fazer referência ao pseudônimo, alcunha, apelido, substitutivo do nome de batismo, aquele pelo qual a pessoa natural é notória e popularmente conhecida na vida civil ou na vida íntima. Exemplo evidente é o do nosso Presidente da República, LULA, de PELÉ, grandes carnavalescos, dentre outras importantes e destacadas figuras do mundo social.

Há, ainda, o *agnome*, sinal distintivo que se acrescenta ao nome completo da pessoa natural, para se diferenciar de parentes que tenham o mesmo nome completo, sempre em respeito ao art. 16, do CC/2002. São exemplos os acréscimos ao nome completo do sinal distintivo de júnior, neto ou sobrinho.

Impossível se deixar de fazer menção à hipótese de se acrescentar ao nome de batismo, a alcunha, conforme se vê de vários julgados do Colendo Superior Tribunal de Justiça que vem pontuando a permissão *"para a alteração do nome civil, desde que presentes motivos suficientes para tanto, do que são exemplos as seguintes situações: i) quando o sujeito é conhecido no meio social pelo apelido que pretende adotar (REsp 538.187/RJ, Rel. Min. NANCY ANDRIGHI; REsp 146.558/PR, Rel. Min. Castro Filho; REsp 213.682/GO, Rel. Min. Ari Pargendler; e, REsp 66.643/SP, Rel. Min. Sálvio de Figueiredo Teixeira)*[9].

5. PROTEÇÃO DO NOME

O direito a aquisição do nome da pessoa natural no nosso sistema jurídico, conforme já salientado, para além da dicção da regra inserida no art. 16, do CC/2002, se tem a sistematização do art. 54, nº 4º, da LRP, valendo cravar que o prenome não será registrado pelo Oficial do Registro Civil das Pessoas Naturais se for suscetível de expor a ridículo o seu portador.

Trouxe à baila SILVIO DE SALVO VENOSA coletânea de nomes curiosos advindos de arquivos do antigo Instituto Nacional da Previdência Social (INPS), que sem dúvida nenhuma, autorizariam a mudança pela via judicial sem maiores percalços[10].

---

[8] "É o caso dos títulos nobiliárquicos ou honoríficos, como, por exemplo: *conde* e *comendador*, apostos antes do prenome, que denominamos, no léxico, "axiônimos". Também devem ser lembrados os títulos eclesiásticos que juridicamente são irrelevantes, como *padre, monsenhor, cardeal*. Há ainda os qualificativos de identidade oficial, como as denominações de *Senador* Olímpio. *Juiz* Almeida; *Prefeito* Faria Lima etc., assim como os títulos acadêmicos e científicos, como *Doutor* e *Mestre*" (*Direito Civil* – Parte Geral, Atlas, 5ª edição, volume 1, pág. 216).

[9] REsp 647.296-MT, Relª Minª NANCY ANDRIGHI.

[10] "Eis alguns dos nomes da relação: Antônio Dodói; Antônio Manso Pacífico de Oliveira Sossegado; Antônio Noites e Dias; Antônio Treze de Julho de Mil Novecentos e Dezessete; Céu Azul do Sol Poente; Dezêncio Feverêncio de Oitenta e Cinco; Graciosa Rodela; Inocência Coitadinho; João da Mesma Data; João Cara de José; Casou de Calças Curtas; Joaquim Pinto Molhadinho; Lança Perfume Rodometálico da Silva; Leão Rolando Pedreira; Manuelina Terebentina Capitulina de Jesus do Amor Divino; Maria Passa Cantando; Neide Navinda Navolta Pereira; Pedrinha Bonitinha da Silva; Remédio Amargo; Restos Mortais de Catarina; Rolando Pela Escada Abaixo; Sossegado de Oliveira; Último Vaqueiro; Um Dois Três de Oliveira Quatro; Vitória Carne e Osso" (*Direito Civil* – Parte Geral, Atlas, 5ª edição, volume 1, pág. 220).

O Colendo Superior Tribunal de Justiça já teve oportunidade de se debruçar sobre um caso semelhante em que um pai, ao registrar sua filha com o nome sugerido pela mãe, Vitória, talvez por vingança em razão do rompimento do namoro, atribuiu à criança o nome composto de Vitória Diane, denominação de um anticoncepcional:

> CIVIL. PROCESSUAL CIVIL. DIREITO DE FAMÍLIA. DIREITO AO NOME. ELEMENTO ESTRUTURANTE DOS DIREITOS DA PERSONALIDADE E DA DIGNIDADE DA PESSOA HUMANA. MODIFICAÇÃO DO NOME DELINEADA EM HIPÓTESES RESTRITIVAS E EM CARÁTER EXCEPCIONAL. FLEXIBILIZAÇÃO JURISPRUDENCIAL DAS REGRAS. ATRIBUIÇÃO DE NOME AO FILHO. EXERCÍCIO DO PODER FAMILIAR QUE PRESSUPÕE BILATERALIDADE E CONSENSUALIDADE. INADMISSÃO DA AUTOTUTELA. ATO DO PAI QUE, DESRESPEITANDO CONSENSO DOS GENITORES, ACRESCE UNILATERALMENTE PRENOME À CRIANÇA POR OCASIÃO DO REGISTRO. VIOLAÇÃO DOS DEVERES DE LEALDADE E BOA-FÉ. ATO ILÍCITO. EXERCÍCIO ABUSIVO DO PODER FAMILIAR. MOTIVAÇÃO SUFICIENTE PARA EXCLUSÃO DO PRENOME INDEVIDAMENTE ACRESCIDO. AUSÊNCIA DE COMPROVAÇÃO DA MÁ-FÉ, INTUITO DE VINGANÇA OU PROPÓSITO DE ATINGIR À GENITORA. IRRELEVÂNCIA. CONDUTA CENSURÁVEL EM SI MESMA.
>
> [...]
>
> 6 – O ato do pai que, conscientemente, desrespeita o consenso prévio entre os genitores sobre o nome a ser de dado ao filho, acrescendo prenome de forma unilateral por ocasião do registro civil, além de violar os deveres de lealdade e de boa-fé, configura ato ilícito e exercício abusivo do poder familiar, sendo motivação bastante para autorizar a exclusão do prenome indevidamente atribuído à criança que completará 04 anos em 26/05/2021 e que é fruto de um namoro que se rompeu logo após o seu nascimento.
>
> 7 – É irrelevante apurar se o acréscimo unilateralmente promovido pelo genitor por ocasião do registro civil da criança ocorreu por má-fé, com intuito de vingança ou com o propósito de, pela prole, atingir à genitora, circunstâncias que, se porventura verificadas, apenas servirão para qualificar negativamente a referida conduta.
>
> 8 – Recurso especial conhecido e provido.
>
> (REsp nº 1.905.614/SP, relatora Ministra NANCY ANDRIGHI, Terceira Turma, j. 4/5/2021, DJe de 6/5/2021).

Outro lembrete que merece destaque condiz com o nome dos cônjuges a partir do casamento, que poderão, antes das bodas, querendo, adotar ou acrescentar o sobrenome um do outro, conservando o seu patronímico (art. 1.565, § 1º, do CC/2002).

A tal respeito, vale a pena por em relevo que tal norma também poderá ter aplicação analógica para o caso de uniões estáveis, hipótese muito diferente daquela prevista pelo art. 57, § 2º, da LRP que nas situações de concubinato, outorgava tão somente à mulher, a possibilidade de averbação do patronímico do companheiro, sem prejuízo dos apelidos próprios, desde que houvesse impedimento legal para o casamento, situação explicada pela indissolubilidade do casamento que vigorou até a edição da Lei 6.515/1977, conhecida como Lei do Divórcio.

Por isso mesmo é que examinando caso de adoção de sobrenome dentro de uma união estável, consagrou o Colendo Superior Tribunal de Justiça a tese da possibilidade de *aplicação analógica das disposições específicas ao Código Civil relativas à adoção de sobrenome dentro do casamento*, porquanto se mostra claro o elemento identidade entre os institutos e a parelha ratio legis relativa à união estável, com aquela que orientou o legislador na fixação, dentro do casamento, da possibilidade de acréscimo do sobrenome de um dos cônjuges, pelo outro.[11]

Também é necessário se abordar o tema da alteração do prenome em razão da mudança do estado sexual por alteração cirúrgica do sexo da pessoa.

Ainda que o Código Civil atual e a LRP não tenham consagrado espaço para a hipótese, não há a mais mínima dúvida de que o tema vai encontrar resguardo para a alteração, na questão da cidadania e da dignidade humana, e ainda na garantia do direito de imagem da pessoa.

Por isso, a par de se esperar uma solução legislativa para o assunto, enquanto ela não vier, destacados os princípios maiores antes alinhavados, deverá o Judiciário sim, sem nenhum conflito com o art. 58, da LRP, deferir a alteração do prenome para o do sexo biológico e psíquico que o laudo pericial médico vier a atestar.

Aliás, o Colendo Superior Tribunal de Justiça já se manifestou sobre o assunto, em voto da lavra do Min. JOÃO OTÁVIO DE NORONHA, que entendeu pela possibilidade do transexual obter autorização judicial para a alteração do seu prenome, substituindo-o por apelido público e notório pelo qual é conhecido no meio em que vive[12].

Uma pequena alteração legislativa no art. 58, da LRP, solucionaria com maior brevidade a hipótese, bastando que nele fosse incluída também a substituição do prenome em caso de alteração do sexo biológico.

6. AS ALTERAÇÕES DA LEI Nº 14.382, DE 27 DE JUNHO DE 2022

Nunca se afigurou aceitável, considerando que o nome da pessoa natural está alçado ao patamar do princípio da dignidade abraçado ao direito de imagem, a redação do art. 55, da LRP, que exigia do Oficial ao Registro Civil, se o declarante do nascimento nada dissesse a respeito, o juridicamente incompreensível ato de acrescentar ao

---

[11] REsp 1.206.656-GO, Relª Minª NANCY ANDRIGHI. Foi acompanhada pelos Ministros Sidnei Beneti, Paulo de Tarso Sanseverino e Ricardo Villas Bôas Cueva. Ficou vencido o Ministro Massami Uyeda.

[12] "REGISTRO PÚBLICO. MUDANÇA DE SEXO. EXAME DE MATÉRIA CONSTITUCIONAL. IMPOSSIBILIDADE DE EXAME NA VIA DO RECURSO ESPECIAL. AUSÊNCIA DE PREQUESTIONAMENTO. SÚMULA N. 211/STJ. REGISTRO CIVIL. ALTERAÇÃO DO PRENOME E DO SEXO. DECISÃO JUDICIAL. AVERBAÇÃO. LIVRO CARTORÁRIO. (...) 4. A interpretação conjugada dos arts. 55 e 58 da Lei n. 6.015/73 confere amparo legal para que transexual operado obtenha autorização judicial para a alteração de seu prenome, substituindo-o por apelido público e notório pelo qual é conhecido no meio em que vive. 5. Não entender juridicamente possível o pedido formulado na exordial significa postergar o exercício do direito à identidade pessoal e subtrair do indivíduo a prerrogativa de adequar o registro do sexo à sua nova condição física, impedindo, assim, a sua integração na sociedade. 6. No livro cartorário, deve ficar averbado, à margem do registro de prenome e de sexo, que as modificações procedidas decorreram de decisão judicial. 7. Recurso especial conhecido em parte e provido." (REsp 737.993/MG, j. 10/11/2009).

prenome de batismo do recém-nascido, apenas o sobrenome do pai. Ora, a criança não é fruto só do seu pai. Para o nascimento dela concorreu, em quase tudo, a mãe. Justo, portanto, que o seu sobrenome e o sobrenome do pai biológico constem do registro de nascimento.

No sistema jurídico vigente, respeitada sempre a dignidade humana e a garantia do direito de imagem, com o devido acatamento, a regra em destaque com elas não harmonizam e desborda para a inconstitucionalidade.

A Lei nº 14.382/2022 corrigiu a regra em desarmonia com o ordenamento jurídico, possibilitando ao oficial de registro lançar *adiante do prenome escolhido ao menos um sobrenome de cada um dos genitores, na ordem que julgar mais conveniente para evitar homonímias* (art. 55, § 2º).

Além disso, a nova lei possibilitou ao genitor que não compareceu perante o oficial de registro apresentar oposição para a retificação do prenome e sobrenomes, no prazo de 15 (quinze) dias após o ato registral:

> Art. 55. [...]
> § 4º Em até 15 (quinze) dias após o registro, qualquer dos genitores poderá apresentar, perante o registro civil onde foi lavrado o assento de nascimento, oposição fundamentada ao prenome e sobrenomes indicados pelo declarante, observado que, se houver manifestação consensual dos genitores, será realizado o procedimento de retificação administrativa do registro, mas, se não houver consenso, a oposição será encaminhada ao juiz competente para decisão. *(Incluído pela Lei nº 14.382, de 2022).*

Importante inovação trazida pela Lei nº 14.382/2022 foi a desburocratização do sistema registral, com a dispensa de intervenção judicial para determinados atos registrais.

Com o advento da nova lei o prenome poderá ser alterado perante o oficial de registro, uma única vez, após a pessoa atingir a maioridade civil (art. 56).

A alteração de sobrenomes também é possível extrajudicialmente, conforme as inovações inseridas do art. 57 da LRP:

> *Art. 57. A alteração posterior de sobrenomes poderá ser requerida pessoalmente perante o oficial de registro civil, com a apresentação de certidões e de documentos necessários, e será averbada nos assentos de nascimento e casamento, independentemente de autorização judicial, a fim de: (Redação dada pela Lei nº 14.382, de 2022)*
> *I – inclusão de sobrenomes familiares; (Incluído pela Lei nº 14.382, de 2022)*
> *II – inclusão ou exclusão de sobrenome do cônjuge, na constância do casamento; (Incluído pela Lei nº 14.382, de 2022)*
> *III – exclusão de sobrenome do ex-cônjuge, após a dissolução da sociedade conjugal, por qualquer de suas causas; (Incluído pela Lei nº 14.382, de 2022)*
> *IV – inclusão e exclusão de sobrenomes em razão de alteração das relações de filiação, inclusive para os descendentes, cônjuge ou companheiro da pessoa que teve seu estado alterado. (Incluído pela Lei nº 14.382, de 2022)*

§ 1º Poderá, também, ser averbado, nos mesmos termos, o nome abreviado, usado como firma comercial registrada ou em qualquer atividade profissional. *(Incluído pela Lei nº 6.216, de 1975).*

§ 2º Os conviventes em união estável devidamente registrada no registro civil de pessoas naturais poderão requerer a inclusão de sobrenome de seu companheiro, a qualquer tempo, bem como alterar seus sobrenomes nas mesmas hipóteses previstas para as pessoas casadas. *(Redação dada pela Lei nº 14.382, de 2022)*

§ 3º *(Revogado). (Redação dada pela Lei nº 14.382, de 2022)*

§ 3º-A O retorno ao nome de solteiro ou de solteira do companheiro ou da companheira será realizado por meio da averbação da extinção de união estável em seu registro. *(Incluído pela Lei nº 14.382, de 2022)*

§ 4º *(Revogado). (Redação dada pela Lei nº 14.382, de 2022)*

§ 5º *(Revogado). (Redação dada pela Lei nº 14.382, de 2022)*

§ 6º *(Revogado). (Redação dada pela Lei nº 14.382, de 2022)*

§ 7º *Quando a alteração de nome for concedida em razão de fundada coação ou ameaça decorrente de colaboração com a apuração de crime, o juiz competente determinará que haja a averbação no registro de origem de menção da existência de sentença concessiva da alteração, sem a averbação do nome alterado, que somente poderá ser procedida mediante determinação posterior, que levará em consideração a cessação da coação ou ameaça que deu causa à alteração. (Incluído pela Lei nº 9.807, de 1999)*

§ 8º O enteado ou a enteada, se houver motivo justificável, poderá requerer ao oficial de registro civil que, nos registros de nascimento e de casamento, seja averbado o nome de família de seu padrasto ou de sua madrasta, desde que haja expressa concordância destes, sem prejuízo de seus sobrenomes de família. *(Redação dada pela Lei nº 14.382, de 2022)*

7. ENUNCIADOS APROVADOS NA I JORNADA DE DIREITO NOTARIAL E REGISTRAL

A I Jornada de Direito Notarial e Registral, realizada nos dias 4 e 5 de agosto de 2022 pelo Conselho da Justiça Federal, na qual tive a honra de presidir a Comissão de Registro Civil de Pessoas Naturais, aprovou relevantes Enunciados que preservam a dignidade humana.

O Enunciado nº 2, proposto e aprovado, prevê que *não obstante a ausência de previsão legal, é facultado aos pais a atribuição de nome ao natimorto, a ser incluído em registro que deverá ser realizado no Livro C-Auxiliar.* Confira-se a justificativa da Comissão que tratou do tema:

> *O nome, incluindo o prenome e o sobrenome, é um dos direitos inerentes à personalidade, segundo o artigo 16 do Código Civil de 2002. A personalidade civil começa no nascimento com vida, conforme dispõe o artigo 2º do Código Civil de 2002, em seu artigo 2º. Entretanto, o mesmo artigo ressalva os direitos do nascituro que, apesar de ainda não ter personalidade, tem a expectativa de sua aquisição, gozando dos direitos que lhe são inerentes. O natimorto, assim como o nascituro, não adquiriu personalidade jurídica. Entretanto, entende-se que para fins de proteção*

jurídica, o natimorto se equipara ao nascituro, com base no princípio da dignidade da pessoa humana, positivado no artigo 1º, inciso III, da Constituição Federal de 1988. A dignidade da pessoa humana é uma qualidade intrínseca e distintiva de cada ser humano que o faz merecedor do mesmo respeito e consideração por parte do Estado e da comunidade, implicando, neste sentido, um complexo de direitos e deveres fundamentais que assegurem a pessoa tanto contra todo e qualquer ato de cunho degradante e desumano, como venham a lhe garantir as condições existenciais mínimas para uma vida saudável, além de propiciar e promover sua participação ativa e corresponsável nos destinos da própria existência e da vida em comunhão com os demais seres humanos (CUNHA JÚNIOR, Dirley da. Curso de Direito Constitucional. Salvador: Juspodivm. 3. ed. 2009, p. 527-528.). Assim, o natimorto, como ser humano, também merece a proteção do ordenamento jurídico. Outra não é a orientação doutrinária: Nascituro. É pessoa por nascer, já concebida no ventre materno (Teixeira de Freitas, Esboço, art. 53). Antes de nascer o nascituro não tem personalidade jurídica, mas tem natureza humana (humanidade), razão de ser de sua proteção jurídica pelo CC. Natimorto. É aquele que nasceu morto que, segundo o CC 2º não adquiriu personalidade jurídica e, consequentemente, não se tornou sujeito de direito (v., abaixo, coments. Prelims. Ao CC 11). Mesmo não havendo nascido com vida, ou seja, não tendo adquirido personalidade jurídica, o natimorto tem humanidade e por isso recebe proteção jurídica do sistema de direito privado, pois a proteção da norma ora comentada a ele se estende, relativamente aos direitos de personalidade (nome, imagem, sepultura, etc.). (NERY JUNIOR, Nelson e NERY, Rosa Maria Andrade. Código Civil Comentado. São Paulo: Revista dos Tribunais. 2005. 3. ed. p. 162.) O referido entendimento, inclusive, foi defendido na 1ª Jornada de Direito Civil do Superior Tribunal de Justiça, realizada em setembro de 2002, oportunidade em que foi aprovada a seguinte tese: A proteção que o Código confere ao nascituro alcança o natimorto, no que concerne dos direitos da personalidade, tais como nome imagem e sepultura Ainda que não tenha nascido com vida, o natimorto, como indivíduo único, que goza de proteção jurídica, pode receber um nome para que possa ser plenamente identificado. Não se pode olvidar, ainda, a situação dos pais do natimorto. O sofrimento pela perda do filho esperado, a quem certamente já foi adjudicado um nome durante a gestação, acredita-se, é minorado pela possibilidade de registro do filho com o nome escolhido. Tal sofrimento não pode ser irrelevante para o Direito, também merecendo proteção. Vale consignar, acerca do tema, excerto de artigo de autoria do Desembargador do Tribunal de Justiça de Pernambuco Jones Figueirêdo Alves, disponível na Internet: O filho gestado significa o projeto parental já alcançado, de tal modo que, por isso mesmo, o nascituro já recebe dos pais um nome. Isso é fato que tem sido recorrente, a tanto que é preparada a sua chegada pondo-se-lhe o nome que o representa. (...) Urge, portanto, melhor proteção jurídica ao natimorto e aos seus pais.

O Enunciado nº 4 admite *a averbação no assento de nascimento, bem como nos registros subsequentes, da aquisição de nacionalidade originária estrangeira*. A justificativa do enunciado se assenta na segurança jurídica sobre o conteúdo do registro civil das pessoas naturais, *evitando procedimentos de perda de nacionalidade brasileira,* bem como gerarão, por meio da apresentação de certidões de registros públicos, eficácia, oponibilidade e cognoscibilidade perante terceiros.

O Enunciado nº 5, por seu turno, possibilita *a transcrição no Livro E do Ofício de Registro Civil das Pessoas Naturais, do assento de nascimento de registrado estrangeiro que foi adotado por brasileiro*, diante da vedação constitucional à discriminação entre os filhos:

> A Constituição Federal veda a discriminação entre os filhos (art. 227, § 6º) e o art. 12, I, c não restringe a nacionalidade brasileira apenas aos nascidos biologicamente, por exemplo, de pai brasileiro ou de mãe brasileira – tanto que a nacionalidade é assegurada ainda que fruto de fertilização heteróloga, independentemente da nacionalidade do doador(es) (STF – RE: 1.198.744 RJ – RIO DE JANEIRO 0006748-80.2017.4.02.5102, Relator: Min. EDSON FACHIN, Data de Julgamento: 08/11/2019, Data de Publicação: DJe-251 19/11/2019). A nacionalidade, de fato, é o exercício de soberania, desde que seja para a concessão da naturalização, o que não trata o presente caso. Ao não se reconhecer o direito de transcrever o registro daquele nascido no estrangeiro e legalmente adotado por brasileiro, estabelece-se uma diferença no tratamento da filiação, o que é proibido constitucionalmente. A Constituição Federal de 1988 não fez qualquer reserva à nacionalidade daqueles filhos de brasileiros por adoção, como o faz, por exemplo, na distinção de ocupação de certos cargos entre brasileiros natos e naturalizados. Repetir conceitos ultrapassados, mas que eram dogmas de Constituições anteriores que vigiam em uma sociedade que privilegiava, dentre outros, à discriminação da filiação, à sociedade patriarcal, à incapacidade da mulher, não é refletir a quebra de paradigmas como o fez a Constituição Cidadã.

8. CONCLUSÃO

1. Prestigiando a dignidade humana, a sua identidade e intimidade, trouxe a Lei nº 14.382/2022 profundas e bem-vindas alterações na LRP e no CC/2002, dentre outras.

2. O mundo jurídico vem aplaudindo as inovações e tentando a elas dar maior brilho. Por isso, a I Jornada de Direito Notarial e Registral apresentou e aprovou enunciados que tendem a aprimorar o novo diploma.

9. REFERÊNCIAS BIBLIOGRÁFICAS

AMARAL, Francisco. *Direito Civil – Introdução*, Renovar, 7ª edição, modificada e aumentada.

BORGES, Roxana Cardoso Brasileiro. *Teoria Geral do Direito Civil*, Atlas/IDP, Renan Lotufo, Giovanni Ettore Nanni, Coordenadores.

DINIZ, Maria Helena. *Curso de Direito Civil Brasileiro*, Saraiva, 18ª edição, 1º volume.

MONTEIRO, Washington de Barros. *Curso de Direito Civil – Parte Geral*, Saraiva, 39ª edição, volume 1.

MOREIRA ALVES, José Carlos. *Direito Civil – Introdução*, Renovar, 7ª edição, modificada e aumentada.

VENOSA, Silvio de Salvo. *Direito Civil* – Parte Geral, Atlas, 5ª edição, volume 1.

A INCONVENIÊNCIA DO TERMO DECLARATÓRIO DE UNIÃO ESTÁVEL – LEI 14.382, DE 27 DE JUNHO DE 2022

Priscila de Castro Teixeira Pinto Lopes Agapito

Camilla Gabriela Chiabrando Castro Alves

1. INTRODUÇÃO

Em 28 de junho de 2022 foi publicada, no Diário Oficial da União, a Lei 14.382, que dispõe sobre o Sistema Eletrônico dos Registros Públicos (SERP) trazendo alterações à diversas leis, dentre elas, a de Registros Públicos (Lei 6.015/1973) e o Código Civil.

O objeto do nosso estudo será a modificação trazida pela recente norma junto a Lei de Registros Públicos, notadamente, com a inclusão do artigo 94-A, possibilitando aos cartórios de registro civil formalizarem termo declaratório de união estável com fixação de regime de bens.

Para melhor compreensão da matéria, é importante delinearmos todos os aspectos históricos, doutrinários que envolvem a questão, desde a competência dos registradores civis e dos tabeliães de notas, a natureza jurídica da união estável e do regime de bens, para que assim possamos concluir acerca da legalidade das alterações havidas pela Lei 14.382/2022 no que diz respeito a lavratura de termos declaratórios de união estável em cartório de registro civil.

2. DAS NORMAS REGULAMENTADORAS DA MATÉRIA EM ESTUDO

Por se tratar o presente estudo de matéria complexa e que envolve normas esparsas, antes de iniciarmos o desenvolvimento dos argumentos que nos levarão à conclusão, delinearemos abaixo as principais legislações que tratam sobre o assunto.

LEI / NORMA	ASSUNTO
Constituição Federal	Arts. 226, § 3º; 236
Lei 6.015/1973	Dispõe sobre Registros Públicos

LEI / NORMA	ASSUNTO
Lei 8.935/1994	Lei dos Cartórios (Dispõe sobre serviços notariais e de registro.)
Lei 9.278/1996	Lei da União Estável
Código Civil	Arts.1.723 e ss
Provimento 37/2014 CNJ	Dispõe sobre o registro de união estável, no Livro "E", por Oficial de Registro Civil das Pessoas Naturais.
Lei 14.382/2022 – art. 11	Alterações da Lei 6.015/1973 (Lei de Registros Públicos)

3. DA ATIVIDADE NOTARIAL E REGISTRAL

Como é possível extrair da leitura do artigo 236 da Constituição Federal a atividade notarial e registral é de caráter privado por delegação do Poder Público. O parágrafo primeiro da norma constitucional em referência afirma que: "Lei regulará as atividades, disciplinará a responsabilidade civil e criminal dos notários, dos oficiais de registro e de seus prepostos, e definirá a fiscalização de seus atos pelo Poder Judiciário."

Pois bem, diante da determinação constitucional em comento, foi promulgada a Lei 8.935/1994, responsável por regular as atividades dos notários e dos registradores públicos, suas responsabilidades civis, administrativas e criminais.

De acordo com o artigo 1º da Lei 8.935/1994, os serviços notariais e de registro "são os de organização técnica e administrativa destinados a garantir a publicidade, autenticidade, segurança e eficácia dos atos jurídicos".

Em seguida, em seu artigo 5º, a lei destaca quem são os titulares dos serviços notariais e de registro, a saber I – tabeliães de notas; II – tabeliães e oficiais de registro de contratos marítimos; III – tabeliães de protesto de títulos; IV – oficiais de registro de imóveis; V – oficiais de registro de títulos e documentos e civis das pessoas jurídicas; VI – oficiais de registro civis das pessoas naturais e de interdições e tutelas e VII – oficiais de registro de distribuição.

No presente estudo, iremos nos ater às funções dos registradores civis e dos notários, a seguir melhores detalhadas.

3.1 Da atividade registral

Como bem ilustra o Professor Doutor Miguel Maria de Serpa Lopes[1], ao ensinar acerca da noção geral de registro público:

> "O registo é a menção de certos atos ou fatos, exarada em registos especiais, por um oficial público, quer à vista dos títulos comuns que lhe são apresentados, quer em face de declarações escritas ou verbais das partes interessadas.

---

[1] LOPES, Miguel Maria de Serpa. Tratado Dos Registos Públicos Em Comentário ao Decreto nº 4.857, de 9 de novembro de 1939, com as alterações introduzidas pelo Decreto nº 5.318, de 29 de novembro de 1940 e legislação posterior em conexão com o direito privado brasileiro, V.I. Livraria Freitas Bastos S.A, 4ª edição, 1960, p. 17.

Podem servir de meio de prova especial ou atuar como um simples processo de conservação de um documento.

No primeiro caso, a sua essência reside na publicidade.

Esta é de uma utilidade jurídico-social indenegável. A sua função no Direito consiste em tornar conhecidas certas situações jurídicas, precipuamente quando se refletem nos interêsses de terceiros. Por outro lado, a sua finalidade caracteriza-se por essa dupla face: ao mesmo tempo que realiza uma *defesa*, serve de elemento de *garantia*."

E segue afirmando:

"O registo público constitui um meio de prova, ao mesmo tempo fácil e seguro, oferecendo todos os requisitos de precisão, autenticidade e durabilidade indispensáveis aos atos nêle exarados, condições insubstituíveis por qualquer outro meio de prova, principalmente a prova testemunhal."[2]

A Lei 8.935/1994, conhecida como "Lei dos Cartórios", veio a regulamentar o artigo 236 da Constituição Federal, definindo em seu artigo 12 a competência dos oficiais de registro:

"Aos oficiais de registro de imóveis, de títulos e documentos e **civis** das pessoas jurídicas, **civis das pessoas naturais** e de interdições e tutelas **compete a prática dos atos relacionados na legislação pertinente aos registros públicos**, de que são incumbidos, independentemente de prévia distribuição, mas sujeitos os oficiais de registro de imóveis e civis das pessoas naturais às normas que definirem as circunscrições geográficas." (grifos nossos)

Já a Lei 6.015/1973 traz disposições acerca dos registros públicos, merecendo destaque o *caput* do artigo 1º que afirma: "Os serviços concernentes aos Registros Públicos, estabelecidos pela legislação civil para **autenticidade, segurança e eficácia dos atos jurídicos**, ficam sujeitos ao regime estabelecido nesta Lei." (grifos nossos)

Denota-se, da leitura da norma supratranscrita, que aos cartórios de registros públicos compete dar autenticidade, segurança e eficácia dos atos jurídicos. Ainda com base nos ensinamentos do Professor Serpa Lopes "Exceção feita do casamento, que é um ato jurídico solene, nos demais casos, o Registo Civil das Pessoas Naturais constata um *fato*"[3].

No artigo 9º do Código Civil é possível verificar quais atos poderão ser levados a registro público: I – os nascimentos, casamentos e óbitos; II – a emancipação por outorga dos pais ou por sentença do juiz; III – a interdição por incapacidade absoluta ou relativa; IV – a sentença declaratória de ausência e de morte presumida e no artigo seguinte, 10, os atos que deverão ser averbados em registro público: as sentenças que decretarem a nulidade ou anulação do casamento, o divórcio, a separação judicial e o

---

[2] LOPES, op. cit. p. 22.
[3] LOPES, op. cit., p. 116.

restabelecimento da sociedade conjugal e os atos judiciais ou extrajudiciais que declararem ou reconhecerem a filiação.

E assim afirma Serpa Lopes[4]:

> "Antes de tudo, a inscrição dos atos do Estado Civil constitui um meio de prova preconstituída, criado num interêsse geral, e acessível a quem quer que seja o conhecimento do seu conteúdo. A sua importância é indenegável, e seria de desejar uma evolução contínua, ampliativa de sua zona de influência, de modo a poder se destender e compreender tôdas as modalidades da situação jurídica de uma pessoa natural, inclusive o seu próprio domicílio. Útil seria uma organização de tal modo realizada que no assento de nascimento ficassem consignadas tôdas as posteriores modificações no Estado Civil da pessoa que nêle figurasse, de maneira a estabelecer uma forma probatória intensamente concêntrica."

Constata-se, portanto, que cabe aos oficiais de registro civil de pessoas naturais comprovar, dar publicidade, levar a registro fatos e atos da vida civil, capazes de gerar direitos e obrigações, sendo possível afirmar que seus atos possuem efeitos: constitutivo (a partir do registro, nasce o direito), comprobatório (prova da existência do ato/fato jurídico levado a registro) e publicitário (com poucas exceções, o ato registral é de acesso a todos).

Serpa Lopes, ao prefaciar a 1ª edição do seu Tratado dos Registros Públicos[5], no de 1937, já demonstrava preocupação sobre a existência do estreito liame entre a vontade privada e a publicidade do ato jurídico, ao afirmar:

> "Incontestável a tendência de todo progresso jurídico para o aperfeiçoamento e desenvolvimento do sistema de publicidade. Nas legislações primitivas, as formas participavam da substância do próprio Direito, mas a prática dos ritos solenes não visava a publicidade, segundo o seu moderno conceito, pois que tais ritos não passavam de uma conseqüência da íntima relação entre o Direito e a Religião.
>
> No sentido atual, *publicidade* abrange um largo campo, com indícios das mais vastas progressões.
>
> Bem definido cada vez mais se torna o antagonismo entre os dois sistemas: o que propugna pelo primado da vontade individual e o que ergue o primado da exterioridade do ato jurídico, através da publicidade."

E indagava:

> **"Qual dos dois elementos deverá triunfar?**
>
> De um lado, o interêsse individual; de outro, o interêsse social da boa-fé, da confiança inspirada por um fato exterior, público, ao qual a lei atribui a mais robusta fôrça probante.

---

[4] LOPES, op. cit., p. 114.
[5] LOPES, op. cit., p. 9.

De uma parte, a verdade contida na manifestação de uma vontade; os interêsses de quem declara; de outra, a aparência; a aparência geradora de uma convicção; inspiradora da boa-fé, sob cuja cobertura se processaram novos atos jurídicos.
(...)
Mas a vida moderna profundamente modificou essas circunstâncias.

Agindo em outras zonas de atividade, **como o registo dos atos inerentes ao Estado Civil, forçoso é distinguir o ato público exclusivamente formado pelo Oficial Público, do processado mediante o concurso dêstes e de outra pessoa. Na primeira hipótese, o ato não produz fé a não ser realizado em presença do respectivo Oficial; na segunda hipótese, não se atribui fé senão ao ato pelo Oficial afirmado como ocorrido em sua presença, e se o que se passou consistiu sòmente numa declaração, é essa declaração ùnicamente o que o ato público pode provar."** (grifos nossos)

Para Hely Lopes Meirelles[6], a publicidade é a "divulgação oficial do ato para conhecimento público e início de seus efeitos externos".

Portanto, a atividade do registrador civil é registrar e dar publicidade aos atos ou fatos jurídicos que lhe são submetidos.

Importante frisar que, o registro das escrituras de união estável, antes das atuais alterações havidas na Lei de Registros Públicos, seguia as regras contidas no Provimento 37/2014 do CNJ, que em seu artigo 2º define:

> "O registro da sentença declaratória de reconhecimento e dissolução, ou extinção, bem como da escritura pública de contrato e distrato envolvendo união estável, será feito no Livro "E", pelo Oficial do Registro Civil das Pessoas Naturais da Sede, ou, onde houver, no 1º Subdistrito da Comarca em que os companheiros têm ou tiveram seu último domicílio, devendo constar: (...)"

Para melhor ilustrar o que se pretende aduzir, descrevemos a seguir quais os livros e, seus respectivos registros, que devem constar do Cartório de Registro Civil:[7]

"A" – de registro de nascimento;
"B" – de registro de casamento;
"B Auxiliar" – de registro de casamento Religioso para Efeitos Civis;
"C" – de registro de óbitos;
"C Auxiliar" – de registro de natimortos;
"D" – de registro de proclama;
"E" – demais atos relativos ao estado civil.

Podemos constatar, acima, que o livro "E" possui caráter residual, ou seja, todos os atos relativos ao estado civil da pessoa natural, que não se enquadrarem nos demais livros, deverão ser registrados nele, como por exemplo, a emancipação, a interdição e a escritura de união estável.

---

[6] MEIRELLES, Hely Lopes. Direito Administrativo Brasileiro, RT, 1998.
[7] Art.33 - Lei 6.015/1973.

E isso se confirma com os ensinamentos de Walter Ceneviva[8] que afirma: "O livro "E" constitui repositório de todos os assentos que digam respeito aos atos e fatos jurídicos, próprios do direito de família, não destinados aos demais livros do registro civil."

E continua:

> "*Registro de União Estável*: Em interpretação do art. 226, § 3.º, da CF, combinado com a exegese extensiva do art. 1.726 do CC/02, o **contrato de união civil** não é registrável no livro "B", posto que dedicado exclusivamente ao casamento, no qual aquele pode transformar-se. Considerada, porém, a amplitude da atribuição do livro "E", aos *demais atos relativos ao estado civil*, é neste cabível o assentamento da união estável, um estado civil de estatura constitucional, consolidado nas regras do CC/02 (arts. 1.723 a 1.727)." (grifos nossos)

A Lei 14.382/2022 inseriu o artigo 94-A a Lei 6.015/1973 com a seguinte redação:

> "Os **registros** das sentenças declaratórias de reconhecimento e dissolução, bem como **dos termos declaratórios formalizados perante o oficial de registro civil** e das escrituras públicas declaratórias e dos distratos que envolvam união estável, serão feitos no Livro E do registro civil de pessoas naturais em que os companheiros têm ou tiveram sua última residência, e dele deverão constar (...):"

Denota-se, pois, que a nova lei introduziu no ordenamento jurídico a possibilidade de se realizar perante os cartórios de registro civil de pessoas naturais, o registro no Livro E dos **termos declaratórios de união estável formalizados perante o oficial de registro civil,** possibilitando às partes, inclusive, a escolha do regime de bens (inciso VII).

Portanto, com o advento da Lei 14.382/2022 seria possível aos companheiros optarem em firmar termo de declaração de união estável diretamente com oficial de registro civil ou lavrar escritura de união estável perante o tabelionato de notas.

A seguir passaremos a pormenorizar a competência e funções dos tabelionatos de notas, a fim de possibilitar ao leitor a conclusão acerca da introdução, pela lei supracitada, do artigo 94-A na Lei de Registros Públicos e das consequências dela decorrentes.

3.2 Da atividade notarial

Os registros históricos relatam que a atividade do tabelião surgiu juntamente com a escrita e com a necessidade da sociedade se organizar e dar segurança jurídica aos seus atos.

> "o embrião da atividade notarial, ou seja, o embrião do tabelião, nasceu do clamor social, para que, num mundo massivamente iletrado, houvesse um agente confiável que pudesse instrumentalizar, redigir o que fosse manifestado pelas

---

[8] CENEVIVA, Walter. Lei dos Registros Públicos Comentada. 20. ed. – São Paulo: Saraiva, 2010, p. 248.

partes contratantes, a fim de perpetuar o negócio jurídico, tornando menos penosa a sua prova, uma vez que as palavras voam ao vento".[9]

O nome tabelião teria origem no fato dos homens escreverem em tábuas de cera que recebiam os nomes de "tábula" ou "tabulários".[10]

Deoclécio Leite de Macedo[11], ensinava que o código de Hamurabi apresentaria o escriba como sendo um homem que se ocupava de transcrever os atos realizados na sociedade, o que o elevaria à época, a condição de quase um juiz.

> Talvez desde o fim da época clássica (107 a.C. a 235 d.C.), os particulares acostumaram-se a fazer redigir as suas convenções por oficiais públicos inferiores chamados *tabelliones* e, desde então, os *instrumenta privata* e os *instrumenta publica* foram atos distintos entre si. Apesar, porém, da qualificação de *instrumenta publica*, os atos redigidos por *tabelliones* não se tornavam autênticos senão depois de insinuados em registros próprios, nos cartórios judiciais.[12]

Estes apontamentos históricos iniciais são necessários para que se compreenda a atividade notarial, que desde sua origem é voltada a atender os anseios da sociedade, transformando e formalizando a vontade privada em documentos dotados de fé pública, conferindo segurança jurídica às partes envolvidas, competência trazida até os dias atuais, como se denota da leitura do artigo 6º da "Lei dos Cartórios" (8.935/1994):

> "Art. 6º Aos notários compete:
>
> I – formalizar juridicamente a vontade das partes;
>
> II – intervir nos atos e negócios jurídicos a que as partes devam ou queiram dar forma legal ou autenticidade, autorizando a redação ou redigindo os instrumentos adequados, conservando os originais e expedindo cópias fidedignas de seu conteúdo."

E o artigo 7º da referida norma legal prevê quais os atos a serem praticados pelos tabeliães de notas **com exclusividade:** I – **lavrar escrituras** e procurações, **públicas**; II – lavrar testamentos públicos e aprovar os cerrados; III – lavrar atas notariais; IV – reconhecer firmas e V – autenticar cópias.

De acordo com a cartilha extrajudicial do Tribunal de Justiça do Estado de São Paulo[13]:

---

[9] BRANDELLI, Leonardo. Teoria Geral do Direito Notarial. 4. ed. São Paulo: Saraiva, 2011. Disponível em: https://valdeniceg.jusbrasil.com.br/artigos/909731642/atividade-notarial--e-registral-origem-evolucao-principios-e-funcao-notarial

[10] SILVA, Aryanne Faustina da. A Instituição do Tabelionato na História e sua Prática no Brasil Antigo, 2013, p. 2, disponível em http://www.snh2013.anpuh.org/resources/anais/27/1371344635_ARQUIVO_TEXTOFINALARYANNEFAUSTINADASILVA.pdf

[11] MACEDO, Deoclécio Leite de. *Notariado*. Rio de Janeiro: Arquivo Nacional, 1974.

[12] MACEDO, Deoclécio Leite de. Tabeliães do Rio de Janeiro. Do 1º ao 4º Oficio de Notas: 1565 a 1822. Arquivo Nacional. 2007.

[13] Disponível em: https://extrajudicial.tjsp.jus.br/pex-services/publico/arquivos/cartilha-do--extrajudicial.pdf

"(...) os Tabelionatos são encarregados de exteriorizar a vontade das pessoas que pretendem celebrar negócios jurídicos. Desde a compra e venda, até à procuração conferida a alguém para atuar em nome alheio. Do reconhecimento de firma à lavratura do testamento. Uma função que o tabelião exerce com proficiência é o aconselhamento de todos aqueles que pretendem uma solução jurídica para um problema. Essa orientação é valiosa porque esclarece os necessitados de norte jurídico e também porque reduz o excesso de processos judiciais que tramitam pelos mais de cem tribunais do Brasil em sua estrutura complexa de quatro instâncias.

Segundo o Ilustre Desembargador, também do referido Tribunal estadual, Dr. Ricardo Dip, em sua obra "Prudência Notarial"[14]:

"A eminente dignidade do notário – que é garantia das liberdades dos particulares – responde ao binômio de aptidão jurídica e da idoneidade moral e não está, pois, submetida ao fato performativo de mandatos que se apartem do que é iníquo por sua própria natureza ou ilegal segundo as disposições determinativas, porque a invenção da "norma do caso" supõe sempre uma indeclinável ordem de fins, indicada em norma universal, e que nutre todo o discurso prático ou prudencial".

Da análise acima, é possível concluir ser clara e inequívoca a distinção das tarefas de cada um: aos tabeliães de notas cabe auxiliar, orientar e reduzir a termo a vontade das partes, instrumentalizando e formalizando atos, fatos e negócios jurídicos, submetidos ao seu crivo, ao passo que compete aos registradores, levar a registro os fatos jurídicos e atos anteriormente submetidos aos tabeliães de notas, a fim de que tenham a publicidade necessária para proteção e interesse de todos.

O notário lavra o contrato, consubstanciando o negócio jurídico. O registrador apenas dá publicidade a esses contratos, e aos fatos jurídicos. Por esse motivo mesmo é que as partes têm liberdade de escolha do notário, pois este, o tabelião, deve corresponder ao profissional que melhor traduza na escritura o desejo interior das partes, dentro do que a legislação permite. O oficial registrador, por apenas publicizar os atos, possui circunscrição e competência legal pré-definida, não sendo possível às partes escolher este profissional.

Reitero que o conceito de publicidade **notarial** é bem diferente da publicidade *registral*. A publicidade notarial vem da **formação** do ato. O ato é "público" porque na sua formação foi feito diante de um tabelião público. Assim: escritura pública, testamento público, reconhecimento de firma público: porque foram lavrados por um agente público, o notário.

A publicidade *registral* é diferente: os atos de registros são públicos porque a publicidade a terceiros é indistinta interessa à sociedade. Assim, são públicas as certidões de casamento, nascimento e óbito.

Essa diferenciação e entendimento são cruciais para que se compreenda p.ex.: que não se deve dar publicidade a terceiros de certos atos notariais, notadamente: os testamentos (cuja proibição acerca da emissão de certidão veio agora em âmbito nacional

---

14 Disponível em: https://extrajudicial.tjsp.jus.br/pex-services/publico/arquivos/cartilha-do--extrajudicial.pdf

com o Provimento 134 de agosto de 2022 do CNJ, no artigo 32.) Do mesmo modo, na nossa opinião, não deveria se dar publicidade irrestrita de pactos antenupciais, divórcios, dissoluções de uniões estável, inventários e demais atos que envolvessem direito das famílias e das sucessões. O próprio Provimento 134/2022 do CNJ já tratou de mitigar a publicidade de uma série de atos.

Feitas estas importantes e necessárias pontuações, passamos a analisar as questões envolvendo a união estável, sua natureza jurídica e a possibilidade de ser ela formalizada diretamente perante o cartório de registro civil, como autorizado pela Lei 14.382/2022, ao introduzir o artigo 94-A na Lei de Registros Públicos.

4. UNIÃO ESTÁVEL

A união estável é reconhecida como entidade familiar pela Constituição Federal[15], está prevista no artigo 1.726 do Código Civil e deve preencher os seguintes requisitos: convivência duradoura, pública e contínua entre pessoas[16] estabelecida com objetivo de constituir família.

De acordo com Paulo Lôbo[17] a união estável é ato-fato jurídico e por esta razão "não necessita de qualquer manifestação ou declaração de vontade para que produza seus jurídicos efeitos. Basta sua configuração fática, para que haja incidência das normas constitucionais e legais cogentes e supletivas e a relação fática converta-se em relação jurídica."

O artigo 1.725 do Código Civil prevê, acerca do regime de bens na união estável que "*salvo contrato escrito entre os companheiros,* aplica-se às relações patrimoniais, no que couber, o regime da comunhão parcial de bens." (grifos acrescentados)

A respeito do tema, a Ilustre Professora Regina Beatriz Tavares da Silva ensina:

> "Ao estabelecer que se aplicam à união estável, no que couberem, as regras da comunhão parcial, devem ser considerados as regras constituídas por disposições especiais (arts. 1.658 a 1.666) e disposições gerais (arts. 1.639 a 1.657); dentre estas estão aquelas referentes à administração de bens, em que se destaca a proibição de alienação de bem imóvel sem o consentimento do consorte, a não ser que seja escolhido o regime de bens da separação absoluta (art. 1.647), sob pena de anulação do ato praticado (art. 1.649)."[18]

Portanto, é possível afirmar que aos contratos de união estável aplicam-se as regras do artigo 1.640[19] do Código Civil, vigorando o regime de comunhão parcial de

---

[15] Artigo 226, § 3º.
[16] O STF em 2011 estendeu aos casais homoafetivos o reconhecimento da união estável, por meio do julgamento da Ação Direta de Inconstitucionalidade nº 4277 – DF e na Arguição de Descumprimento de Preceito Fundamental nº 132 – RJ.
[17] LÔBO, Paulo. A concepção da união estável como ato-fato jurídico e suas repercussões processuais. Disponível em: https://ibdfam.org.br/artigos/953/A+concep%C3%A7%C3%A3o+da+uni%C3%A3o+est%C3%A1vel+como+ato-fato+jur%C3%ADdico+e+suas+repercuss%C3%B5es+processuais
[18] TAVARES da Silva, Regina Beatriz. Código Civil Comentado. 8ª Edição. Editora Saraiva.
[19] CC. Art. 1.640. Não havendo convenção, ou sendo ela nula ou ineficaz, vigorará, quanto aos bens entre os cônjuges, o regime da comunhão parcial. Parágrafo único. Poderão os nubentes, no processo de habilitação, optar por qualquer dos regimes que este código regula. Quanto

bens, caso não haja convenção, ou seja ela nula ou ineficaz, podendo as partes optar por outro regime, desde que por pacto antenupcial lavrado por **escritura pública**.

4.1 Da natureza jurídica da união estável

A união estável tem natureza muito mais de negócio jurídico, de contrato, que de declaratória em si, tendo em vista que na magnitude da escritura, as partes *pactuam* diversas obrigações e *elegem* um regime de bens para valer em seu relacionamento. Embora muitas escrituras pelos tabelionatos afora sejam nominadas de "Declaratória de União Estável", elas guardam em si mais a essência das obrigações, com cláusulas diversas, puramente contratuais: eleição de regime de bens, como já citado, eleição de foro, escolha do sobrenome do companheiro, nomeação de mandatário, escolha de curador, nomeação de beneficiário de previdência. Restam como meras declarações: dados das partes, data de início da união, declaração de inexistência de impedimentos etc. Ainda o artigo 1.653 do Código Civil dita: "é nulo o pacto antenupcial se não for feito por escritura pública e ineficaz se não lhe seguir o casamento".

A E. Professora Regina Beatriz Tavares da Silva, sempre defendeu em suas diversas obras que o pacto de união estável, por força deste artigo do Código Civil mencionado só valeria se operacionalizado por **escritura pública**.

Afirma a citada professora: "O pacto antenupcial é um **contrato solene** firmado entre os nubentes, com o objetivo de escolher o regime de bens que vigorará durante o casamento. É obrigatório quando os nubentes optam por regime que não seja o legal."[20]

E continua: A forma prescrita para o pacto antenupcial é a escritura pública. A escritura pública é "condição de existência do próprio contrato antenupcial sendo este *nullo si feito por escripto particular* (cf. Carvalho Santos, *Código Civil brasileiro interpretado*, Rio de Janeiro, Calvino Filho Editor, 1934, v. 5, p. 7).[21]

Neste mesmo sentido entendem Francisco Pizzolante[22] e Guilherme Calmon Nogueira da Gama.

Vale lembrar, ser regra basilar de validade dos negócios jurídicos, prevista no inciso III do artigo 104 do Código Civil, que somente será considerado válido se obedecer a "forma prescrita ou não defesa em lei" e será declarado nulo, artigo 166 CC, caso não seja ele revestido de forma prescrita em lei (IV) e for preterida alguma solenidade que a lei considere essencial para a sua validade (V).

Interessante analisar recente decisão proferida pelo Tribunal de Justiça do Estado de São Paulo nos autos da Apelação Cível 1019978-36.2016.8.26.0114:

> "APELAÇÃO. Ação de nulidade de cláusula de eleição de regime de bens adotado em escritura pública de declaração de união estável. Sentença que reconheceu

---

à forma, reduzir-se-á a termo a opção pela comunhão parcial, fazendo-se o pacto antenupcial por escritura pública, nas demais escolhas.
[20] TAVARES da Silva, op. cit.
[21] TAVARES da, op. cit.
[22] PIZZOLANTE, Francisco E. O. Pires e Albuquerque. *União estável no sistema jurídico brasileiro.* São Paulo: Atlas, 1999, p. 90.

a decadência do pleito autoral, fundamentada no decurso de prazo para reclamar vício de consentimento na modalidade erro. Inconformismo da parte autora. Acolhimento. Escritura pública na qual as partes declararam viver em união estável desde há seis anos antes da lavratura do documento. Regime de separação total de bens adotado no momento da celebração, perante o Tabelião, da escritura de declaração de união estável. Nulidade da cláusula de regime patrimonial reconhecida. Forma prescrita em lei não observada. Necessidade de contrato apartado, específico, para adoção de regime diverso da comunhão parcial de bens. Exegese dos artigos 1.725 e 1.640, parágrafo único, do Código Civil. Sentença reformada. Recurso provido."[23]

No caso acima, após dez anos do início do relacionamento as partes lavraram escritura pública de união estável e neste mesmo ato decidiram modificar o regime de bens para o de separação total. Contudo, de acordo com o julgado, a cláusula de eleição de regime de bens é nula, pois deveriam as partes ter feito em apartado, tal como, no pacto antenupcial.

O relator Desembargador Rogério Murillo Pereira Cimino na decisão em análise afirma:

"Ainda nessa esteira principiológica e axiológica, sabemos que **à união estável se aplica, no que couber, e notadamente no que se refere às regras de regime de bens, o mesmo normativo do casamento.**

Nessa sequência de raciocínio, temos a inteligência do artigo 1.640, parágrafo único, do mesmo codex: "Poderão os nubentes, no processo de habilitação, optar por qualquer dos regimes que este código regula. Quanto à forma, reduzir-se-á a termo a opção pela comunhão parcial, fazendo-se o pacto antenupcial por escritura pública, nas demais escolhas".

Ou seja, do cotejo entre as regras acima transcritas, parece-nos que, muito embora menos formal a concretização da união estável, o regime de bens segue caminho semelhante ao do casamento, **no sentido de que, para um regime diverso daquele da comunhão parcial de bens, faz-se necessária a manifestação de vontade das partes em contrato prévio, apartado, e não na própria declaração de união estável (algo semelhante ao pacto antenupcial).**

Portanto, nos termos em que eleito o regime patrimonial que ora se pretende a nulidade, forçoso reconhecer que não houve o revestimento do negócio jurídico na forma prescrita em lei, artigo 166, IV, do Código Civil, sendo nula, portanto, a combatida disposição. (grifos acrescentados)

Sob outro enfoque, temos que o artigo 1.725 do Código Civil fala apenas em "contrato por escrito", de tal forma que não haveria exigência legal expressa para que as partes se socorram de escritura pública para firmar suas intenções ou alterar o regime legal de bens sob pena de nulidade.

---

[23] TJSP; Apelação Cível 1019978-36.2016.8.26.0114; Relator (a): Rogério Murillo Pereira Cimino; Órgão Julgador: 9ª Câmara de Direito Privado; Foro de Campinas – 3ª Vara de Família e Sucessões; Data do Julgamento: 08/06/2021; Data de Registro: 08/06/2021.

Contudo, a despeito de todo o quanto acima esposado, deve ainda ser considerado que a "escritura pública é o documento que representa a declaração de vontade de uma pessoa ou o negócio de várias pessoas ou empresas. A escritura pública notarial tem a maior força probante do direito brasileiro."[24]

Não restam dúvidas, que a escritura pública, de acordo com o artigo 215 do Código Civil, lavrada por tabelião de notas é documento dotado de fé pública e constitui **prova plena**.

O artigo 2º do Provimento 37/14 do CNJ (retro citado) só autorizava o registro no Livro E do Registro Civil das Pessoas Naturais das escrituras públicas e das sentenças judiciais, não permitindo o ingresso registral dos instrumentos particulares, por óbvio motivo de segurança jurídica.

Uma vez que não cabe ao oficial registrador civil das pessoas naturais lavrar contratos, sendo essa atribuição estritamente destinada por lei ao tabelião de notas, e a união estável engloba verdadeiro negócio jurídico, não há como se defender a possibilidade de ingresso no registro público de mero termo declaratório de união estável, no qual se fixem elementos contratuais como e principalmente, o regime de bens.

Outro aspecto relevante a se considerar é a não desejada concorrência desleal entre os operadores do Direito Extrajudiciais. O termo declaratório de união estável feito perante o registrador civil, ao qual se pretende emprestar força de escritura pública, teria custo menor que a escritura pública feita em tabelião de notas.

Existem alguns serviços estritamente notariais que já são prestados pelos registradores civis por mera política de proteção ao suposto "cartório mais necessitado", como p. ex.: procurações, reconhecimento de firmas, autenticações, emissão de e-notariados, apostilamentos. Essa política de proteção não se sustenta nos dias de hoje, uma vez que esta natureza de cartório (registro civil de pessoas naturais) tem um abastado fundo de ressarcimento para os atos gratuitos que pratica, alimentado pela população, quando esta se utiliza dos serviços extrajudiciais, diferentemente do tabelionato de notas, do registro de imóveis e de outras naturezas que também praticam atos gratuitos, sem qualquer contraprestação. Todavia, naqueles atos notariais que são emprestados aos registradores civis retro citados, não há qualquer concorrência de valores, posto que os registradores utilizam para a cobrança a tabela de notas. O mesmo não se vê no "termo declaratório" perante o registrador civil que é cobrado por valor de "procedimento", representando menos da metade do valor da escritura pública.

5. CONCLUSÃO

Concluímos que este termo declaratório criado pela Lei 14.382/2022 deveria ser declarado ilegal por subverter a lógica e a natureza jurídica das funções extrajudiciais. Subsidiariamente não se poderia, em tempo algum, permitir que cláusulas contratuais fossem fixadas em um mero *termo declaratório*, sendo que sua sede precípua é nos negócios jurídicos, que, uma vez feitos por escritura pública trazem a força probante da certeza de tempo, lugar, capacidade civil, veracidade, autenticidade, invertendo o ônus da prova.

---

[24] Disponível em: https://www.notariado.org.br/imobiliario/escrituras-publicas/

A cada um, segundo as suas atribuições.

O registro civil das pessoas naturais tem importantíssima função social, no que tange a publicizar os momentos principais da vida dos indivíduos: nascimento, casamento e morte. O tabelião de notas tem por função primordial, trazer segurança jurídica às partes, prevenindo litígios por meio dos contratos que lavra. Ele é o profissional que tem expertise para formalizar a vontade das partes, dentro do que permite a lei.

Tergiversar essas funções é desnaturar a lei, de maneira desleal, e não podemos aceitar esse aviltar.

Fica aqui, por último, o nosso elogio à Dra. Geny de Jesus Macedo Morelli, oficial do subdistrito da Sé, comarca de São Paulo, capital, pessoa que, com total bom senso e dignidade negou-se a registrar os termos declaratórios que a ela foram apresentados, por ser profissional estudiosa, íntegra e sabedora de seus deveres funcionais. Mais uma vez, externamos nossa gratidão a ela, e à Dra. Marlene Marchiori, à Dra. Ilzete Verderamo Marques e à Dra. Maria Beatriz Lima Furlan, registradoras civis de pessoas naturais que muito ensinaram a subscritora Priscila e que enaltecem grandemente a atividade registral.

6. REFERÊNCIAS BIBLIOGRÁFICAS

BRANDELLI, Leonardo. Teoria Geral do Direito Notarial. 4. ed. São Paulo: Saraiva, 2011. Disponível em: https://valdeniceg.jusbrasil.com.br/artigos/909731642/atividade-notarial--e-registral-origem-evolucao-principios-e-funcao-notarial

Cartilha Extrajudicial do Tribunal de Justiça do Estado de São Paulo. Disponível em: https://extrajudicial.tjsp.jus.br/pex-services/publico/arquivos/cartilha-do-extrajudicial.pdf

CENEVIVA, Walter. Lei dos Registros Públicos Comentada. 20. ed. – São Paulo: Saraiva, 2010.

DA SILVA, Aryanne Faustina; A Instituição do Tabelionato na História e sua Prática no Brasil Antigo, 2013, p. 2. Disponível em: http://www.snh2013.anpuh.org/resources/anais/27/1371344635_ARQUIVO_TEXTOFINALARYANNEFAUSTINADASILVA.pdf

LÔBO, Paulo. A concepção da união estável como ato-fato jurídico e suas repercussões processuais. Disponível em: https://ibdfam.org.br/artigos/953/A+concep%C3%A7%C3%A3o+da+uni%C3%A3o+est%C3%A1vel+como+ato-fato+jur%C3%ADdico+e+suas+repercussos%C3%B5es+processuais

MACEDO, Deoclécio Leite de. *Notariado*. Rio de Janeiro: Arquivo Nacional, 1974.

MACEDO, Deoclécio Leite de. Tabeliães do Rio de Janeiro. Do 1º ao 4º Ofício de Notas: 1565 a 1822. Arquivo Nacional. 2007. Disponível em: https://cartorios.org/wp-content/uploads/2021/04/MACEDO.-Deoclecio-Leite-de-Tabeliaes-do-Rio-de-Janeiro.pdf

SERPA. Tratado Dos Registos Públicos Em Comentário ao Decreto nº 4.857, de 9 de novembro de 1939, com as alterações introduzidas pelo Decreto nº 5.318, de 29 de novembro de 1940 e legislação posterior em conexão com o direito privado brasileiro, V.I. Livraria Freitas Bastos S.A, 4ª edição, 1960, p. 17.

TAVARES da Silva, Regina Beatriz. Código Civil Comentado. 8ª Edição. Editora Saraiva.

22
A UNIÃO ESTÁVEL NA DINÂMICA DA LEI Nº 14.382 DE 2022: REGISTRO DE UNIÃO ESTÁVEL, CONVERSÃO DE UNIÃO ESTÁVEL EM CASAMENTO E ALTERAÇÕES DE SOBRENOME EM DECORRÊNCIA DA UNIÃO ESTÁVEL

Renata Honório Ferreira Camargo Viana
Priscila Domingues Mendes de Oliveira

INTRODUÇÃO

O reconhecimento da união estável como forma de constituição de família é relativamente recente no âmbito jurídico nacional, tendo encontrado respaldo legal apenas com o advento da Constituição Federal de 1988. Ainda assim, à época, nem todas as famílias convivenciais obtiveram a tutela estatal almejada, posto que apenas em 2011, por decisão do STF, as uniões homoafetivas alcançaram a proteção conferida pelo Estado às uniões estáveis entre homens e mulheres.

Igualmente, também a regulamentação legal da união estável se desenvolveu de forma lenta e gradual. Foram os diplomas normativos vanguardistas na temática a Lei 8.971/1994 e a Lei 9.278/1996. Finalmente, em 2002, a Lei 10.406 instituiu novo diploma civilista em solo pátrio, açambarcando a união estável no livro afeto ao direito das famílias.

Com previsões limitadas e superficiais, as referidas normas pouco trataram do conteúdo material do instituto em voga. Relativamente ao direito registral, não chegaram a determinar as regras para que as uniões estáveis adentrassem aos registros públicos. Contudo, a dinâmica social clamou pela referida regulamentação registral que restou realizada no âmbito administrativo pelas Corregedorias Gerais de Justiça dos Estados, com vanguarda paulista, em 2012, sob a autoridade do então Corregedor Geral de Justiça o Desembargador José Renato Nalini, e, após, pelo Conselho Nacional de Justiça, com a edição do Provimento 37 de 2014.

Desta feita, apenas no ano de 2022 preocupou-se o legislador em preencher a lacuna normativa supra descrita com alteração da Lei nº 6.015/1973 operacionalizada pela Lei nº 14.382/2022. Dentre outros temas, a mutação legal prevê e regulamenta o registro da união estável e o registro da conversão da união estável em casamento nos registros civis de pessoas naturais. Também, trata da alteração de sobrenome ocorrida em virtude da união estável e possibilidade de acréscimo do sobrenome do companheiro(a) do genitor ao nome do filho.

A novidade normativa somada à importância ímpar do instituto da união estável no direito das famílias, leva à evidente necessidade de discussão de seus termos com fins de esclarecimentos e assunção de posicionamentos para orientação do intérprete legal. Verá o leitor, ao cabo, que a sistemática legislativa criada, a despeito de repetir muitas regras de cunho administrativo já existentes, traz também novidades, inaugurando novas formas de pensar a união estável no âmbito do registro civil das pessoas naturais.

1. AS FAMÍLIAS BRASILEIRAS E A EVOLUÇÃO DO INSTITUTO DA UNIÃO ESTÁVEL

O primeiro Código Civil Brasileiro, datado de 1916, de cunho fortemente patrimonialista, reconhecia como entidade familiar apenas as famílias formadas pelo matrimônio. Nas conformidades do referido diploma normativo somente era família a entidade formalizada pelo rito solene do casamento, celebrado entre o homem e a mulher (família heteroparental). Sua estrutura era hierarquizada, com o homem como chefe, sendo o pátrio poder exercido pelo pai sobre os filhos.

É nesses termos que Clóvis Beviláqua, autor do projeto de lei convertido no referido diploma, já revogado, entrelaçava os conceitos de família e casamento. Para o jurista, o direito de família seria o *"complexo das normas que regulam a celebração do casamento, sua validade, e os efeitos que dele resultam, as relações pessoais e econômicas da sociedade conjugal, a dissolução desta, as relações entre pais e filhos, o vínculo de parentesco e os institutos complementares da tutela e curatela"*[1].

À época as relações informais, estranhas ao direito de família, eram denominadas concubinato, expressão de cunho preconceituoso, que tem por significado a comunhão de leitos. Inicialmente, o concubinato era tido por ilícito. Entretanto, dada a dinamicidade das relações humanas, na década de 1960 o concubinato passou a ter aceitação jurídica no âmbito do direito civil, especialmente, com a vanguarda exercida por Álvaro Villaça Azevedo. O jurista, foi o pai das expressões que vieram a diferenciar o concubinato em duas modalidades, com tratamento jurídico diverso: o concubinato impuro e o concubinato puro[2].

O concubinato impuro era formado por pessoas impedidas de contraírem matrimônio. A ele não era reconhecido qualquer direito, situação similar à atual, como se verá adiante. Já o concubinato puro era aquele estabelecido entre pessoas que poderiam casar-se, mas que não desejavam fazê-lo. A este foi reconhecida a natureza jurídica de sociedade de fato, sendo, portanto, a competência para tratar dos litígios dele resultantes das varas cíveis, em detrimento das varas de família. Datam desta

---

[1] VENOSA, Silvio de Salvo. Direito civil: direito de família – 3ª edição – São Paulo: Atlas, 2003. Coleção direito civil; v. 6. p. 23.
[2] AZEVEDO, Álvaro V. Curso de direito civil: direito das famílias. 1ª edição. São Paulo: Editora atlas, 2013. p. 144.

década as Súmulas 380 e 382 do STF, nas quais observam-se os direitos à partilha dos bens adquiridos por esforço comum entre os concubinos e à caracterização da união como tal, independentemente de coabitação, respectivamente.

O passar dos anos e alteração das relações sociais acarretou em expansão dos efeitos jurídicos concedidos às relações informais relativas ao concubinato puro, cada vez mais aceitas pelas Cortes brasileiras de justiça. À concubina foi conferido o direito de indenização pelos serviços prestados que, em verdade, consubstanciava-se em uma espécie de pensão alimentícia. Em 1973, a Lei de Registros Públicos (Lei nº 6.015/1973) trouxe a possibilidade do concubino ter acrescido ao seu, o sobrenome do parceiro.

Finalmente, em 1988, a Constituição da República inaugurou nova ordem jurídica de estrutura mais humana e apta a atender aos atuais anseios sociais. Deu ao concubinato puro a denominação de União Estável, libertando o instituto dos estigmas sociais que a expressão de outrora carregava ao reconhecê-lo como entidade capaz de formação de família. Nas palavras de Milton Paulo de Carvalho Filho[3]:

> O conceito de entidade familiar foi reformulado na nova ordem constitucional, especialmente com base na doutrina moderna que define a família sob a visão das pessoas que dela fazem parte. Em estrita observância ao princípio da dignidade da pessoa humana e considerando exclusivamente os integrantes da família e os laços de afetividade que os envolvem, foram reconhecidos expressamente pela CF/88 outros modelos de entidade familiar, além daquele decorrente do casamento: o núcleo formado pela união estável e a denominada família monoparental constituída por um dos genitores e seus filhos.

O reconhecimento da União Estável enquanto entidade capaz de formação de família acalorou os debates relativos à conceituação das famílias no meio jurídico pátrio. Afinal, se família não era mais a entidade formalizada pelo casamento, o que seria? De ampla aceitação social, o conceito de família eudemonista ganhou espaço entre a doutrina e jurisprudência. Nas palavras de Cristiano Chaves de Faria e Nelson Rosenvald[4]:

> (...) a família existe em razão de seus componentes, e não estes em função daquela, valorizando de forma definitiva e inescondível a pessoa humana. É o que se convencionou chamar de família eudemonista, caracterizada pela busca da felicidade pessoal e solidária de cada um de seus membros. Trata-se de um novo modelo familiar, enfatizando a absorção do deslocamento do eixo fundamental do Direito das Famílias da instituição para a proteção especial da pessoa humana e de sua realização existencial dentro da sociedade.

É nesses termos que se afirma que, atualmente, a União Estável, consubstanciada no art. 226, § 3º da CF/1988[5], é forma de constituição de família, de interesse, pois, ati-

---

[3] Código Civil Comentado, Coordenador Ministro Cezar Peluso. SP: Manole. 2016, 10ª ed., p. 1658/1659.
[4] FARIAS, Cristiano Chaves de; ROSENVALD, Nelson. Curso de Direito Civil: Famílias. 9ª edição. Salvador: Juspodivm, 2016. p. 42.
[5] CF/1988. Art. 226, § 3º Para efeito da proteção do Estado, é reconhecida a união estável entre o homem e a mulher como entidade familiar, devendo a lei facilitar sua conversão em casamento.

nente ao direito das famílias, ao lado das uniões matrimoniais civil e religiosa. Seguindo a evolução legislativa, na década de 1990 foram editadas o que seriam as primeiras legislações a delimitarem os termos jurídicos do instituto. A Lei 8.971/1994 veio a dispor sobre o direito dos companheiros a alimentos e à sucessão. A Lei 9.278/1996, por seu turno, tratou da delimitação do conceito de união estável, dos deveres e direitos dos companheiros, relações patrimoniais e possibilidade de conversão da união estável em casamento.

Após, com a promulgação do Código Civil de 2002, a união estável tomou os contornos legislativos que estampa até a atualidade. Definida no art. 1.723 do referido diploma legal, é a união convivencial pública, contínua e duradoura, com o objetivo de constituição de família, à ela é aplicável a liberdade de escolha de regime de bens por forma escrita, sendo o regime supletivo a comunhão parcial de bens.

No mais, o instituto serviu, ainda, à proteção dos direitos das minorias. Em de 2011 o Supremo Tribunal Federal equiparou as relações entre pessoas do mesmo sexo às uniões estáveis entre homens e mulheres. Verdadeiro marco para o direito brasileiro, mais uma vez, a união estável serviu à proteção das famílias, tutelando-as de forma especial em obediência à literalidade do texto constitucional.

2. O REGISTRO DA UNIÃO ESTÁVEL NO REGISTRO CIVIL DAS PESSOAS NATURAIS – RCPN

2.1 As razões históricas da faculdade do registro da união estável no Livro E do RCPN: a vanguarda bandeirante na proteção dos direitos das famílias homoafetivas

Nesta oportunidade, cabe o enfrentamento dos motivos que levaram as Corregedorias Gerais de Justiça Estaduais e o Conselho Nacional de Justiça (CNJ) a facultarem o registro das uniões estáveis no país no Livro E do RCPN. De oportuno, remetemos o leitor a maio de 2011 quando, em decisão histórica para defesa dos direitos civis dos homossexuais, o Supremo Tribunal Federal reconheceu o caráter familiar das uniões homoafetivas. Foi em respeito à dignidade dessas pessoas, que, injustamente, encontravam suas relações marginalizadas pelo direito, que o ministro Luís Fux embasou seu voto[6]:

> Resta claro, por conseguinte, que o desprezo das uniões homoafetivas é uma afronta à dignidade dos indivíduos homossexuais, negando-lhes o tratamento igualitário no que concerne ao respeito à sua autonomia para conduzir sua vida autonomamente, submetendo-os, contra a sua vontade e contra as suas visões e percepções do mundo, a um padrão moral pré-estabelecido. Não pode haver dúvida de que se cuida de violação aos princípios constitucionais da dignidade da pessoa humana e da isonomia.

Com efeito, não se vislumbram motivos para que em um estado laico famílias inteiras viessem a ter um direito básico negado pela imposição de ideias retrógradas e discriminatórias. Afinal, se família é afeto, cuidado, carinho e respeito, ou, ainda, meio

---

[6] STF. ADIN 4.277. Rel. Min. Ayres Britto. Julgado em 05/05/2011.

de realização pessoal do indivíduo, conforme a conceituação de família eudemonista já trabalhada, e tais elementos encontram-se presentes nas relações homossexuais, não há como negar sua identidade enquanto núcleo familiar.

Da mesma forma, em outubro daquele ano, finalmente, após tão longo período de privação de direitos civis básicos e desrespeito às suas famílias, o STJ afirmou a possibilidade de contração de matrimônio por homossexuais no país, nos autos do Recurso Especial nº 1.183.378-RS. Na oportunidade, foram as palavras do Ministro Luis Felipe Salomão[7], relator da histórica decisão da Corte Superior de Justiça:

> Portanto, retomando o curso do raciocínio, fincado nessas premissas, tenho que a interpretação conferida pelo acórdão recorrido aos arts. 1.514, 1.521, 1.523, 1.535 e 1.565, todos do Código Civil de 2002, observada a máxima vênia, não é a mais acertada. Os mencionados dispositivos não vedam expressamente o casamento entre pessoas do mesmo sexo, e não há como se enxergar uma vedação implícita ao casamento homoafetivo sem afronta a caros princípios constitucionais, como o da igualdade, o da não discriminação, o da dignidade da pessoa humana e os do pluralismo e livre planejamento familiar.

Das decisões que vieram a alterar sensivelmente as normas relativas ao direito das famílias e a exaltar a importância da união estável na constituição das famílias brasileiras, nova corrente no âmbito do direito registral fora formada. Naquele mesmo ano foi apresentado à CGJSP pedido para que se facultasse, no âmbito estadual, o registro da união estável no RCPN. Contudo, no parecer do então Juiz Auxiliar da Corregedoria, Jomar Juarez Amorim, aprovado pelo Corregedor Geral em exercício, o Desembargador Mário Devienne Ferraz, a corregedoria bandeirante negou a inclusão da faculdade do registro da união estável nas normas estaduais pela inalterabilidade do estado civil da pessoa natural que se encontra unida estavelmente. Da mesma forma, recordou o douto magistrado que quando da promulgação da Lei 9.278/1996 tal registro fora vetado. Foram os termos do referido parecer[8]:

> Posto que elogiável o propósito de inserir a união estável no registro civil para fins de segurança jurídica, não convém, ao menos por ora, alteração das Normas de Serviço. Ressalvado melhor juízo, a matéria pertine ao âmbito da política legislativa, por envolver discussão sobre a caracterização de estado civil da pessoa.
>
> Com efeito, quando da promulgação da Lei nº 9.278/96, o registro da união estável foi vetado (arts. 3º, 4º e 6º). O Código Civil não regulou o assunto e atualmente tramita na Câmara dos Deputados projeto criando o estado civil de convivente (PL 1.779/2003).
>
> O estado da personalidade, como ensina Orlando Gomes, regula-se por preceitos de ordem pública, haja vista que a situação jurídica de cada indivíduo interessa a toda a sociedade (Introdução ao Direito Civil, Rio: Forense, 1996, 12ª edição, pág. 169).

---

[7] STJ. REsp 1.183.378-RS. Rel. Min. Luis Felipe Salomão. J. 25.10.11.
[8] CGJSP. Processo 87.318/2011. Rel. Des. Mario Devienne Ferraz. Julgado em 06/12/2011.

A função correcional, por sua vez, é de natureza administrativa e não se coaduna com inovação da ordem jurídico-positiva. No caso, a autorização para o registro da união estável indiretamente derrogaria o art. 33, parágrafo único, da Lei nº 6.015/73.

De outra parte, impende considerar que a medida não se compatibiliza com a conversão em casamento (Código Civil, art. 1.726), efetivada mediante prévia habilitação e registro no Livro "B" (NSCGJ, Cap. XVII, item 87), porquanto à união estável estendem-se os impedimentos matrimoniais (Código Civil, art. 1.723, § 1º).

Outrossim, no que concerne às relações jurídico-patrimoniais o registro do formal de partilha ou carta de sentença expedidos em ação declaratória de união estável já propiciam a almejada eficácia *erga omnes*.

Possível, ainda, o registro de escritura de inventário com reconhecimento de tal vínculo, conforme precedente do Conselho Superior da Magistratura (Apelação nº -1.097-6/0, Rel. Des. Ruy Camilo, j. 2.6.09).

Finalmente, o singelo registro de união conjugal sem a conformação do casamento civil parecer contrariar o sentido do art. 226, § 3º, da Constituição da República. O Direito, não obstante a proteção jurídica conferida às demais entidades familiares, funcionaria como desestímulo à prática do casamento.

Assim, seguiu-se o ano de 2012, no qual inúmeros foram os pedidos de conversão de união estável em casamento de pessoas do mesmo sexo apreciados no estado bandeirante. O fato acarretou em novo pedido levado à CGJSP para que se introduzisse nas normas estaduais extrajudiciais tanto a faculdade de registro da união estável, quanto a expressa previsão da possibilidade do casamento de pessoas do mesmo sexo. Desta vez, o pedido fora acatado pelo então Corregedor Geral de Justiça, o ilustre Desembargador José Renato Nalini, no mês dezembro daquele mesmo ano, como pode ser observado nos autos do Processo nº162.147/2012[9]. Nas palavras do jurista descritas no parecer aprovado[10]:

> *É hora da mutação. Tudo se submete a um processo contínuo de evolução e mudança. A natureza, a sociedade, o indivíduo estão sujeitos e imersos nele. O processo pode ser lento ou acelerado. (...) Mas nada escapa à regra geral: poucas coisas na vida humana mudam e melhoram espontaneamente. Elas se alteram quando são fruto de ação e reação.*
>
> *O responsável que assume o desafio da liderança ética não pode fugir ao risco de fazer as mudanças acontecerem (...).*
>
> *Não é missão singela. Precisa haver autoconhecimento, capacidade para interpretar a realidade, domínio de si, autocontrole, autoridade. Mas não dispensa questionar verdades indiscutíveis, rever rotinas imemoriais, aceitar o novo e o diferente. Ousar. É preciso ser aberto, flexível, privado de preconceitos, mas pleno de ousadia.*

---

[9] CGJSP. Processo nº 162.147/2012. Relatoria desembargador José Renato Nalini. Julgado em 13/12/2012.

[10] NALINI, José Renato. Ética geral e profissional. São Paulo: Revista dos Tribunais, 2012, p. 631.

Da leitura da decisão vê-se que a possibilidade de registro foi embasada na dinâmica das alterações sociais, reflexas em alterações conceituais na doutrina e jurisprudência civil, observadas desde o ano anterior. Na mesma oportunidade, prestigiou-se a inclusão expressa, no texto das normas do foro extrajudicial, da igualdade de tratamento entre as uniões homoafetivas e heteroafetivas, sejam elas formadas pela união estável ou casamento.

A despeito da vanguarda bandeirante na proteção dos direitos das famílias homoafetivas ter se consolidado no ano de 2012, seus efeitos no âmbito nacional viriam a ter início quase dois anos depois. Assim, em julho de 2014 o CNJ editou o Provimento 37, possibilitando o registro da união estável, em nível nacional, no Livro E do Registro Civil das Pessoas Naturais. De suma importância para a consolidação da possibilidade de registro da união estável no âmbito nacional, o Provimento 37 do CNJ trouxe consigo regras de registro necessárias à sua uniformização. Das principais, citamos o local de registro e os títulos inscritíveis.

Quanto ao local de registro, foi eleito o Livro E, existente apenas nos Registros Civis das Sedes ou da 1ª Subdivisão Judiciária das Comarcas, conforme art. 33, parágrafo único, da Lei n° 6.015/1973. A competência subsidiária do referido livro para inscrição dos demais atos relativos à pessoa natural foi determinante na escolha deste local de registro. Relativamente aos títulos inscritíveis, o art. 2° do Provimento em voga, ainda não revogado, indica a necessidade de sentença judicial de reconhecimento da união com trânsito em julgado ou escritura pública de união estável. Acusamos nessas letras o fator determinante da regra para fadar o registro das uniões convivenciais ao desuso, posto que o tornava extremamente burocrático e custoso às partes.

Estes, dentre outros impasses, levaram à baixa registrabilidade das escrituras públicas de união estável, a qual, na prática, restou formalizada apenas pelo tabelião de notas por meio de escritura pública declaratória. Como consequência, firmou-se cenário de insegurança jurídica, uma vez que apenas o registro confere publicidade aos atos por meio de certidões dos atos nele inscritos.

2.2 Alterações legislativas trazidas pela Lei n° 14.382 de 2022 ao registro de união estável no RCPN

Como explanado alhures, a possibilidade de registro da união estável no RCPN teve respaldo primeiro no estado de SP, no ano de 2012, e normatização em âmbito nacional com o Provimento 37 do CNJ, editado no ano de 2014. Ocorre que a edição tardia do provimento, cumulada com a previsão de natureza pública dos títulos inscritíveis teve como fatídico efeito a inutilização do referido registro. Nesse contexto, a Lei n° 14.382 de 2022 veio a alterar as diretrizes de registro das uniões estáveis, corrigindo as imperfeições que limitavam sua formalização pelo registrador civil das pessoas naturais, com o acréscimo do art. 94-A à Lei de Registros Públicos.

Prima facie, deixamos a indicação de manutenção da competência de registro das uniões estáveis sob a vela do registrador civil de pessoas naturais do primeiro ofício ou primeira subdivisão judiciária da comarca de domicílio dos companheiros, cuja guarda e registro do Livro E é atribuída por lei. Também, conservou-se a impossibilidade de registro de uniões estáveis de pessoas casadas e separadas de fato, em respeito à segurança jurídica e continuidade inerente aos registros públicos.

Sobre o tema, não é demasiada a lembrança que aquele que ostenta estado civil de separado, ainda que apenas de fato, pode constituir união estável à luz da normativa prevista no art. 1.723, § 1º, da Lei nº 10.406 (Código Civil de 2002). Ainda assim, não há qualquer contradição entre o direito material e registral, posto que a despeito da separação de fato constituir causa suspensiva da sociedade conjugal, nos mesmos termos em que a separação judicial ou extrajudicial, no âmbito registrário o oficial deve atentar à segurança jurídica dos atos sob sua guarda.

Exatamente nesta perspectiva, a continuidade registral mostra-se como instrumento apto à proteção da confiança conferida aos atos realizados pelo oficial de registros. Por conseguinte, apenas os separados formalmente, seja por instrumento público formalizado no âmbito extrajudicial ou judicial, com averbação devidamente inscrita no registro de casamento, é que poderão ter sua união estável devidamente registrada. Em outros termos, no registro civil, teremos primeiramente a averbação da separação judicial ou extrajudicial, para, então, registrarmos a união estável, restando os atos de registro cronologicamente concatenados.

Da regra acima exarada, há importante exceção prevista no item 120, do capítulo XVII, das normas extrajudiciais da Corregedoria de Geral de Justiça paulista (NCGJSP) e art. 8º do Provimento 37/2014 do CNJ, ambos com plena vigência, hoje normatizados no art. 94-A da LRP, inserido pela Lei 14.382/2022. Por ela, caso a união estável do separado de fato tenha sido reconhecida judicialmente, deve ser registrada no Livro E do Registro Civil competente para o ato.

Relativamente aos títulos inscritíveis previstos na Lei nº 14.382/2022, para fins didáticos, interessante a sua divisão entre aqueles formalizados em solo nacional e aqueles escriturados em terras alienígenas. Em homenagem à prevalência dos títulos nacionais apresentados no cotidiano dos registradores civis e em exaltação ao trabalho daqueles que são caros à defesa da cidadania, trabalhemos, em linhas primeiras, os títulos nacionais passíveis de registro para formalização da união estável no registro civil de pessoas naturais.

Na dicção normativa, a primeira – e talvez mais relevante – medida adotada foi a adição de mais um título nacional de formalização de união estável passível de registro. Atualmente, para além das sentenças judiciais de reconhecimento e/ou dissolução de união estável e das escrituras públicas declaratórias de união estável e/ou dissolução, é possível que dê causa à inscrição da tábula registral o termo declaratório de união estável formalizado pelo próprio registrador civil de pessoas naturais.

No que tange à sua lavratura, a despeito da manutenção de competência de registro da união estável restar-se mantida nos termos alhures explanados, a sistemática normativa atual atribuiu a todo e qualquer registrador civil autoridade suficiente para escrituração do referido termo de reconhecimento. Desta feita, os companheiros gozam de livre escolha do registrador civil para elaboração do termo declaratório de união estável, o qual seguirá com o envio do referido instrumento ao registrador competente para lavratura do assento. Desta feita, o termo será encaminhado através da Central de Registro Civil-CRC, logo que escriturado, ao oficial competente para registro, já havendo módulo específico para tal na referida plataforma digital.

Quanto à escrituração do instrumento, a Associação Nacional dos Registradores Civis das Pessoas Naturais (Arpen Brasil), em prestigioso zelo pela segurança jurídica do ato, orientou os registradores civis que utilizem o modelo previsto na cartilha elaborada pela órgão de classe, intitulada "Considerações acerca da Lei nº 14.382/22", que pode ser obtida de forma livre no site da referida entidade[11]. Com fins de facilitar e uniformizar os termos de reconhecimento de união estável e/ou dissolução lavrados pelo registrador civil das pessoas naturais, a iniciativa é deveras valorosa, posto que facilita, em muito, o cotidiano do registrador e, consequentemente, a satisfação do usuário do serviço.

Ainda quanto às características do termo, a referida associação indica que o oficial que vier a formalizá-lo deve atentar a seus requisitos formais, com materialização do instrumento apenas em papel de segurança. No mais, a Arpen Brasil também se adiantou ao indicar o valor a ser cobrado pela lavratura do termo declaratório de união estável. Será, portanto, o valor correspondente a "atos similares". Compreendemos nestas letras que a correspondência almejada seria relativa aos "procedimentos de retificação, adoção, reconhecimento de filho e alteração de patronímico familiar, incluída a certidão" indicados na tabela de custas e emolumentos do registro civil das pessoas naturais do Estado de São Paulo.

Relativamente aos atos estrangeiros passíveis de registro para devida formalização da união estável perante o registrador civil de pessoas naturais, a nova lei previu a possibilidade de registro das sentenças estrangeiras e termos extrajudiciais de reconhecimento e/ou dissolução de união estável, bem como de escrituras públicas declaratórias e/ou de dissolução de união estável lavrado por notário estrangeiro, à similitude dos títulos nacionais inscritíveis. Em acréscimo, quando lavrado no estrangeiro, curiosamente, também será aceito a registro o instrumento particular em que reconhecida a união estável.

A compreensão dos autores relativa à tal normativa é a de que a previsão foi ofertada com vistas a possibilitar a inscrição dos instrumentos lavrados em países de notariado anglo-saxônico, nos quais não há lavratura de escritura pública pelo notário. Nesta oportunidade, calham os ensinamentos de Carla M. Ferrari e Vitor F. Kümpel[12]:

> "[no notariado vigente na *common law*] Não há distinção entre documento público e particular (...) na *common law*, os particulares exercem a função de notário, sendo que é possível ao próprio advogado atuar com atribuição notarial, até porque não há qualquer exigência de formação em direito para o exercício da referida função. O que ocorre, na maioria das vezes, é que a intervenção notarial surge após a existência do documento, logo o que se diz, comumente, é que ocorre uma intervenção externa do notário".

Assim, a nosso ver, a interpretação do dispositivo deve ser realizada de forma sistematizada, abarcando apenas os instrumentos particulares lavrados em países de notariado anglo-saxão. Naturalmente, deverão ser aceitos a registro apenas quando reconhecida a firma dos subscreventes do documento pelo notário local para fins de conferência de sua autenticidade.

---

[11] https://recivil.com.br/arpen-brasil-lanca-cartilha-de-orientacao-sobre-a-lei-14-382-22
[12] KÜMPEL, V. F.; FERRARI, C. M. Tratado Notarial e registral. Tabelionato de notas. Vol. 3. São Paulo: YK Editora, 2017, p. 111.

Ainda referentemente aos títulos estrangeiros aceitos a registro, importante a lembrança de que como forma de garantir a autenticidade das assinaturas apostas nos títulos estrangeiros, os caracteres formais da qualificação registral abarcam seu apostilamento em conformidade com a Convenção de Haia, se oriundos de países a ela aderentes, ou sua legalização nos demais casos. Ademais, a tradução juramentada deve acompanhar o instrumento original, sendo dispensado seu registro no registro de títulos e documentos para fins de efeitos perante terceiros.

Quanto aos requisitos do registro da união estável no Livro E, permanecem similares àqueles previstos no art. 2º do Provimento 37 do CNJ. Ressalvam-se apenas os relativos à menção ao nome que os companheiros passam a ter em virtude da união estável, já realizado a despeito de não compilado no mesmo dispositivo administrativo, bem como ao regime de bens, que passa a ser de menção obrigatória na sistemática legal vigente.

Quanto ao regime de bens aplicável à união estável, é imperativo destacar as possibilidades existentes no ordenamento jurídico pátrio. Assim, serão os regimes legais subsidiários a ela aplicáveis, a comunhão parcial de bens ou a separação obrigatória de bens, a depender do caso, e os regimes passíveis de eleição pelos companheiros a comunhão total de bens, a separação obrigatória de bens, a participação final nos aquestos ou, ainda, um regime misto, a ser especificado pelos companheiros.

Apesar de polêmica, a doutrina e jurisprudência atuais preponderantes determinam a aplicação do regime da separação obrigatória de bens à união estável pela aplicação analógica das regras afetas ao casamento, previstas nos art. 1.641 do CC/2002. Assim, há muito o STJ[13] e a Corregedoria Geral de Justiça Paulista[14] determinam a incidência do referido regime nas uniões estáveis iniciadas quando ao menos uma das partes já completou 70 anos de vida.

Da mesma forma, recentemente, o STJ[15] determinou a aplicabilidade da separação obrigatória de bens à união estável nos casos em que ao menos uma das partes se encontra sob uma das hipóteses de condição suspensiva previstas no art. 1.523 do CC/2002. Atente-se que a jurisprudência aqui referida é via de mão única, na medida em que não será aplicado o regime da separação obrigatória na hipótese de casamento da pessoa que dissolveu união estável em momento anterior e não realizou partilha de bens relativa à união, em consonância com o item 55.2 do Cap. XVII, Tomo II, das NCGJSP, atinentes ao casamento.

Ponto polêmico e de importância ímpar é o relativo à possibilidade de pactuação retroativa de regime de bens pelos conviventes. A primeira controvérsia descansa na natureza jurídica da união estável, tida por juristas como Álvaro Villaça Azevedo[16]

---

[13] Vide: STJ. REsp 646.259/RS. rel. Min. Luis Felipe Salomão, j. 22.06.10.

[14] Nesse sentido: CGJSP. Recurso Administrativo nº 1107198-46.2018.8.26.0100. Rel. Desembargador Geraldo Francisco Pinheiro Franco. Julgado em 24/05/2019.

[15] STJ. REsp: 1.616.207 RJ 2016/0082547-0, rel. Min. Moura Ribeiro, data de julgamento: 17/11/2020, T3 – Terceira Turma, data de publicação: DJe 20/11/2020.

[16] AZEVEDO, Álvaro V. Curso de direito Civil: Direito das Famílias. 1ª edição. São Paulo: Editora Atlas, 2013. P. 145.

como contrato, e por outros, seguidos por Paulo Lobo[17], como ato-fato jurídico. Para os últimos, a união estável é instituto que se caracteriza independentemente da vontade dos conviventes, incidindo sobre ela o regime da comunhão parcial de bens caso não formalizado pacto em sentido contrário. Em consequência, não seria possível a pactuação retroativa do regime de bens, pois a situação já se consolidara.

Data vênia, nessas letras nos posicionamos adeptos da corrente seguida e inaugurada pelo professor catedrático da Universidade de São Paulo, Álvaro Villaça Azevedo, para o qual a união estável é contrato e, portanto, negócio jurídico. De todo modo, mesmo dentre aqueles que defendem a natureza contratual do instituto, há os que entendem ser possível a pactuação retroativa de regime de bens diverso do legal devido a forma livre de pactuação prevista em lei, e aqueles que a rechaçam por entenderem tratar-se de dever constitutivo das partes a lavratura de instrumento em sentido diverso.

A doutrina majoritária e jurisprudência do STJ[18] posicionam-se pela impossibilidade de atribuição retroativa de regime de bens pelo pacto de união estável. E frise-se que a possibilidade de lavratura de escritura pública declaratória de união estável com pacto retroativo de regime de bens tem por fundamento a aplicação da presunção de veracidade apenas ao fato das partes terem declarado seu conteúdo ao tabelião, não atingindo o conteúdo da declaração em si. Nesse sentido, já decidira a o TJSP[19]:

> A uma porque a declaração de como desde o passado teriam os companheiros estabelecido o regime de bens não estaria impedido pela existência de um regime legal. É que, diversamente do casamento, o regime de bens declarado na escritura declaratória de união estável tem efeito *ex tunc*, refletindo algo que já é quanto à relação patrimonial escolhida pelos companheiros, desde quando iniciada a convivência, enquanto no casamento o regime de bens tem efeitos *ex nunc*. Não caberia ao notário, assim, questionar algo que já é, conforme a declaração dos interessados, embora orientando-os quanto à possível ineficácia da escolha dos companheiros.

Contudo, apontamos que no âmbito registral a realidade é diversa, posto que as informações inscritas nos livros devem corresponder à realidade dos fatos, em obediência à fé pública e segurança jurídica ostentada nos atos de registro. Desta feita, posicionamo-nos no sentido de impossibilidade de inscrição de pactuação retroativa de regime de bens nos registros públicos em homenagem à jurisprudência atual do STJ.

Ainda no que tange ao regime de bens das uniões convivenciais, cabe a lembrança que é de livre escolha e alteração pelas partes, dispensando-se qualquer formalidade para além da forma escrita. Inclusive, como já reconhecido em diversas oportunidades

---

[17] LOBO, Paulo. A concepção da união estável como ato-fato jurídico e suas repercussões processuais. Data da publicação: 21/03/2014. Disponível em: https://ibdfam.org.br/artigos/953/A+concep%C3%A7%C3%A3o+da+uni%C3%A3o+est%C3%A1vel+como+ato-fato+jur%C3%ADdico+e+suas+repercuss%C3%B5es+processuais. Acesso em 15/09/22.

[18] STJ, REsp 1.383.624/MG, Ministro Moura Ribeiro, julgado em 2015.

[19] TJSP. Recurso Administrativo nº 0048142-07.2015.8.26.0100. Relatoria do Desembargador Salles de Abreu. Julgado em 07/08/2017.

pelo Conselho Superior da Magistratura bandeirante[20], podem os nubentes afastar o regime supletivo ou de eleição em negócios específicos ao declarar regime diverso no momento de instrumentalização do ato. Assim, a despeito da previsão legal de necessidade de indicação de regime de bens no registro de união estável, entendemos que permanece a possibilidade de indicação de regime diverso pelas partes na realização de atos específicos em virtude da liberdade contratual ofertada pela sistemática civilista aos conviventes.

Não deixemos, por oportuno, de observar a possibilidade de existência de divergência entre o regime de bens registrado e aquele declarado em escritura pública declaratória de união estável posterior ao registro. Pela sistemática anterior, a solução descansava nas letras do art. 5º do Provimento 37 do CNJ, ficando claro que o regime de bens registrado produzia efeitos apenas entre as partes, fugindo à publicidade registral.

Não há, contudo, na lei atual previsão específica para tais hipóteses. Fica, portanto, a indagação se continuam vigentes as regras específicas relativas ao Provimento 37 do CNJ que não contrárias à lei nova, ou se o procedimento registral previsto na Lei nº 14.382 de 2022 vem a inaugurar novo método registral de ordem, significado e inteligência próprios. Na percepção das autoras, da imposição de previsão de regime de bens no registro de união estável pela lei atual em sentido contrário àquilo quanto ocorria nos registros feitos sob a égide do Provimento 37, quando era regra meramente facultativa, depreende-se que a lei nova busca a inauguração de acepção diversa ao regime de bens da união estável registrada.

Desta feita, compreendemos que deva prevalecer perante terceiros aquilo quanto previsto na tábula registral devido à publicidade inerente aos registros. E o fato deriva da natureza jurídica constitutiva do dever de publicização das alterações dos termos do registro pelas partes interessadas através das averbações. Em conformidade com a doutrina de Juliano Maranhão[21], um dever de natureza constitutiva é aquele que incorre na prática institucionalizada de um ato, que, uma vez desrespeitada, leva a sua invalidade ou ineficácia jurídica. No caso, não realizada a averbação da alteração de regime me bens no registro de união estável (prática institucionalizada), não haverá invalidação do ato que permanece válido e eficaz perante os contratantes, mas sim a sua ineficácia relativa frente aos terceiros que de boa-fé que com eles contratam, em confiança àquilo quanto escrito nos livros de registros públicos.

Por fim, relativamente à data de início da união estável e seu período de duração, a nova lei trouxe, ainda, interessante instrumento denominado de certificação eletrônica de união estável. Previsto no § 6º do art. 70-A da Lei de Registros Públicos, a princípio, pela literalidade da lei, o procedimento fora pensado para aplicação apenas no âmbito do registro da conversão da união estável em casamento para dar publicidade, segurança e continuidade ao regime de bens incidente sobre a união estável quando ocorrida sua conversão em casamento. A despeito disso, não vemos entraves para que

---

[20] CSM, Apelação Cível nº 1035577-16.2017.8.26.0100. Rel. Desembargador Geraldo Francisco Pinheiro Franco. Julgado em 18/03/2019. TJSP.
[21] MARANHÃO, S.A. J. O sentido jurídico da publicidade registral frente à proteção dos dados pessoais. In: O direito e o extrajudicial: direito administrativo. Vol. 2. São Paulo: Revista dos Tribunais, 2021, p. 329.

não estendamos sua utilização ao registro da união estável, posto que muito útil para desjudicialização das demandas a ela relativas.

3. REGISTRO DA CONVERSÃO DA UNIÃO ESTÁVEL EM CASAMENTO

Interessante alteração legislativa trazida pela Lei nº 14.382/2022 foi a previsão do procedimento adequado para conversão da união estável em casamento. Já prevista no ordenamento pátrio pelo respaldo de ordem máxima no art. 226, § 3º, da Carta da República, a novidade legislativa respalda-se na uniformização do procedimento de registro em território nacional, o qual, até então, tinha instrumentalização diversa nas diferentes unidades da federação.

O primeiro ponto importante da inovação metodológica em voga, é o relativo ao livro de registro da conversão da união estável em casamento, que deve ser registrada no Livro B do registro civil das pessoas naturais, junto, portanto, aos casamentos civis. A referida previsão legal põe fim à divergência entre aqueles que, ao enxergarem similitude entre a conversão da união estável em casamento e o casamento religioso com efeitos civis, defendiam o registro das primeiras uniões no Livro B-Auxiliar daquela serventia, e aqueles que defendiam seu registro no Livro B, junto aos casamentos civis. A título de exemplo, no estado do Paraná as normas extrajudiciais previam tal registro no Livro B-Auxiliar, enquanto que no Estado de São Paulo a previsão normativa sempre fora no sentido de registrabilidade dessas uniões no Livro B.

Seguindo, mais um ponto polêmico foi pacificado pela lei nova ao tratar da necessidade de procuração pública para as hipóteses nas quais um dos nubentes deixa de comparecer presencialmente perante o registrador civil para realização do requerimento de conversão da união estável em casamento. No Estado de São Paulo já havia previsão normativa neste sentido, consubstanciada no item 87.1.1, Cap. XVII das normas da Corregedoria, que indicam, inclusive, a possibilidade de revogação da procuração até a data de realização do registro (item 87.7, Cap. XVII). Atente-se, ainda, que o prazo legal de validade dessa procuração é de 30 (trinta) dias, a despeito da procuração pública para casar ter validade de 90 (noventa) dias, nos termos do art. 1.542, § 3º, do CC/2002.

Outro ponto importante tratado na lei é a previsão de morte de um dos nubentes no curso do procedimento. Para esses casos, o § 7º do art. 70-A inserido na Lei de Registros Públicos, determina a continuidade do procedimento, com consequente lavratura do assento.

Quanto ao regime de bens do casamento derivado da conversão de união estável, algumas peculiaridades devem ser atentadas pelo registrador civil. A primeira delas é a atenção à necessidade de pacto antenupcial realizado por meio de escritura pública específica. Não servirá, portanto, a eleição de regime de bens presente na escritura pública declaratória de união estável, uma vez que servem a propósitos distintos. O pacto pré-nupcial se presta à eleição de regime de bens de casamento, devendo ser realizado no âmbito das tratativas pré-matrimoniais. A escritura pública de união estável, por seu turno, serve à indicação de existência de união estável e do regime de bens pactuado, conforme aquilo quanto já decidido pela corregedoria bandeirante[22].

---

[22] TJSP. 2ª VRP da Capital. Pedido de Providências: 1127940-87.2021.8.26.0100. Rel. Juiz Marcelo Benacchio. Data de julgamento: 15/12/2021. Data DJ: 15/12/2021.

Deve também o oficial de registro civil considerar as regras relativas ao regime da separação obrigatória de bens. Tratando-se de casamento, cabe ao oficial observar se há, ou não, incidência de causa suspensiva. Em caso positivo, aplicar-se-á o regime da separação legal ou poderá ser requerido pelas partes regime diverso, casos em que será aceita a declaração de que não há bens a partilhar, tampouco eventuais direitos de terceiros serão afetados com o afastamento da regra. Recorde-se, por oportuno, que havendo união estável anterior já dissolvida, sem a realização de partilha não há aplicação da separação obrigatória, restando livre aos nubentes pactuar regime de bens diverso do legal ou indicar a utilização da comunhão parcial de bens (item 55.2 do cap. XVII, Tomo II, das NCGJSP).

Também, não é novidade nos cartórios de registro civil de pessoas naturais paulistas a possibilidade de continuação do regime de bens pactuado pelos conviventes quando ainda menores de 70 anos, nos casos em que pretendam a conversão de sua união estável em casamento, regra há muito já determinada pela corregedoria paulista nos termos alhures explanados. Contudo, há alteração trazida pela lei para as hipóteses em que não comprovado o início da união estável por instrumento público ou sentença judicial em idade inferior aos 70 (setenta) anos de ambos os nubentes.

Vigia no âmbito da jurisprudência administrativa paulista, no momento anterior à edição normativa aqui trabalhada, entendimento no sentido de impossibilidade de lavratura do assento de casamento do maior que 70 (setenta) anos com regime de bens diverso da separação legal, caso não comprovado o início da união em momento anterior a esta idade, por instrumento público ou sentença judicial. Atualmente, a novidade tem alicerce no § 6º do art. 70-A da Lei de Registros Públicos, que prevê a possibilidade de realização de procedimento de certificação eletrônica de união estável pelo registrador civil.

O referido procedimento serve exatamente à realização de prova de início ou duração da união estável para que constem no registro da conversão da união estável em casamento, na hipótese de não constarem tais datas em sentença judicial. Tem como rito a autuação do pedido, seguida da juntada de provas trazidas pelas partes que vierem a evidenciar as datas por elas indicadas. Após, enumerar-se-ão todas as suas folhas. Ato contínuo, dever-se-á exarar decisão fundamentada indicando o deferimento ou negativa do pedido realizado, com menção, em caso positivo, da data de início da união e/ou seu tempo de duração. Em caso negativo, naturalmente, caberá dúvida registral de competência do juiz corregedor permanente, tratando-se de ato de registro. A decisão será anexada nos autos do procedimento eletrônico que ficará arquivado em cartório.

Veja-se que ao possibilitar o reconhecimento da data de início da união estável pelo próprio registrador civil, desjudicializando-se a medida, o legislador possibilitou também que às conversões de união estável em casamento de maiores de 70 (setenta) anos com uniões estáveis não formalizadas em idade inferior aos 70 (setenta) anos de ambos os nubentes seja aplicável regime de bens diverso da separação legal obrigatória. Em outros termos, uma vez reconhecida pelo registrador civil a existência da união estável não formalizada em período anterior aos 70 (setenta) anos de ambos os nubentes, o regime de bens aplicável à sua conversão em casamento será aquele incidente na união estável a ser convertida.

4. DEMAIS ALTERAÇÕES RELACIONADAS À UNIÃO ESTÁVEL NO ÂMBITO DO RCPN IMPOSTAS PELA LEI 14.382/2022

Não olvidemos que para além dos atos específicos de registro da união estável e sua conversão em casamento, tais uniões poderão, ainda, surtir efeitos em outros registros de forma reflexa. Trataremos, por ora, da possibilidade de alteração de sobrenome dos companheiros e de seus descendentes em virtude da união estável.

De plano, cumpre-nos destacar que a alteração de nome que tem por causa a união estável será realizada no ato de registro da referida união, em conformidade com a dicção normativa prevista no inciso VIII do art. 94-A da LRP. Também, deverá ser averbado no registro de nascimento da pessoa que teve o nome alterado, posto que cabe ao registrador civil atentar às regras afetas ao casamento para inclusão ou exclusão de sobrenome e aplicá-las à união estável (art. 57, § 2º, da LRP). Desta feita, poderão os conviventes, reciprocamente, acrescentar ao seu, o sobrenome do outro. Da mesma forma, poderão excluir o sobrenome do companheiro acrescido, seja na constância da união ou após sua dissolução, ocorrida por vontade das partes ou morte.

A alteração de nome, quando não reivindicada no ato de registro da união, deverá ser instrumentalizada por pedido direcionado ao oficial de registro civil de qualquer localidade, o qual enviará o requerimento do interessado via CRC ao oficial detentor dos assentos de nascimento e de união estável para que realizadas as devidas averbações. Naturalmente, os atos serão cobrados, devendo o interessado pagar pelo equivalente a uma averbação.

De oportuno, cumpre esclarecer a aparente contradição existente nos §§ 2º e 3º-A do art. 57 da LRP. Da forma como escritos, poder-se-ia inferir que aos companheiros apenas é dada a faculdade de exclusão do sobrenome do convivente quando dissolvida a união estável. Contudo, a leitura conjunta dos dispositivos deixa claro que, em verdade, o § 3º-A acima descrito apenas buscou indicar que na hipótese de exclusão de nome de companheiro formalizada pelo mesmo título de dissolução de união estável, somente um ato registral de averbação será inscrito no registro. Em outros termos, ambas as informações deverão ser inscritas em conjunto, o que torna o ato menos oneroso às partes.

Interessante a observação de que a referida alteração de sobrenome em decorrência de união estável resultará em verdadeiro efeito cascata nos registros dos familiares daqueles que tiveram seu sobrenome acrescido ou subtraído. Desta feita, os registros dos filhos dessas pessoas deverão ser alterados por meio de averbação para que conste a atual grafia do nome de seu genitor.

Quanto ao acréscimo de sobrenome ao nome dos filhos daqueles que constituem união estável, importante observação resta a ser feita. Servindo o sobrenome para continuidade de linha filiatória dos membros pertencentes a uma mesma família, não é permitido que seja acrescido ao sobrenome do filho o sobrenome do companheiro acrescido ao nome da mãe ou pai, sob pena de causar falsa impressão social de estabelecimento de filiação.

Quanto ao tema, nos resta ainda ressaltar que havendo motivo justificado, o enteado ou enteada poderá acrescer ao seu o sobrenome do padrasto ou madrasta, desde que com expressa concordância do companheiro de seu genitor. A regra em nada se assemelha àquelas acima referidas, sendo tal alteração de sobrenome realizada pelo enteado ou enteada independentemente de qualquer alteração de nome verificada no registro de seu genitor em decorrência da união estável. Da mesma forma, a alteração será realizada nos seus registros de nascimento e casamento, se o caso, por meio de averbação. Na verdade, a regra do art. 57, § 8º, da LRP, trata de mera alteração do texto normativo outrora existente para fins de atualização.

CONCLUSÃO

A felicidade e satisfação com que as autoras concluem o presente estudo não poderia ser maior devido à certeza de contribuição para aplicabilidade da legislação nova no cotidiano dos registradores civis de pessoas naturais de forma coerente, segura e sistematizada. Afinal, se ao intérprete de regras de cunho material cabe à subsunção da norma ao plano concreto de forma sólida e fidedigna à intenção legislativa e anseios sociais, referido encargo mostra-se ainda maior ao estudioso das normas afetas aos Registros Públicos, de cuja vela pela transposição leal do texto da lei depende a segurança jurídica e manutenção da fé pública registral.

Exatamente nesta perspectiva evidenciamos que ao instrumentalizar o registro da união estável no Livro E do RCPN, o registrador civil da Sede ou da Primeira Subdivisão da Comarca deve atentar que a despeito de não revogado o Provimento n. 37 do CNJ sua aplicação resta deveras limitada pelo novo regime jurídico imposto pela Lei nº 14.382/2022. E, mais uma vez, enfatizamos que a despeito das repetições de normas administrativas já existentes pela lei alteradora, tivemos também inovações legislativas evidentemente estruturais, sobretudo quando tratados os títulos inscritíveis no fólio real, nacional e estrangeiros, a imposição do regime de bens da união estável como requisito do registro e a previsão inovadora do procedimento de certificação eletrônica de união estável.

Ao rol de títulos nacionais passíveis de registro, destacamos a inclusão do Termo de Reconhecimento de União Estável. Lavrado pelo registrador civil de pessoas naturais de livre escolha dos companheiros, será encaminhado ao registrador competente para registro via CRC. Saudamos o legislador pela iniciativa que facilita o cotidiano do usuário do serviço ao direcioná-lo apenas a um tipo de cartório para que registrada a união estável e barateia sua formalização, ao mesmo passo que prestigia a atuação dos registradores civis de pessoas naturais como guardiães dos atos relativos à pessoa natural.

Relativamente aos títulos estrangeiros, aplaudimos a inclusão dos instrumentos particulares de reconhecimento de união estável lavrados no exterior. A iniciativa reflete a modernidade, globalização e integração dos povos, posto que por ela há reconhecimento e aceitação dos sistemas jurídicos alienígenas e seus efeitos em solo pátrio. Afinal, não são todos os países que têm por regra o notariado latino e o respeito às diferenças sociais e culturais transparecem também nas normas de compatibilização e concatenamento dos regimes jurídicos.

Sobre a inclusão necessária do regime de bens ao registro da união estável, concluímos pelo esforço do legislador de intensificar a segurança jurídica e fé pública registral. Mais uma vez andou bem ao prestigiar a boa-fé de terceiros que com os companheiros contratam, posto que valerá perante eles aquilo quanto registrado. Frise-se, não olvidamos a possibilidade de alteração do regime de bens de forma livre pelas partes. Contudo, para que oposta a terceiros, esta pactuação posterior ao registro deverá ser averbada. Caso contrário, terá efeitos limitados aos partícipes do contrato.

Também devem atentar os registradores civis de pessoas naturais à regulamentação legal da conversão da união estável em casamento. Com intuito de uniformização do rito registral em todo território nacional, o art. 70-A da LRP trabalha pontos chaves, antes controversos nas normas dos diferentes estados da federação.

Assim, o registro da conversão da união estável em casamento será feito no Livro B, junto ao casamento civil. Em caso de representação de um dos nubentes, o instrumento do mandato, a procuração, deve ser apresentado logo que requerida a habilitação, lavrado sob a forma pública, e apresentar prazo não superior a 30 dias. Em caso de morte de um dos nubentes no curso do procedimento, ainda assim, o registro será lavrado.

No mais, interessante procedimento foi inaugurado pela lei nova. Intitulado de certificação eletrônica de união estável, tem por fim a desjudicialização de demandas relativas à união estável, posto que confere ao registrador civil poderes suficientes para atestar a data de início da união e/ou sua duração. Consequentemente, por ele poderão os nubentes, no âmbito da conversão da união estável em casamento, afastar as regras que imponham a separação legal de bens mediante a apresentação de provas suficientes diretamente ao registrador civil, afastando a necessidade de judicialização. Da mesma forma, a sucessão dos nubentes é facilitada, visto que a determinação dos bens comuns e particulares põe fim a discussões desnecessárias que abarrotam o Judiciário diuturnamente.

Nesta perspectiva, compreendemos que a despeito de alocar o procedimento de certificação eletrônica de união estável no art.70-A da LRP, deve ter sua aplicação estendida também ao registro da união estável para que possível a inserção dos dados de início e duração da união em seu texto. Não havendo impedimento legal qualquer, a utilização do procedimento de forma analógica traria apenas benefícios sociais evidentes, também com vistas à facilitação do cotidiano não apenas do usuário do serviço público de registro civil de pessoas naturais, mas também daquele que busca na atividade dos tribunais a salvaguarda de seus interesses e direitos.

REFERÊNCIAS BIBLIOGRÁFICAS

ARPEN BRASIL. Considerações acerca da Lei n° 14.382/2022. Disponível em: https://recivil.com.br/arpen-brasil-lanca-cartilha-de-orientacao-sobre-a-lei-14-382-22/ Acesso em: 15.09.22.

AZEVEDO. Álvaro Villaça. Curso de Direito Civil: Direito de Família. 2. ed. Volume 6. São Paulo: Atlas, 2013.

Código Civil Comentado, Coordenador Ministro Cezar Peluso. SP: Manole. 2016, 10ª ed., p. 1658/1659

CGJSP. Processo 87.318/2011. Relator Desembargador Mario Devienne Ferraz. Julgado em 06/12/2011.

CGJSP. Processo nº 162.147/2012. Relatoria Desembargador José Renato Nalini. Julgado em 13/12/2012.

CGJSP. Recurso Administrativo nº 1107198-46.2018.8.26.0100. Rel. Desembargador Geraldo Francisco Pinheiro Franco. Julgado em 24/05/2019.

CSM Apelação Cível nº 1035577-16.2017.8.26.0100. Rel. Desembargador Geraldo Francisco Pinheiro Franco. Julgado em 18/03/2019.

FARIAS, Cristiano Chaves de; ROSENVALD, Nelson. Curso de Direito Civil: Famílias. 9ª edição. Salvador: Juspodivm, 2016. P. 42.

KÜMPEL, V. F.; FERRARI, C. M. Tratado Notarial e registral. Tabelionato de notas. Vol. 3. São Paulo: YK Editora, 2017, p. 111.

LOBO, Paulo. A concepção da união estável como ato-fato jurídico e suas repercussões processuais. Data da publicação: 21/03/2014. Disponível em: https://ibdfam.org.br/artigos/953/A+concep%C3%A7%C3%A3o+da+uni%C3%A3o+est%C3%A1vel+como+ato-fato+jur%C3%ADdico+e+suas+repercuss%C3%B5es+processuais. Acesso em 15/09/22.

MARANHÃO, Juliano S. A. O sentido jurídico da publicidade registral frente à proteção dos dados pessoais. In: O direito e o extrajudicial: Direito Administrativo - Vol. 2. Coord. Alberto Gentil de Almeida Pedroso. São Paulo: Editora Revista dos Tribunais, 2021.

NALINI, José Renato. Ética geral e profissional. São Paulo: Revista dos Tribunais, 2012.

VENOSA, Silvio de Salvo. *Direito civil:* direito de família – 3ª edição – São Paulo: Atlas, 2003. Coleção direito civil; v. 6. p. 23.

STF. ADIN 4.277. Relatoria do Ministro Ayres Britto. Julgado em 05/05/2011.

STJ. REsp 646.259/RS. Rel. Min. Luis Felipe Salomão, j. 22.06.10.

STJ. REsp 1.183.378-RS. Rel. Min. Luis Felipe Salomão. J. 25.10.11.

STJ. REsp 1.383.624. Rel. Min. Moura Ribeiro. DJ 12/6/15.

STJ. Ac. unân. 4 T., REsp 1.318.281/PE. Rel. Min. Maria Isabel Gallotti, j. 1.12.16.

STJ. REsp 1.616.207 RJ 2016/0082547-0, rel. Min. Moura Ribeiro, Data de julgamento: 17/11/2020, T3 – terceira turma, data de publicação: DJe 20/11/2020.

TJSP. 2ª VRP da Capital. Pedido de Providências: 1127940-87.2021.8.26.0100. Rel. Juiz Marcelo Benacchio. Data de julgamento: 15/12/2021. Data DJ: 15/12/2021.

TJSP. Recurso Administrativo nº 0048142-07.2015.8.26.0100. Relatoria do Desembargador Salles de Abreu. Julgado em 07/08/2017.

23
OS TERMOS DECLARATÓRIOS E DE DISTRATO DE UNIÃO ESTÁVEL (LEI 14.382, DE 27/06/2022 – ART. 94-A DA LEI DE REGISTROS PÚBLICOS)

Regina Beatriz Tavares da Silva

1. CONSIDERAÇÕES INICIAIS

Neste artigo será analisada alteração legislativa realizada pela Lei 14.382 de 27 de junho de 2022, que, entre outras inúmeras mudanças, inseriu na Lei dos Registros Públicos (Lei 6.015/1973) o art. 94-A, autorizando a formalização de termos declaratórios de união estável perante o Registro Civil das Pessoas Naturais (RCPN).

Segundo esse novo dispositivo legal:

"Os registros das sentenças declaratórias de reconhecimento e dissolução, bem como dos termos declaratórios formalizados perante o oficial de registro civil e das escrituras públicas declaratórias e dos distratos que envolvam união estável, serão feitos no Livro E do registro civil de pessoas naturais em que os companheiros têm ou tiveram sua última residência, e dele deverão constar:

I – data do registro;

II – nome, estado civil, data de nascimento, profissão, CPF e residência dos companheiros;

III – nome dos pais dos companheiros;

IV – data e cartório em que foram registrados os nascimentos das partes, seus casamentos e uniões estáveis anteriores, bem como os óbitos de seus outros cônjuges ou companheiros, quando houver;

V – data da sentença, trânsito em julgado da sentença e vara e nome do juiz que a proferiu, quando for o caso;

VI – data da escritura pública, mencionados o livro, a página e o tabelionato onde foi lavrado o ato;

VII – regime de bens dos companheiros;

VIII – nome que os companheiros passam a ter em virtude da união estável.

§ 1º Não poderá ser promovido o registro, no Livro E, de união estável de pessoas casadas, ainda que separadas de fato, exceto se separadas judicialmente ou extrajudicialmente, ou se a declaração da união estável decorrer de sentença judicial transitada em julgado.

§ 2º As sentenças estrangeiras de reconhecimento de união estável, os termos extrajudiciais, os instrumentos particulares ou escrituras públicas declaratórias de união estável, bem como os respectivos distratos, lavrados no exterior, nos quais ao menos um dos companheiros seja brasileiro, poderão ser levados a registro no Livro E do registro civil de pessoas naturais em que qualquer dos companheiros tem ou tenha tido sua última residência no território nacional.

§ 3º Para fins de registro, as sentenças estrangeiras de reconhecimento de união estável, os termos extrajudiciais, os instrumentos particulares ou escrituras públicas declaratórias de união estável, bem como os respectivos distratos, lavrados no exterior, deverão ser devidamente legalizados ou apostilados e acompanhados de tradução juramentada."

Em considerações iniciais, é de notar que essa alteração legislativa menciona a lavratura de "termo declaratório" de união estável a ser formalizado diretamente perante o Oficial de Registro Civil de Pessoas Naturais e, a seguir, faz referência ao distrato, sem autorizar sua formalização de igual forma. Esta observação se faz necessária porque, até a última revisão deste artigo, vem sendo entendido pela Associação Nacional dos Registradores das Pessoas Naturais (ARPEN) que também o distrato de união estável poderia ser formalizado perante o RCPN[1].

Em breve síntese inicial, essa alteração legislativa **não é socorrida por sua intenção desburocratizante porque:** (i) cria dúvidas cuja resolução dificulta a desburocratização, pois a lavratura ou formalização de termos que firmam a vontade das partes não é afeta aos Registradores Civis de Pessoas Naturais (Lei 8.935/1994, artigos 6º, 7º e 13); (ii) retira a credibilidade da iniciativa desburocratizante, uma vez que nem os prestadores do serviços públicos envolvidos (Notários e Registradores) têm segurança a respeito da nova disposição; (iii) prejudica o cidadão ao criar um procedimento que é lacunoso quanto aos comandos normativos específicos aplicáveis à formalização de distratos de união estável no âmbito extrajudicial e judicial (CPC, art. 733).

Pelas razões expostas neste texto, a Associação de Direito de Família e das Sucessões (ADFAS) requereu providências ao Conselho Nacional de Justiça (CNJ) para a verificação da viabilidade de regulamentação do artigo 94-A da Lei 6.015/1973, tendo em vista suprir as lacunas legislativas e trazer a conformação da nova disciplina legal com o tecido normativo atual (Pedido de Providências nº 0004621-98.2022.2.00.0000), que, na data da última revisão deste artigo, encontra-se em tramitação.

Também foi promovida pela ADFAS Ação Direta de Inconstitucionalidade, que está em tramitação perante o Supremo Tribunal Federal (ADI 7260) na data da revisão final deste artigo. Nessa ação há dois pedidos: a) declaração de inconstitucionalidade da parte do artigo 94-A da Lei 6.015/1973 que autoriza, por formulário, a declaração do termo inicial da união estável e a alteração do regime de bens e b) interpretação conforme a Constituição Federal no que se refere ao distrato de união estável que

---

[1] https://arpenbrasil.org.br/ – https://infographya.com/files/Cartilha_Arpen_BR_(1).pdf – especialmente p. 23 a 26 – acesso em 13.09.2022.

não está previsto no referido dispositivo legal como ato a ser praticado pelo oficial do registro civil.

Saliente-se que o supra referido Pedido de Providências (PP) e a supra referida Ação Direta de Inconstitucionalidade (ADI) em nada criticam o registro da união estável, ou seja, da escritura pública e da sentença de reconhecimento, assim como de dissolução dessa entidade familiar, no Livro E pelo Oficial de Registro Civil das Pessoas Naturais, para o conhecimento de terceiros, já previsto anteriormente no Provimento CNJ n. 37 de 07/07/2014. Os pedidos desse PP e dessa ADI residem na formalização de termo declaratório de união estável e de termo dissolutório ou distrato no RCPN.

2. A FUNÇÃO NOTARIAL E A FUNÇÃO REGISTRAL. COMPETÊNCIAS DISTINTAS

A cada uma dessas especialidades, Tabelionato de Notas e Registro Civil das Pessoas Naturais, embora ambas tenham fé pública, a Lei nº 8.935, de 18 de novembro de 1994 atribui competência exclusiva para lavratura e registro de atos e negócios jurídicos, com exclusão de um pelo outro.

Na conformidade da Lei 8.935/1994 (art. 6º), aos Notários compete: "I – formalizar juridicamente a vontade das partes; II – intervir nos atos e negócios jurídicos a que as partes devam ou queiram dar forma legal ou autenticidade, autorizando a redação ou redigindo os instrumentos adequados, conservando os originais e expedindo cópias fidedignas de seu conteúdo; III – autenticar fatos".

E conforme o art. 7º dessa mesma lei, ao Tabeliães de Notas compete com exclusividade: "I – lavrar escrituras e procurações, públicas".

E consoante a mesma Lei 8.935/1994 (art. 13), aos Oficiais de Registro compete privativamente: "I – quando previamente exigida, proceder à distribuição equitativa pelos serviços da mesma natureza, registrando os atos praticados; em caso contrário, registrar as comunicações recebidas dos órgãos e serviços competentes; II – efetuar as averbações e os cancelamentos de sua competência; III – expedir certidões de atos e documentos que constem de seus registros e papéis.".

São de evidência solar as distintas atribuições e competências de cada uma dessas funções: notarial e registral.

Não se trata de mera formalidade, já que o Tabelião de Notas tem conhecimentos para exercer as funções que a lei lhe atribui, entre as quais lavrar a escritura de reconhecimento e de dissolução de união estável, com o preenchimento dos requisitos legais.

Como bem pontua José Renato Nalini, "O Tabelião é o profissional que formata a vontade jurídica dos interessados"[2] e, ao citar Ricardo Dip, acentua que "ele é um *iurisprudens*, ou seja, um jurista cuja atividade própria é a de determinar (ou aplicar) a reta razão jurídica a uma dada ação singular (cuja diferença específica é o consenso), e não um artífice do *quod visum placet*"[3].

---

[2] NALINI, José Renato: "O Tabelionato do Amanhã", *in* Revista de Direito Notarial, Colégio Notarial do Brasil Seção São Paulo, v. 3, n. 1, p. 126, jan-jun/2021.
[3] DIP, Ricardo, Notas sobre Notas (e outras notas), Tomo I, São Paulo: Editorial Lepanto, 2018, p. 11.

O Oficial de Registro Civil tem outros conhecimentos para cumprir as funções que lhe são atribuídas, entre as quais, registrar as escrituras públicas lavradas em Tabelionato de Notas e as sentenças judiciais de reconhecimento e dissolução de união estável, dando publicidade do que foi anteriormente formalizado.

A nova lei, ao inserir o artigo 94-A na Lei de Registros Públicos, amplia a competência do RCPN, autorizando a lavratura de ato declaratório da união estável, antes restrita ao Tabelionato de Notas, sem modificar as atribuições ou a competência dos Registradores e dos Notários. E pior, a norma em tela faz mera indicação da possibilidade de lavratura de atos, que são de competência do Tabelião de Notas, pelo Oficial de Registro, sem a devida previsão das limitações e requisitos já existentes no ordenamento jurídico para o instrumento que consigna a vontade das partes na dissolução de união estável, que são de observância obrigatória pelos Tabeliães de Notas em prol da segurança das partes e dos nascituros e filhos incapazes, como estabelece o ordenamento legal (CPC, art. 733).

Note-se que o Oficial de Registro Civil das Pessoas Naturais não possui livro que se preste a consignar a vontade das partes. O RCPN possui livros específicos (Nascimento, Casamento, Óbito). Não há, portanto, um suporte para lavrar um instrumento com a vontade declarada pelas partes, como ocorre no Tabelionato de Notas, que possui essa ferramenta. Assim, quando o novo artigo fala em termo de declaração, não há aderência técnica em relação aos livros do Registro Civil. Observe-se que o termo de habilitação para o casamento, que não o constitui, mas apenas inaugura o processo de habilitação matrimonial, realizado perante o RCPN, não permite que a norma constante do art. 94-A da Lei de Registros Públicos transfira a esse Ofício a competência para lavrar termo declaratório de união estável, que diz respeito à própria existência desta entidade familiar.

Repise-se, a nova norma fala em termos "declaratórios" e, logo em seguida, menciona o "distrato" de união estável. Aí o mais grave: vem sendo entendido pelos registradores[4], como antes mencionado, que existe autorização para lavratura não só de termo declaratório de união estável, mas também do termo de dissolução de união estável ou distrato perante o RCPN. Ocorre que a dissolução de união estável tem dimensão constitutiva/extintiva de direitos, com uma série de efeitos pessoais e patrimoniais, sendo por isso que o Código de Processo Civil veda a dissolução na esfera extrajudicial quando existente nascituro e filhos incapazes, bem como, na inexistência destas hipóteses, exige a escritura pública, sempre com a assistência de advogado ou defensor público (art. 733, *caput* e parágrafo 2º).

Conforme Vitor Kümpel, "a forma extrajudicial somente pode ser escolhida pelas partes se atendidos os requisitos legais: partes concordes, capacidade civil dos consortes (ou companheiros) e inexistência de filhos incapazes ou nascituros[5]".

Como já alertado acima, inexiste um suporte para o dito "termo declaratório" de união estável, o que também inexiste para o "distrato" de união estável, de forma que o

---

[4] https://arpenbrasil.org.br/ – https://infographya.com/files/Cartilha_Arpen_BR_(1).pdf – especialmente p. 23 a 26 – acesso em 13.09.2022.

[5] KÜMPEL, Vitor Frederico. FERRARI, Carla Modina. *Tratado notarial e registral*. v.5, tomo I, São Paulo: YK, 2020, p. 1999.

RCPN lançará esses atos dentro do Livro "E", que, em regra, recebe atos para gerar efeitos perante terceiros, ou, pior, inaugurará um livro que será uma quimera, por contemplar elementos incongruentes, sem os efeitos jurídicos esperados, induzindo o cidadão a erro.

Outros alertas que se evidenciam diante da alteração legislativa não podem deixar de ser feitos. O ambiente de extrema insegurança jurídica promovido pelo lacunoso comando do artigo 94-A proporcionará reprováveis condições para que pessoas de má-fé articulem as mais variadas fraudes. O termo de dissolução de união estável junto ao Oficial de Registro Civil permite simulações para que as partes se desvinculem de obrigações face à ausência de formalidades legais.

Denota-se que a pretexto da desburocratização, criou-se uma grave fratura no sistema, que precisará ser enfrentada, a fim de que seja obstada a insegurança jurídica, que também por outras razões expostas neste artigo, foi gerada pela nova norma legal.

3. EQUIPARAÇÃO DOS EFEITOS DO CASAMENTO E DA UNIÃO ESTÁVEL. APLICAÇÃO NA UNIÃO ESTÁVEL DAS DISPOSIÇÕES GERAIS DO CÓDIGO CIVIL SOBRE A FORMA DO PACTO E SOBRE OS REGIMES DE BENS DO CASAMENTO

A nova lei não levou em consideração os efeitos jurídicos da união estável, que são equiparáveis aos do casamento, na dissolução em vida e após a morte.

Conforme o disposto no Código Civil, a união estável equipara-se ao casamento nos efeitos patrimoniais, estabelecendo o regime legal da comunhão parcial (art. 1.725[6]), e nos efeitos pessoais, como no dever de assistência material que pode resultar em dever de prestar alimentos na dissolução dessa entidade familiar (CC, art. 1.724[7]).

A Tese de Repercussão Geral do Supremo Tribunal Federal, firmada no julgamento dos Recursos Extraordinários números 646.721/RS e 878.694/MG[8] (Tema 809[9]), em que houve a atuação da ADFAS, na qualidade de *amicus curiae*, equiparou os efeitos sucessórios da união estável aos do casamento na ordem de vocação hereditária (CC, art. 1.829[10]),

---

[6] CC, art. 1.725. Na união estável, salvo contrato escrito entre os companheiros, aplica-se às relações patrimoniais, no que couber, o regime da comunhão parcial de bens.

[7] CC, art. 1.724. As relações pessoais entre os companheiros obedecerão aos deveres de lealdade, respeito e assistência, e de guarda, sustento e educação dos filhos.

[8] É inconstitucional a distinção de regimes sucessórios entre cônjuges e companheiros prevista no art. 1.790 do CC/2002, devendo ser aplicado, tanto nas hipóteses de casamento quanto nas de união estável, o regime do art. 1.829 do CC/2002. (STF, RE 646.721-RS e RE 878.694-MG, Relator do acórdão: Min. Luis Roberto Barroso, j. 10-05-2017).

[9] Tema 809 – Validade de dispositivos do Código Civil que atribuem direitos sucessórios distintos ao cônjuge e ao companheiro.

[10] Art. 1.829. A sucessão legítima defere-se na ordem seguinte:
I – aos descendentes, em concorrência com o cônjuge sobrevivente, salvo se casado este com o falecido no regime da comunhão universal, ou no da separação obrigatória de bens (art. 1.640, parágrafo único); ou se, no regime da comunhão parcial, o autor da herança não houver deixado bens particulares;
II – aos ascendentes, em concorrência com o cônjuge;
III – ao cônjuge sobrevivente;
IV – aos colaterais.

salvo somente a herança necessária (CC, art. 1.845) e a ¼ parte (CC, art. 1.832), que não integram os direitos do companheiro sobrevivente[11].

E ainda mais. É de convir que, o Código Civil, ao estabelecer no seu art. 1.725 que se aplicam à união estável, no que couberem, as regras da comunhão parcial, aponta para a aplicação das regras do mesmo diploma legal nas disposições especiais (CC, artigos 1.658 a 1.666) e nas disposições gerais (CC, artigos 1.639 e seguintes) sobre o regime de bens[12].

Afinal, nada haveria de regulamentação patrimonial sobre a união estável no citado art. 1.725, se não fossem aplicadas as disposições gerais e as especiais sobre esse regime legal da comunhão parcial que estão dispostas para o casamento no Código Civil. Seria o art. 1.725 um dispositivo vazio de conteúdo.

Assim, entre essas disposições gerais dos regimes de bens aplicáveis na união estável está aquela referente à forma do pacto ou contrato que estabelece regime diverso da comunhão parcial de bens. Consoante estabelece o art. 1.640, *caput* e parágrafo único do Código Civil, caso a opção dos contraentes seja de regime diverso ao da comunhão parcial, far-se-á o pacto por escritura pública[13], sendo nulo o que não seguir esta forma solene, como dispõe o art. 1.653 do mesmo diploma legal[14].

Portanto, a forma do pacto de união estável que estabelece regime de bens diferente do regime da comunhão parcial de bens é a escritura pública. Observe-se que o argumento de que o art. 1.725 do Código Civil utiliza a expressão contrato e não escritura pública não socorre a forma particular para o pacto de união estável, já que a natureza da escritura pública é contratual.

Os efeitos patrimoniais da união estável são de suma relevância, de modo que permitir aos companheiros, por mero termo perante o Oficial de Registro Civil, sem as formalidades próprias do instrumento público, a escolha de regime de bens diverso da comunhão parcial, que é o regime legal (CC, art. 1.725), pode gerar graves danos aos envolvidos, inclusive por erro, dolo ou mesmo coação, além de dúvidas e conflitos quanto à sua validade.

Portanto, entende-se que a forma do pacto ou instrumento declaratório da existência de união estável com escolha de regime de bens diverso do regime legal

---

[11] TAVARES DA SILVA, Regina Beatriz: "A frouxidão dos requisitos da união estável e a equiparação de seus efeitos aos do casamento no Direito Brasileiro". *In Tratado da União de Fato* (Coordenadores: Correia, Atalá; Solavagione, Alicia Garcia de (coordenadores). São Paulo: Almedina, 2021, p. 443 a 448.

[12] MONTEIRO, Washington de Barros e TAVARES DA SILVA, Regina Beatriz. *Curso de Direito Civil*, 2: Direito de Família, 43ª edição, São Paulo: Saraiva, 2016, p. 92 a 95. TAVARES DA SILVA, Regina Beatriz: "A frouxidão dos requisitos da união estável e a equiparação de seus efeitos aos do casamento no Direito Brasileiro". *In Tratado da União de Fato* (Coordenadores: Correia, Atalá; Solavagione, Alicia Garcia de (coordenadores). São Paulo: Almedina, 2021, p. 419 a 448.

[13] CC, Art. 1.640. Não havendo convenção, ou sendo ela nula ou ineficaz, vigorará, quanto aos bens entre os cônjuges, o regime da comunhão parcial. Parágrafo único. Poderão os nubentes, no processo de habilitação, optar por qualquer dos regimes que este código regula. Quanto à forma, reduzir-se-á a termo a opção pela comunhão parcial, fazendo-se o pacto antenupcial por escritura pública, nas demais escolhas.

[14] CC, art. 1.653. É nulo o pacto antenupcial se não for feito por escritura pública, e ineficaz se não lhe seguir o casamento.

da comunhão parcial, é obrigatoriamente o instrumento público lavrado perante o Tabelionato de Notas.

Além disso, deve-se ter em conta que o CC, art. 1.641, I[15], também é disposição geral do regime de bens da comunhão parcial, cabível na união estável. Segundo esse dispositivo, o casamento celebrado com causa suspensiva tem, obrigatoriamente, o regime de separação de bens. O disposto no CC, art. 1.723, § 2º, segundo o qual "As causas suspensivas do art. 1.523 não impedirão a caracterização de união estável", está em perfeita consonância com a aplicação do art. 1.641, I, à união estável, já que, se houver causa suspensiva, a união estável não deixa de existir e produzir efeitos, como os deveres e direitos entre os companheiros, mas o regime de bens a vigorar nessa união deve ser o da separação obrigatória. Da combinação dessas regras resulta que o viúvo ou a viúva que tiver filho do cônjuge falecido e não tiver feito inventário dos bens do casal e dado partilha aos herdeiros poderá constituir união estável somente pelo regime da separação obrigatória de bens (CC, art. 1.523, I[16]). Outra causa suspensiva que impõe o regime da separação obrigatória é a inexistência de partilha de bens em casamento desfeito em vida (CC, art. 1.523, III[17]), o que evidentemente ocorre se a união estável for constituída mediante mera separação de fato de um dos conviventes (CC, art. 1.723, § 1º).

Também se aplica à união estável o CC, art. 1.641, II[18], por ser outra disposição geral dos regimes de bens, segundo a qual é obrigatório o da separação de bens no casamento da pessoa com mais de setenta anos, como reconhece o Superior Tribunal de Justiça em jurisprudência inaugurada pelo Ministro Luis Felipe Salomão[19].

---

[15] CC, art. 1.641. É obrigatório o regime da separação de bens no casamento: I – das pessoas que o contraírem com inobservância das causas suspensivas da celebração do casamento.

[16] CC, art. 1.523. Não devem casar: I – o viúvo ou a viúva que tiver filho do cônjuge falecido, enquanto não fizer inventário dos bens do casal e der partilha aos herdeiros.

[17] CC, art. 1.523. Não devem casar: III – o divorciado, enquanto não houver sido homologada ou decidida a partilha dos bens do casal.

[18] CC, art. 1.641. É obrigatório o regime da separação de bens no casamento: II – da pessoa maior de 70 (setenta) anos.

[19] "Agravo Interno no Recurso Especial. Direito de Família. Reconhecimento e dissolução de união estável. Companheiro sexagenário. Redação original do art. 1.641, II, do CC/2002. Aplicação. Regime de separação obrigatória de bens. Partilha. Bens adquiridos onerosamente. Necessidade de prova do esforço comum. Agravo Interno não provido. 1. De acordo com a redação originária do art. 1.641, II, do Código Civil de 2002, vigente à época do início da união estável, impõe-se ao nubente ou companheiro sexagenário o regime de separação obrigatória de bens. 2. "No regime de separação legal de bens, comunicam-se os adquiridos na constância do casamento, desde que comprovado o esforço comum para sua aquisição" (EREsp 1.623.858/MG, Rel. Ministro Lázaro Guimarães – Desembargador convocado do TRF 5ª Região -, Segunda Seção, julgado em 23/05/2018, DJe de 30/05/2018)..." (STJ, AgInt no REsp 1.637.695/MG, 4ªT., Rel. Min. Raul Araújo, j. 10-10-2019). "Agravo Interno no Recurso Especial. Ação de Reconhecimento e Dissolução de União Estável. Companheiro sexagenário... Regime da separação total. Aplicação do art. 1.641, II, do CC. Oportunidade para comprovar o esforço comum... 3. No que se refere aos efeitos patrimoniais decorrentes da existência da união estável, as instâncias ordinárias afastaram a aplicação da regra da separação obrigatória de bens, ao fundamento de que a disposição legal só se aplica ao casamento. Todavia, esta Corte tem entendimento de que estende-se à união estável a disposição do art. 1.641, II, do Código Civil, segundo o qual ao casamento de sexagenário, se homem, ou cinquentenária, se mulher,

Todas essas normas do Código Civil que, em interpretação sistemática, aplicam-se à união estável, obrigando o regime da separação de bens aos que se unem em entidade familiar sem prévia partilha de bens no casamento anterior, assim como na maior idade dos 70 anos, demonstram que não é só a separação de fato (CC, art. 1.723, § 1º[20]) que impede a formalização do termo perante o RCPN, como passou singelamente a prever o art. 94-A, § 1º da Lei de Registros Públicos.

Ainda que o termo seja realizado somente para indicar o início da relação familiar (termo declaratório) ou o início e o final da união estável (distrato), sem modificação do regime de bens legal, estarão aí demarcados os efeitos no regime da comunhão parcial (CC, art. 1.725).

Sem a intervenção do notário, que tem a função de verificar se a vontade das partes no marco inicial e final da união estável é livre e espontânea, e a assistência de

---

é imposto o regime de separação obrigatória de bens. 4. Por observar que a companheira não teve oportunidade de comprovar o esforço comum, deverá ser assegurado à autora o direito de comprovar o esforço na aquisição dos bens passíveis de serem compartilhados..." (STJ, AgInt no REsp 1.628.268/DF, 4ª t., Rel. Min. Lázaro Guimarães – Desembargador convocado do TRF 5ª Região, j. 18-09-2018). "Civil. Agravo Regimental no Agravo em Recurso Especial. União Estável. Partilha. Bens adquiridos na constância da convivência. Necessidade de demonstração do esforço comum. Precedente... 1. A Terceira Turma do STJ, por ocasião do julgamento do Recurso Especial nº 1.403.419/MG, julgado aos 11/11/014, da relatoria do Ministro Ricardo Villas Bôas Cueva, firmou o entendimento de que a Súmula nº 377 do STF, isoladamente, não confere ao companheiro o direito de meação aos frutos produzidos durante o período de união estável independentemente da demonstração do esforço comum..." (STJ, AgRg no AREsp 675.912/SC, 3ª Turma, Rel. Min. Moura Ribeiro, j. 02-06-2015). Recurso especial. Civil e processual civil. Direito de família. Ação de reconhecimento e dissolução de união estável. Partilha de bens. Companheiro sexagenário. Art. 1.641, II, do Código Civil (redação anterior à Lei nº 12.344/2010). Regime de bens. Separação legal. Necessidade de prova do esforço comum. Comprovação. Benfeitoria e construção incluídas na partilha... 1. É obrigatório o regime de separação legal de bens na união estável quando um dos companheiros, no início da relação, conta com mais de sessenta anos, à luz da redação originária do art. 1.641, II, do Código Civil, a fim de realizar a isonomia no sistema, evitando-se prestigiar a união estável no lugar do casamento. 2. No regime de separação obrigatória, apenas se comunicam os bens adquiridos na constância do casamento pelo esforço comum, sob pena de se desvirtuar a opção legislativa, imposta por motivo de ordem pública..." (STJ, REsp 1.403.419/MG, 3ª T., Rel. Min. Ricardo Villas Bôas Cueva, j. 11-11-2014). "Direito de família. União estável. Companheiro sexagenário. Separação obrigatória de bens. Art. 258, § único, inciso II, do Código Civil de 1916. 1. Por força do art. 258, § único, inciso II, do Código Civil de 1916 (equivalente, em parte, ao art. 1.641, inciso II, do Código Civil de 2002), ao casamento de sexagenário, se homem, ou cinquentenária, se mulher, é imposto o regime de separação obrigatória de bens. Por esse motivo, às uniões estáveis é aplicável a mesma regra, impondo-se seja observado o regime de separação obrigatória, sendo o homem maior de sessenta anos ou mulher maior de cinquenta. 2. Nesse passo, apenas os bens adquiridos na constância da união estável, e desde que comprovado o esforço comum, devem ser amealhados pela companheira, nos termos da Súmula nº 377 do STF. Recurso Especial provido" (STJ, REsp 646.259/RS, 4ª T., Rel. Min. Luis Felipe Salomão, j. 22-06-10).

[20] CC, art. 1.723. É reconhecida como entidade familiar a união estável entre o homem e a mulher, configurada na convivência pública, contínua e duradoura e estabelecida com o objetivo de constituição de família. § 1º A união estável não se constituirá se ocorrerem os impedimentos do art. 1.521; não se aplicando a incidência do inciso VI no caso de a pessoa casada se achar separada de fato ou judicialmente.

advogado, que tem o dever ético de atuar com o cumprimento do dever de veracidade, lealdade, dignidade e boa-fé, a possibilidade de alteração indesejada do período é evidente, inclusive em prejuízo de um dos signatários do formulário. Se um determinado bem foi adquirido onerosamente durante a união estável, com recursos advindos nesse período e da atividade laboral de um dos companheiros, devendo comunicar-se ao outro, sendo o início ou o fim da união estável declarado em formulário como não abrangente da época em que esse bem foi adquirido, não haverá a preservação do direito à meação do outro companheiro.

Dizer que o formulário lavrado perante o RCPN seria apenas uma prova é pueril já que, sendo um ato formalizado em registro público gerará, sim, efeitos e terá de ser anulado judicialmente para que o verdadeiro período da união estável seja respeitado e a meação do companheiro prejudicado lhe seja devidamente atribuída. Afinal esse dizer contraria expressa disposição legal da Lei 8.935/1994 que, com expressa menção de que regulamenta o art. 236 da Constituição Federal, dispondo sobre serviços notariais e de registro, estabelece em seu art. 1º que "Serviços notariais e de registro são os de organização técnica e administrativa destinados a garantir a publicidade, autenticidade, segurança e eficácia dos atos jurídicos"; onde estaria a segurança e a eficácia dos termos previstos no art. 94-A da Lei de Registros Públicos com aquela afirmação?

Na alteração de regime de bens diverso daquele do regime legal durante o casamento, recorde-se que a alteração do estatuto patrimonial exige autorização judicial, além da presença de advogado, em pedido motivado de ambos os cônjuges, apuradas as razões invocadas e ressalvados os direitos de terceiros (CC, art. 1.639, § 2º[21]), para o que se exige a intimação do Ministério Público e a publicação de editais (CPC, art. 734[22]). A finalidade destas normas é a proteção dos envolvidos e dos interesses de terceiros.

Mesmo que não se entenda como aplicável a disposição geral constante do art. 1.639, § 2º do Código Civil à união estável, ou seja, a obrigatoriedade do procedimento judicial, ao menos deve ser considerada a exigência da escritura pública e a assistência do advogado na lavratura do pacto. Sem isso, graves prejuízos a uma das partes podem ocorrer, por exemplo, na modificação da comunhão para a separação de bens, sendo que somente diante de ação judicial anulatória, provando-se o vício no consentimento modificativo do regime de bens, a situação poderá ser corrigida.

---

[21] CC, art. 1.639, § 2º. É admissível alteração do regime de bens, mediante autorização judicial em pedido motivado de ambos os cônjuges, apurada a procedência das razões invocadas e ressalvados os direitos de terceiros.

[22] CPC, art. 734. A alteração do regime de bens do casamento, observados os requisitos legais, poderá ser requerida, motivadamente, em petição assinada por ambos os cônjuges, na qual serão expostas as razões que justificam a alteração, ressalvados os direitos de terceiros. § 1º Ao receber a petição inicial, o juiz determinará a intimação do Ministério Público e a publicação de edital que divulgue a pretendida alteração de bens, somente podendo decidir depois de decorrido o prazo de 30 (trinta) dias da publicação do edital. § 2º Os cônjuges, na petição inicial ou em petição avulsa, podem propor ao juiz meio alternativo de divulgação da alteração do regime de bens, a fim de resguardar direitos de terceiros. § 3º Após o trânsito em julgado da sentença, serão expedidos mandados de averbação aos cartórios de registro civil e de imóveis e, caso qualquer dos cônjuges seja empresário, ao Registro Público de Empresas Mercantis e Atividades Afins.

É certo que permanecem as diferenças constitutivas e desconstitutivas entre os dois institutos, mas as práticas notarial e registral devem garantir ao cidadão na formalização da constituição e da extinção da união estável a indispensável segurança jurídica.

Em suma, se for aceita a formalização de termos declaratórios e de distratos de união estável perante o RCPN, estar-se-á a admitir uma imensa insegurança jurídica, por conta da disparidade de tratamento em face do casamento, ainda mais diante de institutos que têm similaridade em efeitos.

4. O DISTRATO DE UNIÃO ESTÁVEL

Como já exposto, o art. 94-A da Lei de Registros Públicos não autoriza a formalização de distrato de união estável perante o RCPN, mas, em face da interpretação que tem sido realizada pela ARPEN em sentido oposto, faz-se necessário examinar a matéria[23].

Além da interpretação sistemática das normas do Código Civil, acima apontadas, o Código de Processo Civil, em seu art. 733[24], exige escritura pública para a dissolução de união estável, além da imprescindível assistência de advogado, o que decorre dos relevantes efeitos dessa relação.

Esse dispositivo legal constante do art. 733, *caput* e parágrafos, do Diploma Processual não foi revogado pela novel norma introduzida na Lei de Registros Públicos pela Lei 14.382/2022, em seu art. 94-A.

Se não bastasse, expressa é a vedação contida no Código de Processo Civil (art. 733, *caput*) de extinção consensual de união estável na esfera extrajudicial quando da existência de nascituro ou filhos incapazes, sendo obrigatório o procedimento judicial.

O artigo 94-A, em análise, nada menciona sobre tal vedação, o que implica não só em tratamento assimétrico entre as especialidades extrajudiciais, mas, também, em afronta à garantia de eventuais direitos do nascituro ou dos filhos incapazes. Por força do falho comando legal, a lacuna legislativa pode implicar na gravosa interpretação sobre a possibilidade de, por meio do Oficial de Registro Civil, se formalizar a dissolução de uma união estável, mesmo diante da existência de nascituro ou filhos incapazes, sem sequer ser ouvido o representante do Ministério Público.

Além disso, o que também é muito grave em face dos efeitos do distrato de união estável, repise-se que o art. 94-A em tela não menciona a obrigatoriedade da assistência advocatícia.

Em razão do Oficial de Registro Civil não deter, por lei, a competência para formalizar a vontade jurídica das partes, não há exigência legal de verificação da capacidade

---

[23] https://arpenbrasil.org.br/ – https://infographya.com/files/Cartilha_Arpen_BR_(1).pdf – especialmente p. 23 a 26 – acesso em 13.09.2022.

[24] CPC, art. 733. O divórcio consensual, a separação consensual e a extinção consensual de união estável, não havendo nascituro ou filhos incapazes e observados os requisitos legais, poderão ser realizados por escritura pública, da qual constarão as disposições de que trata o art. 731. § 1º A escritura não depende de homologação judicial e constitui título hábil para qualquer ato de registro, bem como para levantamento de importância depositada em instituições financeiras. § 2º O tabelião somente lavrará a escritura se os interessados estiverem assistidos por advogado ou por defensor público, cuja qualificação e assinatura constarão do ato notarial.

dos conviventes que pretendem formalizar a união ou a sua dissolução, bem como de atestar a livre manifestação de vontade dos conviventes.

Portanto, podem ocorrer casos em que as partes se tornaram incapazes, por deficiência mental ou intelectual, faltando, portanto, a participação do responsável legal para cumprir esse mister.

Note-se, ainda, que o artigo 94-A, ao ser interpretado como autorizador da formalização de distrato de união estável perante o RCPN, cria um ambiente que permite situações extremamente graves relativas a potenciais coações de um convivente contra o outro para que se crie impressão de voluntariedade, dificultando alcançar as verdadeiras circunstâncias que ensejaram o término da união e poderiam resultar até mesmo em responsabilizações civil e criminal.

Do exposto, conclui-se não ser possível autorizar, como feito simpliciter da nova lei, a lavratura de termo de dissolução da união estável perante o RCPN.

Tal interpretação coloca em risco os direitos dos cidadãos, notadamente em face dos efeitos pessoais e patrimoniais da extinção da união estável.

Recorde-se que a dissolução não tem natureza meramente declaratória, mas, sim constitutiva e/ou desconstitutiva de direitos. E a declaração de união estável também pode ter efeitos constitutivos e/ou desconstitutivos, como na escolha de regime de bens diverso do previsto em lei (CC, art. 1.725).

5. O SUPORTE DOS TERMOS PREVISTOS NO ART. 94-A DA LRP E OS RESPECTIVOS EMOLUMENTOS

Pela interpretação literal da nova Lei, depreende-se que a lavratura do termo declaratório deverá ser feita perante o 1º Ofício (Sede) ou 1º Subdistrito do RCPN, porque é nessa serventia que se encontra o Livro E, onde a lei manda registrar a constituição e a dissolução da união estável.

Repisa-se aqui a dificuldade, até mesmo para o Registrador Civil de Pessoas Naturais, entender qual o suporte a ser usado para lavrar os "termos declaratórios". Pois, como dito, pela interpretação literal, seria o Livro "E", mas este livro se presta a gerar efeitos para toda a sociedade. E a utilização de qualquer outro livro, não tem previsão legal.

O cidadão não pode depender de orientações dos Oficiais do RCPN para saber onde deve realizar o "termo de união estável" ou termo de "distrato" de união estável. É efetivamente indispensável regulamentar a norma constante do art. 94-A da Lei de Registros Públicos.

Além de todo o exposto, a nova norma não definiu os emolumentos devidos ao RCPN pelos tais termos de união estável (constituição e distrato).

E nem se diga que devam ser pagos conforme a tabela de emolumentos dos Estados no que toca aos atos notariais correspondentes. Como a lei exige que a tabela corresponda exatamente ao serviço prestado, essa analogia, assim como qualquer outra, seria um ato de criação de tributo não previsto, ferindo o art. 108, § 1º do Código Tributário Nacional[25].

---

[25] Art. 108. Na ausência de disposição expressa, a autoridade competente para aplicar a legislação tributária utilizará sucessivamente, na ordem indicada: I – a analogia; II – os princípios

6. CONSIDERAÇÕES FINAIS

Em considerações finais citamos José Renato Nalini que observa que uma das missões do Direito é facilitar a vida humana, do que advém o constante ideal de desburocratização, sendo a segurança jurídica uma meta que sempre há de prevalecer[26].

Na segurança jurídica se destaca a importância da fixação e cumprimento das regras de especialidade notarial e registral expostas neste artigo, que se fundamentam nos conhecimentos de cada uma dessas funções.

Maior judicialização da união estável é o que se antevê na ampliação da competência registral (RCPN) para compreender a formalização da vontade das partes envolvidas em união estável, sem que se cumpra o caminho citado por José Renato Nalini, segundo o qual "O notário é aquele que pode obviar problemas, evitar inconveniências, desafligir o aflito. É o que se constata no seu milenar trajeto pelo planeta"[27].

REFERÊNCIAS BIBLIOGRÁFICAS

DIP, Ricardo, Notas sobre Notas (e outras notas), Tomo I, São Paulo: Editorial Lepanto, 2018, p. 11.

KÜMPEL, Vitor Frederico. FERRARI, Carla Modina. *Tratado notarial e registral.* v.5, tomo I, São Paulo: YK, 2020.

MONTEIRO, Washington de Barros e TAVARES DA SILVA, Regina Beatriz. *Curso de Direito Civil*, 2: Direito de Família, 43ª edição, São Paulo: Saraiva, 2016.

NALINI, José Renato: "O Tabelionato do Amanhã", *in* Revista de Direito Notarial, Colégio Notarial do Brasil Seção São Paulo, v. 3, n. 1, p. 126, jan-jun/2021.

TAVARES DA SILVA, Regina Beatriz: "A frouxidão dos requisitos da união estável e a equiparação de seus efeitos aos do casamento no Direito Brasileiro". *In Tratado da União de Fato* (Coordenadores: Tavares da Silva, Regina Beatriz; Correia, Atalá; Solavagione, Alicia Garcia de (coordenadores). São Paulo: Almedina, 2021.

---

gerais de direito tributário; III – os princípios gerais de direito público; IV – a equidade. § 1º O emprego da analogia não poderá resultar na exigência de tributo não previsto em lei. § 2º O emprego da equidade não poderá resultar na dispensa do pagamento de tributo devido.

[26] José Renato Nalini: "O Tabelionato do Amanhã", in Revista de Direito Notarial, Colégio Notarial do Brasil Seção São Paulo, v. 3, n. 1, p. 127, jan-jun/2021.

[27] Ibidem.

24

ASSINATURAS ELETRÔNICAS E O PODER REGULAMENTADOR DA CORREGEDORIA NACIONAL DE JUSTIÇA DO CONSELHO NACIONAL DE JUSTIÇA

Ricardo Campos

1. INTRODUÇÃO

A crescente digitalização da sociedade, impulsionada também pela pandemia de Covid-19, incentivou o uso do meio eletrônico para a realização de diversos atos jurídicos, inclusive a assinatura eletrônica, levando à desburocratização e simplificação de determinados serviços públicos.

A migração da assinatura do meio analógico (papel) para o meio eletrônico (digital) traz consigo diversas implicações técnico-jurídicas. A questão central gira em torno de identificar quais atos jurídicos prescindem de requisitos mais seguros de autenticidade e integridade para os documentos assinados eletronicamente. Esses requisitos devem ser avaliados a partir da importância do contexto social no qual a construção de confiabilidade das relações econômicas se vê necessária.

Com a velocidade da atual digitalização da sociedade, as relações sociais passaram em larga a serem mediadas ou constituídas não mais pelo meio "papel" mas por novos meios digitais[1]. Dentro deste contexto de uma nova infraestrutura tecnológica, por vezes governos e demais *stakeholders* editaram (e, como veremos, ainda editam) leis e diretrizes "equivocadas" ou irrefletidas (ainda que bem-intencionadas), que acabam por trazer mais desordem e, consequentemente, insegurança e custos adicionais ao cidadão comum.

Nesse cenário, a presente análise voltar-se-á ao estudo das modalidades de assinaturas eletrônicas, suas especificidades técnicas e hipóteses de uso com valor legal. Na sequência, será apresentado o cenário normativo nacional incidente e as repercussões da recém editada Lei n.º 14.382/2022 para a confiabilidade das relações jurídico-econômicas que se utilizam de assinaturas eletrônicas, com apresentação de

---

[1] VESTING, Thomas, **Medien des Rechts**. Computernetzwerke, p. 49 ss.

encaminhamento para a Corregedoria Nacional de Justiça do Conselho Nacional de Justiça, responsável legal pela regulamentação da questão.

2. O REGIME JURÍDICO DA ASSINATURA ELETRÔNICA NO BRASIL

2.1 Conceitos, espécies e aplicabilidade das assinaturas eletrônicas

Uma assinatura eletrônica nada mais é que a manifestação, por meio eletrônico, da concordância de uma pessoa com o conteúdo de um documento ou de um conjunto de dados aos quais a assinatura se refere. De maneira semelhante à assinatura manuscrita no mundo analógico, uma assinatura eletrônica é um conceito legal que se refere à prova da intenção do signatário de estar vinculado aos termos do documento assinado.

Assinaturas eletrônicas são, assim, procedimentos técnicos que garantem que uma mensagem assinada tenha origem em um remetente específico e não tenha sido alterada durante a transmissão eletrônica para o destinatário. São dados em formato eletrônico que são anexados ou ligados logicamente a outros arquivos eletrônicos (os documentos físicos) e que o signatário utiliza para assinar[2].

Existem três espécies de assinaturas eletrônicas. Uma assinatura eletrônica simples corresponde a dados em forma eletrônica que são anexados ou ligados logicamente a outros dados eletrônicos e que o signatário utiliza para assinar. Uma assinatura eletrônica simples pode ser, por exemplo, uma assinatura digitalizada ou a simples menção de um nome na correspondência eletrônica. Uma assinatura eletrônica avançada é uma assinatura eletrônica que (i) é atribuída exclusivamente ao signatário, (ii) permite que o signatário seja identificado, (iii) é criada usando dados de criação de assinatura eletrônica e (iv) é ligada aos dados assinados desta forma, de tal maneira que uma alteração subsequente aos dados possa ser detectada[3]. Uma assinatura eletrônica qualificada é uma assinatura eletrônica avançada acrescida de dois requisitos: deve ser elaborada por um dispositivo de criação de assinatura qualificada; e ser baseada em um certificado qualificado para assinaturas eletrônicas.

A assinatura eletrônica simples não oferece segurança suficiente em relação à integridade, ou seja, a higidez do documento assinado diante da ausência de medidas técnicas de proteção contra manipulação. Também pode haver incertezas com relação à autenticidade, pois o documento eletrônico não precisa necessariamente vir da pessoa que afirma ser seu remetente. Como resultado, as falsificações da assinatura são recorrentes e não encontram grandes entraves técnicos[4].

As assinaturas eletrônicas avançadas oferecem a possibilidade de eliminar as incertezas que existem com assinaturas eletrônicas (simples) através da criptografia da assinatura[5]. Uma assinatura eletrônica avançada requer uma chave secreta e privada

---

[2] Wichner, Kasseler Kommentar Sozialversicherungsrecht, SGB I § 36a Elektronische Kommunikation, Werkstand, p. 117. **EL Dezember** 2021, notas marginais 48-58.
[3] Essa é uma definição aproximada do Art. 3 (11) em conjunto com o artigo 26 do Regulamento eIDAS.
[4] Ver definição aproximada do Art. 3 No. 10 do Regulamento europeu eIDAS.
[5] BERNHARDT, Lee. In:: Heckmann/Paschke, **jurisPK-Internetrecht**, 7. Ed., capitulo. 6 nota marginal 225.

do signatário que só é atribuída a esta pessoa e com a qual ele pode criptografar o documento eletrônico de tal forma que sua modificação posterior possa ser detectada[6]. Duas chaves diferentes são usadas para os atos de criptografia e decriptação: a chave com a qual a mensagem é protegida contra acesso não desejado só é totalmente conhecida pelo remetente ("chave privada"); e a outra parte da chave ("chave pública"), que é publicamente acessível e pode ser usada para verificar a assinatura do signatário.

Ainda assim, não se pode descartar que outra pessoa utilize a chave de assinatura do titular autorizado. Portanto, uma assinatura eletrônica avançada ainda não pode garantir segurança suficiente e não é considerada à prova de falsificação[7]. Tendo em vista essas questões, a Comissão Europeia indica que a assinatura qualificada oferece uma experiência melhorada ao usuário, ao utilizar certificados qualificados para assinaturas eletrônicas, que por sua vez, são fornecidos por provedores (públicos e privados) reconhecidos pela autoridade estatal. A assinatura eletrônica qualificada é aquela que possui o mais elevado nível de confiabilidade em razão de suas normas, padrões e procedimentos específicos.

Para que a validade de documentos eletrônicos seja reconhecida, deve ser viável a comprovação de sua autenticidade (confirmação de sua autoria) e sua integridade (veracidade do conteúdo do documento). Esta necessidade busca evitar a contestação relacionada a contratos e documentos digitalmente assinados que se enquadram principalmente em três aspectos: falsidade do documento em si, significando a possibilidade de que seja um documento apresentado de forma fraudulenta (isto é, com falta de integridade); ou contestação da assinatura (isto é, com falta de autenticidade); por fim, diretamente ligado aos dois primeiros aspectos, está a questão da verificabilidade da autenticidade e da integridade para fins probatórios (oponibilidade perante terceiros).

A autenticidade – expressão recorrente nas legislações sobre assinaturas eletrônicas – indica que o documento provém de alguém, daquele que afirma ser o autor da assinatura, estando diretamente ligado à segurança sobre a identidade do participante de comunicação[8]. Quanto ao quesito integridade, a infraestrutura tecnológica propiciada pela assinatura qualificada oferece não somente a segurança de autenticidade e autoria, mas também a garantia de que uma falsificação ou alteração dos dados documentais seja percebida durante o processo[9].

A assinatura eletrônica qualificada gera e garante a presunção de autenticidade, integridade e verificabilidade dos documentos eletrônicos, além de um valor probatório confiável, pois é confeccionada com o uso da certificação emitida nos termos da Infraestrutura de Chave Pública Brasileira ("ICP-Brasil"), que representa um pressuposto de veracidade relacionado à autoria da assinatura aposta ao documento.

A utilização da assinatura eletrônica qualificada no âmbito privado não é, via de regra, compulsória. De fato, a lei brasileira reconhece expressamente como válidos

---

[6] MüKoBGB, Einsele, 8. Ed.. 2018, § 126a, nota marginal 9.
[7] Hoeren/Sieber/Holznagel/Ortner, MMR-HdB, 54 EL 2020, parte 13.2. Nota marginal 14.
[8] VIGIL, Martín et al. Integrity, authenticity, non-repudiation, and proof of existence for long-term archiving: A survey. **Computers & Security**, 2015, 50(), 16–32. Disponível em: doi:10.1016/j.cose.2014.12.004. Acesso em: 22/08/2022.
[9] ROSSNAGEL, Pfitzmann: Der Beweiswert von E-Mail. **NJW** 2003, p. 1209 e ss.

os documentos eletrônicos assinados por outros meios diferentes da assinatura por ICP-Brasil. A autenticidade e a veracidade das assinaturas eletrônicas e documentos podem ser estabelecidas por outros meios, desde que reconhecidas como válidas pelas partes envolvidas no contrato. Este reconhecimento pode ser feito diretamente no termo celebrado pelas partes, não sendo necessária a elaboração de um novo contrato somente para cumprir esta exigência.

2.2 Equivalência legal: entre a assinatura manuscrita e a assinatura eletrônica qualificada

Diversos ordenamentos jurídicos atribuem à assinatura manuscrita determinadas presunções e efeitos específicos, não extensíveis a outras formas de manifestação da vontade. Dentre elas, destaca-se a presunção de veracidade, cuja previsão expressa no ordenamento jurídico brasileiro está nos arts. 219 e 221 do Código Civil, e a de autoria documental contida no art. 411 do Código de Processo Civil.

A assinatura, portanto, além de uma forma de manifestação de vontade, é também um meio de prova dessa mesma manifestação, de modo que a assinatura de um documento não apenas formaliza um determinado ato jurídico, mas também serve como um meio de prova do ato ou negócio jurídico ali refletido.

Nessa perspectiva, Carnelutti identifica na assinatura manual ou autógrafa três propriedades: *"a) indicativa, de quem é o autor do documento; b) declaratória quanto à manifestação da vontade expressa; c) probatória da existência da indicação e declaração apostas no documento"*[10]. A função indicativa tem como escopo a individualização e a identificação do autor do documento; a função declaratória consiste na assunção da autoria do documento por parte de seu autor; e a função probatória indica autenticidade do documento[11].

Essas três funções atribuídas à assinatura manuscrita decorrem diretamente de alguns pressupostos[12], "extraídos das próprias características inerentes às assinaturas manuscritas: (a) um sinal único, que identifica uma determinada pessoa (i.e., um símbolo específico por ela criado, cuja análise permite identificar ser essa a mesma pessoa que após a assinatura); (b) tanto esse símbolo, como também a informação lançada, encontram-se ligados a um determinado documento por meio de um processo químico (a tinta lançada penetra nas fibras do papel de modo indelével); e (c) como o documento físico é, a princípio, inalterável (dependendo, para tanto, de uma atuação externa sobre ele para que a informação, uma vez lançada – e portanto, a ele aderente de forma indelével – possa ser modificada), torna-se possível concluir que a pessoa que ali lançou a sua assinatura está de acordo com os fatos ali constantes"[13].

Para se afirmar que uma assinatura digital tem o mesmo efeito que uma assinatura manuscrita, é essencial que a técnica utilizada na assinatura digital possa desempenhar

---

[10] CARNELUTTI, Francesco. **A prova Civil**. Título original: La prova civile. Trad. Lisa Pary Scarpa. 2ª Ed. Campinas: Bookseller, 2002.
[11] MULHOLLAND, Caitlin. **Internet e Contratação**. Rio de Janeiro: Renovar, 2006.
[12] MULHOLLAND, Caitlin. **Internet e Contratação**. Rio de Janeiro: Renovar, 2006.
[13] PARECER n. 00378/2019/PROFE/PFE-ITI/PGF/AGU

pelo menos a mesma função de uma assinatura manuscrita[14]. Isso reflete diretamente na necessidade de incrementar a segurança técnica e jurídica da assinatura no meio eletrônico[15], visto que uma das principais características dos documentos eletrônicos é a sua mutabilidade.

A questão da equiparação entre documentos físicos e eletrônicos surgiu no debate europeu com a entrada em vigor do Regulamento (UE) nº 910/2014 do Parlamento Europeu, conhecido com Regulamento eIDAS. Em particular, o Art. 25(2), ao determinar que "a assinatura eletrônica (sic) qualificada tem um efeito legal equivalente ao de uma assinatura manuscrita"[16].

É importante apontar, ainda, que a equivalência funcional[17] entre o documento eletrônico assinado digitalmente com assinatura eletrônica qualificada e o documento em papel assinado de forma manuscrita encontra-se positivada no art. 10 da MP n.º 2.200-2/2001.

Conclui-se, portanto, *que a única espécie de assinatura eletrônica equiparada à assinatura manuscrita no direito positivo brasileiro é a assinatura digital produzida com o uso do processo de certificação digital da ICP-Brasil*. O que significa dizer que todas as demais formas de assinatura eletrônica, inclusive as assinaturas digitais produzidas fora da ICP-Brasil, não são equiparadas às assinaturas manuscritas. Segundo a AGU[18]: "sempre que a lei exija a assinatura como condição de validade ou de eficácia de um ato ou negócio jurídico, tal condição somente restará atendida, no meio eletrônico, mediante a utilização da assinatura com uso de certificação digital da ICP-Brasil".

2.3 A assinatura eletrônica na legislação brasileira

Em 2001, foi editada a primeira lei brasileira sobre o uso de assinaturas eletrônicas no Brasil. A Medida Provisória n.º 2.200-2, de 24 de agosto de 2001, já mencionada, estabelece a ICP-Brasil como uma infraestrutura hierárquica de chaves públicas, com Autoridades Certificadoras (AC) e Autoridades de Registros (AR) credenciadas por um conjunto de normas, cria o Comitê Gestor da ICP-Brasil, entidade definidora das normativas técnicas e procedimentais da ICP Brasil,e o Instituto Nacional de Tecno-

---

[14] MULHOLLAND, Caitlin. **Internet e Contratação**. Rio de Janeiro: Renovar, 2006.
[15] MENKE, Fabiano. A criptografia e a Infraestrutura de Chaves Públicas Brasileira (ICP-Brasil). **Revista dos Tribunais.** vol. 998. Caderno Especial. p. 83-97.
[16] Artigo 25.o Efeitos legais das assinaturas eletrônicas
1. Não podem ser negados efeitos legais nem admissibilidade enquanto prova em processo judicial a uma assinatura eletrônica pelo simples facto de se apresentar em formato eletrônico ou de não cumprir os requisitos exigidos para as assinaturas eletrônicas qualificadas.
2. A assinatura eletrônica qualificada tem um efeito legal equivalente ao de uma assinatura manuscrita.
3. As assinaturas eletrônicas qualificadas baseadas em certificados qualificados emitidos num Estado-Membro são reconhecidas como assinatura eletrónica qualificado em todos os outros Estados-Membros.
[17] MENKE, Fabiano; BERTOL, Viviane. **Uso de HSM para guarda de certificados digitais**. Disponível em: <https://cryptoid.com.br/colunistas/viviane-bertol/uso-de-hsm-por-viviane--bertol-e-fabiano-menke/> Acessado em 17/08/2022.
[18] PARECER n. 00378/2019/PROFE/PFE-ITI/PGF/AGU.

logia da Informação (ITI), Autarquia Federal que tem por função operar a AC Raiz, credenciar, auditar e fiscalizar as entidades de acordo com as normas da ICP-Brasil. A MP continua em vigor e é o marco legal das assinaturas eletrônicas no país.

A Lei n.º 11.419/2006, popularmente conhecida como Lei do Processo Eletrônico, buscou estabelecer diretrizes para a informatização do processo judicial brasileiro, até então em tramitação preponderante em meio físico. A assinatura eletrônica foi prevista como meio de identificação inequívoca do signatário, de duas formas: *assinatura digital baseada em certificado digital emitido por Autoridade Certificadora credenciada, na forma de lei específica* ou *mediante cadastro de usuário no Poder Judiciário, conforme disciplinado pelos órgãos respectivos* (art. 1º, § 2º, III, *a* e *b*). O uso intercambiável das expressões assinatura digital e assinatura eletrônica pela legislação nacional foi aclarado com a edição da Lei n.º 14.063/2020.

Em 2009, a Lei n.º 11.977/2009 instituiu o Sistema de Registro Eletrônico ao prever no art. 38 a obrigação de prestação direta dos serviços registrais na modalidade eletrônica, abrangendo recepção de títulos, fornecimento de informações e certidões. O art. 38 define que os documentos eletrônicos apresentados perante os serviços de registros públicos, ou aqueles que por eles venham a ser expedidos, devem observar os parâmetros da ICP-Brasil, consolidando o sistema estabelecido em anos anteriores.

O contexto de pandemia vivido em 2020 fez com que diversos procedimentos solenes tivessem que ser adaptados para que pudessem ser realizados à distância ou com diminuição de exigências burocráticas. A fim de assegurar que os requisitos mínimos de validade e eficácia inerentes a cada tipo de ato jurídico se fizessem presentes, foram editadas legislações versando sobre o contexto de excepcionalidade em saúde pública vivido. A Lei n.º 14.063/2020 dispõe sobre o uso de assinaturas eletrônicas em interações com entes públicos, em atos de pessoas jurídicas e em questões de saúde e é conhecida como Lei da Assinatura Eletrônica.

Sem revogar, ainda que parcialmente as leis citadas, a nova lei, claramente inspirada na legislação internacional, em especial o Regulamento Europeu de 2014, trouxe pela primeira vez, de forma expressa e sistematizada, as modalidades de assinaturas eletrônicas (simples, avançada e qualificada), suas definições, além de apresentar contornos sobre as possibilidades de uso de cada uma delas.

Ainda é previsto que cada Poder poderá fixar qual espécie de assinatura eletrônica será admitida para cada modalidade de interação com o ente público, cabendo o uso da assinatura simples para as interações de menor relevância, as que não envolvam informações com grau de sigilo (art. 5º, § 1º, I); a assinatura eletrônica avançada para todos atos abrangidos pela assinatura simples, já que impera o brocado jurídico *quem pode o mais, pode o menos*, e para o registro de atos perante as juntas comerciais (art. 5º, § 1º, II, *a* e *c*[19]) e assinatura qualificada para qualquer ato de interação com entes públicos, com dispensa de cadastro prévio (art. 5º, § 1º, III).

A assinatura eletrônica qualificada, dado o seu elevado grau de confiabilidade, foi estabelecida como obrigatória para assinatura de atos pelos chefes do Poder; nas

---

[19] A alínea *b* do §1º, inc. II do art. 3º na versão da MP 983/2020 admitia o uso de assinatura eletrônica avançada *nas interações com ente público que envolvam informações classificadas ou protegidas por grau de sigilo.*

emissões de notas fiscais eletrônicas, excepcionada para as pessoas físicas e para todos os que se enquadram como microempreendedores individuais (MEIs); *para os atos de transferência e de registro de bens imóveis e nas demais hipóteses previstas em lei (art. 5º, § 2º, I, III, IV e VI)*.

Entretanto, o novo regime jurídico que entrou em vigor com a Lei n.º 14.382/2022 desenvolve uma racionalidade oposta à construção brasileira recente do regime legal de assinaturas eletrônicas da Lei n.º 14.063/2020 que até então pautava-se em critérios de confiabilidade considerando, acima de tudo, a importância social de cada bem jurídico a que são atrelados cada espécie de assinatura eletrônica.

3. A LEI N.º 14.382/2022 E A INSTABILIDADE CRIADA PARA AS RELAÇÕES ECONÔMICAS DE LONGO PRAZO

A Lei n.º 14.382/2022 voltada para a criação do Sistema Eletrônicos dos Registros Públicos (SERP) não introduz novo conceito de assinatura eletrônica qualificada ou de assinatura eletrônica avançada, da mesma forma em que não busca alterar a definição legal presente em outros diplomas legislativos.

O que causa preocupação é a injustificada flexibilização dos requisitos legais previamente estabelecidos para cada espécie de assinatura, alterando as suas possibilidades de uso. O art. 11 altera a redação do art. 17 da Lei n.º 6.015/1973 (Lei de Registros Públicos) para permitir que o acesso ou envio de documentos eletrônicos para os registros públicos possa ser realizado com uso de assinatura avançada ou qualificada. Antes da modificação, o parágrafo único do art. 17 previa acesso ou envio de documentos apenas com o uso de assinatura eletrônica certificada pela Infraestrutura de Chaves Públicas Brasileira (ICP-Br). No mesmo sentido foi previsto que *ato da Corregedoria Nacional de Justiça do Conselho Nacional de Justiça poderá estabelecer hipóteses de uso de assinatura avançada em atos que envolvam imóveis.*

A nova previsão faz cair por terra toda a sistemática estabelecida pela Lei n.º 14.063/2020 que reserva aos atos envolvendo determinados bens jurídicos o emprego de certas formalidades, voltadas para o resguardo do ato jurídico. Os atos com potencial de criar, modificar ou extinguir relações jurídicas, alterando a esfera jurídica dos sujeitos, criando direitos e obrigações possuem pressupostos de eficácia e validade próprios, que foram esquecidos com a edição da nova lei.

A assinatura eletrônica qualificada é indispensável para grande parte dos atos que envolvam bens imóveis, como atos de transferência e de registro de bens imóveis, por duas razões: 1) por ser o único tipo de assinatura eletrônica que encontra previsão legal para sua aplicabilidade em referidos atos e; 2) por ser o único com valor probatório necessário para garantir a segurança necessária aos atos que envolvam bens imóveis.

A utilização da assinatura qualificada na Lei da Assinatura Eletrônica foi escolhida pelo legislador a fim de garantir a segurança jurídica e a confiabilidade das relações econômicas. O texto da referida MP foi referendado pelo Ministério da Saúde, Casa Civil e Ministério da Economia, logo, a matéria já foi enfrentada com a devida profundidade pelo Poder Executivo e, no momento de sua conversão, pelo Poder Legislativo.

Destarte, vê-se que a Lei n.º 14.382/2022, ao autorizar o uso de assinatura eletrônica avançada nos termos indicados reincide sobre matéria que foi exaustivamente debatida por ocasião dos estudos relacionados à lei específica de assinatura eletrônica no Brasil. Além de ser claramente um retrocesso, na medida em que abre a possibilidade de terceiros interessados certificarem a autenticidade da assinatura, ignora-se o debate que foi realizado por ocasião de duas leis recentes, a Lei n.º 13.874/2019 e a Lei n.º 14.063/2020. O retrocesso decorre justamente do fato de que a assinatura avançada dispensa o uso de assinatura com chave pública, cuja autoridade certificadora raiz é o Instituto Nacional de Tecnologia da Informação (ITI).

É seguro afirmar que o Brasil se encontra em posição de vanguarda no que tange à utilização e à regulação do uso de assinaturas eletrônicas, inclusive em se tratando do uso de assinatura eletrônica em atos que demandam o registro notarial do ato, como a transferência e o registro de bens imóveis, graças a iniciativas como o *e-notariado*. Verificou-se, por exemplo, em mais de 20 países analisados, somente a Bulgária permite que atos envolvendo imóveis sejam realizados tanto com assinatura eletrônica qualificada quanto avançada e em 08 deles (África do Sul, Canadá, China, Dinamarca, França, Índia, Itália e Portugal), é permitido apenas o uso da assinatura eletrônica qualificada, outros 13 exigem assinatura manuscrita.

Assim como foi estabelecida a prevalência legal *ex ante* do emprego da assinatura eletrônica qualificada sobre a assinatura eletrônica avançada para a hipótese de conflito de normas vigentes quando da edição da Lei n.º 14.063/2020 (art. 5º, § 5º), por razões de segurança jurídica e pacificação social, o uso de assinaturas qualificadas, principalmente nos atos jurídicos de registro e transmissão imobiliária, deverá prevalecer.

3.1 A atuação da Corregedoria Nacional de Justiça do Conselho Nacional de Justiça

A Lei n.º 14.382/2022, ao modificar o art. 17 da Lei de Registros Públicos, inserindo os parágrafos 1º e 2º, delegou à Corregedoria Geral de Justiça do Conselho Nacional de Justiça a regulamentação de dois aspectos de suma importância. O primeiro deles é a definição da espécie de assinatura eletrônica utilizada para acesso e envio de informações aos registros públicos, se será adotada a modalidade avançada ou qualificada e para quais atos. O segundo é a elaboração de contingências, hipóteses, de uso da assinatura eletrônica avançada para atos (jurídicos) que tenham como objeto bens imóveis. Permissivo assemelhado foi inserido no art. 38, § 2º, da Lei n.º 11.977/2009, para possibilitar a *admissão* de assinatura avançada para atos relativos à bens imóveis.

A novel legislação informa ainda que a Corregedoria Nacional de Justiça igualmente deverá ditar quais serão os critérios que asseguram que as certidões de registros públicos fornecidas eletronicamente aos usuários possam ser impressas com identificação segura de autenticidade (art. 19, § 5º, da Lei de Registros Públicos). A indicação da Corregedoria Nacional de Justiça para tal mister é extraível do Regimento Interno do Conselho Nacional de Justiça, que atribui ao Corregedor-Geral, entre outros, a competência para editar atos normativos para o aperfeiçoamento dos serviços auxiliares do Poder Judiciário e dos serviços notariais e de registro (art. 8º, X).

De todo o exposto, é possível inferir que a assinatura eletrônica é elemento que tem como função precípua garantir autenticidade e integralidade aos documentos eletrônicos, inexistindo modelo ou solução única. Desde que ambos estejam presentes, a validade do documento, expressa na sua conformidade com a vontade manifestada pelo signatário, estará assegurada. Entretanto, estudo das modalidades de assinatura foi capaz de evidenciar que algumas são mais seguras que as outras por se valerem de requisitos de segurança da informação mais elaborados, como o emprego de certificados digitais e de certificados digitais qualificados, que tornam as assinaturas eletrônicas avançadas e qualificadas mais seguras. Dentre as duas, o destaque recai sobre a assinatura eletrônica qualificada, em que é utilizada certificação digital qualificada, vinculada à Autoridade Certificadora Raiz (AC Raiz), emitida por autoridade certificadora que deverá preencher série de requisitos para ser entendida como tal, entre eles habilitação jurídica, regularidade fiscal, qualificação econômico-financeira e qualificação técnica.

A assinatura eletrônica avançada poderá ser utilizada nos atos de menor complexidade, entendidos como aqueles que não impliquem mutações em direitos reais, como o acesso e envio de informações aos registros públicos realizados via internet. Essa recomendação decorre também do fato de que esses atos – a exemplo do acesso a informações e envio de informações aos registros públicos e notariais – demandam um menor grau de segurança jurídica e de confiabilidade econômica em relação aos demais atos envolvendo os imóveis.

Igualmente, a assinatura eletrônica avançada poderá ser usada para procedimentos simplificados, como requerimentos de averbação de alteração de qualificação das partes e/ou dos imóveis, retificação de assentos registrais e meros atos administrativos, como averbação de construção, mudança de numeração predial e demolição. A redação do art. 167, II, da Lei de Registros Públicos já informa que tais atos podem ser meramente averbados nas matrículas dos imóveis, sem que tenham que ser necessariamente registrados, pois a averbação é modalidade registral que somente atualiza dados e informações sobre o imóvel e sobre os sujeitos a ele relacionados. Da mesma forma, foi indicada a averbação como modalidade adequada para inscrição do simples requerimento das partes de correção de valores de preço, da dívida ou do saldo e da nova prestação contratual, conforme art. 62, § 1º, da Lei n.º 4.380/1964, que norteia o Sistema Financeiro de Habitação.

Ainda a título exemplificativo, os atos de transmissão da propriedade, transferência de posse, quitação de financiamentos e constituição de garantias remanesceriam com uso exclusivo de assinatura eletrônica qualificada. Igualmente, o art. 167, I, 2, da Lei de Registros Públicos indica que as hipotecas legais, judiciais e convencionais deverão ser registradas, reservando ao registro, considerado como ato de inscrição principal, que fundamenta todos os demais procedimentos registrais, a inserção da informação de que o bem foi dado em garantia. A mesma lógica permeia o art. 23 da Lei n.º 9.514/1997, que dispõe sobre o Sistema de Financiamento Imobiliário e taxativamente prevê que a propriedade fiduciária de coisa imóvel se constitui via registro no Registro de Imóveis competente.

Não se pode olvidar ainda que o regramento a ser exarado pela Corregedoria Nacional de Justiça dificilmente terá o condão de esgotar as variadas espécies de atos e negócios jurídicos em que serão utilizadas uma ou outra espécie de assinatura eletrônica. Por este motivo, e tendo como pressuposto o exposto acima, não se vislumbram, por ora, fatores que impeçam que as partes, respeitando as hipóteses em que há determinação legal de uso de assinatura eletrônica qualificada para certos atos imobiliários (e.g., atos de quitação de financiamentos, transmissão da propriedade, transferência de posse e constituição de garantias) e os parâmetros legais gerais de utilização da assinatura eletrônica avançada, façam uso de sua autonomia da vontade para estabelecer hipóteses de emprego da assinatura eletrônica avançada para atos envolvendo bens imóveis.

As sugestões expressadas visam consolidar a confiabilidade de relações econômicas assentadas em documentos eletrônicos e reconhecidos mediante assinaturas eletrônicas, trazendo maior segurança – econômica, tecnológica e jurídica – para a questão, evitando tanto a eventual judicialização do tema quanto uma possível crise de confiabilidade socioeconômica. Nunca é demais recordar que o fenômeno jurídico não se encontra isolado da realidade social e que alterações regulatórias possuem o condão de interferir diretamente na conformação de relações econômicas e na postura das partes na adoção deste ou daquele comportamento, assentadas na probabilidade de atingimento de resultados adversos e suas consequências financeiras[20].

A posição da Corregedoria Nacional de Justiça deve ser, espera-se, de prudência e cautela, pois, se por um lado, simplificações e desburocratizações podem dar maior liberdade do indivíduo, por outro, quando a regulamentação da tecnologia toca regimes jurídicos tradicionais e já regulados pelo Estado, consentâneas com o sistema do Direito pátrio, nem sempre a pressa é amiga do bom direito e do resultado final almejado[21].

4. CONSIDERAÇÕES FINAIS

A história e a antropologia da escrita, em particular da assinatura, nos permitem compreender o porquê da necessidade da construção de confiança nas relações sociais. Não foi por acaso que se buscou, durante séculos, construir mecanismos que atribuíssem maior autenticidade e confiabilidade a determinados atos jurídicos, aqueles considerados mais importantes ou sensíveis para o ser humano dentro dos distintos contextos sociais em que se inseriu – e se insere – ao longo das últimas centenas de anos. Traduzir para o meio digital os parâmetros técnicos necessários para garantir a mesma confiabilidade trazida pela assinatura manuscrita aos casos em que o valor probatório segue sendo elemento indispensável do ato jurídico, como é o caso de diversos atos envolvendo imóveis, deve ser o horizonte norteador do papel da Corregedoria Nacional de Justiça do Conselho Nacional de Justiça (CNJ) conferido pela Lei n.º 14.382/2022.

O poder regulamentador conferido pela Lei n.º 14.382/2022 à Corregedoria Nacional de Justiça do Conselho Nacional de Justiça (CNJ) desempenha o importante papel de traduzir a tradição de dianteira brasileira para os limites regulamentares-discricionários conferidos pela lei em questão, estabelecendo um sistema de gradação baseado na centralidade e importância de determinados atos na construção e manutenção da confiabilidade de relações econômicas. Nesse sistema gradual, hipóteses de admissão de assinatura avançada em atos que envolvam bens imóveis somente seriam adequadas na medida em que eles não gerem mutações jurídico-reais concretas.

Nesse sentido, o aspecto central balizador da construção ou modelação do regime de assinaturas eletrônicas deve se orientar pela peculiaridade de cada ato dentro de um sistema gradual, no qual, quando um maior grau de confiabilidade das relações

---

[20] COASE, R.H. The problem of social cost. **Journal of Law and Economics**, vol. 3, 1960, p. 19.
[21] CAMPOS, R. Digitalização das serventias a qualquer preço? **Folha de São Paulo**, [s.l.], 03 maio 2022. Disponível em: https://www1.folha.uol.com.br/opiniao/2022/05/digitalizacao-das-serventias-a-qualquer-preco.shtml. Acesso em: 25/08/2022.

econômico-sociais for necessário, o regime da assinatura eletrônica qualificada deve prevalecer.

REFERÊNCIAS BIBLIOGRÁFICAS

BERNHARDT, Lee. In:: Heckmann/Paschke, **jurisPK-Internetrecht**, 7. Ed.

BERTOL, Viviane (coop). **Uso de HSM para guarda de certificados digitais**. Disponível em: <https://cryptoid.com.br/colunistas/viviane-bertol/uso-de-hsm-por-viviane-bertol-e--fabiano-menke/> Acesso em: 07 de setembro de 2019.

CAMPOS, R. Digitalização das serventias a qualquer preço? Folha de São Paulo, [s.l.], 03 maio 2022. Disponível em: https://www1.folha.uol.com.br/opiniao/2022/05/digitalizacao-das--serventias-a-qualquer-preco.shtml. Acesso em: 25 jul. 2022.

CARNELUTTI, Francesco. **A prova Civil**. Título original: La prova civile. Trad. Lisa Pary Scarpa. 2ª Ed. Campinas: Bookseller, 2002.

COASE, R.H. The problem of social cost. **Journal of Law and Economics**, vol. 3, 1960.

FRAENKEL, B. **La signature, genèse d'un signe**. Paris: Gallimard, 1992.

FRAENKEL, Béatrice. **Writing Acts: When Writing is Doing**. In: David Barton and Uta Papen, eds. *The Anthropology of Writing: Understanding Textually Mediated Worlds*. London: Bloomsbury Publishing, 2012.

GANTENBEIN, U. L. Real or Fake? New Light on the Paracelsian *De natura rerum*. **Ambix**, v. 67, n. 1, 2 jan. 2020.

Hoeren/Sieber/Holznagel/Ortner, MMR-HdB, 54 EL 2020.

IRAI, H. Into the Forger's Library: The Genesis of De natura rerum in Publication History. **Early Science and Medicine**, v. 24, n. 5–6, fev. 2020.

LUKER, Trish. Law's signature acts. In: BIBER, K.; LUKER, T.; VAUGHAN, P. **Law's documents: authority, materiality, aesthetics**. New York: Routledge, 2022.

MENKE, Fabiano. A criptografia e a Infraestrutura de Chaves Públicas Brasileira (ICP-Brasil). **Revista dos Tribunais**. vol. 998. Caderno Especial.

MENKE, Fabiano. **Uso de HSM para guarda de certificados digitais**. Disponível em: <https://cryptoid.com.br/colunistas/viviane-bertol/uso-de-hsm-por-viviane-bertol-e-fabiano--menke/> Acesso em: 07 de setembro de 2019.

MüKoBGB, Einsele, 8. Ed. 2018.

MULHOLLAND, Caitlin. **Internet e Contratação**. Rio de Janeiro: Renovar, 2006.

ROSSNAGEL, Pfitzmann: Der Beweiswert von E-Mail. **NJW** 2003.

VESTING, Thomas, **Medien des Rechts**. Computernetzwerke.

VIGIL, Martín et al. Integrity, authenticity, non-repudiation, and proof of existence for long--term archiving: A survey. **Computers & Security**, 2015, 50. Disponível em: doi:10.1016/j.cose.2014.12.004. Acesso em: 22 jul. 2022.

Wichner, Kasseler Kommentar Sozialversicherungsrecht, SGB I § 36a Elektronische Kommunikation.

Werkstand, **EL Dezember** 2021.

O REGISTRO PÚBLICO – SER OU DEIXAR DE SER, EIS A QUESTÃO

Ricardo Henry Marques Dip

1. Em meados do século XX, houve quem dissesse existir um novo direito penal, mas qual fosse esse novo direito não se poderia ainda dizer. Não é demasiado que se diga hoje o mesmo acerca de um novo direito registral brasileiro: sabe-se que é algo novo; não se pode, entretanto, dizer ainda, com certeza conveniente, que coisa seja ou pretenda vir ele a ser. O novo direito penal, veio a saber-se depois, era este que se fez avesso à ideia do pecado original e que, até quanto aos pecados atuais, tende a recusar ou, quando menos, reduzir em muito o pecado individual. Todavia, sobre o novo direito registral brasileiro somente apostam alguns que vai deixando de ser função de comunidade (função de *koinonía*), para tornar-se, paulatinamente, o direito de uma agência econômica que também almeja ser uma repartição burocrática, pondo-se, simultânea e paradoxalmente, a serviço do mercado e da Administração Pública.

Parece prematuro arriscar uma definição sobre esse novo direito, não só porque está ainda em via constitutiva na realidade nacional, mas também porque depende em certa medida dos rumos exteriores das instituições registrais. Não se recusará, contudo, que se possam apontar uns tantos sintomas aparatosos das tendências inovadoras que tangem o registro público brasileiro, quais, por exemplo,

(*i*) o do centripetismo –de que pode dizer-se emblemática a instituição, com a Lei 13.465/2017 (de 11-7), do Operador nacional do registro–, pessoa jurídica de direito privado responsável pela implementação e operação do sistema brasileiro de registro eletrônico de imóveis; assinalável é que o caráter concentracionário das atividades dessa entidade põe em evidente crise o modelo atomizado dos cartórios, cuja subsistência se aventura pouco durável;

(*ii*) o da fuga privatista, vistosa com a atribuição de atividades registrais, como acima ficou dito, a uma pessoa jurídica de direito privado, mas uma evasão já muito antes anunciada com a Lei 10.931/2004 (de 2-8); não se perca de vista, entretanto, que essa fuga privatística é paradoxal, porque se realiza com densa participação do estado;

(*iii*) e o de sua proclividade ao tecnicismo e à tecnocracia.

O tema do tecnicismo registral merece peculiar atenção, porque, podendo considerar-se na bitola do próprio segmento do registro público, qual fora um episódio particular de sua ordenação, não repudia, porém, uma análise de conjunto, porque o tecnicismo em marcha é uma novidade cultural amplíssima e não uma restrita mudança dentro só das fronteiras do ramo registral do direito.

2. Desde janeiro de 1976, vigora, entre nós, a Lei 6.015/1973 (de 31-12), que disciplina quatro dos muitos possíveis registros públicos. Desses quatro sobre os quais versa nossa Lei de Registros Públicos, começa ela pelo de maior relevância social, que é o das situações pessoais individuais –objeto próprio do registro civil das pessoas físicas–, e encerra-se a lei com o registro público de maior importância econômica, que inscreve fatos, atos e negócios jurídicos cujo objeto material seja o imóvel por natureza.

Essa Lei 6.015 deu continuidade, na maior parte de seus preceitos, ao que já estava estabelecido no direito brasileiro. Isto explica em dada medida o ordinariamente bom funcionamento dos registros públicos no Brasil. Mas é preciso destacar que a Lei 6.015 não deixou de instituir uma vistosa inovação que alterou o modo de ser do registro de imóveis, mediante a instituição de uma nova técnica e de um correlato novo centro de convergência das inscrições imobiliárias, a saber, respectivamente, a técnica da extratação (substituinte da antiga transcrição) e a do fólio real, de que seguiu a, se não necessária, muito conveniente adoção de um princípio ausente até então em nosso direito registral, o da unitariedade da matrícula.

O resultado frutuoso dessa mudança não parece possível negar historicamente. E ele constitui um bom argumento factual em prol da alteração das leis. Mas é preciso considerar prudentemente a conveniência de cada mudança normativa, sem que o bom êxito de algumas alterações deva generalizar-se e simplificar-se para beneficiar toda e qualquer mudança das leis.

3. Perguntemo-nos, então, quais causas legitimam a mudança das leis?

Se considerarmos, sob a visão clássica (assim, a de S. Tomás, *S.th.*, I-II, 91, 1), ser a lei humana um certo ditame da razão prática e não da mera vontade do legislador, poderemos apontar dois motivos para justificar a alteração das leis: o primeiro deriva do desenvolvimento da própria razão humana, porque é próprio de nosso entendimento um progresso gradual no hábito da ciência, passando do imperfeito ao menos imperfeito; embora não se trate aí de um desenvolvimento retilíneo – um exame ponderado do ritmo cultural seja dos indivíduos, seja das sociedades, leva a concluir que esse progresso de conhecimento humano é sinuoso, de maneira que, sem recusar que os patrimônios geracionais tendam a produzir melhores tradições, é fato que, muitas vezes, há patentes regressões culturais.

A segunda causa que pode – ainda na linha da referida orientação clássica – justificar a mudança das leis está na alteração das condições humanas, vale dizer, que as leis devem atenção à realidade circundante à qual hão de aplicar-se, para, primeira e principalmente, ordenar e favorecer o bem comum, e, de maneira embora secundária, beneficiar a ordem da justiça e das virtudes, porque dessas resulta, ordinariamente, a consecução do bem comum.

Todavia, tendo a realidade das coisas contingentes um notório dinamismo, não é toda sua mudança, por evidente, que deve desaguar na alteração das leis. Nem sempre a lei humana deve ser mudada à só prognose de que se apresente melhor possibilidade, porque sua instabilidade é fator de desordenação.

4. Quanto à fonte de que provêm as leis humanas – ou, é dizer o mesmo, à potência de que resultam principalmente essas leis– dois são os paradigmas: ou elas derivam, de modo principal, da vontade humana, ou derivam do entendimento (mais exatamente, da razão prática).

O primeiro desses paradigmas corresponde, pois, às várias espécies de correntes voluntaristas, embora pareça predominar a corrente da moral kantiana do dever, firmando-se no postulado da absoluta autonomia humana, que, por isto mesmo que liberdade absoluta, não tem já de limitar-se por um confronto de validade material que transcenda a autonomia; a concepção voluntarista da lei é indissociável de uma sua bastante validade formal, ou seja, a da regularidade da competência, da forma e do processo legísticos. Libertado da transcendência, o homem abandeira-se de uma exclusiva responsabilidade histórica que desemboca, na precisa expressão de Castanheira Neves, num "esvaziamento axiológico", pois que, em palavras de Rudi di Marco, trata-se aí de "*un potere che viene esercitato con i soli limiti e con i solo criterii del potere stesso*", quer dizer, "*di una volontà la quale attuandosi si esprime ad esprimendosi si attua per se e senza regola alguna*".

Em qualquer de suas espécies ou até em sua conjugação, o paradigma voluntarista tem prevalecido, em nossos dias, numa parte considerável da elaboração originária e das sucessivas mudanças das leis. Persiste, a propósito, uma dada vigência cultural do pensamento iluminista –que se gestara ao longo dos séculos XVI a XVIII–, assumindo a tarefa de reformar a civilização segundo parâmetros racionalistas (empolgando, no entanto e paradoxalmente, aspectos do empirismo), e fazendo, em resumo, tabula rasa da constituição histórica e da singularidade contemporânea dos vários países.

Decerto a predominância factual dessa inclinação voluntarista não exclui a possibilidade de uma outra resposta, que atenda ao paradigma do eudemonismo, ou, em outras palavras, ao da busca da felicidade humana. Se é verdade que a ordem racional começa pelo fim, isto é, pela causa final, teríamos de pensar –mas isto é já uma linguagem que o kantismo, ainda o implícito, fez extirpar das academias– que o fim das leis humanas é o de beneficiar os fins do homem e da sociedade em que ele vive. Parecerá, entretanto, uma demasia dizer hoje, ainda em comunidades cuja história aponte fecundas raízes cristãs, que o fim da vida humana e da sociedade dos homens é Deus –*finis autem humanæ vitæ et societatis est Deus* (S.th., I-II, 100, 6).

Tem-se, é verdade, já ficou dito, uma atual prevalência política do voluntarismo, mas sua vigência de fato não basta para que concepções opostas desapareçam num passe de mágica (pelo só vudu do politicamente correto), nem que o juízo nelas gestado sobre a realidade se torne falso, qual fora um resultado aritmético idealista da expulsão discursiva (o que hoje se diz "cancelamento") de vocábulos e conceitos. Vem a propósito que um dos maiores pensadores do direito no Brasil, José Pedro Galvão de Sousa, ensinou que o homem, tanto na vida individual, quanto na social, "*não pode deixar de receber o influxo do meio ambiente e das tradições de que é herdeiro*". E, por isso, recomenda ele a observação da realidade histórica e circundante de cada comunidade, porque o direito não é um produto espontâneo do meio social e político –salvo em seus primeiros passos, na formação dos costumes–, e há sempre o risco de as normas jurídicas determinativas apartarem-se de suas raízes consuetudinárias, submetendo-se *"a princípios eivados de abstracionismo".* A esse abstracionismo, o grande sociólogo que foi Oliveira Vianna denominava *"idealismo utópico",* conceituando-o o idealismo *"que não leva em conta os dados da experiência".* É isto o que configura o fascínio das ideologias, *"o manejo das ideias novas* –na expressão de Joaquim Nabuco–, *essa espécie de exercício, tão atraente para os principiantes, ao qual se pode dar o nome de política silogística".* E em que consiste essa política silogística, explicou-o o mesmo Joaquim Nabuco: *"É uma pura arte de construção no vácuo. A base, são teses, e não fatos; o material, ideias, e não homens; a situação, o mundo, e não o país; os habitantes, as gerações futuras, e não as atuais".* Parece pouco provável ou nada que este diagnóstico possa expressar-se melhor do que com estas palavras.

5. Uma parcela das alterações das normas relativas aos registros públicos brasileiros parece fruir desse voluntarismo idealista. É paradoxal que se repita, entre nós, um fenômeno que faz tempo assediara países europeus: *a americanização do direito, que, em nosso caso, tomou a forma de uma orientação tecnicista*, empolgada por um parâmetro utilitarista, seja em sua versão econômica mais imediata (tomem-se por exemplo as formulações ideológicas de Klaus Schwab), seja, em maior profundidade, em sua referência fundacional transumanista.

A americanização no campo do direito notarial tem levado a uma paulatina deslatinização de nosso notariado, que se vai, gradualmente, inclinando a um dado hibridismo com elementos da família anglo-saxã do notariado, mas também com elementos do notariado administrativista. Isto parece corresponder à hoje vigorante conjugação ideológica do liberalismo com o socialismo. Esta perda dos pressupostos da latinidade do notariado não pode deixar de repercutir no registro público, especialmente no registro de imóveis. Mas o que neste mais avulta é sua inclinação economicista que pareceria ideologicamente liberal, não se dera que ela, em vários casos, seja propícia à efetivação do que se tem chamado de "capitalismo político" (Bradley Jr.) ou de "capitalismo de laços", em que o mito liberal de naturalidade de um mercado puro demanda vantagens concedidas pela interferência estatal.

Exemplo gráfico dessa americanização –pondo em xeque a profissionalidade notarial– é a admissão do extrato eletrônico, objeto da Lei 14.382/2022 (de 27-6), para registro ou averbação imobiliárias de fatos, atos e negócios jurídicos. Mas, ainda antes, já concorria para a deslatinização a quebra do princípio da imediatidade do notário, com a alteração consequente do conceito de fé pública notarial.

6. Dediquemo-nos aqui, contudo, a examinar de modo estreito, dentro da categoria da americanização jurídica de nossas notas e de nossos registros públicos, o tema específico do tecnicismo, porque, atualmente, como ficou dito, ele é –com advertência ou não dos que o acolhem– uma aplicação segmentar da ideologia do transumanismo.

O tecnicismo atual –que, de algum modo, já se vinha preparando desde ao menos o século XIX– é o resultado de uma persistente secularização da cultura, e com ela, pois, do direito. Essa secularização reveste-se, neste momento, especialmente, dos supostos da ideologia transumanista, que, firmando-se na liberdade negativa morfológica (ou cognitiva), prática (do *agire*) e identitária, almeja o ultra-humano: em resumo, o homem melhorado pela tecnologia. Esta fusão entre o ente humano e a técnica recupera traços da mitologia pagã (esfinge, medusa, Zeus, Minotauro, etc.) e busca retificar a criação divina do homem, em particular procurando, com a realização do anseio prometeico de melhora do corpo e do rendimento físico humano, alcançar o dom da imortalidade. É de toda evidência que, assim o fez ver o pensador mendocino Juan Fernando Segovia, que a busca dessa fusão homem-técnica traduz a ideia da mudança da especificidade humana, de maneira que a afirmação de a natureza humana ser já potencialmente inespecífica redunda em que o homem não possui dignidade diversa da de todas as coisas; ou seja, já não é ele o *imago Dei* da teologia cristã. É por isso que diversos autores têm apontado o caráter gnóstico da ideologia transumanista, por mais que com ela se acomodem alguns pensadores nominalmente cristãos.

Insista-se: o tecnicismo de turno reflete sobremodo a ideologia transumanista. A filosofia inaugural da técnica (Ernst Christian Kapp, Ludwig von Noiré e Lazarus Geiger) reconhecia já o que é hoje consensual: o de os instrumentos técnicos serem reflexos externos do próprio homem. Heraldo Barbuy sumariou isto graficamente: *"o martelo, o machado, o cinzel, a torquês, a trelha, tudo são projeções da mão humana (...); a mão é por si mesma, ou junta com o antebraço estendido ou curvado, a mãe comum de todas as ferramentas"*. De maneira que há técnicas que são reflexos exteriores da visão humana (p.ex., os binóculos, os telescópios); outras, da audição dos homens (o alto-falante, o rádio); outras, do sentido da memória (assim, os livros, os computadores). Aqui se põe o núcleo do tema: se a técnica é uma projeção externa daquilo que o homem é, a invenção do cérebro eletrônico (a inteligência artificial) leva ao atingimento da fronteira superior do padrão humano para a tecnologia. De ser assim, o homem mais não poderá ser a causa formal exemplar do progresso técnico, porque o modelo humano se exauriu, uma vez que já se refletiu e esgotou exteriormente a potência pela qual melhor se manifesta a essência da alma (com efeito, a inteligência é a única potência que emana diretamente da essência da alma do homem; as demais potências emanam sucessivamente da inteligência –assim, a vontade e a cogitativa; outras, na sequência, emanam da cogitativa: apetites irascível e concupiscível, memória e imaginação; outra, a seguir, da imaginação: sentido comum; e, por fim, do sentido comum, os sentidos externos).

É daí que deriva a ideia de que reste a só possibilidade de adição da técnica ao próprio organismo do homem, já que ela não pode mais ser simples reflexo desse organismo: enfim, os novos *cyborgs* –produtos da fusão do homem e da técnica– são o sonho de turno com que se almeja corrigir os "erros da criação".

É possível e utilíssimo o bom uso da técnica, mas a isto se contrapõe a *mala praxis*, melhor dizendo: a *mala techné*. Uma coisa é a técnica ser função cultural –"o modo de fazer de uma cultura" (Barbuy)–, outra, diversamente, é que a cultura se faça função da técnica, vale dizer, que a cultura se torne um modo de ser imposto pela técnica. Pode calhar repetir o que disse Tzetan Todorov acerca da arte (*lato sensu*), quando observou que, nos regimes políticos totalitários, a arte está "*a serviço de um projeto utópico, o da fabricação de uma sociedade inteiramente nova e de um homem novo*".

Não se recusa seja a técnica uma ferramenta importante para o registro de imóveis, mas isto não significa possa reduzir-se esse registro à técnica e que ainda se ponha sob as diretrizes dela (tecnocracia). Com efeito, o registro tem muito de atividade técnica, mas, na parte de seu maior relevo, o registro é, historicamente, sempre foi, uma arte jurídica, foi e ainda é uma *iuris prudentia*. Não é, pois, principalmente, nem foi uma atividade produtiva de artefatos (por mais que os produza, de fato), mas, antes e de maneira eminente, o registro é e foi um processo e uma decisão emanantes de segurança jurídica voltada ao justo e não ao útil. Em outros termos, a técnica, no registro, deve ser subsidiária do agir.

7. Os registros públicos –e também as notas– são realidades artificiais, ou seja, são entes resultantes do engenho dos homens. Sua artificialidade, contudo, não impõe negar-se tenham eles uma natureza, uma natureza histórica, e a natureza é sempre uma conformação com a ordem, e isto se dá tanto com os entes naturais, quanto com os produzidos pelo engenho humano. Por isto, já se disse que a biografia dos entes artificiais relata a história de sua natureza, narra a natureza de sua trajetória.

A perseverança histórica é a arquitetura das instituições, é seu modo de ser. Por isto, o mais grave dos problemas que assediam as novidades avessas da continuidade histórica está exatamente na circunstância de elas serem novidades que contornam o itinerário natural das instituições. Temos a experiência do passado como fundamento da perseverança, e cabe-nos a responsabilidade de apreciar e decidir se preferimos a preservação de nossos registros públicos, experienciado em sua função de *koinonía* e com muitos benefícios comunitários reconhecidos ao largo do tempo, ou se, em vez disso, devemos saudar o tecnicismo que o vem desconstruindo, ou melhor e mais expressivamente: esvaziando.

26
IMPACTOS DA LEI 14.382/2022 NOS COMPROMISSOS DE COMPRA E VENDA: ADJUDICAÇÃO COMPULSÓRIA E RESCISÃO EXTRAJUDICIAIS

Ricardo Felício Scaff

INTRODUÇÃO

Desafogar o Judiciário e otimizar o sistema de justiça são objetivos sempre em pauta nas reformas processuais ocorridas nas últimas décadas. Some-se a isso o também sempre presente propósito de desburocratizar e simplificar atos e procedimentos em todas as esferas de poder[1]. E não é segredo que uma das grandes apostas do legislador para atingir esses objetivos tem sido a valorização dos mecanismos consensuais e extrajudiciais de solução de demandas[2].

Um célebre exemplo do movimento de desjudicialização através da canalização de procedimentos para a via extrajudicial foi a promulgação da Lei nº 11.441/2007, instituindo a separação e o divórcio consensuais, bem como o inventário e a partilha amigáveis, ambos formalizados mediante escritura pública lavrada por tabelião de notas[3]. Para isso, a lei alterou o CPC então vigente, incluindo disposições que foram posteriormente incorporadas ao CPC/2015 (arts. 731 a 733).

Outro emblemático marco dessa tendência foi a instituição da usucapião extrajudicial, pelo Código de Processo Civil de 2015, com a inclusão do art. 206-A à Lei dos

---

[1] Esse intuito aparece nitidamente, por exemplo, na Lei nº 13.726, de 8 de outubro de 2018, que teve por objetivo justamente racionalizar "atos e procedimentos administrativos dos Poderes da União, dos Estados, do Distrito Federal e dos Municípios mediante a supressão ou a simplificação de formalidades ou exigências desnecessárias ou superpostas, cujo custo econômico ou social, tanto para o erário como para o cidadão, seja superior ao eventual risco de fraude, e institui o Selo de Desburocratização e Simplificação." (art. 1º).

[2] ASPERTI, Maria Cecília de Araujo. *A Mediação e a Conciliação de Demandas Repetitivas:* Os meios consensuais de resolução de disputas e os grandes litigantes do Judiciário. Belo Horizonte: Forum Conhecimento Jurídico, 2020, p. 57.

[3] LIMA, Tiago Asfor Rocha, *Precedentes judiciais civis no Brasil*. São Paulo: Saraiva, 2013. p. 39.

Registros Públicos (Lei nº 6.015/1973). O reconhecimento da aquisição da propriedade imóvel em caráter originário através da usucapião, até então, só poderia ser feito pela via judicial, ainda que todos os envolvidos estivessem concordes. Contudo, a partir desse marco legislativo, abriu-se a possibilidade de formalização por meio da lavratura de ata notarial e seu respectivo assentamento no Registro Imobiliário competente, desde que ausente impugnação pelos interessados, e atendidos os demais requisitos legais.

Essas alterações implementadas na legislação registral e processual civil ampliaram o espectro de atribuições dos tabeliães e oficiais de registro, com a correspondente redução do rol de questões cuja solução demanda inevitável intervenção judicial.

Seguindo essa mesma linha, a Lei nº 14.382/2022 (resultante da conversão da Medida Provisória nº 1.085/2021) com o objetivo principal de modernizar a legislação registral, contribuiu para a desjudicialização e desburocratização de diversos procedimentos. É o caso da união estável, cujo reconhecimento dependia de sentença judicial ou escritura pública (vide Provimento nº 37/2014 do CNJ), e agora pode ser realizado diretamente no Registro Civil, mediante termos declaratórios formalizados perante o oficial de registro (art. 94-A da Lei nº 6.015/1973), com o subsequente registro no Livro "E". Essa admissão significou uma atribuição a mais para o oficial de registro civil, que antes apenas registrava a união estável, e agora passa a ter também o poder de constatá-la e formalizá-la com fé pública, papel até então exercido com exclusividade pelo juiz ou pelo tabelião de notas.

Mas não foi só o registrador civil que recebeu novas incumbências com a recente legislação. O registrador de imóveis também teve seu papel ampliado, especialmente em matéria de compromissos de compra venda, seja para exigir seu cumprimento, seja para oficializar sua rescisão. Nessa linha, a Lei nº 14.382/2022 disciplinou, de um lado, a adjudicação compulsória extrajudicial (art. 216-B da Lei nº 6.015/1973); e, de outro, o cancelamento administrativo do registro do compromisso de compra e venda inadimplido (art. 251-A da Lei nº 6.015/1973).

EVOLUÇÃO DA IRRETRATABILIDADE DOS COMPROMISSOS DE COMPRA E VENDA

Define-se o compromisso irretratável de compra e venda como "um contrato bilateral e oneroso, que, quando registrado, institui um direito real, pelo qual o promissário vendedor (pessoa física ou jurídica) aliena um bem imóvel ao compromitente comprador, que se obriga a efetuar, no prazo e condições que pactuar, o pagamento integral do preço convencionado, ocasião em que terá direito à escritura definitiva ou, se houver recusa, à sua adjudicação compulsória"[4].

Antes da sua regulamentação pelo Decreto-lei nº 58/1937, o compromisso de compra e venda de imóveis gerava efeitos adstritos ao campo obrigacional, o que abria margens para o seu injustificado – e muitas vezes inescrupuloso – descumprimento pelos promitentes vendedores, propiciando graves injustiças e enriquecimento sem causa. O próprio Código Civil de 1916 reforçava essa possibilidade, pois permitia, no art. 1.088,

---

[4] Kümpel, Vitor Frederico; Ferrari, Carla Modina, *Tratado Notarial e Registral*, vol. V, t. II, São Paulo, YK Editora, 2020.

que "o compromitente, antes de celebrado o contrato definitivo, se arrependesse, desde que respondesse por perdas e danos"[5]. Sob esse sistema, o compromissário-comprador não fazia jus a nenhum direito sobre o imóvel, logo, não tinha qualquer meio jurídico para coagir o vendedor a lhe outorgar a escritura prometida. Nada impedia que "o loteador, percebendo a valorização superveniente do lote, rescindisse o contrato, mediante simples ressarcimento das perdas e danos causados pelo arrependimento"[6]. Ou seja, mesmo após a quitação de todas as parcelas avençadas, o promitente comprador não podia exigir o cumprimento do contrato, cabendo-lhe tão somente pleitear a indenização pelo rompimento contratual[7].

Diante da insegurança jurídica e dos diversos problemas sociais relacionados à possibilidade irrestrita de arrependimento nos compromissos de compra e venda, um dos grandes objetivos do Decreto-Lei nº 58/1937 foi justamente conferir caráter irretratável a tais contratos, desde que registrados, caso em que assumiam "praticamente o caráter de compra e venda, excluindo-se o direito de arrependimento para o promissário vendedor e assegurando-se ao compromitente comprador a pretensão de exigir, pelas vias judiciais, a transferência da propriedade comprometida à venda"[8].

A registrabilidade do compromisso irretratável de compra e venda foi posteriormente reforçada pela Lei nº 6.015/1973, que previu o registro "dos contratos de compromisso de compra e venda de cessão deste e de promessa de cessão, com ou sem cláusula de arrependimento, que tenham por objeto imóveis não loteados e cujo preço tenha sido pago no ato de sua celebração, ou deva sê-lo a prazo, de uma só vez ou em prestações" (art. 167, I, "9").

Embora as referidas leis tenham mencionado o registro, a jurisprudência caminhou no sentido de reconhecer o direito à adjudicação compulsória ainda que não registrado o compromisso. Nessa linha, desde o início do presente milênio, o STJ já havia consolidado o entendimento de que "o direito à adjudicação compulsória não se condiciona ao registro do compromisso de compra e venda no cartório de imóveis" (Súmula nº 239).

Segundo esse entendimento jurisprudencial, que culminou na edição da Súmula nº 239 pelo STJ, a comprovação da mora do promissário vendedor, somada à integral quitação do preço pelo compromitente comprador, confere ao último o direito de adjudicar compulsoriamente o imóvel, por meio de processo judicial, no qual o juiz supre a vontade do vendedor na outorga da escritura definitiva[9-10]. Nesse sentido, a doutrina

---

5   DINIZ, Maria Helena. *Curso de Direito Civil Brasileiro*: Direito das Coisas. 28.ed. São Paulo: Saraiva, 2014. p. 664.
6   Kümpel, Vitor Frederico; Ferrari, Carla Modina, *Tratado Notarial e Registral*, vol. V, t. II, São Paulo, YK Editora, 2020.
7   VENOSA, Sílvio de Salvo. *Código Civil Interpretado*. 4.ed. São Paulo: Atlas, 2019.
8   CAMPOS BATALHA, Wilson de Sousa. *Loteamentos e Condomínios*: Sistema jurídico da propriedade fracionada, t. I. São Paulo: Max Limonad, 1953. p. 232.
9   Kümpel, Vitor Frederico; Ferrari, Carla Modina, *Tratado Notarial e Registral*, vol. V, t. II, São Paulo, YK Editora, 2020.
10 CREDIE, Ricardo Arcoverde. *Adjudicação compulsória*. 7.ed. São Paulo: Malheiros, 1997. Ressalve-se que, atualmente, é preciso repensar o conceito de adjudicação compulsória, já que o suprimento judicial não é mais parte necessariamente integrante do instituto, embora tenha

passou a conceituar a adjudicação compulsória como "a ação pessoal que pertine ao compromissário comprador, ou ao cessionário de seus direitos à aquisição, ajuizada com relação ao titular do domínio do imóvel – que tenha prometido vende-lo através de contrato de compromisso de venda e compra e se omitiu quanto à escritura definitiva – tendente ao suprimento judicial desta outorga, mediante sentença constitutiva com a mesma eficácia do ato não praticado"[11].

Assim, mesmo sem prévio registro do compromisso, já se permitia ao adquirente instaurar ação de adjudicação compulsória, visando a tutela judicial para a execução específica da obrigação pelo promissário vendedor[12]. Não obstante, consolidou-se a ideia de que o compromisso registrado assumiria efeitos mais amplos que o não registrado, tornando-se oponível *erga omnes*, inclusive em face do terceiro adquirente.

Essa tese foi corroborada pelo atual Código Civil, que inseriu, no rol de direitos reais do art. 1.225, o "direito do promitente comprador do imóvel". Esse dispositivo deve ser lido em conjunto com os arts. 1.417 e 1.418 do mesmo Código, que expressamente definiram os direitos do promitente comprador, nos seguintes termos:

> "Art. 1.417. Mediante promessa de compra e venda, em que se não pactuou arrependimento, celebrada por instrumento público ou particular, e registrada no Cartório de Registro de Imóveis, adquire o promitente comprador direito real à aquisição do imóvel.
>
> Art. 1.418. O promitente comprador, titular de direito real, pode exigir do promissário vendedor, ou de terceiros, a quem os direitos deste forem cedidos, a outorga da escritura definitiva de compra e venda, conforme o disposto no instrumento preliminar; e, se houver recusa, requerer ao juiz a adjudicação do imóvel."

Diante dessas disposições, parte da doutrina passou a sustentar que, muito embora o direito à adjudicação compulsória do imóvel prometido não seja condicionado pelo registro do compromisso, este o transforma em verdadeiro direito real, mais especificamente um direito real de aquisição, enquadrado como direito real sobre coisa alheia[13].

---

sido por muitos anos. Com o advento da adjudicação compulsória extrajudicial, é possível falar em ato de "suprimento da vontade do titular de domínio pela autoridade competente, que pode tanto ser o juiz quanto o registrador de imóveis.

[11] Essa concepção se amolda ao disposto no art. 501 do CPC/2015, segundo o qual "Na ação que tenha por objeto a emissão de declaração de vontade, a sentença que julgar procedente o pedido, uma vez transitada em julgado, produzirá todos os efeitos da declaração não emitida." Nessa linha, elucida a doutrina: "Portanto, se A promete a venda de um imóvel a B e se nega a cumprir o pré-contrato, B pleiteará sentença que supra a declaração contratual do faltoso, caso não cumpra a sua obrigação no prazo estipulado na citação, gerando a decisão efeitos idênticos ao do título prometido, com evidente possibilidade de antecipação de tutela (FARIAS, Cristiano Chaves de; ROSENVALD, Nelson. *Curso de direito civil*: direitos reais. 14. ed. Salvador: JusPodivm, 2018).

[12] Kümpel, Vitor Frederico; Ferrari, Carla Modina, *Tratado Notarial e Registral*, vol. V, t. II, São Paulo, YK Editora, 2020.

[13] Essa classificação é defendida, por exemplo, em: DINIZ, Maria Helena. *Curso de Direito Civil Brasileiro*: Direito das Coisas. 28. ed. São Paulo: Saraiva, 2014. p. 664.

Convém observar que, segundo o entendimento atual do STJ, o direito à adjudicação compulsória não se sujeita a prazo prescricional:

> "O objetivo da ação de adjudicação compulsória é a constituição de um direito real, fruto de compromisso de compra e venda, com a transferência da propriedade ao promitente comprador após a quitação integral do preço. A 3ª Turma desta Corte decidiu acerca de semelhante controvérsia no Recurso Especial nº 1.489.565/DF, definindo que a pretensão de adjudicação compulsória não se sujeita a prazo prescricional (artigo 177 do CC/1916, atual artigo 205), somente se extinguido por meio de usucapião exercida por terceiro. Naquele julgamento, ficou assentado que o objetivo da ação de adjudicação compulsória é a constituição de um direito real, fruto de compromisso de compra e venda, com a transferência da propriedade ao promitente comprador após a quitação integral do preço. Assim, o direito de obter o registro do título somente pode ser atingido pela prescrição aquisitiva decorrente de eventual usucapião intentada por terceiro, não se submetendo, portanto, aos prazos previstos no artigo 177 do CC/1916 (atual artigo 205)."[14]

O PROCEDIMENTO DE ADJUDICAÇÃO COMPULSÓRIA EXTRAJUDICIAL

Se já era há muito tempo pacífica a possibilidade de adjudicação compulsória judicial em favor do promitente comprador, agora a Lei nº 14.382/2022 abriu mais uma via – mais célere e menos custosa – para se exigir o cumprimento desses contratos: diretamente perante o registrador de imóveis, sem necessidade de intervenção judicial.

A Lei nº 14.382/2022 regulamentou o procedimento extrajudicial de adjudicação compulsórias dos contratos preliminares integralmente quitados. Nos termos do art. 216-B, *caput*, incluído pela Lei nº 14.382/2022, "Sem prejuízo da via jurisdicional, a adjudicação compulsória de imóvel objeto de promessa de venda ou de cessão poderá ser efetivada extrajudicialmente no serviço de registro de imóveis da situação do imóvel, nos termos deste artigo."

Em primeiro lugar, a dicção do dispositivo – espelhando a primeira parte do *caput* do art. 216-A, que trata da usucapião extrajudicial – deixa clara a natureza facultativa do procedimento, que não exclui a opção pela via jurisdicional, cuja inafastabilidade é garantia constitucional (art. 5º, XXXV, da CF/1988: "a lei não excluirá da apreciação do Poder Judiciário lesão ou ameaça a direito").

Por outro lado, caso o pedido já esteja tramitando na via judicial, embora a lei nada tenha dito a respeito, é razoável entender que o interessado pode desistir da ação para promover o procedimento extrajudicial, ou até mesmo pedir sua suspensão com esse objetivo, analogamente ao disciplinado pelo Provimento CNJ nº 65/2017 (art. 2º, § 2º), em relação à usucapião extrajudicial. É possível até mesmo cogitar a aplicação, à adjudicação compulsória, da regra do art. 2º, § 3º, do mesmo Provimento, que permite a utilização, no procedimento extrajudicial, das provas até então produzias na via judicial, uma vez homologada a desistência ou deferida a suspensão da ação judicial de usucapião.

---

[14] STJ, AgInt no Resp. nº 1.584.461/GO, Rel. Min. Ricardo Villas Bôas Cueva, j. 13.05.2019.

Outro aspecto esclarecido pelo *caput* do novo art. 216-B é a competência registral para a condução do procedimento, que segue o critério da territorialidade ou *rei sitae*, isto é, define-se com base na situação do imóvel. E não teria como ser diferente, já que é na matrícula do imóvel que será efetuado o registro da adjudicação – e, como se sabe, a matrícula imobiliária é aberta na circunscrição em que localizado o imóvel (art. 169 da Lei nº 6.015/1973).

Prossegue o § 1º do art. 216-B definindo a legitimidade para requerer a adjudicação, que é atribuída aos dois polos subjetivos do contrato de promessa de compra e venda: de um lado, ao promitente comprador (ou qualquer dos seus cessionários ou promitentes cessionários, ou seus sucessores); de outro, ao promissário vendedor. Assim, embora a adjudicação compulsória seja mais frequentemente invocada pelo promitente comprador, que é geralmente o maior interessado na transmissão do domínio, admite--se que o próprio vendedor requeira a adjudicação compulsória.

Devem os interessados estar representados por advogado, como já exigia o legislador em relação à usucapião extrajudicial (art. 216-A, *caput*). Essa exigência se justifica não apenas pela complexidade técnica e jurídica desses negócios imobiliários, mas também pela magnitude dos efeitos produzidos pelo respectivo registro imobiliário, demandando o devido assessoramento jurídico dos envolvidos.

Tratou também o § 1º do art. 216-A de elencar os documentos necessários para instrução do procedimento, quais sejam: (i) o instrumento de promessa de compra e venda ou de cessão ou de sucessão, quando for o caso; (ii) a prova do inadimplemento, caracterizado pela não celebração do título de transmissão da propriedade plena no prazo de quinze dias (contados em dias úteis, de acordo com a sistemática de contagem de prazos registrais instituída pela própria Lei nº 14.382/2022[15]), contado da entrega de notificação extrajudicial pelo oficial do registro de imóveis da situação do imóvel, que poderá delegar a diligência ao oficial do registro de títulos e documentos; (iii) certidões dos distribuidores forenses da comarca da situação do imóvel e do domicílio do requerente que demonstrem a inexistência de litígio envolvendo o contrato de promessa de compra e venda do imóvel objeto da adjudicação; (iv) comprovante de pagamento do respectivo Imposto sobre a Transmissão de Bens Imóveis (ITBI); (v) procuração com poderes específicos (como geralmente se exige, nos negócios imobiliários, para a prática de atos que exorbitem da administração ordinária, nos termos do art. 661, § 1º, do Código Civil).

Note-se que, para fins de processamento extrajudicial da adjudicação, não basta o mero inadimplemento contratual, que deve necessariamente ser antecedido da notificação extrajudicial do promissário vendedor, a quem fica garantido o direito de

---

[15] De fato, a Lei nº 14.382/2022 inseriu os § 1º a 3º ao art. 9º da LRP, disciplinando expressamente a nova forma de contagem dos prazos registrais: "§ 1º Serão contados em dias e horas úteis os prazos estabelecidos para a vigência da prenotação, para os pagamentos de emolumentos e para a prática de atos pelos oficiais dos registros de imóveis, de títulos e documentos e civil de pessoas jurídicas, incluída a emissão de certidões, exceto nos casos previstos em lei e naqueles contados em meses e anos. § 2º Para fins do disposto no § 1º deste artigo, consideram-se: I – dias úteis: aqueles em que houver expediente; e II – horas úteis: as horas regulamentares do expediente. § 3º A contagem dos prazos nos registros públicos observará os critérios estabelecidos na legislação processual civil."

defesa. Uma vez notificado, terá o prazo de 15 dias úteis para se manifestar. Embora o dispositivo legal não explicite as consequências das possíveis posturas do promissário vendedor, é possível conceber três cenários distintos: (i) o cumprimento voluntário da obrigação de fazer, com a apresentação da escritura pública definitiva; (ii) a omissão durante o prazo assinalado; ou (iii) a apresentação de impugnação fundamentada.

A dicção do dispositivo parece indicar que a mera ausência de impugnação pelo vendedor basta para autorizar o prosseguimento da adjudicação compulsória, não se exigindo sua expressa anuência. Essa interpretação coaduna com a regra incidente na usucapião extrajudicial, que – desde a edição da Lei nº 13.465/2017, que implementou significativas alterações no art. 216-A da Lei nº 6.015/1973 – passou a dispensar o expresso consentimento do proprietário tabular e dos confinantes, admitindo a mera concordância tácita (traduzida pelo silêncio[16]) dos últimos[17]. Não seria novidade, nessa linha, entender que a perda da propriedade pode decorrer do mero silêncio do proprietário tabular, já que essa possibilidade já existe no bojo da usucapião extrajudicial, desde a edição da Lei nº 13.465/2017 (embora tenha causado grandes polêmicas na época).

Essa tese, contudo, não é imune a problematizações. Há quem sustente que, ao contrário do que ocorre no procedimento de usucapião extrajudicial, o silêncio não deve ser interpretado como concordância para fins da adjudicação compulsória, justamente em vista das grandes diferenças entre os dois institutos: a usucapião é modo originário de aquisição da propriedade, o que, de certa forma, torna compreensível a opção do legislador em atribuir menor importância ao consenso, contentando-se com a mera ausência de litígio ou de resistência fundamentada. Por outro lado, a adjudicação compulsória, especialmente quando operada no âmbito extrajudicial, implica uma aquisição derivada da propriedade, que tem por impulso matriz justamente o consenso entre as partes (materializado no instrumento de compromisso de compra e venda). Sendo assim, a qualificação que recai sobre esse consenso deve ser naturalmente mais criteriosa do que na hipótese de usucapião[18].

No entanto, não se pode negar que exigir o expresso consenso do promitente vendedor significaria essencialmente esvaziar o instituto da adjudicação extrajudicial. Afinal, se há consenso entre as partes, sequer seria necessária a adjudicação *compulsória*, bastando o cumprimento do contrato nos termos pactuados. Por outro lado, havendo fundada irresignação por alguma das partes, não seria possível a adjudicação *extrajudicial*, pois caberia ao juiz solucionar a lide. Logo, o único cenário em que a

---

[16] Recorde-se que, segundo o art. 111 do Código Civil, "O silêncio importa anuência, quando as circunstâncias ou os usos o autorizarem, e não for necessária a declaração de vontade expressa."

[17] Nos termos do § 2º do referido art. 216-A da Lei nº 6.015/1973, "§ 2º Se a planta não contiver a assinatura de qualquer um dos titulares de direitos registrados ou averbados na matrícula do imóvel usucapiendo ou na matrícula dos imóveis confinantes, o titular será notificado pelo registrador competente, pessoalmente ou pelo correio com aviso de recebimento, para manifestar consentimento expresso em quinze dias, interpretado o silêncio como concordância."

[18] Pereira, Eduardo Calais; Corrêa, Leandro Augusto Neves; Depieri, Rafael Vitelli. *Adjudicação compulsória extrajudicial*: conceitos e limites. 23 ago. 2022. Disponível in: https://www.migalhas.com.br/depeso/372122/adjudicacao-compulsoria-extrajudicial-conceitos-e-limites. Acesso em: 28 jan. 2023.

adjudicação precisa ser compulsória e pode ser extrajudicial é exatamente a situação em que o promitente vendedor não cumpre espontaneamente sua obrigação, mas também não manifesta resistência perante o registrador.

Nessa linha, assim como no procedimento de usucapião extrajudicial, a viabilidade da adjudicação compulsória extrajudicial depende fundamentalmente da ausência de impugnação consistente. Caso o promissário vendedor apresente impugnação, e não podendo a desavença ser superada em audiência de tentativa de conciliação, torna-se imperioso o encaminhamento do caso à autoridade judicial competente, pois cabe ao Poder Judiciário o papel de solucionar conflitos[19].

As similitudes com a usucapião extrajudicial ficam evidenciadas também na análise das exigências documentais impostas a cada qual dos procedimentos: ambos, atualmente, exigem ata notarial lavrada por tabelião de notas.

Essa exigência, no âmbito da adjudicação compulsória extrajudicial, consta do art. 216-B, § 1º, inciso III, no qual se elenca, dentre os documentos necessários para instruir o respectivo pedido, a "ata notarial lavrada por tabelião de notas da qual constem a identificação do imóvel, o nome e a qualificação do promitente comprador ou de seus sucessores constantes do contrato de promessa, a prova do pagamento do respectivo preço e da caracterização do inadimplemento da obrigação de outorgar ou receber o título de propriedade".

A exigência de ata notarial na adjudicação compulsória extrajudicial, contudo, não foi imune a antagonismos: constante da redação do Projeto de Lei de Conversão aprovada pelo Congresso Nacional, foi suprimida por força do veto presidencial, que, por sua vez, foi derrubado em sessão do Congresso Nacional de 22 de dezembro de 2022.

O ressuscitado dispositivo, havia sido vetado pelas seguintes razões:

> "(...) a proposição contraria o interesse público, pois o processo de adjudicação compulsória de imóvel é instruído de forma documental, não havendo necessidade de lavratura de ata notarial pelo tabelião de notas. Assim, tal previsão cria exigência desnecessária que irá encarecer e burocratizar o procedimento, e poderia fazer com que o imóvel permanecesse na informalidade. Ademais, a possibilidade de adjudicação compulsória extrajudicial é um avanço, pois permitirá a entrega da propriedade ao promitente comprador que honrou com suas prestações e não consegue obter a escritura pública definitiva sem a necessidade de o judiciário ser acionado, pois basta a comprovação da quitação por meios documentais, o que pode ser feito diretamente no cartório de registro de imóveis."

Entendia-se, nessa linha, que embora a ata notarial tivesse importância ímpar para o reconhecimento da usucapião extrajudicial, seria exigência excessiva e desnecessária para a adjudicação compulsória. De fato, no contexto da usucapião extrajudicial, a ata notarial "foi eleita pelo legislador como o instrumento capaz de atestar o tempo de posse do requerente e de toda a cadeia possessória que configure o direito à aquisição da

---

[19] GERMANO, José Luiz; NALINI, José Renato; GONÇALVES, Thomas Nosch. *Cartórios agora podem fazer adjudicação compulsória.* 02/06/2022. Disponível em: https://ibdfam.org.br/artigos/1824/Cart%C3%B3rios+agora+podem+fazer+adjudica%C3%A7%C3%A3o+compuls%C3%B3ria. Acesso em: 30 ago. 2022.

propriedade imobiliária pela usucapião"[20]. A exigência de ata notarial é perfeitamente compatível com o procedimento de usucapião, que demanda a aferição de elementos fáticos (como o tempo da posse) e subjetivos (como o ânimo de ser dono, caracterizando posse *ad usucapionem*). Para atestar essas circunstâncias, é muitas vezes necessário entrevistar os envolvidos, visitar o local do imóvel, diligenciar nos arredores etc.

Ocorre que nenhuma dessas diligências é necessária para a constatação do direito que subjaz ao pedido de adjudicação compulsória em caso de compromisso de compra e venda. Isso porque, nesta hipótese, a transmissão da propriedade opera em caráter derivado, tendo como fundamento um negócio jurídico translativo de domínio (e não uma situação de fato, como ocorre na usucapião). Sendo assim, a causa do registro da adjudicação repousa no próprio instrumento do compromisso de compra e venda, bastando sua análise (somada aos demais requisitos documentais) para autorizar seu processamento. Sendo assim, seguindo essa linha, a exigência de ata notarial para a adjudicação compulsória extrajudicial seria excessiva, além de contraditória com a própria intenção de desburocratizar e facilitar esse procedimento através de sua desjudicialização[21].

Embora pertinentes tais considerações, o veto foi também objeto de críticas, que frisavam a importância da ata notarial para fins de reforçar a segurança jurídica e garantir a regularidade do procedimento, ao assegurar "a conformação do caso concreto ao título que servirá para integrar o pedido de regularização"[22]. Essas críticas foram endossadas pelo Congresso Nacional, que reverteu o veto presidencial na sessão de 22 de dezembro de 2022, levando à promulgação do dispositivo pelo Presidente da República em 5 de janeiro 2023. Assim, o procedimento de adjudicação compulsória extrajudicial volta a contar com a figura do tabelião de notas, à semelhança da já conhecida sistemática da usucapião extrajudicial.

Outra distinção em relação ao registro da usucapião extrajudicial diz respeito aos impostos que devem ser recolhidos. Conforme o inciso V do supracitado rol de documentos exigidos para a adjudicação extrajudicial, exige-se a comprovação do pagamento do respectivo Imposto sobre a Transmissão de Bens Imóveis (ITBI), o que sinaliza o caráter derivado da aquisição assim operada. Por outro lado, sendo a usu-

---

[20] PAIVA, João Pedro Lamana; KÜMPEL, Vitor Frederico; VIANA, Giselle de Menezes. *Usucapião extrajudicial*: aspectos civis, notariais e registrais, 2. ed. São Paulo: YK Editora, 2022.

[21] Nessa linha, afirma Moacyr Petrocelli, em comentários anteriores à derrubada dos vetos à Lei 14.382/2022:" Não há mesmo motivo para se exigir a ata notarial na pretensão da adjudicação compulsória que, como já dito, possui natureza muito diversa da usucapião. Naquela pretensão a ata é documento indispensável para atestação dos fatos e elementos que caracterizam a posse *ad usucapionem*; mas, na adjudicação compulsória, a prova crucial é formada *ex ante*, com a formalização da própria relação jurídica subjacente à pretensão. Exigir a ata notarial neste procedimento seria onerar demasiadamente o usuário sem necessidade." (RIBEIRO, Moacyr Petrocelli. Modificações na Lei nº 6.015/1973: Registro de Imóveis, in KÜMPEL, Vitor Frederico (coord.) et al, *Breves comentários à Lei nº 14.382/2022*: conversão da medida provisória nº 1.085/2021, São Paulo, YK, 2022. p. 196).

[22] LAMANA PAIVA, João Pedro. *Congresso Nacional Derruba Vetos Da Medida Provisória nº 1085, transformada na Lei nº 14.382/2022*. Disponível em https://www.notariado.org.br/artigo--congresso-nacional-derruba-vetos-da-medida-provisoria-no-1085-transformada-na-lei--no-14-382-2022-por-joao-pedro-lamana-paiva/. Acesso em: 28 jan. 2023.

capião a forma por excelência de aquisição originária, não incide o referido imposto. Também não se exige o recolhimento do ITBI para o registro da promessa em si, por esta implicar transmissão da propriedade[23].

Outra exigência cujo veto presidencial foi objeto de recente reversão é a atualmente constante no § 2º do art. 216-B, que diz: "O deferimento da adjudicação independe de prévio registro dos instrumentos de promessa de compra e venda ou de cessão e da comprovação da regularidade fiscal do promissário vendedor." Ressalve-se que a razão do veto nada se relacionava à primeira parte do dispositivo, que apenas reproduz o entendimento construído ao longo de décadas pela jurisprudência e pelas legislações antecedentes, conforme verificado na primeira parte do presente artigo. Em outras palavras, a despeito do veto ao dispositivo, uma interpretação sistemática já permitiria concluir que o deferimento da adjudicação independe de prévio registro dos instrumentos de promessa de compra e venda ou de cessão[24]. Ao que parece, a parte do dispositivo que suscitou o veto foi sua segunda metade, que dispensava a comprovação da regularidade fiscal do promissário vendedor. É o que se desprende das razões do veto então apresentadas:

> "(...) em que pese a boa intenção do legislador, a proposição legislativa contraria o interesse público ao dispensar a comprovação de regularidade fiscal para o exercício de determinadas atividades pelos contribuintes, o que reduz as garantias atribuídas ao crédito tributário, nos termos do art. 205 da Lei nº 5.172, de 25 de outubro de 1966 - Código Tributário Nacional. (...) Ressalta-se que o controle da regularidade fiscal dos contribuintes, por um lado, exerce indiretamente cobrança sobre o devedor pela imposição de ressalva à realização de diversos negócios e, por outro lado, procura prevenir a realização de negócios ineficazes entre devedor e terceiro que comprometam o patrimônio sujeito à satisfação do crédito fazendário. (...) Desse modo, a proposição legislativa está em descompasso com a necessária proteção do terceiro de boa-fé, o que resultaria no desconhecimento pelo terceiro da existência de eventual débito do devedor da Fazenda Pública, sujeitando a prejuízo aqueles que, munidos de boa-fé, fossem induzidos a celebrar negócio presumivelmente fraudulento, a teor do disposto no art. 185 da Lei nº 5.172, de 1966 - Código Tributário Nacional."

Em que pese tais argumentos, o veto foi, como mencionado, revertido pelo Congresso Nacional, de modo que está dispensada a comprovação de regularidade fiscal.

Apresentados os documentos referidos, caberá ao oficial do registro competente proceder ao registro do domínio em nome do promitente comprador. Servirá como título para embasar o registro (modo): (i) a respectiva promessa de compra e venda ou

---

[23] GERMANO, José Luiz; NALINI, José Renato; GONÇALVES, Thomas Nosch. *Cartórios agora podem fazer adjudicação compulsória*. 02/06/2022. Disponível em: https://ibdfam.org.br/artigos/1824/Cart%C3%B3rios+agora+podem+fazer+adjudica%C3%A7%C3%A3o+compuls%C3%B3ria. Acesso em: 30 ago. 2022.

[24] Esse entendimento estava, inclusive, sedimento na jurisprudência pátria, conforme salienta RIBEIRO, Moacyr Petrocelli. Modificações na Lei nº 6.015/1973: Registro de Imóveis, in KÜMPEL, Vitor Frederico (coord.) et al, *Breves comentários à Lei nº 14.382/2022*: conversão da medida provisória nº 1.085/2021, São Paulo, YK, 2022. p. 197.

de cessão; ou (ii) o instrumento que comprove a sucessão (art. 216-B, § 3º). Lembrando que o sistema registral brasileiro adota o modelo de título e modo, de forma que todo registro (modo) tem sempre como causa um título[25].

Percebe-se que se trata de procedimento muito mais singelo que o da usucapião extrajudicial, o que se explica na medida em que o registro da adjudicação compulsória já parte de um substrato documental, não demandando uma análise muito profunda da situação fática subjacente (como ocorre na usucapião extrajudicial).

Ao que tudo indica, o novo procedimento de adjudicação compulsória extrajudicial será benéfico não apenas para o próprio compromitente comprador, mas para a própria economia, contribuindo para a redução de demandas desnecessárias perante a Justiça, para a circulação de bens e fomento ao crédito, dentre outros potenciais benefícios que têm levado a comunidade jurídica a receber com otimismo a novidade:

> "Com a proteção legal que advém do registro da propriedade, o dono de fato passa a ser dono de direito e pode oferecer o bem para garantia de um crédito mais barato, pode alienar o bem por um preço melhor avaliado e também fica bem mais facilitado o exercício de direitos entre os cônjuges, companheiros e demais herdeiros. Por outro lado, com o imóvel já em nome do real proprietário, o município terá a pessoa certa para fazer a cobrança de IPTU, evitando-se demandas contra pessoas que já não se consideram donas do imóvel. Isso evita demandas na justiça. O ganho é geral para todos."[26].

A RESCISÃO DO COMPROMISSO DE COMPRA E VENDA NO REGISTRO DE IMÓVEIS

O direito do promitente comprador à adjudicação compulsória surge em face do inadimplemento do promissário vendedor que não cumpre a obrigação de efetuar a transmissão da propriedade nos termos acordados. Mas o legislador também tratou da hipótese inversa, isto é, do inadimplemento por parte do promitente comprador, que descumpre sua obrigação de efetuar o pagamento nos termos acordados. Nesse caso, o inadimplemento traduz uma hipótese de rescisão contratual e tem por consequência o cancelamento do registro do compromisso de compra e venda.

Com a regulamentação trazida pela Lei nº 14.382/2022, este cancelamento passa a ser também processado diretamente no ofício de registro de imóveis, após intimação extrajudicial do devedor para purgar a mora, a exemplo do que já acontecia na alienação fiduciária (vide art. 26 da Lei nº 9.514/1997). Aliás, a possibilidade de rescisão extrajudicial do compromisso de compra e venda já era prevista no âmbito dos loteamentos urbanos (conforme disposto no art. 32, § 1º, da Lei nº 6.766/1979), mas agora foi estendida a todos os demais casos de promessa de venda de imóveis[27].

---

[25] Kümpel, Vitor Frederico. *Sistemas de Transmissão Imobiliária – Sob a ótica do registro*, São Paulo, YK Editora, 2021.

[26] GERMANO, José Luiz; NALINI, José Renato; GONÇALVES, Thomas Nosch. *Cartórios agora podem fazer adjudicação compulsória*. 02/06/2022. Disponível em: https://ibdfam.org.br/artigos/1824/Cart%C3%B3rios+agora+podem+fazer+adjudica%C3%A7%C3%A3o+compuls%C3%B3ria. Acesso em: 30 ago. 2022.

[27] GERMANO, José Luiz; NALINI, José Renato; GONÇALVES, Thomas Nosch. *Lei 14.382- 2022 ampliou a desjudicialização para os compromissos de compra e venda*. 17/07/2022. Disponível

O processamento extrajudicial do cancelamento do registro de compra e venda motivado pela falta de pagamento foi disciplinado no art. 251-A, inserido pela Lei nº 14.382/2022 na Lei nº 6.015/1973. No que diz respeito à legitimidade para requerer o referido cancelamento, pertence ao promissário vendedor. Diante do requerimento, será providenciada a intimação do promitente comprador, ou seu representante legal ou procurador regularmente constituído, para purgar a mora no prazo de 30 dias (contado em dias úteis, conforme o art. 9º, § 1º, da Lei nº 6.015/1973).

A purgação da mora, nesse caso, inclui a satisfação da prestação ou das prestações vencidas e as que vencerem até a data de pagamento, dos juros convencionais, da correção monetária, das penalidades e dos demais encargos contratuais, dos encargos legais, inclusive tributos, das contribuições condominiais ou despesas de conservação e manutenção em loteamentos de acesso controlado, imputáveis ao imóvel, além das despesas de cobrança, de intimação, bem como do registro do contrato, caso esse tenha sido efetuado a requerimento do promissário vendedor.

Essa intimação, em princípio, será realizada pessoalmente pelo oficial do registro de imóveis competente. Não obstante, tal diligência poderá ser delegada ao oficial do registro de títulos e documentos da comarca da situação do imóvel ou do domicílio de quem deva recebê-la, nos termos do § 2º do art. 251-A em comento.

No § 3º, o legislador previu a aplicação supletiva, aos procedimentos de intimação ou notificação efetuados pelos oficiais de registros públicos, dos dispositivos processuais civis referentes à citação e à intimação. Percebe-se que, em mais de um ponto, a Lei nº 14.382//2022 valeu-se das regras do Código de Processo Civil para suprir lacunas e solucionar problemas da lei registral. Outro exemplo desse influxo processual civil na lei registral, também decorrente da lei em epígrafe, reporta ao novo § 3º do art. 9º, segundo o qual "A contagem dos prazos nos registros públicos observará os critérios estabelecidos na legislação processual civil".

Como dito, o prazo para purgação voluntária da mora pelo promitente comprador devidamente intimado é de 30 dias a partir da intimação. A purgação da mora, nesse caso, se dá por meio do pagamento ao oficial do registro de imóveis, a quem caberá: (i) dar quitação ao promitente comprador ou ao seu cessionário das quantias recebidas no prazo de três dias; e (ii) depositar esse valor na conta bancária informada pelo promissário vendedor no próprio requerimento; ou, na falta dessa informação, cientificá-lo de que o numerário está à sua disposição (art. 251-A, § 4). Nesse caso, o contrato mantém-se vigente e a relação contratual prossegue normalmente[28].

Caso contrário, não havendo pagamento no prazo mencionado, ficará caracterizada a rescisão contratual, autorizando o cancelamento definitivo do correspondente registro. Nesse caso, deverá o oficial certificar o ocorrido e intimar o promissário vendedor a promover o recolhimento dos emolumentos para efetuar o cancelamento do registro (art. 251-A, § 5º).

---

[28] em: https://ibdfam.org.br/artigos/1851/Lei+14.382-+2022+ampliou+a+desjudicializa%C3%A7%C3%A3o+para+os+compromissos+de+compra+e+venda. Acesso em: 30 ago. 2022.

GERMANO, José Luiz; NALINI, José Renato; GONÇALVES, Thomas Nosch. *Lei 14.382- 2022 ampliou a desjudicialização para os compromissos de compra e venda.* 17/07/2022. Disponível em: https://ibdfam.org.br/artigos/1851/Lei+14.382-+2022+ampliou+a+desjudicializa%C3%A7%C3%A3o+para+os+compromissos+de+compra+e+venda. Acesso em: 30 ago. 2022.

Por fim, estabeleceu o § 6º do art. 251-A que "A certidão do cancelamento do registro do compromisso de compra e venda reputa-se como prova relevante ou determinante para concessão da medida liminar de reintegração de posse." A ação de reintegração de posse, prevista no art. 1.210 do Código Civil de 2002 e no art. 560 do CPC/2015, é a tutela possessória típica para situações de esbulho, nas quais a posse de um bem é injustamente retirada do possuidor, que requer ser nela novamente integrado[29]. Assim, trata-se da "ação movida pelo esbulhado, a fim de recuperar posse perdida em razão de violência, clandestinidade ou precariedade"[30].

Diante da simplicidade e rapidez do novo procedimento de rescisão extrajudicial do compromisso de compra e venda registrado, essa modalidade contratual torna-se mais vantajosa para quem deseja vender um imóvel mediante pagamento parcelado do que a compra e venda com condição resolutiva. Até porque, em relação à última, há divergências sobre a necessidade ou não de decisão judicial para desfazimento do negócio por inadimplemento do comprador depende de decisão judicial, o que traz considerável insegurança jurídica[31].

CONCLUSÃO

Tanto a adjudicação compulsória quanto a possibilidade de rescisão extrajudicial do compromisso de compra e venda de imóveis, nos moldes instituídos pela recente Lei nº 14.382/2022, reforçam o princípio do *pacta sunt servanda*, incentivando o cumprimento desses contratos por ambas as partes. Afinal, a ambos os polos da relação contratual foi facilitada a obtenção do bem jurídico desejado: o cumprimento dos termos acordados pela parte contrária. Esse reforço à obrigatoriedade dos contratos pode ser visto como benéfico ao ambiente de negócios e à economia em geral, pois reduz incertezas e fortalece a segurança jurídica no trato negocial.

Não obstante, é de se notar que a Lei nº 14.382/2022 deixou ainda muitas questões indefinidas, sendo imperiosa a necessidade de adequada regulamentação dos novos procedimentos, sobretudo pela Corregedoria Nacional de Justiça do CNJ e pelas Corregedorias estaduais, de modo a realmente possibilitar a segurança jurídica pretendida pelo legislador.

REFERÊNCIAS BIBLIOGRÁFICAS

ASPERTI, Maria Cecília de Araujo. *A Mediação e a Conciliação de Demandas Repetitivas:* Os meios consensuais de resolução de disputas e os grandes litigantes do Judiciário. Belo Horizonte: Forum Conhecimento Jurídico, 2020.

---

[29] Kümpel, Vitor Frederico. *Sistemas de Transmissão Imobiliária – Sob a ótica do registro*, São Paulo, YK Editora, 2021.

[30] DINIZ, Maria Helena. *Curso de Direito Civil Brasileiro:* Direito das Coisas. 28.ed. São Paulo: Saraiva, 2014. p. 104.

[31] GERMANO, José Luiz; NALINI, José Renato; GONÇALVES, Thomas Nosch. *Lei 14.382- 2022 ampliou a desjudicialização para os compromissos de compra e venda*. 17/07/2022. Disponível em: https://ibdfam.org.br/artigos/1851/Lei+14.382+2022+ampliou+a+desjudicializa%C3%A7%C3%A3o+para+os+compromissos+de+compra+e+venda. Acesso em: 30 ago. 2022.

CAMPOS BATALHA, Wilson de Sousa. *Loteamentos e Condomínios:* Sistema jurídico da propriedade fracionada, t. I. São Paulo: Max Limonad, 1953.

CREDIE, Ricardo Arcoverde. *Adjudicação compulsória*. 7. ed. São Paulo: Malheiros, 1997.

DINIZ, Maria Helena. *Curso de Direito Civil Brasileiro:* Direito das Coisas. 28. ed. São Paulo: Saraiva, 2014.

FARIAS, Cristiano Chaves de; ROSENVALD, Nelson. *Curso de direito civil:* direitos reais. 14. ed. Salvador: JusPodivm, 2018.

GERMANO, José Luiz; NALINI, José Renato; GONÇALVES, Thomas Nosch. *Cartórios agora podem fazer adjudicação compulsória.* 02/06/2022. Disponível em: https://ibdfam.org.br/artigos/1824/Cart%C3%B3rios+agora+podem+fazer+adjudica%C3%A7%C3%A3o+compuls%C3%B3ria. Acesso em: 30 ago. 2022.

GERMANO, José Luiz; NALINI, José Renato; GONÇALVES, Thomas Nosch. *Lei 14.382- 2022 ampliou a desjudicialização para os compromissos de compra e venda.* 17/07/2022. Disponível em: https://ibdfam.org.br/artigos/1851/Lei+14.382-+2022+ampliou+a+desjudicializa%C3%A7%C3%A3o+para+os+compromissos+de+compra+e+venda. Acesso em: 30 ago. 2022.

Kümpel, Vitor Frederico. *Sistemas de Transmissão Imobiliária – Sob a ótica do registro*, São Paulo, YK Editora, 2021.

Kümpel, Vitor Frederico; Ferrari, Carla Modina, *Tratado Notarial e Registral*, vol. V, t. II, São Paulo, YK Editora, 2020.

LAMANA PAIVA, João Pedro. *Congresso Nacional Derruba Vetos Da Medida Provisória nº 1085, transformada na Lei nº 14.382/2022.* Disponível em https://www.notariado.org.br/artigo-congresso-nacional-derruba-vetos-da-medida-provisoria-no-1085-transformada-na-lei-no-14-382-2022-por-joao-pedro-lamana-paiva/. Acesso em: 28 jan. 2023.LIMA, Tiago Asfor Rocha, *Precedentes judiciais civis no Brasil*. São Paulo: Saraiva, 2013.

PAIVA, João Pedro Lamana; KÜMPEL, Vitor Frederico; VIANA, Giselle de Menezes. *Usucapião extrajudicial*: aspectos civis, notariais e registrais, 2. ed. São Paulo: YK Editora, 2022.

Pereira, Eduardo Calais; Corrêa, Leandro Augusto Neves; Depieri, Rafael Vitelli. *Adjudicação compulsória extrajudicial*: conceitos e limites. 23 ago. 2022. Disponível in: https://www.migalhas.com.br/depeso/372122/adjudicacao-compulsoria-extrajudicial-conceitos-e-limites. Acesso em: 28 jan. 2023.

RIBEIRO, Moacyr Petrocelli. Modificações na Lei nº 6.015/1973: Registro de Imóveis, in KÜMPEL, Vitor Frederico (coord.) et al, *Breves comentários à Lei nº 14.382/2022*: conversão da medida provisória nº 1.085/2021, São Paulo, YK, 2022.

VENOSA, Sílvio de Salvo. *Código Civil Interpretado*. 4. ed. São Paulo: Atlas, 2019.

A ATA NOTARIAL DE ADJUDICAÇÃO COMPULSÓRIA EXTRAJUDICIAL E A PRÁTICA NOS CARTÓRIOS DE NOTAS DE ACORDO COM A LEI 14.382/2022

RODRIGO REIS CYRINO

1. NOTAS INTRODUTÓRIAS

A adjudicação compulsória extrajudicial, aprovada através da recente Lei 14.382/2022, despertou um enorme debate sobre a obrigatoriedade ou não da lavratura de uma ata notarial para instrumentalizar o pedido junto aos cartórios de imóveis, principalmente visando uma maior segurança jurídica do procedimento.

O fenômeno da extrajudicialização ou desjudicialização de procedimentos no Brasil, através das serventias extrajudiciais, é muito louvável e vem sendo utilizado pelas novas legislações e atos normativos, pois os notários e registradores são agentes fiscalizados regularmente pelo Poder Judiciário, submetidos a concurso público de provas e títulos e a quem são conferidos os atributos da fé pública, com a atuação sem a utilização do orçamento público, pois atuam em caráter privado. Além disso, as serventias extrajudiciais atuam como verdadeiros cooperadores da justiça em novas arenas de diálogo e de solução de demandas, o que traz novas opções facultativas para o cidadão, advogados, corretores de imóveis, arquitetos, engenheiros, construtoras e tantos outros profissionais imobiliaristas. É uma nova cultura que tem sido pouco a pouco implementada, especialmente nas faculdades de direito.

No mundo, o modelo de cartórios existe também em pelo menos 86 países, inclusive na União Europeia e na China. Nesse cenário, há uma instituição que regularmente reúne todos os países, com o fim de implementar avanços em toda a atividade nos quesitos de segurança, celeridade e tecnologia em prol dos usuários, que é a União Internacional do Notariado Latino (UINL), o que possibilita a efetivação da máxima segurança jurídica nos negócios entabulados numa sociedade, bem como o seu registro e arquivamento permanente com a emissão de certidões, o que assegura a ordem pública, a publicidade, a proteção dos dados, o desenvolvimento de um país e um fortalecimento da cidadania, principalmente pelo exercício do direito à propriedade privada, corolário do princípio da dignidade da pessoa humana. E mais: na questão imobiliária, o valor para uma transação imobiliária é pago uma vez só e não de forma permanente, como ocorre em outros países.

Nesse cenário, o Brasil inova ainda mais com a Lei nº 14.382/2022, pois a novel norma traz importantes alterações na Lei de Registros Públicos, o que trará grandes avanços para o mercado imobiliário, a economia do país e o sistema tributário, pois foram implementadas relevantes possibilidades procedimentais, com uma maior flexibilização para a regularização imobiliária junto aos cartórios.

Uma dessas novidades e objeto deste trabalho é o novo procedimento da adjudicação compulsória extrajudicial, que estabelece uma célere de regularização imobiliária, quando toda a obrigação contratual já foi cumprida e há somente a necessidade da efetiva transferência do imóvel, o que efetivará para o cidadão o direito fundamental à plena moradia, não só de fato, mas também documental e fomentará cada vez mais o mercado do crédito bancário imobiliário e também da construção civil. E não só sobre esse viés, mas também quando uma empresa precisa regularizar os seus imóveis que já foram negociados mais ainda estão no seu estoque por desídia dos adquirentes.

2. A ADJUDICAÇÃO COMPULSÓRIA EXTRAJUDICIAL

Na teoria do direito material, esse instituto está previsto nos artigos 1.417 e 1.418, do Código Civil:

> Art. 1.417. Mediante promessa de compra e venda, em que se não pactuou arrependimento, celebrada por instrumento público ou particular, e registrada no Cartório de Registro de Imóveis, adquire o promitente comprador direito real à aquisição do imóvel.
>
> Art. 1.418. O promitente comprador, titular de direito real, pode exigir do promitente vendedor, ou de terceiros, a quem os direitos deste forem cedidos, a outorga da escritura definitiva de compra e venda, conforme o disposto no instrumento preliminar; e, se houver recusa, requerer ao juiz a adjudicação do imóvel.

Ocorre que, de acordo com a Súmula 239, do Superior Tribunal de Justiça "o direito à adjudicação compulsória não se condiciona ao registro do compromisso de compra e venda no cartório de imóveis", ou seja, a existência do instrumento público ou particular, mesmo sem o registro imobiliário, possibilita a adjudicação.

Pois bem. Em termos procedimentais, a nova Lei 14.382/2022 trouxe à lei dos registros públicos a adjudicação compulsória extrajudicial, com a previsão do artigo 216-B:

> Art. 216-B. Sem prejuízo da via jurisdicional, a adjudicação compulsória de imóvel objeto de promessa de venda ou de cessão poderá ser efetivada extrajudicialmente no serviço de registro de imóveis da situação do imóvel, nos termos deste artigo.
>
> § 1º São legitimados a requerer a adjudicação o promitente comprador ou qualquer dos seus cessionários ou promitentes cessionários, ou seus sucessores, bem como o promitente vendedor, representados por advogado, e o pedido deverá ser instruído com os seguintes documentos:

I – instrumento de promessa de compra e venda ou de cessão ou de sucessão, quando for o caso;

II – prova do inadimplemento, caracterizado pela não celebração do título de transmissão da propriedade plena no prazo de 15 (quinze) dias, contado da entrega de notificação extrajudicial pelo oficial do registro de imóveis da situação do imóvel, que poderá delegar a diligência ao oficial do registro de títulos e documentos;

III – ata notarial lavrada por tabelião de notas da qual constem a identificação do imóvel, o nome e a qualificação do promitente comprador ou de seus sucessores constantes do contrato de promessa, a prova do pagamento do respectivo preço e da caracterização do inadimplemento da obrigação de outorgar ou receber o título de propriedade;

IV – certidões dos distribuidores forenses da comarca da situação do imóvel e do domicílio do requerente que demonstrem a inexistência de litígio envolvendo o contrato de promessa de compra e venda do imóvel objeto da adjudicação;

V – comprovante de pagamento do respectivo Imposto sobre a Transmissão de Bens Imóveis (ITBI);

VI – procuração com poderes específicos.

Cumpre registrar que o artigo 216-B, § 1º, inciso III, da nova lei, previu a obrigatoriedade da lavratura de uma ata notarial de adjudicação compulsória extrajudicial por um cartório de notas como uma primeira etapa do procedimento, que instrumentalizará um requerimento para a segunda etapa junto ao cartório de imóveis.

Nesse passo, a adjudicação compulsória significa a entrega forçada do bem ao comprador, seja em razão da negativa pura e simples feita pelo vendedor em assinar um documento ou uma escritura pública de transferência ou pela impossibilidade fática de sua assinatura. De outro lado, o pedido de adjudicação pode também ser feito em razão da omissão do adquirente em transferir o imóvel, ou seja, pode ser requerida a adjudicação inversa: aquela requerida pelo vendedor em face do comprador.

Antes de adentrar nos pontos polêmicos desse instituto na forma extrajudicial, é fundamental traçar os pontos pacíficos e que merecem destaque, quais sejam: 1) necessidade de advogado; 2) trâmite do procedimento no cartório de imóveis da situação do imóvel; 3) documentação necessária; 4) necessidade de existência de imóvel com registro imobiliário.

Quanto ao primeiro requisito – necessidade de advogado – andou muito bem o legislador em prever a obrigatoriedade da presença de patrono nesse procedimento, pois além de ser necessário no âmbito judicial, esses profissionais farão o aconselhamento prévio às partes e o filtro fático e documental das situações possíveis de seguirem o procedimento extrajudicial.

Sobre o item – trâmite do procedimento no cartório de imóveis da situação do imóvel –, após a lavratura da ata notarial no cartório de notas, a segunda etapa se dará junto ao cartório imobiliário, onde o oficial registrador dará abertura a um procedimento de adjudicação compulsória e, após tramitar o seu processamento, fará o efetivo registro. No cartório de imóveis então se iniciará duas fases: a) primeira - será feita a autuação dos documentos e o seu processamento; b) segunda - sendo deferido o processamento, será realizado o registro imobiliário propriamente dito.

Em relação à documentação necessária, esta deverá ser apresentada primeiramente a um cartório de notas para a lavratura da ata notarial. Em seguida, deverá ser feito um requerimento ao oficial do cartório de imóveis, contendo o nome das partes, procuração, ata notarial de adjudicação compulsória e a juntada de outros documentos necessários e que comprovem o direito e a quitação do negócio jurídico na íntegra, em vias no original ou em cópia autenticada, o que trará segurança jurídica ao procedimento, evitando a eventual ocorrência de fraudes e falsificações. A procuração com poderes específicos deverá mencionar a qualificação completa das partes, os poderes para atuar extrajudicialmente em cartórios de notas e de registro de imóveis com a menção de sua finalidade principal que é o requerimento da adjudicação compulsória extrajudicial. Se no requerimento ou na ata notarial for informada a completa descrição do imóvel com o número da matrícula, transcrição ou outro registro imobiliário, entendo ser desnecessária a descrição completa do imóvel constante do registro na procuração, bastando a citação do número deste registro. Ademais, no requerimento ou na ata notarial deverão ainda ser mencionados as seguintes informações: a) se o imóvel for urbano, deverão constar todas as inscrições imobiliárias junto ao Município; b) se o imóvel for rural, deverão constar todas as informações em relação ao NIRF – número de identificação de imóvel dentro da base de cadastro de imóveis rurais (Cafir), CCIR – certificado de cadastro do imóvel rural, ITR – imposto territorial rural, e quando o for o caso, o CAR – cadastro ambiental rural; c) se o imóvel for um terreno de marinha, deverão constar todas as informações em relação à CAT – certidão de autorização de transferência – junto à Secretaria de Patrimônio da União – SPU.

Por fim, há a necessidade de existência de imóvel com registro imobiliário, considerando a existência do princípio da continuidade e da especialidade objetiva. Nesse caso, o procedimento da adjudicação compulsória só poderá ser utilizado se existir uma matrícula, transcrição ou registro imobiliário. Se não tiver um registro anterior, o procedimento a ser adotado deverá ser o procedimento de usucapião, REURB ou a legitimação de posse de uma terra devoluta em procedimento próprio, conforme o caso concreto.

Sobre os pontos polêmicos é importante destacar os questionamentos a seguir.

O artigo 216-B, trazido pela Lei nº 14.382/2022 é autoaplicável ou depende ainda de regulamentação do Conselho Nacional de Justiça? Muitos têm defendido que para a aplicação prática da adjudicação compulsória extrajudicial há a necessidade de regulamentação pelo Conselho Nacional de Justiça, nos termos do que ocorreu com a Lei nº 11.441/2007, que possibilitou as separações, divórcios, dissoluções de união estável e inventários extrajudiciais através da Resolução nº 35/2007 do CNJ, bem como com o Provimento nº 65/2017 do CNJ, que regulamentou a usucapião extrajudicial. Outros têm defendido a imediata aplicabilidade do instituto da adjudicação compulsória extrajudicial, independentemente de ato normativo do CNJ haja vista a lei não ter inserido essa condição, bem como que o procedimento já traz as etapas a cumprir e os seus requisitos. A importância desse quesito é sobre a possibilidade ou não do procedimento já ser aplicado pelos cartórios de imóveis. Se se entender pela necessidade de regulamentação do CNJ o procedimento não poderá tramitar ainda perante os cartórios de imóveis. No entanto, para a primeira etapa – lavratura da ata notarial de adjudicação compulsória extrajudicial – é muito defensável a possibilidade de aplicação imediata da norma pelos cartórios de notas até mesmo para salvaguardar direitos desde já.

Com a adjudicação compulsória passou a ser possível o litígio no extrajudicial? Importante registrar que nesse procedimento, de certo modo, há uma situação de conflito onde uma parte quer a assinatura e a efetiva transferência imobiliária e o outro lado ou não quer assinar voluntariamente ou a falta de sua assinatura se dá por situações fáticas impeditivas, o que traz uma mudança de paradigma para o extrajudicial, pois sempre se estabeleceu a imperiosa necessidade da presença de um acordo inconteste entre as partes nos atos, bem como a manifestação de vontade indene de dúvidas. Além disso, sempre surge a dúvida sobre a interpretação do silêncio nos atos notariais e registrais e os seus efeitos jurídicos no extrajudicial. Ao que parece, o sistema extrajudicial tem evoluído bastante para que os notários e registradores deixem de ser somente aplicadores de normas no estrito cumprimento de um dever legal, para atuar cada vez mais como operadores e intérpretes do direito em algumas situações, como tem se dado na proteção dos dados dos titulares, em consonância com a Lei de Proteção nº 13.709/2018, bem como na aplicação de efeitos jurídicos na ausência de manifestação de vontade, interpretando o silêncio como concordância ao procedimento extrajudicial de usucapião.

O procedimento de adjudicação compulsória trouxe a ausência de consenso multilateral no extrajudicial? Sim, já que o procedimento só terá êxito pela ausência de consenso da parte contrária. Se de outro lado, a parte, uma vez notificada, concordar com a assinatura, o procedimento perderá o seu objeto e deverá ser encerrado e orientado às partes que se caminhe pelo processo de escrituração normal, como por exemplo a lavratura de uma escritura pública de compra e venda, nos termos do artigo 108 do Código Civil.

Quais são as hipóteses possíveis para o procedimento da adjudicação compulsória extrajudicial? De início, é importante ressaltar que este procedimento não pode ser utilizado em todos os casos, sob pena de possibilitar uma burla ao cumprimento do sistema notarial regular. Nesse passo, tal procedimento deverá ser utilizado somente quando for inviável a correta escrituração dos atos na prática, o que enseja as seguintes hipóteses, dentre outras: a) morte ou declaração de ausência – se for comprovada a morte do vendedor ou até mesmo do comprador a adjudicação compulsória deverá ser deferida para viabilizar a transferência imobiliária que deveria ter ocorrido. A simples apresentação da certidão de óbito ou a decisão judicial que decretou a ausência já dará subsídio para o deferimento do pedido extrajudicial. Mas em caso de óbito, estará dispensada a notificação do inventariante ou do herdeiro? Penso que seja mais prudente proceder a esta notificação quando esta for possível, como uma forma de cumprimento de uma obrigação pendente do falecido. Em analogia pode ser aplicado o Enunciado 48/2022, da Jornada de Direito Notarial de Registral, qual seja: "o inventariante nomeado pelos interessados poderá, desde que autorizado expressamente na escritura de nomeação, formalizar obrigações pendentes do falecido, a exemplo das escrituras de rerratificação, estremação e, especialmente, transmissão e aquisição de bens móveis e imóveis contratados e quitados em vida, mediante prova ao tabelião."; b) extinção da pessoa jurídica – seja por inaptidão (baixa no CNPJ pela "INAPTIDÃO"

– art. 54 - Lei 11.941/2009)" ou por baixa com a utilização do seguinte termo: "Enc. Liq. Voluntária"- que significa um tipo de encerramento de liquidação ou de extinção voluntária (opção utilizada quando se solicita a baixa do CNPJ da Empresa, estando a mesma já encerrada e com a situação cadastral baixada e com as certidões fiscais já apresentadas, nos termos do artigo 24, inciso I, letra a, da Instrução Normativa da Receita Federal nº 2.119/2022.); c) incapacidade civil da parte – o curador poderá informar essa incapacidade e inviabilidade de assinar uma escritura de compra e venda, pela falta de capacidade jurídica ou lucidez; d) localização incerta e não sabida – se a parte está desaparecida de forma comprovada, poderá ser utilizada a publicação de editais para a notificação ficta. Se não tiver essa comprovação inconteste do desaparecimento, penso ser inviável essa hipótese.

Qual é o estado civil que deverá ser considerado para a adjudicação compulsória? O estado civil existente ao tempo do contrato ou aquele verificado ao tempo do procedimento? Penso que deverá ser levado em consideração o estado civil existente ao tempo do contrato, salvo se for comprovada a dissolução do vínculo conjugal ou de união estável com a partilha de bens, bem como com a carta de sentença expedida. Sobre o tema a doutrina defende que:

> Da mesma forma, estabelece o art. 1.647, inc. I, do Código Civil que a outorga uxória ou marital, conforme o caso, é indispensável na alienação envolvendo bens imóveis, e sendo o compromisso de compra e venda uma autêntica venda sob a condição resolutiva do adimplemento, forçoso será reconhecer a necessidade da referida outorga, salvo no caso de casamento sob o regime da separação total de bens (SCHREIBER, Anderson et al. **Código civil comentado: doutrina e jurisprudência**. 4. ed. Rio de Janeiro: Forense, 2022. p. 1198).

É possível o procedimento da adjudicação compulsória extrajudicial se tiver cláusula de arrependimento? Não, porque o negócio jurídico poderá ser distratado a qualquer tempo, salvo a aplicação do artigo 25 da Lei 6.766/1979 que diz: "Art. 25. São irretratáveis os compromissos de compra e venda, cessões e promessas de cessão, os que atribuam direito a adjudicação compulsória e, estando registrados, confiram direito real oponível a terceiros" e o artigo 32, § 2º, da Lei 4.591/1964: "§ 2º Os contratos de compra e venda, promessa de venda, cessão ou promessa de cessão de unidades autônomas são irretratáveis e, uma vez registrados, conferem direito real oponível a terceiros, atribuindo direito a adjudicação compulsória perante o incorporador ou a quem o suceder, inclusive na hipótese de insolvência posterior ao término da obra".

Sempre que tiver a cláusula de arrependimento esta impedirá o procedimento da adjudicação compulsória extrajudicial? Há quem sustente que se a parte a todo tempo se comporta de modo a dar vigência ao negócio jurídico, principalmente ao receber ou a pagar a integralidade do preço não haveria mais possibilidade para o arrependimento contratual e, portanto, a adjudicação compulsória seria possível para esses casos. Nesse sentido, há autores que defendem que:

> Trata-se, na realidade, de exemplo de comportamento contraditório – *venire contra factum proprium* -, vedado pela Teoria dos Atos Próprios, que encontra fundamento no princípio da boa-fé objetiva e visa a proteger as partes que

legitimamente confiaram na estabilidade das relações jurídicas. Assim, não pode o promitente vendedor invocar o direito de arrependimento para voltar contra seus próprios atos, frustrando as expectativas despertadas no promitente comprador, que passou a ter motivos legítimos para confiar na manutenção do negócio jurídico celebrado. Há consenso em admitir que, se o imóvel já estiver quitado, não há mais espaço para o exercício do direito potestativo de arrependimento. (SCHREIBER, Anderson et al. **Código Civil comentado: doutrina e jurisprudência**. 4. ed. Rio de Janeiro: Forense, 2022. p. 1194).

Quando se deverá utilizar da escritura pública de compra e venda, da ata notarial de adjudicação compulsória ou do usucapião? Será sempre utilizada a escritura pública de compra e venda quando for comprovado o consenso na escrituração e assinaturas. Será utilizada a adjudicação compulsória quando não tiver uma ação voluntária consensual na assinatura e esta for injustificada, o que deverá ter provas da recusa ou impossibilidade fática, da aquisição e da quitação. Por fim, poderá será utilizado o procedimento do usucapião para imóveis que tenham ou não matrícula, desde que esteja preenchido o tempo de posse estabelecido de acordo com cada caso concreto. Para todas essas três possibilidades deve-se atentar para a disposição do artigo 13, §2º, Prov. 65/2017 CNJ, que estabelece: "§ 2º Em qualquer dos casos, deverá ser justificado o óbice à correta escrituração das transações para evitar o uso da usucapião como meio de burla dos requisitos legais do sistema notarial e registral e da tributação dos impostos de transmissão incidentes sobre os negócios imobiliários, devendo registrador alertar o requerente e as testemunhas de que a prestação de declaração falsa na referida justificação configurará crime de falsidade, sujeito às penas da lei".

A adjudicação compulsória só pode ser aplicada a casos de compra e venda? Apesar da falta de previsão, o procedimento pode evoluir para ser aplicado sim às permutas, dação em pagamento e ainda às doações com encargo. Ou seja, a adjudicação compulsória extrajudicial, em tese, poderá ser aplicada a todas as transações onerosas não cumpridas.

Sendo legitimados a requerer a adjudicação os cessionários ou sucessores dos compradores deverá ser verificada a continuidade nas transferências? Sim, sob pena de utilização do procedimento para burlar o sistema tributário ou até mesmo a continuidade na cadeia registral. Prova disso é a impossibilidade da partilha *per saltum*, pois ainda que se trate de processo único de inventário, não tendo havido comoriência, as partilhas devem ser sucessivas, sob pena de violação do princípio da continuidade.

É possível o procedimento da adjudicação compulsória extrajudicial se tiver a prova da quitação através de uma consignação em pagamento? Sim, desde que o pagamento realmente tenha sido efetivado naquela ação.

E se tiver um processo judicial de adjudicação compulsória em trâmite poderá ainda assim dar entrada no procedimento extrajudicial? Sim, desde que se comprove que o pedido de suspensão do processo judicial foi deferido, nos termos do artigo 313, inciso II, do Código de Processo Civil; ou mesmo o pedido de desistência foi homologado, de acordo com o artigo 200, parágrafo único, do Código de Processo Civil.

O procedimento da adjudicação compulsória extrajudicial é cabível em face do Poder Público? Sim, quando o imóvel for dominical, nos termos do artigo 101, do

Código Civil que diz: "os bens públicos dominicais podem ser alienados, observadas as exigências da lei". Hoje se aplica o artigo 76, da Lei 14.133/2021 (Lei de Licitações) em que a alienação de bens imóveis da Administração Pública exigirá autorização legislativa e dependerá de licitação na modalidade leilão, podendo ocorrer a dispensa em alguns casos que a lei especifica. Paula Pincelli Tavares Vivacqua traz alguns requisitos para a alienação de terras públicas, nos seguintes termos:

> Tratando-se de bem público imóvel, deve-se respeitar o insculpido no artigo 17, da lei 8.666/93, realizando-se a licitação pela modalidade de concorrência, ou em alguns casos específicos por leilão (artigo 19, lei 8.666/93), observados os seguintes requisitos; a) autorização legislativa; b) interesse público devidamente justificado; c) avaliação prévia. Por outro lado, vale registrar a existência dos artigos 23 e 24, da lei 9.636/98 que admite a venda de bens imóveis da União através de leilão ou concorrência mediante a autorização do Presidente da República, com possibilidade de delegação da competência para Ministro de Estado de Fazenda, permitida a subdelegação. Registra-se também o art. 2º, inciso V, da lei 9.491/97, alterada pela MP 2161-35/01, que permite ser objeto do programa de desestatização bens móveis e imóveis da União. E ainda o art. 71, da lei 13.465/17 que para fins da Reurb, ficam dispensadas a desafetação e as exigências previstas no art. 17, caput, inciso I da lei 8.666/93. Já no que tange a venda de bens móveis não é necessário a autorização legislativa e a modalidade de licitação é o leilão, em conformidade com o art. 22, parágrafo 5º, da lei 8.666/93. Por fim é importante destacar o art. 49, XVII, da CRFB/88 que diz que é de competência exclusiva do Congresso Nacional aprovar previamente alienação ou concessão de terras públicas superiores a 2.500 Hectares. (VIVACQUA, Paula Pincelli Tavares. **Bens públicos - possibilidade e formas de alienação - hipótese de licitação dispensada, dispensável ou inexigível**. Disponível em: https://www.migalhas.com.br/ depeso/278033/bens-publicos---possibilidade-e-formas--de-alienacao---hipotese-de-licitacao-dispensada--dispensavel-ou-inexigivel. Acesso em 02 de out. 2022).

Se não existir um contrato de compra e venda, mas somente recibos ou termos de quitação é possível ter o processamento da adjudicação compulsória extrajudicial? Sim, desde que o conteúdo dos documentos apresentados possam confirmar a existência de uma obrigação e o seu completo adimplemento e a falta de cláusula de arrependimento. Nesse caso, a parte poderá se utilizar de outros documentos e também de depoimentos como meio de prova aptos a subsidiar o registrador imobiliário a deferir tal pedido.

A adjudicação compulsória extrajudicial pode ser um procedimento para superar impeditivos jurídicos e fiscais do promitente vendedor, tais como a ausência de certidões fiscais ou a existência de indisponibilidades? Penso que devem ser apresentadas sim as certidões negativas fiscais ou a sua dispensa aceita pelo comprador nos mesmos moldes como apresentado na escrituração normal. No entanto, cumpre ressaltar que a apresentação das certidões negativas fiscais tem sido cada vez mais relativizada pelos Tribunais já que a sua apresentação pode configurar um meio coercitivo de exigência de tributos, o que não pode ocorrer já que a Fazenda Pública possui os meios adequados para a cobrança do crédito tributário, quais sejam: o protesto da certidão da dívida ativa – CDA e a ação de execução fiscal. Sobre a consulta à central de indisponibilidade de bens penso ser sim necessária já que o Provimento nº 39/2014 do CNJ exige essa consulta para todas as operações que envolvam direitos relativos a imóveis, nos termos do artigo 14: "os registradores de imóveis e tabeliães de notas, antes da prática de qualquer ato notarial ou registral que tenha por objeto bens imóveis ou direitos a eles relativos, exceto lavratura de testamento, deverão promover prévia consulta à base de dados da Central Nacional de Indisponibilidade de Bens – CNIB, consignando no ato notarial o resultado da pesquisa e o respectivo código gerado (hash), dispensado o arquivamento do resultado da pesquisa em meio físico ou digital." Portanto, na adjudicação compulsória extrajudicial o oficial de registro deverá verificar a presença de outros requisitos que não sejam somente a existência de um contrato, a quitação do preço e a recusa na escrituração. Esse mesmo entendimento é defendido por Silvio de Salvo Venosa numa análise do procedimento no âmbito judicial:

> O julgado não interfere no conteúdo contratual. Supre tão somente a vontade do promitente vendedor recusante da outorga do contrato definitivo. Se o contrato apresenta falhas que inviabilizam o registro, a óptica desloca-se para o direito pessoal entre as partes. (VENOSA, Silvio de Salvo. **Direito Civil: direitos reais**. 13. ed. São Paulo: Atlas, 2013. p. 524).

Para a lavratura da ata notarial para fins de adjudicação compulsória extrajudicial é livre a escolha do Cartório de Notas? Penso que sim, considerando que para este ato notarial não haverá a necessidade de diligências no local, o que fatalmente deveria ter regra impositiva de territorialidade. Ao contrário, este procedimento necessita tão somente a comprovação documentação da existência de um contrato, o seu pagamento integral e a recusa na assinatura de uma escritura, o que poderá ser atestado em ata notarial lavrada por qualquer Cartório de Notas, de livre escolha do usuário.

Cumprida a etapa no cartório de notas e iniciado o procedimento junto ao cartório de imóveis, se tiver no procedimento da adjudicação extrajudicial uma oposição, impugnação ou contestação fundamentada este se encerrará? Sim, pois o oficial de registro de imóveis não poderá entrar no mérito da pretensão resistida, por se tratar de uma questão decisória que deverá ser remetida às vias judiciais.

E se no procedimento a oposição, impugnação ou contestação for injustificada ou sem qualquer fundamentação? Há a discussão sobre a possibilidade de dar continuidade ou não ao procedimento quando se tratar de meras alegações ou insatisfações sem qualquer fundamento, caso em que a falta de justificativa razoável viabilizaria sim o deferimento do registro da adjudicação. Em analogia a este ponto, pode-se citar Enunciado 32 da Jornada de Direito Notarial e Registral, aprovado no ano de 2022, que no procedimento de usucapião estabelece que: "32 – A impugnação em usucapião extrajudicial fundada unicamente na presunção de que o imóvel constitui terra devoluta, ante a inexistência de registro da sua propriedade, deve ser considerada injustificada, nos termos do art. 216-A, § 10 da Lei 6.015/1973".

Após a notificação da parte e tendo sido verificado o silêncio na manifestação, este poderá ser considerado automaticamente como consenso e anuência e possibilitar a efetivação da adjudicação compulsória extrajudicial com o registro? Ainda há muitas dúvidas sobre o tema, pois diferentemente da norma que possibilitou a usucapião extrajudicial e previu, em alteração legislativa, o silêncio como concordância, para a adjudicação compulsória não foi previsto expressamente esse efeito jurídico para o silêncio. A dúvida está principalmente no fato de que o efeito do silêncio será a gravosa consequência da perda da propriedade, o que pode estar se consubstanciando num prejuízo a alguém. Sobre o tema, Eduardo Calais Pereira, Leandro Corrêa, Rafael Depieri explicam que:

> Logo, cumpre, desde já, estabelecer um pressuposto importante, que a Lei Civil não determina que o silêncio é automaticamente a anuência, ou a não oposição, quanto menos será para o caso das adjudicações compulsórias, já que o efeito do silêncio é perda da propriedade. Vale lembrar que o silêncio como consenso na perda da propriedade já possui guarida no procedimento da usucapião extrajudicial, porém com uma grande diferença: o tempo para a prescrição aquisitiva. Numa hipótese de contrato de compra e venda com prova do pagamento (justo título), o adquirente precisa esperar dez anos para conseguir extrajudicialmente pleitear a propriedade. Se na adjudicação o silêncio ganhar a mesma força, estaria o legislador criando uma nova hipótese de usucapião, sem necessidade de nenhum lapso temporal. Desta forma é impossível assegurar que, caso o proprietário vendedor não se manifeste sobre a adjudicação compulsória, estar-se-á diante de uma possibilidade de prosseguimento do procedimento extrajudicial, sob pena de se transformar o instituto em testilha em um salvo conduto para legitimação de compradores na posição de legítimos proprietários, acabando com o instituto da usucapião ordinária quando o justo título for uma promessa de compra e venda quitada. Não nos parece ser essa a intenção do legislador. Há que se conhecer as razões da recusa do instrumento definitivo, sob pena de não poder ser dispensada a jurisdição, o silêncio não instrui o procedimento devidamente, sendo germe de possível litígio, nos seios do serviço extrajudicial, em oposição total a função social dos registros públicos de pacificação social e profilaxia jurídica. (PEREIRA, Eduardo Calais; CORRÊA, Leandro Augusto Neves; DEPIERI, Rafael Vitelli. **Adjudicação compulsória extrajudicial: conceitos e limites**. Disponível em: https://www.migalhas.com.br/depeso/372122/adjudicacao-compulsoria-extrajudicial-conceitos-e-limites. Acesso em 02 de out. 2022).

Se o registrador imobiliário verificar que as prestações não foram pagas mas estão prescritas pode ser deferida a adjudicação compulsória extrajudicial? Apesar da grande dúvida sobre o assunto, deve ser possibilitado sim esse registro, pois a prescrição é matéria de ordem pública e facilmente verificada em cada caso concreto mediante uma análise do cômputo do prazo. Em sentido contrário, e para comprovar a polêmica do tema, numa interpretação analógica, a Lei nº 9.492/1997, que regulamenta os cartórios de protesto de títulos, estabelece em seu artigo 9º que "todos os títulos e documentos de dívida protocolizados serão examinados em seus caracteres formais e terão curso se não apresentarem vícios, não cabendo ao Tabelião de Protesto investigar a ocorrência de prescrição ou caducidade".

É necessário que os contratos tenham o reconhecimento de firma para que o procedimento da adjudicação compulsória extrajudicial seja deferido? O sistema notarial e registral deve primar sempre pela segurança jurídica e pela prudência na prática dos atos e sob esse aspecto o reconhecimento de firma traz mais um elemento de segurança não só sobre a certificação da autenticidade e autoria da assinatura aposta no documento, mas também sobre a data da assinatura do contrato. O reconhecimento de firma implica em declarar a autoria da assinatura lançada. Mesmo que signatário tenha falecido, nada impede o reconhecimento de sua firma por semelhança, uma vez que, para esse tipo de ato notarial não se faz necessária a presença do assinante. Tal ato notarial tem grande relevância, pois garantirá que a assinatura constante nele se assemelha à assinatura da pessoa que se afirma ser autora.

Como se dará a cobrança de emolumentos para a adjudicação compulsória extrajudicial junto ao cartório de imóveis? Há regras em alguns Estados que permitem, para o usucapião, uma cobrança de emolumentos pelo processamento do pedido e outra cobrança pelo registro imobiliário, o que poderá ser utilizado como parâmetro para o procedimento de adjudicação compulsória já que haverá também um processamento. Cumpre registrar que se esse procedimento fosse seguir o trâmite pela via judicial lá deverá ser pago o valor de custas judiciais (processamento) e, ao final, com a sentença procedente e a expedição da carta de sentença, esta deverá ser levada ao cartório de imóveis onde será cobrado o registro.

3. A ADJUDICAÇÃO COMPULSÓRIA NOS CARTÓRIOS DE NOTAS E A LAVRATURA DA ATA NOTARIAL

Se a parte ou o advogado concluir pela possibilidade da adjudicação compulsória pela via extrajudicial, o procedimento, apesar de tramitar perante os cartórios de imóveis, deverá seguir a prévia instrumentalização através de uma ata notarial de verificação de documentos e comprobatória de fatos e depoimentos.

Mas por qual motivo a lei previu a lavratura da ata notarial e não uma escritura pública declaratória? Andou bem o legislador nesses termos, pois a ata notarial é um instrumento imparcial e que possui uma certificação das impressões colhidas em cada caso concreto por parte do titular do cartório ou seus prepostos. Já a escritura declaratória, para essa finalidade da adjudicação compulsória, se consubstanciaria em declarações da vontade da parte em regularizar a propriedade do bem, sem outras possibilidades de certificação da verificação de documentos, fatos e depoimentos, o que se dá na ata.

Nesses termos, o procedimento de lavratura de ata notarial para a adjudicação compulsória, nos termos do artigo 216-B, § 1º, inciso III, da Lei 14.382/2022 reforçou a sua importância para o sistema notarial e processual, conforme previsão do artigo 7º, da Lei 8.935/1994 e artigo 384, do Código de Processo Civil:

> Art. 7º, Lei 8.935/1994 - Aos tabeliães de notas compete com exclusividade:
> (...) III - lavrar atas notariais.
> Art. 384, Código de Processo Civil - A existência e o modo de existir de algum fato podem ser atestados ou documentados, a requerimento do interessado, mediante ata lavrada por tabelião.
> Parágrafo único. Dados representados por imagem ou som gravados em arquivos eletrônicos poderão constar da ata notarial.

Importante destacar que a ata notarial, para fins de adjudicação compulsória extrajudicial, será extremamente útil não só em razão da existência de uma análise notarial prévia dos documentos e da situação fática como um todo pelos cartórios de notas, mas também para instrumentalizar o pedido junto ao cartório de registro de imóveis, o que contribuirá para uma segurança jurídica maior do procedimento e uma maior celeridade.

Além disso, a ata notarial para fins de adjudicação compulsória extrajudicial poderá instrumentalizar a comprovação de pagamentos por meio de conversas de aplicativos, redes sociais, conversa de telefone, nos casos em que o promitente comprador não dispor do termo de quitação dos valores, bem como para a verificação de inúmeros documentos que comprovem a quitação da obrigação e até mesmo com a colheita de declarações ou depoimentos de testemunhas, conforme já permite o artigo 263, § 1º, Código de Normas de Minas Gerais, que menciona no capítulo VIII que:

> DAS ATAS NOTARIAIS
> Art. 263. A ata notarial, dotada de fé pública e de força de prova pré-constituída, é o instrumento em que o tabelião, seu substituto ou escrevente, a pedido de pessoa interessada, constata fielmente os fatos, as coisas, pessoas ou situações para comprovar sua existência ou seu estado.
> § 1º A ata notarial pode ter por objeto:
> I – colher declaração testemunhal para fins de prova em processo administrativo ou judicial;
> II – fazer constar o comparecimento, na serventia, de pessoa interessada em algo que não se tenha realizado por motivo alheio a sua vontade.

Com a obrigatoriedade deste ato notarial para fins de adjudicação compulsória extrajudicial, é importante que os Cartórios de Notas sempre consignem no texto a declaração das partes nos seguintes termos: "as partes declaram que têm ciência de que a lavratura deste ato notarial, para fins do procedimento de adjudicação compulsória extrajudicial, se consubstancia numa primeira etapa em que as partes requereram a sua lavratura com o fim de verificação e registro dos documentos apresentados neste ato e que serão apresentados na segunda etapa junto ao cartório de registro imobiliário, que fará a qualificação registral objetiva e subjetiva dos requisitos para a efetivação desse procedimento de adjudicação compulsória extrajudicial."

Além disso, é importante mencionar no texto que: "se o procedimento registral de adjudicação compulsória extrajudicial for indeferido pelo registro imobiliário, a parte fica ciente que deverá fazer a escrituração do imóvel pelas vias ordinárias em um Cartório de Notas ou ajuizar a ação judicial competente para tanto, podendo aproveitar esta ata notarial como meio de prova em juízo, nos termos do artigo 384, do Código de Processo Civil".

Importante ainda informar que uma vez lavrada a ata notarial, esta será informada às centrais notariais, tais como a CENSEC (Central Notarial de Serviços Eletrônicos Compartilhados) e ao CCN do E-notariado (Cadastro Único de Clientes do Notariado), bem como deverá ser obrigatoriamente consultada a central de indisponibilidade de bens.

Por fim, uma vez lavrada a ata notarial para fins de adjudicação compulsória extrajudicial, o Cartório de Notas poderá proceder a uma informação ao COAF se a operação for suspeita, bem como deverá fazer a DOI – declaração de operação imobiliária à Receita Federal ou à DOITU, se se tratar de imóvel relativo a terrenos de marinha.

4. MODELO DE ATA NOTARIAL DE ADJUDICAÇÃO COMPULSÓRIA EXTRAJUDICIAL

A título exemplificativo, sugere-se neste trabalho uma minuta de ata notarial de adjudicação compulsória, nos termos a seguir:

ATA NOTARIAL DE ADJUDICAÇÃO COMPULSÓRIA EXTRAJUDICIAL QUE SOLICITA **XXX** E SEU MARIDO **XXX**, NA FORMA ABAIXO:

"S A I B A M quantos este público instrumento de **ATA NOTARIAL DE VERIFICAÇÃO DE DOCUMENTOS PARA FINS DE ADJUDICAÇÃO COMPULSÓRIA EXTRAJUDICIAL** virem que **XXX**, nesta Cidade de Vitória, Estado do Espírito Santo, neste Cartório do 2º Ofício de Notas da Comarca de Vitória, situado na Rua **XXX**, bairro **XXX**, cidade de **XXX**, perante mim, **XXX**, Escrevente Autorizado, comparece como SOLICITANTES: _____, assistidos juridicamente pelo advogado Dr. _____, brasileiro, advogado inscrito na OAB nº _____, com escritório profissional situado na Rua _____. Reconheço a identidade dos comparecentes e sua capacidade para este ato, conforme documentos de identificação apresentados, do que dou fé. - Então, pelos SOLICITANTES, com assistência jurídica do ilustre advogado acima nomeado, me foi requerida a lavratura do presente instrumento público de **ATA NOTARIAL DE VERIFICAÇÃO DE DOCUMENTOS PARA FINS DE ADJUDICAÇÃO COMPULSÓRIA EXTRAJUDICIAL**, como meio de prova para o procedimento previsto no artigo 216-B da Lei Federal nº 6.015/1973, alterado pela Lei 14.382/2022, estando cientes da necessidade deste ato notarial para este procedimento, as partes solicitaram a sua lavratura, e foram esclarecidos quanto ao trâmite do procedimento da adjudicação compulsória extrajudicial numa segunda etapa junto ao cartório de registro de imóveis, conforme estabelece o artigo 216-B da Lei de Registros Públicos: *"Art. 216-B. Sem prejuízo da via jurisdicional, a adjudicação compulsória de imóvel objeto de promessa de venda ou de cessão poderá ser efetivada extrajudicialmente no serviço de registro de imóveis da situação do imóvel, nos termos deste artigo. § 1º São legitimados a requerer a adjudicação o promitente comprador ou qualquer dos seus cessionários ou promitentes cessionários, ou seus sucessores, bem como o promitente vendedor, representados por advogado, e o pedido deverá ser instruído com os seguintes documentos: I - instrumento de promessa de compra e venda ou de cessão ou de sucessão, quando for o caso; II - prova do inadimplemento, caracterizado pela não celebração do título de transmissão da propriedade plena no prazo de 15 (quinze) dias, contado da entrega de notificação extrajudicial pelo oficial do registro de imóveis da situação do imóvel, que poderá delegar a diligência ao oficial do registro de títulos e documentos; III - ata notarial lavrada por tabelião de notas da qual constem a identificação do imóvel, o nome e a qualificação do promitente comprador ou de seus sucessores constantes do contrato de promessa, a prova do pagamento do respectivo preço e da caracterização do inadimplemento da obrigação de outorgar ou receber o título de propriedade; IV - certidões dos distribuidores forenses da comarca da situação do imóvel e do domicílio do re-*

querente que demonstrem a inexistência de litígio envolvendo o contrato de promessa de compra e venda do imóvel objeto da adjudicação; V - comprovante de pagamento do respectivo Imposto sobre a Transmissão de Bens Imóveis (ITBI); VI - procuração com poderes específicos. § 2º O deferimento da adjudicação independe de prévio registro dos instrumentos de promessa de compra e venda ou de cessão e da comprovação da regularidade fiscal do promitente vendedor. § 3º À vista dos documentos a que se refere o § 1º deste artigo, o oficial do registro de imóveis da circunscrição onde se situa o imóvel procederá ao registro do domínio em nome do promitente comprador, servindo de título a respectiva promessa de compra e venda ou de cessão ou o instrumento que comprove a sucessão. Nestes termos, os SOLICITANTES relataram a estas notas os seguintes fatos e apresentaram os seguintes documentos, solicitando a lavratura da presente ata notarial nos seguintes termos: **1) DOS FATOS E DOCUMENTOS VERIFICADOS:** os SOLICITANTES apresentaram a estas notas um contrato particular de compra e venda e cessão de direitos de financiamento, datado de 13 de julho de 1995, relativo ao seguinte imóvel: *"unidade residencial casa _____ da matrícula _____, do livro 2-BL, do Cartório de Registro de Imóveis do 1º Ofício de XXX"*, conforme se verifica na íntegra de seu conteúdo abaixo: **IMAGENS DO CONTRATO**. Os SOLICITANTES declaram, sob as penas da lei, que são compradores do referido imóvel, adquirido em data de XXX da Sra. XXX. **2) QUALIFICAÇÃO DA PROPRIETÁRIA E VENDEDORA:** _____, (qualificação). **3) DESCRIÇÃO DO IMÓVEL NO REGISTRO IMOBILIÁRIO:** *"unidade residencial casa _____ da matrícula _____, do livro 2-BL, do Cartório de Registro de Imóveis do 1º Ofício de Vila Velha"*, de ordem. Inscrição imobiliária municipal nº _____. **4) DO NEGÓCIO JURÍDICO FIRMADO E DA QUITAÇÃO DO PREÇO:** os SOLICITANTES, assistidos por seu advogado, declaram que o citado imóvel foi adquirido pelo valor total de R$10.000,00 (dez mil reais), pago em 02 (duas) parcelas, da seguinte forma: a) uma primeira parcela no valor de R$5.000,00 (cinco mil reais), quitada no ato de assinatura do contrato particular através de cheque nº XXX, do Banco XXX, Agência XXX-ES; b) uma segunda parcela no valor de R$5.000,00 (cinco mil reais), quitada através de recibo de quitação pela emissão de cheque nº XXX, do Banco XXX, Agência XXX-ES, emitido por _____. Declaram os SOLICITANTES, assistidos por seu advogado, e sob as penas da lei, cientes da responsabilidade civil e criminal em caso de falsa declaração, que a compra do referido imóvel foi plenamente quitada à época, não tendo a VENDEDORA nada mais a reclamar no presente ou no futuro em relação à citada venda. Além disso, os SOLICITANTES apresentaram instrumento particular de autorização de cancelamento de Hipoteca e outras avenças, assinado pelo gerente do Banco XXX – Sr. _____ – que autorizou o cancelamento da hipoteca sobre o dito imóvel, conforme imagem abaixo, já averbado na matrícula _____ sobre a averbação nº 5-_____: **IMAGEM DO INSTRUMENTO DE CANCELAMENTO DA HIPOTECA. 5) DO ÓBICE À CORRETA ESCRITURAÇÃO FACE AO FALECIMENTO DA PROPRIETÁRIA VENDEDORA:** Os SOLICITANTES declaram que optaram pelo pedido de lavratura desta ata notarial de verificação de documentos com o objetivo de dar início ao procedimento de adjudicação compulsória extrajudicial, considerando o falecimento da proprietária e por não terem logrado êxito em encontrar qualquer herdeiro da mesma. Declaram ainda os SOLICITANTES que têm ciência de que o contrato particular realizado entre as partes não é título hábil ao registro imobiliário, ensejando apenas um direito obrigacional, sendo que a proprietária tabular – Sra. _____ – faleceu após a venda do bem aos SOLICITANTES, conforme certidão de óbito abaixo, lavrada sob a matrícula nº **XXX: IMAGEM DA CERTIDÃO DE ÓBITO**. Além disso, os SOLICITANTES declaram que desconhecem a existência de eventuais sucessores ou herdeiros da Sra. _____, o que inviabiliza por completo uma eventual nomeação de inventariante para a lavratura da escritura pública com vistas a cumprir as obrigações pendentes e quitadas da *de cujus*. **6) DO RECOLHIMENTO DO IMPOSTO DE TRANSMISSÃO SOBRE BENS IMÓVEIS - ITBI:** os SOLICITANTES informam nesta oportunidade que farão o competente requerimento de avaliação do imóvel junto ao Município de XXX, para fins do recolhimento do ITBI, com a posterior apresentação junto ao Cartório de Imóveis, com a respectiva guia homologada expedida pela Prefeitura. **7) APRESENTAÇÃO DE CERTIDÕES NEGATIVAS DOS DISTRIBUIDORES:** os SOLICITANTES informam que não existem processos judiciais distribuídos contestando o presente negócio jurídico e apresentam as seguintes certidões dos distribuidores referentes à Justiça Comum Cível: a) Certidões da Justiça Comum Estadual da comarca da circunscrição do imóvel das partes envolvidas nos títulos apresentados; b) Certidões da Justiça Comum Estadual do domicílio das partes envolvidas nos títulos apresentados; c) Certidões da Justiça Comum Federal da seção da circunscrição do imóvel; d) Certidões da Justiça Comum Federal da seção do domicílio das partes envolvidas no título. **8) PROCURAÇÃO AO ADVOGADO DOS SOLICITANTES:** foi outorgada procuração ao Dr. ____, brasileiro, advogado inscrito na OAB nº ____, conforme imagem abaixo: **IMAGEM DA PROCURAÇÃO. 9) VALOR ATRIBUÍDO AO IMÓVEL:** o valor do negócio jurídico realizado entre as partes foi de R$10.000,00 (dez mil reais), tendo o imóvel o valor venal de R$ **XXX. 10) INEXISTÊNCIA DO REGISTRO DO CONTRATO DE COMPRA E VENDA:** Os SOLICITANTES foram informados pelo seu advogado que para fins de utilização do instrumento de compra e venda ora firmado em data de 13 de julho de 1995 é desnecessário o registro da promessa, nos termos da Súmula nº 239 do STJ. **11) DECLARAÇÃO DO ADVOGADO:** Pelo ADVOGADO dos SOLICITANTES me foi dito e declarado neste ato notarial que prestou assistência jurídica aos mesmos e que acompanhou integralmente a lavratura da presente ATA NOTARIAL. **12) DECLARAÇÕES FINAIS:** Finalmente, os SOLICITANTES declaram, sob as penas da lei que: **12.1.** todas as declarações prestadas nesta ATA NOTARIAL são verdadeiras e que estão cientes das sanções cíveis e criminais em caso de declaração falsa; **12.2.** requerem e autorizam o Senhor Oficial do Cartório de Registro Geral de Imóveis competente, a prática de todos os atos registrais em sentido amplo para dar início ao procedimento de adjudicação compulsória extrajudicial, nos termos do artigo 216-B, da Lei de Registros Públicos; **12.3.** os SOLICITANTES foram instruídos por seu advogado de todos os termos do artigo 216-B, da Lei de Registros Públicos, que prevê o procedimento da adjudicação compulsória extrajudicial; **12.4.** aceitam esta ATA NOTARIAL em todos os seus termos e conteúdo; e **12.5.** têm ciência de que a lavratura da presente ATA NOTARIAL, por si só, não tem o condão de reconhecer a ADJUDICAÇÃO COMPULSÓRIA pretendida, servindo este ato notarial como instrumento de meio à esta pretensão; **12.6.** têm ciência de que a lavratura deste ato notarial, para fins do procedimento de adjudicação compulsória extrajudicial, se consubstancia numa primeira etapa e que as partes requereram a sua lavratura com o fim de verificação e registro dos documentos apresentados neste ato e que serão apresentados numa segunda etapa junto ao cartório de registro imobiliário, que fará a qualificação registral objetiva e subjetiva dos requisitos para a efetivação desse procedimento de adjudicação compulsória extrajudicial; **12.7.** têm ciência de que se o procedimento registral de adjudicação compulsória extrajudicial for indeferido pelo registro imobiliário, as partes ficam cientes que deverão fazer a escrituração do imóvel pelas vias ordinárias em um Cartório de Notas ou ajuizar a ação judicial competente para tanto, podendo aproveitar esta ata notarial como meio de prova em juízo, nos termos do artigo 384, do Código de Processo Civil; **13) DAS INFORMAÇÕES OBRIGATÓRIAS À CENSEC:** Conforme artigo, 7º, do Provimento nº 18/2012, do Conselho Nacional de Justiça, será procedido o cadastro do presente ato notarial no prazo legal junto à CENSEC - Central Notarial de Serviços Eletrônicos Compartilhados. **14) DA CONSULTA À CENTRAL NACIONAL DE INDISPONIBILIDADE DE BENS - CNIB:** Conforme determina o art. 14, do Provimento nº 39/2014, do Conselho Nacional de Justiça, foram realizadas buscas, na presente data, junto à Central Nacional de Indisponibilidade de Bens - CNIB, não sendo encontrado qualquer anotação de Indisponibilidade de Bens em nome das partes, que impeçam a lavratura deste ato, de acordo com Relatório(s) de Consulta de Indisponibilidade emitido(s) às _____, do dia _____ - Códigos HASH: ___); às _____, do dia _____ - Códigos HASH: ___). E, assim, me pediu que lhe lavrasse o presente instrumento em meu livro de notas, o qual sendo por mim lido, a um só tempo e em voz alta, aos SOLICITANTES e a seu ADVOGADO. Tudo constatado mediante verificação presencial de todas as declarações, bem como a apresentação de documentos, que ficam arquivados nesta serventia.

5. CONCLUSÃO

O advento do procedimento da adjudicação compulsória extrajudicial, pela Lei nº 14.382/2022 trará grandes avanços para a regularização imobiliária no país, pois possibilitará que o sistema notarial e registral seja utilizado diretamente, com mais simplicidade e celeridade, sem qualquer prejuízo da segurança jurídica, pois o procedimento conterá duas etapas: a) verificação documental, de fatos e depoimentos através da lavratura da ata notarial nos cartórios de notas; b) procedimento no cartório de imóveis.

Importante registrar que a obrigatoriedade da utilização da ata notarial para o procedimento traz um instrumento imparcial de prudência notarial, que poderá ser feito mediante a livre escolha pelo usuário de Cartório de Notas de sua confiança, por dispensar a necessidade de diligência no local, pois tal ato notarial será utilizado como um meio de comprovação documental e de depoimentos dos fatos ocorridos, o que fatalmente trará maior segurança jurídica e rapidez para a adjudicação compulsória extrajudicial junto ao cartório de imóveis.

6. REFERÊNCIAS BIBLIOGRÁFICAS

PEREIRA, Eduardo Calais; CORRÊA, Leandro Augusto Neves; DEPIERI, Rafael Vitelli. **Adjudicação compulsória extrajudicial: conceitos e limites**. Disponível em: https://www.migalhas.com.br/depeso/372122/adjudicacao-compulsoria-extrajudicial-conceitos-e--limites. Acesso em 02 de out. 2022.

SCHREIBER, Anderson et al. **Código civil comentado: doutrina e jurisprudência**. 4. ed. Rio de Janeiro: Forense, 2022.

TARTUCE, Flávio. **Direito civil: direito das coisas**. 14 ed. Rio de Janeiro: Forense, 2022.

VENOSA, Silvio de Salvo. **Direito Civil: direitos reais**. 13 ed. São Paulo: Atlas, 2013.

VIVACQUA, Paula Pincelli Tavares. **Bens públicos - possibilidade e formas de alienação - hipótese de licitação dispensada, dispensável ou inexigível**. Disponível em: https://www.migalhas.com.br/ depeso/278033/bens-publicos---possibilidade-e-formas-de--alienacao---hipotese-de-licitacao-dispensada--dispensavel-ou-inexigivel. Acesso em 02 de out. 2022.

28
SISTEMA ELETRÔNICO DOS REGISTROS PÚBLICOS: TECNOLOGIA E DESJUDICIALIZAÇÃO

Rogério Medeiros Garcia de Lima

"La Inteligencia Artificial cambiará el mundo. Esta revolución apenas comienza" (**Moisés Naím**).[1]

I – INTRODUÇÃO

Este artigo abordará o Sistema Eletrônico dos Registros Públicos (SERP), instituído pela Lei nº 14.382, de 27 de junho de 2022.

Em capítulos sequenciais, exporemos que o novo texto legislativo é mais um desdobramento da Quarta Revolução Industrial ou Revolução 4.0.

O Conselho de Direitos Humanos da Organização das Nações Unidas (ONU) deu importante passo ao considerar **direito fundamental** o livre acesso à *internet*.

O Poder Público, em nível global, emprega as novas tecnologias e cria o denominado "Governo Eletrônico".

A Constituição Federal de 1988 estabeleceu que *"os serviços notariais e de registro são exercidos em caráter privado, por delegação do poder público"* (artigo 236, *caput*).

Desde as suas origens históricas, tabeliães e registradores manusearam documentos físicos.

A Lei nº 14.382/2022 *"dispõe sobre o Sistema Eletrônico dos Registros Públicos (Serp), de que trata o art. 37 da Lei nº 11.977, de 7 de julho de 2009, bem como moderniza e simplifica os procedimentos relativos aos registros públicos de atos e negócios jurídicos"* (artigo 1º).

As atividades notariais e de registro abandonam as tábuas, papéis e arquivos de madeira ou aço; e aderem definitivamente ao mundo digital.

---

[1] *El Tiempo*, Bogotá, 06.12.2020. Tradução livre: *"A Inteligência Artificial transformará o mundo. Essa revolução apenas começa".*

Ademais, o artigo 11 da Lei nº 14.382/2022, ao alterar dispositivos da Lei nº 6.015/1973 (Lei de Registros Públicos), harmoniza-se com a voga de **desjudicialização** no Direito Brasileiro.

Não olvidemos o **substrato ético**, a exigir especial sensibilidade também dos notários e registradores. Sem alma, de nada valerão a tecnologia e os recursos materiais.

Como servidores públicos em sentido amplo, referidos profissionais se adstringem ao **princípio da eficiência** (artigo 37, *caput*, da Constituição Federal de 1988).

Às cidadãs e cidadãos é reconhecido, contemporaneamente, o **direito subjetivo público à boa administração**.

Enfim, o texto traz a visão de um magistrado com mais de três décadas de carreira, que acompanhou a progressiva implantação das novas tecnologias no âmbito do Poder Judiciário.

E é um entusiasta dos modernos, ágeis e seguros recursos da Informática e da Telemática.

II – REVOLUÇÃO 4.0

O Sistema Eletrônico dos Registros Públicos (SERP), instituído pela Lei nº 14.382/2022, é mais um desdobramento da Quarta Revolução Industrial, também chamada Revolução 4.0.

Trouxe no seu bojo avanços tecnológicos, tais como robotização, *smartificação*, internet das coisas e inteligência artificial.[2]

Há milhões de robôs industriais em atividade no planeta. Eles representam hoje uma alternativa ao trabalho humano. Já existem, na opinião dos *experts*, os "robôs sociais", capazes de interagir com o homem; robôs com capacidades criativas; e a chamada "robótica branda", apta a integrar-se, entre outros elementos, com o corpo humano etc.

Não podemos prever até onde nos levará essa revolução, mas parece existir um consenso básico de que os avanços na matéria poderão gerar sistemas de inteligência artificial capazes de igualar – ou até mesmo superar – as capacidades intelectuais humanas, em um amplo leque de áreas e desafios.[3]

A economia se transforma radicalmente e desaparecem os empregos tradicionais, em decorrência da automatização e da inteligência artificial.[4]

A *smartificação* consiste em um movimento geral de digitalização dos objetos (naturais e culturais). É a "indústria dos objetos conectados".[5]

"Internet das coisas" (ou "IoT", sua sigla em inglês) é um sistema de dispositivos de computação inter-relacionados. Máquinas, objetos, animais ou pessoas possuem identificadores únicos e capacidade para transferir dados em rede.[6]

"Inteligência artificial" (AI) é outro conceito ligado a esses novos tempos:

---

[2] PERASSO, Valeria. *O que é a 4ª revolução industrial – e como ela deve afetar nossas vidas*, 2019.
[3] SEOANE, Antonio Mozo, *La revolución tecnológica y sus retos: medios de control, fallos de los sistemas y ciberdelinquencia*, p. 80-81.
[4] GARICANO, Luis. *El contrataque liberal: entre el vértigo tecnológico y el caos populista*, p. 29-30.
[5] COVAS, António. É a smartificação, estúpido!, 2017.
[6] ROUSE, Margaret. *Internet de las cosas (IoT)*, 2019.

> *"É um campo da ciência da computação em que máquinas realizam tarefas como a mente humana, tais como aprender e raciocinar."*
>
> *"O termo inteligência artificial representa um conjunto de software, lógica, computação e disciplinas filosóficas que visa fazer com que os computadores realizem funções que se pensava ser exclusivamente humanas, como perceber o significado em linguagem escrita ou falada, aprender, reconhecer expressões faciais e assim por diante. O campo de AI tem um longo histórico, com muitos avanços anteriores, como reconhecimento de caracteres ópticos, que agora são considerados rotina."*
>
> *"AI é um conceito atraente para muitas das partes envolvidas em negócios, ciências e governo. Em termos econômicos, existe muita vantagem em ter máquinas que realizam tarefas que costumavam precisar de seres humanos. Uma solução de inteligência artificial eficiente pode 'pensar' mais rápido e processar mais informações do que qualquer cérebro humano. Além disso, a inteligência artificial tem o potencial de levar as habilidades humanas a locais onde as pessoas têm dificuldade em chegar, como espaço sideral ou locais remotos na terra em que a experiência humana, como conhecimentos médicos, pode ser útil".*[7]

Há aspectos preocupantes no advento da inteligência artificial. O historiador israelense Yuval Noah Harari vislumbra o abalo da democracia pela revolução tecnológica, a partir do final do século 20. O liberalismo perde credibilidade; cresce o desemprego; a liberdade e a igualdade são solapadas. Algoritmos de *Big Data* podem criar ditaduras digitais, nas quais todo o poder se concentra nas mãos de uma minúscula elite, enquanto a maior parte das pessoas se torna irrelevante.[8]

O economista austríaco Joseph Schumpeter vislumbrava a economia como um processo geral evolutivo:

> *"O mercado muda constantemente, e as empresas, que são monopólios, em um minuto se tornam presas de empresas inovadoras, que as tornam obsoletas no minuto seguinte. O motor desse processo é o que Schumpeter famosamente chamou de '**destruição criativa**'"* (negritos nossos).[9]

Constatamos, de fato, efeitos negativos das novas tecnologias. A polarização política disseminou o ódio nas redes sociais, em nível planetário. As pessoas desaprenderam a debater civilizadamente. Agridem-se em círculos familiares, profissionais, educacionais e pelos meios de comunicação social. Não somente por causa de política, mas também de religião, sexualidade, futebol e outros assuntos palpitantes.[10]

Também são disseminadas as *fake news* – notícias falsas que se espalham pelo mundo virtual.[11]

---

[7] *O que é inteligência artificial?*, Portal *Hewlett Packard Enterprise*, disponível em https://www.hpe.com/br/pt/what-is-artificial-intelligence.html, acesso em 20.10.2019.
[8] HARARI, Yuval Noah. *21 lições para o século 21*. São Paulo: Companhia das Letras, trad. Paulo Geiger, 2018, p. 14, 15 e 43.
[9] GOLDBERG, Jonah. *O suicídio do ocidente...*, p. 124.
[10] GARCIA DE LIMA, Rogério Medeiros. *Redes sociais, saúde mental e dignidade humana*, 2020.
[11] GARCIA DE LIMA, Rogério Medeiros. *O veneno das eleições*, 2018.

A orientação familiar e a educação – incluída a educação digital – poderão mitigar essas inconveniências. Escrevia o saudoso padre jesuíta João Batista Libanio:

> "Só a maturidade dos pais e professores consegue pôr alguma ordem nesse caótico universo".[12]

As novas tecnologias, no entanto, trazem mais benefícios do que malefícios.

Prova disso está na superação hercúlea dos nefastos efeitos da pandemia da Covid-19, entre 2020 e 2022:

> "O trabalho passou a ser exercido na modalidade virtual (teletrabalho ou **home office**), em larga escala – tanto no setor público, como no setor privado. Escolas começaram a ministrar aulas virtuais; a Justiça, a julgar por videoconferência; e o Poder Legislativo, a aprovar leis virtualmente".[13]

III – INTERNET E DIREITOS FUNDAMENTAIS

A nossa civilização inspirou-se na Grécia Antiga, onde despontou o humanismo. Protágoras, no século V a. C., assinalou: *"o homem é a medida de todas as coisas"*.[14]

No mundo contemporâneo, os direitos fundamentais estão proclamados nas Constituições. As declarações de direitos são disposições que consagram as principais liberdades humanas. Tais direitos, enunciados pelas grandes revoluções e incluídos nos textos constitucionais, integram a própria personalidade do homem. Ao seu exercício correspondem, com limitações recíprocas, os direitos dos demais homens.[15]

O constitucionalismo moderno se caracteriza pela promulgação, em texto escrito, da declaração dos Direitos Humanos e de cidadania. Caracteriza um dos momentos centrais do seu desenvolvimento, ao consagrar a vitória do cidadão sobre o poder.[16] Os direitos humanos constituem patrimônio próprio e inalienável dos cidadãos.[17]

Na precisa definição de José Afonso da Silva:

> "Direitos fundamentais do homem constitui a expressão mais adequada a este estudo, porque, além de referir-se a princípios que resumem a concepção do mundo e informam a ideologia política de cada ordenamento jurídico, é reservada para designar, no nível do direito positivo, aquelas prerrogativas e instituições que ele concretiza em garantias de uma convivência digna, livre e igual de todas as pessoas.

---

[12] LIBANIO, João Batista. *A internet, absolutamente irresistível*, O Tempo, 25.10.2009. Ivan Paganotti, doutor em Comunicação pela Universidade de São Paulo (USP), defende a "educação midiática", na qual o educador mostra como funcionam as plataformas de mídias sociais e fornece ao público ferramentas para melhor utilizá-las (*Notícias do STF*, 10.08.2022).
[13] GARCIA DE LIMA, Rogério Medeiros. *Direito Eleitoral em tempos de ódio e pandemia*, 2021.
[14] NOGARE, Pedro Dalle. *Humanismos e Anti-Humanismos: Introdução à Antropologia Filosófica*, p. 25-31.
[15] PINTO FERREIRA. *Curso de Direito Constitucional*, p. 111-112.
[16] BOBBIO, Norberto, MATTEUCCI, Nicola e PASQUINO, Gianfranco. *Dicionário de Política*, p. 353.
[17] MORBIDELLI, Giuseppi, PEGORARO, Lucio, REPOSO, Antonio e VOLPI, Mauro. *Diritto Costituzionale Italiano e Comparato*, p. 86.

> No qualificativo fundamentais acha-se a indicação de que se trata de situações jurídicas sem as quais a pessoa humana não se realiza, não convive e, às vezes, nem mesmo sobrevive; fundamentais do homem no sentido de que a todos, por igual, devem ser, não apenas formalmente reconhecidos, mas concreta e materialmente efetivados. Do homem, não como o macho da espécie, mas no sentido de pessoa humana. Direitos fundamentais do homem significa direitos fundamentais da pessoa humana ou direitos humanos fundamentais".[18]

O computador operou uma revolução tecnológica na sociedade, por muitos considerada sucessora da revolução industrial:

> "(Proporciona) importantes transformações sociais, a mais importante das quais, é a transformação da informação de átomos para bits, o 'ADN da informação', que tem atualmente uma nova configuração. A informação ainda continua a ser fornecida, em larga medida, em átomos: jornais, revistas e livros. O trilho, contudo, é irreversível: a completa 'digitalização da sociedade', a transmissão exclusiva da informação através da vida digital".[19]

O Conselho de Direitos Humanos da Organização das Nações Unidas (ONU) deu importante passo ao considerar **direito fundamental** o livre acesso à *internet*. São necessárias ações legislativas e materiais dos Estados para garantir sua plena eficácia, inclusive quanto às pessoas mais carentes.[20]

Essa revolução tecnológica trouxe novos desafios para o Direito, a partir do final da década de 1980. É preciso atualizar as normas jurídicas para enfrentar novas formas de violações:

> "No centro das preocupações estão, sem dúvida, as crescentes agressões aos direitos, liberdades e garantias dos cidadãos, máxime, os problemas relacionados com a (sua) privacidade. (...) Num futuro não muito distante, a privacidade não terá sequer os contornos da velha máxima: 'my home my castle'".[21]

IV – PODER PÚBLICO E NOVAS TECNOLOGIAS

O austríaco Peter Drucker, reputado "pai da moderna administração", apregoava:

> "A inovação e o empreendedorismo são necessários na sociedade, tanto quanto na economia, nas instituições de serviço público e igualmente nos negócios".[22]

Ingressamos na era da "economia digital", na qual são intensivamente utilizadas as Tecnologias de Informação e Comunicações (TICS); isso inclui novas ferramentas de conexão e interação entre as pessoas, as organizações e o próprio Estado.[23]

---

[18] SILVA, José Afonso da. *Curso de Direito Constitucional Positivo*, p. 159.
[19] VEIGA, Armando. *Legislação de Direito da Informática*, p. 7.
[20] PULVIRENTI, Orlando D. *Derechos humanos e internet*, p. 90-91.
[21] VEIGA, Armando, ob. cit., p. 7-8.
[22] WARTZMAN, Rick. *O que Drucker faria agora?* (...), p. 27.
[23] BLASKIEVICZ, Danielle. *Profissional analógico não sobrevive ao mundo digital*, Gazeta do Povo, 09.08.2022.

Na Espanha, por exemplo, a Lei nº 11/2007 estabeleceu o regime jurídico da administração eletrônica, entendendo-se por tal a atuação da Administração Pública por meios eletrônicos, informáticos e telemáticos. Estes passam a ser utilizados no relacionamento e comunicação dos cidadãos com órgãos administrativos, e desses órgãos entre si.

Consagra-se o **princípio da acessibilidade, por meios eletrônicos, à informação e aos serviços**:

> "Para que las personas puedan ejercer sus derechos en igualdad de condiciones y obtener la información y servicios de manera segura y compreensible en todos los soportes, canales y entornos. El principio vela especialmente por personas cuya discapacidad obstaculice el acceso a las TICs".[24]

A *Carta Iberoamericana de Gobierno Electrónico*, de 2007, define "Governo Eletrônico" como a utilização das tecnologías da informação nos órgãos da Administração:

> "Para mejorar la información y los servicios ofrecidos a los ciudadanos, orientar la eficacia y eficiencia de la gestión pública e incrementar sustantivamente la transparencia del sector público y la participación de los ciudadanos".

E assinala os seus princípios:

> "Igualdad; conservación; transparencia y accesibilidad; propocionalidad; responsabilidad; y **adecuación tecnológica**" (negritos nossos).[25]

No Brasil, o governo do então presidente Jair Bolsonaro foi o terceiro que mais reduziu funcionários públicos desde 1989:

> "(Fica) atrás somente de Fernando Henrique Cardoso (89.748 servidores federais a menos, durante oito anos de governo) e de Fernando Collor, que cortou 91.870 servidores."

> "Dois motivos contribuíram para isso: a digitalização dos serviços, o foco na atividade fim, não na atividade meio, e medidas de eficiência operacional, como é exemplo o Decreto 9.739/19: entre outras coisas, obriga o serviço público federal a fazer o melhor que pode com os funcionários que possui antes de abrir novos concursos ou fazer novas nomeações."

> "O governo já digitalizou mais de 4 mil serviços, que representam 84% de 4,8 mil serviços ofertados à população. A digitalização dos serviços representa uma economia de R$ 4,6 bilhões por ano aos pagadores de impostos. O governo pretende atingir a marca de 100% dos serviços digitalizados até o fim deste ano".[26]

---

[24] CASADO, Eduardo Gamero e RAMOS, Severiano Fernández. *Manual Básico de Derecho Administrativo*, p. 460 e 466.
[25] BALBÍN, Carlos F. *Manual de Derecho Administrativo*, p. 70.
[26] UEBEL, Paulo Spencer. *Eficiência do governo federal: bons avanços e novas medidas*, Gazeta do Povo, 23.08.2022.

Os juristas argentinos Rafael Bielsa[27] e Ramón Brenna escreveram sobre reforma do Poder Judiciário e novas tecnologias. Suas reflexões, contudo, servem para as atividades administrativas em sentido amplo, inclusive os serviços notariais e de registro.

Segundo eles, uma instituição somente se justifica quando obtém os resultados para os quais foi criada. O processo geral, que leva à consecução desses objetivos, exige máxima economia e eficiência na utilização de recursos.

Uma organização é movida por duas forças ou tendências: o isolamento e a abertura. O isolamento garante estabilidade, mas a conduz irremissivelmente à degradação. A abertura, por sua vez, facilita notavelmente a sua inserção social.[28]

V – SERVIÇOS NOTARIAIS E DE REGISTRO

A Constituição Federal de 1988 estabeleceu:

> *"Art. 236. Os serviços notariais e de registro são exercidos em caráter privado, por delegação do Poder Público.*
>
> *§ 1º Lei regulará as atividades, disciplinará a responsabilidade civil e criminal dos notários, dos oficiais de registro e de seus prepostos, e definirá a fiscalização de seus atos pelo Poder Judiciário.*
>
> *§ 2º Lei federal estabelecerá normas gerais para fixação de emolumentos relativos aos atos praticados pelos serviços notariais e de registro.*
>
> *§ 3º O ingresso na atividade notarial e de registro depende de concurso público de provas e títulos, não se permitindo que qualquer serventia fique vaga, sem abertura de concurso de provimento ou de remoção, por mais de seis meses".*

Comentou Manoel Gonçalves Ferreira Filho:

> *"Embora exercidos em caráter privado, os serviços notariais e de registro são de relevância pública. Isso justifica sejam sujeitos ao concurso público de títulos e provas, analogamente ao que se exige para o ingresso no serviço público".*[29]

Igualmente, o escólio de José Afonso da Silva:

> *"É antiga a controvérsia sobre a natureza jurídica desses serviços. Não raro são chamados **serventias de justiça**, de acordo com a concepção de que seriam auxiliares da Justiça. Mas essa caracterização só tem sentido real em relação a **escrivães e secretários de juízo**. O mesmo, porém, não se dá em relação aos **notários e registradores**, visto como são profissionais autônomos pelos atos de seu ofício, 'gozam de independência no exercício de suas atribuições' – bem diz o art. 28 da Lei 8.935/1994. De fato, a doutrina contemporânea exclui do quadro dos auxiliares da Justiça todos aqueles que exerçam atividades que não sejam inerentes às que se realizam no processo, como são as serventias do foro extrajudicial."*

---

[27] Ex-ministro das Relações Exteriores da Argentina.
[28] BIELSA, Rafael A. e BRENNA, Ramón G. *Reforma de la Justicia y nuevas tecnologías*, p. 15 e 123.
[29] FERREIRA FILHO, Manoel Gonçalves. *Comentários à Constituição Brasileira de 1988*, p. 127-128.

"*A questão que se põe é esta: o serviço de registro é um serviço público ou é um serviço particular? Para se resolver essa alternativa, cumpre fazer distinção entre a natureza do serviço em si e a natureza de sua execução.*"

"*É fora de qualquer dúvida que as serventias notariais e registrais exercem função pública. Sua atividade é de natureza pública, tanto quanto o são as de telecomunicação, de radiodifusão, de energia elétrica, de navegação aérea e aeroespacial e de transportes, consoante estatui a Constituição (art. 21, XI e XII). A distinção que se pode fazer consiste no fato de que os últimos são **serviços públicos de ordem material**, serviços de utilidade ou comodidade material fruível diretamente pelos administrados, enquanto os prestados pelas serventias do foro extrajudicial são serviços de ordem jurídica ou formal, por isso têm antes a característica de ofício ou de função pública, mediante a qual o Estado intervém em atos ou negócios da vida privada para conferir-lhes certeza, eficácia e segurança jurídica; por isso, sua prestação indireta configura delegação de função ou ofício público, e não concessão ou permissão, como ocorre nas hipóteses de prestação indireta de serviços materiais – consoante justa observação de Celso Antônio Bandeira de Mello. Ou seja – conforme Frederico Marques; o registro público desempenha uma função de administração pública de interesses privados. A terminologia – **função ou serviços** –, para os fins aqui em vista, não é relevante. Apenas se pode notar que a Constituição fala em serviços de registro; só por essa razão vamos usar a terminologia constitucional, falando, de preferência, em serviços, embora reconheçamos que melhor seria o termo 'função'*" (negritos no original).[30]

O texto constitucional foi regulamentado pela Lei Federal nº 8.935, de 18 de novembro de 1994.

Não obstante essa nova configuração jurídica, o Supremo Tribunal Federal decidiu que notários e registradores são **agentes públicos**, em sentido **amplo**:

"*Os oficiais de registro e notários são servidores públicos, em sentido lato*".[31]

"*DIREITO ADMINISTRATIVO. RECURSO EXTRAORDINÁRIO. REPERCUSSÃO GERAL. DANO MATERIAL. ATOS E OMISSÕES DANOSAS DE NOTÁRIOS E REGISTRADORES. TEMA 777. ATIVIDADE DELEGADA. RESPONSABILIDADE CIVIL DO DELEGATÁRIO E DO ESTADO EM DECORRÊNCIA DE DANOS CAUSADOS A TERCEIROS POR TABELIÃES E OFICIAIS DE REGISTRO NO EXERCÍCIO DE SUAS FUNÇÕES. SERVENTIAS EXTRAJUDICIAIS. ART. 236, §1º, DA CONSTITUIÇÃO DA REPÚBLICA. RESPONSABILIDADE OBJETIVA DO ESTADO PELOS ATOS DE TABELIÃES E REGISTRADORES OFICIAIS QUE, NO EXERCÍCIO DE SUAS FUNÇÕES, CAUSEM DANOS A TERCEIROS, ASSEGURADO O DIREITO DE REGRESSO CONTRA O RESPONSÁVEL NOS CASOS DE DOLO OU CULPA. POSSIBILIDADE. 1. Os serviços*

---

[30] SILVA, José Afonso da. *Comentário Contextual à Constituição*, p. 897-898.
[31] Supremo Tribunal Federal, HC 74.131-2, Min. Moreira Alves, publicação da *Escola Judicial Desembargador Edésio Fernandes,* Diário do Judiciário-MG, 18.04.1997.

notariais e de registro são exercidos em caráter privado, por delegação do Poder Público. Tabeliães e registradores oficiais são particulares em colaboração com o poder público que exercem suas atividades in nomine do Estado, com lastro em delegação prescrita expressamente no tecido constitucional (art. 236, CRFB/88). 2. Os tabeliães e registradores oficiais exercem função munida de fé pública, que destina-se a conferir autenticidade, publicidade, segurança e eficácia às declarações de vontade. 3. O ingresso na atividade notarial e de registro depende de concurso público e os atos de seus agentes estão sujeitos à fiscalização do Poder Judiciário, consoante expressa determinação constitucional (art. 236, CRFB/88). Por exercerem um feixe de competências estatais, os titulares de serventias extrajudiciais qualificam-se como agentes públicos. 4. O Estado responde, objetivamente, pelos atos dos tabeliães e registradores oficiais que, no exercício de suas funções, causem dano a terceiros, assentado o dever de regresso contra o responsável, nos casos de dolo ou culpa, sob pena de improbidade administrativa. Precedentes: RE 209.354 AgR, Rel. Min. Carlos Velloso, Segunda Turma, DJe de 16/4/1999; RE 518.894 AgR, Rel. Min. Ayres Britto, Segunda Turma, DJe de 22/9/2011; RE 551.156 AgR, Rel. Min. Ellen Gracie, Segunda Turma, DJe de 10/3/2009; AI 846.317 AgR, Relª. Minª. Cármen Lúcia, Segunda Turma, DJe de 28/11/13 e RE 788.009 AgR, Rel. Min. Dias Toffoli, Primeira Turma, julgado em 19/08/2014, DJe 13/10/2014. 5. Os serviços notariais e de registro, mercê de exercidos em caráter privado, por delegação do Poder Público (art. 236, CF/88), não se submetem à disciplina que rege as pessoas jurídicas de direito privado prestadoras de serviços públicos. É que esta alternativa interpretativa, além de inobservar a sistemática da aplicabilidade das normas constitucionais, contraria a literalidade do texto da Carta da República, conforme a dicção do art. 37, § 6º, que se refere a "pessoas jurídicas" prestadoras de serviços públicos, ao passo que notários e tabeliães respondem civilmente enquanto pessoas naturais delegatárias de serviço público, consoante disposto no art. 22 da Lei nº 8.935/94. 6. A própria constituição determina que "lei regulará as atividades, disciplinará a responsabilidade civil e criminal dos notários, dos oficiais de registro e de seus prepostos, e definirá a fiscalização de seus atos pelo Poder Judiciário" (art. 236, CRFB/88), não competindo a esta Corte realizar uma interpretação analógica e extensiva, a fim de equiparar o regime jurídico da responsabilidade civil de notários e registradores oficiais ao das pessoas jurídicas de direito privado prestadoras de serviços públicos (art. 37, § 6º, CRFB/88). 7. A responsabilização objetiva depende de expressa previsão normativa e não admite interpretação extensiva ou ampliativa, posto regra excepcional, impassível de presunção. 8. A Lei 8.935/94 regulamenta o art. 236 da Constituição Federal e fixa o estatuto dos serviços notariais e de registro, predicando no seu art. 22 que 'os notários e oficiais de registro são civilmente responsáveis por todos os prejuízos que causarem a terceiros, por culpa ou dolo, pessoalmente, pelos substitutos que designarem ou escreventes que autorizarem, assegurado o direito de regresso. (Redação dada pela Lei nº 13.286, de 2016)', o que configura inequívoca responsabilidade civil subjetiva dos notários e oficiais de registro, legalmente assentada. 9. O art. 28 da Lei de Registros Públicos (Lei 6.015/1973) contém comando expresso quanto à responsabilidade subjetiva de oficiais de registro, bem como o art. 38 da Lei 9.492/97, que fixa a responsabilidade subjetiva dos Tabeliães de Protesto *de Títulos por seus próprios atos e os de seus prepostos. 10. Deveras, a atividade dos registradores de protesto é análoga à dos notários e demais registradores, inexistindo **discrímen** que autorize tratamento diferenciado para somente uma determinada atividade da classe notarial. 11. Repercussão geral constitucional que assenta a tese objetiva de que: o Estado responde, objetivamente, pelos atos dos tabeliães e registradores oficiais que, no exercício de suas funções, causem dano a terceiros, assentado o dever de regresso contra o responsável, nos casos de dolo ou culpa, sob pena de improbidade administrativa. 12. **In casu**, tratando-se de dano causado por registrador oficial no exercício de sua função, incide a responsabilidade objetiva do Estado de Santa Catarina, assentado o dever de regresso contra o responsável, nos casos de dolo ou culpa, sob pena de improbidade administrativa. 13. Recurso extraordinário CONHECIDO e DESPROVIDO para reconhecer que o Estado responde, objetivamente, pelos atos dos tabeliães e registradores oficiais que, no exercício de suas funções, causem dano a terceiros, assentado o dever de regresso contra o responsável, nos casos de dolo ou culpa, sob pena de improbidade administrativa. Tese: 'O Estado responde, objetivamente, pelos atos dos tabeliães e registradores oficiais que, no exercício de suas funções, causem dano a terceiros, assentado o dever de regresso contra o responsável, nos casos de dolo ou culpa, sob pena de improbidade administrativa'".*[32]

VI – ORIGEM HISTÓRICA

A palavra **tabelião** vem do latim **tabellione**, "*homem que escrevia em tabuinhas enceradas, fazendo registros indispensáveis, como nascimentos, óbitos, leis, escrituras de imóveis, fases da lua etc.*".[33]

No linguajar jurídico, **tabelião**, ou **tabelião de notas**, é o "*serventuário de justiça ou empregado público judicial, cuja função é lavrar atos e contratos que requeiram forma e autenticidade legal e pública*".[34]

De Plácido e Silva anotava:

> "*É (...) o tabelião encarregado de escrever os **documentos**, ou de **preparar os instrumentos** dos diversos atos jurídicos, para os quais se exija escritura pública, ou quando assim o desejem os próprios interessados.*"
>
> "*Originariamente, **escrivães** e **tabeliães** entendiam-se como designando funções idênticas. As expressões passaram a indicar ofícios diferentes. Os **tabeliães** são serventuários públicos que exercem atividades com uma certa autonomia, enquanto os **escrivães**, em regra, agem sob o mando direto de um juiz, ou de uma autoridade, que lhes superintende os serviços.*"
>
> "*Os romanos, desde ULPIANO, já os mencionaram, conforme se evidencia do Fr. 9, §4º, do Digesto, atribuindo-lhes o encargo de formular as escrituras. Eram considerados como escrivães públicos.*"

---

[32] Supremo Tribunal Federal, Recurso Extraordinário nº 842.846-SC, Min. Luix Fux, DJe 13.08.2019.
[33] SILVA, Deonísio da. *A vida íntima das palavras (...)*, p. 429.
[34] NUNES, Pedro. *Dicionário de tecnologia jurídica*, p. 785.

"*Convém, no entanto, esclarecer que os romanos distinguiam dos **tabelliones** o **tabularius** e o **notarius**."*

"O **tabularius** era servidor público encarregado da escrita e contabilidade nas administrações provinciais e municipais, cometendo-se-lhe, ao mesmo tempo, a missão de guardar os arquivos comunais, pelo que, em certas circunstâncias, intervinha na feitura dos atos jurídicos para lhes dar autenticidade."

"O **notarius**, de **nota**, era originariamente **estenógrafo**, a quem se cometia o encargo de **registrar por escrito** todos os atos de um processo, a fim de o levar a julgamento, trazendo ao conhecimento dos interessados as resoluções ou decisões tomadas."

"Modernamente, **notário**, ou **tabelião de notas**, envolve o mesmo sentido, designando o oficial, ou serventuário público, encarregado de **redigir as notas** para a instrumentação dos atos jurídicos, confiados à sua elaboração."

"Os instrumentos elaborados pelos tabeliães têm toda autenticidade e merecem toda fé pública. Por essa razão, ao contrário dos instrumentos privados, dizem-se **instrumentos**, ou **escrituras públicas**."

"Para registro das escrituras elaboradas por eles, possuem livros próprios, sujeitos à correição da autoridade judiciária competente" (negritos no original).[35]

Sobre o **registro**, assinalava Pedro Nunes:

"**REGISTRO** – 1. Lançamento, inscrição ou transcrição, integral ou por extrato, em livro apropriado, de certos fatos ou atos escritos, títulos, ou documentos, etc. – Livro onde é feito esse registro. – Repartição, ou cartório especial, onde se registram os mesmos atos. 2. Instituto criado com o fim de tornar públicos os atos jurídicos, o estado e a capacidade das pessoas, estabelecendo a autenticidade, segurança e validade das obrigações e de certas relações de direito passíveis de tutela legal e sujeitas a transferência, modificação, ou extinção".[36]

Também discorreu Serpa Lopes:

"Incontestável a tendência de todo progresso jurídico para o aperfeiçoamento e desenvolvimento do sistema de publicidade. Nas legislações primitivas, as formas participavam da substância do próprio Direito, mas a prática dos ritos solenes não visava à publicidade, segundo o seu moderno conceito, pois que tais ritos não passavam de uma consequência da íntima relação entre o Direito e a Religião. (...)"

"Atos jurídicos existem que, ultrapassando o âmbito estreito dos próprios interessados, se espraiam em interesses de um público imenso: são as chamadas declarações à generalidade."

"Para tais atos é insuficiente a simples declaração de vontade. A natureza deles, a repercussão que lhes é inerente, exigem um órgão de exteriorização, dotado de condições singularíssimas – os Registros Públicos."

---

[35] DE PLÁCIDO E SILVA. *Vocabulário jurídico*, p. 312.
[36] NUNES, Pedro. *Dicionário de tecnologia jurídica*, p. 705.

"A fé pública e a presunção de verdade são algumas vezes os seus atributos lógicos e específicos".[37]

E mais:

"O registro é a menção de certos atos ou fatos, exarada em registros especiais, por um oficial público, quer à vista dos títulos comuns que lhe são apresentados, quer em face de declarações escritas ou verbais das partes interessadas."
"No primeiro caso, a sua essência reside na publicidade."
"Esta é de uma utilidade jurídico-social inegável. A sua função no Direito consiste em tornar conhecidas certas situações jurídicas, precipuamente quando se refletem nos interesses de terceiros. Por outro lado, a sua finalidade caracteriza-se por essa dupla face: ao mesmo tempo que realiza uma **defesa**, serve de elemento de **garantia**."
"Relações jurídicas existem que exigem ser respeitadas por terceiros, sendo imperiosa a necessidade de criação de um órgão, de um sistema capaz de possibilitar esse conhecimento **erga omnes**."
"Se verdade é que, em geral, o negócio jurídico somente produz efeitos entre as partes diretamente interessadas, contudo, em dados casos, podem esses efeitos protrair-se, atingindo terceiros interessados, dando lugar ao que certos juristas denominam de **eficácia** reflexa ou de **repercussão** do negócio jurídico. (...)"
"Saliente-se, antes de tudo, que a publicidade protege e assegura, através do registro, duas ordens de interesses: o interesse social e o interesse privado. Quando em causa o primeiro, como em muitas relações atinentes ao estado civil, aos direitos reais, o Registro é obrigatoriamente imposto, mediante sanções. Por meio de seus órgãos competentes, o Estado intervém diretamente, assegurando, de um modo mais eficaz e imediato, o interesse coletivo."
"Se de caráter privado e particular o interesse preponderante, o Registro é, em regra, facultativo, cingindo-se o interesse do Estado ao cumprimento das regras formais pertinentes ao mesmo, como, **v.g.**, no caso de alguém levar a registro um documento simplesmente para garanti-lo contra qualquer perda ou extravio" (negritos no original).[38]

No Direito Romano, não há vestígios do **registro civil**, o qual, historicamente, surgiu no âmbito da Igreja Católica:

"Durante a Idade Média e nos primeiros séculos da época moderna é que foram introduzidos usos religiosos e usos civis dos quais surgiram o instituto do registro."
"Antes do Concílio de Trento, a Igreja Católica usava o registro de bispos, príncipes ou fiéis vivos ou mortos, pelos quais se orava nas Missas, e, para uma perpétua memória, inscrevia-se o nome do benfeitor, como igualmente os dos que tivessem recebido sepultura. Um outro uso foi estabelecido nas cidades italianas: anotava-se nos livros públicos a emancipação dos filhos de família e os filhos deixados ao abandono."

---

[37] SERPA LOPES, Miguel Maria de. *Tratado dos Registros Públicos*, prefácio à 1ª edição.
[38] SERPA LOPES, Miguel Maria de. *Tratado dos Registros Públicos*, p. 17-19.

"No decorrer dos séculos XIV e XV, instituíram registros por meio dos quais se pudesse demonstrar, com segurança e a qualquer momento, a idade dos indivíduos, os matrimônios, as filiações, etc."

"O Concílio de Trento voltou as suas vistas para esse problema. Sistematizou os usos então existentes e determinou obrigatório para todos os párocos o registro dos batismos, nascimentos, casamentos, obrigações que a praxe estendeu aos próprios óbitos."

"Não tardou muito tempo a que essa forma de publicidade, instituída pela Igreja Católica, fosse admitida oficialmente e, por assim dizer, laicizada."

"Dentre outros motivos, exerceram influência as imperfeições desses registros, muitas vezes não fielmente cumpridos pelos párocos e depois a circunstância de ficarem esses assentamentos restritos aos adeptos da Religião Católica."

"Com a Revolução Francesa, a publicidade do estado das pessoas foi erigida em dogma. Assim o proclamou a lei de 20 de setembro de 1792, lei revolucionária, com excessos e irregularidades. Com o Código de Napoleão, sobreveio a reação, no sentido de dar ao Registro Civil, mediante formas rígidas, uma força probante absoluta."

"Contudo, nem todas as legislações adotam um sistema puramente laico".[39]

No Brasil, o **registro civil** surgiu ao tempo do Império:

"Entre nós, ao tempo do Império, dadas as relações entre a Igreja e o Estado, os assentamentos paroquiais eram revestidos de todo o valor probante e outro registro não se conhecia que não o religioso."

"Em 1861, porém, instituiu-se, para os acatólicos, o casamento leigo e, como corolário, o registro dos atos dele decorrentes."

"Finalmente, essa evolução laicizadora logrou completar-se não só com o Decreto nº 9.886, de 7 de março de 1888, por força do qual foi instituído um registro com função probatória do nascimento, casamentos e óbitos, sendo que, em relação aos casamentos, compreendia os celebrados perante autoridade religiosa. Com o advento da República, o ato do casamento tornou-se rigorosa e absolutamente laico. Assim o prescrevia o art. 72, §4º, da Constituição Federal de 1891, fixando que 'a República só reconhece o casamento civil, cuja celebração será gratuita'."

"Posteriormente, a Constituição Federal de 16 de julho de 1934, sem prejuízo do casamento civil, restabeleceu a eficácia do casamento religioso".[40]

Sobre o **registro de imóveis**, prosseguia Serpa Lopes:

"O registro imobiliário é um instituto nascido da necessidade social de publicação da transferência da propriedade."

---

[39] SERPA LOPES, Miguel Maria de. *Tratado dos Registros Públicos*, p. 22.
[40] SERPA LOPES, Miguel Maria de. *Tratado dos Registros Públicos*, p. 23-24. Curiosa nota histórica, do tempo da Guerra de Canudos (1896-1897), no sertão da Bahia, quando o governo federal reprimiu duramente fanáticos religiosos liderados pelo místico Antônio Conselheiro: *"(O Conselheiro pregava) a volta da monarquia. A República só podia ser coisa de ateus e maçons, como comprovavam a **introdução do casamento civil** e uma suposta interdição da Companhia de Jesus"* (FAUSTO, Boris. *História do Brasil*, p. 257, negritos nossos).

> *"Interessando tanto à coletividade como aos titulares diretos e partes contratantes, o sistema de publicidade impôs-se como uma medida de segurança dos direitos das partes contratantes e como uma salvaguarda dos próprios direitos de terceiros e das futuras transações, atenta à dupla finalidade da propriedade imobiliária – **transferência** e **garantia real**."*
>
> *"Em antigas legislações, já se encontram prescritas certas solenidades, para compor a transferência do domínio imobiliário, tornando-a conhecida do público"* (negritos no original).[41]

Caio Mário da Silva Pereira lembrava que, no Direito Romano, a transferência do domínio exigia um ato externo – tradição ou usucapião – para se efetivar. À propriedade imóvel era, pois, indispensável a **tradição** da coisa. E acrescentava:

> *"O Direito Brasileiro anterior ao Código Civil de 1916, desprendendo-se do passado histórico, atribuiu força translativa ao contrato, admitindo que os imóveis se transmitissem **solo consenso**, e, desta sorte, perfilhava doutrina análoga à do Código Francês (art. 712), bem como dos que a este se prenderam pela mesma técnica (italiano, espanhol). Considerava-se, então, que a propriedade se transmitia exclusivamente pelo contrato, sem a necessidade de qualquer outra exigência."*
>
> *"Sentindo, porém, os riscos que daí forçosamente se originavam, entenderam os nossos juristas que a transcrição se tornava necessária 'para que a transferência tivesse valor contra terceiros'"* (negritos no original).[42]

VII – A LEI Nº 14.382/2022

Estatui a Lei nº 14.382, de 27 de junho de 2022:

> *"Art. 1º Esta Lei dispõe sobre o Sistema Eletrônico dos Registros Públicos (Serp), de que trata o art. 37 da Lei nº 11.977, de 7 de julho de 2009, bem como moderniza e simplifica os procedimentos relativos aos registros públicos de atos e negócios jurídicos, de que trata a Lei nº 6.015, de 31 de dezembro de 1973 (Lei de Registros Públicos), e de incorporações imobiliárias, de que trata a Lei nº 4.591, de 16 de dezembro de 1964.*
>
> *"Art. 2º Esta Lei aplica-se: I – às relações jurídicas que envolvam oficiais dos registros públicos; e II – aos usuários dos serviços de registros públicos".*

O Sistema Eletrônico de Registros Públicos (SERP) tem o objetivo de viabilizar:

> *"I – o registro público eletrônico dos atos e negócios jurídicos; II – a interconexão das serventias dos registros públicos; III – a interoperabilidade das bases de dados entre as serventias dos registros públicos e entre as serventias dos registros públicos e o Serp; IV – o atendimento remoto aos usuários de todas as serventias dos registros públicos, por meio da internet; V – a recepção e o envio de documentos e títulos, a expedição de certidões e a prestação de informações, em formato eletrô-*

---

[41] SERPA LOPES, Miguel Maria de. *Tratado dos Registros Públicos*, p. 30.
[42] PEREIRA, Caio Mário da Silva. *Instituições de Direito Civil*, p. 118-119.

nico, inclusive de forma centralizada, para distribuição posterior às serventias dos registros públicos competentes; VI – a visualização eletrônica dos atos transcritos, registrados ou averbados nas serventias dos registros públicos; VII – o intercâmbio de documentos eletrônicos e de informações entre as serventias dos registros públicos (...)" (artigo 3º, Lei nº 14.382/2022).

Caberá à Corregedoria Nacional de Justiça do Conselho Nacional de Justiça disciplinar sobre diversos pontos da novel legislação, com a data final do respectivo cronograma prevista para 31 de janeiro de 2023 (artigos 7º e 18, Lei nº 14.382/2022).

Apresento aqui a visão de um magistrado com trinta e três anos de carreira.

Vivenciei os tempos das canetas, carimbos e máquinas de escrever; dos papéis e formulários impressos; dos autos de processos encapados e "apensados" com barbantes; e da difícil comunicação entre tribunais e comarcas, mediante telefonemas interurbanos, telegramas e fac-símile.

E hoje me deleito com os modernos, ágeis e seguros recursos da Informática e da Telemática.

No entanto, as modernas tecnologias assustam desde épocas mais remotas.

Em 1949, o escritor britânico George Orwell publicou **1984**, romance distópico e futurista. Numa sociedade imaginária, as cidadãs e cidadãos são subjugados por um Estado totalitário. Através de câmaras, permanecem sob vigilância permanente pelo líder, o *Grande Irmão*.[43]

Em 1951, o escritor argentino Ernesto Sabato publicou **Homens e engrenagens**, livro no qual criticou o mundo dominado pela tecnologia. As pessoas "fogem" das fábricas, onde são escravizadas pelas máquinas, e ingressam no reino ilusório criado por outras máquinas. Naquela época, exemplificava, rádios e projetores; hoje temos televisão, microcomputadores, *smartphones* etc. Na sociedade tecnológica, a pessoa humana torna-se *"mais uma engrenagem do sistema"*, caracterizada por profunda pobreza espiritual. Transforma-se em *"coisa"*.[44]

Semelhante ceticismo verificamos na evolução tecnológica do processo. Era arraigada, entre nós, a cultura secular do acúmulo de papéis. Todavia, no limiar do século 21 assistimos à progressiva adoção dos meios eletrônicos para a prática dos atos processuais.

No âmbito da Justiça Trabalhista do Paraná, por exemplo, foi bem sucedida a expedição de cartas precatórias via *internet*.

Ocorreu uma mudança de paradigmas, estimulada pela implantação do sistema processual eletrônico.

No entanto, muitos operadores do Direito – magistrados inclusive – ainda temiam o processo eletrônico, visto por eles como "um bicho de sete cabeças".[45]

Os resultados atuais são expressivos, conforme o Conselho Nacional de Justiça:

---

[43] ORWELL, George. *1984*, trad. Brasileira, 2009.
[44] SABATO, Ernesto. *Hombres y engranajes*, 2011.
[45] SANTOS, José Aparecido dos. *Avanços do processo: perspectivas e dúvidas com base na experiência do TRT do Paraná com o processo eletrônico*, palestra, 2012.

> "Os tribunais brasileiros devem aceitar apenas processos em formato eletrônico a partir dessa terça-feira (1º/3). A restrição a processos físicos, definida em setembro pelo Conselho Nacional de Justiça (CNJ) com a aprovação da Resolução CNJ n. 420/2021, deve acelerar a transformação digital na Justiça. No ano passado, apenas duas em cada 100 ações começaram a tramitar em papel, de acordo com o Painel de Estatísticas do Poder Judiciário. Os indicadores mostram que os tribunais guardavam, no início deste ano, 9,9 milhões ações judiciais pendentes, aguardando desfecho. O esforço pela digitalização da Justiça tem reduzido, ao longo dos anos, o número de casos pendentes que não tramitam em sistemas eletrônicos. Em pouco mais de uma década, tornaram-se exceção. Em 2009, equivaliam a apenas 11,2% dos processos a julgar. Em 2020, o índice de processos eletrônicos saltou para 96,9%, de acordo com o anuário estatístico do CNJ, o Justiça em Números. O que explica essa virada estatística é, em grande medida, o percentual cada vez maior de ações judiciais que ingressam na Justiça por meio digital. No ano passado, todos os processos iniciados na Justiça Eleitoral, na Justiça Militar e nos tribunais superiores "nasceram" em formato digital. Os poucos processos que começaram a tramitar fora do sistema eletrônico – 2% do total – ingressaram pelos tribunais de Justiça, em sua maioria".[46]

O Ministro Luiz Fux, então Presidente do Supremo Tribunal Federal, destacou o uso da inteligência artificial aliada à inteligência humana, a fim de que os países possam cumprir as metas das Nações Unidas para o desenvolvimento sustentável (Agenda 2030 da Organização das Nações Unidas-ONU):

> "São 193 países signatários desse 'verdadeiro plano de ação global' para o futuro, que busca maior sustentabilidade, solidariedade e justiça social, especialmente para as pessoas mais vulneráveis. Fux citou a criação do robô **Rafa 2030**, voltado exclusivamente para tornar mais célere e acurada a classificação do acervo processual do Tribunal de acordo com os objetivos da Agenda 2030, 'sobretudo sob a ótica do direito humano protegido pela Constituição'. Questões sensíveis, como a tipificação de trabalho degradante e a moralidade para o exercício de cargo público, ambos relatados por ele, foram lembradas pelo presidente. Essa especificação dos temas, explicou, começou há dois anos, quando o STF passou a classificar, pautar e julgar seu acervo conforme as prioridades dos Objetivos de Desenvolvimento Sustentável (ODS), deixando registrado na página de andamento processual quais objetivos da ONU são percebidos em cada causa a ser julgada, como erradicação da pobreza, saúde e bem-estar e sustentabilidade de cidades e comunidades".[47]

Ainda conforme Fux, "hoje o STF oferece 100% de seus serviços na rede mundial de computadores, de forma mais barata e acessível a todos os cidadãos e cidadãs, de Norte a Sul do país".[48]

---

[46] *Notícias Conselho Nacional de Justiça*, 02.03.2022; v. também *Exigência de processo eletrônico deve acelerar extinção dos processos em papel*, revista *Consultor Jurídico*, disponível em https://www.conjur.com.br/2022-mar-02/exigencia-processo-eletronico-acelerar-extincao-papel#, acesso em 02.03.2022.
[47] *Notícias do STF*, 18.08.2022.
[48] FUX, Luiz. *Tecnologia, transparência e desmonocratização marcaram gestão em meio à pandemia*, 2022.

Destaque especial merece a contribuição do processo judicial eletrônico para a continuidade e eficiência dos serviços judiciários em nosso País, no curso da pandemia da COVID-19. O Desembargador Ricardo Anafe, Presidente do Tribunal de Justiça de São Paulo, observou:

> "Nesse período de pandemia, o Tribunal de Justiça se modernizou dez anos, em um ano e meio, em razão da crise, que nos dá oportunidades. O Tribunal abraçou todas as oportunidades para garantir a eficiência do seu trabalho e para não deixar que aquele que precisa da solução de um conflito sobre o sistema judiciário ficasse marginalizado. Com isso, melhoramos muito a prestação jurisdicional no que diz respeito aos processos eletrônicos, não em relação aos processos físicos. Por força da pandemia, os processos físicos acabaram sendo deixados de lado, efetivamente, durante quatro meses, que foi o período de **home office** puro. Salvo no que diz respeito os atos urgentes, o Tribunal abriu um sistema de peticionamento eletrônico excepcional para processos físicos, para dirimir questões urgentes desses processos e para que não houvesse a estagnação absoluta dos processos físicos, não em relação aos andamentos formais, evidentemente, mas em relação aos andamentos urgentes".[49]

Ressalve-se que, ao dispor sobre o Sistema Eletrônico dos Registros Públicos, a Lei nº 14.382/2022 não inovou absolutamente as atividades registrais.

Já fora criado o Operador Nacional de Registro Eletrônico (ONR), no âmbito do Registro de Imóveis, considerado uma Organização da Sociedade Civil de Interesse Público (OSCIP). É subsidiado com recursos dos próprios serviços do registro de imóveis, para disponibilizar à população o Serviço Eletrônico de Atendimento (SAEC).[50]

Enfim, as atividades notariais e de registro abandonam as tábuas, papéis e arquivos de madeira ou aço; aderem definitivamente ao mundo digital.

VIII – DESJUDICIALIZAÇÃO

O artigo 11 da Lei nº 14.382/2022 altera dispositivos da Lei nº 6.015/1973 (Lei de Registros Públicos), em sintonia com a **voga de desjudicialização** no Direito Brasileiro.

Por exemplo, passam a ser permitidos, independentemente de autorização judicial: a alteração de prenome, a ser averbada e publicada em meio eletrônico; a alteração posterior de sobrenomes; na união estável, devidamente registrada no registro civil de pessoas naturais, a inclusão de sobrenome de companheiro ou alteração de sobrenomes, nas mesmas hipóteses previstas para as pessoas casadas; simplificação do procedimento extrajudicial de usucapião; e, sem prejuízo da via jurisdicional, formulação direta ao serviço de registro de imóveis da situação do imóvel do requerimento extrajudicial da adjudicação compulsória de imóvel, objeto de promessa de venda ou de cessão.

---

[49] Entrevista à revista *Justiça & Cidadania*, Rio de Janeiro, edição nº 257, janeiro de 2002, p. 10.
[50] Está disponível no site https://registradores.onr.org.br/; cf. CHEZZI, Bernardo. *A nova legislação de registros públicos pela lei federal 14.382 (...)*, 2022.

Define a Lei nº 8.935/1994:

> "*Notário, ou tabelião, e oficial de registro, ou registrador, são profissionais do direito, dotados de fé pública, a quem é delegado o exercício da atividade notarial e de registro*" (artigo 3º).
>
> "*Os titulares de serviços notariais e de registro são os: I – tabeliães de notas; II – tabeliães e oficiais de registro de contratos marítimos; III – tabeliães de protesto de títulos; IV – oficiais de registro de imóveis; V – oficiais de registro de títulos e documentos e civis das pessoas jurídicas; VI – oficiais de registro civis das pessoas naturais e de interdições e tutelas; VII – oficiais de registro de distribuição*" (artigo 5º).

Walter Ceneviva comentou:

> "**Profissional do direito** *é todo prestador de serviço remunerado cuja área principal de atividade compreende a aplicação da lei (...) Não é qualquer qualidade profissional, mas a do direito, isto é, do ordenamento jurídico que determina os limites das condutas permitidas ou proibidas. (...)*"
>
> "*A fé pública afirma a certeza e a verdade dos assentamentos que notário e oficial de registro pratiquem e das certidões que expeçam nessa condição (...). A fé pública: a) corresponde à especial confiança atribuída por lei ao que o delegado declare ou faças, no exercício da função, com presunção de verdade; b) afirma a eficácia de negócio jurídico ajustado com base no declarado ou praticado pelo registrador e pelo notário.*"
>
> "*O conteúdo da fé pública se relaciona com a condição, atribuída ao notário e ao registrador, de profissionais do direito*" (negritos no original).[51]

Constatamos que, optando o legislador pela ampliação da desjudicialização no novo texto legal, levou em conta a qualificação dos registradores como "*profissionais do direito, dotados de fé pública*".

Aptos, portanto, a atuar no serviço "Justiça", em sentido amplo. Inclusive porque estão sujeitos à fiscalização pelo Poder Judiciário (artigo 236, § 1º, da Constituição Federal, e artigo 37 da Lei nº 8.935/94).

Ao longo da história das sociedades, tivemos três paradigmas básicos de organização política: *Estado de Direito* (ou *Estado Liberal*), *Estado de Bem-Estar Social* e *Estado Democrático de Direito*.[52]

Paralelamente a esses paradigmas de organização política do Estado, citam-se também os *direitos de primeira geração (individuais); direitos de segunda geração (coletivos e sociais); e direitos de terceira geração (difusos, compreendendo os direitos ambientais, do consumidor e congêneres)*.

Consoante Manoel Gonçalves Ferreira Filho, a doutrina dos direitos fundamentais revelou grande capacidade de incorporar desafios:

---

[51] CENEVIVA, Walter. *Lei dos Notários e Registradores Comentada*, p. 27 e 29.
[52] SARAIVA, Paulo Lopo. *Garantia constitucional dos direitos sociais no Brasil*, p. 8-11.

*"Sua primeira geração enfrentou o problema do arbítrio governamental, com as **liberdades públicas**, a segunda, o dos extremos desníveis sociais, com os **direitos econômicos e sociais**, a terceira, hoje, luta contra a deterioração da qualidade da vida e outras mazelas, com os **direitos de solidariedade**"* (negritos no original).[53]

E Norberto Bobbio proclamou:

"O problema fundamental em relação aos direitos do homem, hoje, não é tanto o de justificá-los, mas o de protegê-los. Trata-se de um problema não filosófico, mas político".[54]

Na mesma toada, Mauro Cappelletti e Bryanth Garth apregoaram o acesso efetivo à justiça:

*"Não é surpreendente, portanto, que o direito ao acesso efetivo à justiça tenha ganho particular atenção na medida em que as reformas do **welfare state** têm procurado armar os indivíduos de novos direitos substantivos em sua qualidade de consumidores, locatários, empregados e, mesmo, cidadãos. De fato, o direito ao acesso efetivo tem sido progressivamente reconhecido como sendo de importância capital entre os novos direitos individuais e sociais, uma vez que a titularidade de direitos é destituída de sentido, na ausência de mecanismos para sua efetiva reivindicação. O acesso à justiça pode, portanto, ser encarado como o requisito fundamental — o mais básico dos direitos humanos — de um sistema jurídico moderno e igualitário que pretenda garantir, e não apenas proclamar, os direitos de todos".*[55]

A partir do final do século 20, em um quadro de carências, avultou o papel do Poder Judiciário. No Brasil, verificou-se verdadeira "explosão" de ações judiciais após o advento da Constituição de 1988. Fortalecida a cidadania, as pessoas procuraram mais os tribunais.[56]

O controle crescente da Justiça sobre a vida coletiva é um dos maiores fatos políticos contemporâneos. Os juízes são chamados a se manifestar em número cada vez mais extenso de setores da vida social.[57]

Gaudêncio Torquato destaca o fenômeno *judiciocracia*, democracia feita sob obra e graça do Poder Judiciário:

"A tendência de maior participação dos tribunais em ações legislativas e executivas decorre da própria 'judicialização' das relações sociais, fenômeno que se expressa de maneira intensa tanto em democracias incipientes quanto em modelos conso-

---

[53] FERREIRA FILHO, Manoel Gonçalves. *Direitos humanos fundamentais*, p. 15.
[54] BOBBIO, Norberto. *A era dos direitos*, p. 239.
[55] CAPPELLETTI, Mauro e GARTH, Bryanth. *Acesso à Justiça*, p. 9-12.
[56] VELLOSO, Carlos Mário da Silva. *Poder Judiciário: como torná-lo mais ágil e dinâmico*, 1998.
[57] GARAPON, Antoine. *O juiz e a democracia: o guardião das promessas*, p. 24.

lidados, como os europeus e o norte-americano, nos quais os mais variados temas envolvendo políticos batem nas portas do Judiciário".[58]

De sorte que o mesmo Mauro Cappelletti propugnou por uma "Justiça coexistencial":

> "A temática daquilo que chamei a 'terceira onda' vai muito além dessas formas de simplificação dos procedimentos e dos órgãos de justiça. Muito importante é a substituição da justiça contenciosa por aquela que denominei de 'justiça coexistencial', isto é, baseada em formas conciliatórias".[59]

O jurista Marcus Vinícius Furtado Coelho assinala que o Novo Código de Processo Civil Brasileiro (2015) acolheu o sistema *"Justiça Multiportas"*:

> "Para além da via tradicional do processo judicial, o diploma estimula a utilização de métodos de solução consensual de conflitos, como a conciliação e a mediação, bem como reconhece a arbitragem como método válido de jurisdição."
>
> "A expressão 'Justiça Multiportas' foi cunhada pelo professor Frank Sander, da Faculdade de Direito de Harvard. Opondo-se ao sistema clássico, que antevê a atividade jurisdicional estatal como a única capaz de solver conflitos, o Sistema de Justiça Multiportas remete a uma estruturação que conta com diferentes mecanismos de tutela de direitos, sendo cada método adequado para determinado tipo de disputa. A jurisdição estatal, nessa senda, passa a ser apenas mais uma dentre as diversas técnicas disponíveis. Ressalta-se que optar pelo caminho do Sistema de Justiça Multiportas não é uma peculiaridade do Estado brasileiro. Após a Segunda Guerra Mundial, diversos países têm atualizado seus sistemas jurídicos nesse sentido, objetivando maior respeito e proteção aos direitos humanos, individuais e coletivos".[60]

Para a magistrada Renata Gil, presidente da Associação dos Magistrados Brasileiros (AMB), após o escancaramento da "porta de entrada" do Judiciário brasileiro, precisamos encontrar a "porta de saída":

> "Aberta a 'porta de entrada' do Poder Judiciário no Brasil com a Constituição Federal de 1988, o acesso à Justiça passou por uma ampliação gradativa, que se acentuou com a digitalização – a partir da primeira década do Século XX – e atingiu o apogeu recentemente, durante a pandemia de Covid-19, quando os tribunais adotaram tecnologias da informação e de comunicação para viabilizar o trabalho remoto. O desafio, neste momento, é outro: construir uma 'porta de saída' que garanta a resolução das lides dentro de um prazo adequado".[61]

---

[58] TORQUATO, Gaudêncio. A "judiciocracia" ameaça?, O Tempo, 13.05.2007.
[59] CAPPELLETTI, Mauro. *Problemas de reforma do processo nas sociedades contemporâneas*, p. 123.
[60] COELHO, Marcus Vinícius Furtado. *O Sistema de Justiça Multiportas no Novo CPC*, 2020.
[61] GIL, Renata. *Depois do amplo acesso ao Judiciário, precisamos da "porta de saída"*, 2022. No mesmo sentido, MAZZOLA, Marcelo. *Abriram as portas do Judiciário, mas não mostraram a saída (...)*, 2016: "É preciso racionalizar a prestação jurisdicional. Em boa hora, o novo CPC

Por derradeiro, o ilustrado tabelião paranaense Rogério Portugal Bacellar enfatizou a parceria entre o Poder Judiciário e os serviços notariais e de registro:

> "O Poder Judiciário vem contando com um aliado para prestar um serviço cada vez mais ágil para a população: os cartórios extrajudiciais. O fenômeno da desjudicialização, ou seja, a possibilidade de dar andamento a solicitações dos cidadãos, que antes só eram resolvidas com intervenção da Justiça, tem sido a grande contribuição dos cartórios para aceleração e agilidade do atendimento ao público".[62]

IX – SUBSTRATO ÉTICO

O notável jurista mineiro Aroldo Plínio Gonçalves salientou, a respeito das inovações tecnológicas no âmbito da Justiça:

> "Nem a tecnologia, nem a boa formação de juízes e advogados, sozinhas, são aptas a debelar a morosidade da Justiça, propiciando sua celeridade em direção à melhor solução das demandas. Elas não serão suficientes sem o acréscimo daquela sensibilidade especial que se deseja do magistrado e que o capacita a compreender que quem procura o Judiciário, geralmente, o faz como recurso extremo, quando todas as vias extrajudiciais se frustraram na busca da solução do conflito. Quem recorre à Justiça tem pressa e não pode esperar indefinidamente a solução judicial de seu pedido, não pode ser privado do direito de ver sua causa decidida."

> "As máquinas e os recursos tecnológicos facilitam nossa vida, economizam nossos esforços, mas não nos humanizam. A sensibilidade para as necessidades humanas é o fator que desperta nosso anseio por fazer o melhor, e nos habilita a tirar o mais benéfico proveito do progresso tecnológico, no cumprimento de nossas tarefas e na oferta de seus resultados. Somente com o acréscimo da sensibilidade dos Juízes para a urgência que acompanha todos que clamam pela Justiça poder-se-á esperar que eles sejam ouvidos. E somente respondendo aos anseios de quem a procura, a justiça andará em compasso com os reclamos da sociedade. Este é o maior, o mais valioso e mais urgente objetivo de sua modernização".[63]

De fato, sem alma de nada valerão a tecnologia e os recursos materiais. Não só no campo judiciário, mas em todas as atividades públicas e privadas.

Já tive oportunidade de escrever:

---

incentiva e estimula a utilização dos métodos alternativos de solução de conflitos, como a arbitragem, a mediação e a conciliação".

[62] BACELLAR, Rogério Portugal. *Desjudicialização traz benefícios para cidadãos*, Revista *Consultor Jurídico*, 2012. Ainda sobre o tema, indicamos: FIGUEIRA JÚNIOR, Joel Dias. *Desjudicialização da execução civil*, Portal *Migalhas*, disponível em https://www.migalhas.com.br/depeso/330308/desjudicializacao-da-execucao-civil, acesso em 29.01.2022; e MIRANDA, Marcone Alves. *A importância da atividade notarial e de registro no processo de desjudicialização das relações sociais*, Portal Âmbito Jurídico, disponível em: http://www.ambitojuridico.com.br/site/index.php?n_link=revista_artigos_leitura&artigo_id=7134, acesso em 24.01.2013.

[63] GONÇALVES, Aroldo Plínio. *Modernização da Justiça*, 1997.

*"Estabelecida a natureza de serviço público em sentido amplo das suas atividades, embora exercidas em caráter privado, notários e registradores estão adstritos à observância dos princípios constitucionais da Administração Pública. É o que assinala o culto notário João Teodoro da Silva, ao discorrer sobre a autonomia funcional dos notários e registradores. Com invulgar percuciência, no que diz respeito ao nosso tema, ressalva o seu entendimento de que referida autonomia será exercida 'nos limites da obediência aos princípios constitucionais da legalidade, da impessoalidade, da moralidade e da publicidade' (in **Serventias Judiciais e Extrajudiciais**, Belo Horizonte, Sérjus, 1999, p. 17)."*

*"As funções notariais e de registro, como qualquer outro serviço público, estão sujeitas – **mutatis mutandis** – aos princípios elencados pelo notável administrativista Celso Antônio Bandeira de Mello (**Serviço Público e sua Feição Constitucional no Brasil**, in **Direito do Estado – Novos Rumos**. São Paulo: Max Limonad, tomo 2, coord. Paulo Modesto e Oscar Mendonça, 2001, p. 13-35)".*[64]

Destaco o **princípio da eficiência** (artigo 37, *caput*, da Constituição Federal de 1988):

"(Consiste na) ação para produzir resultado de modo rápido e preciso. Associado à Administração Pública, o princípio da eficiência determina que a Administração deve agir de modo rápido e preciso, para produzir resultados que satisfaçam as necessidades da população. Eficiência contrapõe-se a lentidão, a descaso, a negligência, a omissão".[65]

E também o **direito subjetivo público à boa administração**:

*"O **princípio da boa administração** é originário dos Tratados que instituíram a Comunidade Econômica Europeia (CEE). (...)"*

*"Inicialmente reportada a parâmetros de eficiência, a boa administração confundia--se com a **boa gestão financeira**. (...)"*

*"Hoje, contudo, este princípio encerra uma multiplicidade de dimensões materiais e procedimentais atinentes à globalidade das atuações dos órgãos da União, pretendendo acolher diversos fundamentos para uma tutela efetiva dos interessados. Constitui, nesta medida, fundamento para recurso contra os atrasos procedimentais, incumprimentos e outras manifestações de '**má administração**', entre as quais se incluem também os casos em que exista má fé das entidades administrativas, violação do dever de diligência, falta de fiscalização ou controle deficiente, e, ainda, de acordo com o conteúdo (...)"*

*"A **boa administração** surge também associada à **good governance** (...), pressupondo-se o respeito por um conjunto de parâmetros pré-definidos: **linguagem acessível nas decisões**; **coerência nas medidas** revelada pela coordenação na prossecução de uma finalidade comum; **participação democrática** na formação*

---

[64] GARCIA DE LIMA, Rogério Medeiros. Ética e eficiência no âmbito dos serviços notariais e de registro, 2003.
[65] MEDAUAR, Odete. *Direito Administrativo moderno*, p. 132.

das decisões; clara delimitação de poderes e esferas de atuação, com correspondente identificação do grau de responsabilização (Ferrera / GIULIANI, 2008)" (negritos no original).[66]

A Lei nº 14.382/2022 propiciará, sem dúvida, melhor atendimento às pessoas necessitadas dos serviços registrais e da prestação jurisdicional.

Sintoniza com as expectativas de uma sociedade muito carente de ética na vida pública, como a brasileira.

Há milênios, o filósofo grego Aristóteles enunciava a supremacia do interesse dos cidadãos:

> *"Nessa subordinação da ética à política, incidiu clara e determinadamente a doutrina platônica que amplamente ilustramos, a qual, como sabemos, dava forma paradigmática à concepção tipicamente helênica, que entendia o homem unicamente como cidadão e punha a Cidade completamente acima da família e do homem individual: o indivíduo existia em função da Cidade e não a Cidade em função do indivíduo. Diz expressamente Aristóteles:*
> *'Se, de fato, idêntico é o bem para o indivíduo e para a cidade, parece mais importante e mais perfeito escolher e defender o bem da cidade; é certo que o bem é desejável mesmo quando diz respeito só a uma pessoa, porém é mais belo e mais divino quando se refere a um povo e às cidades'".*[67]

X – CONCLUSÃO

O Sistema Eletrônico dos Registros Públicos (SERP) foi instituído pela Lei nº 14.382, de 27 de junho de 2022.

O novo texto legislativo é mais um desdobramento da Quarta Revolução Industrial ou Revolução 4.0.

Em nível global, a economia se transforma radicalmente e desaparecem os empregos tradicionais, em decorrência da automatização e da inteligência artificial.

Todavia, as novas tecnologias trazem mais benefícios do que malefícios.

A civilização ocidental, inspirada na Grécia Antiga, abraçou o humanismo: *"o homem é a medida de todas as coisas"* (Protágoras).

O Conselho de Direitos Humanos da Organização das Nações Unidas (ONU) passou a considerar **direito fundamental** o livre acesso à *internet*.

O austríaco Peter Drucker, reputado "pai da moderna administração", destacava a necessidade de inovação e empreendedorismo nos setores público e privado.

Ingressamos na era da "economia digital", na qual são intensivamente utilizadas as Tecnologias de Informação e Comunicações (TICS); isso inclui novas ferramentas de conexão e interação entre as pessoas, as organizações e o próprio Estado.

---

[66] SILVA, Suzana Tavares da. *Direito Administrativo Europeu*, p. 27-29. Sobre o tema, recomendo: FREITAS, Juarez. *Discricionariedade administrativa e o direito fundamental à boa administração*. São Paulo: Malheiros, 2007.
[67] REALE, Giovanni. *História da Filosofia Antiga*, p. 405.

O Poder Público, em nível global, emprega as novas tecnologias e cria o denominado "Governo Eletrônico".

A Espanha, por exemplo, consagra o **princípio da acessibilidade, por meios eletrônicos, à informação e aos serviços**.

E adota outros princípios: igualdade, continuidade, transparência, acessibilidade, proporcionalidade, responsabilidade e **adequação tecnológica**.

A Constituição Federal de 1988 estabeleceu que *"os serviços notariais e de registro são exercidos em caráter privado, por delegação do poder público"* (artigo 236, *caput*).

Desde as suas origens históricas, tabeliães e registradores manipularam documentos físicos.

A Lei nº 14.382/2022, ao dispor sobre o Sistema Eletrônico dos Registros Públicos (SERP), tem por escopo modernizar e simplificar os procedimentos relativos aos registros públicos de atos e negócios jurídicos (artigo 1º).

As atividades notariais e de registro abandonam as tábuas, papéis e arquivos de madeira ou aço; e aderem definitivamente ao mundo digital.

Ao alterar dispositivos da Lei nº 6.015/1973 (Lei de Registros Públicos), o artigo 11 da Lei nº 14.382/2022 conforma-se com a voga de **desjudicialização** no Direito Brasileiro.

Há um inolvidável **substrato ético**, a exigir especial sensibilidade também dos notários e registradores: sem alma, de nada valerão a tecnologia e os recursos materiais.

Referidos profissionais se adstringem ao **princípio da eficiência** (artigo 37, *caput*, da Constituição Federal de 1988), porque são considerados servidores públicos em sentido amplo.

As democracias contemporâneas reconhecem às cidadãs e cidadãos o **direito subjetivo público à boa administração**.

O autor é magistrado há mais de três décadas. Acompanhou a progressiva implementação das novas tecnologias no âmbito do Poder Judiciário.

Pode atestar seu entusiasmo diante dos modernos, ágeis e seguros recursos da Informática e da Telemática. Embora sempre atento ao alerta de Norberto Bobbio:

> *"Não devemos considerar apenas o fato objetivo, ou seja, a rapidez do progresso técnico, em especial a produção de instrumentos que multiplicam o poder do homem sobre a natureza e sobre os outros homens, e o multiplicam tão rapidamente que deixam para trás quem para no meio do caminho, ou porque já não consegue ir adiante ou porque prefere deter-se para refletir sobre si mesmo, para voltar-se para dentro de si mesmo, onde, dizia Santo Agostinho, habita a verdade".*[68]

REFERÊNCIAS BIBLIOGRÁFICAS

BACELLAR, Rogério Portugal. *Desjudicialização traz benefícios para cidadãos*, Revista *Consultor Jurídico*, disponível em https://www.conjur.com.br/2012-set-25/rogerio-bacellar-desjudicializacao-traz-beneficios-justica-cidadaos, acesso em 25.09.2012.

---

[68] BOBBIO, Norberto. *O tempo da memória (...)*, p. 21.

BALBÍN, Carlos F. *Manual de Derecho Administrativo*. Buenos Aires: La Ley, 3ª ed., 2015.

BIELSA, Rafael A. e BRENNA, Ramón G. *Reforma de la Justicia y nuevas tecnologías*. Buenos Aires: Ad-Hoc, 1996.

BLASKIEVICZ, Danielle. *Profissional analógico não sobrevive ao mundo digital*, jornal *Gazeta do Povo*, Curitiba/PR, disponível em https://www.gazetadopovo.com.br/gpbc/pospucdigital/profissional-analogico-nao-sobrevive-ao-mundo-digital/, acesso em 09.08.2022.

BOBBIO, Norberto. *A era dos direitos*. Rio de Janeiro: Campus, trad. Carlos Nelson Coutinho, 2003.

BOBBIO, Norberto. *O tempo da memória: De senectude e outros escritos autobiográficos*. Rio de Janeiro: Campus, trad. Daniela Beccaccia Versiani, 1997.

BOBBIO, Norberto, MATTEUCCI, Nicola e PASQUINO, Gianfranco. *Dicionário de Política*. Brasília: Editora UnB, tradução de João Ferreira, vol. 1, 5ª ed., 2000.

CAPPELLETTI, Mauro e GARTH, Bryanth. *Acesso à Justiça*. Porto Alegre: Sergio Antonio Fabris Editor, trad. Ellen Gracie Northfleet, 1988.

CAPPELLETTI, Mauro. *Problemas de reforma do processo nas sociedades contemporâneas*. Rio de Janeiro: Revista Forense, Editora Forense, vol. 318, abril-junho de 1992, p. 119-128.

CASADO, Eduardo Gamero e RAMOS, Severiano Fernández. *Manual Básico de Derecho Administrativo*. Madri: Editorial Tecnos, 7ª ed., 2010.

CENEVIVA, Walter. *Lei dos Notários e Registradores Comentada*. São Paulo: Ed. Saraiva, 1996.

CHEZZI, Bernardo. *A nova legislação de registros públicos pela lei federal 14.382 – Saiba o que está valendo*, portal *Migalhas*, disponível em https://www.migalhas.com.br/depeso/369278/a-nova-legislacao-de-registros-publicos-pela-lei-federal-14-382, acesso em 08.07.2022.

COELHO, Marcus Vinícius Furtado. *O Sistema de Justiça Multiportas no Novo CPC*, Portal *Migalhas*, disponível em https://www.migalhas.com.br/coluna/cpc-marcado/330271/o-sistema-de-justica-multiportas-no-novo-cpc, acesso em 06.07.2020.

COVAS, António. *É a smartificação, estúpido!*, Portal *Observador*, Portugal, disponível em https://observador.pt/opiniao/e-a-smartificacao-estupido/, acesso em 09.10.2017.

DE PLÁCIDO E SILVA. *Vocabulário jurídico*. Rio de Janeiro: Forense, Volume IV, 8ª ed., 1984.

Especialista fala no STF sobre combate a fake news na palestra "Vaza, Falsiane!", in *Notícias do STF*, disponível em https://portal.stf.jus.br/noticias/verNoticiaDetalhe.asp?idConteudo=492092&ori=1, acesso em 10.08.2022.

Exigência de processo eletrônico deve acelerar extinção dos processos em papel, revista *Consultor Jurídico*, disponível em https://www.conjur.com.br/2022-mar-02/exigencia-processo-eletronico-acelerar-extincao-papel#, acesso em 02.03.2022.

FAUSTO, Boris. *História do Brasil*. São Paulo: Editora da Universidade de São Paulo: Fundação de Desenvolvimento Educacional, 1994.

FERREIRA FILHO, Manoel Gonçalves. *Comentários à Constituição Brasileira de 1988*. São Paulo: Saraiva, volume 4, 1995.

FERREIRA FILHO, Manoel Gonçalves. *Direitos humanos fundamentais*. São Paulo: Saraiva, 4ª ed., 2000.

FIGUEIRA JÚNIOR, Joel Dias. *Desjudicialização da execução civil*, Portal *Migalhas*, disponível em https://www.migalhas.com.br/depeso/330308/desjudicializacao-da-execucao-civil, acesso em 29.01.2022.

FREITAS, Juarez. *Discricionariedade administrativa e o direito fundamental à boa administração*. São Paulo: Malheiros, 2007.

Fux destaca priorização de ações sobre Objetivos de Desenvolvimento Sustentável e uso da tecnologia, *in* Notícias do STF, disponível em https://portal.stf.jus.br/noticias/verNoticiaDetalhe.asp?idConteudo=492533&ori=1, acesso em 18.08.2022.

FUX, Luiz. *Tecnologia, transparência e desmonocratização marcaram gestão em meio à pandemia*, *in* Anuário da Justiça Brasil 2022, São Paulo, Consultor Jurídico, 2022, p. 12.

GARAPON, Antoine. *O juiz e a democracia: o guardião das promessas*. Rio de Janeiro: Revam, trad. Maria Luiza de Carvalho, 1999.

GARCIA DE LIMA, Rogério Medeiros. *Direito Eleitoral em tempos de ódio e pandemia*, *in* Aspectos polêmicos e atuais do Direito Eleitoral. São Paulo: Rideel, orgs. Luciana Diniz Nepomuceno, Juliana Freitas e Marcelo Weick Pogliese, 2021, p. 365-407.

GARCIA DE LIMA, Rogério Medeiros. Ética e eficiência no âmbito dos serviços notariais e de registro. Belo Horizonte/MG: Autêntica – Revista dos Notários e Registradores, nº 2, dezembro de 2003, p. 20-26.

GARCIA DE LIMA, Rogério Medeiros. *O veneno das eleições*, jornal *O Tempo*, Belo Horizonte - MG, edição de 26.06.2018, p. 17, seção *Opinião*.

GARCIA DE LIMA, Rogério Medeiros. *Redes sociais, saúde mental e dignidade humana*, *in* Direito e Bioética: Estudos em Homenagem à Professora Stela Barbas. Coimbra, Portugal: Almedina, organização de José Alexandre Ribeiro Fernandes e outros, 2020, p. 427-466.

GARICANO, Luis. *El contrataque liberal: entre el vértigo tecnológico y el caos populista*. Barcelona: Península, 2019.

GIL, Renata. Depois do amplo acesso ao Judiciário, precisamos da "porta de saída". Rio de Janeiro: Revista *Justiça & Cidadania*, edição nº 262, Rio de Janeiro, disponível em https://www.editorajc.com.br/depois-do-amplo-acesso-ao-judiciario-precisamos-da-porta-de-saida/, acesso em 20.06.2022.

GOLDBERG, Jonah. *O suicídio do ocidente: como o tribalismo, o populismo, o nacionalismo e a política identitária estão destruindo a democracia*. Rio de Janeiro: Record, trad. Alessandra Bonrruquer, 2020.

GONÇALVES, Aroldo Plínio. *Modernização da Justiça*. Rio de Janeiro: *Forense Informa*, Editora Forense, setembro de 1997, p. 2.

HARARI, Yuval Noah. *21 lições para o século 21*. São Paulo: Companhia das Letras, trad. Paulo Geiger, 2018.

LIBANIO, João Batista. *A internet, absolutamente irresistível*, jornal *O Tempo*, Belo Horizonte/MG, edição de 25.10.2009, seção *Opinião*.

MAZZOLA, Marcelo. *Abriram as portas do Judiciário, mas não mostraram a saída. O novo CPC e uma visão contemporânea do acesso à Justiça*, Portal *Migalhas*, disponível em https://www.migalhas.com.br/depeso/234074/abriram-as-portas-do-judiciario--mas--nao-mostraram-a-saida--o-novo-cpc-e-uma-visao-contemporanea-do-acesso-a-justica, acesso em 18.02.2016.

MEDAUAR, Odete. *Direito Administrativo moderno*. São Paulo: Editora Revista dos Tribunais, 13ª ed., 2009.

MIRANDA, Marcone Alves. *A importância da atividade notarial e de registro no processo de desjudicialização das relações sociais*, Portal Âmbito Jurídico, disponível em: http://www.ambitojuridico.com.br/site/index.php?n_link=revista_artigos_leitura&artigo_id=7134, acesso em 24.01.2013.

MORBIDELLI, Giuseppi, PEGORARO, Lucio, REPOSO, Antonio e VOLPI, Mauro. *Diritto Costituzionale Italiano e Comparato*. Bologna: Monduzzi Editore, 1997.

NAIM, Moisés. *La internet que conocemos está desapareciendo*, El Tiempo, Bogotá, disponível em https://www.eltiempo.com/opinion/columnistas/moises-naim/la-internet-que-conocemos--esta-desapareciendo-columna-de-moises-naim-553152, acesso em 06.12.2020.

NOGARE, Pedro Dalle. *Humanismos e Anti-Humanismos: Introdução à Antropologia Filosófica.* Petrópolis: Vozes, 6ª ed., 1981.

NUNES, Pedro. *Dicionário de tecnologia jurídica.* Rio de Janeiro: Freitas Bastos, 2ª ed., 1952.

O que é inteligência artificial?, Portal Hewlett Packard Enterprise, disponível em https://www.hpe.com/br/pt/what-is/artificial-intelligence.html, acesso em 20.10.2019.

ORWELL, George. *1984.* São Paulo: Companhia das Letras, trad. Heloisa Jahn e Alexandre Hubner, 2009.

PERASSO, Valeria. *O que é a 4ª revolução industrial – e como ela deve afetar nossas vidas,* disponível em https://www.bbc.com/portuguese/geral-37658309, acesso em 20.09.2019.

PEREIRA, Caio Mário da Silva. *Instituições de Direito Civil.* Rio de Janeiro: Forense, vol. IV, Direitos Reais, 2004.

PINTO FERREIRA. *Curso de Direito Constitucional.* São Paulo: Saraiva, 5ª ed., 1991.

PULVIRENTI, Orlando D. *Derechos humanos e internet.* Buenos Aires: Errepar, 2013.

REALE, Giovanni. *História da Filosofia Antiga.* São Paulo: Edições Loyola, trad. Henrique Cláudio de Lima Vaz e Marcelo Perine, 1994.

ROUSE, Margaret. *Internet de las cosas (IoT),* Portal Search Data Center, disponível em https://searchdatacenter.techtarget.com/es/definicion/Internet-de-las-cosas-IoT, acesso em 19.03.2019.

SABATO, Ernesto. *Hombres y engranajes.* Buenos Aires: Seix Barral, 2011.

SANTOS, José Aparecido dos. *Avanços do processo: perspectivas e dúvidas com base na experiência do TRT do Paraná com o processo eletrônico,* palestra ministrada durante o Curso de Processo Eletrônico, promovido pela Escola Nacional da Magistratura (ENM) e pela Associação dos Magistrados Brasileiros (AMB), em parceria com a Escola Nacional de Formação e Aperfeiçoamento de Magistrado (Enfam) e o Conselho Nacional de Justiça (CNJ), Brasília-DF, 21.06.2012.

SARAIVA, Paulo Lopo. *Garantia constitucional dos direitos sociais no Brasil.* Rio de Janeiro: Forense, 1983.

SEOANE, Antonio Mozo, *La revolución tecnológica y sus retos: medios de control, fallos de los sistemas y ciberdelinquencia,* in VIDE, Carlos Rogel (coordenador). *Los robots y el Derecho.* Madrid: Reus Editorial, 2018

SERPA LOPES, Miguel Maria de. *Tratado dos Registros Públicos.* Rio de Janeiro: Freitas Bastos, vol. I, 3ª ed., 1955.

SILVA, Deonísio da. *A vida íntima das palavras: origens e curiosidades da língua portuguesa.* São Paulo: Arx, 2002.

SILVA, José Afonso da. *Comentário Contextual à Constituição.* São Paulo: Malheiros, 8ª ed., 2012.

SILVA, José Afonso da. *Curso de Direito Constitucional Positivo.* São Paulo: Editora Revista dos Tribunais, 6ª ed., 1990.

SILVA, Suzana Tavares da. *Direito Administrativo Europeu.* Coimbra, Portugal: Imprensa da Universidade de Coimbra, 2010.

TORQUATO, Gaudêncio. *A "judiciocracia" ameaça?*, jornal O Tempo, Belo Horizonte, edição de 13 de maio de 2007, p. A-3.

UEBEL, Paulo Spencer. *Eficiência do governo federal: bons avanços e novas medidas*, Gazeta do Povo, Curitiba/PR, disponível em https://www.gazetadopovo.com.br/vozes/paulo-uebel/eficiencia-do-governo-federal-bons-avancos-e-novas-medidas/, acesso em 23.08.2022.

VEIGA, Armando. *Legislação de Direito da Informática*. Coimbra: Coimbra Editora, 2ª ed., 2009.

VELLOSO, Carlos Mário da Silva. *Poder Judiciário: como torná-lo mais ágil e dinâmico*. Rio de Janeiro: Revista *Cidadania e Justiça*, Associação dos Magistrados Brasileiros, nº 4, primeiro semestre de 1998.

WARTZMAN, Rick. *O que Drucker faria agora?: soluções para os mais duros desafios, segundo o pai da administração moderna*. São Paulo: Leya, trad. Alice Klesck, 2013.

29
EXTRATOS, TÍTULOS E OUTRAS NOTÍCIAS PEQUENAS DIGRESSÕES ACERCA DA REFORMA DA LRP (LEI 14.382/2022)

Sérgio Jacomino

As recentes reformas legais, promovidas pela Lei 14.382/2022, nos convocam a novas reflexões sobre o impacto que suas disposições terão no dia a dia dos cartórios de registros de imóveis brasileiros. Aparentemente, há uma lenta, sutil, porém inexorável, mudança de paradigmas – não só do ponto de vista do direito formal (registral), mas do próprio direito material, ou seja, na constituição, modificação e extinção de direitos reais.

Não é recente este movimento disruptivo. Basta que se pense na constituição do direito real de propriedade fiduciária que ocorre à margem do Registro de Imóveis pela via das cessões de direitos registradas em entidades para-registrais (§§ 1º e 2º do art. 22 da Lei 10.931/2004). Além disso, espocam "entidades registradoras", cuja natureza privada pouco a pouco vem de assimilar aspectos jurídicos de "publicidade e eficácia perante terceiros" (art. 26 da Lei 12.810/2013), atributos reconhecidamente próprios dos sistemas de registros públicos, criados, fiscalizados e regulados pelo Poder Público.

A Lei 14.382/2022 reformou a nossa Lei de Registros Públicos – um respeitável monumento legislativo – subvertendo alguns princípios do tradicional sistema de registro de direitos, inclinando-o a uma nova ambiência digital: o registro de mera *notícia* (*Notice*)[1].

A teoria do *título* e *modo*, que nos vem desde as Ordenações, acolhida pela codificação civil sucessiva, de certo modo pode se ver progressivamente abalada com a possível adoção de uma nova configuração haurida de experiências alienígenas – como o sistema de *Notice Registration* que parece ter inspirado parte dos protagonistas das últimas reformas legislativas, senão vejamos, *in verbis*:

---

[1] Indico uma fonte precisa onde esta modalidade de registro acha-se bem descrita e especificada e suas finalidades estabelecidas. UNCITRAL Legislative Guide on Secured Transactions Terminology and recommendations. Vienna: UN, 2009, p. 25: *IV. The registry system*.

> "O extrato (*notice*) eletrônico, enviado pelo credor, dispensa a apresentação do contrato para requerimento de registro de garantias sobre bens móveis", dirá o governo, flertando com o admirável mundo novo do registro líquido norte-americano[2].

É certo que o Sr. Ministro, e sua equipe, na mensagem de encaminhamento da MP 1.085/2021 ao Congresso Nacional, se referiram a garantias móveis. Entretanto, o extrato, tal e como consagrado no art. 6º da Lei 14.382/2022, veicula tanto garantias sobre bens *móveis* quanto *imóveis* (RTD e RI).

A intenção, candidamente confessada, é a assimilação do sistema propalado pela UNCITRAL – *United Nations Commission on International Trade Law*, trasladando seus princípios para o ambiente brasileiro. Um simples vislumbre nos revela o sentido das mudanças que despontam no horizonte de possibilidades[3].

O registro recomendado pela UNCITRAL baseia-se no conceito de registro de *mera notícia (notice registration)* em que se suprime a qualificação registral e a atuação notarial na confecção dos títulos. O registro se realiza mediante a apresentação de um simples aviso que fornece detalhes básicos sobre o direito de garantia a que se refere: (a) a identidade das partes; (b) descrição dos ativos garantidos; e (c) dependendo da política de cada Estado, do valor da dívida garantida e prazos"[4].

CIVIL LAW X COMMON LAW

A ideia básica é a radical simplificação do processo de registro, transmutando sua natureza jurídica (registro de direitos) e convertendo o ofício predial em mero *hub* administrativo "algoritimizável" (registro de *mera notícia* ou de meros *extratos*):

> "[...] em um registro baseado em mera notícia, não há necessidade de verificação oficial ou escrutínio da documentação de segurança subjacente. Esse sistema registral também não exige a qualificação registral acerca do conteúdo do aviso registrado" ['*extrato*', *na dicção da reforma*].

> "Valorizar a qualificação como pré-requisito para o registro seria prejudicial ao tipo de processo de registro rápido e barato necessário para promover o crédito

---

[2] EMI nº 169/2021 ME SG MJSP, de 19 de novembro de 2021. Acesso: http://www.planalto.gov.br/ccivil_03/_Ato2019-2022/2021/Exm/Exm-MP-1085-21.pdf

[3] A adoção do modelo é francamente defendida por Fábio Rocha Pinto aos comentários que fez ao art. 6º da Lei 14.382/2022. ABELHA, André. CHALHUB, Melhim N. VITALE. Olivar. *Sistema eletrônico de registros públicos: Lei 14.382, de 27 de junho de 2022 comentada e comparada*. Rio de Janeiro: Forense, 2023. p. 37, *passim*.

[4] UNCITRAL – Legislative Guide on Secured Transactions. New York: UN, 2010, p. 151, n. 12: "In contrast to these systems, the general security rights registry recommended in the Guide is based upon the concept of notice registration. In a notice registration system, there is no requirement to register the underlying security documentation or even to tender it for scrutiny by the registrar. Instead, registration is effectuated by submitting a simple notice that provides only basic details about the security right to which it refers: (a) the identities of the parties; (b) a description of the encumbered assets; and (c) depending on the policy of each State, the maximum sum for which the security is granted and the requested duration of the registration".

garantido. A ideia básica é permitir o registro sem outras formalidades (como declarações autenticadas e notarização de títulos e documentos), desde que as taxas de registro exigidas sejam pagas e os campos de informações obrigatórios sejam preenchidos"[5].

A lenta transformação do registro brasileiro tende a suprimir a atividade jurídica do Oficial Registrador. Já não será necessário conhecimento técnico especializado, eis que a atividade jurídica (modalidade de *due diligence*) será realizada por outros profissionais quando da originação dos contratos. A prestação de segurança jurídico-preventiva, de caráter oficial e estatal, cede passo ao aconselhamento jurídico privado, com recurso ao Judiciário em caso de conflitos e litígios eventualmente supervenientes.

Esta espécie de *qualificação light* acha-se consagrada na lei com a inacreditável delimitação de atuação do registrador imobiliário nos termos dos incisos do § 2º do art. 6º da lei sancionada.

A base legal busca consumar a supressão das atividades jurídicas do registrador, substituindo-as pela simplificação que tende à "algoritimização" (automação) das inscrições feitas com base em diretivas computacionais (XML e outras). O registro pouco a pouco se desnatura. O fundamento mediato desta reforma não se acha no direito brasileiro, mas na documentação da UNCITRAL e na experiência alienígena.

A "qualificação" registral, cuja expressão não figurava até hoje no corpo legal, agora faz seu *début* na Lei do SERP (Lei 14.382/2022), porém esvaziada de conteúdo jurídico (letra "a", inc. I, § 1º, art. 6º)[6].

A Lei 14.382/2022 não é clara. A busca de eficiência se fez com o sacrifício de fundamentos jurídicos tradicionais, o que torna todo o conjunto ambíguo, inseguro, e suas disposições plurívocas, pois se acham enxertadas de modo artificial no âmbito da ordem legal que se filia a outro sistema.

O art. 6º, por exemplo, dispõe que os registradores, "**quando cabível**, receberão dos interessados, por meio do Serp, os extratos eletrônicos para registro ou averbação de fatos, de atos e de negócios jurídicos". Mais adiante dirá, no inciso I do § 1º, que o Oficial "**qualificará o título** pelos elementos, pelas cláusulas e pelas condições constantes do extrato eletrônico". Em seguida, no § 2º do art. 6º, o exegeta lê que nos casos de extratos, proceder-se-á à "subsunção do objeto e das partes aos dados constantes do título apresentado", a confirmar que o título deverá sempre ser apresentado.[7]

---

[5] "[...] in a notice-based general security rights registry, there is no need for official verification or scrutiny of the underlying security documentation. Nor does such a registry system require advance scrutiny or approval of the content of the registered notice. Making official approval a prerequisite to registration would be inimical to the kind of speedy and inexpensive registration process needed to promote secured credit. The basic idea is to permit registration without further formalities (such as affidavits and notarization of documents) as long as the required registration fees are paid and the required information fields in the notice are completed". Idem nota 2, p. 151-2.

[6] JACOMINO. Sérgio. *Qualificação registral – Nótula sobre a expressão e sua assimilação pelo direito registral brasileiro*. São Paulo: Academia.edu, 2013, acesso: https://www.academia.edu/40359683/.

[7] A MP 1.162/2023 incluiu o inciso IV no art. 6º da Lei 14.382/2022, de modo que os extratos eletrônicos produzidos pelas instituições financeiras que atuem com crédito imobiliário

Temos, então, o seguinte: a própria lei distingue *título* e *extrato* (inc. I do § 1º do art. 6º); o extrato será a guia do título somente *quando cabível*. (Na hipótese de não ser *cabível*, o que se registra? O título, ora bolas!). Além disso, o mesmo dispositivo reza que o registro e a averbação terão como pressupostos "fatos, atos e negócios jurídicos", vale dizer: *títulos* (art. 167 da LRP) devidamente instrumentalizados (art. 221 da LRP). Por fim, o Oficial *qualificará o título* em seus aspectos formais e materiais (não o extrato, que contém apenas certos dados estruturados veiculados por meios eletrônicos e processados num *hub pseudo registral*).

Afinal, será o título, em sentido material, devidamente instrumentalizado (sentido formal), que será o objeto de inscrição?

A situação se complica de modo ainda mais gravoso com a derrubado do veto oposto ao inc. III, § 1º, do art. 6º da Lei 14.382/2022. O dispositivo reza o seguinte:

> "Art. 6º Os oficiais dos registros públicos, quando cabível, receberão dos interessados, por meio do Serp, os extratos eletrônicos para registro ou averbação de fatos, de atos e de negócios jurídicos, nos termos do inciso VIII do caput do art. 7º desta Lei.
>
> § 1º ...
>
> III – os extratos eletrônicos relativos a bens imóveis deverão, obrigatoriamente, ser acompanhados do arquivamento da íntegra do instrumento contratual, em cópia simples, exceto se apresentados por tabelião de notas, hipótese em que este arquivará o instrumento contratual em pasta própria".

O inciso foi promulgado, nos termos do § 5º do art. 66 da Constituição Federal, e se acha agora em pleno vigor. Como interpretar o conjunto normativo?

Qualifiquei esta mixórdia legal como "geleia geral notarial e registral" em recente artigo publicado e que versa sobre a derrubada do veto[8]. Em síntese, o que se pode extrair do conjunto normativo é o seguinte:

O notário obteve uma nova atribuição, aliás bastante heterodoxa: arquivamento de instrumentos particulares em suas "pastas próprias", seja lá o que isto queira significar em tempos de digitalização. O tabelião de notas possivelmente concorrerá com o SERP neste mister, a fiar-se no disposto no inc. VIII do art. 3º da Lei 14.382/2022, alçados, ambos, a uma espécie de ente para-registral[9].

"poderão" ser apresentados ao Registro de Imóveis "e as referidas instituições financeiras arquivarão o instrumento contratual em pasta própria". A faculdade criada pela medida ainda deverá ser apreciada pelo Congresso Nacional, embora tendencialmente deva ser consagrada na lei.

[8] JACOMINO. Sérgio. *SERP - havia uma pedra no caminho*. São Paulo: Migalhas Notariais e Registrais, 9.1.2023. Acesso: https://www.migalhas.com.br/coluna/migalhas-notariais-e--registrais/379632/serp--havia-uma-pedra-no-caminho.

[9] Art. 3º O Serp tem o objetivo de viabilizar: (...) VIII – o armazenamento de documentos eletrônicos para dar suporte aos atos registrais. Note-se que a MP 1.162/2023 – verdadeira *reforma da reforma da reforma* – incluiu outro inciso (IV), que facultou às instituições financeiras arquivar em "pasta própria" os instrumentos particulares por elas mesmas lavrados. Temos agora vários repositórios: notários, cartórios e as próprias instituições financeiras.

Além disso, recebido o instrumento e arquivado em suas "pastas próprias", dele expedirá (ou concertará) o extrato, que se torna, assim, uma espécie de traslado do documento por ele arquivado. De outra forma, terá sentido que receba o instrumento, arquivando-o em suas pastas, e acate o extrato elaborado por terceiros? Como estará seguro de que este não se acha em descompasso com o instrumento contratual? A presunção do registro foi construída e se robusteceu ao longo de mais de uma centúria na relação intrínseca que se estabeleceu entre o registro e a titulação notarial ou de instrumentos particulares notarizados (instrumentos particulares com firmas reconhecidas – inc. II do art. 221 da LRP c.c. inc. I do art. 411 do CPC).

Um sistema digital baseado na recepção e emissão de dados não autenticados ("cópias simples") gera facilmente o fenômeno GIGO – *garbage in – garbage out* (lixo entra, lixo sai).

INSEGURANÇA JURÍDICA ENTRA – INSEGURANÇA JURÍDICA SAI

O instrumento particular registrável agora é qualificado pela lei como "cópia simples", presumivelmente um singelo PDF, despojado de seu envoltório jurídico (*vestido formal*, prova pré-constituída, *motor da ação etc.*), "acompanhado de declaração, assinada eletronicamente, de que seu conteúdo corresponde ao original firmado pelas partes" (§ 4º do art. 6º). "Declaração" firmada por quem? Pelo apresentante, por analogado do § 2º do art. 130 da LRP[10]? Por procuradores? O *caput* do art. 6º reza que será o "interessado" a assumir esta responsabilidade autenticadora no caso do Registro de Imóveis, legitimando o acesso do título à tábua registral (arg. do art. 6º, *caput*, da Lei 14.382/2022). Acha-se restaurado entre nós o princípio de rogação ou instância (inc. II do art. 13 da LRP)? E aí se pergunta: o quê do famoso art. 217 da LRP? Quem haverá de qualificar o *legítimo interesse* do apresentante no envio de extratos e instrumentos *via* SERP? Remanescerá a dita disposição como mero arcaísmo na lei – a exemplo dos igualmente famosos extratos (art. 193 da LRP)[11]?

A resposta a questões como as aqui agitadas nos será dada pela regulamentação a cargo da CN-CNJ. O órgão deverá regulamentar "os padrões tecnológicos de escrituração, indexação, publicidade, segurança, redundância e conservação de atos registrais, de recepção e comprovação da autoria e da integridade de documentos em formato eletrônico, a serem atendidos pelo Serp e pelas serventias dos registros públicos, observada a legislação" (inc. III do art. 7º da Lei 14.382/2022).

Nesta altura, o exegeta deve estar se perguntando: afinal, o registro será feito pelo extrato ou pela "cópia simples" do instrumento encaminhada ao SERP? Ou por ambos? A cópia será assinada eletronicamente? E o extrato? Por quem? Assinatura eletrônica avançada ou qualificada[12]? A representação dos contratantes, quando calhar, será

---

[10] "§ 2º O registro de títulos e documentos não exigirá reconhecimento de firma, e caberá exclusivamente ao apresentante a responsabilidade pela autenticidade das assinaturas constantes de documento particular".
[11] "Art. 193. O registro será feito pela simples exibição do título, sem dependência de extratos". A reforma foi tão precipitada que deixou em vigor dispositivos como este...
[12] Se o exegeta se limitar ao conjunto legal em vigor, haverá de concluir que a assinatura qualificada é simplesmente indispensável. Vide CAMPOS. Ricardo. JACOMINO. Sérgio. *Assinaturas*

qualificada pelo notário ou pelo registrador? Ou somente o envio da "cópia simples" será autenticado?

Vejamos no detalhe. Com a derrubada do veto, o inc. III do § 1º do art. 6º se ilumina pelo § 4º do art. 6º, que reza:

> § 4º O instrumento contratual a que se referem os incisos II e III do § 1º deste artigo será apresentado por meio de documento eletrônico ou digitalizado, nos termos do inciso VIII do *caput* do art. 3º desta Lei, acompanhado de declaração, assinada eletronicamente, de que seu conteúdo corresponde ao original firmado pelas partes.

O registrador deverá receber os extratos "acompanhados do arquivamento da íntegra do instrumento contratual, em cópia simples" em forma eletrônica, diz a lei – salvo nos casos do inc. IV, incluído pela MP 1.162/2023, como já assinalado. Já o inc. VIII do art. 3º da Lei 14.382/2022 reza que o SERP terá a função de "armazenamento de documentos eletrônicos para dar suporte aos atos registrais". O SERP encaminhará o instrumento ("cópia simples") pareado com o extrato ao Registro de Imóveis? Aparentemente, a resposta é positiva, a teor do dispositivo ressuscitado. Nesse caso, então, por que a referência contida no § 4º do art. 6º – "nos termos do inciso VIII do *caput* do art. 3º desta Lei"? São disposições de certo modo despiciendas e já se achavam no texto *antes* do veto.

Todo o articulado é confuso, emaranhado, disfuncional. Quando se diz que o oficial "qualificará o título pelos elementos, pelas cláusulas e pelas condições constantes do extrato eletrônico"[13] (item § 1º do art. 6º), somos levados à conclusão de que são coisas distintas – *extrato e título*. E são mesmo! Logo abaixo veremos em detalhe. Com a derrubada do veto, a distinção e a função de ambos se tornaram nítidas (ou mais obscuras, dependendo da perspectiva...). Reitera-se a pergunta feita acima: o registro se fará pelo extrato ou pelo instrumento? Ou por ambos?

Parece razoável e lógico que deva haver uma íntima congruência entre o *título* e o *extrato*. Sabemos que o instrumento contratual deverá obrigatoriamente ser arquivado no Registro de Imóveis competente (ou no tabelionato de livre escolha do interessado ou em "pastas próprias" das instituições financeiras – inc. IV do art. 6º, incluído pela MP 1.162/2023). Entram em cena, novamente, os repositórios de caráter público – tabelionatos e registros imobiliários. Pergunta-se: o tabelião, ou o registrador, ao qualificar o título, "pelos elementos, pelas cláusulas e pelas condições constantes do extrato eletrônico", devem denegar o acesso quando não sejam congruentes entre si? Caso contrário, como expedir certidão de um instrumento que pode não ser o mesmo que foi efetivamente inscrito? Erigiu-se uma "esquizotitulação". O que é *título*, para efeitos da lei civil e registral? Barafunda imensa, esta que foi criada...

Eletrônicas. Notas e Registros Públicos: Implicações da Lei 13.482/2022 e o Valor Probatório no Sistema Legal Brasileiro. 2022. No prelo.

[13] Às vezes fico com a impressão de que a redação foi malbaratada. Não seria mais lógico que se dissesse que o oficial "qualificará o extrato pelos elementos, pelas cláusulas e pelas condições constantes do título"? Estranha figura de metonímia que, invertida, toma a parte pelo todo. A fonte dos elementos que comporão o extrato é o título, não vice-versa.

A INFOVIA NOTARIAL

Diz o dispositivo que os extratos poderão ser apresentados por tabeliães de notas, "hipótese em que este arquivará o instrumento contratual em pasta própria". Voltamos às questões: os interessados encaminharão – instrumento e extrato – já elaborados ao tabelião? Ou serão eles próprios, os notários, que elaborarão um heterodoxo "traslado por extrato" dos instrumentos contratuais (originais ou "cópias simples")? Que tipo de autenticação promoverão os nossos notários? Darão certidão ou tirarão traslados? Farão a concertação, como se fazia com as públicas-formas? Ou será, ainda, que, pela via notarial, os próprios instrumentos originais devam ser apresentados aos tabeliães, sujeitando-os à qualificação notarial? Daí se lavrará um ato notarial de entrega do instrumento contratual e arquivamento, autenticando-se, ato contínuo, o extrato? Tudo se fará sob sua estrita responsabilidade? Eles encaminharão o extrato diretamente aos registradores pela plataforma digital dos próprios notários? Ou pelo SERP? Os instrumentos remanescerão no SERP ou na plataforma do e-Notariado? Ou em novos repositórios criados nas serventias imobiliárias? Percebem que, longe de facilitar e racionalizar o processo de registro, criamos vários *hubs* que representam, na prática, nódulos informacionais que tendem a ser expelidos do circuito por redundância?

Quando a lei diz que será arquivado o "instrumento contratual em pasta própria" não nos parece crível que se possa arquivar *meras cópias*, cujo valor probante é consabidamente escasso, especialmente nos casos de criação, alteração e extinção de direitos reais. É uma espécie de *capitis diminutio* da função notarial e registral. Se requerida a certidão, far-se-á uma *cópia* de *cópia*? Ora, o representante digital não se confunde com o seu original. Nem mesmo o registrador deveria albergar cópias totalmente carentes de autenticação (*i. e.* definição de autoria das partes e não só do apresentante)[14]. *Garbage in – garbage out*.

O que se buscou com a lei seria factível se a reforma promovesse um ecossistema registral homogêneo e inteiramente coerente com as tradições do direito civil pátrio, mas isto infelizmente não aconteceu. Ao assimilar os modelos de registro de garantias alienígenas[15], postamo-nos com os pés fincados em duas canoas. Como disse alhures, incrustaram-se flores de plástico num jardim tropical, importando elementos de direito estranhos à nossa tradição, enxertando-os, a fórceps, na ordem civil[16]. O quadro se revela inçado de acidentes rebarbativos, representando imensas dificuldades hermenêuticas.

---

[14] Acerca do esvaziamento das funções típicas dos registradores de títulos e documentos pela adoção do sistema de mero arquivamento de documentos autenticados por apresentantes, v. JACOMINO. Sérgio. *Oficina notarial e registral: Instrumento particular. Título inscritível – certidão de RTD*. São Paulo: Migalhas Notariais e Registrais. Acesso: https://www.migalhas.com.br/coluna/migalhas-notariais-e-registrais/376718/oficina-notarial-e-registral-instrumento--particular.

[15] Vide PINTO E SILVA. Fábio Rocha. *In* ABELHA. André. CHALHUB. Melhim. VITALE. Olivar. Org. *Sistema eletrônico de registros públicos: Lei 14.382, de 27 de junho de 2022 comentada e comparada*. Rio de Janeiro: Forense, 2023, p. 36, *passim*.

[16] JACOMINO, Sérgio *op. cit.* nota 2.

QUESTÃO LATERAL: INSTRUMENTOS PARTICULARES EXTRATADOS POR TABELIÃES

Uma questão lateral se revela de modo inesperado: o notário poderá receber *qualquer instrumento particular* quando não for obrigatória a escritura pública?[17] Poderão recepcionar o instrumento particular, autenticar o extrato e encaminhá-lo ao Registro de Imóveis? Será possível conjugar o disposto no art. 6º da Lei 14.382/2022 com o art. 1.417 do CC[18]?

Notem que não há restrição alguma no *caput* do art. 6º. "Quando cabível", diz a lei, "os oficiais receberão dos interessados, por meio do SERP, os extratos eletrônicos para registro ou averbação". Calha perguntar: extratos de todo e qualquer instrumento particular? A lei legitimaria qualquer "interessado" a apresentar seus instrumentos particulares, bastando provar o interesse na prática do ato de registro?

Espera-se que a Corregedoria Nacional regulamente precisamente as hipóteses em que seja "cabível" o uso dos extratos, nos termos do inc. VIII do art. 7º da Lei 14.382/2022. Poderá levar em consideração a experiência provada no Estado de São Paulo, delimitando, claramente, o âmbito de sua ocorrência[19]. Retomemos o tema central deste artigo: estamos diante de duas figuras distintas – *título* e *extrato*. Vamos nos deter numa pequena abordagem "ontológica"[20] e analisar cada expressão técnica que ocorre no texto. Separadas, veremos que são como as flores de plástico num exuberante jardim tropical.

AFINAL, O QUE SÃO "EXTRATOS"?

Desde logo, é preciso destacar: os extratos *não são* meras "notícias", uma ideia fora do lugar e que desponta como *corpus alienus*, inoculado pelo nascente sistema de *Notice Registration*.

Além disso, tenho plena consciência de que o extrato previsto na Lei 14.382/2022 não guarda mais do mera similaridade com os conhecidos extratos registrais do século XIX. As analogias aqui desenvolvidas têm como pano de fundo a ideia, que me assalta ao ler a peça legislativa, de que os fatos da história se apresentam pela "primeira vez como tragédia, a segunda como farsa"[21].

---

[17] Art. 108 do Código Civil c.c. com o art. 406 do CPC.

[18] Aludimos à promessa de compra e venda, mas há inúmeros outros exemplos de instrumentos particulares que têm acesso ao registro predial – locações, cédulas etc. Para aprofundamento do tema, vide: JACOMINO. Sérgio. *O instrumento particular e o Registro de Imóveis*. São Paulo, 2010. Acesso: https://www.academia.edu/42322234/.

[19] O âmbito de admissibilidade do uso de extratos pode ser consultado no excelente parecer oferecido pelo Des. Alves Braga no Processo CG 131.428/2012, decisão de 15/4/2013 (DJE 24/4/2013), do Des. José Renato Nalini. Acesso à íntegra do parecer e da decisão aqui: http://kollsys.org/gsk.

[20] O sentido de "ontologia" aqui empregado é específico. Vide LAGO. Ivan Jacopetti. *Ontologia registral – sujeitos de direito e suas representações nos Registros Públicos*. BIR, São Paulo: IRIB, jun. 2020, p. 93.

[21] Perco os amigos, mas não a analogia: MARX. Karl. *O 18 de Brumário de Luís Bonaparte*. São Paulo: Boitempo, 2011, p. 25.

Em relação aos extratos – velhos conhecidos de alguns registradores –, alguém terá reparado que o artigo 193 da LRP sobrevive incólume às reformas até os dias de hoje? Por que não foi revogado? Já tive ocasião de criticar esse arcaísmo legislativo no pequeno artigo, ao qual encaminho o leitor interessado[22].

Os extratos nos acompanham desde o nascedouro do regime hipotecário brasileiro. Vamos a eles num passeio de arqueologia registral. Diz a atual LRP:

> "Art. 193 O registro será feito pela simples exibição do título, sem dependência de extratos".

Os extratos inspiraram-se no regime hipotecário francês[23], estreando em nosso sistema pela via do § 2º do art. 53 do Decreto 3.453/1865, disposição que seria reproduzida posteriormente no art. 52 do Decreto 370/1890[24]. Diz AFFONSO GAMA que na França,

> "a inscripção se faz sem o titulo, mas á vista dos extractos (bordereaux), que são as fontes exclusivas da inscripção: e desde que o extracto é tomado por base legal da inscripção, é mistér exigir dois de egual teor, um para o official e o outro destinado á parte para que cada um possa resalvar a sua responsabilidade. No systema patrio, ao contrario, os extractos não sendo a fonte legal e unica das inscripções e tendo o official de conferil-os com os titulos, segue-se que, augmentam a sua tarefa, sem trazer a minima vantagem ao acto do registro"[25].

O nosso LAFAYETTE foi mais incisivo e não hesitaria em qualificar os extratos no sistema registral brasileiro uma "perfeita inutilidade":

> "No sistema da legislação francesa, os extratos (*bordereaux*) são uma necessidade; no sistema de nossa lei uma perfeita inutilidade. Em França o extrato foi estabelecido para poupar trabalho ao conservador (oficial do registro) e subtraí-lo a uma responsabilidade além dos seus meios. O conservador não examina o título da hipoteca, não confere com ele o extrato, mas toma o extrato como a fonte da inscrição, e tão-somente por ele faz a inscrição. E desde que o extrato é tomado como a base legal da inscrição, era mister exigir dois do mesmo teor –

---

[22] JACOMINO. Sérgio. *Os extratos e o antigo bordereau do registro francês*. São Paulo: Círculo Registral, 2010, acesso: https://wp.me/p6YdB6-1Kq.

[23] TROPLONG. M. *Des privilèges et hypothèques, ou Commentaire du titre XVIII du livre III du Code Napoléon*. Tome 3. Paris: C. Hingray, 1854. p. 128. Diz o tratadista: "Le conservateur fait mention, sur son registre, du contenu aux bordereaux, et remet au requérant, tant le titre ou l'expédition du titre, que l'un des bordereaux, au pied duquel il certifie avoir fait l'in- scription". E segue afirmando que "o registrador tem apenas um papel passivo a cumprir. Todo o seu ministério se limita a reproduzir fielmente, nos registros, as declarações contidas no extrato (*bordereau*)".

[24] O extrato não era tão somente o veículo de acesso ao registro, mas o próprio ato de registro *se faria por extrato*, malgrado o fato de se chamar "transcrição do título". O extrato era também o veículo do Registro Torrens (extrato da matriz – art. 63 e seguintes do Decreto 451 B, de 31 de maio de 1890).

[25] GAMA. Affonso. *Direitos Reaes de Garantia – Penhor, Antichrese e Hypotheca*. São Paulo: Saraiva, 1933, p. 814-5, nota 2.558.

um para o conservador, outro para a parte, para que cada um pudesse ressalvar a sua responsabilidade. Assim se o erro ou omissão acontecida na inscrição é do extrato, cessa a responsabilidade do conservador e ele defende-se com a cópia que retém em seu poder; se porém o erro ou omissão não estão no extrato, mas somente na inscrição, a responsabilidade é do conservador e a parte tem a prova no extrato que se lhe restituiu"[26].

A crítica era majoritária na doutrina. LACERDA DE ALMEIDA dirá que os extratos são "uma adaptação servil e inútil do sistema de registro francês". E continua: o "extracto é, como o nome o diz, um resumo em separado das forças do título, contendo as declarações que devem constar da inscripção"[27].

Retenha-se a ideia de que o extrato é um "resumo separado das forças do título". De fato, assim como se dá no modelo mal ajambrado de hoje, no regime hipotecário do século XIX "a escritura ministra as declarações exigidas para a inscrição, e esta se fará à vista dos extratos, donde decorrem as condições da hipoteca registrável: valor da dívida, individuação do imóvel ou imóveis"[28].

Os extratos – tanto ontem, como hoje – são o transunto do título, ou "como se diz em linguagem forense, contém as forças, do título, são oferecidos em duplicata e devem ser assinados pela parte requerente ou por seu procurador", como diz o mesmo LACERDA DE ALMEIDA[29]. O resumo não se dissociava do próprio título.

Foi somente com o advento do Código Civil de 1916 que a exigência de apresentação dos extratos foi definitivamente abandonada (art. 838), fato que motivou o legislador a consagrar no art. 202 do Decreto 18.542/1928 o seguinte: "o registro será feito pela simples exibição do título, sem dependência de extratos. (Cod. Civ., art. 838.)". Esta mesma disposição alcançaria o art. 210 do Decreto 4.857/1939 até se revelar como um cristal na cápsula do tempo incrustado no vigente artigo 193 da Lei de Registros Públicos.

Abandonada no início do século XX, a ideia básica de registração por meio de extratos retornaria ao sistema registral no âmbito do SFH – Sistema Financeiro da Habitação, especificamente com a redação dada aos artigos 60 e 61 da Lei 4.380/1964, chamados, então, de *resumo do contrato*.

Buscava-se àquela altura simplificar as escrituras públicas para efeito do posterior registro (inc. III do art. 60). Assim, as escrituras deveriam "consignar exclusivamente as cláusulas, termos ou condições variáveis ou específicas" (art. 61) vinculando as partes contratantes ao contrato que seria transcrito, "*verbum ad verbum*, no respectivo Cartório ou Ofício, mencionando inclusive o número do Livro e das folhas do competente registro" (§ 2º do art. 61).

---

[26] PEREIRA. Lafayette Rodrigues. *Direito das Cousas*. 2ª ed. Rio de Janeiro: Jacintho Ribeiro dos Santos, 1905, p. 589, nota 9.

[27] LACERDA DE ALMEIDA. Francisco de Paula. Rio de Janeiro: J. Ribeiro dos Santos, Vol. II, 1903, p. 334, § 184.

[28] Op. cit. p. 332. Notem-se os pontos de coincidências com os requisitos exigíveis no Sistema do *Notice Registry*.

[29] Op. cit. p. 334.

Encaminhava-se a registro unicamente um resumo do contrato, cujo padrão ficava arquivado e vinculava inteiramente as partes. Ao final, aos mutuários, "ao receberem os respectivos traslados de escritura", ser-lhes-ia "obrigatoriamente entregue cópia, impressa ou mimeografada, autenticada, do contrato padrão constante das cláusulas, termos e condições" (§ 3º do art. 61 da dita Lei 4.380/1964).

Note-se que estávamos em face de contratos-padrão, com cláusulas pré-estabelecidas, espécie de dirigismo estatal na contratação privada, a exemplo do que ocorria com os parcelamentos do solo urbano desde os idos do advento do Decreto-Lei 58/1937 (inc. III do art. 1º c.c. § 2º do art. 18), disposição que seria posteriormente reproduzida na Lei 6.766/1979 (inc. VI do art. 18 c.c. art. 27 da Lei 6.766/1979) e nas incorporações imobiliárias (art. 67 da Lei 4.591).

No âmbito do crédito rural, o contrato estereotipado era igualmente previsto – § 1º do art. 83 da Lei 4.504/1964; art. 43 c.c. letra "b", parágrafo único do Decreto 59.428/1966, que previa o "modelo de contrato-padrão de colonização e de compromisso de compra e venda de lotes na forma indicada nas instruções vigentes".

Ao dispor a lei que o Oficial fará a qualificação do título pelos elementos, cláusulas e condições constantes do extrato eletrônico (letra "a", inc. I do art. 6º da lei), leva o exegeta a concluir que a regra reata vínculos com as disposições do art. 61 da vetusta Lei 4.380/1964, diploma que se acha inteiramente em vigor e que deve iluminar o microssistema de extratos agora recriado.

HABEMUS LEGEM

Embora a admissão e utilização dos extratos tenham sido sancionadas pelas corregedorias estaduais[30] (o próprio CNJ cogitou fazê-lo[31]), é preciso relevar um fato decisivo: *habemus legem!* Os atos normativos baixados anteriormente ficam revogados em face da nova lei. É na lei – não em provimentos – que deveremos nos basear agora para recepcionar os títulos em meios eletrônicos.

Retomando a exegese do art. 6º da Lei 14.382/2022, a oração – "quando cabível" – permite que se discriminem as hipóteses em que o extratos serão admitidos.

MP 1.162/2023 – A REFORMA DA REFORMA DA REFORMA

Aparentemente, o Executivo busca corrigir alguns problemas e defeitos revelados por outros juristas – e por mim mesmo, em artigos anteriores – relativamente à refor-

---

[30] Cito o exemplo emblemático de São Paulo, onde os extratos eletrônicos foram previstos no Provimento CGJSP 11/2013, de 16/4/2013, Dje de 17/4/2013, Corregedor Geral Des. José Renato Nalini. Acesso: http://kollsys.org/fp7. As Normas de Serviço (NSCGJSP) previram-nos nos itens 111 e seguintes do Cap. XX.

[31] O Provimento 89/2017 não previu os extratos. O modelo do SREI se projetava noutra direção. Digno de nota, todavia, é o fato de que o Conselheiro MÁRIO GUERREIRO apresentaria voto convergente no PP 0000665-50.2017.2.00.0000 sustentando e defendendo o registro feito por extratos. As suas razões e a minuta de provimento por ele oferecidas podem ser consultadas aqui: PP 0000665-50.2017.2.00.0000, j. em plenário a 18/12/2019, relator Ministro HUMBERTO MARTINS. Acesso: http://kollsys.org/ovn.

ma da LRP. Estas mudanças sucessivas ocorrem basicamente em virtude de enxertos artificiais de disposições alheias à nossa tradição registral.

À parte a redação rebarbativa do inciso IV do art. 6º, incluído pela MP referida, vê-se que a pequena *reforma da reforma* previu uma *faculdade* que se concede às instituições financeiras permitindo que elas utilizem o sistema de meros extratos na consumação do registro. As novas disposições não alteraram substancialmente a situação anterior – exceto que a via notarial foi parcialmente obliterada, substituindo-se a "pasta própria" do tabelionato pela congênere das ditas instituições financeiras.

A questão central, já enfrentada neste opúsculo, a rigor remanesce como pedra de tropeço (ou de opróbrio) da reforma. Examinando atentamente o texto da lei, haveremos de conceder que ou bem o título inscritível será o extrato, subvertendo-se completamente o sistema registral, ou ele sempre reclamará a contraparte (o próprio "instrumento contratual", como grafado na lei).

Vejamos em detalhe. Reza o *caput* do art. 6º que os oficiais, quando cabível, receberão extratos eletrônicos "para registro ou averbação de fatos, de atos e de negócios jurídicos". *Nota bene*: inscrição de *fatos, atos e negócios jurídicos* – claras hipóteses de *títulos materiais* cujo rol se acha nos incisos I e II do art. 167 da LRP, instrumentalizados pelos títulos indicados no art. 221 da LRP. Seguindo o sinuoso percurso da norma, lemos no inciso I do § 1º do art. 6º que o Oficial "qualificará o título pelos elementos, pelas cláusulas e pelas condições constantes do extrato eletrônico". Em seguida lê-se, no § 2º do mesmo artigo, que, nos casos de extratos, proceder-se-á à "subsunção do objeto e das partes aos dados constantes do título apresentado", a sugerir que o título deva ser apresentado. Por fim, o Oficial qualificará o título em seus aspectos formais e materiais (não o extrato, que contém apenas certos dados estruturados veiculados por meios eletrônicos e processados no *hub* pseudo registral).

Não queiramos ser mais realistas do que o rei. Parece certo que o "extrato" tenderá a absorver o título, na exata medida em que as entidades registradoras progressivamente vão assimilando o próprio Registro de Imóveis. Está em causa uma profunda mudança de paradigmas do sistema registral pátrio. Advirta-se, pois, de que já não estaremos diante de um *título* em sentido próprio, mas de outra coisa, bem diferente, longe mesmo, até, de um conjecturável *negócio jurídico abstrato,* que atrairia a qualificação registral sobre aspectos relativos à existência, validade e eficácia de um negócio jurídico que não é um negócio jurídico, de um instrumento que não é instrumento, de um título que não é um título.

Por outro lado, o art. 17-A, igualmente enxertado na Lei 14.063/2020, leva a três ordens de considerações: (a) se o instrumento remanescer arquivado nas "pastas próprias" das instituições financeiras (inc. IV do art. 6º da Lei 14.382/2022), *tollitur quaestio*. Nada há de novo no *front*, já que o instrumento jamais chegará ao Registro de Imóveis. Nesse caso, tanto faz que a banca adote a modalidade avançada ou qualificada de assinatura eletrônica (aparentemente já não poderá utilizar as assinaturas simples). No caso em que (b) o contrato seja enviado ao Cartório, a assinatura avançada poderá de fato ser adotada, mas isto é um *plus* em relação às regras anteriores (inc. II do artigo 221 da LRP, alterado).

No ingresso de títulos em papel (ou mesmo eletrônico, pela plataforma do ONR), não se exigia o reconhecimento de firmas dos contratantes e testemunhas... Agora, ao menos, a instituições financeiras (ou empresas privadas contratadas para tal mister) atrairão para si a responsabilidade autenticatória das firmas dos contratantes, deslocando inteiramente o eixo das responsabilidades civis, penais e administrativas do registrador para os entes financeiros. Por fim, (c) a disposição legal *não alcança o extrato*, já que ele não representa "instrumentos particulares com caráter de escritura pública", nem é assinado pelos "partícipes dos contratos" (dicção do art. 17-A da Lei de Assinaturas Eletrônicas, incluído pela MP).

Por fim, para não deixar passar a oportunidade, note-se que a manutenção inalterada do inc. III do art. 6º da Lei 14.382/2022 abre a janela para que todo e qualquer instrumento particular, portado e "autenticado" pelo próprio interessado (art. 6º da Lei 14.382/2022), possa aceder ao registro por meio de extratos apresentados por tabelião de notas, "hipótese em que este arquivará o instrumento contratual em pasta própria" (inc. III do dito art. 6º). Além disso, e mais gravosamente, qualquer "interessado" poderá enviar extratos, acompanhados dos respectivos instrumentos, ao Registro de Imóveis - estes últimos apresentados por meras "cópias simples".

A barafunda legislativa se complexifica a cada emenda da emenda da emenda. Espera-se que a Corregedoria Nacional de Justiça possa colocar o assunto em bom rumo sistemático, nos termos do inc. VIII do art. 7º da Lei 14.382/2022 – ou que o Congresso Nacional modifique novamente todo o articulado, o que nos fará voltar aos temas num moto aborrecido e redundante.

O QUE SÃO TÍTULOS? O QUE SÃO INSTRUMENTOS?

O nosso sistema de direito civil se filia ao sistema romano do *título* e *modo*. Por tal sistema, não basta a existência do título – "ato jurídico pelo qual uma pessoa manifesta validamente a vontade de adquirir um bem. É preciso que esse ato jurídico se complete pela observância de uma forma, a que a lei atribui a virtude de transferir o domínio da coisa: *traditionibus et usucapionibus dominia rerum, non nudis pactis transferuntur*", diz ORLANDO GOMES. E segue:

> "[...] assim, como exigiam um modo para que a propriedade fosse adquirida, os romanos estabeleceram que não bastava a tradição para transferir o domínio, sendo necessário que fosse precedida de uma justa causa. [...] Assim, *título* e *modo* eram necessários à aquisição da propriedade"[32].

MÓNICA JARDIM pontifica que em sistemas como o nosso (título e modo) a "aquisição, modificação ou extinção de direitos reais depende de um título – fundamento jurídico ou causa que justifica a mutação jurídico-real, e de um modo – acto pelo qual se realiza efectivamente a aquisição, modificação ou extinção do direito real, acto através do qual se executa o prévio acordo de vontades"[33]. Além disso, como lembra de modo oportuno, a transmissão de um direito real, fundada no título, depende da validade do negócio jurídico que lhe dá suporte (*causa effectus remota*).

---

[32] GOMES. Orlando. *Direitos Reais*. 12ª ed. Rio de Janeiro: Forense, p. 133, n. 90 *passim*.
[33] JARDIM. Mónica. *Os Sistemas Registrais e a sua Diversidade*. In Revista Argumentum – Argumentum Journal of Law, vol. 21, n. 1, 2020, Jan.-Abril, p. 437 e ss.

A indispensabilidade de um título (formal e material, como se verá à frente) para a consumação do direito pela sua conjugação com o *modus (causa efficiens proxima)* parece mesmo incontornável.

Retomando, o título em sentido material (*titulus adquirendi*) é a justa causa de aquisição, indispensável por representar a relação jurídica basal, o negócio causal, fonte obrigacional da aquisição, reclamando, entretanto, o modo (*modus acquisicionis*) para consagração do direito real e sua plena eficácia.

Já aludimos acima aos fatos, atos e negócios jurídicos inscritíveis (art. 6º). Esta lei se aplica justamente ao registro "de atos e negócios jurídicos, de que trata a Lei nº 6.015, de 31 de dezembro de 1973" (art. 1º), isto é, de *títulos materiais* previstos no seu artigo 167 e legislação esparsa, que devem ser devidamente instrumentalizados (*título formal* – art. 221 da LRP).

No Direito Civil, adquire-se a propriedade por um título hábil (art. 1.245, *caput*), o que ocorre igualmente em relação aos direitos reais:

> "Art. 1.227 Os direitos reais sobre imóveis constituídos, ou transmitidos por atos entre vivos, só se adquirem com o registro no Cartório de Registro de Imóveis dos referidos títulos (arts. 1.245 a 1.247)"

No caso da alienação fiduciária é o art. 23 da Lei 9.514/1997 que reza que a propriedade fiduciária de coisa imóvel se constitui "mediante registro, no competente Registro de Imóveis, do contrato que lhe serve de título".

Já *título em sentido formal* é o "documento que exterioriza um ato ou contrato em cuja virtude se adquire, modifica ou extingue um direito"[34]. SERPA LOPES dirá que título "é assim um instrumento portador de efeito jurídico próprio"[35].

Nosso sistema reclama uma forma especial – seja a substancial (*forma dat esse rei*), seja a privada, aparelhada com a observância de pré-requisitos (prova pré-constituída).

O título aquisitivo deve sempre ser formalizado e instrumentalizado. O *instrumento* é o meio utilizado para representação e formalização da manifestação de vontade[36].

Os instrumentos formais ostentam "força orgânica, quer sejam considerados da substância do ato [*escrituras públicas*], quer sejam considerados prova pré-constituída, visto que, por si mesmos, são motores de ação", como observou de modo claro e preciso JOÃO MENDES DE ALMEIDA JR., que acrescenta:

> "O primeiro traslado de uma Escritura pública, por exemplo, é um instrumento, ao passo que a certidão dessa escritura é um simples documento; a letra de cambio, a nota promissória, as obrigações escritas e assignadas pela parte e subscritas por duas testemunhas, são instrumentos, — ao passo que uma carta apenas assinada pela parte é um simples documento"[37].

---

[34] CASSO Y ROMERO. Ignacio de. JIMÉNEZ-ALFARO, Francisco Cervera Y. *Diccionario de derecho privado*. Tomo II, Barcelona, 1950, p. 3.815, verbete *título*.
[35] SERPA LOPES. Miguel Maria de. *Tratado*, Vol. I, 4ª ed. Rio de Janeiro: Freitas Bastos, 1960, p. 26-7.
[36] AMARAL SANTOS. Moacyr. *Prova Judiciária no Cível e Comercial*. Vol. IV, 3ª ed. São Paulo: Max Limonad, 1966, p. 68.
[37] ALMEIDA JR. João Mendes de. *Direito Judiciário Brasileiro*. 3ª ed. Rio de Janeiro: Freitas Bastos, 1940, p. 203, n. IV.

É conhecida a passagem de TEIXEIRA DE FREITAS em seu Vocabulário ao tratar da forma dos atos jurídicos:

> "1º Instrumentos
> Art. 248. Os efeitos legais dos instrumentos em relação aos atos jurídicos são:
> 1º Darem *forma* aos atos jurídicos, para os quais a forma instrumental houver sido exclusivamente decretada.
> [...]
> 3º Darem fé, como *prova pré-constituída*, da existência dos atos jurídicos neles exarados, com as limitações que se declarar quanto a cada uma das espécies de instrumentos"[38].

Instrumento, pois, "é a forma especial, dotada de força orgânica para realizar ou tornar exequível um ato jurídico; *documento* é a forma escrita apenas dotada de relativa força probante, contribuindo para a verificação dos fatos"[39]. Enquanto o documento é a representação histórica de um fato, o instrumento é o escrito representativo *e ao mesmo tempo* integrante de um ato jurídico[40].

Em síntese, documento é gênero, título é espécie; o primeiro representa prova meramente casual; o segundo dá existência ao ato (*forma dat esse rei*) ou conforma a prova pré-constituída[41]. Já extrato é mero *documento*.

O leitor paciente que chegou até aqui poderá perguntar-se: afinal, o extrato pode ser considerado um instrumento hábil e ingressar no sistema e produzir todos os seus efeitos jurídicos? Será ele *mero documento* – e não um verdadeiro instrumento (título formal)?

É preciso observar que o extrato não está previsto no elenco (taxativo = "somente") dos títulos admitidos a registro, consoante art. 221 da LRP que reza que "*somente* são admitidos a registro":

a) escrituras públicas;
b) escritos particulares autorizados em lei, assinados pelas partes, dispensados as testemunhas e o reconhecimento de firmas, quando se tratar de atos praticados por instituições financeiras que atuem com crédito imobiliário, autorizadas a celebrar instrumentos particulares com caráter de escritura pública;
c) atos autênticos de países estrangeiros;
d) cartas de sentença, formais de partilha, certidões e mandados extraídos de autos de processo;
e) contratos ou termos administrativos relativos a programas de regularização fundiária e de programas habitacionais de interesse social.

Precisamos ser realistas. Retomo aqui as conclusões já insinuadas anteriormente: o extrato pode ser considerado um transunto do título formal, resumo aparelhado com

---

[38] TEIXEIRA DE FREITAS. Augusto. *Vocabulário Jurídico*. Rio de Janeiro: Garnier, 1883, p. 724-5.
[39] ALMEIDA JR. João Mendes de. *Op. cit.* p. 194.
[40] SILVA. João Pestana de Aguiar. *As Provas no Cível*. Rio de Janeiro: Forense, 2003, p. 163.
[41] AMARAL SANTOS. Moacyr. *Op. cit.* nota 22.

as forças do título, mas não é *independente do título*, não existe sem o suporte que lhe dá origem e o projeta nas plataformas eletrônicas. Tanto o instrumento público (requisito formal *ad substantiam* – art. 108 do CC e art. 406 do CPC) como o particular (com determinados requisitos formais legalmente obrigatórios – art. 221 do CC e art. inc. II do art. 221 da LRP) são os títulos propriamente ditos. "Quando cabível", o extrato será apenas um epifenômeno, produto acidental e acessório do título em sentido formal próprio.

Como se vê a reforma é regressiva e reacionária. Com esta iniciativa, a eficiência, eficácia e economicidade, buscadas de modo tão improvisado, foram empanadas pela propaganda e por certa afoiteza ao propalar grandes virtudes reformistas que o jurista não divisa[42]. A iniciativa resvalou em princípios jurídicos consolidados há décadas, verdadeiras balizas da ordem jurídica-privada do Direito brasileiro.

O sistema inaugurado pela Lei 14.382/2022 parece repristinar o velho sistema dos *bordereaux* franceses, abandonados já na origem, com o agravante de que o simulacro registral reconforma o emblemático registro de direitos e transforma-o em mero birô arquivístico (registro de documentos), mantido e atualizado a partir de indicações veiculadas por meios eletrônicos (*notice*).

OS REGISTRADORES TÊM CONSCIÊNCIA DESTA VIRAGEM PARADIGMÁTICA?

Analisando o conjunto da obra, vê-se que é imperfeita. O fato é que se não promove um descolamento tão radical de um sistema multissecular sem grandes traumas, confusões, equívocos.

O novo Registro de Imóveis brasileiro, com o norte esboçado nas iniciativas pioneiras do CNJ desde o início da década de 2010, pode vir a sofrer um desvio sistemático avassalador pelo impacto da onda privatística que é impulsionada e bancada pelo capital financeiro, sempre escudado por seus fiéis representes da área econômica, financeira e jurídica.

Eis que desponta, ainda de modo difuso e disfuncional, uma nova figura institucional. Ao abandonar os modelos que nos vinculam aos sistemas tradicionais da *Civil Law*, desvela-se a torção tendente a orientar o velho e bom Registro de Imóveis brasileiro rumo ao admirável mundo novo do *Notice Registration*, vinculado a matrizes alheias à nossa tradição jurídica. É o Eldorado Registral, como jocosamente me referi a propósito desse enguiço legislativo[43].

Não tardará e logo vamos verificar que o registro feito por mero extrato (*notice*) revelar-se-á dispendioso, pois já não estará na dependência de um prévio exame de legalidade e juridicidade dos títulos apresentados a registro, o que envolve grandes responsabilidades (justificando, portanto, os emolumentos hoje cobrados); não representará uma atividade de um jurista (registrador), já percebida como "detrimentosa"

---

[42] Tive ocasião de criticar a reforma da LRP por meio de medida provisória. O tema merecia um debate mais amplo, envolvendo setores que foram alijados dos processos de discussão. Vide JACOMINO. Sérgio. *MP 1.085 e o Monstro de Horácio*. https://www.migalhas.com.br/coluna/migalhas-notariais-e-registrais/361041/mp-1-085-e-o-monstro-de-horacio.

[43] JACOMINO. Sérgio. *Vinho novo e a Água Chilra*. Migalhas. Acesso: https://www.migalhas.com.br/coluna/migalhas-notariais-e-registrais/362724/mp-1-085-21--o-vinho-e-a-agua-chilra.

(*inimical*[44]) para a celeridade das transações imobiliárias que navegam em infovias digitais e que são inscritas em registros líquidos e instantâneos.

A prevalecer este entendimento minimalista, tudo poderá ser feito de modo automatizado, com escassa intervenção humana, trasladando-se a chamada "qualificação jurídica" a outros profissionais do direito, que hão de proceder à *due diligence*, precificando a taxa de judicialização de conflitos e litígios, agregando instrumentos atuariais para prevenirem-se de intercorrências danosas.

Ao final e ao cabo, substituiremos a *segurança jurídica*, por *segurança econômica* e *tecnológica*, com um novo balanceamento dos custos envolvidos no processo registral.

CONCLUSÃO

Já não é possível concluir nada de muito proveitoso desta mixórdia legal. A reforma é de tal modo imperita que não é possível assentar sobre suas bases algo muito sólido. Por outro lado, não se concebe retroceder. Não é possível fraudar a imensa expectativa criada na sociedade pela propaganda massivamente veiculada[45].

Caro leitor, sei que me pergunta: o que se pode fazer?

AFRÂNIO DE CARVALHO registrou que o advento da Lei 6.015/1973 reincidiu num erro censurável: "como Lei é demasiada e como Regulamento é insuficiente"[46]. Pois bem. A reforma da LRP representou uma vaza diluvial em que todas as peças se movimentaram no tabuleiro e será necessário que as águas baixem para que a Corregedoria Nacional de Justiça possa nos doar um verdadeiro Código de Registro Predial, colmatando uma sentida deficiência do sistema registral brasileiro, agravada com o advento da Lei 14.382/2022.

O que é bem certo nisto tudo é que mudam os atores, mas as necessidades remanescem.

Gostaria de terminar este pequeno artigo com as palavras finais com as quais encerrei minha palestra de abertura proferida em Cuiabá, Mato Grosso, no encontro do IRIB: Se este é o caminho escolhido pelos meus pares para aperfeiçoar o Registro de Imóveis brasileiro, o que se pode fazer? "Não queira este velho oficial paralisar as ondas do mar, nem o sentido dos ventos"[47].

Ainda assim, malgrado o presságio e as nuvens plúmbeas que se formam no horizonte, é preciso navegar e vencer as ondas procelosas deste mundo incerto e incógnito. *Hic sunt leones!*

---

[44] Vide UNCITRAL – Legislative Guide on Secured Transactions. New York, nota 3.
[45] No fundo a medida não inovou justamente no aspecto mais destacado da reforma: a prestação de serviços por plataformas digitais. Vide: CAMPOS. Ricardo. *Degeneração do regime jurídico das serventias e da proteção de dados pelo Serp*. Consultor Jurídico, 15.5.2022, acesso: https://www.conjur.com.br/2022-mai-03/ricardo-campos-apontamentos-mp-10852021. Vide ainda o depoimento autêntico de SANTOS. Flauzilino Araújo dos. *Reconectando o registro de imóveis do Banco de Dados Light ao Next Cloud SAS*. Consultor Jurídico, 15.5.2022, acesso: https://www.conjur.com.br/2022-mai-17/flauzilino-santos-reconectando-registro-bdl
[46] CARVALHO. Afrânio. *Registro de Imóveis*. 3ª ed. Rio de Janeiro: Forense, 1982, p. 13.
[47] JACOMINO. Sérgio. *O Doloroso Cansaço do Mundo*. São Paulo: Observatório do Registro, 2022, acesso: https://wp.me/p6rdW-2VT.

30
ART. 176 DA LEI Nº 6.015/1973, COM A REDAÇÃO DADA PELA LEI Nº 14.382/2022

Tiago Machado Burtet

A concreção da garantia do direito de propriedade (art. 5º, XXII, da Constituição Federal) passa por conhecer o seu titular e a coisa (bem da vida em evidência). Para isso destina-se o art. 176 da Lei nº 6.015, de fundamental importância para o Registro de Imóveis. Tal dispositivo legal assim hoje prevê:

> Art. 176 – O Livro nº 2 – Registro Geral – será destinado, à matrícula dos imóveis e ao registro ou averbação dos atos relacionados no art. 167 e não atribuídos ao Livro nº 3.
> § 1º A escrituração do Livro nº 2 obedecerá às seguintes normas:
> **I – cada imóvel terá matrícula própria, que será aberta por ocasião do primeiro ato de registro ou de averbação caso a transcrição possua todos os requisitos elencados para a abertura de matrícula; (Redação dada pela Lei nº 14.382, de 2022)**
> II – são requisitos da matrícula:
> 1) o número de ordem, que seguirá ao infinito;
> 2) a data;
> 3) a identificação do imóvel, que será feita com indicação:
> a – se rural, do código do imóvel, dos dados constantes do CCIR, da denominação e de suas características, confrontações, localização e área;
> b – se urbano, de suas características e confrontações, localização, área, logradouro, número e de sua designação cadastral, se houver.
> 4) o nome, domicílio e nacionalidade do proprietário, bem como:
> a) tratando-se de pessoa física, o estado civil, a profissão, o número de inscrição no Cadastro de Pessoas Físicas do Ministério da Fazenda ou do Registro Geral da cédula de identidade, ou à falta deste, sua filiação;
> b) tratando-se de pessoa jurídica, a sede social e o número de inscrição no Cadastro Geral de Contribuintes do Ministério da Fazenda;
> 5) o número do registro anterior;

6) tratando-se de imóvel em regime de multipropriedade, a indicação da existência de matrículas, nos termos do § 10 deste artigo;

III – são requisitos do registro no Livro nº 2:

1) a data;

2) o nome, domicílio e nacionalidade do transmitente, ou do devedor, e do adquirente, ou credor, bem como:

a) tratando-se de pessoa física, o estado civil, a profissão e o número de inscrição no Cadastro de Pessoas Físicas do Ministério da Fazenda ou do Registro Geral da cédula de identidade, ou, à falta deste, sua filiação;

b) tratando-se de pessoa jurídica, a sede social e o número de inscrição no Cadastro Geral de Contribuintes do Ministério da Fazenda;

3) o título da transmissão ou do ônus;

4) a forma do título, sua procedência e caracterização;

5) o valor do contrato, da coisa ou da dívida, prazo desta, condições e mais especificações, inclusive os juros, se houver.

§ 2º Para a matrícula e registro das escrituras e partilhas, lavradas ou homologadas na vigência do Decreto nº 4.857, de 9 de novembro de 1939, não serão observadas as exigências deste artigo, devendo tais atos obedecer ao disposto na legislação anterior.

§ 3º Nos casos de desmembramento, parcelamento ou remembramento de imóveis rurais, a identificação prevista na alínea *a* do item 3 do inciso II do § 1º será obtida a partir de memorial descritivo, assinado por profissional habilitado e com a devida Anotação de Responsabilidade Técnica – ART, contendo as coordenadas dos vértices definidores dos limites dos imóveis rurais, geo-referenciadas ao Sistema Geodésico Brasileiro e com precisão posicional a ser fixada pelo Incra, garantida a isenção de custos financeiros aos proprietários de imóveis rurais cuja somatória da área não exceda a quatro módulos fiscais.

§ 4º A identificação de que trata o § 3º tornar-se-á obrigatória para efetivação de registro, em qualquer situação de transferência de imóvel rural, nos prazos fixados por ato do Poder Executivo.

§ 5º Nas hipóteses do § 3º, caberá ao Incra certificar que a poligonal objeto do memorial descritivo não se sobrepõe a nenhuma outra constante de seu cadastro georreferenciado e que o memorial atende às exigências técnicas, conforme ato normativo próprio.

§ 6º A certificação do memorial descritivo de glebas públicas será referente apenas ao seu perímetro originário.

§ 7º Não se exigirá, por ocasião da efetivação do registro do imóvel destacado de glebas públicas, a retificação do memorial descritivo da área remanescente, que somente ocorrerá a cada 3 (três) anos, contados a partir do primeiro destaque, englobando todos os destaques realizados no período.

§ 8º O ente público proprietário ou imitido na posse a partir de decisão proferida em processo judicial de desapropriação em curso poderá requerer a abertura de matrícula de parte de imóvel situado em área urbana ou de expansão urbana, previamente matriculado ou não, com base em planta e memorial descritivo, podendo a apuração de remanescente ocorrer em momento posterior.

§ 9º A instituição do direito real de laje ocorrerá por meio da abertura de uma matrícula própria no registro de imóveis e por meio da averbação desse fato na matrícula da construção-base e nas matrículas de lajes anteriores, com remissão recíproca.

§ 10. Quando o imóvel se destinar ao regime da multipropriedade, além da matrícula do imóvel, haverá uma matrícula para cada fração de tempo, na qual se registrarão e averbarão os atos referentes à respectiva fração de tempo, ressalvado o disposto no § 11 deste artigo.

§ 11. Na hipótese prevista no § 10 deste artigo, cada fração de tempo poderá, em função de legislação tributária municipal, ser objeto de inscrição imobiliária individualizada.

§ 12. Na hipótese prevista no inciso II do § 1º do art. 1.358-N da Lei nº 10.406, de 10 de janeiro de 2002 (Código Civil), a fração de tempo adicional, destinada à realização de reparos, constará da matrícula referente à fração de tempo principal de cada multiproprietário e não será objeto de matrícula específica.

§ 13. Para a identificação de que tratam os §§ 3º e 4º deste artigo, é dispensada a anuência dos confrontantes, bastando para tanto a declaração do requerente de que respeitou os limites e as confrontações

§ 14. É facultada a abertura da matrícula na circunscrição onde estiver situado o imóvel, a requerimento do interessado ou de ofício, por conveniência do serviço. (Incluído pela Lei nº 14.382, de 2022)

§ 15. Ainda que ausentes alguns elementos de especialidade objetiva ou subjetiva, desde que haja segurança quanto à localização e à identificação do imóvel, a critério do oficial, e que constem os dados do registro anterior, a matrícula poderá ser aberta nos termos do § 14 deste artigo. (Incluído pela Lei nº 14.382, de 2022)

§ 16. Se não forem suficientes os elementos de especialidade objetiva ou subjetiva, será exigida a retificação, no caso de requerimento do interessado na forma prevista no § 14 deste artigo, perante a circunscrição de situação do imóvel. (Incluído pela Lei nº 14.382, de 2022)

§ 17. Os elementos de especialidade objetiva ou subjetiva que não alterarem elementos essenciais do ato ou negócio jurídico praticado, quando não constantes do título ou do acervo registral, poderão ser complementados por outros documentos ou, quando se tratar de manifestação de vontade, por declarações dos proprietários ou dos interessados, sob sua responsabilidade. (Incluído pela Lei nº 14.382, de 2022)

§ 18. Quando se tratar de transcrição que não possua todos os requisitos para a abertura de matrícula, admitir-se-á que se façam na circunscrição de origem, à margem do título, as averbações necessárias. (Incluído pela Lei nº 14.382, de 2022) (grifei)

O que interessa a esta breve exposição relaciona-se apenas com as inovações decorrentes da Lei nº 14.382, não abordando outras relevantes questões que vem sendo incorporadas na Lei nº 6.015 ao longo do tempo, como o georreferenciamento (§§ 3º ao 7º e 13), adequações envolvendo as desapropriações (§ 8º), o direito real de laje (§ 9º) e a multipropriedade (§§ 10 ao 12).

Como se verifica do texto legal, trata-se de um dos dispositivos estruturantes da atividade registral imobiliária. Desse modo, importa compreender também a sua teleologia, para então ser possível abordar as novidades recentemente introduzidas.

Presta-se, tal dispositivo legal, para a adequada constituição dos direitos reais. Sem ele, não se permite conhecer sujeito e coisa (materialização dos princípios da publicidade e da especialidade subjetiva e objetiva).

Direito real é a sujeição de uma coisa por alguém, gerando uma relação que ultrapassa o interesse pessoal e interessa a todos, produzindo-se efeitos gerais, amplos, irradiantes, *erga omnes*.

Para ser possível respeitar o direito alheio requer-se uma providência elementar, que é dar a conhecer quem são sujeito e coisa tutelados. Neste contexto, o fenômeno da publicidade necessariamente deve estar presente.

O Direito consegue proteger aquilo a que é dado conhecer. Como tutelar um direito real através da atuação administrativa sem que seja possível conhecer o seu titular e o objeto? Esta é a razão de haver requisitos[1] para que se possa estabelecer uma escrituração adequada. De outro modo, quando não se consegue alcançar tal conhecimento, ou se deve procurar complementar a descrição do imóvel ou encontrando elementos relevantes afeto ao seu titular, ou a questão resolve-se na seara judicial, mediante complexa instrução probatória. Do mesmo modo como o processo se estabelece através do atendimento de inúmeras formalidades e requisitos, o registro segue o mesmo curso. É possível compreender, assim, que relevante parcela do Direito se materializa através da estruturação lógica de elementos e etapas previstas na norma.

A atuação do Registro de Imóveis é preventiva. Pretende ofertar ao titular do direito real e à sociedade em geral as informações necessárias, exigidas pela lei, para poder cumprir a sua missão de ofertar paz e estabilidade social (segurança jurídica).

Desde a criação do Registro de Imóveis no Brasil pretendeu-se estabelecer critérios determinantes do acesso de títulos, seja no que tange à competência[2] para agir (princípio da territorialidade), como decorrência de uma atividade estatal de índole administrativa, seja quanto aos elementos (requisitos) do próprio ato. De início, estruturou-se a atividade registral imobiliária no sentido de indicar o *locus* apropriado para a recepção de títulos tendentes a gerar uma transformação da realidade registral estabelecida (eficácia dinâmica), bem como de prever as informações que o ato registral[3] precisa conter.

Há uma relevante razão de existir tal competência e elementos. A competência visa servir à sociedade, de modo a que ela saiba onde buscar a informação que preten-

---

[1] Um processo judicial igualmente só tem condições de se estabelecer regularmente, visando à entrega do bem da vida, quando identificadas precisamente as partes e o próprio direito (bem da vida) buscado. Isso justifica haver dispositivos legais prevendo requisitos para que uma peça jurídica (petição inicial, recursos etc.) seja produzida.

[2] A competência, também conhecida por atribuição, constitui-se num dos elementos/requisitos dos atos administrativos.

[3] Referência às matrículas e aos atos de registro *stricto sensu*.

de alcançar com relação a situação patrimonial imobiliária de alguém. Os requisitos prestam-se, como antes indicado, para que a tutela estatal possa ser eficiente, pois de nada adianta ter um ato praticado no álbum imobiliário se o ato não ofertar segurança quanto à coisa e seu titular.

Neste sentido, quando o Registro de Imóveis gera uma nota de devolução o faz para que alcance tudo quanto necessário para que possa cumprir a sua função de garantir a propriedade imobiliária (art. 5º, XXII, da Constituição Federal).

Compreendidas algumas das bases em que assentada a atividade registral imobiliária, porque ainda há outras que não serão enfrentadas nesta oportunidade para a manutenção do objetivo desta análise, é preciso entender que os pontos estruturantes antes apresentados, seja a competência ou os elementos tidos por relevantes para que o Registro de Imóveis possa servir a sua missão, assim como outros pontos do Direito, estiveram sob revisão.

Este trabalho, portanto, não tem o propósito de contestar a relevância dos pilares de sustentação da atuação registral, mas apenas de apresentar uma reflexão complementar, de modo a agregar também uma nova possibilidade de agir, sem descuidar de tudo quanto necessário para que continue sendo preservada e atendida a segurança jurídica. Não se pretenderá romper o padrão e a dinâmica estabelecidos ao longo de mais de um século e meio, a não ser na medida necessária para apresentar um Registro de Imóveis mais dinâmico aos anseios da própria sociedade.

À sociedade não interessava mais um Registro de Imóveis preso a regras rígidas[4]. Era preciso uma releitura de parte da matéria afeta à atividade registral imobiliária de modo a permitir mais dinamicidade naquilo que possível, sem desprezo à segurança jurídica. Neste ponto, duas relevantes novidades foram incluídas na Lei nº 6.015 pela Lei nº 14.382, a orientação de se levar a escrituração do imóvel para o seu ambiente natural, o Registro de Imóveis da sua atual situação, bem como uma abertura para a flexibilização de requisitos para se inaugurar uma nova escrituração quando não houver comprometimento da segurança jurídica. Tais fatores serão doravante investigados.

Neste sentido, no primeiro aspecto, veio em bom momento a regra prevista no art. 176, § 1º, I, da Lei nº 6.015. Tal dispositivo passou a prever uma atração natural da competência registral para agir ao Registro de Imóveis da atual situação da coisa. Muitos registros (matrículas, transcrições e inscrições) hoje encontram-se em circunscrições territoriais que já não guardam vínculo direto com a coisa, quando criados novos Municípios, ou mesmo novos serviços registrais. Como não havia (e continua não havendo), na lei, a obrigatoriedade de migrar para o registro da situação da coisa num prazo específico, permitiu-se (permite-se ainda) que não se encontre a informação esperada no Registro de Imóveis da situação do imóvel, exigindo a realização de buscas nos serviços mais antigos, onde ainda se encontram os atos praticados outrora, sem que tenha ocorrido modificação tendente a gerar a migração da escrituração para a atual circunscrição.

A disposição legal em evidência, mais aberta do que o texto originariamente previsto pela Medida Provisória nº 1.085, informa, orienta, recomenda, na sua teleologia, a uma migração da escrituração para o ambiente natural, em que pese não vede a rea-

---

[4] Não existe direito absoluto.

lização de averbações no registro antecedente onde hoje localiza-se a escrituração (art. 176, § 18 da Lei nº 6.015). E não houve a vedação para se permitir a recepção de atos de averbação no interesse da própria sociedade, a exemplo de medidas de constrição do patrimônio do proprietário, como indisponibilidades e penhoras. Exigir a migração da escrituração para o *locus* natural como condição para o acesso de tais medidas poderia caracterizar uma medida contrária à efetividade do processo.

Seja como for, a inovação levada a efeito pela Lei nº 14.382 está em orientar para uma migração da escrituração para o ambiente natural do imóvel, sua atual circunscrição.

Quando antes a lei disciplinava a obrigatoriedade de se realizar tal migração como condição para realização de um ato de registro *stricto sensu* (art. 167, I, da Lei nº 6.015), agora ela explicita uma referência, não com caráter compulsório, de ser possível inaugurar a matrícula no Registro de Imóveis da atual circunscrição mesmo para ato de averbação, quando a transcrição contiver os requisitos elencados para a abertura de matrícula. A expressão "transcrição" deve servir igualmente para as hipóteses de matrículas do registro anterior em que presentes os requisitos.

Passando agora ao segundo ponto, especificamente quanto aos requisitos, a outra relevante novidade decorre dos §§ 15 ao 17 do art. 176 da Lei nº 6.015. Por tais dispositivos houve uma abertura para a recepção de títulos que apenas transportem elementos constantes dos assentos antecedentes.

E isso é de uma grandeza ímpar para a atividade registral imobiliária. A justificativa reside no sentido de que o Registro de Imóveis, como instituição, continuará informando, através das novas matrículas que serão abertas na circunscrição atual do imóvel, absolutamente os mesmos elementos e requisitos que hoje informa. Passa-se a informação de um serviço registral para o outro, mantendo-se inalterado o seu conteúdo, legítimo "copia e cola".

Atente-se, caro Leitor, para a relevância desta abertura. Não mais teremos uma atividade registral que vislumbra um agir apenas quando alcançada a situação perfeita (sempre desejável, mas que em não raras vezes gerava ineficiência da atividade), que contém todos os elementos representados na norma, mas também quando replica as informações que já acessaram outrora a instituição registral.

Isso oportuniza a dinamicidade esperada pela sociedade da atividade registral, a qual agora não mais precisará exigir perfeição e precisão absoluta para agir, podendo dar curso em escriturações que apenas continuem informar aquilo que o Registro de Imóveis, como instituição, hoje já informa, sabendo que a complementação de informações relevantes poderá ocorrer num momento futuro[5], mas não como condição sem a qual não se permite o acesso de títulos.

Quantos títulos ficaram sem acessar o álbum imobiliário pela expectativa de se alcançar uma escrituração perfeita? Quantas notas de devolução expedidas? Quantos procedimentos de dúvidas por falta de requisitos de especialidade objetiva ou subjetiva?

---

[5] O momento futuro vislumbra-se que deva ser quando se pretender alguma alteração da coisa, a exemplo de um loteamento, desmembramento, instituição condominial, divisão e extinção de condomínio entre outros.

Doravante, a instituição Registro de Imóveis tem um novo desafio, o de se adaptar a esta nova realidade com a maior brevidade possível, de modo a poder continuar entregando à sociedade aquilo que ela já conta hoje no que tange aos efeitos jurídicos, consideradas as informações tabulares decorrentes da certificação expedida pelo Registro de Imóveis que detém a informação.

Permitindo-se a migração da escrituração para o Registro de Imóveis atual apenas com as informações da origem (certidão atualizada da matrícula ou certidão da situação jurídica atualizada do imóvel, que ambas agora contém todos os efeitos necessários para se permitir a abertura de matrícula na nova circunscrição imobiliária), sem a necessidade de se implementar complexos procedimentos de retificação, quando preservada a segurança jurídica (§§15 ao 17 do art. 176 da Lei n° 6.015), (i) a instituição Registro de Imóveis continuar informando absolutamente aquilo que hoje informa, apenas através de outro serviço registral, e, principalmente, (ii) permitirá o acesso de novos títulos sem maiores dificuldades, antes existentes, atendendo melhor aos anseios da sociedade, causa da alteração legislativa.

Procurando concretizar o enunciado, vislumbra-se um formal de partilha envolvendo um imóvel transcrito que, embora elucidando com precisão a coisa, ou seja, não se tratando de situação onde ausente a especialidade objetiva, não apresenta todos os elementos na descrição outrora vislumbrados como necessários para a abertura de uma nova matrícula. E a transcrição consta dos livros de um serviço registral que não corresponde mais à situação da coisa por ter sido criada e instalada nova serventia. Da transcrição não constam, por exemplo, a área e a distância mais próxima da esquina. Neste caso, será possível abrir uma nova matrícula na circunscrição atual do imóvel com os elementos constantes da transcrição (a instituição Registro de Imóveis continuará contendo e informando absolutamente as mesmas informações), sem que seja necessário impugnar o acesso do título apresentando como condicionante prévio procedimento de retificação. Aberta a nova matrícula será possível registrar a partilha, atendendo ao interesse dos sujeitos envolvidos na sucessão, mas, para além, atendendo aos anseios da sociedade, que busca saber para quem determinado imóvel coube em face da aplicação do direito sucessório num caso concreto. Todos os interesses restam atendidos e a segurança jurídica preservada.

No que tange a este ponto relevante, qual seja, a segurança jurídica, será o fator determinante que autorizará o agir pelo Registro de Imóveis da atual situação do imóvel. Restou elucidado, na lei, a necessária preservação da segurança jurídica. E não poderia ser diferente, porque de nada adiantaria permitir a realização de nova matrícula quando ausente o pilar de sustentação da atividade registral imobiliária. Logo, a novidade reside, neste ponto, em (i) ter por presente que a ausência de um ou outro elemento não caracteriza insegurança jurídica, mas, fundamentalmente, (ii) a outorga conferida pela Lei à instituição do Registro de Imóveis para analisar acerca da presença, ou não, da segurança jurídica no caso concreto apresentado à qualificação, como reconhecimento da sua capacidade para o desempenho do seu mister, como instituição que contribui para o progresso do País, sem necessitar, mais uma vez, socorrer-se no Poder Equilíbrio para realizar tal aferição.

Pelo diferimento, no tempo, de um ato retificatório, a instituição Registral Imobiliária não deixa de se caracterizar como registro de direitos. Tal abertura não importa em alteração para um registro que se configura pelo arquivamento de atos, mitigando a qualificação e a incidência do princípio da legalidade. Não é isso. A alteração promovida, neste ponto, mantém o panorama até então estabelecido de se permitir a produção de atos quando atendidos os pressupostos de validade e eficácia, necessários para que os registros sirvam como fonte de progresso social e econômico. Tal flexibilização não produzirá assimetria informacional, porquanto a instituição continuará publicizando exatamente aquilo que já decorre dos atos registrais outrora produzidos, nem mais, nem menos. E esta nova dinâmica serve para fomentar a geração de novos negócios, não para impedir a sua realização, contribuindo, portanto, sob o viés da análise econômica do direito.

Portanto, conhecidas mais duas relevantes alterações promovidas na Lei n° 6.015, aqui afetas ao art. 176, seja no aspecto da competência registral, seja sobre a outorga do exame da presença da segurança jurídica para agir, mesmo que não estejam presentes todos os requisitos indicados na lei, agora como ideia a ser buscada, não como condição sem a qual não se alcança o ato registral buscado, caberá aos que exercem esta importante missão bem aplicar aquilo que a Lei oferece como solução para a criação de uma instituição mais dinâmica e eficiente, cumprindo de modo mais eficaz os propósitos para os quais foi criada, que não é e nunca foi dificultar a vida do usuário, mas, pelo contrário, produzir atos registrais, porque só deles emana a segurança jurídica.

Novas compreensões, como as decorrentes das alterações promovidas no art. 176 da Lei n° 6.015 pela Lei n° 14.382 devem sempre encontrar campo fértil para germinar.